资产重组的会计与税务问题（第三版）

Accounting and Tax Issues of Corporate Restructuring

高金平 / 著

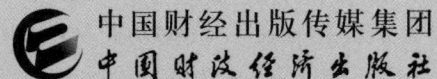

中国财政经济出版社

图书在版编目（CIP）数据

资产重组的会计与税务问题／高金平著. —— 3 版
. —— 北京：中国财政经济出版社，2020.9
 ISBN 978 - 7 - 5095 - 9992 - 1

Ⅰ.①资… Ⅱ.①高… Ⅲ.①资产重组－会计－研究－中国②资产重组－税收管理－研究－中国 Ⅳ.①F279.23 ②F812.423

中国版本图书馆 CIP 数据核字（2020）第 160315 号

责任编辑：陆宗祥　　　　责任印制：史大鹏
封面设计：孙俪铭　　　　责任校对：李　丽

中国财政经济出版社 出版

URL：http://www.cfeph.cn
E - mail：cfeph@ cfeph.cn

（版权所有　翻印必究）

社址：北京市海淀区阜成路甲 28 号　邮政编码：100142
营销中心电话：010 - 88191522
天猫网店：中国财政经济出版社旗舰店
网址：https://zgczjjcbs.tmall.com
北京时捷印刷有限公司印刷　各地新华书店经销
成品尺寸：185mm×260mm　16 开　34 印张　690 000 字
2020 年 11 月第 3 版　2020 年 11 月北京第 1 次印刷
定价：158.00 元
ISBN 978 - 7 - 5095 - 9992 - 1
（图书出现印装问题，本社负责调换，电话：010 - 88190548）
本社质量投诉电话：010 - 88190744
打击盗版举报热线：010 - 88191661　QQ：2242791300

第三版前言

资产重组业务是税务实务中一大难题,也是税务管理和税务稽查中常见的税企争议之一。一方面,资产重组的税收政策条文晦涩难懂(但无论是税务机关还是纳税人都无法回避);另一方面,随着认识水平的不断提高,我国资产重组的税收政策一直处于改革和完善之中。因此,基层税务机关和广大纳税人亟须一本全面、系统解读资产重组的会计与税收政策的工具书,同时税收立法机关亟须听取资产重组政策执行中存在的问题及政策建议。这是出版本书的初衷。

《资产重组的会计与税收问题》于2014年1月出版,该书一经面世,受到财税界的普遍关注,先后加印数次。2015年9月再版,截至目前累计销售量近8万余册。2015年至今,财政部、国家税务总局颁布了众多与资产重组相关的税收政策及税务管理办法,其间财政部对具体会计准则作了修订和完善,其中涉及资产重组业务的内容较多。为适应这一要求,第三版对书稿内容作了以下更新:

一是更新了股权激励及技术入股的最新政策;

二是更新了股息红利差别化个人所得税政策;

三是更新了资产重组涉及的增值税政策,删除了原营业税相关内容;

四是更新了资产重组涉及的土地增值税和契税政策;

五是更新了企业所得税法与长期股权投资准则差异及纳税调整的相关内容;

六是更新、增补了资产重组跨境业务涉及税收协定的相关规定;

七是更新、增补了资产重组相关的最新案例;

八是删除了第十三章中建议明确和修订的税法已被完善的内容,保留了仍需修订的相关内容。

特别感谢中国财政经济出版社——财税界一流的出版社!中国财经出版社拥有一支优秀的团队,他们认真、负责的态度和精益求精的精神让我感动。感谢担任本书责任编辑的陆宗祥编审,以及其他编校、出版服务人员的辛勤付出!

敬请读者继续把《资产重组的会计与税务问题》(第三版)的"优点告诉大家,缺点告诉我"!

高金平
2020年9月于扬州

第一版序言

资产重组是市场经济发展的必然要求,是企业组织调整的重要方式。联合、兼并、收购和破产等,已成为中国现实经济问题的一个重要方面。从宏观角度看,资产重组直接服务于国民经济的战略性调整;从微观角度看,企业并购是实现战略性发展的重要方式。在社会主义市场经济体制下,随着企业改革的深化、企业经营机制的转换、现代企业制度的建立,企业逐步成为自主经营、自负盈亏、自我发展、自我约束的法人实体和市场竞争主体,资产重组已经成为当前我国理论和实务界普遍关注的热点问题。2013年1月22日,国家工业和信息化部、国家发展和改革委员会、国家税务总局等12个部委联合发布《关于加快推进重点行业企业兼并重组的指导意见》(工信部联产业〔2013〕16号),明确要求"推动汽车、钢铁、水泥等九大重点行业企业兼并重组,提高产业集中度。鼓励大型骨干企业开展跨地区、跨所有制兼并重组;鼓励企业通过兼并重组延伸产业链,组成战略联盟;鼓励企业'走出去',参与全球资源整合与经营,提升国际化经营能力,增强国际竞争力"。各级政府部门也纷纷出台企业重组的有关具体规定,这在实践中已产生了积极效应。

目前,我国现行税制还不能适应资产重组的现状和要求,相关税收政策滞后且缺少理论支撑,经常是"头痛医头,脚痛医脚",税收文件多以公告、函复等形式下发,不仅条文众多,而且零乱分散、变动频繁,税种之间也不够协调甚至相互冲突,实际执行中纳税争议较大。因此,系统研究当前我国资产重组及其税收政策、会计处理问题,立足我国情况,借鉴国外经验,制订一套完整、系统、规范的资产重组财税制度,把我国企业资产重组纳入法制轨道,进一步规范企业重组行为,促进经济社会进步,具有重要意义。在此背景下,高金平博士选择资产重组的会计与税收问题作为他的博士后研究课题,取得了较高水平的研究成果,在其博士后出站报告的基础上进一步充实、拓展为著作出版,很有意义,值得祝贺。作为其博士后研究的合作导师,我深感欣慰。

阅读全书,我认为本书主要有下列特色:

第一,《资产重组的会计与税务问题》弥补了传统资产重组理论研究的不足。作者以资产重组的概念界定为前提,以企业并购理论、财税协同效用理论、税务协同效用理论、资产重组税收制度基本理论为基础,以发达国家资产重组的税收制度为参考,深入研究了我国资产重组的会计与税收制度的政策取向。

第二,对资产重组及相关专业名词概念的界定是对资产重组理论研究的一大贡献。在现行的法规中,与资产重组的相关专业名词很不规范,许多概念较为模糊。例如,资产重组与企业重组,资产经营、资本运营、资本运作,分公司与子公司,资产调拨、无偿划拨、资产划转,资产剥离与公司分立、资产转让,企业兼并与吸收合并、控股合并,企业整体出售与产权转让、整体资产转让,资产置换与整体资产置换,配股与定向增发,买壳与借壳,撤回或减少投资,送股、转股、派现,股权收购与资产收购等等。对资产重组及其法律形式进行正确的界定,有利于从理论和操作层面对此进一步展开深入研究。

第三,本书从各种重组方式、相关法律主体、各个税种的多维视角展开研究,系统全面。在以往的文献中大多针对合并、分立和清算问题进行个案研究,且大多仅针对企业所得税问题。本书研究对象是所有与资本结构变化有关的交易行为,所涉及的相关法律主体的会计与税收问题,并从纳税规划与反避税两个角度展开研究。

第四,本书将财税政策研究与重组法律、法规相结合。公司法、证券法等相关法规是重组业务的法律基础,离开了这些法规研究重组会脱离实际,得到的结论可能是理论上可行,实际操作中行不通。从以往的文献资料看,这方面结合得不够。本书以税法为基础,结合公司法、证券法、金融、并购等法规制度,从资产重组的程序、操作技巧等方面展开研究,增强了对实际工作的指导意义。

第五,本书将税法与会计处理相结合。企业重组与清算业务的税务处理和会计处理存在很大差异,本书在研究重组业务的会计处理、税务处理的基础上,对两者的差异进行比较研究,并结合纳税申报表的填写规则,说明具体的纳税调整方法。

第六,理论探讨与政策建议。关于重组与清算业务的税务处理,很多地方仍处于空白状态,无法可依。例如,资产重组过程中流转税、土地增值税征收范围问题;吸收合并重组中个人股东的个人所得税问题;母公司吸收合并子公司,母公司收回投资的税务处理问题;企业集团内部资产重组过程中股权转让是否要求按公允价交易问题等。实际操作中各地做法不一,存在很多纳税争议。现行的资产重组税收政策,存在制度不合理、操作性不强、管理难度大等问题,阻碍了企业正常的重组行为。以往的文献资料大都是对现行税法进行分析、讨论,对税收真空地带鲜有提及。基于完善税收政策的指导思想,从交易的实质入手,以税收政策为依据,对所有与重组业务有关的税收和会计政策进行研究,为完善重组政策提供了有益的建议。

第七,作者经过大量的调查研究发现,我国企业集团的组织架构、公司股权结构安排普遍不合理,导致管理成本增加、股东利益冲突、重复纳税等现象,并从资产重组方案设计及税务风险防范等角度研究集团组织架构和公司股权结构的设计、公司并购税务操作要点等,这是本书的又一亮点。

第八,资产重组具有非经常发生、涉及法律主体众多、金额较大等特点,由于信息不对称,导致税务机关管理缺失。本书还从税务管理角度分析实际工作中可能存在的漏洞,提出研究制订切实可行的税务管理措施,以进一步规范资产重组业务的税收管理。

我认为,本书对资产重组的税收问题研究比较深入、系统,其中不乏某些真知灼见,但对相关会计问题的研究尚有欠缺。在研究方法上,主要采用了规范研究方法,还缺少数据的实证检验。

目前,我国在财务和财务会计领域中对公司并购、资产重组等资本市场问题的研究成果相对较多,而对并购重组动因、操作程序及其所涉会计与税务问题的系统研究较少。随着我国企业会计准则的国际趋同及税收的国际协调与合作(自2009年4月G20伦敦峰会以来,建立一个富有活力、高效和公平的国际税收体系,加强国际税收合作已经成为保障国家税收制度完整性和维护政府信用的根本措施。2013年9月G20圣彼得堡峰会发布了税收问题的声明,"声明"主要关注了税收透明度和信息交换问题),加强对会计领域中的经验税务研究或者税务领域中的经验会计研究,是我们应该共同关注的问题。

本书在一定程序上弥补了资产重组会计与税收研究的不足。我相信,这对宏观经济管理者、税收政策制定者、税收征管人员、中介机构、企业税务经理和税务会计师,以及相关专业师生大有裨益。

希望高金平博士继续努力,在今后的研究工作中取得更大成绩。乐之为序。

盖 地
2013年10月10日
天津财经大学会计与财务研究中心

第一版前言

企业作为市场经济条件下的主体单位,随着其生存外部环境的变化其自身也会在主动或被动地创造变化、适应变化。企业不断地进行改制和资产重组就是企业为生存和发展不断创造变化、适应变化的外在表现。本书以资产重组的基本理论为基础,采用理论分析与规范研究并重的方法研究资产重组的会计与税收问题。

理论分析部分,以资产重组的概念界定为前提,以企业并购理论、财税协同效用理论、税务协同效用理论、资产重组税收制度基本理论为基础,以发达国家资产重组的税收制度为参考,研究了我国资产重组的会计与税收制度的政策取向。

在资产重组的会计方面,重点对企业并购的定义、资产重组会计及相关概念、企业并购会计、企业清算会计等方面进行了理论分析,为资产重组的税收与会计的差异提供了理论分析框架。

在资产重组的税收方面,本书选择了股权投资、企业融资、股权收购、资产收购、资本结构调整、公司合并、公司分立、公司清算作为重点研究内容,以交易结构为基础系统研究了各种资产重组法律形式的界定,各种重组方式下相关法律主体涉及的税收处理问题。

企业融资的税收问题,重点研究了各种融资方式涉及的税务处理、信托融资及理财产品存在的税收问题及对策建议。

股权投资的税收问题,重点研究了长期股权投资的会计与税务处理差异、股权投资业务税收政策存在的问题及对策建议。

股权收购与资产收购的税务问题,从股权收购与资产收购的比较分析入手,重点研究了股权收购和资产收购税务政策存在的问题及对策建议,并从纳税风险防范的角度提出具体措施。

资本结构调整的税务问题,重点研究了股权分置、债务重组、跨境重组、股权激励、中央企业重组上市等资本结构调整过程中的税务问题,并对与资本结构调整涉及契税、个人所得税等问题进行了系统研究。

合并和分立业务的税收问题,重点研究了公司合并分立的类型、合并分立业务的会计与税务处理差异、合并分立税收政策存在的问题及对策。

公司清算的税收问题，重点分析了企业清算的基本程序、清算过程中涉及的税务处理、清算税收政策与税务管理存在的问题及对策。

通过分析资产重组的基础理论，构建了资产重组税收的研究框架，在相关理论分析的基础上，得出以下研究结论：

其一，从资产重组主体、目的、内容、方法、法律形式等方面对资产重组的概念进行界定，认为资产重组是指依据企业的拥有者、企业或企业外部的经济主体之间达成的契约，通过新设、增资、减资、合并、分立、转让、清算等方式对企业集团的组织架构、公司的股权结构、经营业务及相关资产的权属进行重新组合，以期达到公司运营效率最大化，投资资产价值最大化。

其二，在资产重组的会计方面，研究认为对同一控制下的合并业务应以公允价为采用购买法核算；公司分立业务，对分立企业的资产、负债应按原账面价值进行初始计量；持续经营假设和权责发生制的核算基础均不适用于清算会计，在清算期间应当以收付实现制作为核算的基础。通过对国内外商誉会计处理的比较研究认为，我国《企业会计准则第20号——企业合并》对商誉的处理比较符合基本准则有关会计信息质量特征的有关要求，商誉通常不会减值，但又不符合公允价值计量的要求，根据谨慎性原则的要求，商誉以历史成本为原则计量，不准予摊销，但允许计提减值准备，与其他国家相比，是一次实质性进步。

其三，在资产重组的税收方面，针对现行税法存在的具体问题，从需要明确和需要修订两方面提出了对策。

其四，在研究结论的基础上提出了我国资产重组税收政策及税务管理办法的基本框架。

通过对资产重组的会计与税收问题的理论分析与规范研究，不仅重新诠释了资产重组的会计与税收基本理论，构建了资产重组税收制度的基本框架，为后续相关研究奠定了基础，而且研究结论对企业和税务机关、准则制定机构等政府部门提供了政策与建议。

这本专著是在我的博士后出站报告基础上形成的，历时4年，用心良苦。"明知山有虎，偏向虎山行。"选择资产重组作为研究课题，是因为其内容不仅复杂而且重要。盖地老师曾经说过：博士后论文的选题犹如你的终身伴侣，应该慎之又慎；选对题目就是明确研究方向，它很可能就是你一生为之奋斗的目标。这本书只是我的阶段性成果，本人将不懈努力。

著书立说，是学者的最高境界，然而，每一次出书，我都如临深渊、如履薄冰，生怕贻笑大方。书中的内容只说明个人观点，偏颇及失误之处，诚望业界同行批评指正。

"守得诚信且读书，安得寂寞方读书。"在天津财经大学博士后流动站工作，让我拥有静心钻研和社会实践的机会。3年来，我认真阅读了50余本与企业管理有关的著作，进一步拓展知识的宽度和专业的深度，攻克了许多难题。一日为师，终身为父，感谢我的合作导师盖地教授，盖老师严谨、谦逊的学术态度我将终生学习和感悟。感谢盖老师对我的理解、包容与照顾，在流动站期间，盖老师支持我回校上课，3年来我无数次返校，开发了50余门课程，共完成1200个课时教学任务。

感谢国家税务干部学院辛连珠老师。辛老师既是我的领导，又是资产重组税务专家，与她的每次研讨与交流都让我受益匪浅。

最后，我要感谢我的爱人赵清女士和我的女儿高雅倩，爱人是同事，女儿与我同专业，我们有共同的语言。我的每一点进步都离不开她们的理解、鼓励与支持，本书中的图表和书稿审读工作是由赵清完成的，这是我们又一部共同的作品。

高金平

2013年9月9日

目 录

第一章 导论 (1)
- 第一节 研究背景与内容 (3)
- 第二节 研究意义和目的 (4)
- 第三节 资产重组相关概念界定 (5)
- 第四节 国内外研究概况 (12)
- 第五节 研究框架与研究方法 (22)
- 第六节 创新与不足 (25)

第二章 资产重组的理论基础与国际税制借鉴 (27)
- 第一节 资产重组的理论基础 (29)
- 第二节 国际税制借鉴 (32)

第三章 资产重组在集团运营管理中的应用 (47)
- 第一节 商业模式设计与创新 (49)
- 第二节 资本运营的原理与路径 (58)
- 第三节 资产重组的原理与方案设计 (70)
- 第四节 上市公司重大资产重组 (78)

第四章 资产重组的会计问题 (85)
- 第一节 会计学对企业并购的定义 (87)
- 第二节 资产重组会计及相关概念 (91)
- 第三节 企业并购会计问题 (94)
- 第四节 企业清算会计问题 (101)

第五章 融资业务的会计与税务问题 (105)
- 第一节 融资业务概述 (107)
- 第二节 融资业务的会计处理 (110)
- 第三节 融资业务的税务处理 (111)
- 第四节 融资业务税收政策存在问题与改进建议 (120)

第六章 投资业务的会计与税务问题 (127)
- 第一节 投资业务概述 (129)
- 第二节 投资业务的会计与税务处理差异 (130)
- 第三节 股权投资环节相关法律主体的纳税义务与资产计价 (166)
- 第四节 股权投资持有期间股息红利所得的税务处理 (177)
- 第五节 股权投资处置环节的企业所得税处理 (200)
- 第六节 股权投资处置环节的个人所得税处理 (214)
- 第七节 股权投资亟须明确和修订的税收政策 (222)

第七章 股权收购与资产收购的会计与税务问题 (233)
- 第一节 经济学对公司并购的定义及分类 (235)
- 第二节 股权收购概念、分类、操作程序 (238)
- 第三节 股权收购业务的会计与税务处理 (251)
- 第四节 资产收购业务的会计与税务处理 (254)
- 第五节 股权收购与资产收购的企业所得税政策问题及建议 (256)
- 第六节 股权收购业务税务风险的防范策略 (269)

第八章 境外所得的税收抵免 (275)
- 第一节 企业境外所得税收抵免 (277)
- 第二节 个人境外所得税收抵免 (308)

第九章 资本结构调整的会计与税务问题 (323)
- 第一节 股权重组税务处理概述 (325)
- 第二节 股权分置的会计与税务 (326)
- 第三节 增资、减资、转让、分割、缩股的会计与税务 (332)
- 第四节 债务重组的会计与税务 (338)
- 第五节 跨境重组的会计与税务 (341)
- 第六节 国有企业改制的会计与税务 (344)
- 第七节 股份制改造与上市的会计与税务 (346)
- 第八节 股权激励计划的会计与税务 (349)
- 第九节 中央企业重组上市资产评估税收政策的建议 (361)

第十章 公司合并的会计与税务问题 (365)
- 第一节 公司合并的类型及操作程序 (367)
- 第二节 公司合并业务的会计处理 (369)
- 第三节 公司合并业务的会计与税务处理差异 (370)

第四节 公司合并业务其他税种的处理 …………………………… (378)
第五节 企业合并税收政策存在问题及其改进 …………………… (379)

第十一章 公司分立的会计与税务问题 ……………………………… (383)
第一节 公司分立业务的类型 ……………………………………… (385)
第二节 分立业务的会计处理问题 ………………………………… (386)
第三节 公司分立业务的会计与税务处理差异 …………………… (387)
第四节 公司分立业务其他税种的处理 …………………………… (392)
第五节 公司分立税收政策存在问题及其改进 …………………… (393)

第十二章 企业清算的会计与税务问题 ……………………………… (397)
第一节 公司清算的概念与操作程序 ……………………………… (399)
第二节 清算会计实务 ……………………………………………… (401)
第三节 企业清算的税收问题 ……………………………………… (415)

第十三章 研究结论与对策建议 ……………………………………… (423)
第一节 研究结论 …………………………………………………… (425)
第二节 对策建议 …………………………………………………… (426)

第十四章 资本交易税收案例分析 …………………………………… (435)
一、股权投资案例 ………………………………………………… (437)
二、资本结构调整案例 …………………………………………… (458)
三、股权收购与资产收购案例 …………………………………… (474)
四、公司合并案例 ………………………………………………… (476)
五、公司分立案例 ………………………………………………… (483)
六、混合重组案例 ………………………………………………… (484)
七、综合案例分析 ………………………………………………… (492)

参考文献 ……………………………………………………………… (522)

第一章

导　　论

第一节 研究背景与内容

一、研究背景

随着我国社会主义市场经济的发展及对外开放的深入,规模化、多元化的企业集团越来越多,资产重组业务广泛发生,其形式和内容也更加复杂。特别是2008年国际金融危机以来,全球并购风起云涌,我国并购业务的数量和金额与日俱增,资本市场中形形色色的公司并购、复杂多样的资产重组令局外人士眼花缭乱,也使得越来越多的专家学者加入到并购理论和实务操作的研究中来。

资产重组既是税收政策的难点,也是涉税会计处理的难点。目前,我国相关税收政策滞后且缺少理论支撑,经常是"头痛医头,脚痛医脚",税收文件多以公告、函复等形式下发,不仅条文众多,而且零乱分散、变动频繁,税种之间也不够协调甚至相互冲突,实际执行中纳税争议较大。因此,研究分析当前我国资产重组与税收政策、会计处理的问题,立足我国情况,借鉴国外经验,制订一套完整、系统、规范的资产重组税制,正确进行相关会计处理,无疑是十分必要的。

二、本书研究的主要问题

本书重点针对股权投资、股权收购与资产收购、资本结构调整、公司合并、公司分立五大资产重组行为进行会计及税收问题研究。

与企业重组有关的企业会计准则主要有《企业会计准则第2号——长期股权投资》、《企业会计准则第20号——企业合并》、《企业会计准则第11号——股份支付》、《企业会计准则第22号——金融工具确认和计量》和《企业会计准则第37号——金融工具列报》。这些会计准则在实施过程中遇到的若干问题,部分问题已在"会计准则解释"中得到明确,其他会计问题仍处于研究确定之中。对公司分立、公司清算等业务,现行具体会计准则尚无明确规定,这些都有待进一步研究。

资产重组涉及的税种主要有增值税、土地增值税、企业所得税、个人所得税、契税、印花税等。与重组、清算有关的流转税、土地增值税问题,税法一直没有非常明确的界定,征与不征,需要对其进行研究,提供理论依据。

2008年前,财政部、国家税务总局曾发布多个分别适用于外商投资企业、外国企业和内资企业合并、分立、重组的税收法规,2008年内外资企业所得税统一后,以前出台的文件都已废止。2009年4月20日,财政部、国家税务总局出台《关于企业重组业务企业所得税处理若干问题的通知》（财税〔2009〕59号）和《关于企业清算业务企业所得税处理若干问题的通知》（财税〔2009〕60号），这是对新《中华人民共和国企业所得税法》（以下简称"《企业所得税法》"）及其实施条例的解释与细化，但无论在理论上还是在实践中都出现了诸多问题，许多规定甚至无法操作，对企业重组行为造成极大障碍，与政策制定的初衷相违背，亟待修改和完善。

本书分别从税务机关和纳税人的角度以税务风险管理为切入点加以研究，一方面规范资产重组的税务管理，减少税收流失，保护国家利益，另一方面从资产重组的税收效应出发，研究纳税人如何选择资产重组方式以有利于降低重组成本，维护纳税人合法权益。

第二节　研究意义和目的

一、理论意义

资产重组是市场发展的必然要求，是企业组织调整的重要方式。联合、兼并、收购、破产等，已成为中国现实经济问题的一个重要方面。从宏观角度看，企业重组直接服务于国民经济的战略性调整；从微观角度看，企业并购是实现战略性发展的重要方式。在社会主义市场经济体制下，随着企业改革的深化、企业经营机制的转换、现代企业制度的建立，企业逐步成为自主经营、自负盈亏、自我发展、自我约束的法人实体和市场竞争主体，企业重组已经成为当前我国理论和实务界普通关注的热点问题。

2013年1月22日，工业和信息化产业部、国家发展和改革委员会、国家税务总局等12个部委联合发布《关于加快推进重点行业企业兼并重组的指导意见》（工信部联产业〔2013〕16号），明确要求"推动汽车、钢铁、水泥等九大重点行业企业兼并重组，提高产业集中度。鼓励大型骨干企业开展跨地区、跨所有制兼并重组；鼓励企业通过兼并重组延伸产业链，组成战略联盟；鼓励企业"走出去"，参与全球资源整合与经营，提升国际化经营能力，增强国际竞争力。各级政府部门也纷纷出台企业重组的有关具体规定，这在实践中已产生了积极效应。

但是，我国现行税制还不能适应企业重组的现状和要求，甚至严重脱节，迫切需要规范和完善。通过本书的研究，制订一套完整规范的"资产重组税收制度"，把我国企业资产重组纳入法制轨道，进一步规范企业重组行为，促进经济社会进步，具有重要意义。

二、实践意义

本书研究的实践意义主要表现在以下方面：

1. 大量的调查研究表明，我国企业集团的组织架构、公司股权结构安排普遍不合理，导致管理成本增加、股东利益冲突、重复纳税等现象，迫切需要通过对组织架构和股权结构进行"重组"。

2. 在当前金融危机背景下，中国经济面临着前所未有的挑战和机遇。行业调整、企业洗牌在全球范围内展开，中国企业并购活动日趋活跃，企业迫切需要一套规范的并购程序和具有指导意义的操作方法。

3. 与资产重组有关的税收、会计政策众多，本书将对有关重组行为的会计与税法差异进行比较，研究税法与会计差异的纳税调整方法，并从操作层面进一步研究税法与差异的协调办法。

4. 资产重组具有非经常发生、涉及法律主体众多、金额较大等特点，由于信息不对称，导致税务机关管理缺失，本书从税务管理角度分析实际工作中可能存在的漏洞，积极研究制订切实可行的税务管理措施，以进一步规范资产重组业务的税收管理。

第三节 资产重组相关概念界定

一、资产重组

目前，国内所采用的"资产重组"的概念，早已被约定俗成为一个边界模糊、表述一切与企业重大非经营性或非正常性变化的总称。我国企业会计准则将资产定义为企业过去的交易或者事项形成的、由企业拥有或者控制的、预期会给企业带来经济利益的资源。税法将资产定义为企业拥有或者控制的、用于经营管理活动相关的资产，包括现金、银行存款、应收及预付款项（包括应收票据、各类垫款、企业之间往来款项）等货币性资产，存货、固定资产、无形资产、在建工程、生产性生物资产等非货币性资产，以及债权性投资和股权（权益）性投资①。在上市公司资产重组实践中，"资产"的涵义一般泛指一切可以利用并为企业带来收益的资源，其中不仅包括企业的经济资源，也包括人力资源和组织资源。资产概念的泛化，也就导致了资产重组概念的泛化。虽然在重组实践中会从不同的角度对资产重组及其包括的内容进行一定程度的规范，但使用的名称极不统一，随意性较大，列举的方式也不周延，甚至有点混乱，

---

① 国家税务总局 2011 年第 25 号公告：《企业资产损失所得税税前扣除管理办法》。

这些都为资产重组概念的泛化敞开了较大的口子。

我国的资产重组概念所包含的内容比国外的企业重组（Restructuring）的概念要广，要给资产重组下一个内涵外延明确的定义非常困难。我国学者在研究当中多半采用比较宽泛的描述性的做法或者干脆回避对资产重组这一重要的概念进行定义。现有的关于资产重组的定义不少于20种，其中国内目前使用得比较广泛的有以下几种：

1. 从资产的重新组合角度进行定义。梁爽（1997）等专家认为资产是企业拥有的经济资源，包括人的资源、财的资源和物的资源。所以，资产重组就是对"经济资源的改组"，是对资源的重新组合，包括对人的重新组合、对财的重新组合和对物的重新组合。赵楠（1998）甚至认为，资产重组不仅包括人、财、物三个方面的资产重新组合，而且还应当包括进入市场的重新组合。

2. 从业务整合的角度进行定义。资产重组是指企业以提高公司整体质量和获利能力为目的，通过各种途径对企业内部和外部业务进行重新整合的行为（张宁、范永进，1999）。

3. 从资源配置的角度进行定义。资产重组就是资源配置（薛小和，1997）。有人进一步认为，资产重组就是对存量资产的再配置过程，其基本涵义就是通过改变存量资源在不同的所有制之间、不同的产业之间、不同的地区之间，以及不同企业之间的配置格局，实现优化产业结构和提高资源利用率目标。华民等学者进一步扩展了资产重组概念，认为资产重组涉及两个层面的问题：其一是微观层次的企业重组，内容主要包括：企业内部的产品结构、资本结构与组织结构的调整、企业外部的合并与联盟等；其二是宏观层次的产业结构调整，产业结构调整是较企业重组更高一级的资源重新配置过程。

4. 从产权的角度进行定义。企业资产重组就是以产权为纽带，对企业的各种生产要素和资产进行新的配置和组合，以提高资源要素的利用效率，实现资产最大限度的增值行为。也有人认为资产重组只是产权重组的表现形式，是产权重组的载体和表现形态。

5. 证监会对上市公司重大资产重组的定义。《上市公司重大资产重组管理办法》中对上市公司重大资产重组定义为：上市公司及其控股或者控制的公司在日常经营活动之外购买、出售资产或者通过其他方式进行资产交易达到规定的比例，导致上市公司的主营业务、资产、收入发生重大变化的资产交易行为。

6. 企业所得税法规中对资产重组的定义。企业重组是指企业在日常经营活动以外发生的法律结构或经济结构重大改变的交易，包括企业法律形式改变、债务重组、股权收购、资产收购、合并、分立等。

以上从不同的角度对资产重组行为进行定义，各有长处。但总的来说，上述定义存在以下缺点：

1. 前四种定义所包含的内容比资产重组所包含的内容广，概括性不强，不利于对资产重组现象的把握。

2. 概念的内涵和外延不明确。从定义上很难去把握资产重组所包含的内容，也不容易判定新生现象是否归属于资产重组。比方说，有人认为增发股份是资产重组行为，而其他人则认为它只是一个企业融资行为。

3. 对概念的把握和理解上容易出现分歧。如一部分学者认为资产重组是企业资产的一种存量调整，而另一部分学者则认为资产重组是增量调整。还有一部分学者干脆把资产重组分成广义重组和狭义重组。

4. 《上市公司重大资产重组管理办法》只是针对上市公司而言，事实上，非上市公司同样存在资产重组行为，而且将资产重组定义为"日常经营活动之外的资产交易"，显然也是欠妥的。定性为资产重组的前提必须涉及股权结构的调整，这是资产重组的本质，至于金额、比例的大小只是量的变化。

5. 税法采用了企业重组一词，仅从重组的结果作出的定义，显然不够全面，不便于读者对重组业务的理解。

借鉴国内外有关企业并购理论的研究成果，结合中国资产重组的实际情况，笔者对资产重组概念的界定如下：

1. 从资产重组主体、目的、内容、方法、法律形式等方面看，资产重组是指依据企业的拥有者、企业或企业外部的经济主体之间达成的契约，通过新设、增资、减资、合并、分立、转让、清算等方式对企业集团的组织架构、公司的股权结构、经营业务及相关资产的权属进行重新组合，以期达到公司运营效率最大化，投资资产价值最大化。

2. 从资产重组的业务实质上看，资产重组是指企业资产的拥有者、企业的控制者与企业外部的经济主体进行的，对企业资产的分布状态进行重新组合、调整、配置的过程，或对设在企业资产上的权利进行重新配置的过程。

3. 资产重组的法律形式有公司新设、增资扩股、股东减资、公司合并、公司分立、股权转让、公司清算七种，其他诸如兼并、并购、并购重组、增发、配股、借壳、买壳、资产剥离、债转股、回购、股权激励、股份制改造等，只是站在不同法律主体的角度对资产重组的习惯说法。

本书针对投资、并购、合并、分立、清算、资本结构调整的会计与税收问题进行研究。

二、资产重组的一般法律形式

资产重组的法律形式是指企业股权结构调整的具体方式。依据《中华人民共和国公司法》（以下简称《公司法》），企业资产重组的一般法律形式主要有下列几种类型：

1. **股权投资**，是指以现金或非现金资产投资，以取得被投资单位的股份，从而在未来可以获得被投资企业的利润分配或者通过转让股权获得投资收益。

2. **公司合并**，是指一家或多家企业将其全部资产和负债转让给另一家现存或新设企业，被合并企业股东换取合并企业的股权或非股权支付，实现两个或两个以上企业的依法合并。

3. 公司分立，是指一家企业将部分或全部资产分离转让给现存或新设的企业，被分立企业股东换取分立企业的股权或非股权支付，实现企业的依法分立。

4. 股权转让，是指企业的股东将其拥有的股权或股份，部分或全部转让给他人。

5. 增资扩股，是指企业向社会募集股份、发行股票，新股东投资入股或原股东增加投资扩大股权，从而增加企业的资本。

6. 股权重组，是指企业的股东（投资者）或股东持有的股份金额或比例发生变更。企业的股权重组，是其股东的投资或交易行为，属于企业股权结构的重组，不影响企业的存续性；企业不须经清算程序；企业的债权和债务关系，在股权重组后继续有效。

7. 公司清算，是指企业在不再持续经营，发生结束自身业务、处置资产、偿还债务以及向所有者分配剩余财产等的经济行为。

8. 债务重组，是指在债务人发生财务困难的情况下，债权人按照其与债务人达成的书面协议或者法院裁定书，就其债务人的债务作出让步的事项。

9. 企业法律形式改变，是指企业注册名称、住所以及企业组织形式等的简单改变，但符合其他重组的类型除外。

三、对资产重组相关专业名词的解释

以上关于资产重组的法律形式是以《公司法》的有关规定统一命名的，在目前资产重组的研究文献和我国现行行政法规、规章制度中，对专业名词的使用很不规范，令人费解。本书认为，以下常见名词应引起足够的关注：

1. 分公司与子公司。分公司是总公司成立的分支机构，分支机构需办理独立的工商登记，但总分公司是同一个法律主体；而子公司是由母公司出资成立的独立法人，母子公司是两个相对独立的法律主体。当一家公司既有子公司，也有分公司时，该公司既是分公司的总公司，同时又是子公司的母公司。

2. 资产调拨、无偿划拨、资产划转。

（1）资产调拨。资产在不同法律主体之间权属发生变更，有三种法律形式：一是转让；二是投资；三是捐赠。其中，投资是转让的一种特殊形式，是指受让方以本企业股权（权益工具）作为对价的资产转让行为。

资产调拨只能发生在同一法律主体内部，例如，A公司将产成品用甲仓库调拨到乙仓库，或者从甲分支机构调拨到乙分支机构。只有在同一法律主体内部的资产调拨或资产拨转才能是无偿的，因为资产的所有权没有转移，不需要支付对价。从财务处理的角度，如果要记账，也只能是借记"库存商品——甲仓库"，贷记"库存商品——乙仓库"。

（2）资产无偿划拨。资产无偿划拨是我国国有企业特有的重组形式。例如，国资委（或地方国资委投资成立国有资产经营有限公司，下同）将其直接控股一家公司的资产（实物或股权）转入到国资委直接控股的另一公司，财务处理时，一方减少资产和资本公积；另一方增加资产和资本公积。这种以资本公积作为对价的资产划转，其实是以权益工具作为对价，并非真正意义上的"无偿划拨"。

（3）税法中有关"无偿划转"和"资产划转"的概念。我国的契税税法中也多次涉及资产划转的概念，并且前后表述不一致。《财政部、国家税务总局关于企业改制重组若干契税政策的通知》（财税〔2003〕184号）和《财政部、国家税务总局关于企业事业单位改制重组契税政策的通知》（财税〔2012〕4号）将无偿划拨等同于资产划转，并且《国家税务总局关于全资子公司承受母公司资产有关契税政策的通知》（国税函〔2008〕514号）中将"无偿划转"的范围扩大到母公司用房地产对全资子公司增资。

3. 资产剥离与公司分立、资产转让。所谓资产剥离通常是指在企业股份制改制过程中将原企业中不属于拟建股份制企业的资产、负债从原有的企业账目中分离出去的行为。剥离并非是企业经营失败的标志，它是企业发展战略的合理选择。企业通过剥离不适于企业长期战略、没有成长潜力或影响企业整体业务发展的部门、产品生产线或单项资产，可使资源集中于经营重点，从而更具有竞争力。同时剥离还可以更有效地配置企业资产、提高企业资产的质量和资本的市场价值。

资产剥离是一个抽象的概念，资产剥离的具体操作办法有三种：直接将资产转让给另一法律主体，取得现金或非现金资产；以公司分立方式将资产剥离；将相关资产对外投资取得被投资企业的股权。

三种剥离方式的操作程序、会计及税务处理都有所不同。资产剥离与公司分立、资产转让的关系是抽象与具体的关系，是水果与苹果、桃子的关系。在涉及操作层面的税收法律文件表述中，必须明确资产剥离的具体法律形式。

4. 兼并、吸收合并与控股合并。吸收合并与控股合并的区别在于被合并企业法人资格是否注销，前者属于公司法中的合并业务，后者则属于长期股权投资业务，两者有着本质的区别，其操作程序、会计及税务处理均适用不同的政策。吸收合并、控股合并统称为兼并（或并购、并购重组）。实务中，有人对此不作区分，不少上市公司公告中把控股合并披露为吸收合并。

《税前扣除与投资改组业务所得税问题解析》（国家税务总局所得税管理司编写，世界图书出版社2001年版）一书对企业合并业务有这样一段描述"有的企业通过现金资产收购、承担债务或相互交换普通股实现合并。比如，新疆特变电工股份公司以承担债务方式兼并新疆电线电缆厂，北京双鹤药业股份公司以承担债务方式兼并昆山制药总厂；再比如，清华同方股份公司以增发新股与山东鲁颖电子股份有限公司的股东交换其持有的鲁颖公司的股票（折股比例为1∶1.8），实现吸收合并，这是中国第一例上市公司通过增发新股与非上市公司的股东交换普通股实现的吸收合并案，而且是非关联交易"。

上述资产重组业务中，新疆电线电缆厂、昆山制药总厂作为被兼并企业都保留了法人资格应属于控股合并；清华同方股份公司以增发新股与山东鲁颖电子股份有限公司的股东交换其持有的鲁颖公司的股票,该笔业务是山东鲁颖电子的股东用鲁颖电子的股权(股票)对清华同方增资扩股,对山东鲁颖电子的股东来说,这是一笔股权转让业务,同时又是一笔以非现金资产对外投资业务,对清华同方来说是一笔接受投资的业务,由于清华同方、鲁颖电子均保留法人资格,因而不属于吸收合并。

5. 公司分立与成立全资子公司。公司分立是指一家公司依照公司法有关规定,通过股东会决议分成两个或两个以上的公司。

分立企业的股东与被分立企业相同,分立企业与被分立企业是"兄弟"关系,而一家公司以现金、非现金资产出资成立全资子公司,属于投资业务,母公司是子公司的股东,双方是"母子"关系。分立与投资应采取不同的操作程序,其在会计、税务处理方面也有着严格的区别。

《税前扣除与投资改组业务所得税问题解析》(国家税务总局所得税管理司编写,世界图书出版社 2001 年版)一书中对公司分立有这样一段描述:"有的企业通过分离部分或全部资产为股东换取其他企业的股权实现企业分立。比如,银川化工厂将本身非独立核算的'安检车间'分立出去,成立全资子公司,等等。"这里,将投资成立全资子公司说成是公司分立是不确切的。股东与企业是两个不同的法律主体,股东财产与公司法人财产是两个不同的概念,二者不能相混淆。

6. 企业整体出售、产权转让、整体资产转让。

(1) 产权转让的概念。产权是以财产所有权为基础的,由所有制实现形式所决定的,受国家法律保护的,反映不同利益主体对某一财产的占有、支配和收益的权利、义务和责任。

平常所说的产权是指财产所有权和版权、商标专用权、专利权、专有技术使用权,其中财产所有权是指经政府管理机关登记注册的动产、不动产的所有权、土地使用权以及企业股权。产权转让是针对上述特定财产的转让行为。

实际操作中,应注意个人财产、企业法人财产、股东财产的区别,关键是要搞清楚资产权属的法律主体是谁,至于受让方支付对价的方式是什么,并不影响资产转让业务的定性。

(2) 税法中有关"企业整体出售"、"产权转让"、"整体资产转让"的概念。在政府部门出台的有关税法文件中经常出现"企业整体出售"、"产权转让"、"整体资产转让"等名词,而且口径不一,实际操作中屡有争议。主要有:

《财政部、国家税务总局关于企业事业单位改制重组契税政策的通知》(财税〔2012〕4 号)中将国有、集体企业清算表述为"国有、集体企业整体出售"。

《国家税务总局关于纳税人资产重组有关增值税问题的公告》(国家税务总局公告 2011 年第 13 号)规定"纳税人在资产重组过程中,通过合并、分立、出售、置换等方式,将全部或者部分实物资产以及与其相关联的债权、债务和劳动力一并转让给其他单位和个人的行为，不属于增值税征收范围"。公告将"出售"和"置换"纳入资产重组行为很容易产生纳税争议。

《财政部、国家税务总局关于企业资产评估增值有关所得税处理问题的通知》（财税〔1997〕77号）将股权转让表述为产权转让。

《国家税务总局关于企业股权投资业务若干所得税问题的通知》（国税发〔2000〕118号）将整体资产对外进行股权投资表述为整体资产转让。

7. "资产置换"、"整体资产置换"。《国家税务总局关于纳税人资产重组有关增值税问题的公告》（国家税务总局公告2011年第13号）和《国家税务总局关于企业股权投资业务若干所得税问题的通知》（国税发〔2000〕118号）中均涉及资产置换的概念，前者还涉及债权、债务、劳动力转移问题，后者则不涉及。

8. 配股、定向增发。配股是指上市公司向原普通股股东按其持股比例、以低于市价的某一特定价格配售一定数量新发行股票的融资行为。按照惯例，公司配股时新股的认购权按照原有股权比例在原股东之间分配，即原股东拥有优先认购权。

定向增发，也叫非公开发行，它具有定向发行和增发两层涵义，国外常称作private placement，private offerings等。中国台湾学者将其归于私募，称为公开上市公司私募。而根据中国证监会发布的《上市公司证券发行管理办法》第三十六条的规定，定义为上市公司采用非公开方式，向特定对象发行股票的行为。

配股与定向增发，对上市公司来说，都是以增资扩股方式接受投资。

9. 买壳和借壳。买壳上市又称"后门上市"或"逆向收购"，是指非上市公司购买一家上市公司一定比例的股权来取得上市的地位，然后注入自己有关业务及资产，实现间接上市的目的。借壳上市是指一家集团公司将相关资产、业务注入集团已控股的上市公司。

借壳上市和买壳上市的共同之处在于，它们都是一种对上市公司壳资源进行重新配置的活动，都是为了实现间接上市，它们的不同点在于，买壳上市的企业首先需要获得对一家上市公司的控制权，而借壳上市的企业已经拥有了对上市公司的控制权。买壳上市一般可分为买壳、借壳两步走，即先收购控股一家上市公司，然后利用这家上市公司，将买壳者的其他资产通过配股、收购等机会注入进去。在操作上，对买壳者（大股东）来说，买壳、借壳是以购买股权和增资扩股方式取得上市公司的股份。

10. 撤回或减少投资。企业处置股权的方式有三种：全部或部分转让股权、以减资方式全部或部分退出、以公司清算方式收回投资。转让股权与减资、清算的税收待遇不同。

《国家税务总局关于贯彻落实企业所得税法若干税收问题的通知》（国税函〔2010〕79号）和《国家税务总局关于企业所得税若干问题的公告》（国家税务总局2011年第34号）将股权转让与撤回或减少投资区别对待。34号公告中提及的"撤回或减少投资"应当理解为清算或减资。

11. 送股、转股、派现。送股,也称送红股,是指上市公司将本年的利润留在公司,发放股票作为红利。送股后,公司的资产、负债、股东权益的总额结构并没有发生改变,但总股本增大了,同时每股净资产会降低,股价也相应下降。

转股,也称转增,是转增股本的简称。转股是指公司将资本公积金转化为股本。转增股本并没有改变股东的权益,但却增加了股本的规模,结果与送股相似。资本公积金较高的公司转增可能性较大,转增会摊薄每股盈利,同样也会摊薄股价。

派发现金红利和送股,是上市公司分配利润的两种形式。与送股不同的是,派发现金红利是以现金红利的方式来实现对股民的投资回报。

12. 股权收购与资产收购。在有关并购业务的学术著作中,股权收购和资产收购是以收购股权支付对价的方式,即以本公司股权作为对价的,称之为股权收购;以现金、非现金资产(含投资资产)作为对价的,称之为资产收购。但在《财政部、国家税务总局关于企业重组业务企业所得税处理若干问题的通知》(财税〔2009〕59号)等企业所得税文件中,所说的股权收购和资产收购是相对于标的物而言的,即股权收购是指收购一家公司的股权,对价支付给被收购企业的股东;资产收购是指收购一家公司的资产,对价支付给转让资产的公司。确切地说,股权收购是资产收购的一种特殊形式,如果一家公司的资产为若干家企业的长期股权投资,若以该公司持有的长期股权投资作为标的物,这样的收购业务既是股权收购,又是资产收购。

13. 资产重组、资本经营、资本运营、资本运作。资本经营、资本运营、资本运作都不是某种具体的资产重组法律形式,而是泛指投融资业务。资本经营一词很中性,资本运营具有运筹、谋划之意,而资本运作具有贬义。资产重组是资本运营的途径之一,有关操作程序、会计、税务处理需要看资产重组工具所对应的法律形式。

第四节　国内外研究概况

资产重组是规模企业经营管理过程中无法回避的重大事项,研究资产重组的学者趋之若鹜,他们从资产重组的动因、效应等方面展开研究并取得丰硕成果,其中,不少研究成果已经被政府部门制定政策、企业实务操作所吸收和运用。相对于宏观层面,对资产重组的会计与税务的理论和应用研究成果较少,究其原因是许多关键问题有待解决,如资产重组法律形式的界定、资产重组税收立法精神、资产重组涉及相关税种的处理。为此,本部分根据国内外有关研究文献,对资产重组会计、企业并购税收政策、企业并购税收筹划的相关研究进行归纳与评述。

一、上市公司资产重组会计的研究

(一) 国外研究概况

国外学者对资产重组的研究成果主要体现在企业并购的财务效应方面,他们通常采用事件研究法,根据股票的价格起伏波动来判断重组是否给上市公司的股权所有者带来了超过正常收益的多余收益。如果股票的涨价幅度超过了正常股票的涨价幅度,就表明重组给企业带来了多余的收益。

Stulz、Poulsen 和 Lang (1995)[1] 选取了从 1994 年开始以后 4 年内出售大额资产的上市公司,通过分析样本得出的结论是:在上市公司准备出售资产并且许诺会将出售的利得分配给股东的前提下,股票价格通过资产重组的行为会出现看涨的势态,并且这种关系非常明了。

Sehwert (1996)[2] 研究了上千个并购重组的样本后,认为目标公司因为并购重组事件得到了相当可观的利益,收益涨幅基本上在 30% 以上,但收购公司并没有因为收购活动得到好处,甚至没有得到一点好处。

Harley、omesh 和 Jayant (2000)[3] 通过对收集到的样本数据进行研究认为,如果在并购的过程中出现了内部持股现象,会影响并购效果,所占的比例越大,产生的经济效益越不明显,但并购双方所获得的利益有些许的增加。因此得出收购公司的股东相对于目标公司股东将得到更多的财富。如果收购公司本身是一个多元化的大公司,并购后参与并购公司的总财富将会增加,这些增加额将会在并购企业与目标企业之间进行分配;如果收购公司是一个业务单一的公司,并购可能会使收购公司的财富减少,因为新的业务与原有业务的融合需要一定的时间。但对于目标公司来说,并购本身就会为它带来收益,因此目标公司的财富会增加。

Bruner (2002) 通过对从 1977 年至 2002 年期间的前人所运用的会计研究法的会计指标进行汇总分析,研究得出的结论和事件研究法的结果基本一致。

Klaus Gugler 等 (2003) 分析了全世界过去几年收购的效果,结果显示平均而言,收购导致了利润的显著增加。大部分大公司的收购减少利润和效率,而大部分小公司通过收购增加利润,改善资本配置效率。

(二) 国内研究概况

由于我国证券市场建立较晚,因此我国学者对于企业资产重组的研究较晚,

---

[1] Lang, L., A. Poulsen, and R. Stulz, 1995, Asset sales, firm performance, and the agency costs of managerial distcretion, Journal of Financial Economics37, 3-27

[2] Sehwert, G. The Adjustment of stovk prices to information about inflation [J]. Journal of Finance, 1996 (36)

[3] M. Jayant, Omesh, Harley. Takeovers and Mergers: Should we be concerned? Journal of Financial Economics, 2000, 58 (1): 15-42

研究主要集中在如何通过产权重组，盘活存量资产，优化资源配置，从而提高市场竞争力及经济效益方面。资产重组中的财务会计、资产评估以及资产重组中的法律问题也是现今学者们着重研究的问题。我国学者从不同的角度、运用不同的方法进行研究，具有代表性的研究成果主要有以下方面：

1. 资产重组会计理论研究。陈信元、原红旗（1998）[1] 全面分析了上市公司资产重组中的财务会计问题，将资产重组的形式分为收购兼并、股权转让、资产置换及转让资产，分别阐述了各种方式下存在的会计问题以及资产重组中的一些共性问题，如重组中资产的公允价值的确认和计量问题，并且提出了一些建议来解决财务会计问题。

蒋亮明（1998）论述了实践中的资产重组业务使得一些会计问题的边界发生了改变，也导致了一些会计主体的灭亡，同时由于资产重组的结果具有不确定性，导致会计假设包括会计主体、会计分期和持续经营受到了挑战，使会计计量原则与计量方法与普通会计业务存在不同。

陈一江（1998）[2] 论述了资产重组业务的发展加剧了会计环境的不确定性，因此应当对稳健性原则运用的条件和范围进行修订，以适应时代的发展。

杨有红（1999）[3] 论述了在资产重组的过程中运用公允价值的必要性。在资产重组业务对会计持续经营假设的冲击下，信息使用者更多关注资产的公允价值，因此应当修订历史成本原则，广泛应用公允价值原则。并且有证据表明某一会计主体不能持续经营的情况下，由于历史成本和公允价值所确认资产的机制不同时，应当有独立的第三方中介机构对资产进行评估以确定资产的公允价值。

周晓苏（2000）[4] 在分析一些资产重组的案例中发现，个别股东破坏公司的法人制度，使债权人及中小股东的利益受到侵害。产生的会计问题是会计主体假设在一定范围内不能成立或者部分不能成立，这就使以前期间在会计主体假设及持续经营假设的前提条件下确认和计量的收入、费用和利润不成立或部分不成立，因此应当对基本会计假设进行修订。

邓小洋（2000）[5] 提出在资产重组中，若形成一个新的会计核算主体，可以用重新开始法进行核算。这种方法使用购买日资产的公允价值作为资产的期初数，将新的会计核算主体作为一个报告主体。

黄菊珊（2001）主要论证了美国的下推法会计核算方法不适用于我国的国情。在我国的经济环境下，使用下推会计可能会出现利用下推会计进行资产重组来操纵利润的现象。因此应当对下推会计明令禁止，以维护我国资产重组的

---

[1] 陈信元，原红旗. 上市公司资产重组财务会计问题研究 [J]. 会计研究，1998（10）：2-10
[2] 陈一江. 谋取协同价值：一种常见的企业兼并动机、兼并企业兼并中的"协同效应" [J]. 冶金财会，1998（9）：14-15
[3] 杨有红. 企业并购中会计若干问题探讨 [J]. 南开管理评论，1999（3）：12-21
[4] 周晓苏. 公司法人格否认会计问题研究 [J]. 会计研究，2000（1）：20-23
[5] 邓小洋. 企业并购的财务学思考 [J]. 浙江财经学院学报，2000（2）：58-61

经济环境及保证会计信息的真实性、准确性。

黄世忠（2001）①指出：剥离与模拟是资产重组业务的新形式，但这种形式从根本上动摇了会计信息的真实性。公司通过剥离与模拟的方式进行重组上市，但如果出现业绩滑坡，公司就通过配股、增发来筹资以增量掩盖存量的不足。如果一直延续剥离与模拟的状态，表面上导致上市公司只盈利，不亏损，但这种利润并不是财务会计上的会计利润。剥离与模拟形式使企业的经营业绩及会计的可比性受到破坏。

并购会计处理方法的税收问题，夏宗华认为，购买法对纳税的影响主要有三种：利用未来利润补亏的可能性增大潜在的节税作用；增加并购价值，加大资产的未来折旧额；并购企业要按公允价值记录取得的被并购方资产与负债，并购成本超过取得净资产公允价值的差额确认为商誉，并在规定的期限内摊销，加大了并购企业未来的经营成本，减少了企业未来的利润，从而实现了节税的目的。为了更好地对两种会计处理方法进行优化设计，黄萍（2005）对两种会计处理方法进行了比较，这为加强企业更新纳税观念，促使企业并购行为的合理化提供了一定的借鉴。

2. 资产重组应用研究。原红旗、吴星宇（1998）②选用了会计评价指标的一部分指标对1997年重组的上市公司进行了探析，得出结论：资产重组的方式以及关联方交易会影响重组当年上市公司财务指标的变动。

王跃堂（1999）③选取了在1997年具有代表性的进行重组的上市公司，试图得出关于资产重组中关联方交易对重组结果的影响，结果发现：资产重组的绩效并不因为存在关联方交易而受到影响。

大鹏证券研究所以1998年深沪上市公司进行重组的公司为样本，对重组当年的绩效进行了实证研究。构建了样本公司在重组前后的财务比率分析得出结论：不同的资产重组方式会影响资产重组的效果，因此资产重组中企业并购、股权置换、对外转让资产等方式的财务指标各有不同。

冯根福和吴林江（2001）④研究了1994~1998年我国的上市公司，对它们重组后的经营情况及效果进行了分析。他们的主要成就是构造了公司绩效的综合评价函数，从函数的评价结果得出我国当时的重组还未取得真正的成功，因此我国的资产重组处于投机性重组阶段。

李善民、王彩萍和曾昭灶等（2004）⑤对1997年以后至2004年以前进行重组的上市公司进行观察、调查和分析，对这些公司重组当年与重组后3年的财务数据使用主成分法进行分析，得出不同资产重组的方式导致资产重组的结

---

① 黄世忠，孟平. 合并会计报表若干理论问题探讨 [J]. 会计研究, 2001 (5): 18 - 23
② 陈信元，原红旗. 上市公司资产重组财务会计问题研究 [J]. 会计研究, 1998 (10): 2 - 10
③ 王跃堂. 我国证券市场资产重组绩效之比较分析 [J]. 财经研究, 1999 (7): 53 - 59
④ 冯根福，吴林江. 我国上市公司并购绩效的实证研究 [J]. 经济研究, 2001 (1): 54 - 68
⑤ 李善民，王彩萍，曾昭灶等. 中国上市公司资产重组长期绩效研究 [J]. 管理世界, 2004 (9): 131 - 136

果不同。

周文泳、尤建新（2006）① 运用七项财务指标对我国 2001～2003 年进行资产重组的公司进行样本分析，得出现阶段的资产重组后的上市公司的经营业绩并没有因为重组活动而得到明显的改善的结论。

王福胜、李励（2008）② 运用营运能力、营利能力、成长能力等 9 项财务指标进行分析，得出上市公司在资产重组后当年的财务指标明显好转，但这些指标的增长并不能长期维持，上市公司的成长能力并没有真正的得到提高的结论。

从以上研究可以看出，我国学者对资产重组的研究主要集中在重组绩效的实证研究方面，这也是由我国的国情及现在的经济环境决定的，并且对于上市公司资产重组问题的认识还处于逐步完善的进程中。

二、企业并购税收问题的研究

（一）国外研究概况

主要市场经济国家企业并购的税收政策大致分为对立的两类：支持给予税收政策激励企业并购的理论支持和反对给予税收政策激励企业并购的理论支持。

根据 Eekbo（1983）的税收协同效应理论（The theory of tax synergies）观点，企业并购可以使得避税得到更好的利用，税收所发挥的作用在一定程度上代表了资源从政府征税者（实际上是一般公众）到公司再分配的转移（Shleifer and Summers，1988）。琼斯河塔格特（1984）③ 认为，企业不同的所有权形式代表着所有者不同的税收等级。

奥尔贝奇和理苏斯的观点认为，运用税收激励的资产重组可能会通过消除税收方面的损失而促进更有效率的行为。詹森的"自由现金理论"、"受困权益模型"、"税收假说"和"委托代理理论"，都倾向于资产重组的税收政策导致的重组交易动因。

反对给予税收激励政策的学者认为，资产重组中的要约溢价主要来源于税收节约，税收引致的财务协同效应对公司投资决策产生影响，这种税制的"中性"将导致私人收益和社会收益的偏离，产生效率损失。

（二）国内研究概况

从企业并购的财务动因来看，通过形成财务协同效应获得税收收益是企业

---

① 周文泳，尤建新，武小军. 中国上市公司资产重组绩效实证研究 [J]. 同济大学学报（自然科学版），2006（01）：139 - 142

② 王福胜，孙逊，李励. 我国上市公司资产重组绩效的实证研究 [J]. 会计之友，2008（1）：80 - 83

③ Maid, S. and S. Myers. Valuing the Government's Tax Claim On Risky Assets [J]. Working Paper, M. I. T November 1984：126 - 127

并购的重要动因之一。持有该观点的学者有王琰[①]、孔有田。

在税收协同效应的实证研究方面，陈珠明[②]（2003）通过四个计量模型对上市公司并购亏损企业进行了研究，得出并购上市公司的税务协同效果并不明显的结论。王宏利（2005）[③]通过研究 Congoleum 公司管理层融资收购案例，论证了折旧产生税收效应的结论。

1. 关于并购类型的税收问题。横向并购一般不会改变并购企业纳税税种的多少，但由于并购后企业规模相应扩大，这类并购可能会使纳税主体的属性发生变化。

孔有田（2006）[④]认为纵向并购使企业的经营范围延伸到了其他领域，因而往往伴随着新税种的出现和纳税环节的相应增加或减少。

混合并购是业务或行业之间没有任何联系的企业之间的并购，其结果往往涉及新的税种，纳税主体的属性也可能发生很大变化（钱建忠，2004）[⑤]。

2. 关于出资方式的税收问题。在以换股方式进行并购中，由于卖方企业的股东得到的是兼并方的股票，交易双方的股东未收到现金，税法上不确认资本收益，因而这一过程通常是免税的。持有该观点的学者有蒋泽中（2003）[⑥]和孔有田（2006）等。

进行综合收购的好处是：向目标公司的股东发行债券，以此来换取目标企业股东持有的股份，使并购企业达到控制目标企业的目的，目标企业的股东变为收购方的债权人。这样可以为收购方节省大笔税收支出，因为债券利息可以在税前扣除（夏宗华，2006）[⑦]［股东持有这些债券的资本收益，一般要等到这些债券转化为普通股之后才能兑现。由于资本收益延期偿付，可以少付资本收益税（蒋泽中，2003）］。

3. 并购融资方式的税收问题。孔有田（2006）认为并购企业采用债务融资以充分利用其利息抵免税收的特点，在整体上降低了企业的融资成本。但是如果采用过多的债务也有不利的结果：一方面会加大企业的财务风险，债务利息的抵免利益会被财务危机成本所抵消，有时反而得不偿失（孔有田，2006）。尤其是杠杆收购这种方式，如果并购后收购公司经营出现问题，影响到收购公司的偿债能力，则并购公司要承担因债务过高所带来的风险，甚至会使并购公司陷入深重的债务危机之中（孔有田，2006）。

4. 利用目标企业财务状况进行避税。根据我国税法的规定，亏损企业不仅在亏损期内不必缴纳所得税，并且可以用以后 5 年内的税前盈利填补前期的亏

[①] 王琰. 企业并购财务动机分析［J］. 营销策略，2001（9）：26 – 28
[②] 陈珠明，赵永伟. 企业并购：成本收益与价值评估［M］. 北京：经济管理出版社，2003：143 – 269
[③] 王宏利. 企业并购绩效与目标公司选择［M］. 北京：中国财政经济出版社，2005：117 – 118
[④] 孔有田，李伯圣. 论公司并购过程中税收筹划［J］. 税务研究，2006（5）：201 – 202
[⑤] 钱建忠. 论税收筹划在公司并购中的运用［J］. 扬州大学税务学院学报，2004（4）：34 – 36
[⑥] 蒋泽中. 企业收购与兼并［M］. 北京：中国人民大学出版社，2003：122 – 137
[⑦] 夏宗华，万小暇，祝绍雪. 浅谈企业并购中的纳税筹划［J］. 税务研究，2006（5）：78 – 80

损数额。因此,盈利潜力较大的企业往往希望通过并购一个具有相当数量亏损的企业来达到减免所得税的目的(蒋泽中,2003)。

即使两个都盈利的企业发生兼并,也可能产生所得税规避的效果。因为从长远看,企业的收益是波动的,绝大多数企业都是处于盈亏交替状态中,所以,一个企业的收益会因另一个企业的亏损而抵消或降低,这将带来税收的节省(刘颖,2006)。

三、企业并购中的税收筹划研究

(一)国外研究概况

国外有关企业并购交易的研究在几次并购浪潮的影响下得到了充分的发展,几次大的税法变革,特别是美国1986年税收法案为企业并购的理论研究提供了理想的研究环境。在美国1986年的《税收改革法案》颁布之前,美国的立法者、学者和财经媒介人员宣称是税收促使人们合并和收购。该法案颁布后消除了许多可在合并和收购中获得的潜在税收利益。

澳尔巴奇和雷萨斯(1986)① 在对1968~1983年间发生的318项兼并案例的研究中发现,近20%的兼并主要是由于税收原因引起的。税收不可避免但是可以筹划,通过合理筹划,企业可以获得巨大的节税利益。Myron S. Scholes 和 Mark A. Wolfson(1990)② 在对美国1980年以来发生的并购重组活动研究后指出:税收制度的变化对美国并购重组活动的影响是排在第一位的。1986年美国的税制改革大幅度地限制了税收在资产出售以及并购方面的激励措施,从而限制了美国公司间的并购交易,但却对美国公司收购国外公司的交易起到了推动作用。

对并购的税收效应的研究始于 Eckbo(1981),他认为税收效应在一些并购中起到重要的促进作用,其主要观点是通过并购使得税盾的效应更加明显。一些并购活动可能是出于税收最小化方面的考虑。利用税法中亏损递延条款达到合理避税的目的,还可以通过企业资产价值的增值带来折旧的增加,产生更多的折旧避税额,也可以将一般收入转化为资本利得从而避免交纳普通个人所得税的红利所得等。杠杆收购的价值增值也主要来源于避税效应,这种方式的收购交易通过对资产的重新估价以获得更大的折旧避税。此外,高度的财务杠杆也是来源于利息的避税效应。即使是为了其他目的而进行的并购,人们也会调整交易方式以求在遵守税法的前提下,尽可能地增加纳税优惠和减少税负。此后很多西方学者从不同角度对并购的税收效应进行了研究,期望找出能影响并

---

① Auerbach, J and D. Reishus. Taxes and Merger Decision: An Empirical Analysis [J]. Working Paper No. Cambridge, MA: National Bureau of Economic Research, March, 1986: 56 - 65

② Myron S. Seholes and Mark A. Wolfson. The Effects of Changes in Tax Laws Oil Corporate Reorganization Activity [J]. Journal of Business, January, 1990: 42 - 45

购的关键税收因素。经过整理发现获取税收效应的主要途径包括：

第一，目标企业的税收属性的递延。公司形式具有许多税收属性，即公司依据其性质、所在行业、所在法域等所具有的税收意义上的特性进行合理避税，例如，该公司的会计方式、其历来享受的税收优惠、其可能享受的亏损递延弥补等，一家正收益的企业可以通过并购一家有累计税收损失和税收减免的企业达到节税的目的。

Niden（1988）对1963~1984年间近700个并购案例进行了分析，他侧重于考虑目标公司股东的税收属性对并购交易类型的影响。他认为，目标公司股东的税收属性对并购交易没有影响。但 Hayn（1989）[1] 对1986年税收改革方案之前的并购案例进行分析研究后，提出了与 Niden 不同的结论。她认为，在免税并购交易中，可向以后年度抵减的净经营亏损和享受的纳税减免中获得的潜在税收利益影响了并购双方的收益。在应税并购交易中，被并购方股东的资本利得税和被收购公司资产计税成本增加所带来的潜在税收利益也会影响并购双方的收益。由此，被收购公司股东的税收属性对并购交易是有影响的。Plummer 和 Robinson（1992）认为被收购公司的净营运损失不会影响并购溢价。

上述研究认为，只有收购公司有正收益才能合法避税。但 Maid 和 Myers（1984）[2] 认为，即使两家企业都有当前利润，其兼并同样可以减少未来的纳税义务。因为并购后现金流量的变动性降低。在未来时期内，一个公司的利润将会因另一公司的损失而抵消或有所降低，这将带来税收节约。因此，如果两公司间现金流的相关性很小，这一效应就会较大。企业现金流量的分散性会通过这一税收效应影响公司的价值。这种节约是政府非对称性征税的结果，政府分享营业收入但不承担营业损失。政府的税收要求权相当于一个对每年营运现金流量买入期权的组合。当公司有收益时，政府就行使该期权，并对企业收税，否则政府便放弃期权。

第二，子公司资产计税成本的变化。若公司间的现金和非股票有价证券交易价格超过了总购买价格的法定比例，其将被视为应税交易。股东的收益（或损失）等于其所分配到的资产的公允市价与其调整后的股票价值的差额。收购公司可以提高或逐渐将收购企业的资产计税成本增加至公允市价，并且在这一新的基础上提取折旧费。因此，被收购企业资产计税成本的提高导致更高的现金流量，同时也可能会降低到资产处理时所能实现的收益。缓解此种税收刺激的一个因素是卖出企业可能由于重获的折旧而缴纳一定的税款；另一个因素是在任何购买价格超过被收购企业资产价值的公允市价部分，均作为商誉载入收购企业的资产负债表之中，商誉将在不超过40年的时间内进

---

[1] Hayn, C. Tax attributes as determinants of shareholder gains in corporate acquisitions [J]. Financial Economics, Vol. 23. 1989. 121 – 150

[2] Maid, S and S. Myers. Valuing the Government's Tax Claim On Risky Assets [J]. Working Paper, M. I. T November 1984：126 – 127

行摊销,这种摊销是不能进行税收抵减的。

琼斯和塔格特(1984)提出了企业所有权的生命周期模型。当一项资产(一家公司)年轻时,其折旧费和其他税收抵扣额会超过其税前现金流量。在此阶段,公司应该采取合伙企业的形式,由较高税收等级的投资者持有。当公司到达一定的阶段,即当公司的折旧避税很小以至于在提取折旧后会留下正的但数额不大的营业利润时,若公司税率低于高税收等级投资者的所得税率,公司的所有权就可能是最优的。当公司变"老"时,折旧进一步降低,税前现金流量增加,公司的税收负担沉重。这时公司可以由低税率的投资者,如特许权信托所有。此外,公司还可以与其他公司合并以达到使资产税基逐渐增长的目的。

第三,以资本利得替代一般收入。一个内部投资机会较少的成熟企业收购一家成长型企业,可以为被收购企业提供必要的资金,否则,这些资金就必须作为应缴纳一般所得的股利支出。之后收购企业便可以将被收购企业售出以实现资本利得。类似的,一个成长速度变慢,且其收益的留存不能被国内税务部门认为是正当的企业,可以将自己售给一个出于投资的目的而欢迎内部现金流量增加的企业。这一交易通常通过免税的有价证券进行,这将是一个资本利得,且企业主可以对实行收益的时机进行选择。尽管大多数并购交易都不是始于税务动因,大家对决定并购交易行为的影响因素的认识也不是很统一,但从中我们可以看出税收效应尤其是税收减免政策一直是企业并购中的重要考虑因素,企业可以通过纳税筹划达到合理避税的目的。

(二)国内研究概况

与西方发达国家有着不同的背景和市场环境,我国企业并购主要是出于政策层面和体制改造层面的,税收因素对我国企业并购的影响大于西方发达国家。

我国学者对于并购交易的税收问题研究大部分是规范性研究。

徐玮(2003)[①]和邓远军(2005)[②]均认为,对任何并购而言,税收几乎都是一个绕不开、需要认真关注的问题,并购者为实现并购目的往往有多种交易方案可供选择,取舍方案的标准有多重性,其中之一,便是考虑交易对并购者(或目标公司的)会计处理及纳税的影响如何,该影响是否为其所期望的、需要的或能够接受的、承担的。当并购十分注重并购过程中的效益、成本与效果控制时,便会考虑将财税影响与并购目标放在同等实现的位置上,并购过程实则演变为以既定财务效果为核心的方案设计规划。

李友元[③]认为,税收在并购中起重要的作用。企业在进行并购交易时,要考虑并购交易中可能涉及的税收利益、并购交易方式的税收特点和选择、并购

[①] 徐玮. 中国并购评论[M]. 北京:清华大学出版社,2003:46-47
[②] 邓远军. 中国并购评论[M]. 北京:清华大学出版社,2005:79-81
[③] 李友元. 并购活动中的税务安排[J]. 新理财,2004(2):26-29

交易的会计处理三个方面的问题，对企业并购中的税收成本进行筹划。

黄黎明[①]认为，并购是一个相当复杂的过程，而并购成本（包括税收成本）的高低直接影响到并购能否成功。因此，在企业并购过程中进行税收筹划，从税收的角度尽量降低并购成本具有重要的实践意义。并购的类型、并购的出资方式、并购的融资方式是企业并购过程的必要的三个阶段。考虑到不同的财务目标，我们可能选择出不同的税收筹划方案。有时，这些方案之间甚至会互相矛盾。因此，在进行税收筹划时，必须综合考虑各种因素才能选出就整体而言最优的方案。

四、研究文献评述

根据上述文献概况可知，国内外对企业资产重组的会计与税务问题研究主要集中在企业并购层面，并且主要针对股权并购方式下投资方的会计与税务问题展开研究。对于吸收合并、新设合并、公司分立、资产收购等资产重组行为的会计与税务问题鲜有涉及。概括起来，现行国内外对企业并购的会计与税收问题的研究成果主要有以下几点：

第一，企业并购行为对上市公司股价具有刺激作用，无论是上市公司作为并购主体还是并购上市公司这一点都体现得较为明显。在资产重组方面的会计理论研究成果主要集中在会计假设、资产计量、商誉的会计处理方面，笔者注意到研究者大多忽略了税法规定与会计核算的差异，并购会计方式的选择并不能改变并购方或被并购方的纳税义务，例如税法规定，被并购方的亏损只能由被并购方用以后的税前利润弥补，而不能由投资方弥补；被并购企业资产的会计计量无论是否允许按公允价值计量，在计算企业所得税时仍应以原计税基础确定，企业按照评估价格调整资产的账面价值而多计提的折旧或摊销额不得在税前扣除。

第二，并购的税收效应是企业并购的动因之一，由于杠杆收购的利息允许在税前扣除，并购方通常采取债务融资方式实施并购，但过度的负债也会增加并购方的财务风险甚至造成财务危机。

第三，在利用并购进行税收筹划方面，大多学者都认为尽管税收筹划并不是企业并购的唯一动因，但并购行为仍是税收筹划的手段之一，但在具体做法和税法依据方面缺少说服力。

第四，对于企业并购的税收问题大多局限于并购行业企业所得税的影响，对流转税、土地增值税、契税等问题缺少关注。

综观国内外研究成果，一是在研究范围上具有局限性，对资产重组的各种法律形式及相关税种系统研究方面有所欠缺；二是在研究并购会计与税法的关系方面忽略了税法与会计的差异；三是对企业并购行为税收风险的防范与规避

---

① 黄黎明. 企业并购中的税收筹划 [J]. 涉外税务，2002（4）：59-61

等方面缺少深入研究。总体来说,在并购理论与实务结合方面有所欠缺,但国内外的理论研究成果为本书的研究提供了一些重要思路。

第五节　研究框架与研究方法

一、研究框架

会计与税收是企业资产重组行为中的法律层面问题,以美国为首的市场经济发达国家在这方面相对成熟,形成了相对完善的法律、法规体系。在我国,随着改革开放的推进和市场经济的发展,资产重组也越来越频繁,影响越来越深入,财政部、国家税务总局在参照国际会计准则、外国税制(主要是美国)的基础上,对股权投资、公司合并、破产清算等问题先后出台了相关会计准则、税务处理办法。但由于我国对企业重组业务的会计、税收问题研究起步较晚,加之经济基础、法规配套等方面的差异,实践中遇到的问题层出不穷,使得企业重组方面的财税政策不得不"头痛医头、脚痛医脚"。企业重组行为需要一个完善的会计、税收法律、法规体系。

综观目前的研究成果,从介绍企业重组的具体法律形式上来看,多数内容停留在理论层面,对应用研究较少;对资产重组的法律形式研究不足,特别是对混合重组行为缺少研究;对重组中的相关法律、法规与会计和税收之间的衔接问题研究不够;对重组业务涉及的企业所得税问题研究较多,对自然人股东的个人所得税研究较少;对重组业务中相关法律主体涉及的流转税问题研究比较模糊,征税与不征税的理论论据阐述不够充分。总体来看,当前研究成果多数都是从管理学角度进行研究,抑或针对会计、税收领域的个别问题进行专题论述,缺少对投资、并购、合并、分立、清算等具体会计与税务问题进行系统研究的成果。在此背景下,本书以资产重组的理论为基础,在界定资产重组法律形式的基础上,从理论上分析资产重组的会计与税务问题,从而为完善资产重组的会计与税收制度提供理论的和经验的证据。全书共分为九章,具体内容安排如下:

第一章是导论。主要阐述本课题的研究背景,并介绍研究视角、研究范围、研究理论与实践意义、研究思路与方法、研究框架和主要内容、国内外研究概况、创新点与不足等。本章是全书的起点,搭建了以后章节的逻辑分析框架,确立了具体的研究方法体系,并通过评述前人的研究成果,得出本课题研究的重点以及研究意义和价值。

第二章是资产重组的理论基础与国际税制借鉴。本章阐述了资产重组会计与税务问题研究的基本理论,包括企业并购理论、财税协同效用理论、税务协同效用理论、资产重组税收制度基本理论,并以部分发达国家资产重组的税收制度为参考研究了我国税收制度可以借鉴的内容。本章为第三章至第十二章的研究提供理论基础。

第三章是资产重组在集团运营管理中的应用。本章阐述了商业模式、资本运营与资本重组的关系,包括商业模式设计与创新、资本运营的原理与路径、资产重组原理与方案设计。

第四章是资产重组的会计问题。本章重点对会计学对企业并购的定义、资产重组会计及相关概念、企业并购会计、企业清算会计等方面进行了理论分析,为第四、五、六、七、八章有关资产重组的税收与会计的差异提供了理论分析框架。

第五章至第十二章是基于资产重组法律形式的税收问题研究,各章内容相互独立。第五章是融资业务的会计与税务问题,本章重点研究了融资方式与融资渠道、各种融资方式下的会计与税务处理、融资业务税收政策存在问题与政策建议。

第六章是投资业务的会计与税务问题,本章重点研究了长期股权的会计与税务处理差异、股权投资业务需要明确的9项税收政策及需要修订的8项税收政策。

第七章是股权收购与资产收购的会计与税务问题。本章从股权收购与资产收购的比较分析入手,重点研究了股权收购和资产收购有关税务处理存在的问题,提出了股权收购与资产收购业务需要完善的10个方面的税收问题,并对股权收购业务税务风险的防范措施方面提出了10点建议。

第八章是境外所得的税收抵免,本章重点讲解了居民企业和居民个人境外所得的税收抵免办法。

第九章是资本结构调整的会计与税务问题。本章重点研究了股权分置、债务重组、跨境重组、股权激励、中央企业重组上市等资本结构调整过程中的税务问题,并对与资本结构调整涉及契税、个人所得税等问题进行了系统研究。

第十章是公司合并的会计与税务问题。本章重点研究了公司合并的类型、合并业务的会计与税务处理差异、公司合并税收政策存在的5项问题及对策。

第十一章是公司分立的会计与税务问题。本章重点研究了公司分立的类型、分立业务的会计与税务处理差异、公司分立税收政策存在的6项问题及对策。

第十二章是企业清算的会计与税务问题。本章从企业清算程序入手,研究了企业清算的会计及税务处理办法,并对企业清算的税务管理现状及对策提出建议。

第十三章是研究结论与对策建议。本章是对本书研究成果的总结,根据以上章节的研究归纳本书的结论,并向企业和税务机关、准则制定机构等政府部门提供政策与建议。

第十四章是资本交易税收案例分析。本章选取的案例较为典型,分析具体,旨在帮助读者更深入地理解全书内容。

本书研究路径结构图如图1.1所示。

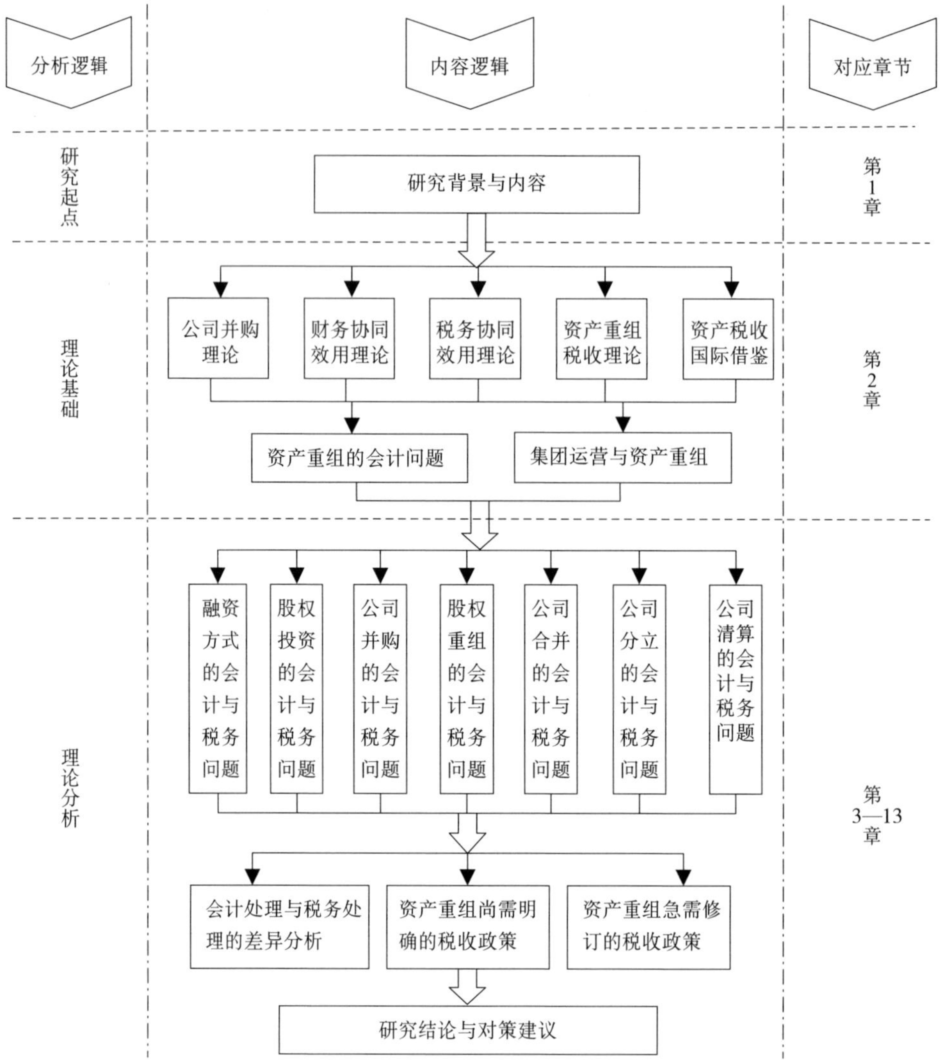

图 1.1　本书研究路径结构图

二、研究方法

本书采用理论分析、规范研究、案例分析并重的研究方法。在理论分析中以归纳和演绎方法为主，辅之以案例分析，从而提出研究的主要内容和分析框架。

1. 归纳法与演绎法。归纳法是从许多个别事例中获得一个较具概括性的规则。演绎法，则与归纳法相反，是从既有的普遍性结论或一般性事理，推导出个别性结论的一种方法。归纳法是从特殊到一般，优点是能体现众多事物的根本规律，且能体现事物的共性。演绎法是从一般到特殊，优点是由定义根本规律等出发一步步递推，逻辑严密结论可靠，且能体现事物的特性。本书通过对国内外相关文献的回顾，界定资产重组的内涵，并从资产重组的交易结构界定资产重组具体法律形式,构建资产重组税收问题的研究基础。

2. 系统研究法。系统分析方法是指把要解决的问题作为一个系统,对系统要素进行综合分析,找出解决问题的可行方案的咨询方法。企业重组的会计及税收问题涉及具体的重组方式、相关法律主体,因此需要通过系统研究法,从多方面的动态联系中考察研究资产重组行为,以求达到整体性、综合性和最优化的最佳目标。

3. 规范研究法。规范分析是指以一定的价值判断为基础,提出某些分析处理经济问题的标准,树立经济理论的前提,作为制定经济政策的依据,并研究如何才能符合这些标准。本课题较多地采用规范研究法,从会计学、税收经济学与资产重组理论的视角,分析资产重组业务的会计及税务处理规则,侧重于对资产重组行为会计与税收问题的定性。

4. 案例分析法。案例分析法是通过具体的案例分析相关法律主体税收法律关系的内在逻辑来证明某个论点。本书有选择性地采用了我国上市公司公告的重组案例作为研究对象,在具体引用时对企业名称和数据作了修改。

第六节　创新与不足

一、研究创新

1. 多维研究视角,从各种重组方式、相关法律主体、各个税种展开研究。在以往的文献中大多针对合并、分立、清算问题进行个案研究,且大多仅针对企业所得税问题。本书研究的对象是所有与资本结构变化有关的交易行为,所涉及的相关法律主体的会计与税收问题,并从反避税和纳税规划两个角度展开研究。

2. 财税政策研究与重组法律、法规相结合。《公司法》、《证券法》等相关法律、法规是重组业务的法律基础,离开了这些法律、法规研究重组会脱离实际,得到的结论可能是理论上可行,实际操作中行不通。从以往的文献资料看,这方面结合得不够。本书将以《中华人民共和国公司法》、《中华人民共和国证券法》(以下简称《证券法》)、金融、并购等法律、法规为基础,结合具体事例展开研究,以增强对实际工作的指导意义。

3. 税法与会计相结合。企业重组与清算业务的税务处理与会计处理存在很大差异,本书力求在研究重组业务的会计、税务处理的基础上,对两者的差异进行比较研究,并结合纳税申报表的填写规则,说明具体的纳税调整方法。

4. 理论阐述与政策建议。关于重组与清算业务的税务处理,很多地方仍处于空白状态,无法可依。例如资产重组过程中流转税、土地增值税征收范围问题;吸收合并重组中个人股东的个人所得税问题;母公司吸收合并子公司,母公司收回投资的税务处理问题;企业集团内部资产重组过程中股权转让是否要求按公允价交易问题等等。实际操作中各地做法不一,存在很多的纳税争议。现行的资产重组税收政策,存在制度不合理、操作性不强、管理难度大等问题,阻碍了企业正常的重组行为。以往的文献资料大都是对现行税法进行分析、讨论,对税收真空地带鲜有提及。基于完善税收政策的指导思想,从交易的实质入手,以税收政策为依据,对所有与重组业务有关的税收和会计政策进行研究,为完善重组政策提供建议。

二、研究不足

本书在税收研究方面有所侧重,对相关会计问题研究不够深入;在税收方面侧重企业所得税和个人所得税,对其他税种研究方面有所欠缺。在研究方法上主要采用了系统研究法、规范研究法、案例分析法,但在实证研究法方面有所欠缺。

由于缺少相关统计数据,受研究客观因素的影响,没有从"量"的层面进行实证分析,这有待于今后的进一步研究深化,充分、全面地分析资产重组政策对税收收入的影响。

第二章

资产重组的理论基础与国际税制借鉴

第一节 资产重组的理论基础

一、公司并购理论

产权理论的形成最早可以追溯到1937年科斯发表的《企业的性质》这篇论文,在1960年他又发表了另一篇《社会成本问题》的论文,由此逐渐形成了一个新制度经济学派,并提出了产权、交易费用、代理成本等概念。该理论的出现加深了经济学对企业的认识和研究,由此也促进了人们对公司并购问题的深入研究。以后,信息经济学和博弈论的出现更是丰富了人们对企业的认识,形成了林林总总的公司并购理论。①

(一)效率理论

效率理论的一个基本前提假设是并购的交易双方管理效率是不一致的,因此具有较高效率的公司并购较低效率的公司能提高整体公司的经营绩效,促进企业存量资源由低效配置者向高效配置者流动,并增加社会福利。这种理论适用于解释旨在取长补短或优势互补的公司并购。

与效率理论相关的是一种谋取重组价值理论。该理论认为,并购源于并购企业对被并购企业的"重组",如果并购中措施得当,被并购企业的潜在价值就能得以挖掘,并购活动就会产生增量价值(增量价值的大小与被并购企业原有的管理水平成反比)。例如,并购的一种动因是兼并一个暂时不能盈利的公司,停止其引起亏损的活动,对其进行重组,再出售其可盈利的部门,以求从中渔利。这种理论可以解释为什么经营管理不善的企业往往容易成为敌意收购的对象。与此相关的是一种投资理论。由于追求规模经济、垄断利润等并购动因的解释在说明并购活动的波动时发生了困难,戈特(Gort)1969年提出了他的经济失调并购论,认为由于技术和股票价值变化过快导致经济失调,投资者的期望与市场保持一致需要一段时间,股票价格的变化反映了过去与当前之间的失衡,各股东拥有信息的不完全和对信息评估的不同,导致股东对股票价值有不同的判断,结果是当股票价格频繁变动(无论上升还是下降)时,兼并活动将增加,公司股东以及内部管理层可以通过投机从中获得巨额的资本收益。另外,投资银行、商业银行和咨询公司也总是竭力促成并购,以便从中渔利。

(二)价值低估理论

价值低估理论认为,发生企业购并的原因在于目标企业的价值被低估。低

---

① 李铭. 企业并购的会计税收问题研究 [M]. 北京:经济科学出版社,2008:41

估的主要原因有三个方面：经济管理能力并未发挥应有的潜力；并购方有外部市场所没有的有关目标公司真实价值的内部信息，认为并购会得到收益；由于通货膨胀等原因造成目标企业资产的市场价值与重置成本之间存在的差异，如果当时目标企业的股票市场价格小于该企业全部重置成本，并购的可能性大。价值低估理论预言，在技术变化快，市场销售条件及经济不稳定的情况下，企业的并购活动频繁。

（三）信息与信号理论

在实际发生的企业购并活动中，被收购企业的股票价值几乎都要被抬高，只不过程度上不一致而已，对这个问题的解释就形成了所谓的信息和信号理论。

以信息与信号理论解释兼并动机的学者中，有三种不同的看法：第一种认为，即使收购活动并未最终取得成功，目标企业的股票在收购过程中也会被重新提高估价。第二种看法认为，在一项不成功的兼并收购活动中，目标企业股票估价提高是由于市场预期该目标企业随后会被其他企业收购，后者会拥有某些有利于目标公司的专门资源。第三种看法是与公司资本结构的选择相关。认为作为内部人的经理，拥有比外部人更多的关于公司状况的信息，此情形也就是所谓的信息非对称性。在信息与信号理论中，非对称信息的假设比较接近现实。但在现实生活中，经理与其他人员勾结起来，向市场输送错误信息，从而使自己赢利，该理论无法解释此类行为。

（四）委托代理理论

在现代企业组织中，企业的最终所有者与企业的实际管理者实际上已发生了分离。由于企业的管理者不拥有企业的全部产权，因此其无论是经营良好，还是经营不善，都会对企业所有者产生正的或负的外部效应。从经济学对人都是自私的这个假定出发，企业管理者更多地带给所有者的是负的外部效应，如何克服这个负的外部效应的问题就引出了委托代理理论。

1976年杰森（Jensen）和迈克林（Meckling）提出了代理问题理论，认为代理问题的产生在于管理者只拥有公司小部分所有权，使得管理者会偏向于非金钱性额外支出，如豪华办公室、高档轿车等，而这些支出则由公司其他所有者共同负担。此情形在大型公司更为严重。由于所有权过于分散，对于个别投资人更缺乏动机花费资源监控管理者，即使监控管理者，所费资源仍属于代理成本。

詹森和梅克林（1976）从企业所有权结构入手提出了代理成本，包括所有者与代理人订立契约成本，对代理人监督与控制成本等，并购可降低代理成本，通过公平收购或代理权争夺，公司现任管理者将会被代替，兼并机制下的接管威胁降低了代理成本。

(五)税收节约理论

为了减少税收方面的支出。用对策论的语言来表述：通过企业购并活动而减少税收支出是在和税务部门进行"零和博弈"。

在税法完备、执行严格的成熟市场经济国家里，通过兼并取得税收效应的主要途径包括：第一，并购一家亏损的公司，注入盈利的经营业务，从而获得弥补亏损的税收利益；第二，一家亏损公司并购一家价值低估的企业，在未来某个时候转让被并购公司取得的资本利得，可以弥补并购方的亏损而获得税收利益；第三，私有企业和年迈业主处于规避遗产继承税方面的考虑。

(六)市场垄断理论

从对社会经济有益的一面来看，购并带来的好处也许是规模经济和范围经济。从对社会经济不利的一面来看，购并活动有可能带来垄断。对于垄断，也有人认为其有好的一面，或至少是不可避免的一面，因为垄断本身就是竞争的产物。在现代经济中，由于竞争已从简单的价格竞争发展为质量、技术、服务、产品类别等诸多方面立体的竞争。因此，即使是大公司之间也很难就垄断达成什么共谋。此外，大公司和大企业在现代科技发展中的作用日益增大，这也是并购等资本运营活动对现代经济发展的贡献之一。

二、财务协同效用理论

财务协同效应主要指资本运营给企业带来财务方面的效益。主要体现在以下方面：

1. 资本运营有利于加强企业资金管理，发挥最大效益。当公司缺乏内部投资机会而现金流量充足时，股东会要求分配股利，管理层会积极寻找投资机会。

2. 从经营战略的角度出发，企业不仅要做加法，还要做乘法。如果只注重经营管理，忽略资本运营，则企业是永远做不大的。因此，企业必须综合采用各种投融资方式扩大经营规模。

3. 合理安排融资结构（债务融资与股权融资比例），有利于提升公司业绩，同时降低财务风险。

4. 通过溢价并购绩优公司提升上市公司业绩，从而刺激股价。因此，无论是盈利，还是亏损，企业都有投资的冲动。

三、税务协同效用理论

税务协同效用理论是指通过组织架构与股权结构的安排与重组，可以调整企业税负。主要表现在：

1. 基于个人取得的股息、红利所得需要缴纳个人所得税，通过成立一人有限公司与其他股东成立合营企业，以避免被动分配带来的重复课税，或无限期递延纳税义务。

2. 基于股权转让所得需缴纳所得税，对投资者身份、注册地、组织形式、交易结构的选择都会对纳税义务产生直接影响。

3. 基于现行税收优惠政策，通过新设公司、公司分立等资产重组方式将一家公司的业务分解为上下游产业链，可以充分享受税收优惠，改变整体税负。

4. 基于交易结构决定企业税负的基本原理，通过设立关联公司将业务拆分优化业务流程调整纳税义务。

5. 基于税收政策的漏洞或税收协定（或安排）的特殊条款，通过成立管道公司，规避纳税义务。

6. 基于低税率优惠、地区优惠、弥补亏损的优惠政策，通过成立新企业、并购旧企业，注入优势经营业务，改变纳税义务。

7. 基于特殊重组可以享受递延纳税的优惠，通过成立特殊目的公司，以股权置换等方式改变纳税义务。

8. 基于新办企业税收优惠、小规模纳税人与一般纳税人税负差异等政策，通过不断成立新企业以达到低税负目的。

9. 基于被合并企业具有未弥补的亏损，在吸收合并时，可选择普通重组待遇。按普通重组处理办法，被合并企业需视同清算，资产增值可弥补以前年度亏损，合并企业取得增值的资产可计提折旧或摊销。

10. 基于企业亏损或盈利，在同一控制下的吸收合并，可选择由亏损企业吸收合并盈利企业，可多弥补亏损。

第二节　国际税制借鉴

企业并购浪潮首先在西方兴起，已经历了较长时间的发展，西方国家关于企业并购的税收政策已经比较完善，基本上涵盖了企业并购的各个环节、各个主体。借鉴其成功经验，对完善我国的企业并购税收政策大有裨益。

一、发达国家企业并购的税收政策

（一）美国

坚持减税政策，鼓励资金进入并购领域。为了鼓励将社会盈余资金用于并购，美国长期坚持减税政策，减少民间投资成本。1978 年美国"岁入法案"提出将资本增值税从 49% 降低到 28%。该法案的出台使 1979 年高新技术产业投资比上一年增长了 10 倍。1981 年经济税务法案进一步使资本增值税从 28% 降低到 20%，使当年风险投资的承诺资金翻了一番，达到了 13 亿美元。另外，美国还通过降低资本利得税、再投入免税等政策鼓励民间投资进入并购市场，对风险投资收益的60%免税。

（二）英国

并购亏损可以弥补，交易利得可以递延纳税。英国税法规定，当还有未结转亏损的公司的所有权发生变化时，资本损失可用同一年度或以后年度的资本利得来弥补。英国的利得税规定企业兼并、经营资产置换和转让企业给英国居民公司所发生的经批准的换股交易实现的利得可以滚动递延纳税。

（三）德国

2001年起免征股权转让所得收入税。德国宣布了一项税收计划，其核心内容是自2001年起免征股权转让所得收入税，这一措施客观上促进了企业的资产重组，特别是大型企业进行兼并活动。

（四）意大利

修改了企业并购税收资本利得计算办法。意大利在1998年修改了公司兼并、重组的税收规定，重新规定了企业并购税收资本利得计算方法，即企业兼并和重组所发生的资本利得是指投资者投入物业或资产的账面价值与所换取股票的市场公平价格之间的差额。

（五）加拿大

企业并购中的资本亏损可冲减相应资本利得。加拿大的税法规定，凡企业合并或停止之前所发生的经营亏损可冲抵新公司此项产生亏损的经营或类似经营中获取的所得，而净资本亏损结转将作废。

二、美国资产重组的税务处理

美国并购税制由1924年以来国会颁布的法律、国内收入局的立法以及法庭判例构成，相当复杂。在美国，所有交易理论上都应纳税，包括并购交易。不过根据美国税法，在符合一定条件的情况下，并经过严格的测试，某些并购交易是可以免税的。实际上，根据美国法院多年来确立的几项判定原则，当然还有所有可适用的法律法规，美国国内收入局或美国法院可以界定一项（或一系列）并购交易是免税交易还是应税交易。判定原则之一，所有的公司，其交易必须有商业目的。比如说，进行交易的目的不能仅仅（或主要）为了少缴或逃避美国联邦税收。原则之二，"实质重于形式"。如果一桩（一系列）交易的法律形式与其经济实质（包括交易各方的意图）不符，国内收入局或法院可以忽略交易的形式，并根据与其实质相关的税收规定重新界定该交易。原则之三，"阶段性交易原则"，这实际上是"实质重于形式"在企业并购交易中的细化，在与美国税法相关的并购交易中这一原则被大量使用。如果阶段性交易在实质上是相关的、相互依存的并且都是为了达到某一特定的目的，那么，该原则允许国内收入局将那些单独的阶段性交易累加并视为同一桩交易。如果适用"阶段性交易原则"，则在确定一些相关交易的税收后果时，应忽略中间交易，只考虑系列交易的最终结果。例如，若公司的设立及后来的清算都被视为单个相互关联的交易的一部分，则在分析该交易的税收后果时，"阶段性交易原则"可用来否认该实体的存在。最后，公平价格的原则。如果交易中收到的对价与该交易中交易的资产或股票的总价值不对等，那么，该交易要么被重新界定为美国联邦所得税意义上的另一类交易，或者等价交换中的差异被视为出资或资本分配（不管是不是应税股息），或者二者兼而有之。

在美国现实经济生活中，存在多种并购交易方式，而且往往是多种方式的混合体。本章选择兼并和分立来分析美国税法对其的税务处理。

1. 兼并的税务处理。

（1）免税兼并（重组）的条件。根据美国税法，两个或两个以上的美国公司合并不会立即导致合并公司股票和资产的盈利或亏损的联邦所得税后果。但是，除了要有合理的商业目的以外，美国法院要求重组必须满足以下条件：①营业的连续性。要求收购者通过收购公司自身，或作为重组计划以外的一部分，由一个或多个收购公司的受控子公司继续从事被收购公司原有的业务，或在经营活动中运用大部分被收购公司的资产，收购公司需直接或间接持有受控子公司的股票（称为"控股80%或80%以上子公司"）。②股东权益的连续性。要求目标股东获得收购公司足额的股票（需是收购公司的股票）形式报酬（一般是50%及以上），虽然重组后这些权益可能会被处置给不相关的第三方。③需要有与重组交易密切相关的商业目的。④需要有重组方案。

（2）股东征税。当在法定兼并中仅仅进行了股权置换时，被兼并公司的股东无需纳税，然而，在交易中，除了股票之外，这些股东可能还收到现金或"其他资产"（或称为补价），包括非合格优先股从而实现了收益（而非亏损），此时，股东就应纳税。

（3）资产的重组评估。由于并不是出售资产或置换资产，也不是股票在应税"合格股票收购"中被收购，因此在免税兼并（或任何其他的免税重组或类似的免税交易）中不会出现税收意义上的资产基数的重新评估。

（4）特殊的税收申报要求。特殊申报规则要求免税重组各方披露兼并中转让资产的性质和价值的信息以便为该交易进行联邦所得税申报。

（5）反避税条款。法定兼并只有出自合理的商业目的才能享受免税待遇。如果没有商业目的，即使兼并满足所有其他的免税重组的条件，此交易也不能享受免税待遇。除了要有商业目的，所有的交易还必须通过"实质重于形式"的测试。

2. 分立的税务处理。

（1）免税分立的处理。免税分立规则与适用于法定兼并的规则相似，但是更为严格。因为国内收入局认为这类交易被滥用的可能性更大。许多有重要意义的分立交易都会向国内收入局申请裁定，只有在收到有利的裁定后才会进行交易。要享受免税待遇，主要须满足以下条件：①在交易之前，分配公司与受控公司积极从事商业或贸易活动必须在 5 年以上。②在此前 5 年内，没有任何一家公司 80% 的控股权是通过应税交易收购的。③在此前的 5 年内，无论是持有分配公司还是受控公司的 50% 以上的股权的股东，其持有的股票都不是通过直接或间接的方式收购的。④受控公司的 80% 或 80% 以上的股票必须全额分配。⑤股东的利益必须有延续性。⑥分配不能被用作分配收入和盈利的手段。

（2）对公司开征的直接税。免税分立一般不会导致交易公司双方承担联邦所得税，但必须符合转让资产的基本价值在新公司手中与在老公司手中相同这一条件。

（3）对股东征税。当只进行了合格股票的置换时，股东的收益或亏损不会实现。然而，如果除了免税收受了受控公司的被许可的股票之外，还收受了其他资产（例如补价），包括非合格优先股，则股东就会实现收益（而不是亏损）。收益的大小相当于交易中实现的经济收益的差价或收受的财产的公平市值。

（4）反避税条款。对于免税分立，税法规定了比免税兼并更为严格的商业目的标准，要求该商业目的基于分配公司和受控公司（或它们所属的集团公司）的真实需求而非分配公司的股东的要求。同时，所得税的免税分立的条件更为严格。

三、英国资产重组的税务处理

兼并指的是一家或多家公司将其所有资产或负债转让给一家存续公司或新设公司的交易。兼并交易指转让公司对资产的处置以及受让公司对资产的收购。

英国税法规定，转让的资本资产将形成资本收益或资本损失，具体数额为转让交易价格和转让成本加收购日之后的通胀指数减让之间的差额。业务存货（物品）等流动资产的转让一般会增加应税收益或损失，其数量与转让交易价格和资产成本的差额相当。

从对资本利得课税的角度看，若兼并转让交易价格不符合正常交易原则或转让公司及受让公司彼此之间属关联公司，那么，交易中的资本资产应该以其市场价值进行转让。市场价格在确定资本冲减的转让价值时同样适用。

若兼并中转让的货物既非零税率又非免税商品，则涉及征收增值税（VAT）。特定资产的转让可能征收印花税。其中，对特定的公司股份及兼并交易相关的股份税率为 0.5%，对于其他资产转让税率为 1%。针对兼并而言，英国并无征收减免方面的综合规定，但存在各种税收减免。

1. 集团内部转让、重组和合并的免税规定。

（1）集团内部转让。英国常见的兼并方式是受让公司或集团内部的另一公司作为受让公司首先收购转让公司的股份，使转让公司成为受让公司同一集团的组成部分，其目的是根据资本收益缴纳公司税。当转让公司成为受让公司同一集团的组成部分后，转让公司的业务和资产及可利用集团间转让免税的优势予以转让，以便根据资本收益缴纳公司税。但是税法也规定了严格的条件：从资本利得角度看，转让公司与受让公司必须出自同一集团内部。所谓"集团"由总公司（"母公司"）、集团控股75%的所有子公司以及子公司控股的有效子公司。因此，转让公司或集团内部的另一公司必须收购受让公司至少75%的普通股份资本，才能将其购入同一集团中。另外规定，一公司不能同时成为一个以上集团的成员公司。如果一公司同时下属于两个集团公司，必须进行多种审查以确定到底属于哪一个集团公司。但应注意，免税仅适用于资本资产，对于存货的转让，则不存在免税。

（2）重组和合并。英国税法规定，对于将一公司的业务部分或全部转让给另一公司的各种重组或合并中对资本资产（不包括存货资产）免征公司税。条件是转让公司不从转让交易中获得任何报酬，仅为受让公司部分或全部接管业务负债，双方公司必须属于在业务资产方面应缴纳英国公司税的英国本地公司或非英国本地公司。

2. 存货（物品）和其他营业资产分配。对存货等营业资产（而非资本资产）的转让，不存在特定在兼并中以超过账面价值的价格进行转让，则可能对转让公司形成应税利润；若将存货进行转让以换取股份，则应以市场价值为准。

3. 税收减让税制。英国对资本资产实施称为"资本减让"的税收减让税制，资本减让与会计性减让无关，仅适用于资本减让立法中指定之类别所包括的资本资产（即：设备、机械、工业建筑、宾馆、科研机构等）。对于应缴纳英国公司税的公司而言，若一家公司停业，另一家公司继续进行其业务，在转让前的一年中任何时间或在转让后两年中的任何时间由同一法人持有75%的股权，可以享受"资本转让"，即转让公司作为资本减让的资产基数应结转给受让公司，受让公司有权享受相同的资本减让，其享有的资本减让与转让公司继续进行业务所应享有的减让相同。

4. 免税准备金。在英国没有免税准备金的概念，但广义上等同于免税准备金的条款是：若一家公司处置某种资本资产（通常指业务中所用的资产），处置中所获得资本收益可在前1年及首次资产处理之日后的3年中结转入公司或同一集团其他成员公司所获的其他资本资产中。"结转"是通过对新资产的未来处置进行资本收益计算、从新资产的基础成本中扣除"结转"收益而实现的。

5. 税收损失保留。对亏损的结转英国税法的规定比较宽松。一般而言，公司可结转的税收损失分为三个类别：

其一，业务损失。只要业务持续进行，业务损失可随时结转，不受时间限制。但一家公司在某种情况下结转业务损失的基本要求是，该业务必须延续，若业务终止，与该业务相关、本来可以结转的税收损失在业务终止时自行失效，即使从事该业务的公司继续存在亦不例外。同时税法对于业务损失结转有很多限制性的规定，比如，若在3年期内公司所有权发生变动或相关业务性质或行为发生重大变动，本来可享受的业务损失结转于所有权变动之日自动完全失效。而对于"重大变动"，法律也有详细的界定。

其二，投资公司的超额管理费用。集团享受的免税优惠可予以结转以抵消投资公司的未来收入和收益。若公司不再是投资公司（如：创办或收购即将作为其主要收入来源的业务），则不再具有结转管理费用的权利。

其三，资产损失。资本资产处置时产生的损失只能用于抵消同一公司同一年度或未来年度的资本收益。同样的，由此产生的资本损失仅属于产生此类资本损失的公司（无论是投资公司还是贸易公司），不能结转给另一公司。

6. 股东纳税。股东在兼并交易中进行的任何股份处置、转让或交易均被视为应征收资本利得税（若属公司股东，则征收资本收益公司税）的处置或出售。税法条款规定，此类资本收益的纳税可递延到股东在兼并交易中收购的"新增"股票或证券本身被出售时再予执行。同时，税法也规定了严谨详细的免税条文和相关的计算公式。

7. 增值税和销售税。兼并中，一家公司向另一家公司进行资产转让时，一般要求缴纳增值税。但是，若业务转让被视为继续经营性业务，可免除增值税课税。

8. 反避税条款。兼并贸易中涉及的各种税须通过"业务目的"审查，旨在防止规避资本收益性纳税义务。重组或合并应基于正当的商业目的，其主要目的或单项主要目的不得构成规避公司税、资本利得税或所得税的纳税义务，否则，免税无效。重组或合并是否能通过上述审查实质上是一个事实认定问题，税法规定了纳税公司书面申请的程序及申诉的权利。对于集团间转让，其资本收益免税无须通过"业务目的"审查。就此项免税而言，有一项重要的反避税条款，即若公司从集团间转让中获得资产然后在6年内脱离公司，则应征税。

从上述分析可以看出，西方国家虽然鼓励企业并购，但对于并购活动本身涉及的税收问题却有自己的处理原则，即经济合理原则、中性原则和反避税原则，而且还伴随着纷繁复杂的税收规则。

四、我国与资产重组有关的税收政策

（一）增值税

1. 根据《中华人民共和国增值税暂行条例实施细则》（以下简称"《增值税暂行条例实施细则》"）第四条规定，以货物（不含开发产品）对外投资或以非货币性资产交换方式换取投资，应当视同销售计算增值税。

2. 《国家税务总局关于纳税人资产重组有关增值税问题的公告》（国家税务总局公告2011年第13号）规定，纳税人在资产重组过程中，通过合并、分立、出售、置换等方式，将全部或者部分实物资产以及与其相关联的债权、负债和劳动力一并转让给其他单位和个人，不属于增值税的征税范围，其中涉及的货物转让，不征收增值税。

（二）消费税

根据《国家税务总局关于印发〈消费税若干具体问题的规定〉的通知》（国税发〔1993〕156号）规定，纳税人用于投资入股的应税消费品，应当视同销售缴纳消费税，计税依据按照纳税人同类应税消费品的最高销售价格确定。

（三）土地增值税

《财政部、国家税务总局关于继续实施企业改制重组有关土地增值税政策的通知》（财税〔2018〕57号）规定，自2018年1月1日至2020年12月31日，单位、个人在改制重组时以房地产作价入股进行投资，对其将房地产转移、变更到被投资的企业，暂不征土地增值税。该政策不适用于房地产转移任意一方为房地产开发企业的情形。

企业在申请享受上述土地增值税优惠政策时，应向主管税务机关提交房地产转移双方营业执照、改制重组协议或等效文件，相关房地产权属和价值证明、转让方改制重组前取得土地使用权所支付地价款的凭证（复印件）等书面材料。

（四）企业所得税

1. 与投资有关的企业所得税问题包括：以非现金资产对外投资是否确认资产转让所得，投资计税基础如何确定；持有期间的企业所得税问题主要是居民企业和非居民企业取得的股息、红利所得的税务处理。股权处置环节是指股权转让、减资、被投资方清算三种处置方式下投资方、被投资方、转让方的所得税处理问题。

与投资有关的企业所得税税收政策主要有：《企业所得税法》、《中华人民共和国企业所得税法实施条例》（以下简称"《企业所得税法实施条例》"）、《财政部、国家税务总局关于企业所得税若干优惠政策的通知》（财税〔2008〕1号）、《国家税务总局关于企业处置资产所得税处理问题的通知》（国税函〔2008〕828号）、《国家税务总局关于印发〈非居民企业所得税源泉扣缴管理暂行办法〉的通知》（国税发〔2009〕3号）、《国家税务总局关于实施创业投资企业所得税优惠问题的通知》（国税发〔2009〕87号）、《财政部、国家税务总局关于企业重组业务企业所得税处理若干问题的通知》（财税〔2009〕59号）、《财政部、国家税务总局关于企业境外所得税收抵免有关问题的通知》（财税〔2009〕125号）、《国家税务总局关于发布〈企业境外所得税收抵免操作指南〉的公告》（国家税务总局公告2010年第1号）、《国家税务总局关于加强非居民企业股权转让所得企业所得税管理的通知》（国税函〔2009〕698

号)、《国家税务总局关于贯彻落实企业所得税法若干税收问题的通知》(国税函〔2010〕79号)、《国家税务总局关于做好2009年度企业所得税汇算清缴工作的通知》(国税函〔2010〕148号)、《国家税务总局关于发布〈企业重组业务企业所得税管理办法〉的公告》(国家税务总局公告2010年第4号)、《国家税务总局关于企业股权投资损失所得税处理问题的公告》(国家税务总局公告2010年第6号)、《国家税务总局关于企业取得财产转让等所得企业所得税处理问题的公告》(国家税务总局公告2010年第19号)、《国家税务总局关于广西中金矿业有限公司转让股权企业所得税收入确认问题的批复》(国税函〔2010〕150号)、《国家税务总局关于非居民企业所得税管理若干问题的公告》(国家税务总局公告2011年第24号)、《国家税务总局关于发布〈企业资产损失所得税税前扣除管理办法〉的公告》(国家税务总局公告2011年第25号)、《国家税务总局关于企业所得税若干问题的公告》(国家税务总局公告2011年第34号)、《国家税务总局关于企业转让上市公司限售股有关所得税问题的公告》(国家税务总局公告2011年第39号)、《国家税务总局关于印发〈境外注册中资控股居民企业所得税管理办法(试行)〉的公告》(国家税务总局公告2011年第45号)、《国家税务总局关于企业所得税核定征收有关问题的公告》(国家税务总局公告2012年第27号)等。

2. 《财政部、国家税务总局关于企业重组业务企业所得税处理若干问题的通知》(财税〔2009〕59号)明确了与合并、分立、股权重组、跨境重组有关的企业所得税处理办法,《国家税务总局关于发布〈企业重组业务企业所得税管理办法〉的公告》(国家税务总局公告2010年第4号)明确了相关税务管理办法。

3. 《财政部、国家税务总局关于企业清算业务企业所得税处理若干问题的通知》(财税〔2009〕60号)明确了与企业清算有关的企业所得税处理办法。

4. 《国家税务总局关于我国居民企业实行股权激励计划有关企业所得税处理问题的公告》(国家税务总局公告2012年第18号)明确了股权激励的有关企业所得税处理办法。

(五) 个人所得税

与资产重组有关的个人所得税问题主要有:个人以非现金资产投资的纳税环节(投资环节还是股权转让时)的确定;居民个人及外籍个人取得股息、红利的税务处理;个人转让、减资、清算环节的税务处理;合并、分立、股权置换业务,个人股东的税务处理。

目前,税法对合并、分立、股权置换等资产重组业务涉及的个人所得税问题没有明确。其他问题涉及的税收政策主要有:

1. 基本法律、法规。《中华人民共和国个人所得税法》(以下简称为《个人所得税法》)、《中华人民共和国个人所得税法实施条例》(以下简称为《个人所得税法实施条例》)。

2. 与股息、红利所得有关的税收政策。《国家税务总局关于股份制企业转增股本和派发红股征免个人所得税的通知》（国税发〔1997〕198号）、《国家税务总局关于原城市信用社在转制为城市合作银行过程中个人股增值所得应纳个人所得税的批复》（国税函〔1998〕289号）、《国家税务总局关于进一步加强高收入者个人所得税征收管理的通知》（国税发〔2010〕54号）、《国家税务总局关于利息、股息、红利所得征税问题的通知》（国税函〔1997〕656号）、《国家税务总局关于〈个人独资企业和合伙企业投资者征收个人所得税的规定〉执行口径的通知》（国税函〔2001〕84号）、《财政部、国家税务总局关于股息红利个人所得税有关政策的通知》（财税〔2005〕102号）（已废止）、《财政部、国家税务总局关于股息红利有关个人所得税政策的补充通知》（财税〔2005〕107号）（已废止），现执行《财政部、国家税务总局关于实施上市公司股息红利差别化个人所得税政策有关问题的通知》（财税〔2012〕85号）、《国家税务总局关于印发〈境外所得个人所得税征收管理暂行办法〉的通知》（国税发〔1998〕126号）、《财政部、国家税务总局关于个人所得税若干政策问题的通知》（财税字〔1994〕20号）、《国家税务总局关于国税发〔1993〕45号文件废止后有关个人所得税征管问题的通知》（国税函〔2011〕348号）、《国家税务总局关于国税发〔1993〕045号文件废止后有关个人所得税征管问题的补充通知》（国税函〔2011〕363号）、《财政部、国家税务总局关于实施上市公司股息红利差别化个人所得税政策有关问题的通知》（财税〔2012〕85号）、《财政部、国家税务总局关于规范个人投资者个人所得税征收管理的通知》（财税〔2003〕158号）、《国家税务总局关于印发〈个人所得税管理办法〉的通知》（国税发〔2005〕120号）、《财政部、国家税务总局关于企业为个人购买房屋或其他财产征收个人所得税问题的批复》（财税〔2008〕83号）等。

3. 与股权激励有关的个人所得税政策。《国家税务总局关于个人认购股票等有价证券而从雇主取得折扣或补贴收入有关征收个人所得税问题的通知》（国税发〔1998〕9号）、《国家税务总局关于在中国境内无住所个人以有价证券形式取得工资薪金所得确定纳税义务有关问题的通知》（国税函〔2000〕190号）、《财政部、国家税务总局关于个人股票期权所得征收个人所得税问题的通知》（财税〔2005〕35号）、《国家税务总局关于个人股票期权所得缴纳个人所得税有关问题的补充通知》（国税函〔2006〕902号）、《国家税务总局关于股权激励有关个人所得税问题的通知》（国税函〔2009〕461号）、《财政部、国家税务总局关于上市公司高管人员股票期权所得缴纳个人所得税有关问题的通知》（财税〔2009〕40号）、《财政部、国家税务总局关于股票增值权所得和限制性股票所得征收个人所得税有关问题的通知》（财税〔2009〕5号）等。

4. 与财产转让所得有关的税收政策。《国家税务总局关于促进科技成果转化有关个人所得税问题的通知》（国税发〔1999〕125号）、《国家税务总局关于企业改组改制过程中个人取得的量化资产征收个人所得税问题的通知》（国税发〔2000〕60号)、《国家税务总局关于纳税人收回转让的股权征收个人所得税问题的批复》(国税函〔2005〕130号)、《财政部、国家税务总局关于合伙企业合伙人所得税问题的通知》(财税〔2008〕159号)、《国家税务总局关于个人股权转让过程中取得违约金收入征收个人所得税问题的批复》(国税函〔2006〕866号)、《国家税务总局关于个人以股权参与上市公司定向增发征收个人所得税问题的批复》(国税函〔2011〕89号)、《国家税务总局关于股权转让收入征收个人所得税问题的批复》(国税函〔2007〕244号)、《国家税务总局关于个人终止投资经营收回款项征收个人所得税问题的公告》(国家税务总局公告2011年第41号)、《股权转让所得个人所得税管理办法(试行)》(国家税务总局公告2014年第67号)、《国家税务总局关于切实加强高收入者个人所得税征管的通知》(国税发〔2011〕50号)等。

5. 与个人转让上市公司限售股所得有关的税收政策。《财政部、国家税务总局关于个人转让上市公司限售股所得征收个人所得税有关问题的通知》(财税〔2009〕167号)、《财政部、国家税务总局关于个人转让上市公司限售股所得征收个人所得税有关问题的补充通知》(财税〔2010〕70号)、国家税务总局所得税司关于印发《限售股个人所得税政策解读稿》的通知(所便函〔2010〕5号)、《国家税务总局关于限售股转让所得个人所得税征缴有关问题的通知》(国税函〔2010〕23号)。

(六) 契税

与资产重组有关的税收政策主要有《中华人民共和国契税暂行条例》、《财政部、国家税务总局关于进一步支持企业事业单位改制重组有关契税政策的通知》(财税〔2018〕17号)、《财政部、国家税务总局关于企业以售后回租方式进行融资等有关契税政策的通知》(财税〔2012〕82号)。

1. 企业改制。企业按照《中华人民共和国公司法》有关规定整体改制,包括非公司制企业改制为有限责任公司或股份有限公司,有限责任公司变更为股份有限公司,股份有限公司变更为有限责任公司,原企业投资主体存续并在改制(变更)后的公司中所持股权(股份)比例超过75%,且改制(变更)后公司承继原企业权利、义务的,对改制(变更)后公司承受原企业土地、房屋权属,免征契税。

2. 事业单位改制。事业单位按照国家有关规定改制为企业,原投资主体存续并在改制后企业中出资(股权、股份)比例超过50%的,对改制后企业承受原事业单位土地、房屋权属,免征契税。

3. 公司合并。两个或两个以上的公司,依照法律规定、合同约定,合并为一个公司,且原投资主体存续的,对合并后公司承受原合并各方土地、房屋权属,免征契税。

4. 公司分立。公司依照法律规定、合同约定分立为两个或两个以上与原公司投资主体相同的公司,对分立后公司承受原公司土地、房屋权属,免征契税。

5. 企业破产。企业依照有关法律法规规定实施破产，债权人（包括破产企业职工）承受破产企业抵偿债务的土地、房屋权属，免征契税；对非债权人承受破产企业土地、房屋权属，凡按照《中华人民共和国劳动法》等国家有关法律法规政策妥善安置原企业全部职工规定，与原企业全部职工签订服务年限不少于3年的劳动用工合同的，对其承受所购企业土地、房屋权属，免征契税；与原企业超过30%的职工签订服务年限不少于3年的劳动用工合同的，减半征收契税。

6. 资产划转。对承受县级以上人民政府或国有资产管理部门按规定进行行政性调整、划转国有土地、房屋权属的单位，免征契税。

同一投资主体内部所属企业之间土地、房屋权属的划转，包括母公司与其全资子公司之间，同一公司所属全资子公司之间，同一自然人与其设立的个人独资企业、一人有限公司之间土地、房屋权属的划转，免征契税。

母公司以土地、房屋权属向其全资子公司增资，视同划转，免征契税。

财税〔2012〕82号文件规定，个体工商户的经营者将其个人名下的房屋、土地权属转移至个体工商户名下，或个体工商户将其名下的房屋、土地权属转回原经营者个人名下，免征契税。合伙企业的合伙人将其名下的房屋、土地权属转移至合伙企业名下，或合伙企业将其名下的房屋、土地权属转回原合伙人名下，免征契税。

7. 债权转股权。经国务院批准实施债权转股权的企业，对债权转股权后新设立的公司承受原企业的土地、房屋权属，免征契税。

8. 划拨用地出让或作价出资。以出让方式或国家作价出资（入股）方式承受原改制重组企业、事业单位划拨用地的，不属上述规定的免税范围，对承受方应按规定征收契税。

9. 公司股权（股份）转让。在股权（股份）转让中，单位、个人承受公司股权（股份），公司土地、房屋权属不发生转移，不征收契税。

10. 有关用语含义。本通知所称"企业、公司"，是指依照我国有关法律、法规设立并在中国境内注册的企业、公司。本通知所称"投资主体存续"，是指原企业、事业单位的出资人必须存在于改制重组后的企业，出资人的出资比例可以发生变动；本通知所称"投资主体相同"，是指公司分立前后出资人不发生变动，出资人的出资比例可以发生变动。

11. 本通知自2018年1月1日起至2020年12月31日执行。本通知发布前，企业、事业单位改制重组过程中涉及的契税尚未处理的，符合本通知规定的可按本通知执行。

（七）印花税

为贯彻落实国务院关于支持企业改制的指示精神，规范企业改制过程中有关税收政策，《财政部、国家税务总局关于企业改制过程中有关印花税政策的通知》（财税〔2003〕183号）规定，经县级以上人民政府及企业主管部门批准改制的企业，在改制过程中涉及的印花税政策按下列规定执行：

1. 关于资金账簿的印花税。

（1）实行公司制改造的企业在改制过程中成立的新企业（重新办理法人登记的），其新启用的资金账簿记载的资金或因企业建立资本纽带关系而增加的资金，凡原已贴花的部分可不再贴花，未贴花的部分和以后新增加的资金按规定贴花。

公司制改造包括国有企业依《公司法》整体改造成国有独资有限责任公司；企业通过增资扩股或者转让部分产权，实现他人对企业的参股，将企业改造成有限责任公司或股份有限公司；企业以其部分财产和相应债务与他人组建新公司；企业将债务留在原企业，而以其优质财产与他人组建的新公司。

（2）以合并或分立方式成立的新企业，其新启用的资金账簿记载的资金，凡原已贴花的部分可不再贴花，未贴花的部分和以后新增加的资金按规定贴花。

合并包括吸收合并和新设合并。分立包括存续分立和新设分立。

（3）企业债权转股权新增加的资金按规定贴花。

（4）企业改制中经评估增加的资金按规定贴花。

（5）企业其他会计科目记载的资金转为实收资本或资本公积的资金按规定贴花。

2. 关于各类应税合同的印花税。企业改制前签订但尚未履行完的各类应税合同，改制后需要变更执行主体的，对仅改变执行主体、其余条款未作变动且改制前已贴花的，不再贴花。

3. 关于产权转移书据的印花税。企业因改制签订的产权转移书据免予贴花。

此外，《财政部、国家税务总局关于以上市公司股权出资有关证券（股票）交易印花税政策问题的通知》（财税〔2010〕7号）规定，按照现行印花税政策规定，投资人以其持有的上市公司股权进行出资而发生的股权转让行为，不属于证券（股票）交易印花税的征税范围，不征收证券（股票）交易印花税。

五、发达国家并购税制对我国的启示

（一）总体情况

公司并购市场规制的法律手段一般包括《中华人民共和国反垄断法》（以下简称为"《反垄断法》"）、《公司法》、《证券交易法》等。但仅有税收在引导并购市场进行有效资源配置的同时，能够通过法定形式影响公司并购中的财务治理，进而监督市场，实现自身的职能。从目前世界各国税制建设实践来看，公司并购税收制度体系的构成主要是以法人（企业）所得税法为主。如果加以延伸，应该还涵盖并购中由法人财产权转移引申出来的股东股权转移而涉及的个人所得税法律的适用。

从国际财经文献局（2001～2004 年）对国际上重点国家兼并与收购税制（Taxation System of Mergers And Acquisition）法律法规进行归集所反映出的内容来看，世界公司并购税制发展趋势大致有如下几点：（1）深度细化是各国并购税收立法的主要趋势。普通法系国家及地区公司并购税制相对于大陆法系国家和地区更为细化，这是由于前者在立法渊源上具有衡平法、判例法这两个动态机制所形成的。（2）从税法规则的结构来看，一般采取以并购形态为分类主线，也有国家采取以税收待遇或混合标准为主线，设计不同的税收条款。但大多数国家是在详细区分免税并购、应税并购的法律形态基础上，详细规定各方的税收待遇。（3）更多的国家，尤其是美国等以所得税为主体税种的发达国家，均选择以公司并购的所得税规范为主导。（4）随着近年来跨国并购的兴起和规模的极度膨胀，跨国公司并购的税收立法日益受到重视。

（二）美国并购税制的成功经验

美国并购税制根据公司并购交易的具体内容不同，对并购交易中双方的税法适用，尤其是双方法人与股东因税收获得的各项所得的税收待遇作出了详尽的规定。为了同美国国内《反垄断法》和《公司法》的衔接，美国公司并购税制对并购交易概括为资产并购和股权并购，并在多年税收司法实践积累的基础上形成了完善的跨国并购税制，同时根据并购业务的创新，逐渐补充了子公司并购、逆向并购等交易适用的税法规则。

这种极度细分化的美国并购税制是并购税制的成功典范。首先，充分践行了法律实用主义价值取向，一方面坚持税收中性，另一方面又强调对公司并购交易的促进。强调法律事实重要性的同时，突出体现实质课税原则，且严格以并购交易本身为中心，关注并购课税的法律本质及其对并购交易的经济影响。其次，除了制定法要件之外，得到了较多判例法的有力支持。著名的 B 型、C 型重组课税中，支付对价适格要件的规定就是在判例中形成的。再次，大量可选择适用条款的设计，体现了税收契约模式和思想。一个重要例证就是视同直接资产并购中，一定条件下允许选择适用"直接资产并购"和"直接股权收购"。此外，美国并购税制极其重视同整个并购法律体系的协调和兼容。例如从《反垄断法》和《公司法》中大量借鉴法律概念，立法技术和政策目标上严格划分各部门法的调整领域。

（三）欧盟免税并购指令

欧盟免税并购指令是跨国税收立法的表率，其成功经验在于对于跨国并购资本利得的税务处理，这使它事实上成为欧盟统一市场资本利得延期课税的法令。指令的理论基础在于，并购方以本公司股票支付跨国并购对价时，目标公司实行清算，留存收益或亏损不能得以结转至并购方，公司层面可不予确认所获得的并购方股票公允价值与计税基础之差形成的资本利得。目标公司股东由于未获得现金利益，其资本利得的实现推迟至其成为被并购方公司股东后，目标资产再转让和对转让收益进行分配之时。指令还规定了最多10%额外现金支付的限制条款，并将指令使用范围划定为法定兼并、法定分立、资产转让、换股等四种并购交易，要求交易要出于合理的经营目的而非避税。

由于欧盟各成员国对于已分配利润的税收政策不同，甚至连公司法对于利润分配问题的规定也各不相同，因此通过国际税收指令的方式使各国彻底放弃对并购资本利得的课税权利是不现实的。指令能够在交易瞬间实现对于资本利得应税性的统一，事实上只是一种关于税收之债的延迟确认，但并不能解决长期税收问题。但是指令有效地限制了目的在于短期获利的并购"狩猎"行为，支撑了资本投入的连续性，其侧重于"当前一致"的模式也成为国际税制一体化的典范。

（四）发达国家并购税制对我国的启示

西方发达国家的公司所得税法中，对企业资产重组制定了特殊的税收规则，这些特殊税收规则一般遵循以下三项基本原则[①]：

第一是"经济合理原则"。即资产重组行为应当具有合理的商业或经营目的，而不应当纯粹是为了"利用被合并企业的巨额亏损"等达到避税目的。所得税的政策不应该影响企业有正常经营需要的资产重组活动。

第二是"中性原则"。这主要有两层含义：首先，不论企业重组与否，税收待遇应该一样，不应因为重组而有特殊的照顾；其次，经济功能相同或相似的资产重组交易，税收待遇应该一样。比如，企业兼并可以通过收购被兼并企业的净资产的方式实现（吸收合并），也可以通过购买被兼并企业股东持有的全部被兼并企业的股份的方式实现（控股合并）。如果被兼并企业的股东取得的对价都是合并方的股权，虽然形式不同，经济实质一样，对合并方和被兼并企业的股东制定税收政策上不应该有差别待遇。

第三是"反避税原则"。即通过适当的税收技术措施防止企业以资产重组为名，通过关联交易等，相互转移利润、隐匿转移增值资产或利用其他企业巨额亏损冲减本企业应纳税所得等避税行为。最核心的要求是，如果有关资产中隐含的增值（减值）暂不确认，那么该项资产的计税基础将保持不变，如果会计账务中已依据会计准则的有关规定按评估价值调整有关资产的会计成本，多提（或少提）的折旧、多摊销多计（或少计）的费用，在申报纳税时必须依法进行调整。

此外，在制定资产重组税收制度参照上述原则的同时，应当以《公司法》规定的资产重组行为进行界定，至少在资产重组的法律名称及解释上与公司法保持一致，而不能照搬美国等发达国家基于本国垄断法、公司法制定的税收制度。

---

① 董树奎、孙瑞标、陆炜. 税收制度与企业会计制度差异分析及协调. 中国财政经济出版社，2003

第三章

资产重组在集团运营管理中的应用

研究资产重组在集团运营管理中的应用,首先要了解商业模式和资本运营。商业模式和资本运营是当下国内经济理论界、媒介、商界及企业界最流行、最时髦的经济理念,但却很难说清楚到底什么是资本运营?资本运营与商业模式的关系是什么?资本运营与资本经营、资本运作是否属于同一回事?什么又是资本市场呢?资本市场与金融市场的关系是什么?学术界对此争论不休。对这些问题进行探讨,有助于了解企业为什么需要资产重组。

第一节 商业模式设计与创新

近年来,商业模式(Business Model)已经成为经济理论专家、企业家讨论的热点话题。几乎每一个人都确信,有了一个好的商业模式,成功就有了一半的保证。那么,到底什么是商业模式?人们对商业模式的理解存在较大分歧。目前,国内比较畅销的书籍主要有《发现商业模式》[①]、《创新中国:发现中国新兴商业模式》[②]、《重构商业模式》[③] 和《重新定义中国商业模式》[④],其中比较流行的解释是"商业模式是利益相关者的动态合约结构",而书中的案例更多讲的却是资源整合、管理模式和盈利模式。

一、商业模式的定义

尽管业界对商业模式有各式各样的说法,但有一点是相同的,即,商业模式是一门研究"怎样赚钱"的学问。因此,笔者将商业模式定义为:商业模式是企业创造价值的方式、方法、途径。

与商业模式相联系的另一个概念是盈利模式。盈利模式是指企业取得收入的方式。企业经营过程中所采取的各种方式、方法、手段、措施,最终都是为了盈利,而盈利必须通过终端的交易方式体现的。因此,严格地说,盈利模式是商业模式的一部分。

企业的盈利模式有以下几类:

1. 通过资产转让取得收入。资产包括存货(商品、产品)、固定资产、无形资产、股权(含股票)等。

2. 通过提供劳务取得收入。如受托加工、修理修配、建筑安装、交通运输、提供服务等。

3. 通过让渡资产使用权取得收入。具体包括财产租赁、利息收入、转让无

[①] 魏炜、朱武祥著. 发现商业模式. 机械工业出版社,2009
[②] 《创业邦》杂志项目组编著. 创新中国:发现中国新兴商业模式. 企业管理出版社,2009
[③] 魏炜、朱武祥著. 重构商业模式. 机械工业出版社,2010
[④] 沈志勇著. 重新定义中国商业模式. 电子工业出版社,2010

形资产使用权收入。

实际操作中的合作经营（如合作办学、合作开发房地产等）通常是合约方签订的合作框架协议，最终都必须定性为上述一种或几种交易方式。

由于可见，盈利模式是商业模式的组成部分，是企业实现收入的方式，是企业利润的终端环节。企业的业务流程、交易结构、成本控制、税务安排也都属于盈利模式的组成部分。用公式表示为：

盈利 = 收入 – 成本 – 费用 – 税金

盈利模式 = 资产转让模式 + 提供劳务模式 + 让渡资产使用权模式

另外，还有赢利模式一说。"赢利模式[1]"是指企业在市场竞争中逐步形成的企业特有的赖以盈利的商务结构及其对应的业务结构。这与笔者定义的商业模式几乎是同一个概念。

但绝不存在"营利模式"的说法，因为营利是相对于非营利而言的，根据我国公司法规定，公司制企业都是营利机构，而一些经国家有关部门批准设立的社会团体、公益性组织则属于非营利性机构。

二、商业模式的多维视角

企业战略是企业在各个发展阶段的奋斗目标，而商业模式是以企业战略为宗旨设计的操作系统，因此，商业模式必然会随着企业战略的调整而不断创新。成功企业的商业模式包含以下五个层面：

1. 从决策与执行层面：商业模式 = 战略 + 战术 + 技术。

董事会研究战略，企业高层研究战术，具体执行部门研究技术。战略和战术统称为决策，战略研究做什么，战术研究怎么做，两者不能相混淆。以下两个公式可以看出决策与执行的关系：

决策正确 + 执行力强 = 成功

决策错误 + 执行力强 = 完蛋

吴晓波先生撰写的《激荡三十年》[2] 描写了我国改革开放 30 年知名企业兴衰史。凡失败企业，无一不是决策失误所致。决定成败的关键是战略和战术，细节决定效率。有时候，执行力差反而可以挽救错误的决策。

2. 从项目定位层面：商业模式 = 产业前景 + 市场定位 + 团队素质。

产业前景判断的标准有三个：是朝阳产业还是夕阳产业；政府的态度是鼓励还是限制；是否存在被新兴产业所替代的潜在风险。

市场定位包括客户群体定位、产业价值链定位和产业周期性定位。

团队素质是决定性的因素。柳传志先生对项目定位有三句话"不赚钱的项目不可能投，投不起的项目不会投，没有合适的团队坚决不能投"。可见，没有

---

[1] 崔毅著. 赢利模式. 清华大学出版社，2007
[2] 吴晓波. 激荡三十年. 中信出版社、浙江人民出版社，2007

合适的经营团队，再好的项目也要否决。

3. 从经营战略层面：商业模式 = 资产经营 + 资本经营。

投资者为了实现企业价值最大化，必须具备两种经营战略，即资产经营和资本经营，这就是人们常说的管理模式和投融资模式。资产经营的目标是提升经营绩效，资本经营目的是发挥财务杠杆作用，当然，过度的负债会增加财务风险，应当两者兼顾。这里，投融资方式属于"资本运营"的范围，融资结构的合理性则属于财务管理的范畴。

4. 从企业管理层面：商业模式 = 企业文化 + 公司制度 + 领导艺术。

企业管理有三种境界：经验管理、科学管理、文化管理。十个人的企业靠经验管理，一百人的企业靠规章制度管理，一千人的企业需要文化管理，管理一万人的企业需要信仰。企业唯有管理才能出效益。

5. 从操作运营层面：商业模式 = 组织架构 + 资产布局 + 运营方式。

组织架构是指以投资者为中心将所有直接或间接控股、参股的公司以及各公司股权结构（股东、股本、股权比例）的安排。

资产布局是指产业结构布局、产业链布局、项目公司地域分布等。

运营方式是指基于税收成本、资金成本、营销渠道、管理效率等因素而设计的业务流程和利益相关者交易结构。

上述五个层面，操作运营层面是商业模式的核心。主要包括：集团组织架构与公司股权结构的安排与重组；公司业务流程与交易结构的设计与创新。

三、商业模式设计与创新

商业模式设计的基本思路是：以企业战略为宗旨，坚持矛盾的普遍性与特殊性的辩证原则，以案例为载体，以现行相关的法律、法规为依据，对各种交易结构进行定性和定量的分析，大胆设想，小心求证，设计并选择最优方案。

纵观各行各业商业模式，可以总结出一般性的规律：

1. 互联网与传统服务业相结合。这是新旧产业结合下的商业模式，如酒店、银行、航空、网店等等。典型案例有携程、阿里巴巴等。

2. 新兴技术与新兴产业领域。主要集中于互联网有关的信息产业，以及新的能源、基础产业。新兴产业起点上与国际同步，虽然市场在国内，但运营模式一开始就与国际接轨。新兴产业一方面会得到政府支持，同时会吸引国际资本的加入。

3. 产业链纵向延伸。纵向延伸的前提是掌握了庞大的国内市场。例如，沃尔玛与香港新恒基集团在沈阳建立了国美工业园，生产手机、电脑、电视机等产品，拓展了盈利空间。国内的农产品初加工企业达到一定规模，一般采取"种植（通常是"公司+农户"模式）——初加工——精加工"一条龙生产模式，甚至可以拓展至包装物生产。

4. 横向并购。市场竞争激烈的领域，龙头企业都会采取并购方式迅速扩张，特别在产业周期处于低谷阶段，既降低了并购成本，又提升了竞争力。著名的德隆国际控股集团因滥用杠杆收购资金链断裂而惨遭失败，但其通过横向并购整合传统产业而得以迅速发展的过程是不容否定的。

5. 借力国际资本、技术、市场。经济全球化的逐步深入，给企业借力国际资本、技术、市场带来新的机遇。通过股权融资，借力国际资本、借助国际先进技术、并购境外同行，获得国外市场。这方面案例很多，如蒙牛公司在生长阶段引进高盛公司、摩根史丹利公司等战略投资者；云南白药集团引进德国拜尔斯多夫尔兰、爱尔兰 Allrtacel 制药公司，开发出"白药创可贴"，击败创可贴巨头强生。

6. 产业转型。源于国内市场激烈竞争，走"蓝海战略"之路，开拓新的产业领域，更新产品价值。通常的做法是选择小众市场，明确只为部分人服务；学会逆向思维，换个方向就是第一。

比亚迪一直是中国的"电池大王"，由于电池行业已发展到"天花板"，比亚迪于 2003 年进军汽车行业，至 2009 年已经与奇瑞、吉利三足鼎立，并获了股神巴菲特投资其电动产业，大有后来居上之势。比亚迪成功进行产业转移，主要基于：其一是在主业方面建立了绝对的竞争优势，避免了两线作战的后顾之忧，为新产业的成熟赢得了时间。其二是在产业布局上选择了处于发展初期的和未来潜力巨大的行业，可以迅速完成原始积累。

7. "轻资产运营"模式。所谓"轻资产运营（Asset – light strategy）"模式，就是将产品制造和零售分销业务外包，自身则集中于设计开发和市场推广等业务；市场推广主要采用产品明星代言和广告的方式。轻资产公司的资产主要是企业的无形资产，包括企业的经验、规范的流程管理、治理制度、与各方面的关系资源、资源获取和整合能力、企业的品牌、人力资源、企业文化等。因此轻资产的核心应该是"虚"的东西，这些"虚"资产占用的资金少，显得轻便灵活，所以"轻"。"轻资产运营"模式可以降低公司资本投入，特别是生产领域内大量固定资产投入，以此提高资本回报率。

轻资产运营的特点有：资产规模倾向于小；资产质量倾向于精；资产重量倾向于轻；资产形态倾向于轻（无形）；资产投入倾向于少；资产价值在静态或分散时较小，动态或整合时则巨大。

轻资产运营的好处：能够减少投资、提高效益、强化核心能力、增强灵活性、降低风险；其局限性也比较明显：轻资产运营的过度化、绝对化就是泡沫经济（泡沫的质量最轻）。

轻资产运营的要件主要包括：核心能力是基础；知识是依托；品牌是利器；客户关系是核心要素；业务外包是经营法宝；质量控制是要务；业务整合是关键；价值链定位是捷径。

轻资产运营模式应避免"空手道"、小即好、一味求"轻"、全民皆"轻"、盲目追"轻"、外包顾虑等误区。

森马服饰是一家典型的轻资产运营模式，以"森马"和"巴拉巴拉"服装品牌和服装设计作为核心资产，以"贴牌加工"方式外包，以直营店和加盟店连锁经营构建销售网络，用了几年时间，一举成为业界龙头。

8. "引擎+平台+生态链"模式。核心产品是引擎，品牌、网络是平台，盈利渠道是生态链。俗话说"行大欺客，客大欺行"，平台既是上游客户的买方市场，又是下游客户的卖方市场。某高校通过举办EMBA、EDP教育项目，拥有近万名企业家学员，以培训收入为龙头，衍生出图书资料费、餐饮住宿费、会员咨询费、顾问费、产品中介费、猎头费、风险投资等等关联产品，创造了惊人的业绩。

四、商业模式创新案例分析

[案例3.1]　好立方的蜕变

好立方，一个用废旧集装箱改造而成的"农村超市"，变废为宝，让农村市场对接现代商业，让农民获得就业机会和享受便利，形态独特，吸引众多眼球。无奈，好立方碍于盈利模式，得不到投资者"临门一脚"的肯定……那么，好立方能实现蜕变，获得资本最终的青睐吗？

好立方，一个基于"水立方"和"集装箱"而得名的百货超市品牌，老板此前专做食品包装，在全国几个城市都有包装厂，年销售收入近30亿元，每年净利润2亿元，业绩比较稳定。但老板意识到这个产业到"天花板"了，因为国内几家大的食品企业都是他的客户，公司的增长要随着食品企业的增长而增长，市场的成长空间很有限。

这样的发展无疑相当于一条腿走路，一定要有相关的产业相辅相成或形成支持，为此老板想到了向下游B2C（Business-to-Customer）流通行业延伸。因此，两年前，老板把包装企业交给CEO管理，自己则开始了第二次创业，"好立方"商标就是这样的情形下注册的。

废弃集装箱"再就业"。好立方要经营的是百货超市，而开超市首先需要场所，要么租房子，要么买房子，抑或自己建房子，但好立方不租、不买，也不建，而是把超市开进了用废旧的集装箱改造的场所内，典型的小超市；其次，大家知道超市要开在人流量大的地方，一般开在城镇，但好立方把超市开进了村子里。实践证明好立方的生命力很强，很不可思议。集装箱开进了哪个村，那个村的小商店统统关门，因为好立方的品类齐全，具有极强的市场吸引力，极大地聚集了人气。

什么叫农村城市化？这就叫农村城市化，把超市开到农村去，极大方便了农民购物。过去，农民到城里买双鞋，来回的路费可以再买一双袜子，况且好立方的价格并不比城里超市高。

好立方的经营模式得到了政府部门的大力支持。2010年9月，政府颁布文件，承认了利用农村空闲地放置集装箱用地的合法性，将一直困扰好立方的"房产证"问题在区域内得到了解决。政府还要求工商、税务、烟草等有关部门在政策允许的范围内给好立方开绿灯，提高办事效率。同时省电视台农村节目每天免费为好立方做广告。

政府部门的支持，无疑是老板的"强心针"，随即给好立方又追加了5 000万元的投资。

那么，这样的超市经营规模和盈利能力到底如何呢？

一个这样的超市在一个村一年的毛收入在60万~200万元之间，好立方采取偏平化管理，尽可能减少中间环节，平均毛利率达到30%，当然，其运输、人员工资等管理成本也很高，但即便如此，盈利能力仍非常强。老板算了一笔账，全省的毛收入可达到300亿~500亿元。为此，老板信心满满，准备加大投入，规范化运作，将来好把好立方打包"上市"，然后用募资的资金把这个模式复制到其他省份去。

好立方的商业模式吸引了法国一家著名的商业公司的注意，拟与好立方进行战略合作。法国公司看中的是好立方的商业模式和大陆广阔的农村市场，好立方看中的是法国公司对超市的管理经验。经过长达一年半时间的接触，合作协议始终没有签下来，原因是好立方尽管模式好，创意新，但公司是亏本的，几乎每一个超市都亏损，为什么？原来存在一个天大的麻烦——税收问题。因为要想规范化操作，所有村里直营超市进货必须取得增值税专用发票，否则计算增值税无进项税抵扣，计算企业所得税时成本不能在税前扣除。

众所周知，增值税小规模纳税人年销售额达到80万元以上就必须办理增值税一般纳税人了，采购商品必须取得增值税专用发票方可抵扣进项税。现实中，小商品提供者，像生产毛巾、打火机、圆珠笔之类的厂商都不肯提供税务发票，如果一定要提供发票，这些中小企业要求提高售价。原来30%的毛利是指在供应商不提供发票的情况下实现的。也就是说，如果没有变通的方法，这个买卖就做不下去。

有人给好立方提供了这样的建议：所有农村的超市全部以老板个人名义领取个体工商户营业执照。个体工商户采取定期定额征税方式，可以解决采购无法取得发票问题，而且税负极低。

但好立方没有接受这个方案，因为个体户模式，管理成本高，不利于公司扩张，也无法与法国公司合作，更不能上市。

怎么办？公司还是一直在亏损，虽然老板深信可以找到一个商业模式，但一直没找到，最后只能依靠包装厂频繁向好立方输血，像一个无底洞。由于亏钱，投资者观望。好立方一度到了是关停还是继续维持的十字路口。

好立方如何才能破茧重生？笔者为好立方设计了一套颠覆性的商业模式。

第一，把公司做成"直营店+加盟店"的形式，注册一个好立方连锁经营公司，直营店开在城里作为形象展示和管理中心，核心功能是物流管理。同时，把所有农村里的超市搞成个体加盟，一个村找一村民来做加盟，加盟者固定投入3万~5万元，每年可以净赚3万~5万元。按照年收入150万元，毛利率30%计算，年利润达45万元，留给加盟者5万元价差，好立方还可以盈利40万元。

对村民来说，这样的投资回报是具有很大诱惑力的。

改变后的好立方怎么赚钱呢？

直营店在城里面主要赚买卖差价，而所有农村里的超市，好立方有几个赚钱的渠道：第一，加盟费，"特许经营费＋管理费"。第二，物流费，所有的进货渠道由好立方掌握，好立方安排统一进货，加盟商要支付物流费和委托代购的手续费。对好立方来说，集中配送商品，成本低，运输效率高。加盟商也乐于其成，避免了直接与数百家生产商打交道。第三，向供应商收费，比如有个毛巾厂，若跟好立方合作，那么这个毛巾厂的毛巾就可以卖到全国近3万家加盟店。好立方有渠道优势，就像苏宁电器那样，可以收进场费、商品堆存费、仓储费、保管费、商品陈列费、上架费、条码制作费、灯箱广告宣传费、服装费、过节费……第四，广告费，好立方的物流配送有很多卡车，可以卖车身广告。第五，将来发展壮大了，好立方可以把产业链纵向延伸，采取OEM模式，轻资产运作，卖自己的产品。

此外，由于供应商供给个体加盟店不需要提供发票，所以当好立方的直营店索要发票就很容易被接受了。好立方利用平台优势，只要供货商把给全省加盟店的供货价格增加一分钱，相应地，给好立方直营店的供货价格降低三分钱，直营店的利润就来了。

如此安排，在账目上，好立方的收入就不会有300亿～500亿元，直营店收入有几个亿，其他的加盟费、手续费、运费、佣金等可达到80亿～100亿元，好立方畸高的毛利率必然会受到资本市场的青睐。

这是典型的轻资产管理模式：过去好立方在一个村，至少要发两个人的工资，一万个村就要签两万份劳动合同，发两万个人的工资，交两万份养老保险，属于劳动密集型，管理成本畸高。好立方现在搞个体加盟，加盟者自己给自己发工资，实际上也等于是赚了两份高工资。初步测算，全省直营店及物流运营人员约400人左右即可。过去好立方扩张过程中，受到当地同行的抵制，矛盾比较激烈。现在，这个问题也迎刃而解。

第二，现在好立方不用投资集装箱了。好立方拥有统一的采购渠道及成本优势，改装后出售给个体加盟商，每户可赚3 000元。

第三，因为这个搭建起来的渠道平台和品牌效应，好立方兼具"买方市场"和"卖方市场"的强势地位，可以占用供货商的现金，压款3个月就有3个月的现金流，从而不用再像之前一样需要去贷款提现金了。稳定的现金流，即使购买理财产品，其收益也是相当可观的。

我们有理由相信，只要发展加盟商的广告一出，好立方一定门庭若市，前来要求加盟的村民，不是农民，而是村支部书记和村长。

商业模式创新后的好立方，国内、国际的投资商纷纷要求"联姻"，数倍的市盈率形成的资本溢价一次性弥补了前期所有的亏损。由此可见，一个好的商业模式可以让一个濒临倒闭的企业起死回生。

总的来说，好立方的商业模式是根据企业战略来定位的，加盟商的目的是发财,好立方给制定了一个发财的商业模式;好立方的目标是发展,所以制定了一个发展的商业模式。

有了战略之后,又需要一个好的创意,"好立方"这三个字就是创意,然后才有商业模式。

与之相伴的是要成立哪些公司,决定于集团的组织架构,各个公司股权结构怎样安排。接着,则需要研究业务流程和交易结构,以及相关法律主体的会计税务模拟,最后才是拟定合同,交付执行。

然而,很多老板都习惯于"先办起来再说"。这如同把自己的公司当作实验品。过去靠机会,今天靠智慧,过去靠胆识,今天靠模式。能踩着石头过河,绝不摸着石头过河。

创新后商业模式,充分考虑了融资方式和税收政策的运用,利用平台优势赢得了市场,取得了巨大的盈利空间。在这个商业模式里,规范运作规模化发展是战略,连锁加盟盈利模式是战术,操作运营是技术。这个模式也告诉人们:决定成败的关键是决策,而不是执行,是战略,而不是细节。

[案例3.2]　普瑞特酒庄——从卖会员到卖酒庄

出于对红酒的酷爱,大连博森集团的殷国强董事长出资1.3亿元收购了法国一家历史悠久的葡萄酒庄普瑞特。随后他多次走访国内同行,确定了如下的商业模式:

博森集团出资成立大连普瑞特酒业有限公司(以下简称大连普瑞特),然后在当地征用150亩商业用地建造大连普瑞特酒庄,预计总投资约4亿元。大连普瑞特从法国进口普瑞特葡萄酒,以红酒俱乐部会员制的方式拓展客户。会员分为钻石、白金、黄金、普通会员四个级别,会费分别是100万元、80万元、60万元和20万元。凡成为红酒俱乐部会员均可享受红酒、餐饮、娱乐等不同折扣的价格优惠。

殷董给我展示了酒庄的设计图,建筑风格华贵典雅,极具法式古典美学气息。酒庄犹如一座城堡,周边绿树林荫,地下三层用于贮藏葡萄酒,地上则用来建高档餐厅、红酒博物馆、雪茄咖啡厅、棋牌室等。

对于酒庄漂亮的建筑,笔者兴趣浓厚,但关于它的商业模式,我却心存疑问:

首先是会员费太高,对消费者缺乏吸引力。其次,也是最关键的一点,酒庄投资额巨大,境外投资1.3亿元,境内投资4亿元,加上流动资金7 000万元,总投资需要6亿元。假如仅靠经营葡萄酒和餐饮盈利,几乎不可能收回成本。

于是,我从消费者需求的角度出发,对其商业模式提出了几个改进建议:

不卖"会员"卖"酒庄"

殷董计划用来藏酒的地下三层,总建筑面积达10万平方米。我建议他将此改成两部分:其中一层的3万平米自用;另外两层7万平米则用来投资转让——先将这7万平米分割成700个小酒庄,每间酒庄80～120平方米。然后将它们以每平米 6 000 元的价格,转让 40 年使用权。凡购买酒庄的业主,可免费成为俱乐部会员,享受红酒、餐饮等折扣优惠。

对大连普瑞特来说,这样做的好处有如下几点:

1. 成本回收快。按照我的设计,700 间小酒庄的平均售价为 60 万元。仅这一部分,公司就能回收 4.2 亿元资金,酒庄建造成本全部收回。按年利率 10% 计算,不考虑税收,每年可降低财务费用 4 200 万元。

2. 降低了销售难度。要说服客户交 60 万元会费享受红酒、餐饮等优惠,这并不容易。但让他们花同样的价格买一家私人酒庄并成为免费会员,诱惑力就非常大,因为这比高尔夫、游艇等会所的会员身份更尊贵。更重要的是,酒庄经济实用、升值潜能大,庄主不仅可用它来存放珠宝、玉石等个人收藏品,享受酒庄的安全管理服务。还能将它作为投资品转让,取得投资收益。

3. 在牢牢锁定客户的同时,实现卖葡萄酒的真正目的。俱乐部会员有了自己的酒庄后,必然需要购买葡萄酒。700 个酒庄相当于 700 个高端客户,700 个人脉圈子,700 个营销宣传团队。这将极大地提升酒庄的品牌知名度,促使酒庄的客户呈几何级数增长。而且,由于会员对葡萄酒的喜好不同,酒庄在主推自产普瑞特葡萄酒外的同时,还能通过经营拉菲、卡斯特、波尔多、长城等其他品牌的红酒来增加收入。

4. 销售酒庄与销售商品房不同,不需要"商品房预售许可证"。而且酒庄属于稀缺资源,如果营销到位,可以实现先收款后建造。因为红酒消费者越来越多,但红酒储存的温度要求在 12~17℃,一般家庭不具备建造酒窖的条件。

5. 就像销售"车位"一样,由于转让的仅仅是酒庄 40 年的使用权,房屋所有权还是归大连普瑞特所有,公司仍可利用普瑞特酒庄的资产抵押融资。

餐饮经营也要创新

除了经营葡萄酒外,大连普瑞特还有第二大业务,那就是餐饮。由于高档餐饮需要专业的酒店公司经营。博森集团主要做通信设计和通信工程,在这点上不占优势,采用租赁经营比较合适。但问题是,高额的租赁费会让经营者望而却步,怎么办才好呢?

我的建议是,用"固定+浮动"的方式收租赁费。具体的操作方法是:由大连普瑞特派专员收费,租赁费按月收取。每月营业额在 80 万元以下的,月租赁费 5 万元;每月营业额超过 80 万元的部分,按营业额的 10% 作为租金。将租金固定成本改为变动成本,这对承租方来说很容易接受。而对出租方来说,省事省时,稳赚不赔。由于酒店本身已拥有 700 个准客户,我们有理由相信餐饮经营一定很红火。

先做加法,再做乘法

那么,酒庄的长期发展发展战略应该怎样规划呢?我的建议是"先做强,再做大"。

苏宁电器通过店面网络平台的优势,进而控制采购成本,并取得良好的存量资金,这是先做大,再做强。普瑞特酒庄则与之相反,先以大连普瑞特作为样板，在全国各地寻找合作伙伴，孵化出无数个"普瑞特酒庄"，以轻资产模式实现全国连锁经营，走规模化发展之路。

合作伙伴选择当地有一定影响力的企业家，由大连普瑞特与合作方共同出资成立普瑞特酒庄，其中大连普瑞特控股51%，合作方持股49%。酒庄建造成本由合作方负责筹建，酒庄未来的抵押融资权归合作方所有。

这样，对合作方来说，用较少的资金建造了高档的"会所"，而且酒庄49%的盈利归合作方。对大连普瑞特来说，除注册资本外，不需再投资其他资金，并可取得51%的股权，酒庄51%的盈利归大连普瑞特，可谓一举多得，合作双赢。

目前，大连普瑞特酒庄正在紧锣密鼓地筹建之中，已有多家合作方到大连考察与博森集团谈签合作协议。

第二节　资本运营的原理与路径

一、资本运营的定义

资本，在经济学意义上，指的是用于生产的基本生产要素，即资金、厂房、设备、材料等物质资源。在金融学和会计领域，资本通常用来代表金融财富，特别是用于经商、兴办企业的金融资产。广义上，资本也可作为人类创造物质和精神财富的各种社会经济资源的总称。毫无疑问，"资本运营"一词中的资本是由金融学和会计领域的角度说事的。

"资本运营"一词，英文里没有，这是中国人的发明创造。到底是谁先提出来的，无从考证。目前，国内经济理论界、媒介、商界及企业界最流行、最时髦的经济理念除了商业模式那就是资本运营了。有关此类话题的报告会、研讨会、研修班、书籍、论文等到处可见。然而，到底什么是资本经营，大家却很难达成共识。

以下是笔者从书籍、报刊和网络上找到的主要几个具有代表性的观点。

"资本运营，是指对企业可以支配的资源和生产要素进行运筹、谋划和优化配置，以实现最大限度资本增值目标。资本运营的目标在于资本增值的最大化，资本运营的全部活动都是为了实现这一目标。"[①]

"资本运营，是指企业将自己所拥有的一切有形和无形的存量资本通过流动、优化配量等各种方式进行有效运营，变为可以增值的活化资本，以最大限度地实现资本增值目标。"[②]

---

① 王雪娜、顾凯平．"资本运营与风险投资浅议"，经济论坛．2006（7）
② http：//baike.baidu.com/view/51598.htm

"所谓资本运营,就是对集团公司所拥有的一切有形与无形的存量资产,通过流动、裂变、组合、优化配置等各种方式进行有效运营,以最大限度地实现增值。从这层意义上来说,人们可以把企业的资本运营分为资本扩张与资本收缩两种运营模式。"①

"资本经营是指围绕资本保值增值进行经营管理,把资本收益作为管理的核心,实现资本盈利能力最大化。"②

"资本经营,也称资本运作(资本运作还包括:连锁销售,资本孵化,民间合伙私募,互助式小额理财)是中国内地企业界创造的概念,它指利用市场法则,通过资本本身的技巧性运作或资本的科学运动,实现价值增值、效益增长的一种经营方式。简言之就是利用资本市场,通过买卖企业和资产而赚钱的经营活动和以小变大、以无生有的诀窍和手段。"③

从以上几种表述来看,前四种观点大同小异,讲的是资产经营,后一种是针对资本经营,但没有揭示资本经营的原理和本质。

对资本运营提出批评意见的文章也很多。国际著名金融专家丁大卫曾发文《拨乱反正,正本清源——我对"资本运营"提法的批判》,文中说:"资本不能运营,也不能直接创造价值。既然资本不能运营,也就不存在所谓'资本运营'的说法。"丁大卫还于2005年1月25日在新浪财经撰文《丁大卫:根本不存在所谓的资本运作》进一步阐明了自己的观点。

中国社科院经济研究所研究员仲继银在《资本运作不是筐》一文中的结尾部分对"资本运作"是这样描述的:"我想真正的资本运作,就其精神实质来讲,应该是股东价值管理。股东价值管理,顾名思义就是从实现股东价值和创造长期股东价值的角度来指导企业决策。当然,股东价值管理的引入和实现,需要有真正的股东存在,需要有股东能够规范和有效地发挥作用的机制和条件,需要有尽可能健全的公司治理系统。"

由此可见,专家们对资本运营的理解存在较大的分歧,甚至在用词上也有"资本运营"、"资本经营"、"资本运作"等不同说法。

笔者的观点与中国社科院经济研究所研究员仲继银较为接近,那就是资本运营属于股东价值管理的范畴。资本可以投资,投资可以转让,转让会产生增值。这方面成功的案例屡见不鲜。德隆集团以并购整合为核心的资本运营战略,如果能够解决融资渠道和资产证券化(流动性)问题,德隆也许是今天中国最大的民企。因此,绝不能否认资本运营的存在,关键看站在什么角度去理解资本运营这一特殊的经营方式。国家发展和改革委员会、科技部、财政部等部委联合发布的《创业投资企业管理暂行办法》(国家发展和改革委员会令〔2005〕第39号),鼓励风险投资商对中小企业特别是中小高新技术企业进行股权投资。

---

① 何广涛著. 解读资本运营. 机械工业出版社,2003
② 王先庆著. 现代资本经营. 经营管理出版社,2006
③ http://wenku.baidu.com/view/99e9b86db84ae45c3a358c05.html

中国证监会也发文同意券商开展直投业务，允许券商对非公开发行公司的股权进行投资，投资收益通过以后企业的上市或购并时出售股权兑现。当下，私募股权投资如火如荼，他们所从事的不正是资本运营吗？

（一）狭义的资本运营：投资者之间的交易

笔者认为：资本运营是指"投资者之间的交易"。投资者之间的交易表现为资本与资产的交换，交换的目的是为了盈利。投资与风险并存，投资失误会损失惨重。

资本市场中的投资者有四类：实业投资者、财务投资者（金融投资者）、资本投资者、证券投机者。不同投资者的盈利模式不同，如果把企业比作鸡，利润比作蛋，那么，实业投资者的盈利模式就是"养鸡下蛋"，财务投资者的盈利模式是"买蛋卖鸡"，资本投资者则是把企业商品化，盈利模式是"买鸡卖鸡"，而广大的证券投资者（俗称"散户"）把投资当作理财工具，确切地说，他们是所从事的不是投资，而是投机。股民、基民是证券市场的基石，是"鸡毛天使"，没有亿万股民的支持整个证券市场就要坍塌。

由于资本市场存在各种各样的投资者，哪里有融资的需求，哪里就会有投资者。

投资者用现金资产交换债权资产，会取得利息收入。

投资者用现金资产交换股权、股票，会取得股息、红利（将税后利润转化为股票）和股权转让收益。

融资者通过债务融资、股权融资方式取得企业扩张的资本，实现规模经济。另一方面通过股权融资、优势互补、强强联合，虽然稀释了股份，但企业由一只鹌鹑蛋变成了鸵鸟蛋，实现了企业价值最大化。

企业通过上市方式进行股权融资，在取得扩张资金的同时，也使得原始股东的企业价值获得大幅度增值。在全流通时代，股票的流动性进一步提升了大股东的融资能力，靠钱赚钱的连锁效应就这样奇迹般地发生了。

因此，资本运营更精炼的表述就是"投融资"！

（二）广义的资本运营：一切资本活动的总称

企业融资方式的多元化决定了资本运营的复杂性。比如采取杠杆收购、股权收购、增发配股的做法，就是并购中常采用的融资方式；企业上市需解决规范产权关系、同业竞争、关联交易、购销依赖等一系列重大问题，需要通过合并、分立、收购、剥离等方式对集团公司原有的组织架构、公司股权结构、资产布局进行资产重组。由此，可以将资本运营的概念进一步展开，即，广义的资本运营是指与投融资、并购扩张、资产重组、公开上市、资本市场再融资、解禁退出等一切资本活动的总称。

（三）资本运营、资本经营、资本运作的关系

资本运营与资本经营、资本运作说的都是同一件事：资本经营。资本运营

与资本经营相比，具有谋划、运筹之意，而资本运作则具有贬义，通常是指投资者利用国家法律、行政法规的漏洞，采用不法手段（比如内幕交易）牟取暴利。剔除这些差别，就其投资者意图和具体内容来看，本质上是一致的。相比较而言，资本运营的表述方法显得更中性、更专业。

至于资本市场的概念就不难理解了。既然资本运营是指投资者之间的交易，那么资本市场则是投资者交易的场所。由于科技的进步，资本市场已经不像农贸市场那样需要一个固定的场所。资本市场既包括一级市场、二级市场（公开市场），也包括有形要素（与资本运营有关的监管机构、各种投资者、中介机构等法律主体）和无形要素（与资本运营有关的所有法律、法规）。

资本市场不能等同于金融市场，金融市场是一个大概念，除资本市场外还包括货币市场、金融衍生品市场等，不再赘述。

二、资本运营的内涵

以资本最大限度增值为目的，对资本及其运动所进行的运筹和经营活动。它有两层意思：第一，资本运营是市场经济条件下社会配置资源的一种重要方式，它通过资本层次上的资源流动来优化社会的资源配置结构。第二，从微观上讲，资本运营是运用投资定律、市场法则，通过资本本身的技巧性运作，实现资本增值、效益增长的一种经营方式。

1. 资本运营的主体可以是资本的所有者，也可以是资本所有者委托或聘任的经营者，由他们承担资本运营的责任。

2. 资本运营的对象是资本，可能是准备用于投资的资金，也可能是已经转化为投资的金融资产。

3. 资本的各种形态必须投入到某一经营领域之中或投入多个经营领域之中，即投入到某一产业或多个产业之中，才能发挥资本的功能，有效利用资本的使用价值。

4. 资本作为生产要素之一，必须同其他生产要素相互组合，优化配置，才能发挥资本的使用价值，才能创造价值。

5. 资本运营的目的是要获取理想的利润，并使资本增值。

三、资本运营的目标

资本运营的目标，就是实现资本最大限度的增值。资本最大限度增值对于企业来说，可表现为：

（一）利润最大化

企业将资本投入生产经营后，将所得收入与耗费相比，如果收入大于耗费，企业实现利润；如果收入小于耗费，则发生亏损。在资本运营中，企业为实现资本最大限度的增值，就必须降低成本，因此，企业在资本运营中：（1）不仅要注重增加当期利润，更要注重增加长期利润；（2）不仅要注重增加利润额，同时要注重提高利润率；（3）不仅要考察自有资本利润率，而且要考察全部资本（包括自有资本和借入资本）利润率。

（二）股东权益最大化

股东权益，是指投资者对企业净资产的所有权，包括实收资本、资本公积金、盈余公积金和未分配利润。企业实现的利润越多，从税后利润中提取的盈余公积金和分配就越多。盈余公积金既可用于弥补企业亏损，也可用于转增资本，使投入企业的资本增多。将企业期末股东权益总额与期初股东权益总额对比，如果前者大于后者，则企业的自有资本发生增值。两者之差即为本期股东权益增加额，本期股东权益增加额除以期初股东权益总额，即为本期股东权益增加率。

（三）企业价值最大化

企业在资本运营过程中，不仅要注重利润和股东权益的最大化，更要重视企业价值的最大化。企业价值的评估，是指企业在连续经营的情况下，将未来经营期间每年的预期收益，用适当的折现率体现、累加得出某一估值，据以估算出企业价值。如果企业价值大于企业全部资产的账面价值，那么企业资本增值，反之，企业就贬值了。将企业价值减去企业负债后得出的数值与企业股东权益的账面价值相比较，如果前者大于后者，表明企业的自有资本增值。企业资本运营的三个"最大化"是相辅相成的。只有实现利润最大化，才能实现股东权益最大化，进而实现企业价值最大化。

四、资本运营特征与作用

资本运营具有增值性、流动性、风险性三个特征。资本运营的作用表现为加快企业改革、优化资源配置、调整经济结构、提高中国的国际竞争力。

从企业经营方式的角度来看，资本运营也有如下作用：

1. 通过股权收购、股权激励可以优化企业的资本结构。
2. 通过横向并购可以带动企业迅速打开市场，拓展销售渠道。
3. 通过控股、参股等方式实施强强联合，可以让企业获得先进生产技术和管理技术。
4. 多元化的经营战略可以发现新的商业机会。
5. 融资方式、渠道多元化可以带来大量可用于企业扩张的资金。
6. 根据投资定律和市场法则，实现"买蛋卖鸡"和"买鸡卖鸡"的盈利模式。

五、资本运营的三个层面

资本运营可以从政府层面、企业层面、中介层面三方面具体分析。

（一）从政府层面来说，资本运营是指资本的配置（重置）问题

根据目前中国的实际情况，资本配置的方式是以市场为导向，政府有限干预的体制。市场经济体制中的资本配置，是通过外部资本市场与内部资本结构来进行的。因此，建立适合中国国情的资本配置机制，需要建立以下两个制度：

1. 有限责任制，即投资者在其投资额的限度之内承担企业的风险。这种制度限制和分散了投资者的风险，也实现了投资者和经营者的分工：投资者承担有限的投资风险，取得相应的投资收益；经营者承担经营风险，取得相应的劳动报酬。

2. 兼并破产机制。兼并破产机制分为兼并和破产两种实施方式。兼并，是指通过企业股权或资本收购、转让，实现资本增值目标。破产是指对资不抵债、不能清偿到期债务的企业，根据债务人或债权人的申请，通过法院将其财产强制拍卖、变价归还债权人。兼并破产机制可以激励经营者尽最大努力，高效率地使用所支配的资本；迫使经营者带领整个企业发挥其全部潜能，提高效率，在优胜劣汰中立足于市场经济的浪潮之中。

（二）从企业层面来说，企业的资本运营就是对企业内部管理型战略和外部交易型战略的有效运用

建立和培育企业核心竞争能力是企业资本运营的核心。企业通过兼并、收购或者重组，迅速巩固或扩大自身的竞争实力，并建立起持续发展的企业核心能力。企业资本运营的规则如下：

1. 实现资本运营与核心能力的有机结合。资本运营是在企业内部形成的以资本效率和效益为核心的，实现资本有效增值的一种经营方式。资本运营必须以企业核心能力为基础，只有二者结合起来，才能实现企业规模扩大和效益提高的同步运行。

2. 实现企业经济实力与品牌优势的有机结合。品牌是一个企业成功进行生产经营的重要标志。品牌作为一种无形资产，在资本运营中，既可作为一种资本入股，从而减少企业有形资本的流出，又可通过冠名权支持一个企业的持续发展。

3. 实现低成本扩张和资本收益的有机结合。企业在资本运营过程中，应该计算、分析投入和产出的比例，最大限度地降低单位产品的劳动生产率，寻求效益的最大化。

4. 实现企业内部完善管理与外部规模经济的有机结合。企业要搞好资本运营，必须按照《公司法》的要求，明确决策、执行、监督三者间各自独立、权

责明确、互相制约的关系。

（三）从中介层面来说，资本运营主要是针对投资银行、证券律师等而言的

资本运营离不开中介机构，资本运营所涉及的专业知识非常宽泛，有时需要一支集合券商、律师、会计师、税务师、评估师的服务团队，他们作为企业资本运营所需专业化服务的提供者，熟悉资本如何通过最优配置才能达到最大效益。中介机构在资本市场中的"担保"角色，决定了我国必须不断提高中介机构的职业道德和执业水准，这是保障资本市场健康发展的重要前提。

六、资本市场游戏揭秘

资本运营是企业商业模式的一部分，实际操作中，少数投资者利用资本市场政策或政府监管的漏洞采用所谓的资本运作手法，牟取暴利。这里列举近年来常见的操作手法，希望有关部门进一步加强对资本市场监管，保证资本市场规范有序、健康发展。

1. 上市从融资目的转化为财富效应。具有划时代意义的股权分置改革，从另一个角度深度改变了中国股市的参与者体系和市场格局。在股权分置改革以前，中国的股市是一个畸形的市场，人为规定的部分股票限制流通，导致真实资本市场流通量远低于上市公司总市值，上市公司的原始股东实质上仍然远离资本市场，而上市公司的股价对于原始股东来说也仅仅是数字游戏，当然，偶尔可以充当一下再融资的工具。这便导致了上市公司的决策者和执行者不再关心股价表现，转而以在二级市场圈钱借以提高每股净资产为主要资本运作方向，同时公众投资者也不必关心上市公司的经营行为和结果，毕竟相比研究经营数据和财务状况，远不如研究股价的涨跌和"庄家"的进出来得实在，也更加具有赚钱的现实价值。

数十倍市盈率带来的股票市值增值相比显得"小巫见大巫"，因此这一阶段的 IPO 利益趋向在于提高股票发行价格，以达到尽力拉升原始股市场价值的目的，直接对应着发行市盈率的提高，称为"上市热"。

2011 年初深交所的统计数据显示，创业板开设以来 IPO 平均市盈率超过 70 倍，而发行市盈率的最高纪录已然超过了 150 倍，这与股权分置改革前约定俗成的 20 倍发行市盈率形成了鲜明对比。

2. 再融资由"公开"向"定向"的演变。股权分置改革前，上市公司再融资形成的新增股票，也按照增资对象相应设定为流通股和非流通股，这就使得原始股东失去了参与再融资股本扩张的动力，体现为清一色的公开配股和公开增发，而原始股东放弃配股权利也是司空见惯的事情；而股权分置改革之后，股票成为各路资本大鳄眼中的"香饽饽"，相对二级市场价格存在一定折让的廉价股票成为求之不得的紧俏货，于是公开增发变得凤毛麟角，取而代之的则

是定向增发数量猛增。

《中国证券报》的统计数据显示，2010年共有423家上市公司的定向增发预案通过了股东大会批准，其中142家得以最终实施，全年共募集资金3 054.13亿元。

3. 针对上市公司高管股票激励取代现金激励。股权分置改革前，非流通股并没有真正的资本价值，用不能流通或者受限流通的股票对上市公司高管进行激励也是缺乏实际意义的；股权分置之后，股票便成为财富的代名词，上市公司高管也不能"免俗"地希望以低于市场价格的成本获得股票，并通过二级市场变现获得大笔资本收入，这直接体现为股权激励计划成为上市公司资本运作方面的"时髦词"。

有统计数据显示，2010年共有58家上市公司完成了股权激励，而在2011年1月就有7家上市公司提出了股权激励计划。

4. 利润操纵的获利途径更加清晰。股权分置改革前，二级市场股价对于原始股东和上市公司高管来说仿佛隔着万水千山，这一阶段的利润操纵主要目的在于提高股票再融资价格，或者配合庄家建仓、出货并从中捞点"老鼠仓"的小油水；股权分置改革后，二级市场股价直接影响着原始股东的身价和上市公司高管群体的个人利益，通过利润操纵获得低廉的定向增发价格和股权激励价格所能获得的利润远非"老鼠仓"所能比拟，至于配合庄家那等小把戏则很难被放在眼里。

5. 关联交易核心目的的转变。股权分置改革前，上市公司的关联交易主要体现在实业领域，通过销售商品、提供劳务的非市场定价，上市公司的关联方从中谋取些许小利润而已；股权分置改革后，上市公司的股票则构成了关联交易的核心，关联交易的主要形式也体现为资产收购等大宗交易。

如此等等，难以计数。

总而言之，如果说股权分置改革之前的股市，是庄家在暗算中小投资者，而且惯用的招数诸如内幕交易、操纵股价等又都是违法行为，稍不留神就会沦为阶下囚，或者操作不当导致爆仓巨亏；那么股权分置改革之后，掌握着上市公司重大决策制定和执行权力的实际控制人、原始股东和上市公司高管，真正成为资本利益漩涡的中心。在巨额资本利益的驱使下，他们逐渐成为最大的既得利益群体，而中小投资者以及曾经肆意妄为的二级市场庄家则统统沦为被暗算的对象。更加令人艳羡的是，原始股东通过他们掌控的话语权、上市公司高管通过他们掌握的经营权，完全有能力通过合法却不尽合理的资本运作攫取巨额利润，暗算手法不断推陈出新，令人眼花缭乱甚至"拍案叫绝"，逐渐构建起一个全新"庄家"体系，演变成为一个个有能力操控上市公司的、在资本市场纵横捭阖并立于不败之地的"超级庄家"。

6. PE投资。私募股权投资，是指投资于非上市股权，或者上市公司非公开交易股权的一种投资方式。私募股权投资的资金来源，既可以向社会不特定公众募集，也可以采取非公开发行方式，向有风险辨别和承受能力的机构或个人募集资金。PE投资者通常对融资方有比较苛刻的要求，如不得稀释股权、董事会席位权、一票否决权、业绩对赌、优先分红、保底回报、强制回购、排他性合作、知情权、监督权、资金共管权、禁止同业竞争或通过重大关联交易转让定价侵害小股东利益，等等。

深创投公司成立于1999年8月，注册资本25亿元，有据可查的最早涉足A股市场的投资案例是2000年9月投资的金证科技（600446）项目，并于2003年12月上市。截至2011年3月总共管理着价值100亿元的投资资产，在过去的12年间"接洽项目逾万个，已投资项目328个"，其中已经成功登陆A股市场的投资项目数量为34个（剔除金证科技项目），给深创投带来总计3 887亿元的资本收益。

[案例3.3] 汇源果汁的资本运营路径

（一）汇源果汁简介①

北京汇源饮料食品集团有限公司（以下简称"汇源集团"）成立于1992年，是主营果、蔬汁及果、蔬汁饮料的大型现代化企业集团。汇源集团在全国各地建立了30多家现代化工厂，链接了400多万亩名特优水果、无公害水果、A级绿色水果生产基地和标准化示范果园；建立了遍布全国的营销服务网络，构建了一个庞大的水果产业化经营体系。

目前，汇源集团已成为中国果汁行业第一品牌。汇源商标被评为"中国驰名商标"，汇源集团产品被授予"中国名牌产品"称号和"产品质量国家免检"资格。汇源集团累计研发和生产了500多种饮料食品。据权威调查机构AC尼尔森最新公布的数据，汇源100%果汁占据了纯果汁46%的市场份额，中高浓度果汁占据了39.8%的市场份额。同时，浓缩汁、水果原浆和果汁产品远销美国、日本、澳大利亚等30多个国家和地区。

汇源集团拥有100多余种国际最先进的PET瓶、康美包、利乐包、怡乐屋顶包等无菌冷灌装生产线，并开创和引领了中国饮料PET瓶无菌冷灌装的新时代。汇源集团的水果原浆加工的冷破碎、浓缩果汁加工的超微过滤、饮料生产的无菌冷灌装等项工艺和技术均处于世界领先地位。汇源集团所属工厂先后通过了ISO9001质量体系认证、HAP（食品安全管理）体系和ISO22000质量体系认证，并获得被认为审核最严格的BR（英国零售商协会标准）证书。

汇源集团自成立以来，带动了整个中国果汁行业的发展，引领了果汁健康消费的新时尚，促进了水果种植业、加工业及其他相关产业的现代化发展，帮助百万农民奔小康。汇源集团一贯奉行"营养大众、惠及三农"的企业使命和"取之于社会，奉献于社会"的企业宗旨，积极履行社会责任。十几年来，累计缴纳税金20多亿元，投入社会慈善、公益事业的资金、物资价值数亿元。汇源集团曾荣获"农业产业化国家重点龙头企业"、"全国工业旅游示范点"、"全

---

① 吴瑕. 融资有道. 中国经济出版社，2009

国三峡工程建设先进单位"、"最具市场竞争力品牌"等各项殊荣。

2007年2月23日,"中国汇源果汁集团有限公司"股票在香港联交所成功挂牌上市,公开认购部分共获得超额认购937倍,上市当日股价上涨66%。

(二) 资本运营过程

1. 兼并式融资——零资产兼并亏损国企。汇源集团的掌门人朱新礼的发家之路充满传奇。他本是山东沂源县的原对外经济贸易委员会主任。1992年,他"买"下了山东一濒临倒闭的县办水果罐头厂,自任厂长。说是"买"下,其实并没有拿出真金白银。当时朱新礼并没有钱,他只是答应用项目救活工厂,养活工厂数百号员工,外加承担原厂450万元的债务。

2. 信用融资——引进设备补偿贸易。紧接着是第二招。在当时,"补偿贸易"还是十分新鲜的名词。朱新礼当时看准了德国的设备,可是他没有钱。于是,他一口气与德国客商签订价值800万美元的进口合同,引进德国设备,在国内生产产品,条件是在一定期限内将产品返销给德方,以部分或全部收入分期或一次抵还设备货款。朱新礼当时答应外方分5年返销产品,部分抵还货款。1993年初,在20多名德国专家、技术人员的指导下,朱新礼的工厂"汇源"开始生产浓缩果汁,并且成为主营业务。正在此时,朱新礼听说德国要连续举办两次国际性的食品博览会,他立即买了一张机票,单刀赴会。他没有带翻译,因为他买不起两张机票。在德国当地华侨的帮助下,朱新礼先后在德国慕尼黑和瑞士洛桑签下第一批业务——3 000吨苹果汁,总金额为500万美元。而与这500万美元相比较,朱新礼在整个创业过程中付出的资金相当于零。

3. 股权融资——"傍大款"引德隆资本。由于填补了当时的市场空白,因此企业开始迅速做大。2001年3月新疆德隆集团有限责任公司旗下的新疆屯河以5.1亿元现金出资控股51%,汇源集团则以资产出资持股49%,双方组建合资公司北京汇源集团。2000年汇源集团已经雄霸国内果汁市场23%的份额,是紧靠在其后第二名的近10倍,而德隆公司当时在产业并购领域的运作也已经初具规模。两个看起来完全互补的优秀企业合资之初就获得了业界的盛赞。其时汇源的大部分核心资产都已经装在了合资公司里,朱新礼甚至计划未来将汇源集团的其他资产逐步注入合资公司。

4. 并购扩张——低成本扩张。汇源集团与德隆集团合作后,互补效应在合资一年半后很快显现出来,借助北京汇源公司的平台,德隆集团在饮料领域与国内数家巨头展开了收购兼并的谈判,而汇源集团在一年半时间里在全国密集投建基地、工厂,初步完成了果汁产业的整体布局。

5. 股权回购——与德隆集团分道扬镳。2003年初,汇源集团和德隆集团合资不到两年,德隆集团一反常态开始频繁向汇源集团伸手借钱,一开始是5 000万元,后来借到1亿元,再后来变到2亿元。与此同时德隆集团承诺的还款周期也越来越短,从最早的3个月,缩短到1个月,最后变成了1周。显然德隆集团对大额资金的需求已经变得越来越迫切了。刚开始朱新礼借钱的心情还比较轻松,德隆集团借款的利息高达15%~18%,资金回报比汇源经营产品的利润高出许多。但是当借款额已经高达 3.8 亿元，归还的前景看起来又那么不确定时，朱新礼意识到危险来了。朱新礼产生脱离德隆集团的想法，并随后开始筹划、寻找能够从德隆集团回购北京汇源股权的人。

和德隆集团的第一场谈判在深圳。朱新礼最先找到了一家香港公司，但此时最大的问题是德隆集团根本不愿意将汇源出手。谈判初期，德隆集团的态度很含糊，不断反复，今天同意出售汇源股权，明天又反悔了，收购价格也反复拉抬，这令朱新礼极度焦虑。德隆集团最先提出 51% 股权的出售价格与合资公司当年利润相比不低于 6∶1，以当年合资公司的利润约 1 亿元人民币来计算，售价约在 6 亿元，随后这个比例又被提升至 7∶1。最终当德隆集团勉强同意以 7 亿元出手时，"非典"来了，投资信心大受震动的香港人火速撤出了这场收购拉锯战。朱新礼又被甩在原地。

当时已经陷入资金危机的德隆集团，非常希望能全面收购汇源，借汇源题材拉抬新疆屯河股价，以缓解资金危机。所以一看香港人撤出，主持谈判的唐万平——唐万新的二哥立即提出以 7 倍于合资公司年利润的价格收购汇源集团所持的北京汇源 49% 的股权。此时朱新礼也提出由自己来回购德隆集团所持股权，开价和德隆集团相当。对此唐万平态度强硬："汇源要买的话，低于 8∶1 绝对不卖。"

双方相持不下。当时汇源集团刚刚投出 20 余亿元在全国布建工厂、拓展基地，账上资金早已经所剩无几，要拿出 8 亿元的人民币简直是天方夜谭。德隆集团在北京汇源公司长期派驻财务人员，唐万平对此当然了然于胸。而朱新礼对德隆大厦资金的实情、是否有能力买并不确知。然而对德隆危机的猜测，其行事风格的前后反复，每时每刻都提醒着朱新礼他的产业帝国将面临巨大的风险。从 2003 年元旦开始，3 个多月过去了，谈判却依然毫无进展。

唐万平提出了德隆集团的收购方案：德隆集团可以先支付 5 000 万元到 1 亿元的现金给汇源集团，余款 3 年内付清。汇源集团的一些高管和律师对唐万平的方案表示满意，理由是获利甚丰，朱新礼完全可以拿这部分钱再回头去做那部分没有装在合资公司里的果汁原料（浓缩汁）业务。有人说："德隆集团那么大，还债能力应该没什么大问题。"朱新礼却坚决反对。

为了迅速摆脱这个大股东，朱新礼想到了一个"对赌"的计策——给双方"最后一星期"的"死限"，"不管是 8∶1 还是 9∶1，要么你买我的 49%，要么我买你的 51%，一个星期，谁拿得出现钱谁来买！"朱新礼向唐万平发出最后通牒。因为料定汇源集团肯定拿不出钱来，唐万平最终同意了这个方案。

所幸朱新礼当时坚决要求"不论是由谁买，收购资金必须一次性全部打到对方账上"。朱新礼算了一笔账，其时德隆集团已经陆续从汇源合资公司中借走了 3.8 亿元人民币，加之早期与汇源集团组建合资公司时承诺持有 51% 股权支付 5.1 亿资金，尚有 2 亿元左右始终并未到账。以 8 亿元收购价格来算，汇源如果能筹到 2 亿元，买下对方股权就没有什么问题。

离开上海的谈判桌，一回到北京，朱新礼最先跑到了顺义区委书记的办公室，朱新礼将赌注押在了区政府方面。从1994年汇源自山东搬到顺义区开始，11年来在企业发展和个人行事风格上都极为稳健的朱新礼，在政府方面积累了丰厚的人脉资源。在区委书记的办公室里，朱新礼开门见山："汇源遇到了问题，德隆想买汇源，我们也想买汇源，银行贷款已经来不及了……"书记问道："你需要多少钱？""2亿元。""没想到一下子就解决了！第二天上午2亿元就拨过去了！"已经准备被德隆集团收购的朱新礼，霎时间在这个赌局边缘反手得胜了。无力回天的德隆在2003年4月终于退出了汇源。

6. 上市融资——资产证券化。2004年3月，朱新礼又分拆汇源果汁部分资产与统一集团在开曼群岛成立合资公司中国汇源果汁控股，其中统一出资2.5亿元占5%的股份。2006年7月，汇源引入达能、华平投资、荷兰发展银行等，融资2亿多美元，为汇源上市做好铺垫。2007年，汇源在香港上市，筹资24亿港元。

7. 股权转让——资产变现，二次创业。朱新礼有一句口头禅"把企业当猪养"。食品生产企业不仅投资风险大，而且经营难度高，但有需求就有供给，当初进军果汁行业朱新礼正是看中浓缩果汁这一朝阳产业。如今，"猪"已养大，他准备产业转型进行第二次创业。

2008年9月，汇源终于遇到可口可乐这个"大买家"，定下终身。汇源的出售总价达196亿港元，朱新礼个人将获74亿港元。虽然该项交易未获得商务部通过，在资本的市场上，朱新礼似乎获得了一个最风光的结局。

显然，朱新礼对自己在资本运作上的成功也感到满意，他曾说过："我竞争过了德隆、统一、达能等有名的企业。竞争之后有合作，合作就是借力。"

（三）深度解析

站在资本运营的角度看汇源，从成立到上市整个过程都离不开资本运营，其运作轨迹是：

第一步：零资产并购国有企业。这一步既是投资，又是融资。

第二步：1993~2000年，公司的融资手段基本是债务融资、商业信用融资方式。公司得到稳定发展，但市场部分日趋激烈。

第三步：股权融资方式引进德隆，虽然稀释了股权，但与德隆强强联合，进一步提高市场竞争力。

第四步：德隆的财务风险迟早会爆发，汇源的未来会受到德隆的牵连。关键的时刻朱新礼作出果断决策。

第五步：德隆退出，汇源的资金链出现严重问题，在国内融资额度无法满足公司需求的情况下，与国外资本合作是正确的选择。

第六步：国外金融投资者的盈利模式是"买蛋卖鸡"，汇源上市后，国际金融投资者得到应有的回报。同时，资产证券化增强了资产的流动性，从而提高了资产的安全性、营利性。

第七步：虽然股权转让未获得商务部批准，但朱新礼准备将资产变现从事二次创业的战略思想还是高瞻远瞩的，由此可见朱新礼对企业理解的深刻。

第三节　资产重组的原理与方案设计

资产重组是企业资产的拥有者、企业的控制者与企业外部的经济主体根据资本运营的需要，综合运用新设、增资、减资、合并、分立、转让、清算等七种资产重组工具对企业资产的分布状态进行重新组合、调整、配置的过程，或对设在企业资产上的权利进行重新配置的过程。

实务中，股份制改造（可细分为整体改建和整体变更）、股权分置、股权激励、准股权（可转换债券、可转换权证）、配股、增发、借壳、收购、债转股、资产剥离等资产重组的法律形式都是资产重组工具的"变种"，只不过是站在不同法律主体的角度对资产重组工具的习惯称呼而已。

从决策与执行层面，商业模式、资本运营、资产重组的关系是：商业模式是战略，资本运营是战术，资产重组是技术。

一、资产重组的动因与协同效应

如前所述，资产重组是基于企业某种需要而做出的重大决策。这种需要通常是集团战略调整、企业上市、对外融资、公司扩张、引进投资者、专业化管理、税收筹划等等。

（一）企业战略调整

多元化经营战略的企业集团，由于实施战略调整，可能需要资产重组。例如，基于分散投资风险的战略考虑，集团需实施多元化经营，会涉及混合并购业务。有些多元化经营的集团性公司，经过一段时间的运营，决定保留几块核心业务，剩余业务采取对外转让或引进大股东，这时，企业需要对剥离的业务通过公司分立、股权转让、接受投资等方式进行资产重组。

（二）企业上市

上市企业要求做到产权关系清晰、产业结构合理，可能需要通过公司分立、股权转让等重组工具对相关资产进行整理，以便将目标资产纳入上市公司合并报表范围内。多数企业上市前还会引进战略投资者，上市主体为有限公司的还必须改组为股份公司，然后才能发行公众股。发行人股权结构变动的整个过程就是一个分步实施的资产重组方案。

企业上市有利有弊，企业及其股东应当权衡利弊取其重。

1. 企业上市的弊端。

第一，融资成本高，不仅稀释了股权，承担了高额的发行费、评估费、审计费等融资费用，还可能由于资产重组缴纳巨额的税收。例如，有限公司股改时，对净资产折股，个人股东需缴纳20%的股息、红利所得个人所得税。

第二，上市公司相关重要信息的披露，可能会导致商业机密的泄露。

第三，社会对上市公司的关注度，会导致公司经营困难或出现违规行为的负面影响被放大，甚至会被恶意收购。

第四，上市公司为了维护股价可能会影响经营决策。有时为了维持经营业绩，会顾及眼前利益而放弃长期利益。

2. 上市公司自身的优势。

第一，有利于明晰产权关系，规范企业行为、完善运营机制。

第二，是有利于融资，不仅上市时募得巨额资金，上市后资产负债率大大降低，融资能力大大增强。

第三，有利于吸引人才，特别是公司对高管实施股权激励有助于留住人才。

第四，可以扩大知名度，提升公司品牌形象，特别对终端产品制造商有较强的广告宣传作用。

第五，有利于开展对外业务合作。

第六，有利于促进并购业务的开展，提高并购业务的成功率。

3. 企业上市对股东的好处。

第一，"重资产"变为"轻资产"，增强了资产的流动性和安全性，为股东退出提供了通道。

第二，小股东解禁退出可以取得巨额的投资回报，大股东可以用股票抵押融资。

第三，企业上市对大股东的品牌效应，有利于提升大股东在市场中的品牌形象，有利于促进大股东其他经营业务的开展。

4. 企业上市对地方政府的好处。

第一，企业上市有利于推动地方经济发展和社会进步。

第二，上市公司优良的经营业绩，增加了以税收形式对地方财政的贡献。

（三）并购式扩张

企业并购有吸收合并、新设合并、控股合并三种，常见的企业并购主要是指控股合并，即企业通过收购目标公司的股权或者对目标公司增资扩股，从而获得目标公司的控股权。

企业并购的动因及效应主要有：获得优势资源、扩大经营规模、提高扩张速度、增强融资能力、减少同业竞争、降低交易成本、提升企业品牌、改变财务状况、优化资源配置、实行优势互补、有利税收筹划等等。

（四）引进战略投资者

企业在生产经营的某些方面拥有足够的竞争力，但由于生产经营要素其他方面的不足，使得企业发展不可持续，需要引进战略投资者，以实现强强联合、优势互补的双赢模式。作为战略投资者首先会要求目标公司规范产权关系，调整产业结构（如解决同业竞争、关联交易等），目标公司（通常是专业化经营的集团公司）必须对组织架构、股权结构进行重组后才能引进战略投资者，而企业接受投资的业务本身也构成资产重组的一部分。

所谓战略投资者是指具有资金、技术、管理、市场、人才优势，能够促进产业结构升级，增强企业核心竞争力和创新能力，拓展企业产品市场占有率，致力于长期投资合作，谋求获得长期利益回报和企业可持续发展的境内外大企业、大集团。

战略投资者与股权投资有所不同，后者通常是指纯粹的财务投资者，PE的目的就是通过购买拟上市公司股权在公司上市后再套现获利。PE投资者在对拟上市公司财务、业务、法律方面进行调查的基础上，考虑上市需要的时间及可能性，然后对企业计算一个整体估量，企业根据所需融资规模和企业估值的比例确定PE所占股权比例，然后根据双方商谈的市盈率确定交易价格。PE投资者为了确保自己的利益，避免风险，PE通常还会提出与企业的实际控制人或管理层签订对赌或者回购协议，约定如果企业预期业绩不达标或者在预期期限内没有上市的话如何使PE的利益不受损失。PE投资者一般不会参与公司的生产经营管理，所以算不上战略投资。

战略投资者首先必须具有较好的资质条件，拥有比较雄厚的资金、核心的技术、先进的管理等，有较好的实业基础和较强的投融资能力。其次，战略投资者不仅要能带来大量资金，更要能带来先进技术和管理，能促进产品结构、产业结构的调整升级，并致力于长期投资合作，谋求长远利益回报。最后，引进战略投资者，要结合各地的实际情况，不能仅认为国际500强、国家500强才是战略投资者，对有资金、有技术、有市场，能够增强企业竞争力和创新能力、形成产业集群的，都可能成为战略投资者。

战略投资者一般应具备下列特征：

1. 与发行人业务联系紧密，拥有促进发行人业务发展的实力。

2. 长期稳定持股。战略投资者持股年限一般都在5~7年以上，追求长期投资利益，这是区别于一般法人投资者的首要特征。

3. 持股量大。战略投资者一般要求持有可以对公司经营管理形成影响的一定比例的股份，进而确保其对公司具有足够的影响力。

4. 追求长期战略利益。战略投资者对于企业的投资侧重于行业的战略利益，其通常希望通过战略投资实现其行业的战略地位。

5. 有动力也有能力参与公司治理。战略投资者一般都希望能参与公司的经营管理，通过自身丰富先进的管理经验改善公司的治理结构。

一般认为，引进战略投资者应坚持五项原则、符合五个标准。

五项原则为：一是从自身利益看，要保持大股东的绝对控股权地位不变；二是从市场行为看，合作双方应按市场原则在自愿、互利的基础上进行合作；三是从企业层面看，引进战略投资者主要不是为了引进资金，而是为了引进先进的管理经验和技术手段，完善公司治理结构，提高管理水平；四是从合作方看，投资方在企业上市方面拥有丰富的经验；五是从法律层面看，要坚持合法合规，严格按照公司法、证券法等有关法律规范操作。

五个标准为：一是投资所占股份比例不低于5%；二是股权持有期在3年以上；三是派驻董事；四是不得入股同行；五是提供技术和管理等方面的支持。

（五）债务融资

企业为了债务融资的需要也会进行资产重组，例如，企业采取增资扩股的方式降低资产负债率；由于政府宏观调控，房地产企业经常将持有商业资产以分立方式进行剥离以改变融资主体等等。

（六）专业化管理

集团公司多元化经营，如果组织架构安排不合理，会导致管理成本增加、管理效率低下。例如，北京一家集团公司，涉及多个行业，且分布在全国各地。集团公司组织架构如图3.1所示。

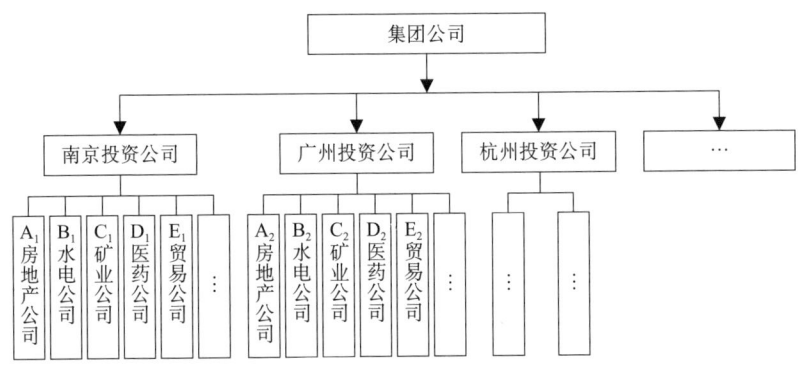

图3.1 集团公司组织架构图

这种以区域设立行政管理中心的做法，类似于行政机关，机构庞大，效率低下，即便是在集团总部成立行业管理中心，也会由于中间层的存在，降低管理效率。如果将来某个产业打包上市，还需要通过股权转让方式进行资产重组，增加内部交易的税收成本。

多元化集团公司应当按行业成立控股公司，所有与之相关的项目公司由控股公司作为出资人，笔者将这种组织架构称之为"合并同类项"。

该集团资产重组步骤主要有两步：第一步将区域投资公司通过变更经营范围和公司名称改组为产业控股公司；第二步以股权转让方式实施产业整合。

重组后的集团组织架构如图3.2所示。

以"产业合并同类项"为目标架构的重组效应是显而易见的：有利于专业化管理和控制；有利于提高管理效率，降低管理成本；有利于控股公司对人力、资金、技术等资源调度；有利于产业迅速扩张；有利于引进战略投资者；有利于产业上市；有利于集团整体税务安排。

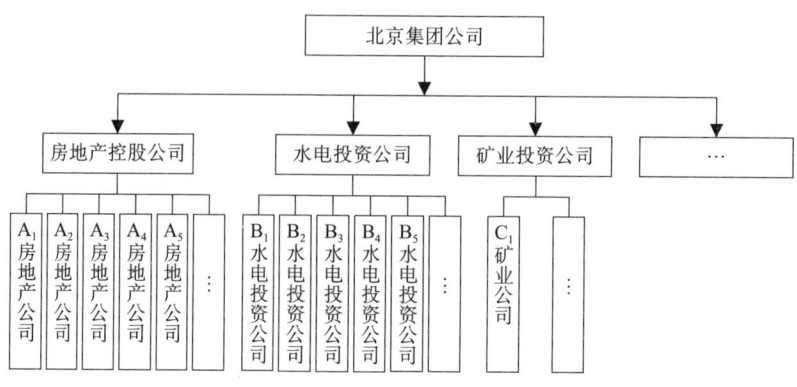

图 3.2　重组后的集团组织架构图

在管理模式上，以房地产控股公司为例，控股公司设立人事中心、行政中心、成本控制中心、开发中心、设计中心、营销客服中心等部门垂直管理下属项目公司。集团公司制定战略，产业控股公司负责经营决策，项目公司负责执行。

（七）税收筹划

税制要素包括征税范围、纳税人、计税依据、纳税义务发生时间等，由于税制要素是由交易结构所决定，因此决定企业税负轻重的核心因素是利益相关者的交易结构。交易结构不仅包括企业的经营业务，也包括集团组织架构和公司股权结构的安排。例如，投资者身份的异同将决定股息、红利所得和股权转让所得纳税义务的差异。因此，对不合理的组织架构和股权结构进行重组是集团公司税务管理的重要内容。

（八）政府主导重组

企业资产重组的动因不完全是企业内在的需求，有时会在地方政府的推动下被动重组。在地方政府目标和意图方面，有以下几点值得我们注意：

第一，地方政府参与重组活动是为了保护本地的上市公司及其壳资源。甚至有些地方政府推动优质企业去并购上市公司来保护本地的壳资源。它们往往在上市公司资产重组活动当中，以国有资本所有者的身份去推动和插手国有控股的上市公司兼并重组活动，甚至由政府亲自直接策划、干预公司并购。

第二，地方政府参与重组活动是为了解决就业等本地的经济社会问题。在原来的计划经济下，市民的许多福利是由国有企业提供的，如福利分房、公费医疗和养老保险等。但进入转轨期以后，企业开始将这些问题推向社会，实际上就是推给地方政府。地方政府为了确保一方安定，想尽办法让企业继续负担原来的就业等责任，那么它首先想尽办法让这些企业活下去，因此地方政府想办法满足企业的上市融资条件，让这些企业通过融资资金养活自己，这样就可以节约地方财政对亏损企业的补贴，把地方的包袱推给了证券市场。

第三,解决本地的困难企业。比如地方政府通过上市前的重组活动,包装和整合地方的困难企业,推给证券市场,让这些企业通过上市圈钱来养活自己。

第四,地方政府参与重组是为了政府官员的政绩考虑。地方政府往往通过人为地组建大企业、大集团,人为地消灭国有企业和亏损企业,达到提高政绩的目的。

地方政府参与企业资产重组既具有积极的一面又具有消极的一面。在积极性方面,地方政府作为国有企业的控股股东,如果没有它们的积极参与,企业永远无法进行兼并重组活动。另一方面,地方政府在企业重组中,协调各方关系,安置下岗职工,提供优惠政策等方面给企业的重组提供便利的环境。

但由于这种由政府推动的公司并购、重组活动不是公司在市场竞争中出现的自主的利益最大化的行为,而是渗透了大量的政府作为国有资本所有者与社会经济管理者双重身份的复杂的政策意图,使得公司并购的效益目标大打折扣,因此地方政府参与的重组绩效往往是低下的。

在我国上市公司资产重组中的政府干预主要表现在:地方政府出于社会目标的考虑对企业并购附加一些行政性规定,如优势企业必须妥善安排被并购企业的职工、企业出售收入必须优先安置职工就业等;还有当企业并购涉及地方经济利益时,地方政府将进行各种形式的行政干预,如为了保护本地区利益,阻挠跨地区的并购等。这种干预的结果是:第一,上市公司出于自身发展的需要,愿意被并购,但地方政府出于自身利益的考虑,不愿意放弃对公司的控制权,不同意其他行业的公司并购本地区的公司;第二,地方政府出于政绩等方面的考虑,劝诱上市公司并购政府所要并购的公司,而不管公司发展的战略,更不管并购能否出现协同效应,使得本应经营很好的企业背上包袱。

事实上,中国目前企业并购中的行政色彩大都来自地方政府,这使得国有企业作为企业并购的主体地位大大降低,这些并购行为很难满足企业的价值最大化原则。

二、资产重组方案设计

(一)资产重组分类与资产重组工具

资产重组的操作程序,分为单一重组和混合重组。单一重组是指直接采用一种资产重组工具就可以一步到位的重组方式。混合重组是指在不能直接运用重组工具一步到位的情况下,必须通过设计资产重组方案分步实施的重组方式。

资产重组的工具包括新设企业、增资扩股、股东减资、公司合并、公司分立、股权转让、公司清算等七种。

(二)资产重组方案的设计步骤

分步重组方案的设计通常有三个步骤:

第1步，准备：针对集团组织架构、公司股权结构画两幅图：现状图、目标图；

第2步，设计：研究从现状图过渡到目标图有哪些路径（分步交易的步骤和交易结构）；

第3步，选择：从若干个设计方案中选择最优方案。

（三）资产重组方案的选择标准

资产重组方案的选择有四个标准：

1. 操作方案以合法为原则，不得与法律、法规相违背；
2. 操作程序以简化为原则，便于政府部门办理审批手续；
3. 税收成本以最低为原则，尽量不提前纳税或重复纳税；
4. 动用现金以最少为原则，尽可能不动用外部资金。

（四）资产重组案例分析

[案例3.4] 股权置换

某股权置换协议内容如下：

鉴于：

1. 甲公司（张先生持股60%、李先生持股40%）持有A房地产公司100%股权、持有B水电公司90%股权、持有C医药公司80%的股权。

2. 乙集团公司持有丙房地产控股公司100%股权、持有丁矿业投资公司100%的股权。

经甲、乙双方全体股东协商一致，用A房地产公司80%的股权，换取乙集团公司15%的股权，即，丙房地产控股公司收购A房地产公司80%的股权，张先生、李先生分别取得乙集团公司9%、6%的股权。

分析：由于甲公司持有A公司80%的股权，因此，丙公司收购A公司80%的股权时，丙公司只能将对价支付给甲公司，而不能支付给张先生、李先生。同时，丙公司收购A公司的股权，只能由丙公司支付对价，而不能由乙集团支付对价。因此，上述股权置换协议是无法到工商部门办理股权变更登记的，履行上述股权置换协议必须通过设计资产重组方案分步实施。

第1步：甲公司分立为甲一（持有A20%、B90%、C80%）和甲二（持有A80%）。

第2步：乙集团公司吸收合并甲二。合并后，甲二注销，张先生、李先生分别持有乙集团9%、6%的股权，乙集团公司持有A公司80%的股权。

第3步：乙集团将A80%的股权转让给丙公司或者对丙公司增资扩股。

[案例3.5] 资产重组IPO

外籍人员小张持有中国香港A公司100%的股权，A持有境内A_1公司100%的股权；外籍人员老张（小张之父）持有中国香港B公司100%的股权，B 公司持有境内 B_1 公司、B_2 公司、B_3 公司股权比例均为 100%。组织架构如图 3.3 所示。

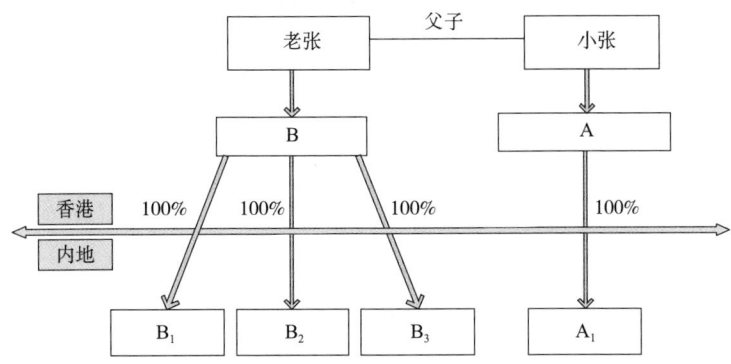

图 3.3　组织架构图

图 3.3 中，A_1、B_1、B_2、B_3 为境内四家生产性外商独资公司，分布在不同省份，生产同类产品。四家公司均已享受"两免三减半"所得税优惠，且经营期均不满 10 年。A_1 拟在境内上市，请设计重组方案。

分析：A_1 在境内上市，必须通过合并 B_1、B_2、B_3 公司来解决同业竞争问题，还需考虑外商投资企业重组审批、外汇管制，以及跨境重组交易、上市前后留存收益分配、生产性外商投资企业监管等税收问题。

资产重组方案如下：

第 1 步：B_1、B_2、B_3 将税后利润全部分配；

第 2 步：B 公司分别将 B_1、B_2、B_3 各 75% 的股权转让给 A_1；

第 3 步：老张将 B 公司 100% 股权转让给 A_1；

第 4 步：老张对 A 公司增资。

重组后组织架构图如图 3.4 所示。

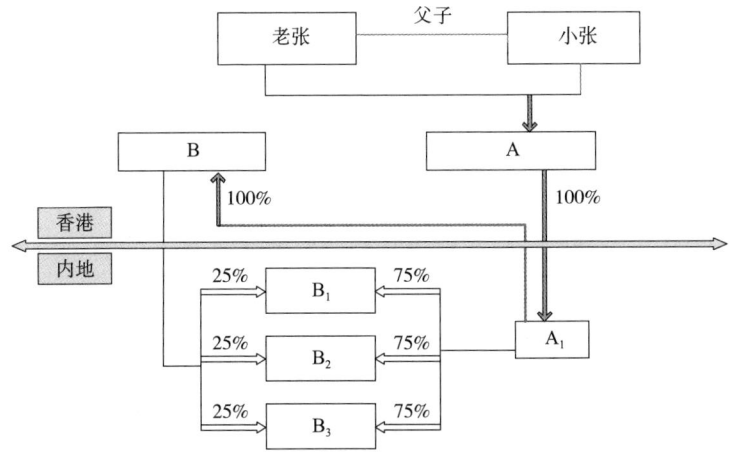

图 3.4　重组后组织架构图

[案例3.6] 借壳上市

中南房地产业有限公司（以下简称"中南房地产"）分两次取得大连金牛股份有限公司（以下简称"大连金牛"）控股权完成借壳上市。

第1步：买壳

中南房地产收购东北特殊钢集团有限责任公司（"大连金牛"原控股股东，以下简称"东北特钢"），东北特钢持有大连金牛股票9 000万股，股票交易价格为9.489元/股，收购价85 401万元（9 000万股×9.489元/股），收购完成后中南房地产取得大连金牛控股权。

第2步：清壳

大连金牛将全部非现金资产、债权、债务全部转让给东北特殊钢集团有限责任公司（"大连金牛"原控股股东，以下简称"东北特钢"），转让价112 035.08万元。东北特钢以现金26 634.08万元支付给大连金牛，剩余款项85 401万元委托中南房地产用以现金方式支付。至此，东北特钢与中南房地产、大连金牛结清债权、债务。

第3步：借壳

大连金牛以增发配股方式收购中南房地产旗下10家控股子公司全部股权，其中南通中南新世界中心开发有限公司等8家子公司股权比例为100%，南通建筑工程总承包有限公司股权比例为97.36%，南通新世界物业有限公司股权比例为80%。

第4步：变更

经工商局批准，大连金牛股份有限公司名称变更为江苏中南建设集团股份有限公司，同时变更经营范围、注册地点。原股票代号"大连金牛（000961）"变更为"中南建设（000961）"。

第四节 上市公司重大资产重组

上市公司重大资产重组是指上市公司及其控股或者控制的公司在日常经营活动之外购买、出售资产或者通过其他方式进行资产交易达到规定的比例，导致上市公司的主营业务、资产、收入发生重大变化的资产交易行为。

为了规范上市公司重大资产重组行为，中国证监会于2008年3月24日第224次主席办公会审议通过了《上市公司重大资产重组管理办法》（2011年8月1日根据中国证监会《关于修改上市公司重大资产重组与配套融资相关规定的决定》进行了修订）。

作为系统研究资产重组的专业书籍，本节对上市公司重大资产重组的认定和审批权限作简要介绍。

一、监管的范围与主体

中国证监会依法对上市公司重大资产重组行为进行监管。中国证监会在发行审核委员会中设立上市公司并购重组审核委员会,以投票方式对提交其审议的重大资产重组申请进行表决,提出审核意见。

上市公司发行股份购买资产符合《上市公司重大资产重组管理办法》的有关规定。上市公司按照中国证监会核准的发行证券文件披露的募集资金用途,使用募集资金购买资产、对外投资的行为,不适用《上市公司重大资产重组管理办法》。

二、重大资产重组的原则和标准

(一)上市公司实施重大资产重组,应当符合下列要求:

1. 符合国家产业政策和有关环境保护、土地管理、反垄断等法律和行政法规的规定;

2. 不会导致上市公司不符合股票上市条件;

3. 重大资产重组所涉及的资产定价公允,不存在损害上市公司和股东合法权益的情形;

4. 重大资产重组所涉及的资产权属清晰,资产过户或者转移不存在法律障碍,相关债权债务处理合法;

5. 有利于上市公司增强持续经营能力,不存在可能导致上市公司重组后主要资产为现金或者无具体经营业务的情形;

6. 有利于上市公司在业务、资产、财务、人员、机构等方面与实际控制人及其关联人保持独立,符合中国证监会关于上市公司独立性的相关规定;

7. 有利于上市公司形成或者保持健全有效的法人治理结构。

(二)上市公司及其控股或者控制的公司购买、出售资产,达到下列标准之一的,构成重大资产重组:

1. 购买、出售的资产总额占上市公司最近一个会计年度经审计的合并财务会计报告期末资产总额的比例达到50%以上;

2. 购买、出售的资产在最近一个会计年度所产生的营业收入占上市公司同期经审计的合并财务会计报告营业收入的比例达到50%以上;

3. 购买、出售的资产净额占上市公司最近一个会计年度经审计的合并财务会计报告期末净资产额的比例达到50%以上,且超过5 000万元人民币。

购买、出售资产未达到前款规定标准,但中国证监会发现存在可能损害上市公司或者投资者合法权益的重大问题的,可以根据审慎监管原则责令上市公司按照《上市公司重大资产重组管理办法》的有关规定补充披露相关信息、暂停交易并报送申请文件。

（三）自控制权发生变更之日起，上市公司向收购人购买的资产总额，占上市公司控制权发生变更的前一个会计年度经审计的合并财务会计报告期末资产总额的比例达到100%以上的，除符合《上市公司重大资产重组管理办法》第十条、第四十二条规定的要求外，上市公司购买的资产对应的经营实体持续经营时间应当在3年以上，最近两个会计年度净利润均为正数且累计超过人民币2 000万元。上市公司购买的资产属于金融、创业投资等特定行业的，由中国证监会另行规定。

前款规定的重大资产重组完成后，上市公司应当符合中国证监会关于上市公司治理与规范运作的相关规定，在业务、资产、财务、人员、机构等方面独立于控股股东、实际控制人及其控制的其他企业，与控股股东、实际控制人及其控制的其他企业间不存在同业竞争或者显失公平的关联交易。

（四）计算资产、收入、资产净额的比例时，应当遵守下列规定：

1. 购买的资产为股权的，其资产总额以被投资企业的资产总额与该项投资所占股权比例的乘积和成交金额二者中的较高者为准，营业收入以被投资企业的营业收入与该项投资所占股权比例的乘积为准，资产净额以被投资企业的净资产额与该项投资所占股权比例的乘积和成交金额二者中的较高者为准；出售的资产为股权的，其资产总额、营业收入以及资产净额分别以被投资企业的资产总额、营业收入以及净资产额与该项投资所占股权比例的乘积为准。

购买股权导致上市公司取得被投资企业控股权的，其资产总额以被投资企业的资产总额和成交金额二者中的较高者为准，营业收入以被投资企业的营业收入为准，资产净额以被投资企业的净资产额和成交金额二者中的较高者为准；出售股权导致上市公司丧失被投资企业控股权的，其资产总额、营业收入以及资产净额分别以被投资企业的资产总额、营业收入以及净资产额为准。

2. 购买的资产为非股权资产的，其资产总额以该资产的账面值和成交金额二者中的较高者为准，资产净额以相关资产与负债的账面值差额和成交金额二者中的较高者为准；出售的资产为非股权资产的，其资产总额、资产净额分别以该资产的账面值、相关资产与负债账面值的差额为准；该非股权资产不涉及负债的，不适用资产净额标准。

3. 上市公司同时购买、出售资产的，应当分别计算购买、出售资产的相关比例，并以二者中比例较高者为准。

4. 上市公司在12个月内连续对同一或者相关资产进行购买、出售的，以其累计数分别计算相应数额。已按照《上市公司重大资产重组管理办法》的有关规定报经中国证监会核准的资产交易行为，无须纳入累计计算的范围，但《上市公司重大资产重组管理办法》第十二条规定情形除外。

交易标的资产属于同一交易方所有或者控制，或者属于相同或者相近的业务范围，或者中国证监会认定的其他情形下，可以认定为同一或者相关资产。

（五）通过其他方式进行资产交易，包括：

1. 与他人新设企业、对已设立的企业增资或者减资。

2. 受托经营、租赁其他企业资产或者将经营性资产委托他人经营、租赁。

3. 接受附义务的资产赠与或者对外捐赠资产。

4. 中国证监会根据审慎监管原则认定的其他情形。

上述资产交易实质上构成购买、出售资产,且按照《上市公司重大资产重组管理办法》规定的标准计算的相关比例达到50%以上的,应当履行信息披露等相关义务并报送申请文件。

(六)上市公司重大资产重组存在下列情形之一的,应当提交上市公司并购重组审核委员会审核:

1. 自控制权发生变更之日起,上市公司向收购人购买的资产总额,占上市公司控制权发生变更的前一个会计年度经审计的合并财务会计报告期末资产总额的比例达到100%以上的,除符合《上市公司重大资产重组管理办法》第十条、第四十二条规定的要求外,上市公司购买的资产对应的经营实体持续经营时间应当在3年以上,最近两个会计年度净利润均为正数且累计超过人民币2 000万元。上市公司购买的资产属于金融、创业投资等特定行业的,由中国证监会另行规定。

2. 上市公司出售资产的总额和购买资产的总额占其最近一个会计年度经审计的合并财务会计报告期末资产总额的比例均达到70%以上;

3. 上市公司出售全部经营性资产,同时购买其他资产;

4. 中国证监会在审核中认为需要提交上市公司并购重组审核委员会审核的其他情形。

重大资产重组不存在前款规定情形,但存在下列情形之一的,上市公司可以向中国证监会申请将本次重组方案提交上市公司并购重组审核委员会审核:

1. 上市公司购买的资产为符合《上市公司重大资产重组管理办法》第五十条规定的完整经营实体且业绩需要模拟计算的;

2. 上市公司对中国证监会有关职能部门提出的反馈意见表示异议的。

三、发行股份购买资产的特别规定

1. 上市公司发行股份购买资产,应当符合下列规定:

(1)有利于提高上市公司资产质量、改善公司财务状况和增强持续盈利能力;有利于上市公司减少关联交易和避免同业竞争,增强独立性;

(2)上市公司最近一年及一期财务会计报告被注册会计师出具无保留意见审计报告;被出具保留意见、否定意见或者无法表示意见的审计报告的,须经注册会计师专项核查确认,该保留意见、否定意见或者无法表示意见所涉及事项的重大影响已经消除或者将通过本次交易予以消除;

(3)上市公司发行股份所购买的资产,应当为权属清晰的经营性资产,并能在约定期限内办理完毕权属转移手续;

（4）中国证监会规定的其他条件。

上市公司为促进行业或者产业整合，增强与现有主营业务的协同效应，在其控制权不发生变更的情况下，可以向控股股东、实际控制人或者其控制的关联人之外的特定对象发行股份购买资产，发行股份数量不低于发行后上市公司总股本的5%；发行股份数量低于发行后上市公司总股本的5%的，主板、中小板上市公司拟购买资产的交易金额不低于1亿元人民币，创业板上市公司拟购买资产的交易金额不低于5 000万元人民币。

特定对象以现金或者资产认购上市公司非公开发行的股份后，上市公司用同一次非公开发行所募集的资金向该特定对象购买资产的，视同上市公司发行股份购买资产。

2. 上市公司发行股份购买资产的，可以同时募集部分配套资金，其定价方式按照现行相关规定办理。

3. 上市公司发行股份的价格不得低于本次发行股份购买资产的董事会决议公告日前20个交易日公司股票交易均价。

交易均价的计算公式为：董事会决议公告日前20个交易日公司股票交易均价=决议公告日前20个交易日公司股票交易总额/决议公告日前20个交易日公司股票交易总量。

4. 特定对象以资产认购而取得的上市公司股份，自股份发行结束之日起12个月内不得转让；属于下列情形之一的，36个月内不得转让：

（1）特定对象为上市公司控股股东、实际控制人或者其控制的关联人；

（2）特定对象通过认购本次发行的股份取得上市公司的实际控制权；

（3）特定对象取得本次发行的股份时，对其用于认购股份的资产持续拥有权益的时间不足12个月。

5. 上市公司申请发行股份购买资产，应当提交上市公司并购重组审核委员会审核。

6. 上市公司发行股份购买资产导致特定对象持有或者控制的股份达到法定比例的，应当按照《上市公司收购管理办法》（中国证监会令2006年第56号）的规定履行相关义务。

特定对象因认购上市公司发行股份导致其持有或者控制的股份比例超过30%或者在30%以上继续增加，且上市公司股东大会同意其免于发出要约的，可以在上市公司向中国证监会报送发行股份申请的同时，提出豁免要约义务的申请。

四、重大资产重组后申请发行新股或者公司债券

1. 经上市公司并购重组审核委员会审核后获得核准的重大资产重组实施完毕后，上市公司申请公开发行新股或者公司债券，同时符合下列条件的，本次重大资产重组前的业绩在审核时可以模拟计算：

（1）进入上市公司的资产是完整经营实体；

（2）本次重大资产重组实施完毕后，重组方的承诺事项已经如期履行，上市公司经营稳定、运行良好；

（3）本次重大资产重组实施完毕后，上市公司和相关资产实现的利润达到盈利预测水平。

上市公司在本次重大资产重组前不符合中国证监会规定的公开发行证券条件，或者本次重组导致上市公司实际控制人发生变化的，上市公司申请公开发行新股或者公司债券，距本次重组交易完成的时间应当不少于一个完整会计年度。

2. 完整经营实体，应当符合下列条件：

（1）经营业务和经营资产独立、完整，且在最近两年未发生重大变化；

（2）在进入上市公司前已在同一实际控制人之下持续经营两年以上；

（3）在进入上市公司之前实行独立核算，或者虽未独立核算，但与其经营业务相关的收入、费用在会计核算上能够清晰划分；

（4）上市公司与该经营实体的主要高级管理人员签订聘用合同或者采取其他方式，就该经营实体在交易完成后的持续经营和管理做出恰当安排。

第四章

资产重组的会计问题

资产重组涉及的会计问题很多，其中企业并购的会计问题是资产重组会计的核心。

第一节 会计学对企业并购的定义

经济学中的合并与收购（Merger & Acquisition），国际上普遍称之为 Business Combination，也就是企业并购。我国翻译成"联合"、"购并"及"合并"等词，我国《企业会计准则第 20 号——企业并购》及财政部对 IAS 第 22 号的翻译均采用"合并"一词。内容不仅包括法定的合并，还包括为获取子公司的收购交易，但不包括松散的联合及集团内部产权交易。

一、以持续经营为核心的早期定义

企业并购一词产生于美国，最早从 1917 年会计上开始采用企业并购的概念，它的广泛使用是 20 世纪 50 年代以后的事。观察历史上企业并购概念的变化，可以发现它是围绕企业并购会计对象展开的。在美国 20 世纪 50 年代前，企业并购的概念并不包括合并和收购双方，而是指企业合并交易。

（一）定义背景

将并购后没有统一为一个企业法人的收购交易与合并会计一起讨论是第二次世界大战后才开始的。那时进行合并，首先要用本企业的股票与从合并目标企业那里得到的超过半数的股票，取得经营控制权，然后再进行合并。然而，有些交易并没有进行第二步的合并，而让被合并企业作为子公司存在。这样能否采用合并会计的方法处理存在争议，有观点认为其在形式上和经济上与合并并没有根本的不同。另外，当时除了传统的收购会计外[①]，权益结合会计得到了发展，但是，即便允许收购纳入合并会计范围，收购交易是否可适用权益结合会计还是一个有争议的问题。

（二）不包括收购为子公司的 ARB 第 40 号的概念

1950 年 9 月，美国会计程序委员会（CAP）颁布的《会计研究报告（Accounting Research Bulletin）》和 ARB 第 40 号"企业并购（Business Combination）"将"企业并购"一词在会计上正式使用。ARB 第 40 号指出，"以前两个或两个以上的企业经营的业务并为一个企业继续经营，这就是合并。对合并的会计，按是否继承过去所有权（Ownership）或者形成新的所有权而不同。本公

[①] 1945 年以前在合并交易会计实务上只有购买法。但那时还不称购买法，只叫收购会计或权益结合会计。

告认为，企业并购有两种类型，即第一是权益结合，第二是购买（Purchase），进行这种类型区分是为了让各种类型分别代表与其相应的会计处理性质"。这里强调的"并为一个企业继续经营"显然不是指收购为子公司，而是指法律上成为一体的合并。

这里起用了"企业并购"的称呼，并没有正确使用创立合并、兼并以及购买等专业用语，与之对应的会计处理也不是十分明确。

（三）ARB 第 48 号概念

1957 年 ARB 第 48 号对企业并购作了如下定义："以前两个或者两个以上的企业经营的业务并为一个企业继续经营，这就是合并。对合并的会计，按放弃过去所有权的主要部分或者几乎全部继承所有权而不同。"它与 ARB 第 40 号的定义相比没有实质变化，依然规定以形成一个企业为目的，在前提上排除了收购为子公司以控制为目的的并购情况。

实际上，持续经营的概念很模糊，是经营的业务持续、经营者持续，还是所有权持续？并购后改变经营方向或增减业务是经营发生的，经营的业务持续很难坚持；借机会重组领导班子也是常事，经营者也很难持续；在普通股自由流通的环境里，所有者持续更不可能，如果坚持这一意义上的原则，并购的范围就只剩封闭式公司的内部调整了。笔者判断应理解为业务持续，但会计处理是在合并日进行，如果合并后改变经营范围是否要对合并日的会计处理作追溯调整呢？显然，判断合并的依据只能依据法律形式，即由两个或两个以上的法律主体合并为一个法律主体。

二、控制概念的引入与会计对象的扩大

引入控制的概念，并将收购纳入企业并购会计的范围是从 1963 年 ARS 第 5 号开始的。

（一）ARS 第 5 号的主张

1963 年 AICPA 发表了《研究文集》ARS 第 5 号[①]，Wyatt（怀特）在"对企业并购会计的批判性研究"中对企业并购的定义没有使用持续经营的概念，而采用了获取控制权的概念："企业并购包括任何一个经济单位获取其他经济单位的资产和财产控制权的所有交易，企业并购这个会计用语被广义地使用。它与获取控制权的法律手续和并购交易结果产生的经济单位形态没有关系。"同在 ARS 第 5 号的追加部分反映了如下反对意见："企业并购指两个以上企业以持续从事过去和营业事业为目的，它在集中或者合并共同所有的东西时产生。"于是

---

① Arthur R. Wyatt, A Critical Study of Accounting for Business Combinations, Accounting Research Study No. 5.

Wyatt 主张的企业并购是"包括取得控制权的所有交易"的广义概念；相对于此的反对意见只限定在"以持续过去的营业事业为目的"的范围内，在这种概念下合并后准备经营新行业的并购，不能包括在企业并购范围内。

（二）1964 年美国会计学会的说明

美国会计学会（AAA）在 1964 年《诸概念以及诸准则调查委员会的报告》中对不包含持续经营的企业并购的概念作了如下说明："企业并购指两个或两个以上可个别辨认的经济实体改变为单一的经济实体。其结果产生的实体的实质是经济的，不是法律的，所以两个或两个以上的法律实体要形成新的法律实体，两个或两个以上的法律实体合并为一个持续的法律实体，两个或两个以上的法律实体形成单一的经济实体，与母子关系中个别的法律实体存在与否没有关系。"这是在企业并购概念中首次强调"形成单一的经济实体"。

（三）APB 意见书第 16 号的正式定义

1970 年 APB 意见书第 16 号对"企业并购"定义如下："企业并购在一个企业与一个或者一个以上企业组织或者非企业组织的经营实体一起组成单一会计主体时发生。其单一经营实体持续以前分别独立企业的活动。"

在这里，虽然没有引入"控制"的概念，仿佛是 ARS 第 5 号的一种倒退，但是在定义中没有使用并购后形成"单一的企业"，而是采用"单一会计主体"来表示，明确了企业并购后不管是否形成法律实体，只要形成会计主体，就属于企业并购的范畴的态度。即明确企业并购一词包括合并和收购为子公司，正式把合并和收购为子公司双方作为同一会计领域处理。并且，在此意见书中还规定了不属于并购交易的母子关系企业之间的合并和不脱离共同控制的并购等经济事项。

（四）1976 年 FASB 讨论资料的定义

1976 年美国财务会计准则委员会（FASB）颁布了讨论资料《关于企业并购和购入无形资产会计的观点分析》。该"资料"把企业并购的概念定义为："企业并购一般指两个或两个以上企业或者其净资产，在能够控制的前提下形成一个会计主体的事项或者交易。此定义中的控制指拥有超过该企业发行在外的有表决权股票的 50%。并购可以以一个企业与其他企业合并、成为其他企业的子公司，或者把其净资产转让于其他企业等各种方法进行。""资料"明确了达到控制要持有 50% 以上的表决权股票，即明确了使用持有标准。

（五）1999 年 FASB—ED 为代表的最新理解

1999 年 9 月美国 FASB 颁布的题为《企业并购与无形资产》的公开草案第 9 款提到企业并购是在"企业取得一个以及一个以上其他企业的（营业单元及）净资产或者所有者权益的全部或者一部分，从而获得对企业或者企业集团的控制时发生。"在 2001 年,美国 FASB 的财务会计准则公告(AFAS)第 141 号"企业并购"的第 10 款继续了此公开草案的主张,即指出企业并购是"通过取得其他实体的净资产或股权而获取控制"的活动,这表明肯定能在并购参与企业中辨别控制方和被控制方。也就是说,这个提议认为属于权益结合法对象的不能辨别控制方的并购事项是不存在的,从而反映了废止权益结合法而只用购买法的主张。并且,结合当代企业并购中集团间联合的实际,强调了获取对企业以及对企业集团的控制。对企业集团的"控制"不一定持有所有集团企业的 50% 以上的带表决权的股票,因此,在并购会计的对象范围上,持股标准有些动摇。

(六)1998 年 IAS 第 22 号的定义

1998 年再次修订的国际会计准则第 22 号(IAS 第 22 号)《企业并购》指出:"企业并购指通过一个企业与另一个企业的结合或获得对另一个企业净资产和经营活动的控制权,而将各单独的企业合成一个经济实体"。此定义包括"单独的企业"、"获得控制"和形成"经济实体"的概念,完整地表述了企业并购的概念。一般而论,"经济实体"应成为会计对象实体,相当于会计主体。所以,它与美国的定义实质是一致的。并且,它提到像集团内部重整或重组等共同控制下的企业之间的交易,不在企业并购会计的范围内。

在会计上,企业并购的概念发展至今可归纳出如下特点:

第一,是一种取得控制权的联合行为;

第二,基本上是购买性质的联合行为;

第三,指各独立企业并为一个会计主体;

第四,比法律承认的合并范围大,还包括法人资格保留的收购;

第五,比经营上兼并与收购范围窄。

企业并购的定义关系到什么样的并购交易可以作为会计对象的问题。某些不将合并与收购作为一个整体会计对象等不全面的看法,不能反映当今并购交易"购买"和"控制对方"等实质的概念应该纠正。我国根据国内的实际情况,借鉴国际惯例,在《企业会计准则第 20 号——企业合并》作了如下定义:"企业合并,是指将两个以上单独的企业合并形成一个报告主体的交易或事项"。

按照交易的实质企业并购分类为吸收合并、新设合并和控股合并三种类型。

吸收合并,是指两家或两家以上的企业合并成立为一个企业,其中一家企业保留法人资格,其他企业的法人资格随着合并而消失。

新设合并,是指几家企业协议合并组成一家新企业。

控股合并,是指企业通过对目标公司增资、购买目标公司股份,或用本公司股份与目标公司股东交换目标公司股份,以实现对其他企业控制的一种合并形式。

《公司法》中的合并是指吸收合并和新设合并,控股合并在《公司法》中属于增资或股权转让的范畴。

第二节 资产重组会计及相关概念

一、单项会计准则

与资产重组有关的会计准则主要有《企业会计准则第 2 号——长期股权投资》、《企业会计准则第 11 号——股份支付》、《企业会计准则第 20 号——企业合并》、《企业会计准则第 22 号——金融工具确认和计量》、《企业会计准则第 37 号——金融工具列报》、《企业会计准则第 33 号——合并财务报表》。

基于取得长期股权投资取得方式和支付对价的不同，还涉及资产类准则、《企业会计准则第 12 号——债务重组》、《企业会计准则第 7 号——非货币性资产交换》、《企业会计准则第 18 号——所得税》等。

二、主要概念

（一）金融工具

金融工具是指形成一个企业的金融资产，并形成其他单位的金融负债或权益工具的合同。包括：以公允价值计量且其变动计入当期损益的金融资产或金融负债、持有至到期投资、贷款和应收款项、可供出售金融资产、其他金融负债。

（二）衍生工具

衍生工具是指《企业会计准则第 22 号——金融工具确认和计量》涉及的、具有一定特征的金融工具或其他合同。这些特征包括：其价值随特定利率、金融工具价格、商品价格、汇率、价格指数、费率指数、信用等级、信用指数或其他类似变量的变动而变动，变量为非金融变量的，该变量与合同的任一方不存在特定关系；不要求初始净投资，或与对市场情况变化有类似反应的其他类型合同相比，要求很少的初始净投资；在未来某一日期结算。

衍生工具包括远期合同、期货合同、互换和期权，以及具有远期合同、期货合同、互换和期权中一种或一种以上特征的工具。

（三）长期股权投资

投资是企业为了获得收益或实现资本增值向被投资单位投放资金的经济行为。企业对外进行的投资，可以有不同的分类。从性质上划分，可以分为债权性投资与权益性投资;从管理层持有意图划分,可以分为交易性投资、可供出售投资、持有至到期投资等。按照《企业会计准则第 2 号——长期股权投资》的有关规定,长期股权投资包括:企业持有的能够对被投资单位实施控制的权益性投资,即对子公司投资;企业持有的能够与其他合营方一同对被投资单位实施共同控制的权益性投资,即对合营企业投资;企业持有的能够对被投资单位施加重大影响的权益性投资,即对联营企业投资。企业对被投资单位不具有控制、共同控制或重大影响,且在活跃市场中没有报价、公允价值不能可靠计量的权益性投资。

除上述情况以外,企业持有的其他权益性投资,应当按照《企业会计准则第 22 号——金融工具确认和计量》的有关规定处理。

(四)股份支付

股份支付是指企业为获取职工和其他方提供服务而授予权益工具或者承担以权益工具为基础确定的负债的交易。

股份支付分为以权益结算的股份支付和以现金结算的股份支付。

以权益结算的股份支付,是指企业为获取服务以股份或其他权益工具作为对价进行结算的交易。

以现金结算的股份支付,是指企业为获取服务承担以股份或其他权益工具为基础计算确定的交付现金或其他资产义务的交易。

(五)控制

控制是指一个企业能够决定另一个企业的财务和经营政策,并能据以从另一个企业的经营活动中获取利益的权力。

母公司直接或通过子公司间接拥有被投资单位半数以上的表决权,表明母公司能够控制被投资单位,应当将该被投资单位认定为子公司,纳入合并财务报表的合并范围。但是,有证据表明母公司不能控制被投资单位的除外。

母公司拥有被投资单位半数或以下的表决权,满足下列条件之一的,视为母公司能够控制被投资单位,应当将该被投资单位认定为子公司,纳入合并财务报表的合并范围。但是,有证据表明母公司不能控制被投资单位的除外,例如通过与被投资单位其他投资者之间的协议,拥有被投资单位半数以上的表决权;根据公司章程或协议,有权决定被投资单位的财务和经营政策;有权任免被投资单位的董事会或类似机构的多数成员;在被投资单位的董事会或类似机构占多数表决权。

(六)同一控制下的企业合并与非同一控制下的企业合并

企业合并,是指将两个或者两个以上单独的企业合并形成一个报告主体的交易或事项。企业合并分为同一控制下的企业合并和非同一控制下的企业合并。

参与合并的企业在合并前后均受同一方或相同的多方最终控制且该控制并非暂时性的，为同一控制下的企业合并。同一控制下的企业合并，在合并日取得对其他参与合并企业控制权的一方为合并方，参与合并的其他企业为被合并方。合并日，是指合并方实际取得对被合并方控制权的日期。

参与合并的各方在合并前后不受同一方或相同的多方最终控制的，为非同一控制下的企业合并。非同一控制下的企业合并，在购买日取得对其他参与合并企业控制权的一方为购买方，参与合并的其他企业为被购买方。购买日，是指购买方实际取得对被购买方控制权的日期。

（七）权益工具

权益工具是指能证明拥有某个企业在扣除所有负债后的资产中的剩余权益的合同。比如，企业发行的普通股，以及企业发行的、使持有者有权以固定价格购入固定数量本企业普通股的认股权证等。

企业发行权益工具收到的对价扣除交易费用后，应当确认为股本（或实收资本）、资本公积（股本溢价或资本溢价）等。其中，交易费用是可直接归属于发行权益工具新增的外部费用，包括支付给代理机构、咨询公司、券商等的手续费和佣金及其他必要支出。

企业发行的权益工具通常构成所有者权益的重要组成内容。所有者权益包括股本（或实收资本）、资本公积（含股本溢价或资本溢价、其他资本公积）、盈余公积和未分配利润。商业银行、保险公司、证券公司等金融机构在净利润中提取的一般风险准备，也构成其所有者权益。

其他资本公积是指股本溢价（或资本溢价）以外的资本公积，主要包括：可供出售金融资产公允价值变动；企业根据以权益结算的股份支付协议授予职工或其他方的权益工具的公允价值；现金流量套期中，有效套期工具的公允价值变动；长期股权投资采用权益法核算的，在持股比例不变的情况下，被投资单位除净损益以外的其他所有者权益变动引起的长期股权投资账面价值的变动；自用房地产或存货转换为采用公允价值模式计量的投资性房地产时，转换日投资性房地产的公允价值大于原账面价值的差额。

（八）业务

业务是指企业内部某些生产经营活动或资产负债的组合，该组合具有投入、加工处理过程和产出能力，能够独立计算其成本费用或所产生的收入等，可以为投资者等提供股利、更低的成本或其他经济利益等形式的回报。有关资产或资产、负债的组合具备了投入和加工处理过程两个要素即可认为构成一项业务。对于取得的资产、负债组合是否构成业务，应当由企业结合实际情况进行判断。

第三节　企业并购会计问题

企业并购的会计问题是资产重组会计的核心问题,企业并购的会计处理方法(购买法与权益法),以及与之有关的商誉的会计处理一直以来是争议的焦点。

我国的《企业合并准则第 20 号——企业合并》规定了同一控制下的企业合并和非同一控制下的企业合并的会计处理。国际准则只明确了非同一控制下企业合并的会计规范,没有规定同一控制下的企业合并。在我国实务中,因特殊的经济环境,有些企业合并实例属于同一控制下的企业合并,若不另加规定,导致会计实务无章可循。所以中国会计准则结合实际情况,规定了同一控制下企业合并的会计处理。国际会计准则理事会认为,中国会计准则在这方面的规定和实践将为国际准则提供有益的参考。

一、购买法与权益结合法的理论分析

(一)理论依据

1970 年美国会计准则委员会(APB)公布的第 16 号意见书中,购买法以一家公司收购另一家公司的形式对企业联合进行会计处理。收购公司按取得成本记录所取得的资产减去所承担的负债。取得成本和所取得的有形资产及可确认无形资产的公允价值减去负债的差额记作商誉。收购公司的报告收益只包括被收购公司自取得后的经营成果,并且,这些经营成果的计算要以收购公司的取得成本为基础。权益结合法处理企业联合是将其作为两个或两个以上的公司通过交换权益证券将所有者权益结合起来。由于这种企业联合并不要各企业支出任何资源,因此不能认为是收购。企业联合完成之后,原来的所有者权益仍继续,会计记录也在原有的基础上保持。联合各公司的资产、负债等要素按合并前记录的金额记录。被合并公司的收益包括合并发生的会计期间该实体的全部收益项目,即还包括被合并公司合并前该期间的收益项目。此外,以前会计期间的收益也应合并报告。

1998 年 IASB 修订的《国际会计准则 22 号——企业合并》第 18 条,用购买法核算购买企业的原则类似于核算购买其他资产的原则。购买法以成本作为记录购买的基础,其成本的确定取决于购买交易。采用权益结合法时,合并后的企业财务报表中应包括参与合并的企业在合并发生当期以及所披露的任何可比期间的财务报表项目。IASB 在 2001 年 10 月的会议上原则上通过了对所有企业采用购买法核算。FASB 于 2001 年 6 月公布了《第 141 号公告》,规定从 2001 年 6 月 30 日开始,美国所有的企业合并一律采用购买法,禁止使用权益结

合法。

购买法将企业合并视为一个主并企业通过购买方式取得被并企业净资产或股权的一种交易，这一交易与企业直接从外界购入资产并无区别。企业合并后，购买方获得了对经济资源的控制权，而被并方丧失了对原有经济资源的控制权。所以，购买法的理论依据是被并企业的非持续经营假设。权益结合法将企业合并视为两个或两个以上经营主体对一个联合后的企业或集团公司开展经营活动的资产贡献。因为合并的完成不需要任何一个参与合并的企业流出资产，它仅仅是经济资源的整合，而且不存在新的计价基础。所以，权益结合法是建立在历史成本和被并企业的持续经营假设基础上的。

（二）对财务状况和经营成果的影响

不同会计政策的运用将导致对外报告业绩的差异并对企业会计政策的选择产生影响。对于企业合并，采用购买法或权益结合法反映，往往导致对外报告的财务状况和经营业绩产生差异，这种差异反过来又决定着对购买法和权益结合法的取舍。尽管购买法和权益结合法一般不影响企业对外报告的现金流量，但它们对财务状况和经营成果的影响却是显而易见的。

1. 对合并财务状况的影响。在购买法下，购买方按照公允价值对被购买方的资产、负债和净资产重新进行计量，产生了新的计价基础，净资产的价值变动以及商誉必须在购买方的单独报表或合并报表中予以反映。而在权益结合法下，合并一方在编制单独报表或合并报表时，计价基础保持不变，继续沿用合并另一方资产和负债的账面价值，既不反映资产和负债的价值变动，也不确认商誉。在物价上涨或资产质量较好的情况下，采用购买法所报告的净资产通常大于权益结合法。此外，购买法下被并购企业的留存收益不能转入实施合并的企业中，其留存收益可能因合并而减少；而权益结合法下参与合并企业整个年度的留存收益均可转入合并企业，并可用于股利分配。

2. 对合并财务成果的影响。采用购买法一般会报告较低的利润。第一，就合并当期来说，购买法下合并企业的合并利润仅包括购买日后被并购企业所实现的利润，而权益结合法下合并企业的合并利润包括被并购企业合并时整个年度所实现的利润，因此采用权益结合法可使合并企业在增加利润上收到立竿见影的效果。第二，就合并后期来说，购买法下会产生由购买价格高于所确认的被并购企业可辨认净资产公允价值而导致的商誉问题，其摊销或计提减值准备会影响合并年度的报告收益。而权益结合法下，由于资产按账面价值计价，账面价值往往又低于公允价值，因而这些资产存在着未实现的升值，如果出售这些资产，便可增加企业集团合并后年度的利润；即使不出售，亦可通过以较低的账面价值记账的成本摊销来实现增加利润的效应。

（三）对信息使用者决策行为的影响

购买法和权益结合法的选择将会对投资者等信息使用者的决策行为或企业

价值产生影响。从债务融资的角度看，从理论上说，信贷决策取决于上市公司的还款能力，而还款能力又取决于上市公司核心经营业务创造现金流量的能力、资产抵押和信用担保能力。但在实际工作中，银行等金融机构在评估贷款人的还款能力时，对盈利能力的重视并不亚于对现金流量的考虑。因此，盈利能力、资产抵押和信用担保往往是信贷决策的重要依据。在这种融资评价环境下，购买法和权益结合法的选择完全有可能影响到上市公司能否得到银行等金融机构的资金支持。此时，购买法和权益结合法的选择决策不仅具有明显的会计后果，而且可能带来严重的经济后果。

从股权融资的角度看，我国证券市场上，上市公司的新股发行、配股和增发新股等融资战略能否实现，在相当大的程度上取决于其净资产收益率能否达到中国证监会的要求。在对外报告的盈利直接关系到上市公司能否通过中国证监会的融资审查这种独特的融资环境下，净资产收益率俨然成为上市公司的"生命线"，也意味着上市公司的会计政策选择受到融资条件的不当影响，并反过来对融资结果产生影响。

从监管环境看，根据中国证监会的相关规定，上市公司连续 2 年发生亏损时，其股票将被特别处理，连续 3 年发生亏损时，其股票将被停止交易。在我国，面临被特别处理或退市的上市公司，摆脱困境的常见手法就是所谓的资产重组，包括资产置换或收购兼并。其他条件保持相同，要求此类上市公司采用购买法，则其经营业绩可能雪上加霜，甚至被淘汰出局，而允许它们采用权益结合法，则其经营业绩可能一夜之间由绩差公司变成绩优公司。可见，对于这类上市公司而言，是选择购买法还是选择权益结合法与公司命运息息相关。

（四）利弊比较

1. 在计量合并业绩方面，购买法明显优于权益结合法。购买法以公允价值作为新的计价基础，在报表中对被购买方的资产和负债价值变动以及合并中产生的商誉进行确认和摊销，在合并业绩的计量上实现了投入与产出的对称性配比。而在权益结合法下，投入与产出的配比具有明显的不对称性，合并业绩往往被夸大。

2. 在优化并购决策方面，购买法优于权益结合法。购买法有助于增强企业管理层的受托责任感，迫使他们在作出并购决策时，以股东价值最大化为首要标准对购买出价进行审慎权衡，防止他们出于私利或为了追求自我价值的实现而从事"价值毁灭式"的并购行为。相比之下，由于权益结合法既不必反映全部购买价格，也无须确认商誉，股东难以对企业管理层并购决策进行有效监督，受托责任可能因此被弱化，容易诱发企业管理层作出不经济的并购决策。

3. 在实现资本保全方面，购买法在理论上要优于权益结合法。权益结合法以较低的账面价值作为并入资产和负债的计量基础，以后各期由这部分资产耗用而发生的成本费用也相对较低。这样做的后果是原本该留作再生产的价值作为利润进行分配，会造成价值补偿不足，侵蚀资本，难以实现资本保全，这也必然从根本上损害股东的利益。购买法能保证价值足额补偿，资本免受侵蚀，更好地维护股东利益。

4. 在防范利润操纵方面，购买法与权益结合法均存在明显的缺陷。利用购买法操纵收益主要表现为三种方式：一是利用公允价值确定或资产减值计提的自由裁量权，蓄意低估被购买方的资产或高估其负债，以便为合并后报告较高的盈利创造空间；二是以采取协同效应举措为借口，蓄意高估重组准备，并在合并后秘密转回或用于冲减经营费用；三是利用高估未完工研发费用，蓄意低估合并商誉。在这三种收益操纵方法中，第二种方法在采用权益结合法时也经常出现。

可见，购买法和权益结合法都不是完美无缺的会计政策。但总体而言，购买法在近年来日益受到准则制定机构和会计职业界的青睐。

二、购买法与权益结合法的实务分析

在2006年财政部颁布《企业会计准则》之前，原会计准则和会计制度中没有涉及企业合并的定义，以及同一控制下企业合并与非同一控制下企业合并的区别等，只是在一些会计法规文件中提及"兼并""购买子公司"等会计处理，并没有较为系统地对此类业务进行规范。

2006年2月颁布的《企业会计准则第20号——企业合并》对于企业合并的定义、类型、会计处理首次进行了比较系统和全面的规定，给资本市场的并购交易提供了指引。新准则中规定的企业合并的处理方式与原会计准则和会计制度相比较为复杂，且由于并购交易的发生频率相对较低，就每一家企业而言，并购业务的会计处理并不常见。实务中，一些上市公司在涉及企业合并的会计处理时存在一些理解上的困惑和误区。由于并购交易一般涉及的金额较大，如果处理不当，很可能对企业的财务报表造成重大影响。

《企业会计准则第20号——企业合并》中将企业合并划分为两大基本类型：同一控制下的企业合并与非同一控制下的企业合并。非同一控制下企业合并中，法律上的被购买方如果按照会计的原则被判断为会计上的购买方，则被划分为反向购买；在反向购买中，又基于会计上的被购买方是否构成业务，划分为一般的反向购买与权益性交易两种类型。企业合并的类型不同，所遵循的会计处理原则不同。同一控制下企业合并采用权益结合法；非同一控制下企业合并采用购买法；反向购买的交易中，法律上的母公司被作为会计上的被购买方，法律上的子公司作为会计上的购买方；划分为权益性交易的反向购买，不确认商誉，合并成本与取得的净资产公允价值之间的差额调整所有者权益，等等。因此，在对一项企业合并交易进行会计处理之前，首先要判断企业合并所属的类型。在上市公司重大资产重组的交易中，常常见到这样的案例：A公司定向发行股份给B公司，收购B公司持有的某子公司股权。B公司与A公司的关系可能存在以下几种情形：（1）B公司在本次交易前已经是A公司的控股股东。

（2）B公司通过本次交易成为A公司的控股股东。（3）本次定向发行后，B公司成为A公司的第一大股东，但是并无控制权。这些交易属于哪类企业合并，需要根据每一类企业合并的定义和特征去判断。

上述几种情形，判断其企业合并类型的关键在于重组方与上市公司之间的控制关系是否存在，以及这种控制关系是如何形成的。

1. B公司在本次交易前已经是A公司的控股股东。这种情况下需要考虑两个问题：B公司成为A公司的控股股东与之后的重大资产重组是不是一揽子交易；A公司与目标公司处于同一控制下是否是"非暂时的"。要判断多项交易是否属于一揽子交易，实务中可以参考《企业会计准则解释第5号（征求意见稿）》以及《国际会计准则第27号——合并及单独财务报表》中将多次处置子公司股权投资判断为一揽子交易的规定。《企业会计准则解释第5号（征求意见稿）》指出，"处置对子公司股权投资的各项交易的条款、条件以及经济影响符合以下一种或多种情况，通常表明应将多次交易事项作为一揽子交易进行会计处理：（1）这些交易是同时或者在考虑了彼此影响的情况下订立的。（2）这些交易的整体才能达成一个商业结果。（3）一项交易的发生取决于其他至少一项交易的发生。（4）一项交易单独看是不经济的，但是和其他交易一并考虑时是经济的"。实务中，要结合交易的实质、交易双方之间的协议或其他安排来进行判断。例如：后一项交易是否需要经过实质性审批程序、前一项交易是否会因后一项交易的变化而撤销或者更改，等等。如果判断的结果是B公司成为A公司的控股股东与之后的企业合并不是一揽子交易，而且又符合同一控制"非暂时"的标准，则很可能属于同一控制下企业合并。如果是一揽子交易，则很可能属于反向购买。

2. B公司通过本次交易成为A公司的控股股东。在这种情况下，如果没有其他同一最终控制方（例如，B公司的实际控制人也是A公司的实际控制人）存在，通常这类交易不属于同一控制下企业合并。因为这类交易不满足同一控制下企业合并定义中的"合并前后"均受同一方控制的要求。

3. 本次定向发行后，B公司成为A公司的第一大股东，但是并无控制权。这种情况下，先判断该项交易是否属于同一控制下企业合并，交易之前，上市公司由原控股股东控制，交易之后第一大股东变为B公司，而B公司无法控制上市公司，A公司原控股股东在合并后已无法控制A公司，因此不符合同一控制下企业合并的定义。再结合反向购买的定义来看，交易后，重组方B公司也未能控制上市公司，法律上的被购买方并没有成为会计上的购买方，也不符合反向购买的定义。根据非同一控制下企业合并的定义，合并方与被合并方在企业合并之前分别由不同的公司控制，这类交易通常应判断为非同一控制下的企业合并。

三、并购商誉的会计问题

商誉不是因并购而产生，但却是因并购才被确认于会计报表并成为会计界研究的热点。

(一) 商誉的分类

商誉包括对企业收益产生有利影响的一切因素，如良好的企业名称、业务关系、企业吸引顾客的能力等。商誉反映了企业发展的良好信誉，构成企业整体价值的一个组成部分，是企业一项重要的无形资产，但又有别于其他可辨认的无形资产（如专利权、商标权等）。

商誉按形成的渠道不同，可以分为自创商誉和外购商誉。这两种商誉的会计处理方式截然不同。

1. 自创商誉不予确认。自创商誉是指企业在经营过程中积累起来的，不需要一次性支付而能使企业获得未来超额盈利的无形资源。当前国际上普遍流行的做法是将自创商誉不予以确认。这主要是因为：

第一，商誉具有极大的不确定性，有可能在短时间内丢失，也有可能增加很多；再一方面，自创商誉能否为企业带来未来超额盈利是难以确定并预知的，充其量只能凭经验估计，不能反映真实性；因此不符合资产确认的可靠性原则。

第二，将自创商誉确认为资产，其入账价值难以计量，按资产普遍采用的历史成本原则更是不具有可操作性。就价值属性而言，只有未来现金流量贴现值对自创商誉较为合适。在这个属性下，由于正常盈利率、超额盈利水平、贴现率、贴现期等因素，在现有计量技术条件下很难确定，需要会计人员作出较多估计，因而很难可靠地计量其价值。

第三，违背谨慎性原则。依照谨慎性原则，对于自创商誉，应选择低计资产和收益的方法，即成本和费用发生时直接作为当期费用。只有在产权转让时其价值才可量化，并确认购买企业的外购商誉。

第四，如果对自创商誉进行确认，这有可能导致有些企业夸大商誉资产来美化财务报表，从而使财务报表的真实性和实用性受到威胁。

2. 外购商誉的确认。外购商誉是企业合并时外部购入的，与被并企业的整体密不可分的能带来超额盈利的无形资源。在现行实务中，合并业务的会计处理有两种方法：购买法和股权结合法。对商誉的处理视方法而定：在购买法下，确认外购商誉；在股权结合法下，不确认外购商誉。

(二) 并购商誉的会计处理

商誉的处理方法有很多种，从实际应用来看，主要有两种方法：一种是以美国为代表的，将并购商誉作为一项资产，在以后规定的年限内通过损益账户进行摊销；另外一种是以英国为代表的，在并购时，把商誉直接减少所有者权益而注销。

1. 以美国为代表的并购商誉会计处理。该方法把并购商誉视为资产，其依据是它符合资产的定义，即能为企业带来未来的经济利益；由企业所获得或控制；由过去的交易或事项形成。这种特殊形态的资产能为并购企业带来未来超过平均水平的超额利益。当收购价格超过可辨认资产的公允价值时，超出部分就被认为是为商誉支付的，即并购商誉。因此与其他资产的取得成本一样，应该按照配比原则，在资产负债表中按其购得时的成本进行资本化。关于商誉的摊销，美国的规定是以费用的方式进行摊销；在摊销时应采用直线法，如果有可信服的证据表明在某些情况下采用其他方法更合适，那么也可以采用其他方法；摊销期不应超过5年，若一个超过5年但不超过20年的期限（自购买日算起）显得更为适合的话，也可以例外处理。采用与美国类似方法的国家还有加拿大、澳大利亚、日本、荷兰等，但在摊销期的规定上都比美国要短。

2. 以英国为代表的并购商誉会计处理。英国原来规定商誉要么通过损益账户系统摊销，要么立即从储备账户中注销，只要会计政策的应用前后保持一致；如果采用摊销法，摊销期最长不超过20年，如果商誉发生永久性贬值，则应将其账面价值冲减到估计可收回的金额，冲减额记入损益。1990年，英国会计原则委员会对此进行了调整总值允许采用通过损益账户系统摊销的方法，摊销时可采用类似固定资产折旧所用的直线法或加速折旧法；同时，每年要审查商誉的账面价值和摊销期是否合适，即建议逐年重估制度。目前允许采用直线注销法的还有意大利和中国香港地区。

3. 负商誉的会计处理方法。负商誉是购买成本低于被购买企业可辨认净资产公允价值的差额。国际上，负商誉的会计处理存在以下三种方法：

（1）将净资产公允价值超过购买成本的部分先等比例冲销企业购入的各项非货币性资产的价值，将余额列作递延收益，在规定的有效期内平均摊销。采用这种方法的理由是：非货币性资产不容易找到现存的市价，负商誉的出现可能是对非货币性资产的高估造成的，因此需要进行调整。

（2）在合并日的财务报表中直接作为股东权益的增加。采用这种方法的理由是：企业并购是一项资本交易的行为，所以其差额的处理也应该不通过利润表项目而直接作为权益的调整。

（3）作递延收益，在规定的期限内等额摊销。采用这种方法的理由是：以低于被购买企业净资产公允价值的价格收购企业，对购买企业来说相当于获得了一项收益。这项收益与企业的其他收益一样应当递延到以后各期，与各期费用进行配比。

4. 我国并购商誉的会计处理。在财政部颁布《企业会计准则》（2006）之前，1999年1月颁布的股份有限公司会计制度规定，母公司对于公司权益性资本投资额小于子公司所有者权益总额中母公司所拥有的份额，作长期股权投资——股权投资差额处理。财政部1995年2月颁布的《合并会计报表暂行规定》要求收购企业时应编制合并报表，合并时，母公司对子公司权益性资本投资项目的数额与子公司所有者权益中母公司所持有的份额相抵销产生的差额，作为合并价差。合并价差在资产负债表中列示在长期投资项目下面，作为长期投资的调整项目来反映，属于抵减附加类账户。

《企业兼并有关会计处理问题暂行规定》（财会字〔1997〕30号）规定：

"被兼并企业丧失法人资格情况下，采取有偿方式兼并的，按照各项资产评估确认的价值，借记所有资产科目，按照成交价高于评估确认的净资产的差额，借记'无形资产——商誉'科目，按照确认的各项负债数额，贷记所有负债科目，按照确定的成交价，贷记'专项应付款——应付兼并企业款'科目。企业支付价款时，借记'专项应付款——应付兼并企业款'科目，贷记'银行存款'科目。采取无偿划转方式兼并的，应按各项资产、负债评估确认的价值，借记所有资产科目，贷记所有负债科目，两者之间如有差额，贷记'实收资本'科目。被兼并企业仍保留法人资格情况下，企业有偿兼并其他企业，作为投资处理，按支付的价款，借记'长期投资'科目，贷记'银行存款'等科目。企业采取无偿划转方式取得被兼并企业资产的，按划转的净资产，借记'长期投资'科目，贷记'实收资本'科目。"

《企业会计准则第6号——无形资产》规定："企业合并中形成的商誉，适用《企业会计准则第8号——资产减值》和《企业会计准则第20号——企业合并》。"《企业会计准则第20号——企业合并》规定："购买方在购买日应当对合并成本进行分配，按照本准则第十四条的规定确认所取得的被购买方各项可辨认资产、负债及或有负债。"

购买方对合并成本大于合并中取得的被购买方可辨认净资产公允价值份额的差额，应当确认为商誉。初始确认后的商誉，应当以其成本扣除累计减值准备后的金额计量。商誉的减值应当按照《企业会计准则第8号——资产减值》处理。

购买方对合并成本小于合并中取得的被购买方可辨认净资产公允价值份额的差额，应当按照下列规定处理：

对取得的被购买方各项可辨认资产、负债及或有负债的公允价值以及合并成本的计量进行复核，经复核后合并成本仍小于合并中取得的被购买方可辨认净资产公允价值的份额的，其差额应当计入当期损益。

"在购买日，母公司对子公司的长期股权投资与母公司在子公司所有者权益中所享有的份额的差额，应在商誉项目列示。商誉发生减值的，应当按照经减值测试后的金额列示。""因企业合并所形成的商誉和使用寿命不确定的无形资产，无论是否存在减值迹象，每年都应当进行减值测试。"

我国企业会计准则对商誉的处理符合基本准则有关会计信息质量特征的有关要求，商誉通常不会减值，但又不符合公允价值计量的要求，根据谨慎性原则的要求，商誉以历史成本为原则计量，不准予摊销，但允许计提减值准备，相对于其他国家，是一次实质性进步。

第四节 企业清算会计问题

企业破产清算必然会引起相应的会计问题，但迄今为止我国尚未颁布关于破产清算的会计准则,也未形成系统、完整、公认的破产清算会计理论体系。本节从破产清算会计目标、会计对象和会计要素、会计信息披露原则等方面进行探讨。①

一、破产清算会计目标

会计目标是会计理论体系的逻辑起点,是会计学科领域最基础的观念,会计理论和会计实务都是建立在其基础之上的。会计目标主要包括:会计信息的用途;向哪些人提供会计信息;什么是有用的会计信息。持续经营下的财务会计目标是为会计信息使用者提供据以进行经济决策的有用会计信息。企业一旦进入破产清算,其会计目标尽管仍为会计信息使用者提供有用的会计信息,但与持续经营下的会计目标相比发生了显著变化,破产清算会计提供的会计信息,无论在提供信息的内容上,还是提供的对象、用途上均有差异。

二、破产清算会计对象和会计要素

1. 破产清算会计对象。破产清算会计对象是破产清算会计所要反映和监督的内容,即破产企业的资金运动。破产企业的资金运动是指破产清算期间企业资产估价、变现、清偿及分配等经济活动过程中所发生的资金收支活动的总称。有观点认为,企业进入破产清算后,已停止生产经营活动,不存在资金运动。但笔者认为,从企业破产清算过程看,资金运动是客观存在的,因为破产清算企业要对财产进行变卖以清偿债务,这时破产企业的资金运动具体表现为"财产—变现收入—偿还债务—分配股东"的运动过程,破产企业财产分配完毕,资金就退出破产企业,资金运动就此终结,不再形成新的循环。

2. 破产清算会计要素。会计要素是对会计对象的基本分类,是会计对象的具体化。在持续经营下,《企业会计准则——基本准则》明确资产、负债、所有者权益、收入、费用、利润为会计要素的具体内容。但在破产清算会计中,其会计要素究竟应包括哪些内容,会计界尚未取得一致意见,比较有代表性的观点有两种。破产清算会计要素应由资产、负债、所有者权益、清算收入、清算费用、清算损益六项内容构成。其理由是"清算是为了偿债,而资产和权益是破产企业偿债的最后手段",因此,"资产、负债、所有者权益"三个要素应该保留。但由于生产经营活动已经停止,获取最大利润不再是清算期各项经济活动的目标,收入、费用、利润的核算已无必要,并且失去了核算基础。此时,清算活动的根本目标是债权人受偿比例最大化,因此,清算收入、清算支出和清算损益应成为清算会计核算的重要对象。另一种观点,认为应以企业清算经济业务的特点和清算会计目标为基础确定清算会计要素,因此,确立清算会计

---

① 韩薇. 破产清算会计理论问题的几点研究. 中小企业管理与科技(上旬刊),2011(4)

基本要素如下：清算资产，清算企业所拥有的用来清偿债务的全部资产；清算债务，清算企业所承担的需以清算资产偿付的债务；清算净权益，清算企业投资者实际享有的对企业资产的要求权，其取决于清算资产与清算债务之差额；清算损失，企业在清算过程中因发生清算业务所导致的各种清算净权益之减少；清算利得，企业在清算过程中所发生的各种清算净权益之增加。

三、破产清算对传统会计理论的冲击

1. 对会计假设的冲击。清算组向法院负责，维护债权人的利益，他们控制了破产财产。代替了原企业的会计主体，成为破产企业的会计主体，这是对传统意义上的会计主体假设的很大冲击；同时也是防止破产企业利用不良会计手段操纵并侵吞、隐匿、转移或者私自变卖破产财产（如高价低估或低价高估）而威胁到投资者及相关债权人的利益。

2. 对会计处理方法的冲击。一旦企业破产之后，持续经营假设基础上的会计处理方法和程序就失去意义了。破产以后，企业的生产经营活动必然中止，破产企业应该建立符合其状况的中止经营假设，采用在此基础上相应的会计处理程序和方法以及不同的计量方式和报告形式，根据这些方式方法内容进行破产资产的估价、变现和债务偿还。

3. 对会计原则的冲击。财务会计的核算原则符合真实性、有用性、及时性、重要性等要求，破产会计核算也与之相同。因为破产企业的中止经营假设和记账基础、要求等都发生了变化，因此，其会计基础、核算原则等也发生了变化。例如企业进入破产程序后，历史成本计价的资产账面价值对企业债务的偿付已经没有任何意义了，需要根据破产企业自身的情况选择其他适用的计价基础。而且，随着持续经营假设和会计分期假设在破产清算会计中的改变，企业已不需要分期核算经营成果，收入与费用配比原则也就没有意义了。

四、破产清算会计信息披露的原则

由于破产会计的特殊核算内容，信息使用者的特殊要求，因而需要一些新的核算原则代替常规的会计核算原则，如用收付实现制来代替权责发生制，用清算价格代替历史成本，用全面性代替重要性等。

1. 收付实现制原则。收付实现制是指会计单位的经营收支以款项是否已经收付为标准，按收付期确定收益和费用的一种核算方法。在收付实现制的原则下，凡在本期收到款项的收益和付出款项的费用，不论其应否属于本期，均作为本期收益和费用处理；凡在本期发生的但未收到款项的收益和尚未付款的费用，均不作为本期收益和费用处理。在企业终止经营条件下，清算会计不需要再核算清算期的经营成果，不存在收益和费用配比的问题，它不需要考虑预收收入、预付费用，以及应计收入和应计费用等会计事项；资产变现必须以获得的现实款项入账，债务也必须以现实的款项来偿付。因此，收付实现制是关于破产会计确认、计量和报告的会计基础。

2. 清算价格原则。清算价格原则就是指清算会计在对破产清算业务进行确认、计量和报告的过程中，必须以清算价格为基本价值尺度，资产的价值必须按照实际变现的价值计算，负债必须按照资产变现后的实际负担能力来偿还。此外，清算债务需要债务人以现实的经济资源——货币或货币等价物来偿付，货币通过资产变现取得，货币等价物要经过合理估价，这些都必须按照清算价格来进行，反映清算业务过程的财务报表也需要借助于清算价格来编制。

3. 全面性原则。全面性原则就是指破产会计核算应该全面完整地反映清算活动的所有方面，全面反映破产期内的资金来源、去向和损益情况，不得隐匿和遗漏。破产会计核算内容比常规会计核算内容相对简单一些，也为贯彻全面性原则提供了条件，比如破产会计不再需要进行费用分摊和产品成本核算，损益的核算比起企业生产经营损益的核算要简单得多。

第五章

融资业务的会计与税务问题

从法律层面看，资本运营包括投融资、收购扩张、资产重组、公开上市、解禁退出、公司清算等资本活动。本章介绍融资业务的会计与税务问题。

第一节　融资业务概述

一、融资的概念

融资，指为支付超过现金的购货款而采取的货币交易手段，或为取得资产而集资所采取的货币手段。融资通常是指货币资金的持有者和需求者之间，直接或间接地进行资金融通的活动。广义的融资是指资金在持有者之间流动以余补缺的一种经济行为，这种资金双向互动的过程包括资金的融入（资金的来源）和融出（资金的运用）。此外，融资还包括资产变现过程。狭义的融资只指资金的融入。

融资具有筹集资金和资产变现的功能，融资的两大功能决定了资本运营离不开融资，可以说，资本运营的整个过程都是围绕着融资而展开的。

企业融资业务主要应做好三方面工作：

第一，实行融资方式的多元化，降低财务风险；

第二，加强资金使用管理，提高资金使用效率；

第三，规范融资业务税收管理，防范税务风险。

二、融资方式

按照融资方式可分为股权融资、债务融资、信用融资和其他方式。

（一）股权融资

股权融资，分为公募、私募、合资三种模式。合资成立新公司、引进战略投资者、上市融资、上市公司增发再融资都属于这一类型。股权融资具有长期性、不可逆性、无负担性。股权融资的优点是财务风险低，不用支付利息，缺点是融资成本高，稀释了原股东的股权。虽然通过公开市场融资，需要向中介机构支付高昂的咨询费、发行费，但相对于上市给企业带来的回报，显得微不足道。

公司设立初期的股权融资通常应注意下列问题：

第一，股权融智。对合资企业而言，原始股东不仅出资，还要出智。现金是通用资源，项目是珍贵资源，人才是稀缺资源。让别人参与进来当股东，看中的绝不仅仅是对方的资金，更重要的是对方的资源，诸如品牌资源、人脉资源、技术研发、业务拓展、公司管理等。一家公司股权结构应当按照股东对公司贡献的大小确定股权比例，股权比例确定后才是出资比例。股权比例确定后，股东可以以债权方式对公司追加投资。《公司法》第三十五条、第一百六十七条规定，有限公司、股份公司股东约定的分配比例与出资比例不一致的，按照股东约定的比例分配。这一规定有效地解决了仅以出资衡量股东分配权益的不合理规定。

第二，志同道合。"道不同，不相为谋。"一个想发财的人与想发展的人不能合资办企业，因为他们的盈利模式不同，会导致股东关系不和谐，影响公司发展。所以，一家公司如果股权比例比较平均，则股东之间必须志同道合。若是选错股东，必须一方股东退出。

第三，利益冲突。股东之间在股权比例、同业竞争、关联交易等方面容易产生利益冲突，导致股东关系不和谐，经营难以持续。例如，张三、李四出资成立甲公司，张三持股51%，李四持股49%，产品供不应求，需要注入资金，如果张三增资，李四不增资，或者张三与王五成立乙公司生产同类产品，都会侵害李四权益。正确的做法是，张三以债权方式对甲公司追加投资，收取固定回报，或者甲公司引进王五作为新股东，张三、李四股权同比例稀释。

公司并购扩张过程中的股权融资、上市融资、再融资在其他章节中阐述。

（二）债务融资

债务融资是指通过银行或非银行金融机构贷款或发行债券等方式融入资金，债务融资需支付本金和利息，能够带来杠杆收益，但是会提高企业的负债率。

企业以债务融资方式筹集资金应注意下列问题：

1. 不得非法集资。非法融资是指未经有关部门批准，不以吸收公众存款的名义，向社会不特定对象吸收资金，但承诺履行的义务与吸收公众存款性质相同的活动。

非法融资的特点：

（1）未经有关部门依法批准，包括没有批准权限的部门批准的集资；有审批权限的部门超越权限批准集资。

（2）承诺在一定期限内给出资人还本付息。还本付息的形式除以货币形式为主外，也有实物形式和其他形式。

（3）向社会不特定的对象筹集资金。这里"不特定的对象"是指社会公众，而不是指特定少数人。

（4）以合法形式掩盖其非法集资的实质。

非法融资风险巨大，企业为了生存，有时采取非法融资手段也是"不得已而为之"。基于"不告不理"的诉讼原则，穷人不能成为融资对象，因为穷人的时间机会成本很小，而富人的时间就是金钱。富人对债权态度一般会主动要求债务重组（既作出让步又推迟还债时间）。精明的商人在向社会融资时通常会对集资额设置门槛。

2. 不得抽逃资本。抽逃注册资本，是指公司依法领取营业执照宣告成立以后，原缴纳出资的股东未经合法程序（如合法减资等）的情况下，私自撤走原依法投入公司的注册资本的行为。2006年最新修订的《公司法》第二十八条规定：股东应当按期足额缴纳公司章程中规定的各自所认缴的出资额。第三十六条明确规定：公司成立后，股东不得抽逃出资。

如果确实需要资金，建议以委托银行贷款方式将资金借出，或者以非股东身份，以经济交易为名（需通过签订经济合同作为法律依据），通过商业信用（如预付账款），间接取得资金。无论是过程还是结果，所有证据都表明一切都符合经营常规。

（三）商业信用融资

商业信用融资是指企业之间在买卖商品时，以商品形式提供的借贷活动，是经济活动中的一种最普遍的债权债务关系。商业信用的存在对于扩大生产和促进流通起到了十分积极的作用，但不可避免地也存在着一些消极的影响。

商业信用融资也属于债务融资的一种，商业信用融资的无息特征区别于一般的债务融资。信用融资包括买方信贷和卖方信贷两种。企业占用上游企业资金称之为卖方信贷，占用下游企业资金为买方信贷。

商业信用融资的优点有三：第一，筹资便利。利用商业信用筹集资金非常方便，因为商业信用与商品买卖同时进行，属于一种自然性融资，不用做非常正规的安排，也无需另外办理正式筹资手续；第二，筹资成本低。如果没有现金折扣，或者企业不放弃现金折扣，以及使用不带息应付票据和采用预收货款，则企业采用商业信用筹资没有实际成本；第三，限制条件少。与其他筹资方式相比，商业信用筹资限制条件较少，选择余地较大，条件比较优越。

商业信用融资的缺点主要有：第一，期限较短。采用商业信用筹集资金，期限一般都很短，如果企业要取得现金折扣，期限则更短；第二，筹资数额较小。采用商业信用筹资一般只能筹集小额资金，而不能筹集大量的资金；第三，有时成本较高。如果企业放弃现金折扣，必须付出非常高的资金成本。

企业采用商业信用融资应注意下列问题：

1. 商业信用既适用于买方，又适用于卖方，关键看买方市场还是卖方市场。

2. 商业信用融资通常筹集的资金规模小，连锁经营直营模式可以形成平台效应，从而可以融得更多的资金。苏宁、国美连锁经营模式创造的不仅仅是进场费、委托代销差价，融资功能为企业对外投资形成稳定的现金流，从而创造出更多的投资收益。国内知名的家装企业"业之峰"采取装饰材料代理销售连锁经营模式后，成为家装行业的"苏宁电器"。

3. 服务型企业成立的俱乐部发展会员、销售消费卡等模式，都属于商业信用融资模式的延伸运用。

4. 采用商业信用融资，必须言而有信，否则会出现诚信危机，影响企业的信誉。

某国有企业有大量闲置资金拟贷给某民营生产企业，鉴于国企不能直接贷款给民企，笔者为这家民企设计了下列交易结构，有效解决了融资问题。由民营生产企业将产品以收款发货方式销售给国有企业，再由国有企业以赊销方式销售给民营生产企业的关联贸易公司，然后贸易公司对外出售。通过上述方式，一方面增加了国有企业的业绩，同时解决了民营生产企业的资金短缺问题，并且将超过税前扣除比例的利息支出转化为贸易公司库存商品的成本，从而获得税前扣除。

（四）其他方式

除上述融资方式外，经营租赁、融资租赁、售后回租、售后回购、委托加工、专业化协作、公司并购大额资产变现、加强应收账款管理等等也都属于常见的融资方式。

三、融资渠道

按照融资渠道可划分为：买方、卖方、政府、机构、社会。其中，机构包括银行和非银行金融机构。

四、融资决策

融资方式、融资渠道的选择除需考虑上述因素外，还要考虑融资成本和融资风险。融资的顺序通常是"先内后外，先债后股"。一般来说，对于预期收益较高，经营风险较大，能够承担融资成本高、融资风险低的企业倾向于选择股票融资方式；而对于传统行业，经营风险比较小，预期收益也较小的，一般选择融资成本较小的债务融资方式进行融资。

第二节　融资业务的会计处理

不同的融资方式有不同的会计处理，本节重点讲解一般债务融资和信托融资业务的会计处理。

一、债务融资的会计处理

债务融资，债权人确认资产，债务人确认负债，利息收入或支出双方按照权责发生制处理，债务人的利息费用按规定资本化或费用化。

二、信托融资的会计处理

信托融资是债务融资的一种特殊方式的会计处理。信托融资是指信托公司接受投资人的委托将资金贷于他人,取得利息归还给投资人,并从投资人处取得报酬。实际操作中信托为了规避风险,通常采取"股权+回购"模式。常见的模式有三种,举例说明如下:

[例5.1] 甲集团公司持有房地产项目公司(子公司)股权100%,项目公司注册资本2 000万元。项目公司拟融资5亿元,借款期3年,年利率18%,到期还本付息7.7亿元(5亿元+5亿元×18%×3年)。

1. "股权转让+溢价回购"模式。集团将持有项目公司99%的股权转让给信托公司,转让价5亿元。3年后集团出资7.7亿元收购其持有项目公司99%的股权,同时溢价款(即利息)2.7亿元要求按年支付。

2. "股权转让+增资扩股、溢价回购"模式。集团将持有项目公司99%的股权转让给信托公司,转让价1 980万元,信托公司再对项目公司增资扩股4.8亿元。3年后,由集团出资7.7亿元收购信托持有项目公司的股权,同时溢价款2.7亿元要求按年支付。

3. "设立新公司+房产认购、溢价回购"模式。集团出资100万元、信托出资5亿元,注册成立新公司A,再由A公司与项目公司签订房屋认购书或借款合同,A公司将5亿元资金划转至项目公司,3年后,集团出资7.7亿元收购信托公司持有A公司的股权。项目公司再将资金归还A公司,同时要求溢价款2.7亿元按年支付。

上述融资方式,虽然信托公司是以股权方式出资,但信托公司本身并不承担任何经营风险,信托只是按照协议取得固定回报。根据《企业会计准则——基本准则》第十六条规定,"企业应当按照交易或者事项的经济实质进行会计确认、计量和报告,不应仅以交易或者事项的法律形式为依据"。因此,在集团公司对外披露的财务报告中,信托融资仍然体现为负债。

同样,在以融资为目的的售后回购、售后回租业务中,企业出售取得的资金,应作为负债处理,回购价或租金与融资额之间的差额,应当在回购期或租赁期间确认利息费用。

第三节 融资业务的税务处理

融资业务涉及的税务问题包括增值税、土地增值税、企业所得税、个人所得税、印花税等,分述如下:

一、增值税

《销售服务、无形资产、不动产注释》（财税〔2016〕36号）规定，贷款，是指将资金贷与他人使用而取得利息收入的业务活动。各种占用、拆借资金取得的收入，包括金融商品持有期间（含到期）利息（保本收益、报酬、资金占用费、补偿金等）收入、信用卡透支利息收入、买入返售金融商品利息收入、融资融券收取的利息收入，以及融资性售后回租、押汇、罚息、票据贴现、转贷等业务取得的利息及利息性质的收入，按照贷款服务缴纳增值税。

其中，"保本收益、报酬、资金占用费、补偿金"，是指合同中明确承诺到期本金可全部收回的投资收益。金融商品持有期间（含到期）取得的非保本的上述收益，不属于利息或利息性质的收入，不征收增值税。

融资性售后回租，是指承租方以融资为目的，将资产出售给从事融资性售后回租业务的企业后，从事融资性售后回租业务的企业将该资产出租给承租方的业务活动。

以货币资金投资收取的固定利润或者保底利润，按照贷款服务缴纳增值税。

二、土地增值税

《国家税务总局关于土地增值税清算有关问题的通知》（国税函〔2010〕220号）规定，财务费用中的利息支出，凡能够按转让房地产项目计算分摊并提供金融机构证明的，允许据实扣除，但最高不能超过按商业银行同类同期贷款利率计算的金额。其他房地产开发费用，在按照"取得土地使用权所支付的金额"与"房地产开发成本"金额之和的5%以内计算扣除。

凡不能按转让房地产项目计算分摊利息支出或不能提供金融机构证明的，房地产开发费用在按"取得土地使用权所支付的金额"与"房地产开发成本"金额之和的10%以内计算扣除。

房地产开发企业既向金融机构借款，又有其他借款的，其房地产开发费用计算扣除时不能同时适用本条（一）、（二）项所述两种办法。

土地增值税清算时，已经计入房地产开发成本的利息支出，应调整至财务费用中计算扣除。

三、企业所得税

关于债务融资业务的企业所得税处理应区别债权人和债务人分别处理：

（一）债权人的税务处理

1. 利息收入的确认。《企业所得税法实施条例》第十八条规定，企业将资金提供他人使用但不构成权益性投资,或者因他人占用本企业资金取得的收入,包括存款利息、贷款利息、债券利息、欠款利息等收入,应当并入应纳税所得总额征收企业所得税。利息收入,按照合同约定的债务人应付利息的日期确认收入的实现。关联企业之间的资金占用,也应按照独立交易原则确认利息收入,缴纳企业所得税。

2. 国债利息收入优惠办法。对于国债利息收入可以按规定享受免税优惠。根据《国家税务总局关于企业国债投资业务企业所得税处理问题的公告》(国家税务总局公告2011年第36号)规定,企业投资国债从国务院财政部门(以下简称发行者)取得的国债利息收入,应以国债发行时约定应付利息的日期,确认利息收入的实现;企业转让国债,应在国债转让收入确认时确认利息收入的实现;企业到期前转让国债,或者从非发行者投资购买的国债,其持有期间尚未兑付的国债利息收入免征企业所得税。国债利息收入=国债金额×(适用年利率÷365)×持有天数;企业转让国债应在转让国债合同、协议生效的日期,或者国债移交时确认转让收入的实现;企业投资购买国债,到期兑付的,应在国债发行时约定的应付利息的日期,确认国债转让收入的实现;企业转让或到期兑付国债取得的价款,减除其购买国债成本,并扣除其持有期间国债利息收入以及交易过程中相关税费后的余额,为企业转让国债收益(损失)。企业以支付现金或其他方式取得的国债,以买入价、资产的公允价和支付的相关税费为成本。企业在不同时间购买同一品种国债的,其转让时的成本计算方法,可在先进先出法、加权平均法、个别计价法中选用一种。计价方法一经选用,不得随意改变。

3. 非居民企业从境内取得利息收入的税务处理。非居民企业从境内取得利息收入,应当缴纳预提所得税,税款由支付的单位负责代扣代缴。扣缴义务发生时间按照实际支付与计入成本费用额(或资产摊销额)孰先原则确定。

(二)债务人的税务处理

关于债务融资的利息扣除问题,应按下列顺序进行纳税调整。

1.《国家税务总局关于企业投资者投资未到位而发生的利息支出企业所得税前扣除问题的批复》(国税函〔2009〕312号)规定,凡企业投资者在规定期限内未缴足其应缴资本额的,该企业对外借款所发生的利息,相当于投资者实缴资本额与在规定期限内应缴资本额的差额应计付的利息,其不属于企业合理的支出,应由企业投资者负担,不得在计算企业应纳税所得额时扣除。

具体计算不得扣除的利息,应以企业一个年度内每一账面实收资本与借款余额保持不变的期间作为一个计算期,每一计算期内不得扣除的借款利息按该期间借款利息发生额乘以该期间企业未缴足的注册资本占借款总额的比例计算,公式为:

企业每一计算期不得扣除的借款利息=该期间借款利息额×该期间未缴足注册资本额÷该期间借款额

企业一个年度内不得扣除的借款利息总额为该年度内每一计算期不得扣除的借款利息额之和。

2.《企业所得税法实施条例》第三十七条规定，企业在生产经营活动中发生的合理的不需要资本化的借款费用，准予扣除。

根据该规定，企业为投资而发生的借款费用，不需要计入投资的计税基础，直接在发生的当期税前扣除。

3.《企业所得税法实施条例》第三十八条规定，企业在生产经营活动中发生的下列利息支出，准予扣除：

（1）非金融企业向金融企业借款的利息支出、金融企业的各项存款利息支出和同业拆借利息支出、企业经批准发行债券的利息支出。

（2）非金融企业向非金融企业借款的利息支出，不超过按照金融企业同期同类贷款利率计算的数额的部分。

鉴于目前我国对金融企业利率要求的具体情况，企业在按照合同要求首次支付利息并进行税前扣除时，应提供"金融企业的同期同类贷款利率情况说明"，以证明其利息支出的合理性。

《国家税务总局关于企业所得税若干问题的公告》（国家税务总局公告2011年第34号）要求："金融企业的同期同类贷款利率情况说明"中，应包括在签订该借款合同当时，本省任何一家金融企业提供同期同类贷款利率情况。该金融企业应为经政府有关部门批准成立的可以从事贷款业务的企业，包括银行、财务公司、信托公司等金融机构。"同期同类贷款利率"是指在贷款期限、贷款金额、贷款担保以及企业信誉等条件基本相同下，金融企业提供贷款的利率。既可以是金融企业公布的同期同类平均利率，也可以是金融企业对某些企业提供的实际贷款利率。

4. 企业向关联方借款取得的借款超过债资比例，超过部分的利息支出，按照税法规定的方法扣除。依据《财政部、国家税务总局关于企业关联方利息支出税前扣除标准有关税收政策问题的通知》（财税〔2008〕121号）、国家税务总局关于印发《特别纳税调整实施办法（试行）》的通知（国税发〔2009〕2号）有关规定，关联方利息支出的纳税调整金额，具体计算方法如下：

第一步：计算应付给关联方的利息支出

无论是否符合独立交易原则，凡超过同期同类金融企业贷款利率（以下简称一般贷款利率）计算的利息，一律不得在税前扣除。如何低于一般贷款利率，按照实际应付利息确定，如果高于一般贷款利率，按照一般贷款利率计算。

第二步：计算关联方债资比例超过标准比例的利息总额

超过关联方债资比例的利息总额 = 年度实际应支付的全部关联方利息 × (1 − 标准比例/关联债资比例)，其中：

（1）年度实际应支付的全部关联方利息，按照第一步计算的结果确定。

（2）金融企业标准比例 = 5；其他企业标准比例 = 2。

（3）关联债资比例 = 全部关联方债权性投资之和/权益性投资。

关联债权投资包括关联方以各种形式提供担保的债权性投资。

权益投资为企业资产负债表所列示的所有者权益金额。如果所有者权益小于实收资本（股本）与资本公积之和，则权益投资为实收资本（股本）与资本公积之和；如果实收资本（股本）与资本公积之和小于实收资本（股本）金额，则权益投资为实收资本（股本）金额。

关联债资比例的具体计算方法如下：

关联债资比例＝年度各月平均关联债权投资之和／年度各月平均权益投资之和

其中：

各月平均关联债权投资＝（关联债权投资月初账面余额＋月末账面余额）/2

各月平均权益投资＝（权益投资月初账面余额＋月末账面余额）/2

（4）"实际支付利息"是指企业按照权责发生制原则计入相关成本、费用的利息。向关联方支付的利息支出包括直接或间接关联债权投资实际支付的利息、担保费、抵押费和其他具有利息性质的费用。

第三步：对债资比例超过标准比例的利息支出，按照实际应付给各关联方利息占关联方利息总额的比例，在各关联方之间进行分配

某关联方应分配金额＝债资比例超过标准比例的利息支出×（应付给该关联方的利息／应付给全部关联方利息总额）

第四步：纳税调整方法。

对各关联方分配的债资比例超过标准比例的利息支出，按下列方法进行税务处理：

（1）符合独立交易原则，且按照税务机关的要求将相关资料报备的，无论是向境外关联方支付的利息，还是向境内关联方支付的利息，均准予扣除。

（2）不符合独立交易原则，或者符合独立交易原则但未按规定向税务机关报送证明资料的，区别情况处理：

第一，分配给境外关联方的利息支出不得扣除。

第二，分配给实际税负大于或等于本企业的境内关联方的利息准予扣除。分配给实际税负小于本企业的境内关联方利息不得扣除。

分配给境外关联方的利息应视同分配的股息，按照股息和利息分别适用的所得税税率差补征预提企业所得税，如已扣缴的所得税税款多于按股息计算应征所得税税款，多出的部分不予退税。

（3）纳税调增金额＝超过一般贷款利率部分的利息支出＋不允许扣除的债资比例超过标准比例的利息支出

本年度不得扣除的利息支出，不得结转至以后年度扣除。

[例5.2] 甲公司分别有A、B、C（境外关联方）、D四个关联方。甲公司的所有者权益为3 000万元。一般贷款利率为6%。甲公司向A公司借款2 000万元，利率为6%，付利息120万元；向B公司借款3 000万元，利率为8%，付利息240万元；向C公司借款4 000万元，利率为5%，付利息为200万元；向D借款4 500万元，利率为9%，付利息405万元。另外甲公司的税负率为

25%，A 公司税负率为 25%，B 公司税负率为 20%（享受减免税），D 公司税负为 15%。D 公司可以提供独立交易的证据。为便于比较，列表 5.1 如下。

表 5.1

关联方	境内外	借款本金（万元）	实际利率	实际应付利息（万元）	不超过一般贷款利率计算的应付利息（万元）	税负	是否符合独立交易原则
A	境内	2 000	6%	120	120	25%	否
B	境内	3 000	8%	240	180	20%	否
C	境外	4 000	5%	200	200		否
D	境内	4 500	9%	405	270	15%	是
合计	—	13 500	—	965	770	—	—

第一步：计算超过一般贷款利率部分的应付利息。

超过一般贷款利率部分的应付利息 = [3 000×(8% −6%)] + [4 500×(9% −6%)] = 195（万元）

第二步：计算关联方债资比例超过标准比例的利息总额。

关联方债资比例超过标准比例的利息总额 = 770×[1 −2/(13 500/3 000)] = 427.78（万元）

第三步：对债资比例超过标准比例的利息总额分配至各关联方。

A 公司应分配金额 = 427.78×120/770 = 66.67（万元）

B 公司应分配金额 = 427.78×180/770 = 100.00（万元）

C 公司应分配金额 = 427.78×200/770 = 111.11（万元）

D 公司应分配金额 = 427.78×270/770 = 150.00（万元）

第四步：纳税调整。

(1) 甲公司税负 25%，小于等于境内关联方 A 公司税负 25%，债资比例超过标准比例部分的利息，可以扣除。

(2) 甲公司税负 25%，大于境内关联方 B 公司税负 20%，债资比例超过标准比例部分的利息 100.00 万元，不得扣除。

(3) C 公司为境外关联方，因此债资比例超过标准比例部分的利息 111.11 万元不得扣除。

(4) D 公司符合独立交易原则，无论是 D 公司在境内还是境外，均不受标准比例限制，其债资比例超过标准比例部分的利息 150.00 万元，均可扣除。

以上，债资比例超过标准比例部分的利息支出不得扣除金额合计数 = 100 + 111.11 = 211.11（万元）。

合计调增金额 = 195 + 211.11 = 406.11（万元）

此外，分配给境外关联方 C 公司的利息 111.11 万元，应视同股息缴纳预提所得税，若利息适用预提所得税税率为 7%，股息适用预提所得税税率为 10%，则应补缴预提所得税=111.11×(10%-7%)=3.33(万元),反之,如果利息适用预提所得税税率为10%,股息适用预提所得税税率为7%,则利息已纳预提所得税不予退还。

如果关联企业间发生资金借贷违背了独立交易原则,未按规定收取利息的,税务机关可以按照转让定价调查调整方法办理。

5. 融资性"售后回购"业务按照实质重于形式原则处理。《国家税务总局关于确认企业所得税收入若干问题的通知》(国税函〔2008〕875号)作了相关规定:"采用售后回购方式销售商品的,销售的商品按售价确认收入,回购的商品作为购进商品处理。有证据表明不符合销售收入确认条件的,如以销售商品方式进行融资,收到的款项应确认为负债,回购价格大于原售价的,差额应在回购期间确认为利息费用。"

6. 融资性售后回租业务按照实质重于形式处理。融资性售后回租业务是指承租方以融资为目的将资产出售给经批准从事融资租赁业务的企业后,又将该项资产从该融资租赁企业租回的行为。融资性售后回租业务中承租方出售资产时,资产所有权以及与资产所有权有关的全部报酬和风险并未完全转移。《国家税务总局关于融资性售后回租业务中承租方出售资产行为有关税收问题的公告》(国家税务总局公告2010年第13号)规定,根据现行企业所得税法及有关收入确定规定,融资性售后回租业务中,承租人出售资产的行为,不确认为销售收入,对融资性租赁的资产,仍按承租人出售前原账面价值作为计税基础计提折旧。租赁期间,承租人支付的属于融资利息的部分,作为企业财务费用在税前扣除。

7. 信托融资利息扣除问题。金融是现代经济的核心,金融市场(包括资本市场)的健康、可持续发展离不开金融工具的广泛运用和金融业务的不断创新。近年来,随着我国金融工具交易和金融产品创新快速发展,出现了许多既具有传统业务特征,同时有别于传统业务的创新业务。现行《企业所得税法》就这些问题,没有清晰规定,各方存在理解和认识角度的不同,出现各地政策执行口径不一。鉴于混合性投资业务作为企业一项创新投资业务,已被许多企业大量运用。尤其是信托公司,开展此类投资业务甚多。因此,迫切需要研究、制定相关税收政策为之配套。根据当前税收实际征管需要,最近,国家税务总局制定下发了《国家税务总局关于企业混合性投资业务企业所得税处理问题的公告》(国家税务总局公告2013年第41号)。

企业混合性投资业务,是指兼具权益和债权双重特性的投资业务。同时符合下列条件的混合性投资业务,按本公告进行企业所得税处理:

(1)被投资企业接受投资后,需要按投资合同或协议约定的利率定期支付利息(或定期支付保底利息、固定利润、固定股息,下同);

(2)有明确的投资期限或特定的投资条件,并在投资期满或者满足特定投资条件后,被投资企业需要赎回投资或偿还本金;

(3)投资企业对被投资企业净资产不拥有所有权;

（4）投资企业不具有选举权和被选举权；

（5）投资企业不参与被投资企业日常生产经营活动。

符合本公告第一条规定的混合性投资业务，按下列规定进行企业所得税处理：

（1）对于被投资企业支付的利息，投资企业应于被投资企业应付利息的日期，确认收入的实现并计入当期应纳税所得额；被投资企业应于应付利息的日期，确认利息支出，并按税法和《国家税务总局关于企业所得税若干问题的公告》（2011年第34号）第一条的规定，进行税前扣除。

（2）对于被投资企业赎回的投资，投资双方应于赎回时将赎价与投资成本之间的差额确认为债务重组损益，分别计入当期应纳税所得额。

上述文件部分解决了信托融资、投资基金的利息扣除问题，但条件比较苛刻。

信托公司以股权方式对企业融资，但信托公司并不参与经营，不承担经营风险，其取得的收益是固定的，其实质属于贷款性质。财税〔2016〕36号文件规定："金融企业以货币资金投资但收取固定利润或保底利润的行为，也属于这里所称的贷款业务。"由于信托公司属于金融企业，根据《企业所得税法实施条例》第三十八条规定，非金融企业在生产经营活动中发生向金融企业借款的利息支出可以扣除。

实际操作中企业为了减少纳税争议，可以优化交易结构来解决融资费用扣除问题。

[例5.3] 某集团下属全资子公司M需融资13.4亿元，其中集团公司已通过债权方式投入6.9亿元，剩余6.5亿元拟通过信托融资解决，借款期3年，年利率18%。信托公司为规避风险，要求6.5亿元对M公司增资扩股，仍然按18%利率收取利息，利息由M公司承担，每6个月支付一次。3年后，集团出资6.5亿元回购信托公司持有M公司的股权。

按理，信托公司对M公司增资，取得固定收益，应按债务融资处理，其利息支出可以扣除。但当地主管税务机关认为，从法律形式上信托是M公司的股东，故M公司列支的利息支出不得在税前扣除。

为了减少纳税争议，笔者为企业重新设计了下列交易结构，同时满足了信托公司和税务机关的要求。

第一步：设计信托产品13.4亿元。

第二步：集团公司将M公司债权6.9亿元转让给信托，信托公司欠集团公司6.9亿元。

第三步：集团公司认购信托劣次级产品6.9亿元，与信托债权相抵销。其他投资者认购优先级信托产品6.5亿元。

第四步：信托公司以6.5亿元对M公司增资扩股。至此，信托公司对M公司股权投资6.5亿元，债权投资6.9亿元。

第五步：信托公司对M公司债权6.9亿元按18%利率收取利息，首先向优先级认购人支付利息（6.5×18%），剩余利息向集团公司支付。

第六步：贷款期满，信托将 M 公司股权以 6.5 亿元价格转让给集团公司。

由于信托公司属于非银行金融机构，通过上述操作，M 公司向信托公司支付的利息，可获得税前扣除。税务人员对此没有异议。

8. 关于借款费用扣除的合法凭据问题。根据《企业所得税法实施条例》第九条规定的权责发生制原则，企业实际发生的借款费用，无论是否支付均可以按规定的标准扣除，但允许扣除的借款费用（含向金融机构支付的财务顾问费）必须取得合法的凭据。合法凭据包括借款合同、利息发票、自制凭证（统借统还）、利息支付单据等等。年终汇算清缴期满前，纳税年度允许扣除的借款费用，应当取得发票尚未取得的，暂不允许税前扣除，待实际取得补开发票时，允许追补扣除，最长时间 5 年。

这里"应当取得发票"是指发票开具的时间在年终汇算清缴期满之前，如果利息发票开具的时间在年终汇算清缴期满之后，则对发票取得不作要求。

[例 5.4] 甲公司向乙公司借款 1 000 万元，借款期 3 年，自 2018 年 1 月 1 日起至 2020 年 12 月 31 日止，年利率 6%，借款期满一次性还本付息 1 180 万元。

根据《营业税改征增值税试点实施条例》第四十五条规定，利息收入增值税的纳税义务发生时间为 2020 年 12 月 31 日。利息发票应当于 2020 年 12 月份开具。在计算 2018 年度、2019 年度企业所得税时，财务费用中列支的利息费用，无须提供发票，允许在税前扣除，不作纳税调整。这里，借款合同、利息计算清单视为借款费用扣除的合法凭据。

四、个人所得税

1. 依据现行税法规定，个人存款利息暂免征收个人所得税，但个人将资金贷给他人，按"利息、股息、红利所得"计征个人所得税，税款由支付的单位代扣代缴。

《国家税务总局关于利息、股息、红利所得征税问题的通知》（国税函〔1997〕656 号）规定，扣缴义务人将属于纳税义务人应得的利息、股息、红利收入，通过扣缴义务人的往来会计科目分配到个人名下，收入所有人有权随时提取，在这种情况下，扣缴义务人将利息、股息、红利所得分配到个人名下时，即应认为所得的支付，应按税收法规规定及时代扣代缴个人应缴纳的个人所得税。

2. 《国家税务总局关于个人或合伙吸储放贷取得的收入征收个人所得税问题的批复》（国税函〔2000〕516 号）规定，对个人或个人合伙取得的吸存放贷收入，应按照"个体工商户的生产、经营所得"应税项目征收个人所得税；对个人将资金提供上述人员放贷而取得的利息收入，应作为集资利息收入，按照"利息、股息、红利所得"应税项目征收个人所得税，税款由利息所得支付者代扣代缴。

3. 《国家税务总局关于〈关于个人独资企业和合伙企业投资者征收个人所

得税的规定〉执行口径的通知》（国税函〔2001〕84号）规定，个人独资企业和合伙企业对外投资分回的利息或者股息、红利，不并入企业的收入，而应单独作为投资者个人取得的利息、股息、红利所得，按"利息、股息、红利所得"应税项目计算缴纳个人所得税。以合伙企业名义对外投资分回利息或者股息、红利的，应按合伙比例确定各个投资者的利息、股息、红利所得，分别按"利息、股息、红利所得"应税项目计算缴纳个人所得税。

五、印花税

1. 借款合同的征税范围。印花税仅对《中华人民共和国印花税暂行条例》（以下简称《印花税暂行条例》）所列举的合同或权利许可证照、账簿征收印花税，未列举的不征印花税。《印花税暂行条例》所称借款合同是指非金融企业与金融企业签订的借款合同，对于金融企业与金融企业，以及非金融企业与非金融企业之间签订的借款合同不征印花税。

2. 租赁合同适用税目。《国家税务总局关于飞机租赁合同征收印花税问题的批复》（国税函发〔1992〕1145号），对采取经营租赁方式签订的租赁合同，按"财产租赁合同"税目税率计税贴花；对采取融资租赁方式签订的租赁合同，按照借款合同贴花，即按租金总额的万分之零点五税率计税贴花。

六、关联方融资业务税收风险防范

关联交易包括四种类型：资产转让、提供劳务、财产租赁、资金借贷。关联方融资属于关联交易的一种，根据《中华人民共和国税收征收管理法》（以下简称"《税收征收管理法》"）第三十六条规定的原则，应当按照独立交易原则收取利息，并缴纳增值税（统借统还业务除外）和企业所得税，债务人按照利息扣除的有关规定计算应纳税所得额。

为了避免重复缴纳增值税，纳税人应采用"现金池"管理办法，将集团内有融资能力的企业作为"现金池"，集团内的成员企业只能与"现金池"企业挂往来账，除"现金池"企业外的成员企业之间不得发生转贷业务，以免重复缴纳增值税。

第四节 融资业务税收政策存在问题与改进建议

资金是企业运行的血液，能否正常循环流通，决定着企业的生存和发展，如果资金流量不足、流通不畅、资金断链，企业就会出现财务危机，正常的生产经营秩序就会被破坏，企业就会面临停产甚至倒闭清算的危险。对企业正常的融资行为税收政策应当体现中性原则，既不鼓励，也不阻碍，同时对融资过程中的避税行为制定切实可行的措施加以防范。

一、融资性售后回租业务涉及的土地增值税、契税、印花税等问题

《财政部、国家税务总局关于企业以售后回租方式进行融资等有关契税政策的通知》（财税〔2012〕82号）规定，对金融租赁公司开展售后回租业务，承受承租人房屋、土地权属的，照章征税。对售后回租合同期满，承租人回购原房屋、土地权属的，免征契税。

上述文件未提及土地增值税、印花税等问题，实际操作中因缺少政策依据屡有争议。

基于融资性售后回租业务的实质，税法应进一步明确：

1. 出租方和承租方应当按照借款合同对资产出售额征收印花税；
2. 承租方销售不动产、转让土地使用权不征土地增值税。

二、融资性售后回购业务涉及的流转税、土地增值税等问题

《国家税务总局关于确认企业所得税收入若干问题的通知》（国税函〔2008〕875号）规定，有证据表明不符合销售收入确认条件的，如以销售商品方式进行融资，收到的款项应确认为负债，回购价格大于原售价的，差额应在回购期间确认为利息费用。

售后回购与销售退回的区别在于在销售合同注明了回购期间和价格，而销售退回是指由于产品质量等原因发生的退回。因此，销售回购合同中注明的回购条款即是融资性售后回购的证据。

对售后回购业务涉及的印花税、契税等问题，税法没有明确规定，笔者建议：

1. 对融资性售后回购业务，销售方不征土地增值税。
2. 标的物为房地产的，房屋和土地权属可作抵押登记，不作变更登记。本着融资业务的实质，对融资性售后回购业务涉及的房地产权属变更行为，无论是否办理变更登记，均不应对此征收契税。
3. 由于购买方是金融企业，按照借款合同征收印花税。如果购买方为非金融企业，售后回购业务应按照销售和回购两项经济合同计算缴纳印花税。

三、信托融资业务相关法律主体的纳税义务问题

实际操作中，"股权＋回购"方式主要有两种：一是融资方股东先将按照约定的融资额（相当于本金）转让给信托公司，融资期限届满，再由融资方股

东溢价（相当于本息之和）回购信托公司持有融资方股权。二是由信托直接对融资方增资扩股，融资期限届满，再由融资方股东溢价回购信托持有的融资方股权。

信托资金之所以要求成为融资方股东，其目的只是为了规避资金风险，实质并不是真正意义上的股东，首先信托不参与经营；其次信托不承担经营风险，信托按照事先约定的固定利率取得报酬；最后，该股权只能按照事先约定的期限和金额由融资方股东回购，而不能随意转让给第三方，除非融资方股东丧失了回购能力。这种融资，表现上看属于股权融资，实质属于债务融资，股权变更至信托公司名下，仅具有担保意义。

信托公司作为受托人取得的管理费收入需按区分收入的性质按照"咨询服务"、"直接收费金融服务"等缴纳增值税，并确认应纳税所得额。由于信托计划以信托公司名义对外投资，根据《财政部、国家税务总局关于资管产品增值税政策有关问题的补充通知》（财税〔2017〕2号）和《财政部、国家税务总局关于明确金融、房地产开发、教育辅助服务等增值税政策的通知》（财税〔2016〕140号）规定，自2017年7月1日起，资管产品运营过程中发生的增值税应税行为，以资管产品管理人为增值税纳税人。因此，若信托计划从事债权投资的，自2017年7月1日起，应按照"贷款服务"计算缴纳增值税。

财税〔2017〕56号文件规定，资管产品管理人运营资管产品过程中发生的增值税应税行为，暂适用简易计税方法，按照3%的征收率缴纳增值税。管理人可选择分别或汇总核算资管产品运营业务销售额和增值税应纳税额。管理人应按照规定的纳税期限，汇总申报缴纳资管产品运营业务和其他业务增值税。对资管产品在2018年1月1日前运营过程中发生的增值税应税行为，未缴纳增值税的，不再缴纳；已缴纳增值税的，已纳税额从资管产品管理人以后月份的增值税应纳税额中抵减。

财税〔2017〕90号文件规定，自2018年1月1日起，资管产品管理人运营资管产品提供的贷款服务、发生的部分金融商品转让业务，按照以下规定确定销售额：

（1）提供贷款服务，以2018年1月1日起产生的利息及利息性质的收入为销售额；

（2）转让2017年12月31日前取得的股票（不包括限售股）、债券、基金、非货物期货，可以选择按照实际买入价计算销售额，或者以2017年最后一个交易日的股票收盘价（2017年最后一个交易日处于停牌期间的股票，为停牌前最后一个交易日收盘价）、债券估值（中债金融估值中心有限公司或中证指数有限公司提供的债券估值）、基金份额净值、非货物期货结算价格作为买入价计算销售额。

以信托公司名义进行债权投资取得的利息收入，应由信托公司向融资方开具增值税普通发票，依据《中华人民共和国企业所得税法实施条例》第三十八条规定，居民企业向金融企业支付的利息允许据实扣除。

四、单位或个人购买理财产品取得收益的税收政策问题

金融理财产品以其独有的灵活性和多样化显示了超常的竞争力和繁殖力,近年来取得了极为迅猛的发展。对于金融理财产品这一特殊行业的新事物,相关税收政策较为滞后,大多基层税务部门对其比较陌生,罕见征管部门对这部分投资收益进行税务监管,也少有稽查部门介入该领域实施税务稽查,加强金融理财产品税收监管迫在眉睫。希望财政部、国家税务总局尽快明确相关税收政策及管理措施。

(一) 金融理财现状①

金融理财是指金融机构为客户提供的财务分析、财务规划、投资顾问、资产管理等专业化服务活动,按照管理运作方式的不同,分为理财顾问服务和综合理财服务,其中的综合理财服务即一般所说的"金融理财产品",如中国工商银行的"稳得利"、中国农业银行的"本利丰"等。金融理财产品销售对象主要为个人客户,根据本金与收益是否保证,一般分为保本固定收益产品、保本浮动收益产品与非保本浮动收益产品三类。按照投资方式与方向的不同,也可以分为信托类产品、QDII 产品、结构型产品等。

从事金融理财产品业务的金融机构主要有三类:银行、证券和基金公司、创投和风投等投资公司。银行理财产品是金融理财产品的主力军,品种最为多样、方式最为灵活、性质最为复杂、客户群体最为广泛,涉及存贷款市场、外汇市场、有色金属市场、股票市场、基金市场、期货市场、债券市场以及初级融资市场等几乎所有金融领域。同时,银行机构还会根据经济形势、地域等将不同市场紧密联系起来,设计出结构不同的综合性理财产品,这也使得税务机关难以准确界定理财产品的性质,造成了一段时期内对此类业务监管的空白。证券和基金公司的理财产品性质较为单一,包括主营的证券、基金销售和代理业务以及风投业务(对于个人投资者而言,如果融资所投资的企业成功上市,即直接或间接成为上市公司限售股东),相关税收政策比较明晰,税务机关监管较为到位。创投和风投等投资公司主要以信托类理财产品为主,也有面向个人投资者的风投业务,与证券和基金公司的同类业务性质类似。

金融理财产品收益分为两部分:一是金融机构通过产品销售取得的收益,主要表现为手续费收入;二是客户通过投资金融理财产品取得的收益,对应于产品类型的不同,收益实现方式存在较大差异。

(二) 金融机构销售理财产品收益纳税现状

1. 纳税地点差异。部分金融机构代销理财产品收益汇总在总部机构所在

---

① 本资料根据苏州工业园区地方税务局稽查局调研报告整理。

地，而不是在收入发生地进行申报纳税，导致税收收入的区域不平衡。主要由以下原因造成：产品由金融机构总部开发设计或者由总部与信托、基金公司等签订代理协议统一结算，交由各分支机构代理销售，各分支机构销售所得全部上缴总部，由总部按照约定的代理手续费比率或者根据一定的内部考核标准分期或年末一次性返还分支机构。总部在返还分支机构手续费收入时已经扣税，各分支机构只是根据收到的收入进行账务利润调整，甚至个别金融机构是由总部直接对分支机构做报表调整，如总部在浙江的地方银行就是将所有理财产品代理收入全部上缴浙江总行，由总行在浙江完税，包括苏州在内的所有其他地区的分行仅仅在期末根据返还的税后收入作利润调整；还有一些金融机构虽然总部在返还时并未扣税，由各分支机构就地纳税，但由于金融机构的考核体系极为复杂并兼顾地区差异，不少分支机构并不清楚总部返还的手续费收入是如何核算的，仅仅根据收到的返还收入申报，与其实际的销售规模并不配比，客观上也造成了税收收入尤其是省级收入的地区间流动。

2. 收入申报不全。目前金融机构从理财产品销售中获取的收益主要表现为手续费收入，一般根据不同产品类别通过"中间业务收入"账户下设二级明细科目核算，大多能如实申报纳税。但也存在部分企业将不同类别的理财产品销售收入混在一起，通过"中间业务收入"一级账户粗略核算的情况，从而导致收入核算不清，申报不全；同时部分企业存在利用理财产品特点，将收入直接冲抵支出，少申报纳税的情形；甚至还有个别企业将代销保险等手续费返还进行账外循环，私设小金库。例如，某金融机构利用名为"存贷通"的理财产品兼具存贷双重业务的特点，将应支付给个人客户的理财收益直接冲抵了个人客户需支付贷款利息，通过以支抵收，少申报营业收入；某机构将代销寿险的部分手续费返还收入直接从账外走，用作激励员工销售业绩等。

（三）客户购买金融理财产品收益纳税情况

据了解，几乎所有金融机构对于个人客户从金融理财产品中取得的收益是否需要征收个人所得税以及金融机构是否需要履行代扣代缴税款义务均持有不同程度的保留意见，主要集中于以下几点：第一，从个人收益取得的最终来源看，金融机构认为金融理财产品尤其是非保本浮动收益类产品，或多或少与证券、基金市场挂钩，个人取得的理财收益很大程度上是股票、基金的买卖收益，应该属于或参照目前政策暂免征收个人所得税。第二，从个人收益的兑现方式看，金融机构认为自己对于某些理财产品收益并未发生直接支付行为，因此不必履行扣缴义务。以前述的"存贷通"产品为例，金融机构将客户应取得的收益直接冲抵了客户应支付的贷款利息，客户每月只需按照冲抵后的金额还贷，客户不是以"收到钱"，而是以"少付钱"的形式获得收益，金融机构认为自己并未发生支付行为，因此不必扣缴。

购买金融理财产品的客户主要为个人，约占95%以上，这些个人通过购买理财产品获得了巨额收益，但是收益纳税情况却是一片空白，形势十分严峻。

据了解，金融机构无一履行个人所得税扣缴义务。

（四）对金融理财产品的税收政策建议

1. 单位或个人取得的金融理财产品收益按照"金融商品买卖——其他金融商品"征收营业税。目前，很多信托类理财产品的实质是信托贷款，客户实际发生了将资金贷给某特定公司或特定项目使用从而获得资金使用收益的行为，这类产品虽然号称非保本浮动收益，但一般来说实际收益率与产品的预期收益率一致，且本金基本无风险，金融机构在其中扮演了中介的角色，将资金使用者与资金提供者联系起来，并根据资金量单向或双向收取一定比例的手续费，并仅对手续费收入申报纳税。整个过程中，对于客户取得的实际为利息收入的理财产品收益却无一道环节进行征税（营业税），金融机构也通过在产品说明书上的一句"不承担代客户扣缴相关税款的责任"的免责说明将自己置身于事外。

根据《营业税暂行条例》及其实施细则的规定，在我国境内提供应税劳务的单位和个人为营业税的纳税人。纳税人的营业额为纳税人提供应税劳务、转让无形资产或者销售不动产收取的全部价款和价外费用。外汇、有价证券、期货等金融商品买卖业务，以卖出价减去买入价后的余额为营业额。《财政部、国家税务总局关于个人金融商品买卖等营业税若干免税政策的通知》（财税〔2009〕111号）规定，对个人（包括个体工商户及其他个人，下同）从事外汇、有价证券、非货物期货和其他金融商品买卖业务取得的收入暂免征收营业税。

由于理财产品具有一定的风险性，故不能等同于存款利息收入，笔者建议尽快明确，非金融企业购买理财产品的收入应比照"金融商品买卖"征收营业税，税款由金融企业负责代扣代缴。

2. 个人取得的金融理财产品收益，按照"其他所得"征收个人所得税。金融机构混淆了两个不同的投资主体——投资于理财产品的是个人，而投资于股票、基金市场的是机构。虽然部分金融理财产品确有部分收益是来源于股票、基金的差价收益，但是买卖股票、基金的主体不是个人，而是金融机构或金融机构委托的专业投资公司，金融机构通过销售理财产品募集资金，在一定程度上发挥了融资作用，形成了资金规模效应，远非个人投资者的个人资金可以匹敌，其再投资行为与个人投资者的直接投资行为有本质区别，个人根本无法决定募集资金的具体投向，无法做出最终的具体投资决策，因此理财产品收益不属于目前暂免征收个人所得税的范围。

根据个人收益与本金的关系，理财产品的收益分为三类：保本固定收益、保本浮动收益、非保本浮动收益。对于前两种保本类理财产品取得的收益完全是个人投资收益，应全额征收个人所得税；对于第三种非保本类理财产品，其中有部分产品与资本市场挂钩，从收益的最终来源看，确有源于股票、基金的差价收益，考虑到政策的均衡性，对于这类与资本市场挂钩的非保本类理财产品收益，可以参照股票、基金买卖收益的个人所得税政策，根据实际情况给予一定比例限额的税额扣除优惠。

个人取得理财产品收益应纳的个人所得税，由金融机构负责代扣缴。

五、关于向非金融企业支付利息的税前扣除问题

《企业所得税法实施条例》第三十八条规定，非金融企业向非金融企业借款的利息支出，不超过按照金融企业同期同类贷款利率计算的数额的部分。

多年来，我国企业所得税政策一直引用此规定，笔者认为这样规定不妥。

首先，企业的借款费用与生产经营有关，应当据实扣除。

其次，企业借款发生的利息支出，允许在税前扣除，不会减少国家税收，因为债权人取得的利息收入同样需缴纳企业所得税。不仅如此，债权人取得的利息收入还需缴纳一道营业税。因此，除非债权人、债务人为关联方，且债权人因弥补亏损或企业所得税税率低于债务人，否则纳税人是不可能通过债务融资达到避税目的。关于弱化资本的反避税问题税法已经有明确规定。

最后，非金融企业向非金融企业（含个人）借款，属于金融法律规范的内容，不属于税法规范的范畴，即使要求对此征税，也不能杜绝此类业务的发生。

资金是企业的血液，许多中小企业倒闭的一个重要原因就是资金链断裂。当前国家正在推进金融改革，不断创新金融产品，鼓励民营企业投资银行、小额贷款公司、担保公司，不断拓宽中小企业融资渠道。有鉴于此，笔者建议取消向非金融企业融资利率扣除标准，给中小企业融资松绑。

第六章

投资业务的会计与税务问题

投资是资本转化为资产的过程,在财富积累的过程中,投资是永恒的主题。投资业务的税务处理既是税收政策中的难点,也是税务管理的重点。投资者除了对投资项目的风险和收益进行事前评估,还需要深刻理解与投资收益有关的纳税义务,以便正确选择投资主体、组织形式、注册地点、投资方式、持股方式、出资方式、处置方式。对税务机关而言,全面掌握与投资有关的税收制度,对于规范税务管理、保护纳税人权益、维护国家税收利益均具有重要意义。

企业的投资活动分为对内扩大再生产和对外股权、债权投资。本章重点研究资产重组中的股权投资业务。多年来,我国有关股权投资业务的税收政策一直处于调整和完善状态。现行股权投资政策在实践中依然存在许多问题,亟须明确与修订。

第一节　投资业务概述

一、投资作用与意义

(一) 投资的概念

投资是指货币转化为资本的过程。投资可分为实物投资、资本投资和证券投资。前者是以货币投入企业,通过生产经营活动取得一定利润。后者是以货币购买企业发行的股票和公司债券,间接参与企业的利润分配。

投资的目的在于投资者当期投入一定数额的资金而期望在未来获得回报,所得回报应该能补偿:(1)投资资金被占用的时间;(2)预期的通货膨胀率;(3)未来收益的不确定性。

(二) 投资的意义

投资这个名词在金融和经济方面有数个相关的意义。它涉及财产的累积以求在未来得到收益。技术上来说,这个词意味着"将某物品放入其他地方的行动"(或许最初是与人的服装或"礼服"相关)。从金融学角度来讲,相较于投机而言,投资的时间段更长一些,更趋向是为了在未来一定时间段内获得某种比较持续稳定的现金流收益,是未来收益的累积。

(三) 投资的特点

1. 投资是以让渡其他资产而换取的另一项资产。
2. 投资是企业在生产经营过程之外持有的资产。
3. 投资是一种以权利为表现形式的资产。
4. 投资是一种具有财务风险的资产。

二、投资业务的分类

企业的投资活动明显地分为两类：（1）为对内扩大再生产奠定基础，即购建固定资产、无形资产和其他长期资产支付的现金；（2）对外扩张，即对外股权、债权支付的现金。本节讨论的是对外扩张性质的投资。

从财务的角度投资可以按照下列方式分类：

1. 按照投资回报方式可划分为债权投资和股权投资。
2. 按照投资时间的长短可划分为长期投资和短期投资。
3. 按照投资的标的可划分为实业投资、财务投资和证券投资。
4. 按照实业投资方式可划分为新设企业、购买股权和增资扩股。
5. 按照出资方式可划分为现金出资和非现金资产出资。
6. 按照投资的地点可划分为境内投资和境外投资。
7. 按照投资业务的会计核算方法可划分为长期股权投资、可供出售的金融资产、交易性金融资产、其他按照公允价值变动且其变动计入当期损益的金融资产。

第二节　投资业务的会计与税务处理差异

按照现行会计准则，对构成控制（子公司）、共同控制（合营企业）和重大影响（联营企业）的投资，作为长期股权投资核算，对于不构成控制、共同控制或重大影响的股权投资，按照持有意图、持有时间长短、公允价值能否确定划分为交易性金融资产或其他权益工具投资核算，其中股改中持有限售股按照其他权益工具投资核算。

会计分类方法的不同导致会计处理方法不同，但无论会计上对股权投资如何分类，其所得税处理原则一致。企业每一年度与股权投资相关的应纳税所得额与会计损益的差异，需要年度申报企业所得税时作纳税调整。

关于股权投资的基本涉税规定主要有：

1. 企业在转让或者处置投资资产时，投资资产的成本，准予扣除。通过支付现金方式取得的投资资产，以购买价款为成本；通过支付现金以外的方式取得的投资资产，以该资产的公允价值和支付的相关税费为成本。

2. 股息、红利等权益性投资收益，除国务院财政、税务主管部门另有规定外，按照被投资方作出利润分配决定的日期确认收入的实现。

3. 居民企业从直接投资的另一居民企业取得的股息、红利等权益性投资收益，除持有上市公司股票不满12个月期间取得的股息、红利外，免征企业所得税。居民企业从境外取得的股息性所得依法缴纳企业所得税的同时，允许抵免境外已纳税额。

4. 企业取得长期股权投资而发生的审计、评估等直接费用，应作为一项管理费用在发生的当期直接扣除。企业为发行权益性证券支付给有关证券承销机构的手续费及佣金不得在税前扣除。

一、长期股权投资初始计量的差异

按照是否构成合并，长期股权投资可划分为两类：对子公司的投资和对合营、联营企业的投资。需要说明的是，企业所得税纳税人以法人为单位，故长期股权投资的税会差异是指企业所得税法与个别会计报表会计处理方法之间的差异。下面分析长期股权投资初始计量的差异。

（一）对合营企业及联营企业投资初始计量的差异

1. 会计处理。

对联营企业、合营企业的投资成本，遵循市场交易理念，按照公允价值计量。支付对价中包含的已宣告但尚未发放的现金股利或利润属于代垫性质，计入"应收股利"，不列入投资成本。为取得长期股权投资而发生的审计、评估等费用，应理解为"沉没成本"，并非购买过程中发生的必要手续费，不应计入投资成本，而应与合并方式取得的长期股权投资一致，计入当期损益（管理费用）。

（1）支付现金取得的长期股权投资。初始投资成本包括实际支付的价款、直接相关费用（如股票交易手续费）、税金及其他必要支出。

（2）发行权益性证券取得的长期股权投资。发行权益性证券取得的长期股权投资，其初始投资成本按照发行的权益性证券的公允价值计量，为发行权益性证券支付给有关证券承销机构的手续费、佣金等与权益性证券发行直接相关的费用，不构成取得长期股权投资的成本，该部分费用应在权益性证券的溢价发行收入中扣除；溢价收入不足冲减的，应冲减盈余公积和未分配利润。

（3）以非货币性资产对外投资取得的长期股权投资，按照长期股权投资的公允价值确定成本。

（4）以非货币性资产交换或债务重组方式取得的长期股权投资的投资成本，分别按照《非货币性资产交换准则》和《债务重组准则》的有关规定确定。总的原则是：按照长期股权投资的公允价值确定，但在交易不具有商业实质或公允价值无法取得时，以投出资产账面价值以及支付的增值税（销项税额或简易计税金额）确定。取得投资直接相关费用计入投资成本。

（5）企业进行公司制改建取得的长期股权投资。对资产、负债的账面价值按照评估价值调整的，长期股权投资应以评估价值作为改制时的认定成本，评估值与原账面价值的差异应计入资本公积（资本溢价或股本溢价）。

2. 税会差异。

对合营企业、联营企业投资的计税基础与初始计量基本是一致的，均以投资资产的公允价值和支付的相关税费确定。下列情形除外：

（1）企业改制按照评估价值调整长期股权投资成本的，长期股权投资的计税基础不变，仍按照原有计税基础确定。

（2）以非货币性资产交换和非货币性资产抵偿债务方式取得的长期股权投资，在交易不具有商业实质或公允价值无法取得的情况下，会计上以投出资产的账面价与相关税费进行初始计量，税收方面划分为转让非货币性资产和购买长期股权投资两项交易分别处理，相应地，长期股权投资的计税基础应当按照非货币性资产的公允价值与相关税费之和确定。

（3）以非货币性资产（包括长期股权投资）作为对价取得长期股权投资需划分为视同销售和购买长期股权投资处理，当视同销售但选择适用递延纳税政策时，其取得长期股权投资的计税基础按照下列情形执行：

①根据《财政部、国家税务总局关于企业重组业务企业所得税处理若干问题的通知》（财税〔2009〕59号）第六条规定，非货币性资产增资方式取得长期股权投资，符合资产收购特殊性税务处理条件的，长期股权投资计税基础按照投出资产的原计税基础确定；以控股子公司的股权作为对价取得的长期股权投资，符合股权收购特殊性税务处理条件的，取得长期股权投资的计税基础按照转让方原持有该项股权的计税基础确定。

②根据《财政部、国家税务总局关于非货币性资产投资企业所得税政策问题的通知》（财税〔2014〕116号）及《国家税务总局关于非货币性资产投资企业所得税有关征管问题的公告》（国家税务总局公告2015年第33号）规定，非货币性资产对外投资选择按五年平均确认资产转让所得的，长期股权投资的计税基础按照投出非货币性资产的计税基础与已确认应税所得之和确定。

③根据《财政部、国家税务总局关于完善股权激励和技术入股有关所得税政策的通知》（财税〔2016〕101号）第三条第（一）项规定，企业以技术成果投资入股到境内居民企业，被投资企业支付的对价全部为股票（权）的，经向主管税务机关备案，投资入股当期可暂不纳税，长期股权投资的计税基础按照技术成果原值确定。

④根据《财政部、国家税务总局关于促进企业重组有关企业所得税处理问题的通知》（财税〔2014〕109号）第三条规定，对100%直接控制的居民企业之间，以及受同一或相同多家居民企业100%直接控制的居民企业之间按账面净值划转股权或资产，凡具有合理商业目的、不以减少、免除或者推迟缴纳税款为主要目的，股权或资产划转后连续12个月内不改变被划转股权或资产原来实质性经营活动，且划出方企业和划入方企业均未在会计上确认损益的，可以选择按以下规定进行特殊性税务处理：一是划出方企业和划入方企业均不确认所得。二是划入方企业取得被划转股权或资产的计税基础，以被划转股权或资产的原计税基础确定。三是划入方企业取得的被划转资产，应按其原账面净值原计税基础计算折旧扣除。

《关于资产〔股权〕划转企业所得税征管问题的公告》（国家税务总局公告

2015年第40号）进一步明确，财税〔2014〕109号文件第三条所称"100%直接控制的居民企业之间，以及受同一或相同多家居民企业100%直接控制的居民企业之间按账面净值划转股权或资产"，限于以下情形：一是100%直接控制的母子公司之间，母公司向子公司按账面净值划转其持有的股权或资产，母公司获得子公司100%的股权支付。母公司按增加长期股权投资处理，子公司按接受投资（包括资本公积，下同）处理。母公司获得子公司股权的计税基础以划转股权或资产的原计税基础确定。二是100%直接控制的母子公司之间，母公司向子公司按账面净值划转其持有的股权或资产，母公司没有获得任何股权或非股权支付。母公司按冲减实收资本（包括资本公积，下同）处理，子公司按接受投资处理。三是100%直接控制的母子公司之间，子公司向母公司按账面净值划转其持有的股权或资产，子公司没有获得任何股权或非股权支付。母公司按收回投资处理，或按接受投资处理，子公司按冲减实收资本处理。母公司应按被划转股权或资产的原计税基础，相应调减持有子公司股权的计税基础。四是受同一或相同多家母公司100%直接控制的子公司之间，在母公司主导下，一家子公司向另一家子公司按账面净值划转其持有的股权或资产，划出方没有获得任何股权或非股权支付。划出方按冲减所有者权益处理，划入方按接受投资处理。

（二）对子公司投资初始计量的差异

1. 同一控制下控股合并形成的长期股权投资。

（1）会计处理。同一控制下控股合并形成的长期股权投资，遵循非市场交易理念，不以公允价值计量，不确认损益。

基本原则：长期股权投资的初始投资成本是取得的被合并方所有者权益在最终控制方合并财务报表中的账面价值（即包含商誉）的份额。合并方所支付的合并对价账面价值与初始投资成本之间的差额调整资本公积（资本溢价或股本溢价）；资本公积（资本溢价或股本溢价）不足冲减的，调整留存收益。

注意事项：

①被合并方在合并日的净资产账面价值为负数的，长期股权投资成本按零确定，同时在备查账簿中予以登记。

②如果被合并方在被合并以前，是最终控制方通过非同一控制下的企业合并所控制的，则合并方长期股权投资的初始投资成本还应包含相关的商誉金额（商誉不需要考虑母公司的持股比例）。

长期股权投资的初始投资成本 = 子公司自购买日开始持续计算的可辨认净资产公允价值 × 母公司持股比例 + 母公司在合并财务报表中确认的商誉

③如果子公司按照改制时确定的资产、负债经评估确认的价值调整资产、负债账面价值的，合并方应当按照取得子公司经评估确认的可辨认净资产账面价值的份额作为长期股权投资的初始投资成本。

④合并方发生的审计、法律服务、评估咨询等中介费用以及其他相关管理

费用（如财经公关费、上市酒会费、广告和路演等宣传费）于发生时计入"管理费用"，但以下两种情况除外：一是与发行债务性工具作为合并对价直接相关的佣金、手续费，应当计入债务性工具的初始确认金额（"应付债券——利息调整"）；二是与发行的权益性工具作为合并对价直接相关的交易费用（支付给券商的股票承销费或佣金），应当冲减资本公积（资本溢价或股本溢价），资本公积（资本溢价或股本溢价）不足冲减的，依次冲减盈余公积和未分配利润。

⑤通过多次交换交易，分步取得股权最终形成控股合并的，区别情况处理：属于"一揽子交易"的，合并方应当将各项交易作为一项取得控制权的交易进行会计处理。不属于"一揽子交易"的，取得控制权日，投资企业应按照以下步骤进行会计处理：

第一步，确定同一控制下企业合并形成的长期股权投资的初始投资成本。在个别财务报表中，应当以持股比例计算的合并日应享有被合并方账面所有者权益份额作为该项投资的初始投资成本。

第二步，长期股权投资初始投资成本与合并对价账面价值之间的差额的处理：调整资本公积（资本溢价或股本溢价）；资本公积不足冲减的，冲减留存收益。

第三步，合并日之前持有的股权投资，因采用权益法核算或金融工具确认和计量准则核算而确认的其他综合收益，暂不进行会计处理。

（2）税会差异。同一控制下控股合并形成的长期股权投资的计税基础与会计初始计量金额不同，计税基础按照合并方实际支付对价的公允价值及支付的增值税（销项税额或简易计税金额）确定，其中以非货币性资产作为对价的，应视同销售处理，相应地合并方实际支付对价的公允价值应以非货币性资产的公允价为基础确定。合并方发生的费用的税务处理与会计处理一致，即，审计、评估等中介费用及其他相关管理费用，可在发生的当期据实扣除，支付给券商的股票承销费、佣金不得在税前扣除。

长期股权投资的计税基础与初始计量的差异在处置股权时作纳税调整。

[例6.1] 甲公司2016年7月1日向母公司定向增发1 000万股普通股（每股面值为1元，市价为8.68元）自母公司取得乙公司80%股权，当日，乙公司个别财务报表中净资产账面价值为2 200万元。该股权系母公司于2014年6月以非同一控制下企业合并的方式购入，母公司在购入乙公司80%股权时确认了500万元商誉。2016年7月1日，按母公司取得该股权时乙公司可辨认净资产公允价值为基础持续计算的乙公司可辨认净资产价值为3 500万元，不考虑其他因素。

会计处理：

本例中，甲公司在合并日应确认对乙公司的长期股权投资，初始投资成本为应享有乙公司在母公司合并财务报表中的净资产账面价值的份额及相关商誉。

甲公司应确认对乙公司股权投资的初始投资成本＝3 500×80%＋500＝3 300（万元）。

会计处理如下：

借：长期股权投资	33 000 000	
贷：股本		10 000 000
资本公积——股本溢价		23 000 000

税务处理：

甲公司为取得乙公司80%股权的计税基础应按照支付对价1 000万股普通股的公允价值确定，即8 680万元。

[**例6.2**]　2×12年1月1日，甲公司取得A公司25%的股份，实际支付款项6 000万元，能够对A公司施加重大影响，同日A公司可辨认净资产账面价值为22 000万元（假设与公允价值相等）。2×12年及2×13年度，A公司共实现净利润1 000万元，无其他所有者权益变动。

2×14年1月1日，甲公司以定向增发股票的方式购买同一集团内另一企业持有的A公司40%股权。进一步取得投资后，甲公司能够对A公司实施控制。为取得该股权，甲公司增发2 000万股普通股，每股面值为1元，每股公允价值为4.5元。2×14年1月1日，A公司在最终控制方合并财务报表中的净资产的账面价值为23 000万元。

假定甲公司和A公司采用的会计政策和会计期间相同，按照10%的比例提取盈余公积。甲公司和A公司一直同受同一最终控制方控制。上述交易不属于一揽子交易。不考虑相关税费等其他因素影响。

会计处理：

（1）确定合并日长期股权投资的初始投资成本＝23 000×65%＝14 950（万元）；

（2）长期股权投资初始投资成本与合并对价账面价值之间的差额的处理：原25%的股权投资采用权益法核算，在合并日的原账面价值＝6 000＋1 000×25%＝6 250（万元）；

追加投资（40%）所支付对价的账面价值＝2 000×1＝2 000（万元）；

合并对价账面价值＝6 250＋2 000＝8 250（万元）；

长期股权投资初始投资成本与合并对价账面价值之间的差额＝14 950－8 250＝6 700（万元）。

（3）甲公司会计处理如下：

借：长期股权投资	149 500 000
贷：长期股权投资——投资成本	60 000 000
——损益调整	2 500 000
股本	20 000 000
资本公积——股本溢价	67 000 000

税务处理：

股权投资未处置，故不确认投资所得。

投资计税基础＝初始投资计税基础＋追加投资计税基础＝6 000＋2 000×4.5＝15 000（万元）。

2. 非同一控制下的控股合并形成的长期股权投资。

（1）会计处理。非同一控制下的企业合并遵循市场交易理念，以公允价值计量，可以确认损益。基本原则：长期股权投资的初始投资成本为合并对价或合并成本。合并成本为购买日购买方支付资产、承担债务、发行权益性证券的公允价值。合并成本＝支付价款或付出资产的（含税）公允价值＋发生或承担的负债的公允价值＋发行的权益性证券的公允价值。

注意事项：

①非同一控制下的企业合并以及合营、联营方式取得的长期股权投资，投出资产为非货币性资产时，投出资产公允价值与其账面价值的差额应分别不同资产进行会计处理：一是合并对价为固定资产、无形资产的，公允价值与账面价值的差额，计入资产处置损益。二是合并对价为长期股权投资或金融资产的，公允价值与其账面价值的差额，计入投资收益。三是合并对价为存货的，应当作为销售处理，以其公允价值确认收入，同时结转相应的成本。四是合并对价为投资性房地产的，以其公允价值确认其他业务收入，同时结转其他业务成本。

②换出资产为长期股权投资还应将记入"其他综合收益"（可以转损益部分）、"资本公积——其他资本公积"科目金额对应部分转入"投资收益"科目；换出资产为以公允价值计量且其变动计入其他综合收益金融资产的，还应将原记入"其他综合收益"科目金额对应部分转入"投资收益"科目。

③为合并发生的相关费用的会计处理与同一控制下的企业合并相同，即：非同一控制下的企业合并中，购买方为企业合并发生的审计、法律服务、评估咨询等中介费用，应当于发生时计入当期损益（管理费用）。购买方作为合并对价发行的权益性工具或债务性工具的交易费用，应当计入权益性工具的初始确认金额（依次冲减资本公积、盈余公积、未分配利润）或债务性工具的初始确认金额（应付债券——利息调整）。

④企业合并成本与合并中取得的被购买方可辨认净资产公允价值份额的差额，个别报表不作处理，合并报表正差列示为商誉，负差应计入合并当期损益（营业外收入）。

⑤多次交易分步实现非同一控制下企业合并的会计处理：

第一，购买日之前持有的股权采用权益法核算。

a. 应当按照原持有的股权投资的账面价值加上新增投资成本之和，作为改按成本法核算的初始投资成本；

b. 相关其他综合收益和其他所有者权益变动暂不进行会计处理。

第二，购买日之前持有的股权投资采用公允价值计量。

a. 应当将按照原持有的股权投资的公允价值加上新增投资成本之和，作为改按成本法核算的初始投资成本；

b. 原持有股权的公允价值与账面价值之间的差额以及原计入其他综合收益的累计公允价值变动应当全部转入改按成本法核算的当期投资收益。

（2）税会差异。非同一控制下企业合并形成的长期股权投资的计税基础与个别财务报表初始计量金额一致，但下列情形除外：

①多次交易分步实现非同一控制下的企业合并，其长期股权投资计税基础按照原计税基础与追加投资计税基础之和确定，原计税基础与追加投资计税基础均按照为取得股权实际支付对价的公允价值确定。购买日之前持有的股权投资采用公允价值计量的，会计上视同"先卖出，再买入"确认的投资收益，不确认应税所得，需作纳税调减处理。

②如果以非货币性资产（包括长期股权投资）作为对价按视同销售处理且适用递延纳税政策的，其取得长期股权投资的计税基础按照财税〔2009〕59号、财税〔2014〕116号、财税〔2016〕101号文件执行。

[例6.3] A公司于20×6年3月31日取得了B公司70%的股权。合并中，A公司支付的有关资产在购买日的账面价值与公允价值如表6.1所示。合并中，A公司为核实B公司的资产价值，聘请专业资产评估机构对B公司的资产进行评估，以银行存款支付评估费用300万元。本例中假定合并前A公司与B公司不存在任何关联方关系，不考虑增值税等因素。

表6.1 单位：万元

项　目	账面价值	公允价值
土地使用权	6 000 （成本7 000，累计摊销1 000）	9 600
专利技术	2 400 （成本2 600，累计摊销200）	3 000
银行存款	2 400	2 400
合　计	10 800	15 000

会计处理：

本例中因A公司与B公司在合并前不存在任何关联方关系，应作为非同一控制下的企业合并处理。长期股权投资应按支付对价的公允价值15 000万元确定其初始投资成本。账务处理为：

借：长期股权投资　　　　　　　　　　　　　　150 000 000
　　管理费用　　　　　　　　　　　　　　　　　3 000 000
　　累计摊销　　　　　　　　　　　　　　　　　12 000 000
　　贷：无形资产　　　　　　　　　　　　　　　96 000 000
　　　　银行存款　　　　　　　　　　　　　　　27 000 000
　　　　资产处置损益　　　　　　　　　　　　　42 000 000

税务处理：企业支付的评估费用可以当期直接扣除。长期股权投资计税基础按照支付对价的公允价值（含增值税）15 000万元确定，以无形资产作为对价应视同销售计算资产转让所得，假设资产的账面值与计税基础相同，则应确认资产转让所得4 200万元，该金额与会计上的资产处置收益金额一致，年度申报企业所得税时,无需作纳税调整。

[**例6.4**] A公司于20×8年3月以2 000万元取得B上市公司5%的股权,对B公司不具有重大影响,A公司将其分类为以公允价值计量且其变动计入其他综合收益的非交易性权益工具投资,按公允价值计量。

20×9年4月1日,A公司又斥资25 000万元从C公司取得B公司另外50%的股权。假定A公司在取得对B公司长期股权投资后,B公司未宣告发放现金股利。

A公司原持有B公司5%的股权于20×9年3月31日的公允价值为2 500万元(与账面价值相等),累计计入其他综合收益的金额为500万元。A公司与C公司不存在任何关联方关系。

会计处理:

(1) 长期股权投资初始投资成本 = 2 500 + 25 000 = 27 500(万元)。

(2) 会计处理

借:长期股权投资——投资成本	275 000 000
贷:其他权益工具投资	25 000 000
银行存款	250 000 000
借:其他综合收益	5 000 000
贷:投资收益	5 000 000

税务处理:尽管会计上视同按公允价2 500万元转让了B公司5%,再以27 500万元购入B公司55%的股权,但实际B公司5%的股权并未转让,而是增持了50%,故投资收益500万元不确认所得,年度申报所得税时作纳税调减处理,A公司持有B公司55%的股权的计税基础 = 原计税基础 + 追加投资计税基础 = 2 000 + 25 000 = 27 000(万元)。

3. 企业合并涉及或有对价时长期股权投资成本的计量。

(1) 会计处理。

①同一控制下企业合并涉及或有对价。同一控制下企业合并形成的控股合并,在确认长期股权投资初始投资成本时,应按照《企业会计准则第13号——或有事项》的规定,判断是否应就或有对价确认预计负债或者确认资产,以及确认的金额;确认预计负债或资产的,该预计负债或资产金额或有对价结算金额的差额不影响当期损益,应当调整资本公积(资本溢价或股本溢价),资本公积(资本溢价或股本溢价)不足冲减的,调整留存收益。

②非同一控制下企业合并涉及或有对价。会计准则规定,购买方应当将合并协议约定的或有对价作为企业合并转移对价的一部分,按照其在购买日的公允价值计入企业合并成本。

第一,或有对价符合权益工具和金融负债定义的,购买方应当将支付或有对价的义务确认为一项权益或负债;符合资产定义并满足资产确认条件的,购买方应当将符合合并协议约定条件的、可收回的部分已支付合并对价的权利确认为一项资产。

第二，购买日12个月内出现对购买日已存在情况的新的或进一步证据需要调整或有对价的，应当予以确认并对原计入合并商誉的金额进行调整。

第三，其他情况下发生的或有对价变化或调整，应当区分情况进行会计处理：一是或有对价为权益性质的，不进行会计处理。二是或有对价为资产或负债性质的，如果属于会计准则规定的金融工具，应当采用公允价值计量，公允价值变动视有关金融工具的分类计入当期损益或其他综合收益；如不属于会计准则规定的金融工具，则应按照或有事项等准则的规定处理。

（2）税会差异。无论是同一控制还是非同一控制，对于合并方而言，买卖双方的交易价格即为合并方取得目标公司股权的计税基础，该项投资计税基础只有在未来处置股权（转让、清算、减资或撤回）时才涉及税前扣除问题。该项投资计税基础应按实际成本确定，即按照或有对价最终实际发生的金额调整投资计税基础。

对于转让方来说，其股权转让收入也应随着或有对价的实际发生作相应调整，并按照《中华人民共和国企业所得税法实施条例》第九条规定的权责发生制原则，调整股权转让所得所属年度的应纳税所得额，涉及应补退税款的，按照规定的程序办理。

[例6.5] A公司为上市公司。2011年2月，A公司收购B公司60%的股权，完成非同一控制下的企业合并。

（1）收购定价的相关约定如下：股权收购协议约定转让价款区间为5 900万元至12 470万元，最终的转让价款与B公司在未来两年（2011—2012年）实现的业绩挂钩，按照协议的具体规定计算确定。价款支付方式具体如下：

①转让协议签署生效后，A公司支付首期收购价款人民币1 200万元。

②协议签署之后3个月内支付4 700万元。

③自B公司经A公司指定的会计师事务所完成2011年度财务报表审计后1个月内，A公司支付第三期收购价款，该价款按照B公司2011年税后净利润的2倍为基础计算，并设上限。计算方式为：B公司2011年税后净利润×2×60%，如果B公司2011年税后净利润超过人民币2 300万元1.5倍上限的，按上限计算，即价款不超过人民币2 300×1.5×2×60%＝4 140（万元）。

④自B公司经A公司指定的会计师事务所完成2012年度财务报表审计后1个月内，A公司支付第四期收购价款，该价款按照B公司2012年税后净利润的1倍为基础计算，并设上限。计算方式为：B公司2012年税后净利润×1×60%，如果B公司2012年税后净利润超过人民币2 700万元1.5倍上限的，按上限计算，即价款不超过2 700×1.5×1×60%＝2 430（万元）。

（2）利润分配。2011年及2012年利润分配：弥补亏损并提取公积金后，如B公司实现承诺利润，则按照股权比例进行分配。如B公司未实现承诺利润，A公司有权按承诺利润的相应比例优先获得利润分配，即B公司2011年度未完成2 300万元净利润，A公司有权优先分配1 380万元，如实际利润不足1 380万元，则由B公司原股东现金补齐不足部分。2012年度未完成2 700

万元净利润，A 公司有权优先分配 1 620 万元，如实际利润不足 1 620 万元，则由 B 公司原股东现金补齐不足部分。

（3）业绩承诺。B 公司承诺 2011 年实现税后净利润人民币 2 300 万元，2012 年实现税后净利润人民币 2 700 万元。若 2011 年 B 公司实际完成净利润不足 2 300 万元、2012 年实际完成净利润不足 2 700 万元，由原股东以其所持 B 公司股权无偿赠予 A 公司。所需无偿转让的 B 公司股权比例的计算方式为：（承诺净利润 − 当年度 B 公司实际完成净利润）÷承诺净利润×60%。该等无偿股权赠予应在上市公司聘请的会计师出具审计报告后 30 个工作日内完成。

会计处理：

购买日合并成本的计量。本例中，合并成本的计量需要考虑以下合同条款：

（1）合同中所约定的交易价格。本例中，A 公司需要支付的转让价款为 5 900 万元至 12 470 万元，其中 5 900 万元为固定金额，其余 6 570 万元为变动金额，与 B 公司在未来两年（2011—2012 年）业绩挂钩，这部分变动金额即为或有对价，属于一项金融负债。假定 A 公司在购买日判断，B 公司的盈利承诺（2011 年度净利润 2 300 万元；2012 度净利润 2 700 万元）已经属于最佳估计，A 公司基于此盈利承诺判断这部分或有对价的公允价值为 4 380 万元，即 $2\,300 \times 2 \times 60\% + 2\,700 \times 1 \times 60\%$。

（2）以被收购公司利润分配的形式来体现的价格调整。如果 B 公司未能达到约定的盈利水平（2011 年度净利润 2 300 万元；2012 年度净利润 2 700 万元），A 公司仍然能够按照约定盈利水平，按照 60% 的比例分配利润或者从 B 公司原股东得到补偿。这种情况下，A 公司所分享的 B 公司利润超过其按照持股比例应分享的部分。例如：假设 B 公司 2011 年度净利润为 2 000 万元，则 A 公司按照持股比例 60% 应享有 1 200 万元，但根据收购协议，A 公司可以获得的利润分配金额为 2 300×60% = 1 380（万元）。超过 A 公司按照持股比例应分享的部分，超出金额为 180 万元。这部分多出的 180 万元实质上是出售方（即 B 公司原股东）通过 B 公司利润分配的形式，返还 A 公司一部分合并对价，也是基于 B 公司盈利情况的付款，属于或有对价，应该分类为一项金融资产。按照上述的假定，在购买日这部分或有对价的公允价值为 0。

（3）出售方的其他承诺。根据股权转让协议约定，若 2011 年 B 公司实际完成净利润不足 2 300 万元、2012 年实际完成净利润不足 2 700 万元，由原股东以其所持 B 公司股权按一定比例无偿赠予 A 公司。无偿转让股权的约定，实质也是一项基于被购买方未来盈利情况的或有对价，应该分类为一项权益工具。在购买日也应该对这部分或有对价的公允价值进行估计并在购买日确定取得的被购买方权益份额时予以考虑。按照上述假定，这部分或有对价的公允价值为 0。

综上所述，在考虑了各项或有对价在购买日的公允价值之后，A 公司此次企业合并的合并对价为 10 280 万元（5 900＋4 380）。

（4）购买日后对原合并成本的调整。购买日之后，第一和第二项或有对价，由于其分类为金融负债和金融资产，后续应该按照公允价值计量，且其公允价值的变动计入当期损益；第三项或有对价分类为权益工具，后续如果发生股权的无偿赠送，A公司在合并报表中直接调整少数股东权益和资本公积。

税务处理：

（1）A公司取得B公司60%股权的计税基础的确定：A公司购买B公司股权的计税基础首先按照5 900万元确定，然后根据或有对价实际发生额对计税基础进行调整。

（2）A公司及B公司原股东从B公司取得股息分配的税务处理：A公司、B公司原股东从B公司按股权比例取得的税后分配，享受免征企业所得税优惠；若B公司盈利未达到预期水平，A公司取得的超过股权比例部分的分配，应由B公司原股东支付（而不是B公司），无论B公司原股东的资金来源于B公司的税后分配，还是另筹资金，对A公司而言，均应冲减对B公司60%股权的计税基础，相应地，B公司原股东应调减股权转让收入。

（3）A公司取得的因B公司2011年、2012年度实现的净利润低于承诺净利润由B公司原股东另行转让的股权（假设占B公司2%），由于不再支付对价，应理解为：A公司上述投资计税基础为取得B公司62%股权所支付的对价。对B公司原股东而言，应理解为：B公司原股东合计转让了B公司62%的股权，取得了上述对价。综上：

B公司原股东转让B公司62%股权的转让收入＝A公司持有B公司62%股权的计税基础＝5 900万元＋第三期、第四期支付价款－从B公司原股东取得的现金补偿（超额分配）

（4）尽管上述股权转让业务属于"一揽子"交易，但基于现行税法的规定，B公司原股东仍应分别于B公司60%股权、2%股权变更之日分期确认股权转让所得的实现，其中，2011年度60%股权转让收入暂按5 900万元确定，待2012年度取得第三期对价、支付的补偿金额确定后，再追溯调整2011年度股权转让收入，B公司原股东还需在2013年取得第四期对价、支付补偿金额、办理2%股权变更登记后，将全部股权转让收入按照60%：2%的比例进行分配，并追溯调整2011年、2013年度应纳税所得额，涉及应补退税款的，按照规定程序办理。

二、长期股权投资后续计量成本法核算的差异

投资方对持有的子公司投资应当采用成本法核算，但投资方为投资性主体且子公司不纳入其合并财务报表的除外。

（一）会计处理

1. 在追加投资时，按照追加投资支付的成本的公允价值及发生的相关交易费用增加长期股权投资的账面价值。

2. 被投资单位宣告分派现金股利或利润的，投资方根据应享有的部分确认当期投资收益；不再划分是否属于投资前和投资后被投资单位实现的净利润。

投资企业按照上述规定确认自被投资单位应分得的现金股利或利润后，应当考虑长期股权投资是否发生减值。在判断该类长期股权投资是否存在减值迹象时，应当关注长期股权投资的账面价值是否大于享有被投资单位净资产（包括相关商誉）账面价值的份额等类似情况。

3. 子公司将未分配利润或盈余公积直接转增股本（实收资本），且未向投资方提供等值现金股利或利润的选择权时，投资方并没有获得收取现金股利或者利润的权力，该类交易通常属于子公司自身权益结构的重分类，投资方不应确认相关的投资收益。

（二）税会差异

企业在追加投资时应按照实际出资额的公允价值追加投资计税基础，税务处理与会计处理一致。

被投资方宣告分配股息时，投资方确认股息所得。居民企业从直接投资的另一居民企业取得的股息，除持有上市公司股票不满12个月期间宣告分配的股息外，均可免征企业所得税。对于免税的股息，应将"投资收益"科目的金额作纳税调减处理。

居民企业从境外取得的股息所得按税法规定计算应纳税额，并允许按税法规定计算抵免境外已纳税款。年度企业所得税申报时将"投资收益"科目的金额作纳税调减，同时计算境外所得应纳税额及抵免税额，填报纳税申报表。

被投资方用留存收益转增股本（实收资本），投资方不作账务处理，税务上视同"先分配，再增资"，按股息所得进行税务处理的同时，允许追加投资计税基础。本期计提的长期股权投资减值准备不得在企业所得税税前扣除，企业不因计提长期股权投资减值准备而改变投资计税基础。

[例6.6] 2×20年1月，甲公司以现金4 000万元自非关联方取得对乙公司60%的股权，另发生审计、评估费100万元，相关手续于当日完成，并能够对乙公司实施控制。2×20年7月，甲公司追加对乙公司投资，又取得乙公司20%股权，支付现金1 250万元，其中包含交易手续费50万元。2×21年3月，乙公司宣告分派现金股利，甲公司按其持股比例可取得5万元。

会计处理：

初始投资成本为4 000万元，审计、评估费100万元计入当期损益（管理费用）；在追加投资时，按照追加投资支付的成本的公允价值及发生的相关交易费用增加长期股权投资的账面价值。不考虑其他因素，2×21年年末，甲公司该项长期股权投资的账面价值=4 000+1 250=5 250（万元）

2×21年3月甲公司应收股利5万元确认为投资收益。

税务处理：甲公司购买乙公司60%股权发生的审计、评估费100万元在发生的当期一次性扣除，追加投资发生的交易手续费50万元计入投资计税基础。2×21年3月甲公司投资收益5万元免征企业所得税。甲公司持有乙公司长期股权投资计税基础=4 000+1 250=5 250（万元）。

三、长期股权投资后续计量权益法核算的差异

权益法是将投资企业与被投资单位作为一个整体对待，权益法核算的特点是投资方以初始投资成本计量后，在投资持有期间根据投资企业享有被投资单位所有者权益份额的变动对长期股权投资的账面价值进行调整。权益法适用于对合营企业和联营企业投资的后续计量，下列情形除外：

1. 风险投资机构、共同基金以及类似主体持有的，在初始确认时按照《企业会计准则第22号——金融工具确认和计量》的规定以公允价值计量且其变动计入当期损益的金融资产，无论以上主体是否对这部分投资具有重大影响，应按照《企业会计准则第22号——金融工具确认和计量》的规定进行确认和计量。

2. 投资方对联营企业的权益性投资，其中一部分通过风险投资机构、共同基金等类似主体间接持有的，无论以上主体是否对这部分投资具有重大影响，投资方都可以对间接持有的该部分投资选择以公允价值计量且其变动计入损益，并对其余部分采用权益法核算。

（一）会计处理

1."长期股权投资——投资成本"明细科目的核算。

（1）长期股权投资的初始投资成本大于投资时应享有被投资单位可辨认净资产公允价值份额，不调整长期股权投资的初始投资成本；

（2）长期股权投资的初始投资成本小于投资时应享有被投资单位可辨认净资产公允价值份额的差额计入当期损益，同时调整长期股权投资的成本。

借：长期股权投资——投资成本
　　贷：营业外收入（差额）

投资方追加投资但仍采用权益法核算时，应当综合考虑与原持有投资和追加投资相关的商誉或计入损益的金额。

2."长期股权投资——损益调整"明细科目的核算。

权益法下，是将投资企业与被投资单位作为一个整体对待，作为一个整体其所产生的损益，应当在一致的会计政策基础上确定，被投资企业采用的会计政策与投资企业不同的，投资企业应当基于重要性原则，按照本企业的会计政策对被投资单位的损益进行调整。另外，投资企业与被投资单位采用的会计期间不同的，也应进行相关调整。

投资收益的确认应以取得投资时被投资单位可辨认净资产的公允价值为基础，即应按投资时被投资单位可辨认净资产的公允价值，调整被投资单位

净利润后，再按权益法确认投资收益，借记"长期股权投资——损益调整"，贷记"投资收益（调整后净利润×投资份额）"，如为净亏损，作相反分录。如果投资方无法合理取得被投资方各项可辨认净资产等的公允价值，则按照账面净利润确认投资收益。在实务中，如果净利润无法调整或调整意义不大时，可以不调整。此外，由于被投资方的企业所得税是按照个别会计报表中资产的计税基础计算的，按可辨认净资产公允价值为基础计算净利润时，通常不涉及企业所得税的调整。

被投资单位净利润的调整主要涉及下列事项：

(1) 固定资产、无形资产的折旧额或摊销额、减值准备金额。

(2) 按投资时被投资单位该存货的公允价值调整账面价值确定的存货销售成本，调整被投资单位净利润后，再按权益法确认投资收益。

[例6.7] 20×1年7月1日，甲公司发行1 000万股普通股换取丙公司原股东持有的丙公司20%有表决权股份。甲公司取得丙公司20%有表决权股份后，派出一名代表作为丙公司董事会成员，参与丙公司的财务和经营决策。股份发行日，甲公司每股股份的市场价格为2.5元，发行过程中支付券商手续费50万元；丙公司可辨认净资产的公允价值为13 000万元，账面价值为12 000万元，其差额为丙公司一项无形资产增值。该无形资产预计尚可使用5年，预计净残值为零，按直线法摊销。20×1年度，丙公司按其净资产账面价值计算实现的净利润为1 200万元，其中，1—6月份实现净利润500万元；无其他所有者权益变动事项。甲公司在购买丙公司的股份之前，他们不存在关联方关系。

会计处理：

①甲公司对丙公司的投资成本 = 2.5×1 000 = 2 500（万元）。

借：长期股权投资——投资成本　　　　　　　　　　25 000 000

　　贷：股本　　　　　　　　　　　　　　　　　　10 000 000

　　　　银行存款　　　　　　　　　　　　　　　　　　500 000

　　　　资本公积——股本溢价　　　　　　　　　　14 500 000

②甲公司因为投资后对丙公司实施重大影响，所以是采用权益法对长期股权投资进行后续计量。对初始投资成本的调整金额 = 13 000×20% – 2 500 = 100（万元）。

借：长期股权投资——投资成本　　　　　　　　　　 1 000 000

　　贷：营业外收入　　　　　　　　　　　　　　　 1 000 000

③期末应确认的投资收益金额 = [1 200 – 500 – (13 000 – 12 000)/5×6/12]×20% = 120（万元）。

借：长期股权投资——损益调整　　　　　　　　　　 1 200 000

　　贷：投资收益　　　　　　　　　　　　　　　　 1 200 000

(3) 对于投资企业与其联营企业及合营企业之间发生的未实现内部交易损益应予以抵销。

①无论投资企业卖产品给被投资企业（顺流交易），还是被投资企业卖产

品给投资企业（逆流交易），这两方向的交易都会出现未实现的损益（投资方持股比例对应的部分），都要进行抵销；对于未实现内部交易损益的界定：如果购入方作为存货，指的是未将商品销售给第三方（非关联方企业）；购入方作为固定资产核算，则指的是未提取折旧部分。

②投资企业与被投资单位发生的无论是顺流交易还是逆流交易产生的未实现内部交易损失，其中属于所转让资产发生减值损失的，有关未实现内部交易损失，不应予以抵销，应当全额确认，即相关损失与转让交易无关。

第一种情形：逆流交易的处理。

逆流交易是指联营企业或合营企业向投资企业出售资产。在该交易存在未实现内部交易损益的情况下，投资企业在采用权益法计算确认应享有联营企业或合营企业的投资损益时，应抵销该未实现内部交易损益的影响；待以后投资企业出售该资产实现内部交易损益时，再确认这部分的投资收益。

[例6.8]　甲公司于2×19年1月1日取得乙公司20%有表决权股份，能够对乙公司施加重大影响。甲公司取得该项投资时，乙公司各项可辨认资产、负债的公允价值与其账面价值相同。2×19年8月，乙公司将其成本为900万元的某商品以1 500万元的价格出售给甲公司，甲公司将取得的商品作为存货。至2×19年12月31日，甲公司仍未对外出售该存货。乙公司2×19年实现净利润4 800万元。假定不考虑所得税因素，甲公司在按照权益法确认应享有乙公司2×19年净损益=(4 800－600)×20%=840（万元）

借：长期股权投资——乙公司——损益调整　　8 400 000
　　贷：投资收益　　　　　　　　　　　　　　　　　　8 400 000

第二种情形：顺流交易的处理。

顺流交易是指投资企业向联营企业或合营企业出售资产。在该交易存在未实现内部交易损益的情况下，投资企业在采用权益法计算确认应享有联营企业或合营企业的投资损益时，应抵销该未实现内部交易损益的影响，同时调整对联营企业或合营企业长期股权投资的账面价值。待以后被投资企业出售该资产实现内部交易损益时，再确认这部分的投资收益。

[例6.9]　公司持有乙公司30%的表决权，能够对乙公司施加重大影响。2×20年3月，甲公司将其账面价值为900万元的商品以1 500万元的价格出售给乙公司。至2×20年12月31日，乙公司将该批商品的40%出售给外部第三方。甲公司取得该项投资时，乙公司各项可辨认资产、负债的公允价值与其账面价值相同，两者在以前期间未发生过内部交易。乙公司2×20年实现净利润3 000万元。假定不考虑所得税因素，甲公司按照权益法计算确认投资损益=[(3 000－600×60%)×30%]=792（万元）。

借：长期股权投资——乙公司——损益调整　　7 920 000
　　贷：投资收益　　　　　　　　　　　　　　　　　　7 920 000

（4）取得现金股利或利润的处理。权益法下，投资方自被投资单位取得的现金股利或利润，应抵减长期股权投资的账面价值。被投资企业分派股票股利，不影响被投资企业所有者权益总额，投资企业不作账务处理。被投资方宣告分配现金股利时，借记"应收股利"，贷记"长期股权投资——××公司（损益调整）"。

（5）超额亏损的处理。

①投资企业确认应分担被投资单位发生的亏损时，应当按照以下顺序进行处理：

首先，减记长期股权投资的账面价值。

其次，在长期股权投资的账面价值减记至零的情况下，对于未确认的投资损失，应当以其他实质上构成对被投资单位净投资的长期权益账面价值（不包括企业与被投资单位之间因销售商品、提供劳务等日常活动所产生的长期债权）为限继续确认投资损失，冲减长期权益的账面价值。

再次，在进行上述处理后，按照投资合同或协议约定企业仍承担额外义务的，应按预计承担的义务确认预计负债，计入当期投资损失。

最后，按上述顺序确认投资损失后仍有未确认的亏损分担额，应在账外备查登记。

会计分录：

借：投资收益
　　贷：长期股权投资——损益调整
　　　　长期应收款
　　　　预计负债

②被投资单位以后期间实现盈利的，扣除未确认的亏损分担额后，应按与上述相反的顺序处理：首先，冲减原已确认的预计负债；其次，恢复长期权益的账面价值；最后，恢复长期股权投资的账面价值。

3."长期股权投资——其他综合收益"明细科目的核算。

被投资单位其他综合收益发生变动的，投资方应当按照归属于本企业的部分，相应调整长期股权投资的账面价值，同时增加或减少其他综合收益。借记"长期股权投资——××公司——其他综合收益"，贷记"其他综合收益"，或作相反分录。

投资方全部处置权益法核算的长期股权投资时，原权益法核算的相关其他综合收益应当在终止采用权益法核算时全部计入投资收益；投资方部分处置权益法核算的长期股权投资，剩余股权仍采用权益法核算的，原权益法核算的相关其他综合收益按比例结转计入投资收益，但由于被投资方重新计量设定受益计划净负债或净资产变动而产生的其他综合收益除外。

4."长期股权投资——其他权益变动"明细科目的核算。

（1）被投资单位除净损益、其他综合收益以及利润分配以外的所有者权益的其他变动的因素，主要包括被投资单位接受其他股东的资本性投入、被投资单位发行可分离交易的可转债中包含的权益成分、以权益结算的股份支付等。

（2）投资方应按所持股权比例计算应享有的份额，借记"长期股权投资——××公司——其他权益变动"，贷记"资本公积——其他资本公积"。投资方在后续处置股权投资但对剩余股权仍采用权益法核算时，应按处置比例将这部分资本公积转入当期投资收益；对剩余股权终止权益法核算时，将这部分资本公积全部转入当期投资收益。

（3）如果在投资后被投资单位仅就所有者权益各项目所作调整，并不影响所有者权益总额的变化，则长期股权投资账面价值保持不变。

5. 权益法核算需要注意的其他问题：

（1）在评估投资方对被投资单位是否具有重大影响时，应当考虑潜在表决权的影响，但在确定应享有的被投资单位实现的净损益、其他综合收益和其他所有者权益变动的份额时，潜在表决权所对应的权益份额不应予以考虑。

（2）如果被投资单位发行了分类为权益的可累积优先股等类似的权益工具，无论被投资单位是否宣告分配优先股股利，投资方计算应享有被投资单位的净利润时，均应将归属于其他投资方的累积优先股股利予以扣除。

（3）被投资单位编制合并财务报表的，投资方应当以被投资单位合并财务报表中的金额为基础进行会计处理。

（4）根据长期股权投资准则第十一条规定，"投资方对于被投资单位除净损益、其他综合收益和利润分配以外所有者权益的其他变动，应当调整长期股权投资的账面价值并计入所有者权益"。据此，如果以前年度在权益法核算中，在合营企业和联营企业中所占股权比例因其他股东单方面增资而被稀释，但所占权益份额增加，且仍作为合营企业或联营企业以权益法核算的情况下，本企业将所增加享有的权益份额计入投资收益而不是资本公积的，则在新准则生效日也应按照新准则的上述规定进行追溯调整。

（二）税会差异

对于股权投资业务而言，持有股权期间只涉及股息、红利所得的税务处理。当被投资方宣告分配现金股利或用留存收益转增股本（实收资本）时，投资方按照股息、红利所得进行税务处理。投资计税基础＝初始投资计税基础＋追加投资计税基础（含被投资方用留存收益转增股本的份额）。

权益法核算下，投资方涉及的纳税调整主要有：

1. 初始投资成本小于被投资方可辨认净资产公允价值份额的金额，记入营业外收入，不确认所得，作纳税调减处理。

2. 被投资方宣告分配股利或用留存收益转增股本，投资方需调增所得，符合免税条件的，再作纳税调减处理。

3. 投资方按照被投资方实现的净利润或净亏损确认的投资收益，不确认所得或损失，需作纳税调整。

4. 长期股权投资减值准备不得扣除，当期提取金额需作纳税调增处理。

四、长期股权投资转换的差异

长期股权投资核算方法在成本法、权益法、公允价值计量之间转换，共有六种情形。对投资人而言，长期股权投资承担的是经营风险，而公允价值计量的金融资产承担的是市场风险，因而分别适用不同的会计准则。税收方面，除股权处置需确认资产转让所得或损失外，持有投资资产的计税基础不因会计核算方法的转换而改变。

（一）公允价值计量转权益法核算的差异

1. 会计处理。

（1）权益法核算的初始投资成本按照原持有的股权投资的公允价值与新增投资成本（公允价值）之和确定。

（2）原持有的股权投资分类为以公允价值计量且其变动计入其他综合收益的金融资产的，其公允价值与账面价值之间的差额转入改按权益法核算的当期损益。

（3）原计入其他综合收益的累计公允价值变动应当转入改按权益法核算的当期损益。

会计处理：

借：长期股权投资——投资成本（原持有股权投资公允价值＋新增投资支付对价公允价值）
　　贷：其他权益工具投资（原持有的股权投资的账面价值）
　　　　投资收益（原持有的股权投资的公允价值与账面价值的差额）
　　　　银行存款等（新增投资而应支付对价的公允价值）
借：其他综合收益（原计入其他综合收益的累计公允价值变动）
　　贷：投资收益（或相反分录）

（4）比较上述计算所得的初始投资成本与按照追加投资后全新的持股比例计算确定的应享有被投资单位在追加投资日可辨认净资产公允价值份额之间的差额，前者大于后者的，不调整长期股权投资的账面价值；前者小于后者的，差额应调整长期股权投资的账面价值，并计入当期营业外收入。

2. 税会差异。

公允价值计量与权益法转换，因股权投资未转让，故不确认所得，会计上确认的投资收益及营业外收入需作纳税调整处理，投资计税基础按照原有计税基础与新增投资计税基础之和确定。

[例6.10] 2×19年2月，A公司以600万元现金自非关联方处取得B公司10%的股权。A公司根据金融工具确认和计量准则将其作为以公允价值计量且其变动计入其他综合收益的非交易性权益工具投资。2×20年1月2日，A公司又以1 200万元的现金自另一非关联方处取得B公司12%的股权，相关手续

于当日完成。

当日，B公司可辨认净资产公允价值总额为8 000万元，A公司对B公司的其他权益工具投资的账面价值1 000万元，计入其他综合收益的累计公允价值变动为400万元，A公司对B公司的其他权益工具投资的公允价值1 100万元。取得该部分股权后，按照B公司章程规定，A公司能够对B公司施加重大影响，对该项股权投资转为采用权益法核算。不考虑相关税费等其他因素影响。

会计处理：

（1）A公司对B公司22%股权的初始投资成本=原持有10%股权的公允价值1 100+新增投资而支付对价的公允价值1 200=2 300（万元）。

（2）原其他权益工具投资的公允价值与账面价值之间的差额100万元（1 100－1 000）转入改按权益法核算的当期损益。

（3）其他综合收益的累计公允价值变动为400万元转入当期损益。

（4）由于初始投资成本2 300万元大于A公司应享有B公司可辨认净资产公允价值的份额为1 760万元（8 000万元×22%）。A公司无需调整长期股权投资的成本。

会计处理如下：

借：长期股权投资——B公司——投资成本　　　　23 000 000
　　贷：其他权益工具投资——成本　　　　　　　　　6 000 000
　　　　　　　　　　　　——公允价值变动　　　　4 000 000
　　　　投资收益　　　　　　　　　　　　　　　　1 000 000
　　　　银行存款　　　　　　　　　　　　　　　12 000 000
借：其他综合收益　　　　　　　　　　　　　　　4 000 000
　　贷：投资收益　　　　　　　　　　　　　　　　4 000 000

税务处理：A公司未转让B公司股权而是对B公司追加投资，故不确认资产转让所得，投资收益500万元应作纳税调减处理。A公司持有B公司22%股权的计税基础=初始计税基础+追加投资计税基础=600+1 200=1 800（万元）。

（二）公允价值计量转成本法核算的差异

1. 同一控制下企业合并。

（1）会计处理。

①按照被合并方所有者权益在最终控制方合并财务报表中的账面价值（即包含商誉）的份额确定合并日长期股权投资的初始投资成本。

②合并日长期股权投资的初始投资成本与达到合并前的金融资产账面价值加上合并日进一步取得股份新支付对价的账面价值之和的差额，调整资本公积（溢价），资本公积不足冲减的，冲减留存收益。

③合并日之前持有股权投资，因采用金融工具确认和计量准则核算而确认的其他综合收益，暂不进行会计处理。

（2）税会差异。公允价值计量转换为成本法核算，会计上不涉及损益科目核算，税收上亦不确认所得，不涉及纳税调整，但长期股权投资的计税基础与会计初始成本不同，投资计税基础按照原有计税基础与新增投资计税基础之和确定，未来处置股权时，计税基础与账面价值的差额需作纳税调整处理。

2. 非同一控制下企业合并。

（1）会计处理。

①应当将按照股权投资的公允价值加上新增投资成本之和，作为改按成本法核算的初始投资成本。

②原持有股权的公允价值与账面价值之间的差额以及原计入其他综合收益的累计公允价值变动应当全部转入改按成本法核算的当期投资收益。

会计处理：

借：长期股权投资（原持有的股权投资公允价值＋新增投资公允价值）
　　贷：其他权益工具投资
　　　　银行存款等
　　　　投资收益（原持有股权的公允价值与账面价值之间的差额）

借：其他综合收益
　　贷：投资收益

或作相反会计分录。

（2）税会差异。

公允价值计量与成本法转换，因金融资产未转让，故不确认所得，会计上确认的投资收益需作纳税调整。长期股权投资的计税基础与会计初始成本亦有所不同，投资计税基础按照原计税基础与新增计税基础之和确定。

[例 6.11] 甲公司 20×6 年和 20×7 年投资业务资料如下：

①20×6 年 4 月 1 日，甲公司以每股 5 元的价格购入乙上市公司的股票 500 万股，并由此持有乙公司 5% 的股权。甲公司与乙公司不存在任何关联方关系。甲公司将对乙公司的投资划分为其他权益工具投资进行会计处理。20×6 年 12 月 31 日该股票的收盘价格为每股 7 元。

②20×7 年 4 月 1 日，甲公司以银行存款 52 200 万元为对价，向乙公司大股东收购乙公司 55% 的股权，相关手续于当日完成。假设甲公司前后两次购买乙公司股权不构成"一揽子交易"，甲公司取得乙公司控制权之日为 20×7 年 4 月 1 日，原 5% 股权的公允价值为 4 800 万元。假定不考虑相关税费等其他因素影响。

要求：

①作出甲公司 20×6 年投资相关的会计处理；
②计算购买日甲公司对子公司按成本法核算的初始投资成本；
③计算对甲公司 20×7 年个别财务报表投资收益影响金额；
④作出甲公司 20×7 年投资相关的会计处理。

会计处理：

①甲公司20×6年投资相关的会计处理：

借：其他权益工具投资——成本　　　25 000 000（5 000 000×5）
　　　贷：银行存款　　　　　　　　　　　　　　25 000 000
借：其他权益工具投资——公允价值变动　　10 000 000
　　　贷：其他综合收益　　　　　　　　　　　　10 000 000（5 000 000×2）

②甲公司购买日对子公司按成本法核算的初始投资成本＝购买日前原持有其他权益工具投资的公允价值4 800＋追加投资应支付对价的公允价值52 200＝57 000（万元）。

③影响甲公司20×7年个别财务报表投资收益＝原持有5%股权的公允价值与账面价值的差额1 300(4 800－3 500)＋其他综合收益1 000＝2 300（万元）；

④甲公司20×7年投资相关的会计处理：

借：长期股权投资　　　　　　　　570 000 000
　　　贷：其他权益工具投资——成本　　　　　　25 000 000
　　　　　　　　　　　　　——公允价值变动　　10 000 000
　　　　　投资收益　　　　　　　　　　　　　　13 000 000
　　　　　银行存款　　　　　　　　　　　　　522 000 000

购买日前原持有其他权益工具投资相关的其他综合收益为1 000万元，购买日该其他综合收益转入购买日所属当期投资收益。

借：其他综合收益　　　　　　　　10 000 000
　　　贷：投资收益　　　　　　　　　　　　　10 000 000

税务处理：20×6年4月1日，甲公司出资2 500万元购买乙公司5%的股权，投资计税基础为2 500万元，20×6年乙公司5%股权的公允价为3 500万元，投资计税基础不变，仍为2 500万元。20×7年4月1日，甲公司未转让股权，而是追加投资52 200万元，故不确认资产转让所得，投资收益2 300万元作纳税调减处理，至此，甲公司持有乙公司60%股权的计税基础＝初始计税基础＋追加投资计税基础＝2 500＋52 200＝54 700（万元）。

（三）权益法核算转成本法核算的差异

1. 同一控制下企业合并。

（1）会计处理。

①按照购买日购买方支付资产、承担债务、发行权益性证券的公允价值确定长期股权投资的初始投资成本。

②合并日长期股权投资的初始投资成本与达到合并前的长期股权投资账面价值加上合并日进一步取得股份新支付对价的账面价值之和的差额，调整资本公积（溢价），资本公积不足冲减的，冲减留存收益。

③合并日之前持有的股权投资，因采用权益法核算而确认的其他综合收益，暂不进行会计处理。

（2）税会差异。权益法核算转换为成本法核算，会计上不涉及损益，税收方面因股权未转让，故不确认所得，不涉及纳税调整。长期股权投资的计税基础按照原计税基础与新增计税基础之和确定，未来处置股权时，计税基础与账面价值的差额需作纳税调整。

2. 非同一控制下企业合并。

（1）会计处理。

①应当将按照原股权投资的账面价值加上新增投资成本（公允价值）之和，作为改按成本法核算的初始投资成本；

借：长期股权投资（原持有的股权投资账面价值＋新增投资公允价值）
　　贷：长期股权投资——投资成本
　　　　　　　　　　——损益调整
　　　　　　　　　　——其他综合收益
　　　　　　　　　　——其他权益变动
　　　　银行存款等

②购买日之前持有的股权采用权益法核算的，相关其他综合收益、其他资本公积不作会计处理，在实际处置该项投资时相应转入处置期间的当期损益。

（2）税会差异。权益法核算转换为成本法核算，会计上不涉及损益，税收方面因投资未转让，故不确认所得，不涉及纳税调整。长期股权投资的计税基础按照原计税基础与追加投资计税基础之和确定，未来处置股权时，计税基础与账面价值的差额需作纳税调整。

（四）权益法核算转公允价值计量的差异

1. 会计处理。

（1）投资方因处置部分股权投资等原因丧失对被投资单位的共同控制或重大影响的，处置后的剩余股权应改按《企业会计准则第22号——金融工具确认和计量》的规定核算。

（2）剩余部分在丧失共同控制或重大影响之日的公允价值与账面价值之间的差额计入当期损益。

借：银行存款
　　其他权益工具投资（原持有的股权投资的公允价值）
　　贷：长期股权投资（原持有的股权投资的账面价值）
　　　　投资收益（或在借方）

（3）原采用权益法核算的相关其他综合收益应当在终止采用权益法核算时转入投资收益，但由于被投资方重新计量设定受益计划净负债或净资产变动而产生的其他综合收益除外。

（4）因被投资方除净损益、其他综合收益和利润分配以外的其他所有者权益变动而确认的所有者权益，应当在终止采用权益法核算时全部转入当期损益。

借：其他综合收益

　　　　资本公积——其他资本公积
　　　　　　贷：投资收益
或做相反分录。

2. 税会差异。

会计上视同全部处置长期股权投资，确认投资收益，再按照公允价值购买金融资产，而税法是按照实际处置的金额扣除处置部分股权的计税基础计算资产转让所得，资产转让所得与投资收益的差额作纳税调整处理。企业持有其他权益工具投资的计税基础与处置部分股权的计税基础按照比例划分。

[例6.12] 甲公司持有乙公司30%的有表决权股份，能够对乙公司施加重大影响，对该股权投资采用权益法核算。2×12年10月，甲公司将该项投资中的50%出售给非关联方，取得价款1 800万元。相关手续于当日完成。甲公司无法再对乙公司施加重大影响，将剩余股权投资转为其他权益工具投资。

出售时，该项长期股权投资的账面价值为3 200万元，其中投资成本2 600万元，损益调整为300万元，其他综合收益为200万元（性质为被投资单位的其他权益工具投资的累计公允价值变动），除净损益、其他综合收益和利润分配外的其他所有者权益变动为100万元。剩余股权的公允价值为1 800万元。假设甲公司持有乙公司30%股份的计税基础为2 600万元，不考虑相关税费等其他因素影响。

（1）会计处理：

借：银行存款　　　　　　　　　　　　　　　18 000 000
　　其他权益工具投资　　　　　　　　　　　18 000 000
　　贷：长期股权投资——投资成本　　　　　　26 000 000
　　　　　　　　　　——损益调整　　　　　　 3 000 000
　　　　　　　　　　——其他综合收益　　　　 2 000 000
　　　　　　　　　　——其他权益变动　　　　 1 000 000
　　　　投资收益　　　　　　　　　　　　　　 4 000 000
借：其他综合收益　　　　　　　　　　　　　　2 000 000
　　资本公积——其他资本公积　　　　　　　　1 000 000
　　贷：投资收益　　　　　　　　　　　　　　3 000 000

（2）税务处理：本期应确认股权转让所得＝股权转让收入－投资计税基础＝1 800－2 600×50%＝500（万元）。会计上投资收益700万元与股权转让所得500万元的差，作纳税调减处理。其他权益工具投资的计税基础＝2 600－2 600×50%＝1 300（万元）。

（五）成本法核算转公允价值计量的差异

1. 会计处理。

（1）因处置投资等原因导致对被投资单位由能够实施控制转为公允价值计量的，首先应按处置投资的比例结转应终止确认的长期股权投资成本。

(2) 在丧失控制权之日剩余股权的公允价值与账面价值之间的差额计入当期投资收益。

借：银行存款
　　其他权益工具投资（公允价值）
　贷：长期股权投资（账面价值）
　　　投资收益

2. 税会差异。

会计上视同全部处置长期股权投资再按照公允价购买金融资产，而税法是按照实际处置的金额扣除处置部分股权的计税基础计算资产转让所得，资产转让所得与"投资收益"的差额作纳税调整处理。

剩余股权的账面初始成本与计税基础亦有所不同，剩余股权的计税基础与处置部分股权的计税基础按比例对原计税基础划分确定。

[例6.13]　甲公司持有乙公司60%的有表决权股份，能够对乙公司实施控制，对该股权投资采用成本法核算。2×12年10月，甲公司将该项投资中的80%出售给非关联方，取得价款8 000万元。相关手续于当日完成。

甲公司无法再对乙公司实施控制，也不能施加共同控制或重大影响，将剩余股权投资转为其他权益工具投资。出售时，该项长期股权投资的账面价值为8 000万元，剩余股权投资的公允价值为2 000万元。假设长期股权投资计税基础与账面价值相同，不考虑相关税费等其他因素影响。

会计处理：

借：银行存款　　　　　　　　　　　　　　　　80 000 000
　　其他权益工具投资　　　　　　　　　　　　20 000 000
　贷：长期股权投资　　　　　　　　　　　　　80 000 000
　　　投资收益　　　　　　　　　　　　　　　20 000 000

税务处理：

资产转让所得 = 转让收入 − 计税基础 = 8 000 − 8 000 × 80% = 1 600（万元），而会计上体现投资收益2 000万元，故应调减应纳税所得额400万元。其他权益工具投资计税基础 = 8 000 × 20% = 1 600（万元）。

（六）成本法核算转权益法核算的差异

1. 会计处理。

（1）按处置或收回投资的比例结转应终止确认的长期股权投资成本。

（2）比较剩余长期股权投资的成本与按照剩余持股比例计算原投资时应享有被投资单位可辨认净资产公允价值的份额，前者大于后者的，属于投资作价中体现的商誉部分，不调整长期股权投资的账面价值；前者小于后者的，在调整长期股权投资成本的同时，调整留存收益。会计处理如下：

借：长期股权投资——投资成本
　贷：盈余公积

利润分配——未分配利润

（3）对于原取得投资时至处置投资时之间被投资单位实现净损益中投资方应享有的份额，一方面应当调整长期股权投资的账面价值，同时，对于原取得投资时至处置投资当期期初被投资单位实现的净损益（扣除已宣告发放的现金股利和利润）中应享有的份额，调整留存收益，对于处置投资当期期初至处置投资之日被投资单位实现的净损益中享有的份额，调整当期损益；在被投资单位其他综合收益变动中应享有的份额，在调整长期股权投资账面价值的同时，应当计入其他综合收益；除净损益、其他综合收益和利润分配外的其他原因导致被投资单位其他所有者权益变动中应享有的份额，在调整长期股权投资账面价值的同时，应当计入资本公积（其他资本公积）。

会计处理如下：

借：长期股权投资——损益调整
　　　　　　　——其他综合收益
　　　　　　　——其他权益变动
　贷：盈余公积
　　　利润分配——未分配利润
　　　投资收益
　　　其他综合收益
　　　资本公积——其他资本公积

或作相反会计处理。

2. 税会差异。

会计上视同全部处置长期股权投资，确认投资收益，再按照公允价值购买金融资产，而税法是按照实际处置的金额扣除处置部分股权的计税基础计算资产转让所得，资产转让所得与投资收益的差额作纳税调整处理。剩余股权的计税基础与处置股权的计税基础按比例划分。

[例6.14] 20×7年1月1日，甲公司支付600万元取得乙公司100%的股权，投资当时乙公司可辨认净资产的公允价值为500万元，有商誉100万元。20×7年1月1日至20×8年12月31日，乙公司的净资产增加了75万元，其中按购买日公允价值计算实现的净利润50万元，持有其他权益工具投资的公允价值升值25万元。

20×9年1月8日，甲公司转让乙公司60%的股权，收取现金480万元存入银行，转让后甲公司对乙公司的持股比例为40%，能对其施加重大影响。20×9年1月8日，即甲公司丧失对乙公司的控制权日，乙公司剩余40%股权的公允价值为320万元。假定甲、乙公司提取盈余公积的比例均为10%。假定乙公司未分配现金股利，并且不考虑其他因素。

会计处理：

20×9年1月8日，甲公司持有乙公司100%股权的账面价值为600万元，处置60%股权的账面价值为600×60%=360（万元），作：

借：银行存款　　　　　　　　　　　　　　4 800 000
　　贷：长期股权投资　　　　　　　　　　　3 600 000
　　　　投资收益　　　　　　　　　　　　　1 200 000

剩余40%的股权按照权益法作追溯调整：40%股权的初始投资成本为240万元（600×40%），大于投资时乙公司可辨认净资产公允价值份额200万元（500×40%），故不调整长期股权投资账面价值；乙公司按照所有者权益变化，甲公司需作相应调整。

借：长期股权投资——损益调整　　200 000（500 000×40%）
　　　　　　　　——其他综合收益　100 000（250 000×40%）
　　贷：盈余公积　　　　　　　　　　　　　　20 000
　　　　利润分配——未分配利润　　　　　　180 000
　　　　其他综合收益　　　　　　　　　　　100 000

税务处理：甲公司处置乙公司60%的股权应确认资产转让所得120万元（480－360）；剩余40%股权的账面价值为270万元，而计税基础为240万元。

（七）长期股权投资核算方法转换差异一览表

为便于比较，现将上述六种情形的会计与税务处理列表6.2如下：

表6.2

情形	形式	个别财务报表会计处理	税务处理
1	公允价值计量转权益法	先出售金融资产，再购买长期股权投资	未转让，不确认资产转让所得，计税基础按照初始计税基础与追加计税基础之和确定（1）
1	公允价值计量转成本法	先出售金融资产，再购买长期股权投资，但转换为同一控制下企业合并，其他综合收益不作账务处理	同（1）
1	权益法转公允价值计量	先出售长期股权投资，再购买金融资产	按照部分处置计算资产转让所得，剩余股权的计税基础按比例对原计税基础划分（2）
1	成本法转公允价值计量	先出售长期股权投资，再购买金融资产	同（2）
2	权益法转成本法	不视同销售，其他综合收益和资本公积不作账务处理	同（1）
2	成本法转权益法	按照部分出售处理，剩余长期股权投资按权益法追溯调整	同（2）

五、长期股权投资处置的差异

长期股权投资的处置包括转让、撤资（减资）、清算，会计处置损益与应纳税所得额计算的口径不同，两者差异需作纳税调整处理。

（一）会计处理

长期股权投资的处置应按账面价值结转，处置收入与账面价值的差额记入投资收益。处置权益法核算的长期股权投资时，其他综合收益、资本公积（其他资本公积）的处理如下：

1. 投资方全部处置权益法核算的长期股权投资时，原权益法核算的相关其他综合收益应当在终止采用权益法核算时采用与被投资单位直接处置相关资产或负债相同的基础进行会计处理。

（1）如果被投资单位存在设定受益性质的离职后福利计划，其在每期期末按照职工薪酬准则的规定重新计量设定受益计划净负债或净资产导致的变动所形成的其他综合收益，投资方在权益法核算时按股权比例计算应享有或承担的部分，在后续处置投资或终止采用权益法核算时，投资方将这部分其他综合收益不允许转回至损益，但可以在权益范围内将原计入其他综合收益的部分全部结转至未分配利润。

（2）除上述情况外，与长期股权投资权益法核算相关的其他综合收益在后续处置投资或终止采用权益法核算时应当转入损益（投资收益）。

2. 因被投资方除净损益、其他综合收益和利润分配以外的其他所有者权益变动而确认的所有者权益，应当在终止采用权益法核算时全部转入当期投资收益。

被投资单位除净损益、其他综合收益以及利润分配以外的所有者权益的其他变动的因素，主要包括被投资单位接受其他股东的非货币性资本性投入、被投资单位发行可分离交易的可转债中包含的权益成分、以权益结算的股份支付、其他股东对被投资单位增资导致投资方持股比例变动等。投资方应按所持股权比例计算应享有的份额，调整长期股权投资的账面价值，同时计入资本公积（其他资本公积），并在备查簿中予以登记，投资方在后续处置股权投资但对剩余股权仍采用权益法核算时，应按处置比例将这部分资本公积转入当期投资收益；对剩余股权终止权益法核算时，将这部分资本公积全部转入当期投资收益。

3. 投资方部分处置权益法核算的长期股权投资

（1）剩余股权仍采用权益法核算的，原权益法核算的相关其他综合收益应当采用与被投资单位直接处置相关资产或负债相同的基础处理并按比例结转，因被投资方除净损益、其他综合收益和利润分配以外的其他所有者权益变动而确认的所有者权益，应当按比例结转入当期投资收益。

(2) 终止采用权益法核算，原权益法核算的相关其他综合收益应当在终止采用权益法核算时采用与被投资单位直接处置相关资产或负债相同的基础进行会计处理。因被投资方除净损益、其他综合收益和利润分配以外的其他所有者权益变动而确认的所有者权益，应当在终止采用权益法核算时全部转入当期投资收益。

4. 企业通过同一控制下企业合并取得的股权投资，其初始投资成本与合并对价之间的差额，应当调整资本公积；资本公积不足冲减的，调整留存收益。企业在以后期间将该股权投资处置给控股股东或其控制的子公司时，其账面价值与转让对价之间的差额，应当按照以上相反的顺序分别计入留存收益和资本公积。同时，对于处置后的剩余股权（如有），应当按其账面价值确认为长期股权投资或其他相关金融资产。处置后的剩余股权能够对原有子公司实施共同控制或重大影响的，按照成本法转权益法的规定进行会计处理。

（二）税务处理

1. 股权处置的税务处理。投资方处置股权需根据处置方式分别确认应税所得。

（1）股权转让。《国家税务总局关于贯彻落实企业所得税法若干税收问题的通知》（国税函〔2010〕79号）规定，企业转让股权收入，应于转让协议生效，且完成股权变更手续时，确认收入的实现。转让股权收入扣除为取得该股权所发生的成本后，为股权转让所得。企业在计算股权转让所得时，不得扣除被投资企业未分配利润等股东留存收益中按该项股权所可能分配的金额。

股权转让所得＝股权转让收入－投资计税基础

（2）撤资或减资。《国家税务总局关于企业所得税若干问题的公告》（国家税务总局公告2011年第34号）规定，投资企业从被投资企业撤回或减少投资，其取得的资产中，相当于初始出资的部分，应确认为投资收回；相当于被投资企业累计未分配利润和累计盈余公积按减少实收资本比例计算的部分，应确认为股息所得；其余部分确认为投资资产转让所得。

（3）清算。《财政部、国家税务总局关于企业清算业务企业所得税处理若干问题的通知》（财税〔2009〕60号）规定，被清算企业的股东分得的剩余资产的金额，其中相当于被清算企业累计未分配利润和累计盈余公积中按该股东所占股份比例计算的部分，应确认为股息所得；剩余资产减除股息所得后的余额，超过或低于股东投资成本的部分，应确认为股东的投资转让所得或损失。

［例6.15］ A公司持有B公司40%的股权并采用权益法核算。2016年7月1日，A公司将B公司20%的股权出售给第三方C公司，取得股权转让价格为800万元，对剩余20%的股权仍采用权益法核算。A公司为取得B公司40%股权对价为1 000万元，A公司取得B公司股权至2016年7月1日期间，确认的"损益调整"300万元，相关其他综合收益为200万元（其中：175万元为按比例享有的B公司其他权益工具投资的公允价值变动，25万元为按比例享有

的 B 公司重新计量设定受益计划净负债或净资产所产生的变动），享有 B 公司除净损益、其他综合收益和利润分配以外的其他所有者权益变动为 50 万元。不考虑相关税费等其他因素影响。

会计处理：

①按处置比例结转账面价值

借：银行存款　　　　　　　　　　　　　　　8 000 000
　　贷：长期股权投资——投资成本　　　　　　5 000 000
　　　　　　　　　　——损益调整　　　　　　1 500 000
　　　　　　　　　　——其他综合收益　　　　1 000 000
　　　　　　　　　　——其他权益变动　　　　　250 000
　　　　投资收益　　　　　　　　　　　　　　　250 000

②其他综合收益的处理

其他综合收益属于被投资单位重新计量设定受益计划净负债或净资产所产生的变动，而剩余股权仍继续根据长期股权投资准则采用权益法进行核算，因此应按处置比例（20%/40%）并按照被投资单位处置相关资产或负债相同的基础进行会计处理，即 25 万元其他综合收益不作处理。

其他综合收益属于被投资单位其他权益工具投资的公允价值变动，由于剩余股权仍继续根据长期股权投资准则采用权益法进行核算，因此，应按处置比例（20%/40%）相应结转计入当期投资收益的金额 = 175÷2 = 87.5（万元）。

借：其他综合收益　　　　　　　　　　　　　　875 000
　　贷：投资收益　　　　　　　　　　　　　　　875 000

③其他所有者权益变动

由于剩余股权仍继续根据长期股权投资准则采用权益法进行核算，因此应按处置比例（20%/40%）相应结转计入当期投资收益的金额 = 50÷2 = 25（万元）。

借：资本公积——其他资本公积　　　　　　　　250 000
　　贷：投资收益　　　　　　　　　　　　　　　250 000

税务处理：股权转让所得 = 股权转让收入 − 投资计税基础 = 800 − 500 = 300（万元），纳税调增金额 = 300 − (87.5 + 25 + 25) = 162.5（万元）。

2. 投资抵扣税收优惠。为进一步鼓励和支持创业投资沿着健康的轨道蓬勃发展，《财政部、国家税务总局关于创业投资企业和天使投资个人有关税收试点政策的通知》（财税〔2017〕38 号）明确在京津冀、上海、广东等 8 个全面创新改革试验地区和苏州工业园区开展创业投资企业和天使投资个人税收政策试点，《国家税务总局关于创业投资企业和天使投资个人税收试点政策有关问题的公告》（国家税务总局公告 2017 年第 20 号，以下简称"20 号公告"）进一步明确了政策执行口径，《财政部、国家税务总局关于创业投资企业和天使投资个人有关税收政策的通知》（财税〔2018〕55 号）规定该政策扩大到全国范围，其中天使投资个人所得税政策自 2018 年 7 月 1 日起执行，其他各项政策自 2018 年 1 月 1 日起执行。

（1）基本规定。公司制创投企业、有限合伙制创投企业的法人合伙人和个人合伙人、天使个人投资初创科技型企业和未上市的中小高新技术企业，可以按投资额的 70% 抵扣应纳税所得额。现将优惠办法及适用条件如表 6.3 所示：

表 6.3

	公司制创业投资企业	有限合伙制创业投资企业		天使投资个人
		法人合伙人	个人合伙人	
税收优惠	投资满 2 年（24 个月，下同），可按投资额的 70% 在股权持有满 2 年的当年抵扣公司应纳税所得额；当年不足抵扣的，结转以后年度抵扣。	投资满 2 年，可按投资额的 70% 抵扣法人合伙人从合伙创投企业分得的所得；当年不足抵扣的，结转以后年度抵扣。	投资满 2 年，可按投资额的 70% 抵扣个人合伙人从该合伙创投企业分得的经营所得；当年不足抵扣的，结转以后年度抵扣。	投资满 2 年，可按投资额的 70% 抵扣转让该被投资企业股权取得的应纳税所得额；当期不足抵扣的，结转以后取得股权转让所得时抵扣。在试点地区投资多个初创科技型企业的，对其中办理注销清算，天使投资个人对其投资额的 70% 尚未抵扣完的，可自注销清算之日起 36 个月内抵扣天使投资个人转让其他初创科技型企业股权取得的应纳税所得额。
创业投资企业及天使个人适用优惠政策需符合的条件		1. 在中国境内（不含港、澳、台地区）注册成立、实行查账征收的居民企业或合伙创投企业，且不属于被投资初创科技型企业的发起人。 2. 符合《创业投资企业管理暂行办法》或《私募投资基金监督管理暂行办法》进行备案。 3. 投资后 2 年内，创业投资企业及其关联方持有被投资初创科技型企业的股权比例合计低于 50%。		1. 不属于被投资初创科技型企业的发起人、雇员或其亲属（包括配偶、父母、子女、祖父母、外祖父母、孙子女、外孙子女、兄弟姐妹），无劳务派遣关系。 2. 投资后 2 年内，本人及其亲属持有被投资初创科技型企业股权比例合计应低于 50%。 3. 享受投资抵扣优惠的投资仅限于通过向被投资初创科技型企业直接支付现金方式取得的股权投资，不包括受让其他股东的存量股权。
初创科技型企业需符合的条件	1. 在中国境内（不包括港、澳、台地区）注册成立、实行查账征收的居民企业。 2. 接受投资时，从业人数不超过 200 人，其中具有大学本科以上学历的从业人数不低于 30%；资产总额和年销售收入均不超过 3 000 万元（从业人数、资产总额的计算均为接受投资前连续 12 个月的平均数，不足 12 个月的，按实际月数平均计算）。 3. 接受投资时设立时间不超过 60 个月。 4. 接受投资时以及接受投资后 2 年内未在境内外证券交易所上市。 5. 接受投资当年及下一纳税年度，研发费用总额合计占同期成本费用总额合计的比例不低于 20%。			
未上市的中小高新技术企业	除通过高新技术企业认定以外，还应符合职工人数不超过 500 人，年销售（营业）额不超过 2 亿元，资产总额不超过 2 亿元的条件。			
投资形式	增资（不含设立、受让股权）。			
出资方式	现金。			

（2）操作要点。

①研发费用口径，按照《财政部、国家税务总局、科技部关于完善研究开发费用税前加计扣除政策的通知》（财税〔2015〕119号）等规定执行。

研发费用总额占成本费用支出的比例，是指企业接受投资当年及下一纳税年度的研发费用总额合计占同期成本费用总额合计的比例。

②从业人数，包括与企业建立劳动关系的职工人员及企业接受的劳务派遣人员。从业人数及资产总额指标，按照初创科技型企业接受投资前连续12个月的平均数计算，不足12个月的，按实际月数平均计算。具体计算公式如下：

月平均数 =（月初数 + 月末数）÷2

接受投资前连续12个月平均数 = 接受投资前连续12个月平均数之和 ÷12

销售收入，包括主营业务收入与其他业务收入；年销售收入指标，按照企业接受投资前连续12个月的累计数计算；不足12个月的，按实际月数累计计算。

成本费用，包括主营业务成本、其他业务成本、销售费用、管理费用、财务费用。

③"投资满2年"的解释：投资满2年，是指公司制或有限合伙制创投企业、天使投资个人实缴投资初创科技型企业满2年，投资时间从初创科技型企业接受投资并完成工商变更登记的日期算起。对于合伙人或合伙人数变动的情况，无论新的合伙人持有合伙企业份额是否满2年，均不影响新合伙人享受税收优惠。例如，A合伙企业于2017年1月1日投资B初创科技型企业，2018年3月1日，新合伙人入伙，至2019年1月1日，合伙A对B企业投资满2年，新合伙人可享受投资抵扣税收优惠。

④"投资额"的计算。投资额，按照创业投资企业或天使投资个人对初创科技型企业的实缴投资额确定。

合伙创投企业的合伙人对初创科技型企业的投资额，按照合伙创投企业对初创科技型企业的实缴投资额和合伙协议约定的合伙人占合伙创投企业的出资比例计算确定。合伙人从合伙创投企业分得的所得，按照《财政部、国家税务总局关于合伙企业合伙人所得税问题的通知》（财税〔2008〕159号）规定计算。

出资比例，按投资满2年当年年末各合伙人对合伙创投企业的实缴出资额占所有合伙人全部实缴出资额的比例计算。

有限合伙创投企业的法人合伙人和个人合伙人的投资额 = 有限合伙创投企业对初创科技型企业的实缴投资额 × 投资满2年当年年末各合伙人对有限合伙创投的实缴出资比例。

对于合伙企业的合伙人或合伙人数变动的情况下，仅限于合伙企业对初创科技型企业投资满2年的当年年末的合伙人适用，并按照当年年末的各合伙人实缴出资比例计算投资额。投资满2年年末之后进入的合伙人，在有限合伙创投下一次投资满2年年末时计算抵扣额度。

例如，有限合伙创投企业 A 原有合伙人甲、乙、丙，2017 年 9 月 1 日，A 企业投资初创科技型企业 B，2018 年 11 月 3 日，丁受让合伙人甲的全部出资份额成为 A 的合伙人，2019 年 9 月 1 日，A 投资 B 满 2 年，2019 年 10 月 1 日，戊以增资的方式入伙 A 企业，2020 年 1 月 5 日，申以增资的方式入伙 A 企业，A 企业在 2020 年 3 月 31 日之前进行个人合伙人投资抵扣备案时，仅就 2019 年 12 月 31 日的合伙人乙、丙、丁、戊的实缴出资比例计算这四位合伙人的投资抵扣额度。

⑤初创科技型企业接受天使投资个人投资满 2 年，在上海证券交易所、深圳证券交易所上市的，天使投资个人转让该企业股票时，按照现行限售股有关规定执行，其尚未抵扣的投资额，在税款清算时一并计算抵扣。

⑥法人合伙人投资于多个符合条件的合伙创投企业，可合并计算其可抵扣的投资额和分得的所得。当年不足抵扣的，可结转以后纳税年度继续抵扣；当年抵扣后有结余的，应按照企业所得税法的规定计算缴纳企业所得税。

⑦可用于抵扣的所得范围。

a. 公司制创投企业可用于抵扣的所得范围为：投资满 2 年的当年及以后年度的应纳税所得额。

b. 天使投资个人可用于抵扣的所得范围为：投资满 2 年的当年及以后年度转让该初创科技型企业股权取得的应纳税所得额（不含股息红利所得）。

c. 有限合伙创投企业的法人合伙人可用于抵扣的所得范围为：投资满 2 年的当年及以后年度通过该合伙创投企业实现的应纳税所得额（不仅包括合伙创投企业转让该初创型科技企业股权取得的所得，还包括该合伙创投企业的其他股权转让所得、股息红利所得等）。法人合伙人投资多家有限合伙创投企业（含投资于未上市的中小高新技术企业的有限合伙制创投企业）的，可以合并计算通过各合伙企业实现的应纳税所得额与抵扣额。

d. 有限合伙创投企业的个人合伙人可用于抵扣的所得范围为：投资满 2 年的当年及以后年度通过该有限合伙创投企业实现的经营所得（不含股息红利所得），不仅包括合伙创投企业转让该初创型科技企业的股权取得的所得，还包括该合伙创投企业的其他股权转让所得等。初创科技型企业注销清算的，天使投资个人有尚未抵扣完毕的投资额的，可以在 36 个月内转让其他符合投资抵扣条件的初创科技型企业股权时进行抵扣。个人合伙人投资多家有限合伙创投企业的，不得跨企业计算抵扣额。

法人合伙人通过合伙创投企业实现的所得、个人合伙人通过合伙创投企业实现的经营所得，无论合伙企业是否实际分配，均需按照财税〔2008〕159 号文件规定的分配比例计算各合伙人的应纳税所得额，即：一是合伙企业的合伙人以合伙企业的生产经营所得和其他所得，按照合伙协议约定的分配比例确定应纳税所得额。二是合伙协议未约定或者约定不明确的，以全部生产经营所得和其他所得，按照合伙人协商决定的分配比例确定应纳税所得额。三是协商不成的，以全部生产经营所得和其他所得，按照合伙人实缴出资比例确定应纳税所得额。四是无法确定出资比例的,以全部生产经营所得和其他所得,按照合伙人数量平均计算每个合伙人的应纳税所得额。

合伙协议不得约定将全部利润分配给部分合伙人。

⑧政策衔接办法。上述企业所得税政策自2018年1月1日起施行,个人所得税自2018年7月1日施行,同时可向前追溯2年适用,即2016年1月1日以后发生的投资,至2018年1月1日之后投资满2年,且符合其他条件的,可享受税收优惠。对于有限合伙创投企业的个人合伙人,个人所得税政策虽然自2018年7月1日起施行,但是20号公告明确规定,2018年度投资初创科技型企业满2年的合伙创投企业个人合伙人,在办理年度个人所得税纳税申报时,投资额的70%可抵扣个人合伙人当年自合伙创投企业分得的经营所得。

[**例6.16**] 2014年3月,张先生、李先生成立初创科技型企业A,甲公司2015年3月1日以现金300万元对A公司增资,取得A公司10%的股权,2015年4月1日,甲公司再次出资350万元受让李先生持有的A公司10%股权。2017年度甲公司经纳税调整后的应纳税所得额为280万元。

甲公司当年实际应纳税所得额计算如下:

甲公司可以抵扣的投资额不含通过受让股权取得的存量股权,可以抵扣的投资额=300×70%=210(万元),小于当年应纳税所得额280万元,允许在当年一次性抵扣,抵扣后甲公司当年应纳税所得额=280-210=70(万元)。

[**例6.17**] A有限合伙创投(以下简称"合伙企业A")成立于2016年5月,合伙人为甲公司(GP)实缴出资50万元,张先生(LP)实缴出资950万元,双方实缴出资比例为5%:95%,双方约定分配比例为30%:70%。2017年8月1日,合伙企业A投资于初创科技型企业B,实缴出资500万元,取得B公司20%股权。2017年、2018年,合伙企业A应纳税所得额均为零,2019年3月1日,张先生将持有合伙企业A的95%的份额以1 800万元的价格转让给王先生,2019年9月1日,合伙企业A转让B企业10%股权,取得股权转让所得1 000万元。

假设A企业2019年度应纳税所得额为1 100万元,上述业务甲公司、张先生、王先生2019年度实际应纳税所得额计算如下:

(1)可抵扣的投资额:

2019年8月1日,合伙企业A对B企业投资满2年,可以享受投资抵扣应纳税所得额优惠。2019年12月31日,甲公司和王先生的实缴出资比例为5%:95%。

甲公司可以抵扣的投资额=甲公司对初创科技型企业的投资额×70%=(合伙企业A对B公司的实缴出资×甲公司对合伙企业A的实缴出资比例)×70%=(500×5%)×70%=17.5(万元)。

张先生因合伙份额已经转让,不再适用投资额抵扣的税收优惠,需就合伙份额转让所得缴纳个人所得税。王先生受让张先生的合伙份额后,可以享受投资额抵扣优惠。

王先生可以抵扣的投资额=王先生对初创科技型企业的投资额×70%=（合伙企业A对B公司的实缴出资×王先生在合伙企业A的实缴出资比例）×70%=（500×95%）×70%=332.5（万元）。

（2）抵扣后的实际应纳税所得额：

甲公司当年通过合伙企业实现的应纳税所得额，无论合伙企业是否实际分配，均需并入甲公司当年应纳税所得总额办理纳税申报。甲公司当年通过合伙企业实现的应纳税所得额=合伙企业A应纳税所得额×合伙协议约定的分配比例=1 100×30%=330（万元），抵扣后实际应纳税所得额=330-17.5=312.5（万元）。

王先生当年通过合伙企业实现的应纳税所得额，无论合伙企业是否实际分配，均需缴纳个人所得税，王先生当年应纳税所得额=合伙企业A应纳税所得额×合伙协议约定的分配比例=1 100×70%=770（万元），抵扣后实际应纳税所得额=770-332.5=437.5（万元）。

[**例6.18**] 2017年1月7日，自然人王某与李某成立A有限合伙创投企业（以下简称"合伙企业A"），王某（GP）实缴出资200万元，李某（LP）实缴出资2 800万元。合伙企业A对外投资如下：

（1）2017年8月1日合伙企业A出资1 000万元对初创科技型企业甲增资扩股，占甲公司股权比例20%；

（2）2017年8月15日出资2 000万元对初创科技型企业乙增资扩股，占乙公司股权比例20%；

（3）2017年8月20日出资300万元对非初创科技型企业丙增资扩股，占丙公司股权比例30%。

2018年3月，天成公司与自然人张某作为LP加入合伙企业A，天成公司实缴出资6 000万元，张某实缴出资1 000万元，至此，王某、李某、天成公司、张某出资比例分别为2%、28%、60%、10%。

此外，2017年9月，天成公司与张某还共同成立有限合伙创投B（以下简称"合伙企业B"），天成公司（GP）实缴出资100万元，张某（LP）实缴出资900万元。同月，合伙企业B出资2 000万元以增资扩股方式投资于初创科技型企业丁，占丁公司股权比例40%。

2019年12月，合伙企业A以1 500万元的价格转让所持甲企业20%的股权，以2 000万元的价格平价转让所持乙企业20%的股权，以200万元的价格转让所持丙企业30%的股权。合伙企业B以10 000万元的价格转让所持丁企业40%的股权。

假设不考虑合伙企业的期间费用、投资者本人的法定扣除费用及其他纳税调整项目，合伙企业A与合伙企业B的分配比例与出资比例相同，出资比例至2019年年底无变化，上述业务天成公司及张某2019年度实际应纳税所得额计算如下：

（1）可抵扣的投资额：

合伙企业A于2019年8月对甲、乙投资满2年，合伙企业B于2019年9

月对丁企业投资满2年，均可以享受投资额抵扣优惠。

天成公司投资合伙企业A，可抵扣的投资额=(1 000+2 000)×60%×70%=1 260（万元）；

天成公司投资合伙企业B，可抵扣的投资额=2 000×10%×70%=140（万元）；

张某投资合伙企业A，可抵扣的投资额=(1 000+2 000)×10%×70%=210（万元）；

张某投资合伙企业B，可抵扣的投资额=2 000×90%×70%=1 260（万元）。

（2）合伙企业A、B 2019年度应纳税所得额：

合伙企业A 2019年度应纳税所得额=(1 500-1 000)+(2 000-2 000)+(200-300)=400（万元）。

合伙企业B 2019年度应纳税所得额=10 000-2 000=8 000（万元）。

（3）抵扣后的实际应纳税所得额：

①天成公司：

天成公司通过合伙企业A实现的应纳税所得额=400×60%=240（万元）。

天成公司通过合伙企业B实现的应纳税所得额=8 000×10%=800（万元）。

2019年度天成公司从合伙企业A、B取得的实际应纳税所得额=应纳税所得额-可抵扣的投资额=(240+800)-1 040=0，剩余未抵扣金额360万元(1 260+140-1 040)可以用以后年度来自符合条件的合伙创投企业实现的所得额继续抵扣。

②张某：

张某通过合伙企业A实现的应纳税所得额=400×10%=40（万元）。

张某通过合伙企业B实现的应纳税所得额=8 000×90%=7 200（万元）。

因个人投资多个合伙企业的，投资额不得跨企业抵扣，因此，张某通过合伙企业A实际的应纳税所得额=40-40=0（万元）（40<210，即实际抵扣40万元），剩余170万元（210-40=170）结转以后年度抵扣。

张某通过合伙企业B实现的应纳税所得额7 200万元，扣除允许抵扣的投资额1 260万元后，实际应纳税所得额为5 940万元。

当年张某实际应纳税所得额合计=0+5 940=5 940（万元）。

[例6.19] 天使投资人李先生2017年7月2日投资西安的初创科技型企业A、B，2018年3月1日投资天津的初创科技型企业C，实缴出资均为1 000万元，占三家公司股权均为10%。2019年9月3日，李先生转让A公司10%股权，获得现金2 000万元。2019年10月7日，B公司破产清算，李先生获得清算分配50万元，并将未抵扣完的投资额结转至未来转让C公司股权时抵扣。2020年3月14日，李先生转让C公司6%股权，取得现金1 800万元，转让后李先生仍持有C公司4%的股权。

上述业务李先生2019年、2020年实际应纳税所得额分析如下：

李先生对 A、B、C 公司的投资可以抵扣的投资额均为 700 万元（1 000×70%）。

2019 年李先生转让 A 公司股权，应纳税所得额 = 2 000 - 1 000 = 1 000（万元），可以抵扣 700 万元，抵扣后实际应纳税所得额 = 1 000 - 700 = 300（万元）。

2019 年李先生从 B 公司取得清算分配 50 万元，因清算分配小于初始投资额，故不需要缴纳个人所得税，投资损失亦不得冲抵其他项目的投资所得，天使投资个人在试点地区投资多个初创科技型企业的，对其中办理注销清算的初创科技型企业 B，天使投资个人对其投资额的 70%（700 万元）尚未抵扣完的，可自注销清算之日起 36 个月内抵扣天使投资个人转让其他初创科技型企业股权取得的应纳税所得额。

2020 年，李先生转让 C 公司股权，应纳税所得额 = 1 800 - 1 000÷10%×6% = 1 800 - 600 = 1 200（万元），因李先生将对 B 公司投资允许抵扣的 700 万元从转让 C 公司股权实现的所得中抵扣，至此，张先生对 B、C 公司投资合计允许抵扣的投资额 = 700 + 700 = 1 400（万元），大于应纳税所得额 1 200 万元，实际应纳税所得额 = 1 200 - 1 200 = 0（万元），尚余未抵扣完的 200 万元（1 400 - 1 200）可于规定期限内在转让 C 公司 4% 的其股权取得的所得中继续抵扣。

第三节　股权投资环节相关法律主体的纳税义务与资产计价

股权投资业务在投资环节涉及的税务问题主要有：投资方以非货币性资产出资有哪些纳税义务？投资方取得投资资产的计税基础如何确定？被投资方接受投资时有哪些纳税义务？被投资方接受投资的非货币性资产的计税基础如何确定？税法对接受非货币性资产的合法凭据有哪些要求？分述如下。

一、投资方的纳税义务

《公司法》第二十七条规定："股东可以用货币出资，也可以用实物、知识产权、土地使用权等可以用货币估价并可以依法转让的非货币财产作价出资。"股东以货币出资，不涉及纳税义务，但如果以非货币财产出资需进行下列税务处理。

（一）增值税

1. 根据《增值税暂行条例实施细则》第四条规定，将自产、委托加工或者购进的货物作为投资，提供给其他单位，视同销售货物缴纳增值税。

纳税人以不动产或土地使用权对外投资，应视同销售缴纳增值税。

增值税计税依据应为投资协议约定的价格换算为不含税售价。

2. 根据《财政部、国家税务总局关于全国实施增值税转型改革若干问题的通知》(财税〔2008〕70号)、《财政部、国家税务总局关于部分货物适用增值税低税率和简易办法征收增值税政策的通知》(财税〔2009〕009号)、《国家税务总局关于增值税简易征收政策有关管理问题的通知》(国税函〔2009〕90号)、《国家税务总局公告关于一般纳税人销售自己使用过的固定资产增值税有关问题的公告》(国家税务总局公告2012年第1号)等文件规定,自2009年1月1日起,企业用使用过的固定资产(不动产除外)对外投资,应当区分不同情形征收增值税:

(1) 2008年12月31日以前未纳入扩大增值税抵扣范围试点的纳税人,销售自己使用过的2008年12月31日以前购进或者自制的固定资产,按照4%征收率减半征收增值税。

(2) 2008年12月31日以前已纳入扩大增值税抵扣范围试点的纳税人,销售自己使用过的在本地区扩大增值税抵扣范围试点以前购进或者自制的固定资产,按照4%征收率减半征收增值税;销售自己使用过的在本地区扩大增值税抵扣范围试点以后购进或者自制的固定资产,按照适用税率征收增值税。

(3) 销售自己使用过的2009年1月1日以后购进或者自制的固定资产,除第(4)项和第(5)项外,无论是否抵扣过进项税(即无论是购买的新的固定资产还是旧的固定资产),按照适用税率征收增值税。

(4) 纳税人2009年1月1日后购进或者自制固定资产时为小规模纳税人,认定为一般纳税人后销售该固定资产,以及增值税一般纳税人发生按简易办法征收增值税应税行为,销售其按照规定不得抵扣且未抵扣进项税额的固定资产,可按简易办法依4%征收率减半征收增值税。

(5) 一般纳税人销售自己使用过的属于增值税暂行条例第十条规定不得抵扣且未抵扣进项税额的固定资产,按简易办法依4%征收率减半征收增值税。

《增值税暂行条例实施细则》第十条规定不得从销项税额中抵扣进项税额的项目包括:用于非增值税应税项目、免征增值税项目、集体福利或者个人消费的购进货物或者应税劳务,以及上述情形货物的运输费用。

(6) 已使用过的固定资产,是指纳税人根据财务会计制度已经计提折旧的固定资产。凡按简易办法征收增值税的,应当开具增值税普通发票,不得开具增值税专用发票,应纳税额计算公式如下:

一般纳税人应纳增值税 = 含税价/(1 + 4%) × 2%;

小规模纳税人应纳增值税 = 含税价/(1 + 3%) × 2%。

(二) 消费税

《国家税务总局关于印发〈消费税若干具体问题的规定〉的通知》(国税发〔1993〕156号),企业以自产应税消费品对外投资,以非货币性资产交换方式取得投资,应当视同销售缴纳消费税。纳税人用于投资入股的应税消费品,应当以纳税人同类应税消费品的最高销售价格作为计税依据计算消费税。

（三）资源税

根据《中华人民共和国资源税暂行条例》（以下简称《资源税暂行条例》）第六条规定，纳税人开采或者生产应税产品，用于对外投资，应视同销售，缴纳资源税。

（四）土地增值税

《财政部、国家税务总局关于继续实施企业改制重组有关土地增值税政策的通知》（财税〔2018〕57号）第四条规定，自2018年1月1日至2020年12月31日，单位、个人在改制重组时以房地产作价入股进行投资，对其将房地产转移、变更到被投资的企业，暂不征土地增值税。上述土地增值税政策不适用于房地产转移任意一方为房地产开发企业的情形。

需要注意的是，如果以房地产作为对价，以非货币性资产交换方式取得投资，其发生的房屋所有权、土地使用权转让行为，应当缴纳土地增值税。

（五）企业所得税处理

1. 一般规定。根据《企业所得税法实施条例》第二十五条及《国家税务总局关于企业处置资产所得税处理问题的通知》（国税函〔2008〕828号）规定，企业以非货币性资产对外投资，或以非货币性资产交换方式取得的投资，应当视同销售计算资产转让所得。

视同销售收入应当以投资合同或协议约定的价值确定，但合同或协议约定的价值不公允的，应当以公允价值确定。

《财政部、国家税务总局关于非货币性资产投资企业所得税政策问题的通知》（财税〔2014〕116号）规定，从2014年1月1日起，居民企业（以下简称"企业"）以非货币性资产对外投资确认的非货币性资产转让所得，可在不超过5年期限内，分期均匀计入相应年度的应纳税所得额，按规定计算缴纳企业所得税。企业以非货币性资产对外投资，应对非货币性资产进行评估并按评估后的公允价值扣除计税基础后的余额，计算确认非货币性资产转让所得。企业以非货币性资产对外投资，应于投资协议生效并办理股权登记手续时，确认非货币性资产转让收入的实现。企业以非货币性资产对外投资而取得被投资企业的股权，应以非货币性资产的原计税成本为计税基础，加上每年确认的非货币性资产转让所得，逐年进行调整。被投资企业取得非货币性资产的计税基础，应按非货币性资产的公允价值确定。企业在对外投资5年内转让上述股权或投资收回的，应停止执行递延纳税政策，并就递延期内尚未确认的非货币性资产转让所得，在转让股权或投资收回当年的企业所得税年度汇算清缴时，一次性计算缴纳企业所得税；企业在计算股权转让所得时，可按本通知第三条第一款规定将股权的计税基础一次调整到位。企业在对外投资5年内注销的，应停止执行递延纳税政策，并就递延期内尚未确认的非货币性资产转让所得，在注销当年的企业所得税年度汇算清缴时,一次性计算缴纳企业所得税。

2. 技术入股。对技术成果投资入股实施选择性税收优惠政策,《财政部、国家税务总局关于完善股权激励和技术入股有关所得税政策的通知》(财税〔2016〕101号)规定,企业以技术成果投资入股到境内居民企业,被投资企业支付的对价全部为股票(权)的,企业可选择继续按现行有关税收政策执行,也可选择适用递延纳税优惠政策。选择技术成果投资入股递延纳税政策的,经向主管税务机关备案,投资入股当期可暂不纳税,允许递延至转让股权时,按股权转让收入减去技术成果原值和合理税费后的差额计算缴纳所得税。企业选择适用上述任一项政策,均允许被投资企业按技术成果投资入股时的评估值入账并在企业所得税前摊销扣除。

技术成果是指专利技术(含国防专利)、计算机软件著作权、集成电路布图设计专有权、植物新品种权、生物医药新品种,以及科技部、财政部、国家税务总局确定的其他技术成果。

3. 特殊重组。非现金资产对外投资,如果符合股权收购和资产收购特殊重组条件,可以暂不确认资产转让所得(或损失)。《财政部、国家税务总局关于企业重组业务企业所得税处理若干问题的通知》(财税〔2009〕59号)规定,一家公司收购另一家公司75%以上的股权或收购另一家公司占目标公司资产总额的比例达75%的经营性资产,用本公司的股权或控股公司的股权作为对价占整个交易额的比例达85%,转让方(投资方)可以暂不确认资产转让所得。

为了鼓励境外投资,《财政部、国家税务总局关于企业重组业务企业所得税处理若干问题的通知》(财税〔2009〕59号)规定,居民企业以其拥有的资产或股权向其100%直接控股的非居民企业进行投资,其资产转让所得允许分10年平均确认所得。

《财政部、国家税务总局关于促进企业重组有关企业所得税处理问题的通知》(财税〔2014〕109号)规定,对100%直接控制的居民企业之间,以及受同一或相同多家居民企业100%直接控制的居民企业之间按账面净值划转股权或资产,凡具有合理商业目的,不以减少、免除或者推迟缴纳税款为主要目的,股权或资产划转后连续12个月内不改变被划转股权或资产原来实质性经营活动,且划出方企业和划入方企业均未在会计上确认损益的,可以选择按以下规定进行特殊性税务处理:(1)划出方企业和划入方企业均不确认所得;(2)划入方企业取得被划转股权或资产的计税基础,以被划转股权或资产的原账面净值确定;(3)划入方企业取得的被划转资产,应按其原账面净值计算折旧扣除。

4. 预提所得税。依据《企业所得税法》第三条第三款、第十九条及《企业所得税法实施条例》第二十五条规定,非居民企业将位于境内的不动产、土地使用权、股权等财产在境内投资成立新企业,或者对境内一家已经成立的居民企业增资扩股,或者作为对价换取境内其他企业的股权,应当视同转让境内财产,征收企业所得税。

应纳税额=(转让价格-计税基础-相关税费)×10%

缔约国居民符合受益所有人身份的，可适用协定规定的限制税率。

（六）个人所得税

1. 关于个人投资者以非货币性资产对外投资个人所得税纳税义务时间问题，国家税务总局先后发布了《国家税务总局关于非货币性资产评估增值暂不征收个人所得税的批复》（国税函〔2005〕319号）和《国家税务总局关于资产评估增值计征个人所得税问题的通知》（国税发〔2008〕115号），前者规定投资时暂不征税待转让股权时征收个人所得税，后者明确在投资环节征收个人所得税。目前上述两个文件均已废止。考虑到个人在二级市场转让上市公司股票免征个人所得税，为阻塞漏洞，《国家税务总局关于个人以股权参与上市公司定向增发征收个人所得税问题的批复》（国税函〔2011〕89号）规定，个人以财产（含股权）参与上市公司增发，应视同转让财产计征个人所得税。该文件的出台有效地阻止了纳税人的避税行为。

《财政部、国家税务总局关于个人非货币性资产投资有关个人所得税政策的通知》（财税〔2015〕41号）、《国家税务总局关于个人非货币性资产投资有关个人所得税征管问题的公告》（国家税务总局公告2015年第20号）规定，从2015年4月1日起，个人以现金、银行存款等货币性资产以外的资产（包括股权、不动产、技术发明成果以及其他形式的非货币性资产）进行股权投资（包括以非货币性资产出资设立新的企业，以及以非货币性资产出资参与企业增资扩股、定向增发股票、股权置换、重组改制等投资行为）属于个人转让非货币性资产和投资同时发生。对个人转让非货币性资产的所得，应按照"财产转让所得"项目，依法计算缴纳个人所得税。非货币性资产投资个人所得税以发生非货币性资产投资行为并取得被投资企业股权的个人为纳税人。纳税人以不动产投资的，以不动产所在地地税机关为主管税务机关；纳税人以其持有的企业股权对外投资的，以该企业所在地地税机关为主管税务机关；纳税人以其他非货币资产投资的，以被投资企业所在地地税机关为主管税务机关。

个人以非货币性资产投资，应按评估后的公允价值确认非货币性资产转让收入。非货币性资产转让收入减除该资产原值及合理税费后的余额为应纳税所得额。非货币性资产原值为纳税人取得该项资产时实际发生的支出。纳税人无法提供完整、准确的非货币性资产原值凭证，不能正确计算非货币性资产原值的，主管税务机关可依法核定其非货币性资产原值。

非货币性资产投资个人所得税由纳税人向主管税务机关自行申报缴纳。

个人以非货币性资产投资，应于非货币性资产转让、取得被投资企业股权时，确认非货币性资产转让收入的实现。

个人应在发生上述应税行为的次月15日内向主管税务机关申报纳税。纳税人一次性缴税有困难的，可合理确定分期缴纳计划并报主管税务机关备案后，自发生上述应税行为之日起不超过5个公历年度内（含）分期缴纳个人所得税。个人以非货币性资产投资交易过程中取得现金补价的，现金部分应优先用于缴税；现金不足以缴纳的部分，可分期缴纳。个人在分期缴税期间转让其持有的上述全部或部分股权，并取得现金收入的，该现金收入应优先用于缴纳尚未缴清的税款。

纳税人非货币性资产投资需要分期缴纳个人所得税的，应于取得被投资企业股权之日的次月15日内，自行制定缴税计划并向主管税务机关报送《非货币性资产投资分期缴纳个人所得税备案表》、纳税人身份证明、投资协议、非货币性资产评估价格证明材料、能够证明非货币性资产原值及合理税费的相关资料。

对2015年4月1日之前发生的个人非货币性资产投资，尚未进行税收处理且自发生上述应税行为之日起期限未超过5年的，可在剩余的期限内分期缴纳其应纳税款，纳税人应于本公告下发之日（2015年4月8日）起30日内向主管税务机关办理分期缴税备案手续。

纳税人分期缴税期间提出变更原分期缴税计划的，应重新制定分期缴税计划并向主管税务机关重新报送《非货币性资产投资分期缴纳个人所得税备案表》。

纳税人按分期缴税计划向主管税务机关办理纳税申报时，应提供已在主管税务机关备案的《非货币性资产投资分期缴纳个人所得税备案表》和本期之前各期已缴纳个人所得税的完税凭证。

纳税人在分期缴税期间转让股权的，应于转让股权之日的次月15日内向主管税务机关申报纳税。

被投资企业应将纳税人以非货币性资产投入本企业取得股权和分期缴税期间纳税人股权变动情况，分别于相关事项发生后15日内向主管税务机关报告，并协助税务机关执行公务。

此外，《财政部、国家税务总局关于完善股权激励和技术入股有关所得税政策的通知》（财税〔2016〕101号）规定，个人以技术成果投资入股到境内居民企业，被投资企业支付的对价全部为股票（权）的，企业或个人可选择继续按现行有关税收政策执行，也可选择适用递延纳税优惠政策。选择技术成果投资入股递延纳税政策的，经向主管税务机关备案，投资入股当期可暂不纳税，允许递延至转让股权时，按股权转让收入减去技术成果原值和合理税费后的差额计算缴纳所得税。企业或个人选择适用上述任一项政策，均允许被投资企业按技术成果投资入股时的评估值入账并在企业所得税前摊销扣除。

技术成果是指专利技术（含国防专利）、计算机软件著作权、集成电路布图设计专有权、植物新品种权、生物医药新品种，以及科技部、财政部、国家税务总局确定的其他技术成果。

2. 以非现金资产交换方式取得投资的应视同转让财产征收个人所得税。非现金资产交换与非现金资产投资有着本质的区别，非现金资产投资是个人以非现金资产出资，取得被投资企业的股权，非现金资产交换是指个人以非现金资产作为对价支付给法人或个人，以换取其拥有的第三方股权。对个人以非现金资产交换方式取得股权，应视同转让财产征收个人所得税。值得一提的是，如果对非现金资产交换业务不征个人所得税，纳税人很可能通过换股方式间接取得现金（例如，让受让方出资先成立一家公司，然后转让方与受让方换股），从而实施避税。

3. 雇员认购股票等有价证券而从雇主取得各类折扣或补贴有关征收个人所得税的问题。《国家税务总局关于个人认购股票等有价证券而从雇主取得折扣或补贴收入有关征收个人所得税问题的通知》（国税发〔1998〕9号）规定，在中国负有纳税义务的个人（包括在中国境内有住所和无住所的个人）认购股票等有价证券，因其受雇期间的表现或业绩，从其雇主以不同形式取得的折扣或补贴（指雇员实际支付的股票等有价证券的认购价格低于当期发行价格或市场价格的数额），属于该个人因受雇而取得的工资、薪金所得，应在雇员实际认购股票等有价证券时，按照《个人所得税法》及其实施条例和其他有关规定计算缴纳个人所得税。

4. 《财政部、国家税务总局关于股权分置试点改革有关税收政策问题的通知》（财税〔2005〕103号）规定，股权分置改革中非流通股股东通过对价方式向流通股股东支付的股份、现金等收入，暂免征收流通股股东应缴纳的个人所得税。

5. 《国家税务总局关于促进科技成果转化有关个人所得税问题的通知》（国税发〔1999〕125号）规定：科技机构、高等学校转化职务科技成果以股份或出资比例等股权形式给予本单位在编正式科技人员个人奖励，经主管税务机关审核后，暂不征收个人所得税。获奖人转让股权、出资比例，对其所得按"财产转让所得"应税项目征收个人所得税，财产原值为零。《国家税务总局关于企业改组改制过程中个人取得的量化资产征收个人所得税问题的通知》（国税发〔2000〕60号）规定："对职工个人以股份形式取得的拥有所有权的企业量化资产，暂缓征收个人所得税；待个人将股份转让时，就其转让收入额，减除个人取得该股份时实际支付的费用支出和合理转让费用后的余额，按'财产转让所得'项目计征个人所得税。"

（七）印花税

以非货币性资产对外投资或以非货币性资产交换方式取得投资，有关投资或转让协议，具有合同性质，其中，以设备、存货作为对价的，应按"购销合同"计征印花税；以房地产、无形资产、股权作为对价的，应按"产权转移书据"计征印花税。

（八）财产税

《财政部、国家税务总局关于房产税、城镇土地使用税有关问题的通知》（财税〔2008〕152号）规定，纳税人因房产、土地的实物或权利状态发生变化而依法终止房产税、城镇土地使用税纳税义务的，其应纳税款的计算应截止到房产、土地的实物或权利状态发生变化的当月末。

据此，以房屋或土地使用权作为对价取得投资资产的，投资方应当于投出资产的次月起，停止征收房产税和城镇土地使用税。

二、投资资产计税基础的确定

投资资产的计税基础是指处置投资时允许税前扣除的成本。

（一）投资计税基础的企业所得税规定

《企业所得税法实施条例》第七十一条规定，通过支付现金方式取得的投资资产，以购买价款作为计税基础。通过支付现金以外的方式取得的投资资产，以该资产的公允价值和支付的相关税费为成本。

1. 由于以非货币性资产作为对价取得的投资，需要视同销售计算资产转让所得，相应地，非货币性资产对外投资应纳的营业税、消费税、资源税、土地增值税、城市维护建设税、教育费附加和地方教育附加（以下简称"五税两费"），已在投资时允许在税前扣除，因此计入投资计税基础的税费不再包括"五税两费"，否则会导致重复扣除。

2. 根据《财政部、国家税务总局关于企业重组业务企业所得税处理若干问题的通知》（财税〔2009〕59号）规定，以股权收购、资产收购方式取得的投资资产，在适用特殊重组时，收购企业取得被收购企业股权的计税基础，以被收购股权的原有计税基础确定。

3. 依据《国家税务总局关于企业所得税应纳税所得额若干问题的公告》（国家税务总局公告2014年第29号）规定，企业接收股东划入资产（包括股东赠予资产、上市公司在股权分置改革过程中接收原非流通股股东和新非流通股股东赠予的资产、股东放弃本企业的股权），凡合同、协议约定作为资本金（包括资本公积）且在会计上已做实际处理的，不计入企业的收入总额，企业应按公允价值确定该项资产的计税基础。相应地，投资方应追加投资资产的计税基础。

（二）投资计税基础的个人所得税规定

1. 个人以现金资产或承担债务方式作为对价取得的股权，应按照支付的现金、承担债务的金额、缴纳的相关税费（主要是印花税、交易手续费）确定投资成本。允许计入投资资产的中介费用，不得超过交易额的5%。

2. 股权受让价格中包括目标公司已宣告分配但尚未支付的股息，应作为应收股息处理，不计入投资计税成本。股权受让价格中包括目标公司尚未分配留存收益的，其投资成本按照实际支付的股权受让价格确定，不应扣除留存收益。

3. 对个人以非货币性资产交换方式取得的股权，应分解为转让财产和购买股权两项业务进行税务处理，其取得股权的成本按照公允价值确定。

4. 股权分置改革中非流通股股东通过对价方式向流通股股东支付的股份、现金等收入，暂免征收流通股股东应缴纳的个人所得税。由于流通股股东取得这部分股票没有支付对价，因此，投资成本为零计算。

5. 以股权激励方式取得股权计税基础的确定。由于股权激励已按照公允价与实际行权价之间的差额确认工资薪金所得，因此，职工个人以股权激励方式取得股权的计税基础，应当按照取得股权时的公允价值作为计税成本。

6. 以公司合并、分立方式取得股权计税基础的确定。公司合并，被合并企业的个人股东继续持有合并方的股权，个人取得新股（合并方的股权）的计税成本按照放弃旧股（被合并方的股权）的计税成本替代。

公司分立，被分立企业的个人股东如果完全放弃了被分立企业的股权，取得了分立企业（新公司）的股权，则取得新股的计税成本按照放弃旧股的计税成本替代。如果被分立企业的个人股东，由原来一家公司股东，成为两家公司股东，则投资成本可以按照个人享有的分立企业净资产公允价值占原享有的被分立净资产公允价值的比例分配。

三、目标公司的纳税义务

在投资环节，目标公司涉及的纳税义务主要有：

1. 企业接受投资取得的房屋及土地使用权，需要缴纳契税，但母公司用房地产出资成立全资子公司或者对全资子公司增资，可比照"同一投资主体内部所属企业之间的土地、房屋权属的划转"免征契税。关于这一点，实际操作中屡有争议，解析如下：

《财政部、国家税务总局关于企业事业单位改制重组契税政策的通知》（财税〔2012〕4号）规定："同一投资主体内部所属企业之间土地、房屋权属的划转，包括母公司与其全资子公司之间，同一公司所属全资子公司之间，同一自然人与其设立的个人独资企业、一人有限公司之间土地、房屋权属的划转，免征契税。"

那么，如何理解资产"划转"？母公司用房地产投资成立全资子公司或者给全资子公司增资，是否属于资产划转，能否享受免征契税呢？

关于同一投资主体内部所属企业之间的土地、房屋权属的划转免征契税的规定，早在2003年就开始执行了。有关税收政策的历史沿革详见表6.4。

表6.4 税收政策历史沿革

文件名	具体规定	有效期
《财政部、国家税务总局关于企业改制重组若干契税政策的通知》（财税〔2003〕184号）	企业改制重组过程中，同一投资主体内部所属企业之间土地、房屋权属的无偿划转，不征收契税	2003年1月1日至2005年12月31日
《财政部、国家税务总局关于延长企业改制重组若干契税政策执行期限的通知》（财税〔2006〕41号）	明确财税〔2003〕184号文件从2006年1月1日至2008年12月31日继续有效	2006年1月1日至2008年12月31日

续表

文件名	具体规定	有效期
《财政部、国家税务总局关于企业改制重组若干契税政策的通知》（财税〔2008〕175号）	企业改制重组过程中，同一投资主体内部所属企业之间土地、房屋权属的无偿划转，包括母公司与其全资子公司之间，同一公司所属全资子公司之间，同一自然人与其设立的个人独资企业、一人有限公司之间土地、房屋权属的无偿划转，不征收契税	2009年1月1日至2011年12月31日
《财政部、国家税务总局关于企业事业单位改制重组契税政策的通知》（财税〔2012〕4号）	同一投资主体内部所属企业之间土地、房屋权属的划转，包括母公司与其全资子公司之间，同一公司所属全资子公司之间，同一自然人与其设立的个人独资企业、一人有限公司之间土地、房屋权属的划转，免征契税	2012年1月1日至2015年12月31日

从以上政策的延续可以看出，至目前为止，企业重组的契税文件已连续发布四次，每次有效期均为3年，每次执行期满都承前启后发布了接力文件，其中部分内容虽有适当调整，但就"同一投资主体内部所属企业之间土地、房屋权属的划转免征契税"的规定一直是延续执行的。

那么，如何理解资产"划转"呢？有关"划转"的解释或者批复，财政部、国家税务总局先后发布了五个文件，详见表6.5。

表6.5　　　　　　　　　　有关资产"划转"的文件

补充解释、批复文件名称、文号、内容	效力
国税函〔2006〕844号：财税〔2003〕184号文件第七条中规定的"同一投资主体内部所属企业之间"，是指母公司与其全资子公司之间、母公司所属的各个全资子公司之间的关系，以及同一自然人设立的个人独资企业之间、同一自然人设立的个人独资企业与一人有限责任公司之间的关系。	因财税〔2003〕184号失效而失效
农便函〔2006〕28号：在契税征管中，对同一自然人发起设立的一人有限责任公司与个人独资公司之间发生的土地、房屋权属转移行为，可按照财税〔2003〕184号文件第七条的规定，认定为"同一投资主体内部所属企业的划转行为"，不征收契税。	有效
财税〔2008〕142号：根据财税〔2003〕184号文件第七条规定，"企业改制重组过程中，同一投资主体内部所属企业之间土地、房屋权属的无偿划转，不征收契税"。自然人与其个人独资企业、一人有限责任公司之间土地、房屋权属的无偿划转属于同一投资主体内部土地、房屋权属的无偿划转，可比照上述规定不征收契税。	有效
国税函〔2008〕514号：根据财税〔2003〕184号和国税函〔2006〕844号文件的有关规定，公司制企业在重组过程中，以名下土地、房屋权属对其全资子公司进行增资，属同一投资主体内部资产划转，对全资子公司承受母公司土地、房屋权属的行为，不征收契税。	因财税〔2003〕184号文件失效而失效

续表

补充解释、批复文件名称、文号、内容	效力
财税〔2004〕143号：万科新城房地产有限公司是由万科企业股份有限公司两家全资公司万科房地产有限公司和新万实业有限公司出资成立的。万科房地产有限公司将所属华宇威宏地块土地使用权转移至万科新城房地产有限公司，属于同一投资主体内部的资产划转，根据财税〔2003〕184号文件规定，不应征收契税。	有效

从表6.5可知，国税函〔2006〕844号、国税函〔2008〕514号两个文件是对财税〔2003〕184号文件的解释，由于财税〔2003〕184号文件先后被财税〔2006〕41号、财税〔2008〕175号、财税〔2012〕004号文件替代，国税函〔2008〕514号也就相应废止，但"同一投资主体内部所属企业之间土地、房屋权属的无偿划转免征契税"的规定一直是有效的，因此，国税函〔2008〕514号是对"土地、房属权属划转"的解释当然继续适用。从农便函〔2006〕28号、财税〔2008〕142号、财税〔2004〕143号这三个文件没有被废止，即可说明这一点。

综上，依据国税函〔2008〕514号文件对"土地、房屋权属划转"的解释，母公司用房地产出资成立全资子公司或对全资子公司增资，属于同一投资主体内部所属企业之间的土地、房屋权属划转，根据财税〔2012〕004号文件规定，可以继续享受免征契税优惠。

财税〔2018〕17号文件延续了上述政策：同一投资主体内部所属企业之间土地、房屋权属的划转，包括母公司与其全资子公司之间，同一公司所属全资子公司之间，同一自然人与其设立的个人独资企业、一人有限公司之间土地、房屋权属的划转，免征契税。母公司以土地、房屋权属向其全资子公司增资，视同划转，免征契税。

2. 根据《中华人民共和国印花税暂行条例》规定，目标公司资金账簿登记的股东资金（实收资本、资本公积），需缴纳万分之五的印花税。《财政部、国家税务总局关于对营业账簿减免印花税的通知》（财税〔2018〕50号）规定，自2018年5月1日起，对按万分之五税率贴花的资金账簿减半征收印花税，对按件贴花5元的其他账簿免征印花税。

3. 《国家税务总局关于外商投资企业和外国企业原有若干税收优惠政策取消后有关事项处理的通知》（国税发〔2008〕23号）、《国家税务总局关于政府关停外商投资企业所得税优惠政策处理问题的批复》（国税函〔2010〕69号）规定，外商投资企业按照《中华人民共和国外商投资企业和外国企业所得税法》（以下简称《外商投资企业和外国企业所得税法》）规定享受定期减免税、再投资退税等优惠，2008年以后，企业发生股权转让导致生产经营业务性质或经营期发生变化，不符合《外商投资企业和外国企业所得税法》规定条件的，仍应依据《外商投资企业和外国企业所得税法》规定补缴其此前（包括在优惠过渡期内）已经享受的定期减免税税款。

四、目标公司取得资产计税基础的确定

根据《企业所得税法实施条例》及《财政部、国家税务总局关于企业重组业务企业所得税处理若干问题的通知》（财税〔2009〕59号）规定，通常情况下，通过投资方式取得的非货币性资产，以该资产的公允价值和支付的相关税费为计税基础。但对于股权收购适用特殊重组待遇时，收购企业取得被收购企业股权的计税基础，以被收购股权的原有计税基础确定。同理，资产收购适用特殊重组待遇时，受让企业取得转让企业资产的计税基础，以被转让资产的原有计税基础确定。

被投资方取得资产的合法凭据包括投资协议、评估报告、验资报告、契税完税凭证等，其中接受投资的货物需取得增值税发票，接受投资的不动产、无形资产、股权因为投资方不征营业税，因此不需要提供税务发票。

第四节 股权投资持有期间股息红利所得的税务处理

股息、红利等权益性投资收益，是指企业因权益性投资从被投资方取得的收入，其中，股息是指现金股利，红利是公司制企业用留存收益送股。

投资方取得股息、红利的税收待遇，应区别投资者身份及被投资单位性质分别处理。

一、居民企业取得股息、红利所得的税务处理

根据《企业所得税法实施条例》第十七条规定，股息、红利等权益性投资收益，除国务院财政、税务主管部门另有规定外，按照被投资方作出利润分配决定的日期确认收入的实现。

（一）从直接投资的居民企业取得的股息、红利所得

根据《企业所得税法》第二十六条及实施条例第十七条、第八十三条规定，对居民企业从直接投资的其他居民企业取得的股息、红利免征企业所得税，但连续持有居民企业公开发行并上市流通的股票不足12个月取得的股息、红利不得享受免税优惠。

注意事项有三点：第一，按照《公司法》第三十五条、第一百六十七条规定，股东约定股息、红利的分配比例与出资比例不一致的，按照股东约定的比例分配。税法确定股息、红利的金额应以被投资方宣告分配给股东的金额为依据。该执行口径已在《国家税务总局所得税司关于企业所得税年度纳税申报表

部分填报口径的通知》（税总所便函〔2015〕21号）中作了明确。第二，由于股息、红利所得实现的时间为被投资企业宣告分配之日，因此，居民企业分配的利润无论归属于2007年度及以前年度，还是2008年1月1日以后形成的留存收益均享受免征企业所得税优惠。第三，被投资方用留存收益转增资本（或股本），投资方按股息、红利所得处理，同时追加投资计税基础，被投资方用资本公积转增资本，投资方不确认股息、红利所得，相应地，也不追加投资计税基础。

（二）从境外非居民企业取得的股息、红利所得

居民企业从境外非居民企业取得的股息、红利所得，应当按照基本税率（25%）计算缴纳企业所得税，其在境外已纳企业所得税允许按照税法规定计算抵免。

基于反避税的需要，《企业所得税法》第四十五条规定，由居民企业，或者由居民企业和中国居民控制的设立在实际税负明显低于我国基本税率（25%）的国家（地区）的企业，并非由于合理的经营需要而对利润不作分配或者减少分配的，上述利润中应归属于该居民企业的部分，应当计入该居民企业的当期收入。

《企业所得税法实施条例》第一百一十八条规定，《企业所得税法》第四十五条所称实际税负明显低于25%的，是指低于25%的50%。

《国家税务总局关于简化判定中国居民股东控制外国企业所在国实际税负的通知》（国税函〔2009〕37号）规定，根据《企业所得税法》第四十五条的规定，为了简化判定由中国居民企业，或者由中国居民企业和居民个人控制的外国企业的实际税负，中国居民企业或居民个人能够提供资料证明其控制的外国企业设立在美国、英国、法国、德国、日本、意大利、加拿大、澳大利亚、印度、南非、新西兰和挪威的，可免予将该外国企业不作分配或者减少分配的利润视同股息分配额，计入中国居民企业的当期所得。

二、非居民企业从居民企业取得股息、红利所得的税务处理

（一）区分所属年度确定征、免税

根据《企业所得税法》及其实施条例、《财政部、国家税务总局关于企业所得税若干优惠政策的通知》（财税〔2008〕001号）规定，非居民企业从境内居民企业取得的股息、红利，应区别情况处理：归属于2007年12月31日之前实现的金额，无论在何时分配，均可继续免征企业所得税。归属于2008年1月1日以后实现的金额，应当在宣告分配时扣缴预提所得税，而不论何时支付。分配的顺序应当按照"先实现先分配"原则从最早年度开始计算，为减少纳税争议，董事会决议应当注明分配利润的归属年度。

（二）预提所得税适用税率

《企业所得税法》规定的预提所得税适用税率为20%，《企业所得税法实施条例》规定的优惠税率统一为10%，但该国（或地区）与我国签订的避免双重征税协定（含内地与香港、澳门签署的税收安排）中明确了优惠税率的，纳税人可以选择执行。根据《国家税务总局关于下发协定股息税率情况一览表的通知》（国税函〔2008〕112号）及《国家税务总局关于补充及更正协定股息税率情况一览表的通知》（国便函〔2008〕35号），相关股息税率低于或高于10%，协定如表6.6所示。

表6.6

国家	税率	备注
科威特、蒙古国、毛里求斯、斯洛文尼亚、牙买加、南斯拉夫、苏丹、老挝、南非、克罗地亚、马其顿、塞舌尔、阿曼、巴林、沙特、墨西哥、文莱、希腊、阿尔及利亚	5%	希腊、阿尔及利亚在直接拥有支付股息公司至少25%股份情况下，适用5%税率
阿联酋	7%	
埃及、突尼斯	8%	
挪威、加拿大、新西兰、巴西、菲律宾、巴布亚新几内亚、澳大利亚	15%	
泰国	20%	

缔约对方居民申请享受股息、利息和特许权使用费等条款规定的税收协定待遇应当符合受益所有人身份。

"受益所有人"是指对所得或所得据以产生的权利或财产具有所有权和支配权的人。"受益所有人"一般从事实质性的经营活动，可以是个人、公司或其他任何团体。代理人、导管公司等不属于"受益所有人"。

导管公司是指通常以逃避或减少税收、转移或累积利润等为目的而设立的公司。这类公司仅在所在国登记注册，以满足法律所要求的组织形式，而不从事制造、经销、管理等实质性经营活动。

为执行我国政府对外签署的避免双重征税协定，《国家税务总局关于税收协定中"受益所有人"有关问题的公告》（国家税务总局公告2018年第9号，以下称"9号公告"）就税收协定股息、利息、特许权使用费条款中"受益所有人"身份判定有关问题作了明确规定。

1. 判断"受益所有人"身份的主要因素。

判定需要享受税收协定待遇的缔约对方居民（以下简称"申请人"）"受益所有人"身份时，应根据下列因素，结合具体案例的实际情况进行综合分析。一般来说，下列因素不利于对申请人"受益所有人"身份的判定：

（1）申请人有义务在收到所得的12个月内将所得的50%以上支付给第三国（地区）居民，"有义务"包括约定义务和虽未约定义务但已形成支付事实的情形。

实践中有的案例，从表面上看，申请人从中国收到股息所得后，每年向母公司分配的股息均未超过当年从中国收到股息所得的50%，且分配时未发生现金流，而是被母公司用来偿还向申请人的关联贷款。经进一步查看申请人银行对账单、银行支付流水、财务报表等信息，发现其在从中国收到每笔股息所得的一个月内即通过关联贷款的名义将该笔所得的80%以上支付给母公司，形成了该条所述"在收到所得的12个月内将所得的50%以上支付给第三国（地区）居民"的支付事实。通过对关联贷款协议等资料详细查看，发现该协议仅约定一个贷款额度，并约定在申请人现金流允许并经申请人同意的情况下，随时向母公司发放贷款；未约定还款期限，母公司可在任意时间偿还全部或部分贷款；贷款利率仅0.5%，低于申请人所在国的银行同期贷款利率，上述事实对判定其"受益所有人"身份非常不利。

在另一个案例中，申请人取得的每笔股息所得均转增已投资项目的资本，或者用于投资在中国境内的新项目，则不属于"在收到所得的12个月内将所得的50%以上支付给第三国（地区）居民"的情形。

（2）申请人从事的经营活动不构成实质性经营活动。实质性经营活动包括具有实质性的制造、经销、管理等活动。申请人从事的经营活动是否具有实质性，应根据其实际履行的功能及承担的风险进行判定。

申请人从事的具有实质性的投资控股管理活动，可以构成实质性经营活动；申请人从事不构成实质性经营活动的投资控股管理活动，同时从事其他经营活动的，如果其他经营活动不够显著，不构成实质性经营活动。

分析申请人是否从事实质性经营活动时，通常还应当关注：申请人是否拥有与其履行的功能相匹配的资产和人员配置；对于所得或所得据以产生的财产或权利，申请人是否承担相应风险，等等。

为便于理解本条规定，以下所举案例的前提均为：按照中国与 a 国、b 国的税收协定，a 国居民可享受的股息优惠税率为10%，b 国居民可享受的股息优惠税率为5%。

①如何判断投资控股管理活动是否构成实质性经营活动。公告明确："申请人从事的具有实质性的投资控股管理活动，可以构成实质性经营活动。"投资控股管理活动作为管理活动的一种，可以构成实质性经营活动，但需要符合一定条件，即实际履行的功能及承担的风险足以证实其活动具有实质性。一般而言，申请人需要从事投资前期研究、评估分析、投资决策、投资实施以及投资后续管理等活动。

以下案例中 b 国公司声称的投资控股管理活动不具有实质性：a 国公司通过设立在 b 国的子公司投资中国，b 国公司拟就其从中国取得的股息所得享受税收协定待遇。b 国公司声称其从事投资控股管理活动并有5名雇员，但经核实，b 国公司并未开展行业研究、市场分析等，未履行投资控股管理等功能，其声称的5名雇员实际与 a 国公司签订合同并履行 a 国公司的职能；其收到的股息暂无投资计划，在账户中闲置；中国公司的外方董事不是由其直接股东 b

国公司派出而是由 a 国公司直接派出；中国公司的章程称该公司的招聘、培训、融资、财务等责任由 b 国公司承担，但 b 国公司并无承担上述责任的人员，经核实上述责任实际为 a 国公司在北京的办事处承担；b 国公司对中国公司和从中国公司取得的股息不承担相应风险。该案例中 b 国公司虽声称从事投资控股管理活动，但实际履行的功能及承担的风险有限，不足以证实其活动具有实质性。

以下案例中 b 国公司承担的区域总部功能具有一定实质性：a 国公司在 b 国设立公司作为亚洲区域总部，b 国公司除投资中国外，还投资日本、韩国、新加坡、越南等十余个国家近 50 家公司。虽然中国境内的市场调研、行业研究等部分功能由设在中国的投资公司承担，但评估分析、投资决策以及亚洲区域内各公司之间的资金统筹调配等功能由 b 国公司承担，应认为 b 国公司承担的区域总部功能具有一定实质性。如果相关功能表面上由 b 国公司承担，但 b 国公司仅有 8 名员工，不足以承担相关功能，实际由 a 国公司承担或 a 国公司团队提供支撑，应认为 b 国公司从事的活动不具有实质性。

以下案例中 b 国公司承担的融资功能具有一定实质性：a 国公司计划投资中国，但自有资金仅有所需资金的 70%，故选择在金融业较为发达、资本较为充足、融资较为便利的 b 国设立公司作为融资平台，从符合公告第四条所列安全港条件的 b 国的非关联公司募集完成所需资金的 30% 后，由 b 国公司投资中国并取得股息。该案例中 b 国公司作为融资平台，履行了一定功能，承担了一定风险，并且所需资金的 30% 从 b 国融入，与 b 国有一定联系，应认为 b 国公司承担的融资功能具有一定实质性。

② 如何判断其他经营活动是否构成实质性经营活动。公告明确："申请人从事不构成实质性经营活动的投资控股管理活动，同时从事其他经营活动的，如果其他经营活动不够显著，不构成实质性经营活动。"

以下案例中的其他经营活动不够显著，不构成实质性经营活动：a 国公司自 20 世纪 90 年代以来陆续在中国直接投资设立十余家子公司并直接取得股息。2007 年，a 国公司在 b 国设立子公司，并进行集团内重组，由 b 国公司控股内地各子公司并取得股息。b 国公司从事的投资控股管理活动不构成实质性经营活动，同时向集团内其他公司提供采购服务并收取服务费，或者从集团外其他公司采购然后销售给集团内公司并赚取进销差价。但是，经核实，相关采购活动之前由 a 国公司设立在中国某省的子公司从事，2010 年集团将相关采购活动调整为由 b 国公司从事，b 国公司无法证明做此调整的商业必要性，并且 b 国公司从事的采购等其他经营活动取得的所得占其全部所得（含从中国境内取得的全部所得）的比例仅为 8%。上述案例可以认为申请人从事的其他经营活动不够显著，不构成实质性经营活动。

（3）缔约对方国家（地区）对有关所得不征税或免税，或征税但实际税率极低。

（4）在利息据以产生和支付的贷款合同之外，存在债权人与第三人之间在数额、利率和签订时间等方面相近的其他贷款或存款合同。

（5）在特许权使用费据以产生和支付的版权、专利、技术等使用权转让合同之外，存在申请人与第三人之间在有关版权、专利、技术等的使用权或所有权方面的转让合同。

需要注意的是，根据上述 5 项因素判定"受益所有人"身份时，可区分不同所得类型通过公司章程、公司财务报表、资金流向记录、董事会会议记录、董事会决议、人力和物力配备情况、相关费用支出、职能和风险承担情况、贷款合同、特许权使用合同或转让合同、专利注册证书、版权所属证明等资料进行综合分析。

［例 6.20］ A 国公司想要在亚洲进行业务扩张，考虑 B 国法律制度、地域、语言、税制等方面的优势，在 B 国设立区域性投资控股公司。B 国公司有超过 50 个员工，公司的主要功能是选择和收购 IT 领域的企业，行业研究、区域市场调研、投资项目评估、投资风险分析、被投资对象的选择、投资决策及投资后续管理等职能均由 B 国公司自己的团队而非 A 国公司履行。B 国公司对收购的子公司行使积极的管理职能，不向 A 国公司分配利润，而是选择将利润再投资于收购活动以及对已收购公司的业务扩展。B 国公司投资控股的子公司有 60% 在中国，40% 在中国周边国家。经对该案例综合分析后，倾向于认为 B 国公司具有"受益所有人"身份。

2. 股息安全港规则。

下列申请人从中国取得的所得为股息时，可不根据判断"受益所有人" 5 项因素进行综合分析，直接判定申请人具有"受益所有人"身份：

（1）缔约对方政府；

（2）缔约对方居民且在缔约对方上市的公司；

（3）缔约对方居民个人；

（4）申请人被第（1）至（3）项中的一人或多人直接或间接持有 100% 股权（在取得股息前连续 12 个月以内任何时候均达到 100%），且间接持有股权情形下的中间层为中国居民或缔约对方居民。

［例 6.21］ 中国香港居民 A（上市公司、政府、居民个人）直接持有中国内地居民企业股权并取得股息。因为香港居民 A 为香港政府或者在香港上市的公司或者香港居民个人，可直接判定香港居民 A 具有"受益所有人"身份。

需要注意的是，根据内地与香港税收安排第十条（股息）规定，如果香港居民 A 是在香港上市的公司且持有申请人 25% 以上股权，可以享受 5% 的优惠税率待遇；如果香港居民 A 是香港居民个人，为内地与香港税收安排第十条（股息）规定的其他情况，可以享受 10% 的优惠税率待遇。另外，根据国内法规定，外籍人员从境内外商投资企业取得的股息红利免征个人所得税。国内法优于税收协定，纳税人可选择适用国内法。

［例 6.22］ 中国香港居民 D 投资中国内地居民企业股权并取得股息，直接持有香港居民 D 100% 股权的人为香港政府、香港居民且在香港上市的公司或香

港居民个人,属于股息安全港第(四)类情形,可直接判定香港居民 D 具有"受益所有人"身份。

[例 6.23] 中国香港居民 A(上市公司、政府、居民个人)持有香港 C 公司 100%股权,香港 C 公司持有香港 B 公司 100%的股权,香港 B 公司持有境内居民企业的股权并取得股息。如果香港居民 A 为香港政府、香港居民且在香港上市的公司或香港居民个人,只要香港 C 公司、香港 B 公司为香港居民企业或被认定为境外注册中资控股的中国居民,属于股息安全港第(四)类情形,可直接判定香港居民 B 具有"受益所有人"身份。

[例 6.24] 新加坡居民个人甲持有中国香港居民企业 B 公司 100%股权,B 公司控股境内 A 公司 100%,A 公司在境内控股多少实体餐饮公司。B 公司为扩大国内经营规模,向香港银行贷款 2 亿元用于对境内 A 公司增资,A 公司将 2 亿元用于在境内设立或并购实体餐饮公司。甲以持有 B 公司 100%股权质押给银行,同时 B 公司向银行承诺,境内所有实体公司每年实现税后利润的 60%全部分配给 A,A 公司分配给香港 B,B 公司优先用于还本付息。

2020 年 2 月,A 公司向香港 B 公司分配 2019 年度股息 6 000 万元,香港 B 公司收到股息后 3 日内,将取得的股息全部转付至香港银行。

本例中,B 公司专门从事国内餐饮实体的投资,在香港成立 B 公司有利于公司融资,B 公司取得的利润并不需要分配给第三国居民,相反,B 公司需要对国内追加投资。香港 B 公司从境内取得的分配用于偿还香港银行贷款,属于正常的融资行为,且是支付给香港银行而不是支付给第三方居民。根据 5 要素综合判断,B 公司符合受益所有人身份。本例中如果甲先生是香港居民,则可以直接适用股息所得安全港第(四)类情形。

3. 股息次安全港规则。

申请人从中国取得的所得为股息时,虽不符合"受益所有人"条件,但直接或间接持有申请人 100%股份(在取得股息前连续 12 个月以内任何时候均达到 100%)的人可根据 5 项因素判定为"受益所有人",并且属于以下两种情形之一的,应认为申请人具有"受益所有人"身份:

(1)上述符合五项因素的"受益所有人"为申请人所属居民国(地区)居民;

(2)上述符合五项因素的"受益所有人"虽不为申请人所属居民国(地区)居民,但该人和间接持有股份情形下的中间层从中国取得的所得为股息时,根据中国与其所属居民国(地区)签署的税收协定可享受的税收协定待遇和申请人可享受的税收协定待遇相同或更为优惠。

[例 6.25] 中国香港居民 F 直接持有中国香港居民 E 100%股权,香港居民 E 持有中国内地居民企业的股权并取得股息。虽然香港居民 E 不符合"受益所有人"条件,但是,如果香港居民 F 符合"受益所有人"条件,属于股息次安全港第(一)类情形,应认为香港居民 E 具有"受益所有人"身份。

[例 6.26] 中国香港居民 F 持有 BVI 公司 100%股权,BVI 公司持有香港

居民 E 100% 股权，中国香港居民 E 持有中国内地居民企业的股权并取得股息。本例中香港居民 F 通过 BVI 公司（不论 BVI 公司是否为香港居民）间接持有香港居民 E 100% 的股权，虽然香港居民 E 不符合"受益所有人"条件，但是，如果香港居民 F 符合"受益所有人"条件，属于股息次安全港第（一）类情形，应认为香港居民 E 具有"受益所有人"身份。

[例 6.27] 新加坡居民 I 持有新加坡居民 H 100% 股权，新加坡居民 H 持有中国香港居民 G 100% 股权，中国香港居民 G 持有中国内地居民企业的股权并取得股息。本例中新加坡居民 I 通过新加坡居民 H 间接持有香港居民 G 100% 的股权，虽然香港居民 G 不符合"受益所有人"条件，但是，如果新加坡居民 I 符合"受益所有人"条件，并且新加坡居民 I 和新加坡居民 H 从中国取得的所得为股息时，根据中国与新加坡签署的税收协定可享受的税收协定待遇均和香港居民 G 可享受的税收协定待遇相同，属于股息次安全港第（二）类情形，应认为香港居民 G 具有"受益所有人"身份，香港居民 G 可根据内地与香港签署的税收安排享受税收协定待遇。

4. 代理人不作为"受益所有人"。

代理人或指定收款人等（以下统称"代理人"）不属于"受益所有人"。申请人通过代理人代为收取所得的，无论代理人是否属于缔约对方居民，都不应据此影响对申请人"受益所有人"身份的判定。判断是否为"代理人代为收取所得"情形时，应根据代理合同或指定收款合同等资料进行分析。

股东基于持有股权取得股息，债权人基于持有债权取得利息，特许权授予人基于授予特许权取得特许权使用费，对于股东、债权人、特许权授予人而言，不属于"代为收取所得"。

[例 6.28] 中国香港 A 公司通过美国 B 公司控股中国内地 C 公司，A 公司作为申请人申请享受中国内地 C 公司支付给美国 B 公司的股息协定待遇。虽然美国 B 公司作为股息的接收方与中国香港 A 公司不在同一国家，但若能通过判断，认定 A 公司具有香港居民身份和受益所有人身份，同时判定 B 公司为代理人，那么 A 公司通过 B 公司代为收取的股息能够享受中国内地和香港的税收安排。

5. 委托投资业务受益所有人的认定。

"委托投资"是指非居民将自有资金直接委托给境外专业机构用于对居民企业的股权、债权投资，其中的"境外专业机构"指经其所在地国家或地区政府许可从事证券经纪、资产管理、资金以及证券托管等业务的金融机构。在委托投资期间，境外专业机构将受托资金独立于其自有资金进行专项管理。境外专业机构根据相应的委托或代理协议收取服务费或佣金。受托资金的投资收益和风险应由该非居民取得和承担。

《国家税务总局关于委托投资情况下认定受益所有人问题的公告》（国家税务总局公告 2014 年第 24 号）规定，非居民通过委托投资取得投资收益提出享受税收协定待遇申请的，应向税务机关提供以下资料：

（1）投资链条各方（包括该非居民、投资管理人或投资经理、各级托管人、证券公司等）签署的与投资相关的合同或协议，以及能够说明投资业务的其他资料，资料内容应包括委托投资本金来源和组成情况以及各方收取费用或取得所得的约定；

（2）投资收益和其他所得逐级返回至该非居民的信息和凭据，以及对所得类型认定与划分的说明资料；

（3）税务机关为认定受益所有人所需要的其他资料。

税务机关应对非居民提交的资料进行审核，并区分所得类型进行处理：①如果投资收益的所得类型为股息或利息，该所得在逐级返回至该非居民的过程中所得性质未发生改变，且有凭据证明该所得实际返回至该非居民，则可以认定该非居民为该笔所得的受益所有人，能够享受税收协定相应条款规定的待遇；②如果投资链条上除该非居民以外的各方收取的费用或取得的报酬与股息、利息有关，则该非居民不是该部分费用或报酬的受益所有人，该部分费用或报酬不得享受税收协定股息和利息条款规定的待遇；③如果投资收益的所得类型为财产收益，或其他不适用受益所有人规则的所得类型，则应按税收协定相应条款的规定处理。

非居民或其委托代理人拒绝提供资料，或提供的资料不能区分非居民委托投资收益与投资链条上其他各方报酬的，税务机关应不予批准相应的税收协定待遇。非居民与投资链条上一方或多方形成关联关系的，应向税务机关提供关联交易定价原则、方法及相关资料。不提供资料或提供资料不足以证明相关联各方交易符合独立交易原则的，税务机关可拒绝给予相应的税收协定待遇。

对于非居民或其委托代理人提供的凭据、所得类型认定与划分及其他相关证明资料，税务机关可视情况通过信息交换方式核实其真实性和准确性。经核实与实际情况不符，不应享受税收协定待遇而税务机关已批准享受的，应撤销原审批决定，并按税收征管法和《非居民纳税人享受协定待遇管理办法》（国家税务总局公告2019年第35号）的规定处理。

符合协定股息或利息条款免税待遇规定的非居民，其就同一架构、相同的投资链条各方、相同的投资合同或协议取得的投资所得，可在3年内免于向同一主管税务机关重复提交受益所有人的申请，以减轻非居民纳税人和税务机关的负担。但是，如果与非居民受益所有人身份相关的信息发生变化，非居民应及时通知主管税务机关。该非居民因信息变化不能继续享受税收协定待遇的，应自发生变化之日起停止享受有关税收协定待遇，并按国内法规定申报纳税。

6. 税务管理办法。

《非居民纳税人享受税收协定待遇管理办法》（国家税务总局公告2019年第35号）第三条规定，非居民纳税人享受协定待遇，采取"自行判断、申报享受、相关资料留存备查"的方式办理。非居民纳税人自行判断符合享受协定待遇条件的，可在纳税申报时，或通过扣缴义务人在扣缴申报时，自行享受协定待遇，同时按照本办法的规定归集和留存相关资料备查，并接受税务机关后续

管理。留存备查资料包括:

(1) 由协定缔约对方税务主管当局开具的证明非居民纳税人取得所得的当年度或上一年度税收居民身份的税收居民身份证明;享受税收协定国际运输条款或国际运输协定待遇的,可用能够证明符合协定规定身份的证明代替税收居民身份证明。

(2) 与取得相关所得有关的合同、协议、董事会或股东会决议、支付凭证等权属证明资料。

(3) 享受股息、利息、特许权使用费条款协定待遇的,应留存证明"受益所有人"身份的相关资料,包括直接或间接持有申请人100%股权的人和中间层所属居民国(地区)税务主管当局为该人和中间层开具的税收居民身份证明。

(4) 非居民纳税人认为能够证明其符合享受协定待遇条件的其他资料。

非居民纳税人发现不应享受而享受了协定待遇,并少缴或未缴税款的,应当主动向主管税务机关申报补税。非居民纳税人可享受但未享受协定待遇而多缴税款的,可在税收征管法规定期限内自行或通过扣缴义务人向主管税务机关要求退还多缴税款,同时提交留存备查资料。主管税务机关应当自接到非居民纳税人或扣缴义务人退还多缴税款申请之日起30日内查实,对符合享受协定待遇条件的多缴税款办理退还手续。

[案例6.1]

基本案情:

新加坡居民个人甲持有中国香港居民企业B公司100%股权,B公司在中国香港、新加坡、日本、韩国、中国内地分别设立子公司,主要从事餐饮业务的拓展及投资管理。其中,B公司控股中国内地A公司100%,A公司在内地控股若干实体餐饮公司。B公司为扩大内地经营规模,向香港银行贷款2.1亿元,借款期3年,自2018年6月1日—2021年5月31日,年利率4%,本金分别于2019年5月31日、2020年5月31日、2021年5月31日分3次偿还,每次偿还7 000万元,利息与本金同时归还。B公司将2.1亿元借款全部用于对内地A公司增资,A公司取得的增资款主要用于在内地设立或并购实体餐饮公司。根据借款协议约定,甲以持有B公司40%股权质押给香港银行为B公司融资提供担保,同时B公司向银行承诺,内地所有实体公司每年实现税后利润的60%全部分配给内地A公司,A公司全部分配给香港B公司,B公司优先用于还本付息,B公司分得的股息不足偿还当期本息的部分,由B公司另筹资金偿还。

2019年5月,香港B公司从内地A公司取得股息8 000万元,当月末香港B公司向香港银行偿还本息7 280万元。

争议焦点:

B公司从我国内地取得的股息所得能否适用《内地和香港特别行政区关于对所得避免双重征税和防止偷漏税的安排》第十条规定的优惠税率5%,税企双方产生争议,争议的焦点在于在B公司是否符合受益所有人身份。

有观点认为，B公司将取得的股息必须支付给香港银行，相当于香港银行委托B公司对A公司进行投资，从而取得股息收益。根据9号公告，"受益所有人"是指对所得或所得据以产生的权利或财产具有所有权和支配权的人。香港银行虽然不是A公司法律形式上的股东，不具有所得产生的基础权利，但是香港银行对A公司分配的股息所得具有所有权和控制权，B公司形式上取得股息实际只是"代收代付"。另外，如果A公司未来3年经营业绩不佳，香港银行很可能无法取得预期的投资收益，即，香港银行承担着投资风险。因此，B公司仅是股息的代收代付者，香港银行才是股息所得的"受益所有人"。

另一种观点认为，即使内地A公司直接将股息支付给香港银行，香港银行也不构成"受益所有人"，因为香港银行既不是内地A公司的股东，也不是内地A公司的债权人。股东基于持有股份取得股息，债权人基于持有债权取得利息，特许权授予人基于授予特许权取得特许权使用费，B公司取得的股息不属于"代为收取所得"。本例中，B公司作为A公司的股东，拥有股息产生的基础权利，其将股息转付给香港银行的行为，不属于代为收取所得。另一方面，香港银行并不拥有A公司股权，不承担股权投资的风险，其取得的价款属于B公司归还的本息。因此，股息所得的"受益所有人"应为B公司。

案例分析：

新加坡居民甲将B公司40%的股权质押给中国的香港银行，香港银行对B公司40%的股权并不拥有所有权。香港银行借款给B公司取得的是固定回报，并不承担投资风险。虽然，B公司承诺从A公司取得的股息优先用于偿还本息，但如果A公司无可供分配的利润，B公司仍然需要另筹资金偿还给银行。不仅如此，即便B公司取得足够的股息用于偿还银行，银行也只能收取固定金额的本息。9号公告规定"申请人有义务在收到所得的12个月内将所得的50%以上支付给第三国（地区）居民的，将不利于对申请人'受益所有人'身份的判定。"形式上，B公司有义务，实际上B公司的"义务"并非必须，因为如果B公司另筹资金偿还给银行，B公司取得的股息就无需再归还给银行。由此可见，B公司并无义务一定要将股息支付给银行，更何况银行是香港居民，并非第三国（地区）居民。

本例中，B公司注册在香港，主要是从事融资和投资管理，B公司能够从香港银行融资以及B公司在中国香港特别行政区、新加坡、日本、韩国、中国内地均设有子公司，足以证明B公司的经营活动具有商业实质。B公司取得的利润并不需要分配给第三国居民，相反，B公司需要给中国内地、中国香港特别行政区、新加坡、日本、韩国等所在地子公司进行追加投资。香港B公司从境内取得的分配用于偿还香港银行贷款，属于正常的融资行为，且是支付给香港银行而不是支付给第三国居民。根据5要素综合判断，B公司符合"受益所有人"身份。

本例中如果甲先生是香港居民，则可以直接适用股息所得安全港第（四）类情形。

[案例 6.2]

基本案情：

注册于开曼的 D 公司在中国香港联交所上市，实际管理控制地在香港。D 公司持股新加坡居民 C 公司 100%，C 公司持股香港居民 B 公司 100%。B 公司持股内地居民 A 公司 60%。A 公司主营环保设备生产与销售。

新加坡 C 公司是 D 集团在亚太地区的投资管理公司，承担亚太地区环保设备的投资并购及投后管理，有 50 名员工。香港 B 公司拥有 5 名管理人员，其中 3 名为新加坡 C 公司委派。B 公司章程显示，若 B 公司从所投资企业取得股息，需在取得股息后的 15 个工作日内将股息所得的 40% 分配至新加坡 C 公司，其余利润用于境内的股权或债权投资，但 B 公司对外投资并购业务需获得 C 公司批准。

2020 年 2 月，A 公司向香港 B 公司分配 2019 年度股息 2 000 万元。在 B 公司在取得股息前，D 公司持股 C 公司 100%、C 公司持股 B 公司 100% 均超过 12 个月。B 公司认为其 2018 年、2019 年均是香港税收居民，依据内地与香港的税收安排，可以适用 5% 的优惠税率。

要求：

根据上述资料，判断 B 公司是否符合"受益所有人"身份？

案例分析：

受益所有人身份的判定一般按下列顺序依次进行：

第一步：直接依据受益所有人身份的 5 因素对申请人进行综合判定。

第二步：如果申请人不符合受益所有人身份，再依据股息安全港规则进行判定。

第三步：如果申请人不符合股息安全港条件，则依据股息次安全港规则进行判定。

分析如下：

1. 香港 B 公司自身是否符合"受益所有人"条件。

在判定股息受益所有人时，根据 9 号公告主要考虑以下三项因素：

（1）需要享受税收协定待遇的缔约对方居民（以下简称"申请人"）有义务在收到所得的 12 个月内将所得的 50% 以上支付给第三国（地区）居民。"有义务"包括约定义务和虽未约定义务但已形成支付事实的情形。

本例中，香港 B 公司章程显示，B 有义务将取得利润的 40% 分配至新加坡 C 公司，其余利润用于境内股权或债权投资。虽然 B 公司向 C 公司支付比例未达到 50%，但 B 公司章程、股东会决议显示，B 公司对剩余股息的 60% 具体支配时，均需得到新加坡 C 公司的批准，大多数情况下，是根据新加坡 C 公司的指令进行资金安排与运营。

（2）申请人从事的经营活动不构成实质性经营活动。实质性经营活动包括具有实质性的制造、经销、管理等活动。申请人从事的经营活动是否具有实质性，应根据其实际履行的功能及承担的风险进行判定。申请人从事的具有实质性的投资控股管理活动，可以构成实质性经营活动；申请人从事不构成实质性经营活动的投资控股管理活动，同时从事其他经营活动的，如果其他经营活动不够显著，不构成实质性经营活动。

本例中，据 B 公司所述，B 公司负责内地的投资管理活动，同时从事一定的融资活动，且拥有 5 名员工。B 公司的 5 名管理人员有 3 名在新加坡 C 公司任职，B 公司在境内仅持有 A 公司股权，亦无其他投资管理项目。B 公司对内地 A 公司的投前市场调研、企业尽调、风险评估等由 B 公司与 C 公司共同完成，且最终投资由 C 公司决定。B 公司投资的资金来源主要由 C 公司提供，B 公司与独立第三方的融资几乎没有。此外，中国香港 B 公司派往境内 A 公司的 2 名董事均在新加坡 C 公司任职。这些事实表明，B 公司的投资管理活动，不构成实质性经营活动。

（3）缔约对方国家（地区）对有关所得不征税或免税，或征税但实际税率极低。

按照香港税法，香港 B 公司来源于内地 A 公司的股息，不征利得税。

一般认为，只要申请人具有第 1 条"向第三方支付义务"或第 1 条"不构成实质经营活动"中的任何一条，则可以判断其不符合"受益所有人"身份。如果同时满足第 1 条、第 2 条，即"构成实质经营活动"，且无"向第三方支付义务"，则可忽略第 3 条，直接认定其符合受益所有人身份。本例中，因申请人具有"向第三方支付义务"且"不构成实质经营活动"，因此香港 B 公司不能直接认定为"受益所有人"身份。

2. 香港 B 公司是否适用安全港规则。

9 号公告第四条规定："下列申请人从中国取得的所得为股息时，可不根据本公告第二条规定的因素进行综合分析，直接判定申请人具有'受益所有人'身份：

（1）缔约对方政府；

（2）缔约对方居民且在缔约对方上市的公司；

（3）缔约对方居民个人；

（4）申请人被第（1）至（3）项中的一人或多人直接或间接持有 100% 股份，且间接持有股份情形下的中间层为中国居民或缔约对方居民。"

本例中，注册在开曼的 D 公司在中国香港联交所上市，其实际管理控制地在香港，根据《内地和香港特别行政区关于对所得避免双重征税和防止偷漏税的安排》"居民条款"之规定，注册在香港特别行政区以外的地区的公司，如果实际管理控制地在香港，构成香港居民。但 D 公司并非直接持股申请人 B 公司 100%，而是通过新加坡居民 C 间接控股申请人 B 100%，因中间层新加坡 C 公司既不是中国居民，亦不是香港居民，因此申请人 B 不适用股息安全港规则，不能直接判定申请人具有"受益所有人"身份。

3. 香港 B 公司是否适用股息次安全港规则。

根据 9 号公告规定，申请人从中国取得的所得为股息时，虽不符合"受益所有人"条件,但直接或间接持有申请人 100% 股份(在取得股息前连续 12 个月以内任何时候均达到 100%)的人可根据 5 项因素判定为"受益所有人",并且属于以下两种情形之一的,应认为申请人具有"受益所有人"身份:

(1)上述符合 5 项因素的"受益所有人"为申请人所属居民国(地区)居民;

(2)上述符合 5 项因素的"受益所有人"虽不为申请人所属居民国(地区)居民,但该人和间接持有股份情形下的中间层从中国取得的所得为股息时,根据中国与其所属居民国(地区)签署的税收协定可享受的税收协定待遇,和申请人可享受的税收协定待遇相同或更为优惠。

本例中,申请人 B 不符合"受益所有人"身份,但符合下列条件:

(1)新加坡居民 C 公司直接持有申请人香港 B 公司 100% 股份,且取得股息前的 12 个月任何时候均达 100%。

(2)对照"受益所有人"身份判断的 5 因素,新加坡居民 C 公司"无支付义务";C 公司负责亚太地区的投资、并购及投后管理,且具备投资管理的资产、人力等必备条件,而且作为融资主体成为 C 公司及旗下子公司的主要投资资金来源。这些事实可以表明,其投资管理活动"构成实质经营活动"。据以上两点可以判断新加坡居民 C 公司符合"受益所有人"身份。

(3)新加坡居民 C 公司虽不是中国香港居民,但新加坡 C 公司如果从中国取得股息,按照中新协定可享受的税收协定待遇与内地和香港签署的双边安排规定的待遇相同,预提所得税税率均为 5%。

对照股息所得次安全港规则的第二种情形,可以判定申请人 B 具有"受益所有人"身份,可适用《内地和香港特别行政区关于对所得避免双重征税和防止偷漏税的安排》第十条股息规定的优惠税率 5%。B 公司需根据《国家税务总局关于发布〈非居民纳税人享受协定待遇管理办法〉的公告》(国家税务总局公告 2019 年第 35 号)规定,填写"非居民纳税人享受协定待遇信息报告表"交至 A 公司,并将下列资料留存备查:

(1)香港税务主管当局开具的证明非居民纳税人取得所得的当年度或上一年度税收居民身份的税收居民身份证明;

(2)与取得相关所得有关的合同、协议、董事会或股东会决议、支付凭证等权属证明资料;

(3)证明"受益所有人"身份的相关资料;

(4)其他能够证明其符合享受协定待遇条件的资料。

(三)纳税义务发生时间

《国家税务总局关于非居民企业所得税源泉扣缴有关问题的公告》(国家税务总局公告 2017 年第 37 号)规定,非居民企业取得应源泉扣缴的所得为股息、红利等权益性投资收益的,相关应纳税款扣缴义务发生之日为股息、红利等权益性投资收益实际支付之日。

非居民企业以分配利润直接投资暂不征收预提所得税(以下简称"递延纳

税政策")。根据《财政部、国家税务总局、国家发展改革委、商务部关于境外投资者以分配利润直接投资暂不征收预提所得税政策问题的通知》（财税〔2017〕88号）规定，对境外投资者在2017年1月1日（含当日）以后从中国境内居民企业取得的股息、红利等权益性投资收益，直接投资于鼓励类投资项目，凡符合规定条件的，实行递延纳税政策，暂不征收预提所得税。此后，《财政部、国家税务总局、国家发展改革委、商务部关于扩大境外投资者以分配利润直接投资暂不征收预提所得税政策适用范围的通知》（财税〔2018〕102号）、《国家税务总局关于扩大境外投资者以分配利润直接投资暂不征收预提所得税政策适用范围有关问题的公告》（国家税务总局公告2018年第53号）对递延纳税政策适用范围及税务管理作了进一步扩大和明确，并强调新规定从2018年1月1日起执行。

1. 非居民企业从中国境内居民企业分配的利润，用于境内直接投资享受递延纳税政策的适用外商投资的所有非禁止外商投资的项目和领域。

2. 享受递延纳税政策需符合下列条件：

（1）境外投资者以分得利润进行的直接投资，包括境外投资者以分得利润进行的增资、新建、股权收购等权益性投资行为，但不包括新增、转增、收购上市公司股份（符合条件的战略投资除外）。具体包括：新增或转增中国境内居民企业实收资本或者资本公积（包括境外投资者以分得的利润用于补缴其在境内居民企业已经认缴的注册资本，增加实收资本或资本公积）；在中国境内投资新建居民企业；从非关联方收购中国境内居民企业股权；财政部、国家税务总局规定的其他方式。

（2）境外投资者分得的利润属于中国境内居民企业向投资者实际分配已经实现的留存收益而形成的股息、红利等权益性投资收益。

（3）境外投资者用于直接投资的利润以现金形式支付的，相关款项从利润分配企业的账户直接转入被投资企业或股权转让方账户，在直接投资前不得在境内外其他账户周转。境外投资者按照金融主管部门的规定，通过人民币再投资专用存款账户划转再投资资金，并在相关款项从利润分配企业账户转入境外投资者人民币再投资专用存款账户的当日，再由境外投资者人民币再投资专用存款账户转入被投资企业或股权转让方账户的，视为"直接转入"，不属于"在境内外其他账户周转"。

境外投资者用于直接投资的利润以实物、有价证券等非现金形式支付的，相关资产所有权直接从利润分配企业转入被投资企业或股权转让方，在直接投资前不得由其他企业、个人代为持有或临时持有。实务中需注意，以实物、有价证券等非现金形式支付的，因实物、有价证券的所有权转移，应分解为外商投资企业转让资产，外商投资企业分配利润，境外投资者在境内直接再投资三项业务进行税务处理。

3. 税务机关后续管理税务处理办法。

（1）境外投资者已享受递延纳税政策，经税务部门后续管理核实不符合规定条件的,除属于利润分配企业责任外,视为境外投资者未按照规定申报缴纳企业所得税,依法追究延迟纳税责任,税款延迟缴纳期限自相关利润支付之日起计算。

(2)境外投资者按规定可以享受递延纳税政策但未实际享受的,可在实际缴纳相关税款之日起3年内申请追补享受该政策,退还已缴纳的税款。

(3)境外投资者通过股权转让、回购、清算等方式实际收回享受递延纳税政策待遇的直接投资,在实际收取相应款项后7日内,按规定程序向税务部门申报补缴递延的税款。境外投资者部分处置持有的包含已享受递延纳税政策和未享受递延纳税政策的同一项中国境内居民企业投资,视为先行处置已享受递延纳税政策的投资。境外投资者可按照有关规定享受税收协定待遇,但是仅可适用相关利润支付时有效的税收协定。后续税收协定另有规定的,按后续税收协定执行。

(4)境外投资者享受递延纳税待遇后,被投资企业发生重组符合特殊性重组条件,并实际按照特殊性重组进行税务处理的,可继续享受递延纳税待遇,无需补缴递延税款。反之若被投资企业适用一般性税务处理办法,则境外投资者需补缴递延的税款。

(5)有关享受递延纳税的证据资料及报备规定按照《国家税务总局关于扩大境外投资者以分配利润直接投资暂不征收预提所得税政策适用范围有关问题的公告》(国家税务总局公告2018年第53号)执行。

三、自然人取得股息、红利所得的税务处理

(一)居民个人取得的股息、红利所得

1. 居民个人从居民企业取得的股息、红利所得的一般规定。根据《国家税务总局关于利息、股息、红利所得征税问题的通知》(国税函〔1997〕656号)、《国家税务总局关于股份制企业转增股本和派发红股征免个人所得税的通知》(国税发〔1997〕198号)、《国家税务总局关于原城市信用社在转制为城市合作银行过程中个人股增值所得应纳个人所得税的批复》(国税函〔1998〕289号)等文件规定,个人取得的股息、红利应当于被投资方宣告分配时扣缴个人所得税,而不论何时支付。有限责任公司、股份有限公司用盈余公积、未分配利润、资本公积(不含资本溢价、股本溢价)转增实收资本(或股本),按"利息、股息、红利所得"征收个人所得税,税款由支付所得的单位代扣代缴。为避免重复征税,个人投资者应就已纳税的红利所得相应计入投资计税基础。

关于红利所得的特殊的规定:

(1)《财政部、国家税务总局关于将国家自主创新示范区有关税收试点政策推广到全国范围实施的通知》(财税〔2015〕116号)规定,自2016年1月

1 日起，全国范围内的中小高新技术企业以未分配利润、盈余公积、资本公积向个人股东转增股本时，个人股东一次缴纳个人所得税确有困难的，可根据实际情况自行制定分期缴税计划，在不超过 5 个公历年度内（含）分期缴纳，并将有关资料报主管税务机关备案。股东转让股权并取得现金收入的，该现金收入应优先用于缴纳尚未缴清的税款。在股东转让该部分股权之前，企业依法宣告破产，股东进行相关权益处置后没有取得收益或收益小于初始投资额的，主管税务机关对其尚未缴纳的个人所得税可不予追征。

以上所称"中小高新技术企业"，是指注册在中国境内实行查账征收的、经认定取得高新技术企业资格，且年销售额和资产总额均不超过 2 亿元、从业人数不超过 500 人的企业。

此外，上市中小高新技术企业或在全国中小企业股份转让系统挂牌的中小高新技术企业向个人股东转增股本，股东应纳的个人所得税，继续按照现行有关股息红利差别化个人所得税政策执行，不适用本通知规定的分期纳税政策。

（2）《国家税务总局关于个人投资者收购企业股权后将原盈余积累转增股本个人所得税问题的公告》（国家税务总局公告 2013 年第 23 号）规定，1 名或多名个人投资者以股权收购方式取得被收购企业 100% 股权，股权收购前，被收购企业原账面金额中的"资本公积、盈余公积、未分配利润"等盈余积累未转增股本，而在股权交易时将其一并计入股权转让价格并履行了所得税纳税义务。股权收购后，企业将原账面金额中的盈余积累向个人投资者（新股东，下同）转增股本，有关个人所得税问题区分以下情形处理：

①新股东以不低于净资产价格收购股权的，企业原盈余积累已全部计入股权交易价格，新股东取得盈余积累转增股本的部分，不征收个人所得税。

②新股东以低于净资产价格收购股权的，企业原盈余积累中，对于股权收购价格减去原股本的差额部分已经计入股权交易价格，新股东取得盈余积累转增股本的部分，不征收个人所得税；对于股权收购价格低于原所有者权益的差额部分未计入股权交易价格，新股东取得盈余积累转增股本的部分，应按照"利息、股息、红利所得"项目征收个人所得税。

③新股东以低于净资产价格收购企业股权后转增股本，应按照下列顺序进行，即：先转增应税的盈余积累部分，然后再转增免税的盈余积累部分。

④新股东将所持股权转让时，其财产原值为其收购企业股权实际支付的对价及相关税费。

⑤企业发生股权交易及转增股本等事项后，应在次月 15 日内，将股东及其股权变化情况、股权交易前原账面记载的盈余积累数额、转增股本数额及扣缴税款情况报告主管税务机关。

[案例 6.3]

基本情况：

甲企业原账面资产总额 8 000 万元，负债 3 000 万元，所有者权益 5 000 万元，其中：实收资本（股本）1 000 万元，资本公积、盈余公积、未分配利润等盈余积累合计4 000万元。假定多名自然人投资者（新股东）向甲企业原股东购买该企业100%股权，股权收购价4 500万元，新股东收购企业后，甲企业将资本公积、盈余公积、未分配利润等盈余积累4 000万元向新股东转增实收资本。

案例分析：

在新股东4 500万元股权收购价格中，除了实收资本1 000万元外，实际上相当于以3 500万元购买了原股东4 000万元的盈余积累，即：4 000万元盈余积累中，有3 500万元计入了股权交易价格，剩余500万元未计入股权交易价格。甲企业向新股东转增实收资本时，其中所转增的3 500万元不征收个人所得税，所转增的500万元应按"利息、股息、红利所得"项目缴纳个人所得税。

2. 居民个人持有沪深上市公司股票取得的股息、红利所得的税收优惠。《财政部、国家税务总局、证监会关于实施上市公司股息红利差别化个人所得税政策有关问题的通知》（财税〔2012〕85号）规定，从2013年1月1日起，个人从公开发行和转让市场取得的在上海证券交易所、深圳证券交易所挂牌交易的上市公司股票，持股期限在1个月以内（含1个月）的，其股息、红利所得全额计入应纳税所得额；持股期限在1个月以上至1年（含1年）的，暂减按50%计入应纳税所得额；持股期限超过1年的，暂减按25%计入应纳税所得额。上述所得统一适用20%的税率计征个人所得税。《财政部、国家税务总局、证监会关于上市公司股息红利差别化个人所得税政策有关问题的通知》（财税〔2015〕101号）规定，从2015年9月8日起，个人从公开发行和转让市场取得的上市公司股票，持股期限超过1年的，股息红利所得暂免征收个人所得税。

持股期限是指个人从公开发行和转让市场取得上市公司股票之日至转让交割该股票之日前一日的持有时间。

所称年（月）是指自然年（月），即持股一年是指从上一年某月某日至本年同月同日的前一日连续持股，持股一个月是指从上月某日至本月同日的前一日连续持股。

个人转让股票时，按照先进先出的原则计算持股期限，即证券账户中先取得的股票视为先转让。

对个人持有的上市公司限售股，解禁后取得的股息、红利，按照上述规定计算纳税，持股时间自解禁日起计算；解禁前取得的股息、红利继续暂减按50%计入应纳税所得额，适用20%的税率计征个人所得税。

证券投资基金从上市公司取得的股息、红利所得，按照上述规定计征个人所得税。

上述"个人从公开发行和转让市场取得的上市公司股票"包括：通过证券交易所集中交易系统或大宗交易系统取得的股票、通过协议转让取得的股票、因司法扣划取得的股票、因依法继承或家庭财产分割取得的股票、通过收购取得的股票、权证行权取得的股票、使用可转换公司债券转换的股票、取得发行的股票、配股、股份股利及公积金转增股本、持有从代办股份转让系统转到主板市场（或中小板、创业板市场）的股票、上市公司合并，个人持有的被合并公司股票转换的合并后公司股票、上市公司分立，个人持有的被分立公司股票转换的分立后公司股票、其他从公开发行和转让市场取得的股票。

上述"转让股票"的情形包括：通过证券交易所集中交易系统或大宗交易系统转让股票、协议转让股票、持有的股票被司法扣划、因依法继承、捐赠或家庭财产分割让渡股票所有权、用股票接受要约收购、行使现金选择权将股票转让给提供现金选择权的第三方、用股票认购或申购交易型开放式指数基金（ETF）份额、其他具有转让实质的情形。

对全国中小企业股份转让系统挂牌公司比照上市公司执行股息红利差别化个人所得税政策。《财政部、国家税务总局、中国证券监督管理委员会关于实施全国中小企业股份转让系统挂牌公司股息红利差别化个人所得税政策有关问题的通知》（财税〔2014〕48号，执行时间自2014年7月1日起至2019年6月30日止）规定，个人持有全国中小企业股份转让系统（简称"全国股份转让系统"）挂牌公司（指股票在全国股份转让系统挂牌公开转让的非上市公众公司，下同）的股票，持股期限在1个月以内（含1个月）的，其股息红利所得全额计入应纳税所得额；持股期限（指个人取得挂牌公司股票之日至转让交割该股票之日前一日的持有时间，下同）在1个月以上至1年（含1年）的，暂减按50%计入应纳税所得额；持股期限超过1年的，暂减按25%计入应纳税所得额。上述所得统一适用20%的税率计征个人所得税。《财政部、国家税务总局、证监会关于继续实施全国中小企业股份转让系统挂牌公司股息红利差别化个人所得税政策的公告》（财政部、国家税务总局、证监会公告2019年第78号）规定，自2019年7月1日起至2024年6月30日，个人持有挂牌公司的股票，持股期限超过1年的，对股息红利所得暂免征收个人所得税。

挂牌公司派发股息红利时，对截至股权登记日个人已持股超过1年的，其股息红利所得，按25%计入应纳税所得额，直接由挂牌公司计算并代扣代缴税款。对截至股权登记日个人持股1年以内（含1年）且尚未转让的，税款分两步代扣代缴：第一步，挂牌公司派发股息红利时，统一暂按25%计入应纳税所得额，计算并代扣税款。第二步，个人转让股票时，证券登记结算公司根据其持股期限计算实际应纳税额，超过已扣缴税款的部分，由证券公司等股票托管机构从个人资金账户中扣收并划付证券登记结算公司，证券登记结算公司应于次月5个工作日内划付挂牌公司，挂牌公司在收到税款当月的法定申报期内向主管税务机关申报缴纳。

个人应在资金账户留足资金，依法履行纳税义务。证券公司等股票托管机构应依法划扣税款，对个人资金账户暂无资金或资金不足的，证券公司等股票托管机构应当及时通知个人补足资金，并划扣税款。

个人转让股票时，按照先进先出的原则计算持股期限，即证券账户中先取得的股票视为先转让。

应纳税所得额以个人投资者证券账户为单位计算，持股数量以每日日终结算后个人投资者证券账户的持有记录为准,证券账户取得或转让的股票数为每日日终结算后的净增(减)股票数。

证券投资基金从挂牌公司取得的股息红利所得,按照本通知规定计征个人所得税。

上述个人持有全国股份转让系统挂牌公司的股票包括:在全国股份转让系统挂牌前取得的股票、通过全国股份转让系统转让取得的股票、因司法扣划取得的股票、因依法继承或家庭财产分割取得的股票、通过收购取得的股票、权证行权取得的股票、使用附认股权或可转换成股份条款的公司债券认购或者转换的股票、取得发行的股票、配股、股票股利及公积金转增股本、挂牌公司合并时个人持有的被合并公司股票转换的合并后公司股票、挂牌公司分立,个人持有的被分立公司股票转换的分立后公司股票、其他从全国股份转让系统取得的股票。

上述转让股票的情形包括:通过全国股份转让系统转让股票、持有的股票被司法扣划、因依法继承、捐赠或家庭财产分割让渡股票所有权、用股票接受要约收购、行使现金选择权将股票转让给提供现金选择权的第三方、用股票认购或申购交易型开放式指数基金(ETF)份额、其他具有转让实质的情形。

个人和证券投资基金从全国股份转让系统挂牌的原 staq、net 系统挂牌公司(简称两网公司)取得的股息红利所得,按照本通知规定计征个人所得税;从全国股份转让系统挂牌的退市公司取得的股息红利所得,按照财税〔2012〕85号文件的有关规定计征个人所得税。

3. 居民个人从非居民企业取得的股息、红利,按"利息、股息、红利所得"计征个人所得税,境外已纳个人所得税可以按照税法规定的办法予以抵免。

(二)境外居民个人从境内企业取得股息、红利所得

1. 境外居民个人从外商投资企业取得的股息、红利所得。《财政部、国家税务总局关于个人所得税若干政策问题的通知》(财税〔1994〕20号)规定,外籍个人从外商投资企业取得的股息、红利所得暂免征收个人所得税。

2. 境外居民个人从境内非外商投资企业在香港发行股票取得的股息、红利所得。《国家税务总局关于国税发〔1993〕045号文件废止后有关个人所得税征管问题的通知》(国税函〔2011〕348号)和《国家税务总局关于国税发〔1993〕045号文件废止后有关个人所得税征管问题的补充通知》(国税函〔2011〕363号)规定,境外居民个人股东从境内非外商投资企业在香港发行股票取得的股息、红利所得,应按照"利息、股息、红利所得"项目,由扣缴义务人依法代扣代缴个人所得税。

根据《国家税务总局关于印发〈非居民享受税收协定待遇管理办法(试行)〉的通知》(国税发〔2009〕124号)规定,境外居民个人享受相关税收优惠时应由本人或书面委托代理人提出申请并办理相关手续。但鉴于上述税收协定及税收安排规定的相关股息税率一般为10%,且股票持有者众多,为简化税

收征管,在香港发行股票的境内非外商投资企业派发股息、红利时,一般可按10%税率扣缴个人所得税,无需办理申请事宜。对股息税率不属于10%的情况,按以下三种情形分别办理:

第一,取得股息、红利的个人为低于10%税率的协定国家居民,扣缴义务人可按"通知"规定,代为办理享受有关协定待遇申请,经主管税务机关审核批准后,对多扣缴税款予以退还;

第二,取得股息、红利的个人为高于10%低于20%税率的协定国家居民,扣缴义务人派发股息、红利时应按协定实际税率扣缴个人所得税,无需办理申请事宜;

第三,取得股息、红利的个人为与我国没有税收协定国家居民及其他情况,扣缴义务人派发股息、红利时应按20%税率扣缴个人所得税。

四、个人独资企业、合伙企业从居民企业取得股息、红利所得的税务处理

(一)个人独资企业、合伙企业对外投资取得的股息、红利

根据《财政部、国家税务总局关于个人独资企业和合伙企业投资者征收个人所得税的规定》(财税〔2000〕91号)、《国家税务总局关于个人独资企业和合伙企业投资者征收个人所得税的规定》(国税函〔2001〕84号)、《国家税务总局关于切实加强高收入者个人所得税征管的通知》(国税发〔2011〕50号)规定,对个人独资企业和合伙企业从事股票买卖取得的所得,应全部纳入生产经营所得依法征收个人所得税,但对个人独资企业和合伙企业对外投资分回的利息、股息、红利,不并入企业的收入,而应单独作为投资者个人取得的利息、股息、红利所得,按"利息、股息、红利所得"应税项目计算缴纳个人所得税。

根据《财政部、国家税务总局关于合伙企业合伙人所得税问题的通知》(财税〔2008〕159号)规定,合伙企业采取"先分后税"原则,以合伙人作为个人所得税和企业所得税的纳税义务人。合伙企业投资于公司制企业取得的股息、红利所得,视同合伙人直接投资于公司制企业取得股息、红利所得。即,合伙人为自然人的,按照"利息、股息、红利所得"征收个人所得税;合伙人为居民企业的,按照居民企业从直接投资的其他居民企业取得股息、红利所得确定征免税;合伙人为非居民企业的,按照非居民企业从居民企业取得的股息、红利所得征收预提所得税。

对于A合伙企业再次作为合伙人成立B合伙企业的,若B合伙企业对外进行股权投资,从被投资方取得的股息、红利所得,应当按照B企业的合伙比例分配给A合伙企业,再按照A企业的合伙比例分配给A企业的合伙人,再由合伙人按照股息、红利所得的有关税收规定处理。

（二）个人独资企业和合伙企业实现的生产经营所得

个人独资企业和合伙企业除上述利息、股息、红利所得之外的应纳税所得额，由个人投资者按照"个体工商户的生产经营所得"应税项目计算缴纳个人所得税。

五、上市公司送转股应派股息临界值的计算及会计处理

上市公司送转股（不含股本溢价转增，下同）需扣缴个人所得税，上市公司送转股的同时必须派发现金股利，否则个人所得税是无法代扣的。

根据《财政部、国家税务总局关于证券投资基金税收问题的通知》（财税〔1998〕55号）、《财政部、国家税务总局关于开放式证券投资基金有关税收问题的通知》（财税〔2002〕128号）规定，自然人股东股数，还应包括开放式证券投资基金和封闭式证券投资基金持有股票的数量。对基金取得的股票的股息、红利所得，由上市公司在向基金支付上述收入时代扣代缴个人所得税；对个人投资者从基金分配中取得的收入，不再征收个人所得税。

鉴于上市公司的股东难以区分个人独资企业与合伙企业以及合伙企业中自然人所占的合伙比例，故个人独资企业的业主及合伙企业中的自然合伙人应纳的个人所得税只能由个人独资企业、合伙企业为个人投资者代理申报缴纳。

现结合《财政部、国家税务总局关于实施上市公司股息红利差别化个人所得税政策有关问题的通知》（财税〔2012〕85号），举例说明上市公司派发现金股利临界值的计算。

[例6.29] 某上市公司股权登记日（2013年6月12日）总股本4.5亿股，其中，法人股本2.5亿股，应征收个人所得税的基金投资者及自然人股东股本为2亿股。应征个人所得税的股票按持股期限划分：持股期限1个月以内的有8 000万元股，持股1个月以上至1年的10 000万股，持股1年以上的2 000万股。

拟定的分配方案为"10送3转7"，即每10股用留存收益（未分配利润或盈余公积）转增3股，同时用资本公积转增7股。

公司账面可供分配的利润有1.8亿元，资本公积3.5亿元，其中股本溢价3亿元，原执行企业会计制度时来源于接受现金捐赠、拨款转入、关联交易差价等形成的其他资本公积5 000万元。

1. 送转股会计处理。根据《国家税务总局关于股份制企业转增股本和派发红股征免个人所得税的通知》（国税发〔1997〕198号）、《国家税务总局关于原城市信用社在转制为城市合作银行过程中个人股增值所得应纳个人所得税的批复》（国税函〔1998〕289号）的规定，股份公司用留存收益、资本公积（不含股本溢价）转增股本，应纳个人所得税，用资本公积（股本溢价）转增个人股本不征个人所得税，因此上市公司应首先用股本溢价增资，然后再用其

余的资本公积增资。分录如下:

借:利润分配——未分配利润　　　135 000 000（45 000×30%）
　　资本公积——股本溢价　　　　　300 000 000
　　　　　　——接受现金捐赠等
　　　　　　　　　　　　　　15 000 000（45 000×70%−30 000）
　　贷:股本　　　　　　　　　　　　450 000 000

2. 计算送转股应纳税额。持股不足1个月的，实际税率为20%；持股1月以上至1年的，实际税率为10%；持股1年以上的，实际税率为5%。

送转股应纳个人所得税=(13 500+1 500)×(8 000÷45 000×20%+10 000÷45 000×10%+2 000÷45 000×5%)=15 000×(2 700÷45 000)=900（万元）。

3. 计算应派发现金股利最低数额。根据等式"应发放现金股利−不征个人所得税股利=现金股息应纳税额+送转股应纳税额"，设应发放现金股利为x万元，则有:

x−25 000÷45 000×x=(8 000÷45 000×20%+10 000÷45 000×10%+2 000÷45 000×5%)×x+900

解之得，x=2 341.31（万元）

4. 派出现金股利会计处理。

借:利润分配——未分配利润　　　　　　　　　2 341.31
　　贷:应付股利——法人股东
　　　　　　　　　　1 300.73（25 000÷45 000×2 341.31）
　　　　应付股利——基金及个人股东　　　　　1 040.58

现金股利应纳个人所得税=2 341.31×(8 000÷45 000×20%+10 000÷45 000×10%+2 000÷45 000×5%)=2 341.31×0.06=140.48（万元）

合计应纳个人所得税=140.48+900=1 040.48（万元）①

借:应付股利——基金及个人股东　　　　　　　1 040.58
　　贷:应交税费——应交个人所得税　　　　　1 040.58

5. 最终分配方案。该公司共派出现金股利2 341.31万元，平均每10股派出现金股利0.52元（2 341.31÷45 000×10），最终对外公告的分配方案为"10送3转7派0.52"。

六、关于股权转让或增资扩股之日目标公司账面留存收益的税收待遇问题

股息、红利所得实现的时间以宣告分配为标志，对投资者而言，被投资企业宣告分配的股息、红利，无论是投资前实现的，还是投资后实现的，都应当

---

① 应纳个人所得税合计1 040.48万元应当与应付基金及个人股东股利1 040.58万元相等，两者的差是由于以万元为单位"四舍五入"法所致。

按照股息、红利所得处理。因此股息所得与股权转让所得的税收待遇不同,纳税人应当事前做好税收安排。

例如,居民个人受让居民个人的股权,应当先分配再收购;居民企业收购个人的股权,应当先收购再分配。

七、股息、红利所得个人所得税反避税管理规定

股息分配是股东会(股东大会)的权限,税务机关对此不作干涉。企业资金应当尽可能满足公司生产经营需要,减少对股东的分配。同时,税务机关对个人投资者将本人及家庭成员的消费性支出以费用报销方式加大企业成本费用,或者投资者本人或其家庭成员以向公司借款不归还等方式逃避税款的行为必须加强监管。《财政部、国家税务总局关于规范个人投资者个人所得税征收管理的通知》(财税〔2003〕158号)、《财政部、国家税务总局关于企业为个人购买房屋或其他财产征收个人所得税问题的批复》(财税〔2008〕83号)、《国家税务总局关于印发〈个人所得税管理办法〉的通知》(国税发〔2005〕120号)等文件规定,个人股东或其家庭成员向公司借款满12个月不归还,又不用于本企业经营的,视同分配,按"利息、股息、红利所得"计征个人所得税。

第五节 股权投资处置环节的企业所得税处理

投资处置方式包括股权转让、申请减资和股权清算三种情形。投资处置应当按规定计算股权转让所得或损失。依据《国家税务总局关于企业取得财产转让等所得企业所得税处理问题的公告》(国家税务总局公告2010年第19号)和《国家税务总局关于企业股权投资损失所得税处理问题的公告》(国家税务总局公告2010年第6号)规定,企业取得股权转让收入除另有规定外,应一次性计入确认收入的年度计算缴纳企业所得税;企业对外进行权益性投资所发生的损失,在经确认的损失发生年度,作为企业损失在计算企业应纳税所得额时一次性扣除。

投资方在处置环节的税收待遇,应区别投资者身份及被投资单位性质分别处理。本节主要解读企业作为投资主体在不同处置方式下的税务处理。

一、居民企业股权处置的税务处理

(一)股权转让

依据《国家税务总局关于贯彻落实企业所得税法若干税收问题的通知》

（国税函〔2010〕79号）规定，企业转让股权收入，应于转让协议生效且完成股权变更手续时，确认收入的实现。转让股权收入扣除为取得该股权所发生的成本（即投资计税基础）后，为股权转让所得。其中，企业在计算股权转让所得时，不得扣除被投资企业未分配利润等股东留存收益中按该项股权所可能分配的金额。计算公式如下：

股权转让所得或损失 = 股权转让收入 – 投资计税基础

（二）减资、清算

依据《国家税务总局关于企业所得税若干问题的公告》（国家税务总局公告2011年第34号）规定，投资企业从被投资企业撤回或减少投资，其取得的资产中，相当于初始出资的部分，应确认为投资收回；相当于被投资企业累计未分配利润和累计盈余公积按减少实收资本比例计算的部分，应确认为股息所得；其余部分应确认为投资资产转让所得。计算公式如下：

股权投资所得或损失 = 减资回收额 – 投资计税基础 – 目标公司留存收益 × 投资方分配比例

《财政部、国家税务总局关于企业清算业务企业所得税处理若干问题的通知》（财税〔2009〕60号）规定，被清算企业的股东分得的剩余资产的金额，其中相当于被清算企业累计未分配利润和累计盈余公积中按该股东所占股份比例计算的部分，应确认为股息所得；剩余资产减除股息所得后的余额，超过或低于股东投资成本的部分，应确认为股东的投资转让所得或损失。计算公式如下：

股权投资所得或损失 = 清算分配 – 目标公司留存收益 × 投资方分配比例 – 投资计税基础

上式中，目标公司留存收益若为负数，应以零计算。

（三）关于投资计税基础

投资计税基础是指为取得该项投资支付的全部对价，包括现金、非现金资产、承担债务金额、权益工具公允价值、相关税费等，但不含已宣告分配尚未支付的股息。以资产收购或股权收购方式取得的投资，如果适用特殊重组待遇，其投资计税基础应当按照《财政部国家税务总局关于企业重组业务企业所得税处理若干问题的通知》（财税〔2009〕59号）的规定执行。被投资企业将股权溢价所形成的资本公积转为股本的，不作为投资方企业的股息、红利收入，投资方企业也不得增加该项长期投资的计税基础。被投资企业发生的经营亏损，应由被投资企业按规定结转弥补，投资企业不得调整减低其投资计税基础，也不得将其确认为投资损失。投资计税基础计算公式如下：

投资计税基础 = 初始投资计税基础 + 追加投资计税基础（含被投资方用留存收益转增股本的金额）

上述股权投资所得及计税基础的计算公式亦适用于非居民企业转让境内居

民企业股权的所得税处理。

居民企业以技术入股以及符合资产或股权划转适用递延纳税政策的,按照转让方原持有技术及资产或股权的计税基础确定。

二、非居民企业股权处置的税务处理

(一) 计算公式

应纳税额 = 应纳税所得额 × 适用税率

应纳税所得额 = 收入全额 − 财产净值

根据《企业所得税法》第十九条第二项规定,转让财产所得,以收入全额减除财产净值后的余额为应纳税所得额;根据《企业所得税法实施条例》第七十四条规定,财产的净值,是指有关资产、财产的计税基础减除按照规定已经扣除的折旧、折耗、摊销、准备金等后的余额。

这里应当注意:按次计算的所得是不能扣除相关税费的。例如,非居民企业转让位于境内的不动产,在境内缴纳的土地增值税,在计算财产转让所得时不得扣除。

(二) 应纳税所得额

1. 股权转让所得的应纳税所得额。《国家税务总局关于非居民企业所得税源泉扣缴有关问题的公告》(国家税务总局公告2017年第37号)第三条规定,《企业所得税法》第十九条第二项规定的转让财产所得包含转让股权等权益性投资资产(以下称"股权")所得。股权转让收入减除股权净值后的余额为股权转让所得应纳税所得额。

股权转让所得应纳税所得额 = 股权转让收入 − 股权净值

股权转让收入是指股权转让人转让股权所收取的对价,包括货币形式和非货币形式的各种收入。

股权净值是指取得该股权的计税基础。股权的计税基础是股权转让人投资入股时向中国居民企业实际支付的出资成本(包括被投资方用留存收益转增资本的金额),或购买该项股权时向该股权的原转让人实际支付的股权受让成本。股权在持有期间发生减值或者增值,按照国务院财政、税务主管部门规定可以确认损益的,股权净值应进行相应调整。企业在计算股权转让所得时,不得扣除被投资企业未分配利润等股东留存收益中按该项股权所可能分配的金额。多次投资或收购的同项股权被部分转让的,从该项股权全部成本中按照转让比例计算确定被转让股权对应的成本。

需要注意的是,外商投资企业用留存收益转增股本,非居民企业享受预提所得税递延纳税政策,非居民企业转让股权时,留存收益转增股本的金额允许调增计税基础(财产净值),然后计算预提所得税,同时补交股息所得预提所得税,境外投资者可按照有关规定享受税收协定股息待遇,但是仅可适用相关利润支付时有效的税收协定。后续税收协定另有规定的,按后续税收协定执行。

[例 6.30] 境外 A 企业为非居民企业,境内 B 企业和 C 企业为居民企业,A 企业经过三次投资 C 企业,合计持有 C 企业 40% 的股权,第一次投资人民币 100 万元,第二次投资人民币 200 万元,第三次投资人民币 400 万元。2018 年 1 月 8 日,A 企业与 B 企业签订股权转让合同,以人民币 1 000 万元的价格转让其持有的 C 企业 30% 的股权给 B 企业。则 A 企业取得股权转让收入的应纳税所得额 = 股权转让收入 − 股权净值 = 1 000 − (100 + 200 + 400) × 30%/40% = 1 000 − 525 = 475(万元)。

2. 分期收款的应纳税所得额。根据《国家税务总局关于非居民企业所得税源泉扣缴有关问题的公告》(国家税务总局公告 2017 年第 37 号)第七条规定,非居民企业采取分期收款方式取得应源泉扣缴所得税的同一项转让财产所得的,其分期收取的款项可先视为收回以前投资财产的成本,待成本全部收回后,再计算并扣缴应扣税款。需要注意的是,该规定不适用于非居民企业间接转让境内股权。非居民企业间接转让境内股权纳税义务发生之日是指股权转让合同或协议生效,且境外企业完成股权变更之日,而不论款项是否支付、一次性支付、分期支付。

[例 6.31] 境外 A 企业为非居民企业,境内 B 企业和 C 企业均为居民企业,A、B 各持有 C 50% 股权,A 企业投资取得 C 企业 50% 股权的成本为 500 万元人民币。2018 年 1 月 10 日,A 企业以 1 000 万元人民币将股权一次转让给 B 企业,按股权转让合同约定,B 企业分别于 2018 年 2 月 10 日、2018 年 3 月 10 日和 2018 年 4 月 10 日支付转让价款 300 万元、400 万元和 300 万元。A 企业取得股权转让收入的应纳税所得额计算如下:

(1) B 企业于 2018 年 2 月 10 日支付的 300 万元人民币价款可视为 A 企业收回 500 万元股权转让成本中的 300 万元;

(2) B 企业于 2018 年 3 月 10 日支付的 400 万元人民币价款中的 200 万元为 A 企业收回 500 万元股权转让成本中的剩余 200 万元成本,其余 200 万元价款应作为股权转让收益计算扣缴税款;

(3) B 企业于 2018 年 4 月 10 日支付的 300 万元人民币价款全部作为股权转让收益计算扣缴税款。

3. 以清算方式处置股权的应纳税所得额。根据《企业所得税法实施条例》第十一条和《财政部国家税务总局关于企业清算业务企业所得税处理若干问题的通知》(财税〔2009〕60 号)第五条的有关规定,被清算企业的股东分得的剩余资产的金额,其中相当于被清算企业累计未分配利润和累计盈余公积中按该股东所占股份比例计算的部分,应确认为股息所得;剩余资产减除股息所得后的余额,超过或低于股东投资成本的部分,应确认为股东的投资转让所得或损失。

[例 6.32] 境外 A 企业为非居民企业,于 2013 年 5 月 10 日出资 3 000 万

元人民币溢价收购境内B企业60%的股权,B企业注册资本1 000万元。由于B企业经营不善,董事会于2018年3月决定清算解散。2018年7月10日,清算后的资产负债表显示:现金2 000万元,负债为零,实收资本1 000万元,盈余公积300万元,未分配利润700万元。按照公司章程,A企业应取得的清算分配为1 200万元(2 000×60%)。A企业股息所得=(300+700)×60%=540(万元)。A企业财产转让所得=(清算分配-股息所得)-股权净值=(1 200-540)-3 000=-2 340(万元)。

4. 撤资或减资取得资产的税务处理。根据《国家税务总局关于企业所得税若干问题的公告》(国家税务总局公告2011年第34号)第五条的规定,投资企业从被投资企业撤回或减少投资,其取得的资产中,相当于初始出资的部分,应确认为投资收回;相当于被投资企业累计未分配利润和累计盈余公积按减少实收资本比例计算的部分,应确认为股息所得;其余部分确认为投资资产转让所得。

[**例6.33**] 境外A企业为非居民企业,于2013年5月10日出资1 600万元人民币溢价收购境内B企业30%的股权,B企业注册资本1 000万元,资本公积为零。2018年7月10日,B企业以现金方式出资900万元回购A企业30%的股权。截至2018年6月30日,B企业净资产2 000万元,其中实收资本1 000万元,盈余公积300万元,未分配利润700万元。

A企业投资计税基础为1 600万元,实际从B企业撤资收回金额900万元,发生财产转让损失700万元,应纳预提所得税为零。

本例中,如果A企业撤资收回金额为2 000万元,扣除投资计税基础1 600万元后的差额400万元,大于按股权比例计算的股息300万元[(300+700)×30%],剩余100万元为财产转让所得。

换一种情形,如果A企业撤资收回金额为1 700万元,扣除投资计税基础1 600万元后的差额100万元,小于按股权比例计算的股息300万元,则股息所得100万元,财产转让所得为零。

5. 外币折算。根据国家税务总局公告2017年第37号第五条规定,财产转让收入或财产净值以人民币以外的货币计价的,分扣缴义务人扣缴税款、纳税人自行申报缴纳税款和主管税务机关责令限期缴纳税款三种情形,先将以非人民币计价项目金额下列情形进行外币折算,再按《企业所得税法》第十九条第二项及相关规定计算非居民企业财产转让所得应纳税所得额。

(1)扣缴义务人扣缴企业所得税的,应当按照扣缴义务发生之日人民币汇率中间价折合成人民币,计算非居民企业应纳税所得额。扣缴义务发生之日为相关款项实际支付或者到期应支付之日。

(2)取得收入的非居民企业在主管税务机关责令限期缴纳税款前自行申报缴纳应源泉扣缴税款的,应当按照填开税收缴款书之日前一日人民币汇率中间价折合成人民币,计算非居民企业应纳税所得额。

(3)主管税务机关责令取得收入的非居民企业限期缴纳应源泉扣缴税款

的,应当按照主管税务机关作出限期缴税决定之日前一日人民币汇率中间价折合成人民币,计算非居民企业应纳税所得额。

财产净值、财产转让收入按照取得、转让财产时实际支付或收取的计价币种与上述日期的汇率计算确定。原计价币种停止流通并启用新币种的,按照新旧货币市场转换比例转换为新币种后进行计算。

[例 6.34] 境外 A 企业为非居民企业,境内 B 企业、C 企业为居民企业,A 企业经过前后两次投资 C 企业,合计持有 C 企业 40% 的股权,2008 年 8 月 1 日第一次出资 100 万美元(假设当时人民币汇率中间价为:1 美元 = 8.6 元人民币),2010 年 9 月 1 日第二次投资 50 万欧元(假设当时人民币汇率中间价为:1 欧元 = 8.9 元人民币)

2018 年 1 月 10 日 A 企业以 230 万英镑将该项股权转让给英国 B 企业,合同于当天生效,B 企业于 2018 年 1 月 15 日向 A 企业支付了股权转让款 230 万英镑,假设 2018 年 1 月 15 日,人民币兑美元、欧元、英镑的中间价分别为:1 美元 = 6.6 元人民币,1 欧元 = 7.2 元人民币,1 英镑 = 8.7 元人民币。

假设本次交易财产转让由扣缴义务人扣缴企业所得税,则应纳税所得额的计算过程如下:

①按照所得款项实际支付日 1 月 15 日的汇率折算财产转让收入:
财产转让收入 = 230 万英镑 × 8.7 = 2 001 万元人民币
②按照所得款项实际支付日 1 月 15 日的汇率折算财产净值:
财产净值 = 100 万美元 × 6.6 + 50 万欧元 × 7.2 = 1 020 万元人民币
③计算财产转让所得应纳税所得:
转让所得应纳税所得额 = 财产转让收入 - 财产净值 = 2 001 - 1 020 = 981(万元人民币)

(三)纳税地点的确定

根据《中华人民共和国企业所得税法》第四十条、《国家税务总局关于企业工资薪金及职工福利费扣除问题的通知》(国税发〔2009〕3 号)规定,非居民企业转让境内股权,由受让方负责代扣代缴,纳税地点为受让方所在地税务机关。如果受让方为非居民企业的,纳税地点为股权所在地税务机关。

根据国家税务总局 2017 年第 37 号公告,扣缴义务人未按规定扣缴税款的,由纳税人向被转让股权所在地主管税务机关办理纳税申报。扣缴义务未按规定扣缴税款,纳税人又未按规定办理纳税申报的,由股权所在地税务机关向纳税人追缴税款。

三、非居民企业转让境内股权的特殊重组待遇

根据《财政部、国家税务总局关于企业重组业务企业所得税处理若干问题的通知》(财税〔2009〕59 号)第五条和第七条、《国家税务总局关于非居民

企业股权转让适用特殊性税务处理有关问题的公告》（国家税务总局公告2013年第72号）的规定：（1）非居民企业向其100%直接控股的另一非居民企业转让其拥有的居民企业75%（注：财税〔2014〕109号文件已将该比例放宽到50%，下同）以上的股权（包括因境外企业分立、合并导致中国居民企业股权被转让的情形），受让方非居民企业用本公司或其控股公司的股权作为对价占整个交易额的比例达85%以上，并且没有因此造成以后该项股权转让所得预提税负担变化，同时转让方非居民企业向主管税务机关书面承诺在3年（含3年）内不转让其拥有受让方非居民企业的股权，则转让方非居民企业可以暂不确认股权转让所得，相应地，转让方非居民企业取得受让方非居民企业的股权只能用已转让居民企业股权的原有计税基础替代。（2）非居民企业向与其具有100%直接控股关系的居民企业转让其拥有的另一居民企业50%以上的股权，受让方居民企业用本公司或控股公司的股权作为对价，占整个交易额的比例达85%以上，则非居民企业可以暂不确认转让所得，相应地，取得受让方居民企业的股权应以原持有被转让企业股权的计税基础替代。

非居民企业直接或间接将境内股权转让给其直接或间接控股的非居民企业或居民企业的情形很多，目前只有上述两种情形允许适用特殊重组处理，其他情形享受特殊重组必须经财政部、国家税务总局核准。

非居民企业股权转让选择特殊性税务处理的，应于股权转让合同或协议生效且完成工商变更登记手续30日内进行备案。属于上述第（1）项情形的，由转让方向被转让企业所在地所得税主管税务机关备案；属于上述第（2）项情形的，由受让方向其所在地所得税主管税务机关备案。

股权转让方或受让方可以委托代理人办理备案事项；代理人在代为办理备案事项时，应向主管税务机关出具备案人的书面授权委托书。

股权转让方、受让方或其授权代理人（以下简称备案人）办理备案时需要报送的资料包括：《非居民企业股权转让适用特殊性税务处理备案表》；股权转让业务总体情况说明，应包括股权转让的商业目的、证明股权转让符合特殊性税务处理条件、股权转让前后的公司股权架构图等资料；股权转让业务合同或协议（外文文本的同时附送中文译本）；工商等相关部门核准企业股权变更事项证明资料；截至股权转让时，被转让企业历年的未分配利润资料；税务机关要求的其他材料。

以上资料已经向主管税务机关报送的，备案人可不再重复报送。其中以复印件向税务机关提交的资料，备案人应在复印件上注明"本复印件与原件一致"字样，并签字后加盖备案人印章；报送中文译本的，应在中文译本上注明"本译文与原文表述内容一致"字样，并签字后加盖备案人印章。

主管税务机关应当按规定受理备案，资料齐全的，应当场在《非居民企业股权转让适用特殊性税务处理备案表》上签字盖章，并退1份给备案人；资料不齐全的，不予受理，并告知备案人各应补正事项。

非居民企业发生股权转让上述第（1）项情形的，主管税务机关应当自受理之日起30个工作日内就备案事项进行调查核实、提出处理意见，并将全部备案资料以及处理意见层报省级税务机关。

税务机关在调查核实时，如发现此种股权转让情形造成以后该项股权转让所得预提税负担变化，包括转让方把股权由应征税的国家或地区转让到不征税或低税率的国家或地区，应不予适用特殊性税务处理。

非居民企业发生股权转让属于上述第（2）项情形的，应区分以下两种情形予以处理：

①受让方和被转让企业在同一省且同属国税机关或地税机关管辖的，按照本公告第五条规定执行。

②受让方和被转让企业不在同一省或分别由国税机关和地税机关管辖的，受让方所在地省税务机关收到主管税务机关意见后30日内，应向被转让企业所在地省税务机关发出《非居民企业股权转让适用特殊性税务处理告知函》。

非居民企业股权转让未进行特殊性税务处理备案或备案后经调查核实不符合条件的，适用一般性税务处理规定，应按照有关规定缴纳企业所得税。

非居民企业发生股权转让上述第（1）项情形且选择特殊性税务处理的，转让方和受让方不在同一国家或地区的，若被转让企业股权转让前的未分配利润在转让后分配给受让方的，不享受受让方所在国家（地区）与中国签订的税收协定（含税收安排）的股息减税优惠待遇，并由被转让企业按税法相关规定代扣代缴企业所得税，到其所在地所得税主管税务机关申报缴纳。

四、非居民企业转让境内股权反避税案例分析

（一）股权转让的反避税管理规定

非居民企业转让境内股权通常采取的避税安排主要有：滥用税收优惠、滥用税收协定、滥用公司组织形式、利用避税港避税等。根据《企业所得税法》第四十七条及其《企业所得税法实施条例》第一百二十条、《国家税务总局关于印发〈特别纳税调整实施办法（试行）〉的通知》（国税发〔2009〕002号）第九十七条规定，企业实施其他不具有合理商业目的的安排而减少其应纳税收入或者所得额的，税务机关有权进行一般反避税调查并呈报国家税务总局批准后实施纳税调整。相关管理规定主要有《国家税务总局关于印发〈特别纳税调整实施办法（试行）〉的通知》（国税发〔2009〕002号）、《国家税务总局关于加强非居民企业股权转让所得企业所得税管理的通知》（国税函〔2009〕698号）、《国家税务总局关于非居民企业间接转让财产企业所得税若干问题的公告》（国家税务总局2015年第7号）、《国家税务总局关于非居民企业所得税管理若干问题的公告》（国家税务总局2011年第24号）、《非居民享受税收协定待遇管理办法（试行）》（国税发〔2009〕124号）、《非居民企业税收协同管理办法（试行）》（国税发〔2009〕119号）等文件。

非居民企业向其关联方转让中国居民企业股权，其转让价格不符合独立交易原则而减少应纳税所得额的，税务机关有权按照合理方法进行调整。

非居民企业取得股权转让所得，符合《财政部、国家税务总局关于企业重组业务企业所得税处理若干问题的通知》（财税〔2009〕59号）文件规定的特殊性重组条件并选择特殊性税务处理的，应向主管税务机关提交书面备案资料，证明其符合特殊性重组规定的条件，并经省级税务机关核准。

《国家税务总局关于非居民企业间接转让财产企业所得税若干问题的公告》（国家税务总局2015年第7号，以下简称《公告》）规定，非居民企业通过实施不具有合理商业目的的安排，间接转让中国居民企业股权等财产，规避企业所得税纳税义务的，应按照企业所得税法第四十七条的规定，进行一般反避税调整，重新定性该间接转让交易，确认为直接转让中国居民企业股权等财产。

实际操作中应注意下列问题：

1. 与间接转让中国应税财产相关的整体安排符合以下情形之一的，不适用一般反避税办法。

（1）非居民企业在公开市场买入并卖出同一上市境外企业股权取得间接转让中国应税财产所得；

（2）在非居民企业直接持有并转让中国应税财产的情况下，按照可适用的税收协定或安排的规定，该项财产转让所得在中国可以免予缴纳企业所得税。

间接转让中国应税财产同时符合以下条件的，应认定为具有合理商业目的：

（1）交易双方的股权关系具有下列情形之一：

①股权转让方直接或间接拥有股权受让方80%以上的股权；

②股权受让方直接或间接拥有股权转让方80%以上的股权；

③股权转让方和股权受让方被同一方直接或间接拥有80%以上的股权。

境外企业股权50%以上（不含50%）价值直接或间接来自于中国境内不动产的，上述第①②③持股比例应为100%。

上述间接拥有的股权按照持股链中各企业的持股比例乘积计算。

（2）本次间接转让交易后可能再次发生的间接转让交易相比在未发生本次间接转让交易情况下的相同或类似间接转让交易，其中国所得税负担不会减少。

（3）股权受让方全部以本企业或与其具有控股关系的企业的股权（不含上市企业股权）支付股权交易对价。

上述"中国居民企业股权等财产"，是指非居民企业直接持有，且转让取得的所得按照中国税法规定，应在中国缴纳企业所得税的中国境内机构、场所财产，中国境内不动产，在中国居民企业的权益性投资资产等（以下称"中国应税财产"）。

"间接转让中国应税财产"，是指非居民企业通过转让直接或间接持有中国应税财产的境外企业（不含境外注册中国居民企业，以下称境外企业）股权及其他类似权益（以下称"股权"），产生与直接转让中国应税财产相同或相近实质结果的交易，包括非居民企业重组引起境外企业股东发生变化的情形。间接转让中国应税财产的非居民企业称股权转让方。

2. 适用一般反避税办法的股权转让方取得的转让境外企业股权所得归属于中国应税财产的数额（以下称"间接转让中国应税财产所得"），应按以下顺序进行税务处理：

（1）对归属于境外企业及直接或间接持有中国应税财产的下属企业在中国境内所设机构、场所财产的数额（以下称"间接转让机构、场所财产所得"），应作为与所设机构、场所有实际联系的所得，按照《企业所得税法》第三条第二款规定征税；

（2）除适用本条第（1）项规定情形外，对归属于中国境内不动产的数额（以下称间接转让不动产所得），应作为来源于中国境内的不动产转让所得，按照《企业所得税法》第三条第三款规定征税；

（3）除适用本条第（1）项或第（2）项规定情形外，对归属于在中国居民企业的权益性投资资产的数额（以下称"间接转让股权所得"），应作为来源于中国境内的权益性投资资产转让所得，按照《企业所得税法》第三条第三款规定征税。

[例6.35] 一家设立在开曼的境外企业（不属于境外注册中国居民企业）持有中国应税财产和非中国应税财产两项资产，非居民企业转让开曼企业股权所得为100万元，假设其中归属于中国应税财产的所得对应为80万元，归属于非中国应税财产所得对应为20万元，在这种情况下，只就归属于中国应税财产的80万元部分适用《公告》规定征税；假设其中归属于中国应税财产的所得对应为120万元，归属于非中国应税财产的所得对应为-20万元，那么即便转让开曼企业股权所得为100万元，仍需就归属于中国应税财产的120万元适用《公告》规定征税。

应纳税额 =（中国应税财产的公允价 - 非居民企业直接持有中国应税财产的计税基础）× 10% = 120 × 10% = 12（万元）。

3. 判断合理商业目的，应整体考虑与间接转让中国应税财产交易相关的所有安排，结合实际情况综合分析以下相关因素：

（1）境外企业股权主要价值是否直接或间接来自于中国应税财产；

（2）境外企业资产是否主要由直接或间接在中国境内的投资构成，或其取得的收入是否主要直接或间接来源于中国境内；

（3）境外企业及直接或间接持有中国应税财产的下属企业实际履行的功能和承担的风险是否能够证实企业架构具有经济实质；

（4）境外企业股东、业务模式及相关组织架构的存续时间；

（5）间接转让中国应税财产交易在境外应缴纳所得税情况；

（6）股权转让方间接投资、间接转让中国应税财产交易与直接投资、直接转让中国应税财产交易的可替代性；

（7）间接转让中国应税财产所得在中国可适用的税收协定或安排情况；

（8）其他相关因素。

在实际税收征管处理中，要基于具体交易（含未列明的其他相关因素），按照"实质重于形式"的原则,对交易整体安排和所有要素进行综合分析判断,不应依据单一因素或者部分因素予以认定。所列因素基本含义如下:

第(1)项和第(2)项因素,要求从被转让的境外企业股权价值来源以及境外企业资产和收入构成判断间接转让交易的主要标的是否为中国应税财产。

第(3)项因素,要求通过功能风险分析判断被转让的境外企业及下属其他境外中间层公司的经济实质。通常从相关企业股权设置以及人员、财产、收入等经营情况和财务信息入手,分析被转让企业股权与相关企业实际履行功能和承担风险的关联性,及其在企业集团架构中的实质经济意义,但要注意行业差异和特点。

第(4)项因素,要求从时间间隔上考量间接转让交易及相关安排的筹划痕迹。举例而言,如果境外股权转让方在转让前短时间内搭建了中间层公司并完成间接转让,那么这种交易安排就具有明显的筹划痕迹,非常不利于合理商业目的的判定。

第(5)项因素,要求从境外应缴税情况判断是否存在跨国税收利益。境外应缴纳所得税情况包括股权转让方在其居民国应缴税情况和被转让方所在地应缴税情况。应缴税情况不仅考虑间接转让交易在境外实际缴纳的税款,还要考虑境外盈亏抵补、亏损结转等影响境外所得税税基的境外税收法律适用情况。如果在股权转让方居民国和被转让方所在地总体应缴纳所得税低于该间接转让交易在我国应缴税数额,那么就可以证明间接转让中国应税财产交易存在跨国税收利益。

第(6)项因素,要求从直接投资、直接转让中国应税财产交易与间接投资、间接转让中国应税财产交易间的可替代性分析判定间接交易是否存在合理商业实质。可替代性分析要考虑市场准入、交易审查、交易合规和交易目标等多种商业和非商业因素,不应仅凭单一因素(如市场准入限制)予以认定。

第(7)项因素,要求考虑交易适用税收协定(安排)的影响,包括适用税收协定(安排)的可能性和结果(含反滥用税收协定规则的适用结果)。

4. 与间接转让中国应税财产相关的整体安排同时符合以下情形的,应直接认定为不具有合理商业目的:

(1)境外企业股权75%以上价值直接或间接来自于中国应税财产;

(2)间接转让中国应税财产交易发生前一年内任一时点,境外企业资产总额(不含现金)的90%以上直接或间接由在中国境内的投资构成,或间接转让中国应税财产交易发生前一年内,境外企业取得收入的90%以上直接或间接来源于中国境内;

(3)境外企业及直接或间接持有中国应税财产的下属企业虽在所在国家(地区)登记注册,以满足法律所要求的组织形式,但实际履行的功能及承担的风险有限,不足以证实其具有经济实质;

(4)间接转让中国应税财产交易在境外应缴所得税税负低于直接转让中国应税财产交易在中国的可能税负。

5. 间接转让机构、场所财产所得按照本公告规定应缴纳企业所得税的，应计入纳税义务发生之日所属纳税年度该机构、场所的所得，按照有关规定申报缴纳企业所得税。

6. 间接转让不动产所得或间接转让股权所得按照本公告规定应缴纳企业所得税的，依照有关法律规定或者合同约定对股权转让方直接负有支付相关款项义务的单位或者个人为扣缴义务人。

扣缴义务人未扣缴或未足额扣缴应纳税款的，股权转让方应自纳税义务发生之日起 7 日内向主管税务机关申报缴纳税款，并提供与计算股权转让收益和税款相关的资料。主管税务机关应在税款入库后 30 日内层报税务总局备案。

扣缴义务人未扣缴，且股权转让方未缴纳应纳税款的，主管税务机关可以按照《税收征管法》及其实施细则相关规定追究扣缴义务人责任；但扣缴义务人已在签订股权转让合同或协议之日起 30 日内按本公告第九条规定提交资料的，可以减轻或免除责任。

7. 间接转让中国应税财产的交易双方及被间接转让股权的中国居民企业可以向主管税务机关报告股权转让事项，并提交以下资料：

（1）股权转让合同或协议（为外文文本的需同时附送中文译本，下同）；

（2）股权转让前后的企业股权架构图；

（3）境外企业及直接或间接持有中国应税财产的下属企业上两个年度财务、会计报表；

（4）间接转让中国应税财产交易不适用本公告第一条的理由。

8. 间接转让中国应税财产的交易双方和筹划方，以及被间接转让股权的中国居民企业，应按照主管税务机关要求提供以下资料：

（1）本《公告》第九条规定的资料（已提交的除外）；

（2）有关间接转让中国应税财产交易整体安排的决策或执行过程信息；

（3）境外企业及直接或间接持有中国应税财产的下属企业在生产经营、人员、账务、财产等方面的信息，以及内外部审计情况；

（4）用以确定境外股权转让价款的资产评估报告及其他作价依据；

（5）间接转让中国应税财产交易在境外应缴纳所得税情况；

（6）与适用《公告》第五条和第六条有关的证据信息；

（7）其他相关资料。

9. 股权转让方通过直接转让同一境外企业股权导致间接转让两项以上中国应税财产，按照本《公告》的规定应予征税，涉及两个以上主管税务机关的，股权转让方应分别到各所涉主管税务机关申报缴纳企业所得税。

各主管税务机关应相互告知税款计算方法，取得一致意见后组织税款入库；如不能取得一致意见的，应报其共同上一级税务机关协调。

10. 股权转让方未按期或未足额申报缴纳间接转让中国应税财产所得应纳税款，扣缴义务人也未扣缴税款的，除追缴应纳税款外，还应按照《企业所得税法实施条例》第一百二十一、一百二十二条规定对股权转让方按日加收利息。

股权转让方自签订境外企业股权转让合同或协议之日起 30 日内提供本《公告》第九条规定的资料或按照本《公告》第七条、第八条的规定申报缴纳税款的,按《企业所得税法实施条例》第一百二十二条规定的基准利率计算利息;未按规定提供资料或申报缴纳税款的,按基准利率加 5 个百分点计算利息。

11.《公告》适用于在中国境内未设立机构、场所的非居民企业取得的间接转让中国应税财产所得,以及非居民企业虽设立机构、场所但取得与其所设机构、场所没有实际联系的间接转让中国应税财产所得。

股权转让方转让境外企业股权取得的所得(含间接转让中国应税财产所得)与其所设境内机构、场所有实际联系的,无须适用本《公告》规定,应直接按照《企业所得税法》第三条第二款规定征税。

12.《公告》所称纳税义务发生之日是指股权转让合同或协议生效,且境外企业完成股权变更之日。

13.《公告》所称主管税务机关,是指在中国应税财产被非居民企业直接持有并转让的情况下,财产转让所得应纳企业所得税税款的主管税务机关,应分别按照本《公告》第二条规定的三种情形确定。

(二)举例分析

1. 设立境外导管公司,间接转让境内股权。

[例 6.36] 某境外投资集团通过其香港全资子公司持有境内甲公司 49% 的股权。2010 年 1 月,境外投资集团通过转让香港全资子公司股权,间接转让了甲公司 49% 股权。主管税务机关结合相关资料,初步判断被转让的子公司属于"无雇员、无其他资产和负债、无其他投资、无其他经营业务"的"特殊目的公司"。根据《国家税务总局关于加强非居民企业股权转让所得企业所得税管理的通知》(国税函〔2009〕698 号)第六条规定,境外投资方通过滥用组织形式等安排间接转让中国居民企业股权,且不具有合理的商业目的,规避企业所得税纳税义务的,主管税务机关层报税务总局审核后可以按照经济实质对该股权转让交易重新定性,否定被用作税收安排的境外控股公司的存在。

税务机关通过进一步调查证实了该投资集团避税的事实,外方公司最终同意补缴本次股权转让所得应缴纳的企业所得税 2 540 万美元(折合人民币 1.73 亿元)税款。

2. 设立境外导管公司,滥用税收协定避税。

[例 6.37] 美国某投资集团于 2006 年 5 月 10 日在巴巴多斯注册成立全资子公司 A,同年 7 月,A 公司与中方某企业签订投资合资协议在我国境内成立中外合资企业 B,其中,A 公司占 B 公司 24.99% 的股份,一年后,A 公司将 B 公司 24.99% 股权对外转让,取得收益 1 217 万美元。

根据中巴税收协定,此项发生在我国的股权转让收益我国没有征税权,征税权在巴方。在 A 公司是否构成巴巴多斯居民的身份尚未明确的情况下,付款方多次催促税务部门尽快答复是否征税并希望税务部门配合办理付汇手续。根据付款协议，如果付款方不按时汇款，将额外支付高额的利息。为了避免中方企业遭受不必要的经济损失，主管税务机关同意对股权转让款先行汇出，但扣留相当于应纳税款部分的款项，余额部分待 A 公司能否享受税收协定待遇确定后再做决定。

对此，主管税务机关一方面进行深入的调查了解，开展对 A 公司居民身份的取证工作，判定是否可以执行中巴税收协定；另一方面将案情进展情况及具体做法逐级向税务总局报告。税务总局启动了税收情报交换机制，最终确认 A 公司不属于巴巴多斯的税收居民，不能享受中巴税收协定的有关规定，对其在华投资活动中的所得应按国内法规定处理。2008 年 7 月完成了该项 9 163 728 元税款的入库工作。

3. 恶意分拆境外股权，享受税收协定优惠。

[例 6.38]　某上市公司在上海证券交易所挂牌上市，其中中国香港公司占注册资本的 15.60%。2009 年 10 月 9 日至 27 日，香港公司在二级市场以竞价交易方式出售上市公司股票 1 982 万股，交易金额 2.21 亿元。当主管税务机关通过上证所公开渠道获知此信息时，企业却向主管税务机关提出要求享受免税的税收协定待遇。理由是：根据 2008 年 1 月内地和香港签订的《内地和香港特别行政区关于避免双重征税和防止偷漏税的安排第二议定书》第五条规定："一方居民转让其在另一方居民公司资本中的股份或其他权利取得的收益，如果该收益人在转让行为前的 12 个月内，曾经直接或间接参与该公司至少 25% 的资本，可以在另一方征税。"由于香港公司占该上市公司的股份未达到 25%，因此企业认为内地没有征税权。

税务人员通过查阅 2008 年上市公司年报信息、历年股东持股情况，认真分析税收协定政策和香港的相关税收法规后，判定香港公司并不符合税收协定免税待遇。虽然香港公司转让股票前的 12 个月内只占上市公司股份的 15.60%，但从年报上看，该上市公司的第一大股东公司与第二大股东香港公司是"行动一致人"，这两家股东公司均由某香港居民个人 100% 投资，因此香港公司实际控股人、转让股票的最终收益人是该香港居民，间接拥有该上市公司 38.09% 的股份。同时，上市公司 2008 年年报披露，香港的两家股东公司都是非业务经营性投资控股公司。按照内地与香港签订的税收协定安排和《第二议定书》以及国家税务总局有关规定，内地有权征税。

经过税企双方多次磋商，最终香港公司同意就其股票出售收益在内地缴纳非居民企业所得税。2009 年 10 月，该上市公司作为香港股东的代理人，到主管税务机关申报扣缴了 2 210 万元非居民企业所得税。2009 年 11 月和 2010 年 4 月，香港公司先后 6 次减持该上市公司的股票 2.6 亿股，取得股权转让金额 33 亿多元。该上市公司在主管税务机关的要求下，比照前例及时缴纳了非居民企业所得税 3.57 亿元。

4. 启示。以上案例对于加强非居民税收管理、维护国家税收权益具有典型意义和参考价值。我国与不同国家、地区所签订的税收协定中规定的税收待遇、税收条款不尽相同，还有一些国家、地区尚未签订税收协定。有些外国公司企图通过"导管公司"谋取不应有的税收优惠，税务机关必须加强税收协定执行情况的监控，启动一般反避税调查程序及纳税调整，防止非居民企业滥用税收协定逃避国家税收。

第六节　股权投资处置环节的个人所得税处理

个人处置股权应按"财产转让所得"税目征收个人所得税，本节依据现行税法从征税范围、纳税义务发生时间、计税依据、纳税地点、税务管理等方面作具体解读。

一、征税范围的界定

（一）基本规定

非居民个人转让中国境内股权属于来源于境内的所得，应当缴纳个人所得税。需要注意的是，《财政部、税务总局关于境外所得有关个人所得税政策的公告》（财政部、国家税务总局公告2020年第3号）规定，转让中国境外的不动产、转让对中国境外企业以及其他组织投资形成的股票、股权以及其他权益性资产（以下称"权益性资产"），或者在中国境外转让其他财产取得的所得为来源于境外的所得。但转让对中国境外企业以及其他组织投资形成的权益性资产，该权益性资产被转让前三年（连续36个公历月份）内的任一时间，被投资企业或其他组织的资产公允价值50%以上直接或间接来自位于中国境内的不动产的，取得的所得为来源于中国境内的所得。因此，非居民个人间接转让中国应税财产符合前述规定的，属于来源于境内的所得，我国有征税权。

（二）关于税收协定（安排）中财产收益条款

税收协定（或安排，下同）是协调划分两地税收管辖权并对两地纳税人共同适用的法律规范。在税收法律、行政法规与税收协定规定不一致时，应以税收协定为准。但当税收法律、行政法规所规定的待遇优于税收协定时，可以按照税收法律、行政法规的规定处理。

例如，《国家税务总局关于印发内地和香港避免双重征税安排文本并请做好执行准备的通知》（国税函〔2006〕884号）及国家税务总局对相关条文的解释规定，香港居民转让其在境内居民公司股份取得的收益，如果该收益人在转让行为前的12个月内，曾经直接或间接参与该公司至少25%的资本，内地拥有征税权，反之香港居民取得的股权转让收益不征所得税。但，香港居民转让境内居民公司股份之前 3 年内,该公司财产至少 50% 曾经为位于境内的不动产,无论香港居民持股比例是否达到 25%,内地均拥有征税权。

二、个人转让股权纳税义务发生时间

《个人所得税法实施条例》第三十五条规定:"扣缴义务人在向个人支付应税款项时,应当依照税法规定代扣税款,按时缴库,并专项记载备查。"

值得注意的是,《国家税务总局关于纳税人收回转让的股权征收个人所得税问题的批复》(国税函〔2005〕130号)规定:"股权转让合同履行完毕、股权已作变更登记,且所得已经实现的,转让人取得的股权转让收入应当依法缴纳个人所得税。转让行为结束后,当事人双方签订并执行解除原股权转让合同、退回股权的协议,是另一次股权转让行为,对前次转让行为征收的个人所得税款不予退回。股权转让合同未履行完毕,因执行仲裁委员会作出解除股权转让合同及补充协议的裁决、停止执行原股权转让合同,并原价收回已转让股权的,由于其股权转让行为尚未完成、收入未完全实现,随着股权转让关系的解除,股权收益不复存在,根据个人所得税法和征管法的有关规定,以及从行政行为合理性原则出发,纳税人不应缴纳个人所得税。"

"股权转让合同履行完毕、股权已作变更登记,且所得已经实现"是指股权转让行为的完成日,而不是指纳税义务发生时间。对于已完成的股权转让行为,如果要退回,必须按照再次转让处理。

三、应纳税所得额及应纳税额的计算

(一)适用税目、税率及计算公式

个人转让股权应当按照"财产转让所得"项目计算个人所得税,适用税率为 20%。

应纳税额 =(收入总额 – 投资成本 – 相关税费)× 20%

需要注意的是,个体工商户、个人独资企业、合伙企业取得的股权(股票)转让所得不适用"财产转让所得",而应按照"个体工商户的生产经营所得"项目征税。

《财政部、国家税务总局关于个人独资企业和合伙企业投资者征收个人所得税的规定》(财税〔2000〕91号)、《财政部、国家税务总局关于合伙企业合伙人所得税问题的通知》(财税〔2008〕159号)、《国家税务总局关于切实加强高收入者个人所得税征管的通知》(国税发〔2011〕50号)规定,对个体工商户、个人独资企业和合伙企业从事股权(票)、期货、基金、债券、外汇、贵重金属、资源开采权及其他投资品交易取得的所得,应全部纳入生产经营所得(适用 5%~35% 的五级超额累进税率),依法征收个人所得税。

(二) 收入总额

根据《个人所得税法实施条例》第十条、《国家税务总局关于个人终止投资经营收回款项征收个人所得税问题的公告》（国家税务总局公告 2011 年第 41 号）、《国家税务总局关于个人股权转让过程中取得违约金收入征收个人所得税问题的批复》（国税函〔2006〕866 号）、《国家税务总局关于股权转让收入征收个人所得税问题的批复》（国税函〔2007〕244 号）、《股权转让所得个人所得税管理办法（试行）》（国家税务总局公告 2014 年第 67 号）等文件规定，股权转让收入是指转让方因股权转让而获得的现金、实物、有价证券和其他形式的经济利益。转让方取得与股权转让相关的各种款项，包括违约金、补偿金以及其他名目的款项、资产、权益等，均应当并入股权转让收入。纳税人按照合同约定，在满足约定条件后取得的后续收入，应当作为股权转让收入。转让的股权以人民币以外的货币结算的，按照结算当日人民币汇率中间价，折算成人民币计算应纳税所得额。

1. 股权转让收入应当按照公平交易原则确定。符合下列情形之一的，主管税务机关可以核定股权转让收入：

（1）申报的股权转让收入明显偏低且无正当理由的；

（2）未按照规定期限办理纳税申报，经税务机关责令限期申报，逾期仍不申报的；

（3）转让方无法提供或拒不提供股权转让收入的有关资料；

（4）其他应核定股权转让收入的情形。

2. 符合下列情形之一，视为股权转让收入明显偏低：

（1）申报的股权转让收入低于股权对应的净资产份额的。其中，被投资企业拥有土地使用权、房屋、房地产企业未销售房产、知识产权、探矿权、采矿权、股权等资产的，申报的股权转让收入低于股权对应的净资产公允价值份额的；

（2）申报的股权转让收入低于初始投资成本或低于取得该股权所支付的价款及相关税费的；

（3）申报的股权转让收入低于相同或类似条件下同一企业同一股东或其他股东股权转让收入的；

（4）申报的股权转让收入低于相同或类似条件下同类行业的企业股权转让收入的；

（5）不具合理性的无偿让渡股权或股份；

（6）主管税务机关认定的其他情形。

3. 符合下列条件之一的股权转让收入明显偏低，视为有正当理由：

（1）能出具有效文件，证明被投资企业因国家政策调整，生产经营受到重大影响，导致低价转让股权；

（2）继承或将股权转让给其能提供具有法律效力身份关系证明的配偶、父

母、子女、祖父母、外祖父母、孙子女、外孙子女、兄弟姐妹以及对转让人承担直接抚养或者赡养义务的抚养人或者赡养人;

(3) 相关法律、政府文件或企业章程规定,并有相关资料充分证明转让价格合理且真实的本企业员工持有的不能对外转让股权的内部转让;

(4) 股权转让双方能够提供有效证据证明其合理性的其他合理情形。

4. 主管税务机关应依次按照下列方法核定股权转让收入:

(1) 净资产核定法。股权转让收入按照每股净资产或股权对应的净资产份额核定。

被投资企业的土地使用权、房屋、房地产企业未销售房产、知识产权、探矿权、采矿权、股权等资产占企业总资产比例超过20%的,主管税务机关可参照纳税人提供的具有法定资质的中介机构出具的资产评估报告核定股权转让收入。

6个月内再次发生股权转让且被投资企业净资产未发生重大变化的,主管税务机关可参照上一次股权转让时被投资企业的资产评估报告核定此次股权转让收入。

(2) 类比法。①参照相同或类似条件下同一企业同一股东或其他股东股权转让收入核定;②参照相同或类似条件下同类行业企业股权转让收入核定。

(3) 其他合理方法。主管税务机关采用以上方法核定股权转让收入存在困难的,可以采取其他合理方法核定。

5. 关于被转让企业债务由原股东、新股东或第三方承担时转让收入的确定。股权转让业务涉及的法律主体包括转让方、受让方和被转让企业(以下简称"目标公司"),三者均为独立的法律主体。按照《公司法》有关规定,无论是转让前,还是转让后,目标公司的债权、债务都应由目标公司享有和承担。如果转让方与受让方约定目标公司的债权、债务不由目标公司享有和承担的,必须对股权转让价格进行调整。具体有三种情形:

(1) 股权转让合同约定目标公司原债权、债务归转让方享有、承担。应纳税股权转让收入 = 合同约定的股权转让价格 + 合同约定的由转让方享有的目标公司债权 – 合同约定的由转让方承担的目标公司债务。

[例6.39] 张先生转让M公司100%股权,该股权初始出资额300万元,基准日,M公司债权3 000万元,债务2 500万元,净资产500万元(其中股本300万元、留存收益200万元)。合同约定:股权转让价800万元,基准日目标公司账面债权、债务由张先生享有、承担。

该笔股权交易张先生实际取得的股权转让收入为:$800 + 3\,000 - 2\,500 = 1\,300$(万元)

应纳税额 = (转让收入 – 投资成本 – 印花税)×20% = $(1\,300 - 300 - 1\,300 \times 0.5‰) \times 20\% = 199.87$(万元)

(2) 转让方承诺放弃目标公司债权。转让方承诺放弃目标公司债权,这种债权放弃是以股权转让价格为条件,不同于债务重组中的债权放弃,应该按照股权、债权一并转让处理。合同中约定的股权转让价格包含了债权转让收入，在计算个人所得税时，应将收回的债权金额剔除后作为股权转让收入。

换句话说，个人转让股权、债权均需按"财产转让所得"缴纳个人所得税，允许扣除的成本包括股权投资成本和债权投资成本（本金），其结果是债权转让所得为零，仅对股权转让所得征税。

因此，应纳税股权转让收入＝合同约定的股权转让价格－合同约定的转让方承诺放弃目标公司的债权金额。

[例6.40] 张先生转让M公司100%股权，该股权初始出资额300万元，基准日，张先生及其关联方对M公司的债权金额为420万元。合同约定：股权转让价800万元，张先生及其关联方承诺放弃对目标公司的债权420万元。

张先生取得的转让价格800万元中有420万元是张先生及其关联方对M公司债权的收回，剩余380万元才是真正的股权转让收入。

应纳税额＝（股权转让收入－投资成本－印花税）×20%＝（380－300－380×0.5‰）×20%＝15.96（万元）

（3）转让方欠目标公司债务，受让方、目标公司共同承诺放弃转让方债务。

这类合同条款的含义是受让方为转让方承担目标公司的债务，因此，凡股权转让合同中约定"转让方欠目标公司的债务不再偿还"或者"目标公司放弃转让方债权"的，均应计入收入总额。

应纳税股权转让收入＝合同约定的股权转让价格＋受让方替转让方承担的债务

[例6.41] 张先生转让M公司100%股权，该股权初始出资额300万元，基准日，张先生欠M公司债务400万元。合同约定：股权转让价800万元，张先生欠M公司债务400万元不再偿还。

该合同条款换一种表达方式即为：股权转让价1 200万元，其中800万元以现金方式支付，剩余400万元委托受让方代其直接偿还给M公司。

应纳税股权转让收入＝800＋400＝1 200（万元）

应纳税额＝（1 200－300－1 200×0.5‰）×20%＝179.88（万元）

（三）投资成本

个人转让股权的原值依照以下方法确认：

（1）以现金出资方式取得的股权，按照实际支付的价款与取得股权直接相关的合理税费之和确认股权原值；

（2）以非货币性资产出资方式取得的股权，按照税务机关认可或核定的投资入股时非货币性资产价格与取得股权直接相关的合理税费之和确认股权原值；

（3）通过无偿让渡方式取得股权，具备《股权转让所得个人所得税管理办法（试行）》（国家税务总局公告2014年第67号）第十三条第二项所列情形的，按取得股权发生的合理税费与原持有人的股权原值之和确认股权原值；

(4) 被投资企业以资本公积、盈余公积、未分配利润转增股本,个人股东已依法缴纳个人所得税的,以转增额和相关税费之和确认其新转增股本的股权原值;

(5) 除以上情形外,由主管税务机关按照避免重复征收个人所得税的原则合理确认股权原值。

股权转让人已被主管税务机关核定股权转让收入并依法征收个人所得税的,该股权受让人的股权原值以取得股权时发生的合理税费与股权转让人被主管税务机关核定的股权转让收入之和确认。

个人转让股权未提供完整、准确的股权原值凭证,不能正确计算股权原值的,由主管税务机关核定其股权原值。

对个人多次取得同一被投资企业股权的,转让部分股权时,采用"加权平均法"确定其股权原值。

(四) 相关税费

计算股权转让应纳税所得额允许扣除的相关税费是指印花税、佣金、手续费,凡能够提供合法凭据的,允许据实扣除。

(五) 个人转让原始股应纳税额的计算

关于个人转让原始股的征税规定及税务管理,国家税务总局先后发布了《财政部、国家税务总局关于个人转让上市公司限售股所得征收个人所得税有关问题的通知》(财税〔2009〕167号)、《国家税务总局关于做好限售股转让所得个人所得税征收管理工作的通知》(国税发〔2010〕8号)、《国家税务总局所得税司关于印发〈限售股个人所得税政策解读稿〉的通知》(所便函〔2010〕5号)、《国家税务总局关于限售股转让所得个人所得税征缴有关问题的通知》(国税函〔2010〕23号)、《财政部、国家税务总局关于专项用途财政性资金企业所得税处理问题的通知》(财税〔2011〕70号)等文件。对个人委托代持原始股的征税办法参见国家税务总局2011年第39号公告。

《财政部、国家税务总局关于个人转让上市公司限售股所得征收个人所得税有关问题的通知》(财税〔2009〕167号)规定,从2010年1月1日起对个人转让上市公司限售流通股(以下简称限售股)取得的所得征收个人所得税,同时对个人在上海证券交易所、深圳证券交易所转让从上市公司公开发行和转让市场取得的上市公司股票所得,继续免征个人所得税。

限售股转让所得个人所得税,以限售股持有者为纳税义务人,以个人股东开户的证券机构为扣缴义务人。限售股个人所得税由证券机构所在地主管税务机关负责征收管理。

纳税人同时持有限售股及该股流通股的,其股票转让所得,按照限售股优先原则,即:转让股票视同为先转让限售股,按规定计算缴纳个人所得税。

个人转让限售股,应以每次限售股转让收入,减除股票原值和合理税费后的余额，为应纳税所得额。

应纳税额＝应纳税所得额×20%＝[限售股转让收入－（限售股原值＋合理税费）]×20%

其中，限售股转让收入，是指转让限售股股票实际取得的收入。限售股原值，是指限售股买入时的买入价及按照规定缴纳的有关费用。合理税费，是指转让限售股过程中发生的印花税、佣金、过户费等与交易相关的税费。

新上市公司每位持有限售股的个人股东应仅申报一个成本原值。个人取得的限售股有不同成本的，应对所持限售股以每次取得股份数量为权重进行成本加权平均以计算出每股的成本原值，即：

分次取得限售股的加权平均成本＝（第一次取得限售股的每股成本原值×第一次取得限售股的股份数量＋…＋第 n 次取得限售股的每股成本原值×第 n 次取得限售股的股份数量）÷累计取得限售股的股份数量

股票上市首日至解禁日期间发生送、转、缩股的，证券登记结算公司应依据送、转、缩股比例对限售股成本原值进行调整；而对于其他权益分派的情形（如现金分红、配股等），不对限售股的成本原值进行调整。

如果纳税人未能提供完整、真实的限售股原值凭证的，不能准确计算限售股原值的，主管税务机关一律按限售股转让收入的 15% 核定限售股原值及合理税费。

（六）股东溢价减资应纳税额的计算

减资是股东收回投资的一种方式，如果存在溢价，则必须按照"财产转让所得"征收个人所得税。

[例 6.42] 甲公司注册资本 1 000 万元（其中张先生出资 700 万元，李先生出资 300 万元，股权比例 7∶3）。后来，王先生出资 2 000 万元对甲公司增资，占甲公司 50% 的股份（按 2∶1 增资），甲公司增加实收资本 1 000 万元，同时增加资本公积（资本溢价）1 000 万元。增资后，张、李、王股权比例分别为：35%、15%、50%。随后，甲公司用资本溢价对全体股东增资，按规定不征个人所得税，股本总额变为 3 000 万元。如果公司申请减资 50%，即 1 500 万元，减资后剩余股本为 1 500 万元。个人股东取得的减资额，相当于股权转让收入，允许扣除的投资成本按照出资额的 50% 确定。

张先生、李先生、王先生减资额及应纳税额分别为：

张先生减资额：1 500×35%＝525（万元），应纳税额＝（525－700×50%）×20%＝35（万元）；

李先生减资额：1 500×15%＝225（万元），应纳税额＝（225－300×50%）×20%＝15（万元）；

王先生减资额：1 500×50%＝750（万元），应纳税所得额＝750－2 000×50%＝－250（万元），不征个人所得税。

（七）公司清算收回投资应纳税额的计算

个人因公司清算收回投资与股东减资计算应纳税额的方法相同，对个人投资者按照公司章程约定的清算分配比例取得的收入应当按照财产转让所得征收个人所得税。公司清算主要有资产处置、按顺序偿债、剩余财产分配等三个步骤。依据《财政部、国家税务总局关于个人所得税若干政策问题的通知》（财税〔1994〕20号）的规定，外籍个人从外商投资企业取得的股息所得免征个人所得税。对居民个人取得的清算分配，不再区分股息所得和股权转让所得，一律按照"财产转让所得"计算个人所得税。

居民个人应纳税额 =（清算分配 – 投资成本）×20%。

外籍个人应纳税额 =（清算分配 – 股息所得 – 投资成本）×20%。

四、个人转让股权的纳税地点

《股权转让所得个人所得税管理办法（试行）》（国家税务总局公告2014年第67号）规定："个人股东股权转让所得个人所得税以发生股权变更企业所在地地税机关为主管税务机关。纳税人或扣缴义务人应到主管税务机关办理纳税申报和税款入库手续。"

五、个人转让股权的税务管理

为加强自然人股东股权转让所得个人所得税的征收管理，国家税务总局颁布了《股权转让所得个人所得税管理办法（试行）》（国家税务总局公告2014年第67号），文件规定，具有下列情形之一的，扣缴义务人、纳税人应当依法在次月15日内向主管税务机关申报纳税：

（1）受让方已支付或部分支付股权转让价款的；
（2）股权转让协议已签订生效的；
（3）受让方已经实际履行股东职责或者享受股东权益的；
（4）国家有关部门判决、登记或公告生效的；
（5）本办法第三条第四至第七项行为已完成的；
（6）税务机关认定的其他有证据表明股权已发生转移的情形。

纳税人、扣缴义务人向主管税务机关办理股权转让纳税（扣缴）申报时，还应当报送以下资料：

（1）股权转让合同（协议）；
（2）股权转让双方身份证明；
（3）按规定需要进行资产评估的，需提供具有法定资质的中介机构出具的净资产或土地房产等资产价值评估报告；
（4）计税依据明显偏低但有正当理由的证明材料；

（5）主管税务机关要求报送的其他材料。

被投资企业应当在董事会或股东会结束后 5 个工作日内，向主管税务机关报送与股权变动事项相关的董事会或股东会决议、会议纪要等资料。被投资企业发生个人股东变动或者个人股东所持股权变动的，应当在次月 15 日内向主管税务机关报送含有股东变动信息的"个人所得税基础信息表（a 表）"及股东变更情况说明。主管税务机关应当及时向被投资企业核实其股权变动情况，并确认相关转让所得，及时督促扣缴义务人和纳税人履行法定义务。

税务机关应加强与工商部门合作，落实和完善股权信息交换制度，积极开展股权转让信息共享工作。税务机关应当建立股权转让个人所得税电子台账，将个人股东的相关信息录入征管信息系统，强化对每次股权转让间股权转让收入和股权原值的逻辑审核，对股权转让实施链条式动态管理。税务机关应当落实好国税部门、地税部门之间的信息交换与共享制度，不断提升股权登记信息应用能力。税务机关应当加强对股权转让所得个人所得税的日常管理和税务检查，积极推进股权转让各税种协同管理。

纳税人、扣缴义务人及被投资企业未按照规定期限办理纳税（扣缴）申报和报送相关资料的，依照《中华人民共和国税收征收管理法》及其实施细则有关规定处理。

六、法律责任

个人转让股权负有纳税义务的，税款应由受让方负责代扣代缴。个人年所得超过 12 万元或取得应税所得没有扣缴义务人的，个人负有纳税申报义务。依据《税收征收管理法》第六十九条规定，扣缴义务人应扣未扣、应收而不收税款的，由税务机关向纳税人追缴税款，对扣缴义务人处应扣未扣、应收未收税款 50% 以上 3 倍以下的罚款。

值得一提的是，《国家税务总局关于行政机关应扣未扣个人所得税问题的批复》（国税函〔2004〕1199 号）对《中华人民共和国税收征收管理法》第六十九条作出解释，扣缴义务人应扣未扣税款，税务机关在向纳税人追征税款时，不得向纳税人或扣缴义务人加收滞纳金。

第七节　股权投资亟须明确和修订的税收政策

股权投资业务是税收管理的重点，也是税收政策的难点。多年来，我国有关股权投资业务的税收政策一直处于调整和完善状态。现行股权投资政策在实践中依然存在许多问题，亟须明确与修订。

本节分为两部分，一是针对股权投资需要进一步明确的税收政策进行分析并提出建议,二是探讨股权投资需要进一步修订的税收政策及完善思路。对股权收购与资产收购所得税政策的解读与完善,将在第七章第四节专题撰文解析。

一、股权投资业务亟须明确的税收政策

1. 居民企业投资资产计税基础的确定。

(1) 政策依据。《企业所得税法实施条例》第七十一条规定,通过支付现金方式取得的投资资产,以购买价款作为计税基础。通过支付现金以外的方式取得的投资资产,以该资产的公允价值和支付的相关税费为成本。

(2) 存在问题。该文没有对"相关税费"作出解释,实务中,税务人员将其理解为除增值税以外的所有税费,这是不对的。

(3) 政策建议。由于以非货币性资产作为对价取得的投资,需要视同销售计算资产转让所得,相应地,非货币性资产对外投资应纳的营业税、消费税、资源税、土地增值税、城市维护建设税、教育费附加和地方教育费附加(以下简称"五税两费"),已在投资时允许在税前扣除,因此计入投资计税基础的税费不再包括"五税两费",否则会导致重复扣除。

2. 外商投资企业税后利润所属年度的划分问题。

(1) 政策依据。《财政部、国家税务总局关于企业所得税若干优惠政策的通知》(财税〔2008〕001号)规定,外商投资企业将税后利润分配给投资者,非居民企业取得的股息所得,应当分段处理,归属于2007年12月31日之前实现的税后利润,免征企业所得税,归属于2008年1月1日以后实现的税后利润,按规定扣缴预提所得税。

(2) 存在问题。企业在先连续亏损后连续盈利,或者先连续盈利后连续亏损的情况下,对税后利润的所属年度很容易进行划分,但如果企业出现连续盈利或盈亏年度交叉出现的情况下,就会出现累计未分配利润既包含2007年12月31日之前实现的,也有2008年1月1日以后实现的,当可供分配的利润中的一部分用于分配,且这部分利润既有纳税争议就产生了。

(3) 政策建设。建议统一明确为:按照"先赚先分"原则,从最早年度依次往以后年度推算分配利润的所属年度,并据此计算非居民企业应纳的预提所得税。

3. 居民企业取得的来源于被投资方公允价值变动收益的税收待遇问题。

[例6.43] 假如某企业某年度会计利润2 000万元(其中公允价值变动损益2 000万元,其他会计损益为零)。不考虑其他因素,应纳税所得额和应纳所得税额均为零,当期所得税费用(递延所得税费用)= 2 000 × 25% = 500(万元),未分配利润 = 2 000 − 500 = 1 500(万元)。这部分未分配利润实际并未缴纳企业所得税。

《中国证券监督管理委员会对"会计问题征询函"的复函》(会计部函〔2008〕50号):"可供出售金融资产公允价值变动形成的利得或损失,除减值

损失和外币货币性金融资产形成的汇兑差额外,应当直接计入所有者权益(其他资本公积)。在相关法律法规有明确规定前,上述计入其他资本公积的公允价值变动部分,暂不得用于转增股份;以公允价值计量的相关资产,其公允价值变动形成的收益,暂不得用于利润分配。"

根据证监会的解释,上述未分配利润暂不得用于利润分配。但在实际操作过程中,许多非上市公司通过股东会决议实施分配,对此,居民企业股东是否确认股息所得并享受免征企业所得税优惠呢?有人认为,由于实际未缴纳企业所得税,居民企业取得的分配,不能享受免税优惠。

笔者认为,税后利润是指税法规定进行纳税调整计算企业所得税后的利润,而未必是一定缴纳了企业所得税后的利润。当会计利润大于应纳税所得额时,都会出现这种情况。比如免税企业的未分配利润,虽然未缴纳企业所得税,同样属于税后利润的范畴,其用于分配时,应作为股息所得对待。

上述情况,法人股东取得的分配已经扣除了递延所得税费用,而且目标公司这部分公允价值变动损益迟早会变为实际可供分配的利润,提前分配必然会减少以后的分配,因此,应作为股息所得对待,可以享受免征企业所得税优惠。否则,这部分股息所得就永远无法享受免税优惠了。

4. 部分转让多次投资的同一项股权有关成本的结转方法。同一项股权多次投资且投资成本不同的,部分转让股权时,税法对成本结转方法缺乏统一规定。目前出台的文件主要有:

(1)《国家税务总局关于加强非居民企业股权转让所得企业所得税管理的通知》(国税函〔2009〕698号)规定,如果同一非居民企业存在多次投资的,以首次投入资本时的币种计算股权转让价和股权成本价,以加权平均法计算股权成本价。

(2)《国家税务总局关于企业国债投资业务企业所得税处理问题的公告》(国家税务总局公告2011年第36号)规定,企业在不同时间购买同一品种国债的,其转让时的成本计算方法,可在先进先出法、加权平均法、个别计价法中选用一种。计价方法一经选用,不得随意改变。

(3)《财政部、国家税务总局、证监会关于个人转让上市公司限售股所得征收个人所得税有关问题的通知》(财税〔2009〕167号)规定,纳税人同时持有限售股及该股流通股的,其股票转让所得,按照限售股优先原则,即:转让股票视同为先转让限售股,按规定计算缴纳个人所得税。同时,《财政部、国家税务总局关于证券机构技术和制度准备完成后个人转让上市公司限售股有关个人所得税问题的通知》(财税〔2011〕108号)规定,个人取得的限售股有不同成本的,应对所持限售股以每次取得股份数量为权重进行成本加权平均以计算出每股的成本原值。

(4)《股权转让所得个人所得税管理办法(试行)》(国家税务总局2014年第67号)规定,对个人多次取得同一被投资企业股权的,转让部分股权时,采用"加权平均法"确定其股权原值。

目前，税法对居民企业转让非上市公司股权的成本结转方法没有明确规定，为简化税制并减少避税机会，建议对个人和企业结转投资成本方法作统一规定，除个人同时转让原始股、该股流通股按照"原始股优先原则"外，其余投资成本的结转一律采用加权平均法计算。

5. 集团内部资产重组，关联企业间转让股权的定价问题。企业集团，特别是多元化经营的集团公司，由于缺少专业人士的指导，在对外扩张的过程中，往往对投资主体不加选择。随着集团资产的庞大，公司经营规模的扩张，可能需要对集团组织架构和相关公司的股权结构作适当调整（即资产重组）。

资产重组作为企业的一项重要决策，通常是基于经营战略调整、企业上市、专业化管理、引进投资者、债务融资等特殊需要。在集团内部资产重组的过程中，集团内部成员企业间的股权交易是不可避免的，那么税收方面是否必须按照公允价值计算股权转让所得呢？

《企业所得税法》第六章"特别纳税调整"第四十一条规定，企业与其关联方之间的业务往来，不符合独立交易原则而减少企业或者其关联方应纳税收入或者所得额的，税务机关有权按照合理方法调整。《国家税务总局关于印发〈特别纳税调整实施办法（试行）〉的通知》（国税发〔2009〕002号）第三十条特别强调："实际税负相同的境内关联方之间的交易，只要该交易没有直接或间接导致国家总体税收收入的减少，原则上不做转让定价调查、调整。"

《国家税务总局关于2008年反避税工作情况的通报》（国税函〔2009〕106号）强调："反避税工作要以维护国家总体税收利益为重，坚决杜绝将转让定价调查作为各地争夺税源的手段。为了避免因转让定价调查给纳税人带来的双重征税，我国税收相关法律规定允许转让定价相应调整。各级税务机关对境内关联交易实施转让定价调查调整，应遵循以下原则：一是如果企业实际税负等于或低于境内关联方税负，不应对该企业进行转让定价调查调整，因为相应调整会使企业的补税等于或少于关联方的退税，国家总体税收不变或减少；二是如果企业实际税负高于境内关联方税负，可以对该企业进行转让定价调查调整，但为了避免各地之间开展转让定价相应调整谈判，应按照该企业与其关联方的实际税负差补税，关联方不退税。"

由此可见，对关联交易要求按照公允价交易纳税调整的立法精神是针对企业的避税行为而设定的特别条款，其目的是防止企业通过关联交易将利润转移到低税负（适用低税率或减免税优惠）的关联企业，以达到少缴企业所得税的目的。

这方面常见的例子是境内企业通过资产重组境外上市。笔者认为，因境外上市需要所进行的企业重组所涉及的集团内部的平价转让股权行为应适用国税发〔2009〕002号文件第三十条规定，不作纳税调整。理由如下：

第一，集团内部转让股权具有合理的商业目的。中小企业随着经营规模的不断扩张，有较强的融资需求，在境内银根紧缩的情况下，选择境外上市实属不得已而为之。

第二，集团内部转让股权，转让方与受让方适用的企业所得税政策相同，税率均为25%，且不享受减免税优惠，不存在转移利润行为，不会导致国家税收减少。

第三，关联方之间转让股权，只在集团内部发生，并且这些企业将成为上市公司的一部分长期持有。

第四，关联方之间的转让股权，对被转让的企业税收也没有任何影响。被转让的企业按照属地管辖原则，应纳的流转税、所得税、财产行为税等不会有任何改变。

第五，企业搭建境外上市平台，不仅国家税收不会减少，而且会多缴企业所得税。因为居民企业的利润如果分配给居民企业可享受免税优惠，而分配到境外的非居民企业则需要缴纳预提所得税。

第六，换一个角度，如果能够事前预料未来在境外上市，在注册各个项目公司时，一开始就按照境外上市的组织架构选择适当的投资主体出资，就不会出现"左口袋"装"右口袋"的关联交易行为。

第七，从横向来看，国内几乎所有境外上市的案例来看，各地税务机关都没有对企业内部交易按照独立交易原则征税。

第八，从纵向来看，企业上市后，税收会随着企业业绩的增长"水涨船高"，而且上市企业财务信息更加透明，纳税也更加规范。

基于以上分析，笔者认为，为了不阻碍企业有合理商业目的的资产重组，如果集团内成员企业间转让股权符合下列条件，税收上可以按照成本价交易，受让方取得股权的计税基础按照成本价确定。

集团内资产重组具有合理的商业目的；直接、间接拥有转让方股权与直接、间接拥有受让方股权的股东相同，即该项股权转让不会导致股东之间的权益发生变动；转让方和受让方转让股权适用的企业所得税政策相同（含减免税、适用税率）相同，不会因受让方再次向集团以外的单位或个人转让该项股权时减少应纳企业所得税。

值得一提的是，《财政部、国家税务总局关于促进企业重组有关企业所得税处理问题的通知》（财税〔2014〕109号）已明确规定，对100%直接控制的居民企业之间，以及受同一或相同多家居民企业100%直接控制的居民企业之间按账面净值划转股权或资产，凡具有合理商业目的，不以减少、免除或者推迟缴纳税款为主要目的，股权或资产划转后连续12个月内不改变被划转股权或资产原来实质性经营活动，且划出方企业和划入方企业均未在会计上确认损益的，可以选择按以下规定进行特殊性税务处理：

（1）划出方企业和划入方企业均不确认所得。

（2）划入方企业取得被划转股权或资产的计税基础，以被划转股权或资产的原账面净值确定。

（3）划入方企业取得的被划转资产，应按其原账面净值计算折旧扣除。

二、股权投资业务亟须修订的税收政策

1. 非现金资产对外投资涉及的流转税、土地增值税政策应当统一。现行税法对非现金资产对外投资涉及增值税、消费税、资源税、营业税、土地增值税有不同的规定。具体内容如下：

（1）《增值税暂行条例实施细则》第四条规定，将自产、委托加工或者购进的货物作为投资，提供给其他单位，视同销售货物缴纳增值税。

（2）《消费税若干具体问题的规定》（国税发〔1993〕156号），企业以自产应税消费品对外投资，以非货币性资产交换方式取得投资，应当视同销售缴纳消费税。

（3）《资源税暂行条例》第六条规定，纳税人开采或者生产应税产品，用于对外投资，应视同销售，缴纳资源税。

（4）《财政部、国家税务总局关于继续实施企业改制重组有关土地增值税政策的通知》（财税〔2018〕57号，执行期限自2018年1月1日至2020年12月31日止）规定，单位、个人在改制重组时以房地产作价入股进行投资，对其将房地产转移、变更到被投资的企业，暂不征土地增值税。本规定不适用于房地产转移任意一方为房地产开发企业的情形。

从上述规定可以看出，非现金资产对外投资业务涉及的增值税、消费税、资源税要求视同销售征税，对土地增值税则采取特定情形视同销售，其他情形暂不征税的做法。

笔者认为，营业税与增值税、消费税、资源税的税制要素设计原理是相同的，企业以不动产、无形资产评估作价投资入股，其实质就是将不动产、土地使用权转让给被投资方，取得了被投资方的股权，由于不动产、无形资产的所有权发生转移，应当视同销售不动产、转让土地使用权计征土地增值税。

2. 对特定目标的股权转让征收土地增值税政策的质疑及反避税建议。《中华人民共和国土地增值税暂行条例》（以下简称"《土地增值税暂行条例》"）规定的土地增值税的征税范围是转让国有土地使用权、地上的建筑物及其附着物（以下简称"转让房地产"）。转让股权不属于土地增值税的征税范围，不征土地增值税。但《国家税务总局关于以转让股权名义转让房地产行为征收土地增值税问题的批复》（国税函〔2000〕687号）一文要求对以转让房地产为特定目的的股权转让征收土地增值税。该文是针对广西壮族自治区地方税务局《关于以转让股权名义转让房地产行为征收土地增值税问题的请示》（桂地税报〔2000〕32号）的回复，回复内容如下：

"鉴于深圳市能源集团有限公司和深圳能源投资股份有限公司一次性共同转让深圳能源（钦州）实业有限公司100%的股权，且这些以股权形式表现的资产主要是土地使用权、地上建筑物及附着物，经研究，对此应按土地增值税的规定征税。"

以上文件是基于反避税的需要作出的答复，类似的文件在税法中并不少见，但在实际操作中，引起广泛的争议。

第一，国家税务总局批复必须以现行税收法律、行政法规为依据，上述批复与《土地增值税暂行条例》有抵触，严格来讲，该文无效。

第二，国税函〔2000〕687号文件没有明确纳税主体，税务机关无法下达税务处理决定书。股东与企业是两个不同的法律主体，房地产的所有人是企业，而不是股东，不能将公司法人财产与股东财产相混淆。在股东转让企业股权的过程中，房地产的所有权仍然归企业所有，根本不涉及土地增值税征缴问题，即使税法硬性要求视同企业转让房地产，那么是否要求企业缴纳契税、销售不动产营业税和企业所得税呢？而且"以股权形式表现的资产主要是土地使用权、地上建筑物及附着物"中的"主要是"也很难掌握。倘若是要求股东缴纳土地增值税，更是无法操作。

例如，A公司持有B公司100%股权，出资额1 000万元。由B公司经营持续亏损，截至2012年12月31日，B公司账面资产为房产一幢，账面价值500万元，公允价2 500万元，无其他资产，负债2 500万元，B公司账面净资产为−2 000万元。经评估B公司账面净资产公允价为0，A公司将B公司100%股权对外转让，转让价为零。虽然B公司房产增值2 000万元，但A公司股权转让价格为零，显然A公司不能认定为土地增值税的纳税人。

第三，要求在股权转让时征收土地增值税会导致重复征税，因为目标公司将来转让房地产时需要缴纳土地增值税，且允许扣除的成本仍然是房地产评估机构评定的重置成本价乘以成新度折扣率后的金额。

第四，国税函〔2000〕687号文件强调将100%的股权转让给同一个受让方，如果只转让99.99%，或者分期转让，先转让80%，然后再转让20%，或者由受让方先对目标公司增资扩股，再由受让方或受让方的关联方收购原股东持有股份该文件就无法适用。同样是股权转让，不同的操作方法，结果相同而税负不同，显然是不妥的。

笔者建议国家税务总局暂时废止该文件，并提请国务院修订《土地增值税暂行条例》，增加反避税条款，即纳税人采取一切不符合商业目的的安排，导致不缴、少缴或递延缴纳土地增值税的，报经国家税务总局审核确认后，主管税务机关有权合理进行纳税调整。国家税务总局在以反避税为目的的批复文件中应明确纳税义务人、计税依据、纳税义务发生时间、后续税务管理等，以便贯彻执行。

3. 居民企业股息性所得的税收待遇问题。《企业所得税法》第二十六条及《实施条例》第八十三条规定，居民企业从直接投资的另一家居民企业取得的股息、红利所得，除持有上市公司流通股不足12个月的投资收益外，免征企业所得税。

笔者建议对持有上市公司流通股不足12个月的投资收益也享受免税优惠。理由如下：

第一，企业在投资后至汇缴期满前取得股息性所得，但持有期尚不满12个月的情况下，无法判断是否具体转让的时间，纳税申报时尚不能判断是否享受免税。因此该规定难以操作。

第二，如果对持有上市公司股票不满12个月的投资收益要求征税，会导致重复征税。

第三，企业利用闲置的资金投资股票，属于正常的理财行为，税法对此加以限制不符合政策导向。

此外，居民企业通过成立合伙企业对外投资，被投资方分配的利润通过合伙企业再分配给投资方，也应当享受免税优惠。少数税务机关认为通过成立合伙企业对外投资不属于"直接投资"，不能享受免税优惠。建议财政部、国家税务总局对此发文明确。

4. 送股与派息不能等同。现行税法规定，企业用留存收益转增股本，应视同"先分配，再投资"两项业务进行税务处理。笔者认为，留存收益转增股本，公司的所有者权益不变。对股东而言，不仅没有得到任何分配，相反，公司减少了可供分配的利润。

税法要求公司用留存收益转增股本，个人股东需视同取得股息，征收个人所得税，非居民企业股东需征收预提所得税，并要求公司在宣告转增股本时，代收代缴所得税。

对股东取得的税后利润要求征税的立法精神在于鼓励企业不分配，将实现的留存收益用于扩大再生产，而对企业用留存收益转增股本视同分配征税的规定，与立法精神不符，不仅如此，实际操作时也会遇到问题：因为此笔税款的承担者是股东，而企业是扣缴义务人，这必须需要公司先垫付税款，再由股东偿还。股东没有实际取得分配，却要另筹资金纳税，显然是不合理的。

基于上述分析，"送"与"派"不能等同。留存收益转增股本，不应视同分配，也不得追加投资计税基础。投资方以转让股权、申请减资、公司清算方式处置股权时，其收回金额包含留存收益转股的金额，应作为股息所得处理。

5. 不同股权处置方式目标公司留存收益的税收待遇应当协调一致。股权处置方式包括股权转让、减资和公司清算。现行税法对不同的处置方式制定了不同的税收政策。依据《国家税务总局关于贯彻落实企业所得税法若干税收问题的通知》（国税函〔2010〕79号）、《国家税务总局关于企业所得税若干问题的公告》（国家税务总局2011年第34号公告）规定，居民企业以公司清算或股东减资方式处置股权，其取得的价款中相当于被投资企业留存收益的部分，按股息所得处理，但如果以股权转让方式处置股权，其股权转让收入不得扣除被投资企业未分配利润等股东留存收益中按该项股权所可能分配的金额。

不仅如此，对于股权转让业务而言，受让方按照实际支付的对价（不含被投资方已经宣告分配尚未支付的股息）确定投资计税基础，且受让方从目标公司取得的股息分配，无论是受让时账面的留存收益，还是受让后实现的留存收益，均按照股息所得对待。

由于居民企业、非居民企业、居民个人、外籍个人对股息所得待遇与股权转让所得的待遇不同，导致采取"先分配，再转让"与"先转让，再分配"产生不同的税收效应，给了纳税人选择的空间。

例如，居民企业将股权转让给居民个人，如果"先转让，再分配"，会导致转让方将免税的股息转化为应纳税的股权转让所得，同时个人将账面利润分配时还需缴纳个人所得税。因此，纳税人会选择"先分配，再转让"。换个例子情况就不同了，如果居民个人将股权转让给居民企业，采取"先分配，再转让"，对转让方应纳的个人所得税不变，但减少了受让方的计税基础。如果采取"先转让，再分配"，受让方取得的股息所得不仅可以享受免税优惠，而且增加投资方计税基础。

由此可见，不合理的税法规定，会导致纳税人多缴税或少缴税，也给纳税人避税带来机会。笔者建议，股权转让价格中所包含的目标公司的留存收益，应当允许按照股息所得处理，相应地，受让方按照支付对价扣除目标公司账面留存收益后的金额确认计税基础。

6. 非居民企业转让境内股权所得税纳税地点有待统一。根据《企业所得税法》第四十条、第五十一条规定、《非居民企业所得税源泉扣缴管理暂行办法》（国税发〔2009〕3号）规定，非居民企业转让境内股权，如果受让方为居民企业，纳税地点为受让方所在地；如果受让方为非居民企业，纳税地点在股权所在地；如果同时转让境内多项股权，且受让方为非居民企业，纳税人可以选择其中之一申报缴纳企业所得税。某注册在北京的居民企业收购香港公司（非居民企业）持有上海子公司的股权，按规定香港公司应缴的所得税应在北京缴纳，北京公司为享受A市地方财政税收返还奖励，到A市注册成立全资子公司M，由M公司作为收购出资收购股权，从而将预提所得税纳税地点由北京市改为A市。

笔者建议对非居民企业转让境内股权纳税地点统一规定为股权所在地主管税务机关。理由有三：一是简化税制，使税法更简洁更严谨。严格地说，《企业所得税法》第五十一条是有问题的，按照该条款规定，受让为非居民企业的，就在国外纳税了。不能用规章制度修订税收法律。二是反避税。统一纳税地点，可以减少纳税人选择的机会，增强税法的严肃性。三是便于税收征管。非居民企业转让境内股权，最新掌握股权转让信息的是被转让股权所在地税务机关，有利于税务机关跟踪管理，保证及时足额入库。

7. 代持股业务纳税人应界定为实名股东。依据现行税法规定，公司制企业转让财产需缴纳企业所得税，税后利润分配给个人股东需扣缴个人所得税，但对于企业转让代持上市公司限售股行为，税法规定只征一道税。

《国家税务总局关于企业转让上市公司限售股有关所得税问题的公告》（国家税务总局公告2011年第39号）规定：（1）企业持有的限售股在解禁前已签订协议转让给其他单位或个人，但未变更股权登记、仍由企业代持，企业实际减持该限售股取得的收入缴纳企业所得税后，其余额转付给受让方的，受让方不再纳税。（2）因股权分置改革造成原由个人出资而由企业代持有的限售股，企业在转让时应作为企业应税收入计算缴纳企业所得税，税后利润转付给实际所有人时不再纳税；依法院判决、裁定等原因，通过证券登记结算公司，企业将其代持的个人限售股直接变更到实际所有人名下的，不视同转让限售股，待实际所有人转让限售股权时，由实际所有人缴纳企业所得税或个人所得税。

对代持股行为消除重复课税是可以理解的，但该文件的出台给基层税务机关加强税务管理出了难题，因为企业只需签订一份虚假合同，并可以将自持改为代持。例如，甲公司由张三、李四出资组建，主营业务是工业产品制造销售，兼营股权投资。甲公司向张三、李四借款投资某拟上市公司。这类投资业务到底属于甲公司自持股票，还是代持股票，关键看能否提供甲公司与张三、李四之间的代持股协议，这样，所有自持股票都可以变为代持。

实际操作中，代持股不仅仅是企业为其他单位、个人代持，还存在个人为其他企业或个人代持的情况，代持股也不仅仅是上市公司，还有可能代持非上市公司股权，后者又将如何处理呢？

笔者认为，代持股是委托方与受托方之间的契约，尽管契约是双方的真实意思表示，但不能对抗第三人（这里特指税务机关）。税法只能针对法律意义上的股权（股票）持有人。上例中，如果是王五委托甲公司持有上市公司限售股，应由甲公司转让股票时缴纳企业所得税，税后利润扣缴个人所得税后分配给张三、李四，再由张三、李四将本利支付给王五，或者由王五以本息、咨询费等方式收回投资。税务管理的过程中，更应注意于法律形式，税务机关只能对实名股东征税，而不应考虑隐名股东。

第七章

股权收购与资产收购的会计与税务问题

在后金融危机时代，中国经济面临着前所未有的挑战和机遇。行业调整、企业洗牌在全球范围内展开，中国企业并购活动日趋活跃，预计未来几年，中国将掀起一场包括外资在内的企业间并购的高潮。最近几年，并购已经成为国内的许多企业追求规模效益，提高市场竞争优势，实现企业自身价值的重要途径。

第一节 经济学对公司并购的定义及分类

一、经济学对并购的定义

并购是合并与收购的简称。合并是指两家公司或两家以上公司不通过解散清算程序合并成为一家新公司的行为，合并完成后，多个法人变成一个法人。收购则是指一家公司以现金或有价证券购买另一家公司股票或资产，以获得对该公司实际控制权的行为。

并购的实质是在企业控制权运动过程中，各权利主体依据企业产权所作出的制度安排而进行的一种权利让渡行为。并购活动是在一定的财产权制度和企业制度条件下进行的，在并购过程中，某一或某一部分权利主体通过出让所拥有的对企业的控制权而获得相应的收益，另一或另一部分权利主体则通过付出一定代价而获取这部分控制权。企业并购的过程实质上是企业权利主体不断变换的过程。

二、企业并购的分类

1. 按照并购的法律形式划分为公司合并和控股合并，其中公司合并可划分为新设合并、吸收合并。控股合并与公司合并的主要区别是：控股合并中，目标公司保留法人资格；而公司合并，目标公司需注销法人资格。

2. 按照目标公司所属行业划分为横向并购、纵向并购、混合并购。横向并购是指收购同行业，纵向并购是指收购上下游企业，混合并购是指跨行业收购。

3. 按照目标公司的地域分为境外收购和境内收购。

4. 按照并购目标公司的范围划分为整体并购、局部并购。整体并购通过针对收购目标集团公司的股权，从而间接控股目标集团下属各子公司，局部并购是指收购目标集团旗下一家或几家公司的股权。

5. 按照并购资金来源划分为杠杆收购和非杠杆收购。

6. 按照并购支付的对价划分为资产并购和股权并购。资产并购是指用现金（含为目标公司股权承担债务）、非现金资产（含收购方持有其他公司的股权）

作为对价，股权收购是指收购方用本公司的股权（权益工具）作为对价。

7. 按照并购的标的物也分为资产收购和股权收购。这是现行企业所得税法规对收购的划分方法，本章将对此作详细说明。

8. 按照控股合并的方式可分为增资扩股式合并和收购股权式合并。增资扩股是指收购方用现金或非现金资产对目标公司增资，收购的对价支付给目标公司，目标公司股本增加。而收购股权中，收购的对价支付给目标公司的股东，目标公司股本不变。

9. 按照并购的动机可划分为善意收购和恶意收购。简单地说：善意收购，收购企业的目的是为了更好地发展；恶意收购的目的是为了消灭对手，收购后关闭企业，抢占市场。

10. 按照并购的渠道可划分为：要约收购和协议收购。要约收购是各国证券市场最主要的收购形式，它通过公开向全体股东发出要约，达到控制目标公司的目的。协议收购是一种收购方式依照法律、行政法规的规定同被收购公司的股票持有人以协议方式进行股权转让的收购。二者的区别主要体现在以下几个方面：

（1）交易场地不同。要约收购只能通过证券交易所的证券交易进行，而协议收购则可以在证券交易所场外通过协议转让股份的方式进行。

（2）股份限制不同。要约收购在收购人持有上市公司发行在外的股份达到30％时，若继续收购，须向被收购公司的全体股东发出收购要约，持有上市公司股份达到90％以上时，收购人负有强制性要约收购的义务。而协议收购的实施对持有股份的比例无限制。

（3）收购态度不同。协议收购是收购者与目标公司的控股股东或大股东本着友好协商的态度订立合同收购股份以实现公司控制权的转移，所以协议收购通常表现为善意的；要约收购的对象则是目标公司全体股东持有的股份，不需要征得目标公司的同意，因此要约收购又称敌意收购。

（4）收购对象的股权结构不同。协议收购方大多选择股权集中、存在控股股东的目标公司，以较少的协议次数、较低的成本获得控制权；而要约收购中收购倾向于选择股权较为分散的公司，以降低收购难度。

（5）收购性质不同。根据收购人收购的股份占该上市公司已发行股份的比例，上市公司收购可分为部分收购和全面收购两种。部分收购是指试图收购一家公司少于100％的股份而获得对该公司控制权的行为，它是公司收购的一种，与全面收购相对应。

三、企业并购的动因与协同效应

企业并购有吸收合并、新设合并、控股合并，常见的企业并购主要是指控股合并。企业通过收购目标公司的股权或者对目标公司增资扩股，从而获得目标公司的控股权。企业并购的动因及效应主要有：

1. 通过并购可以获得企业所需要的经济资源。这种经济资源包括经营性资产、人力资源、品牌资源、客户渠道、经营资质，甚至包括上市公司"壳"资源。

2. 横向并购可以减少竞争。致力于行业整合的集团公司大多采取横向并购方式以获得垄断利润。

3. 纵向并购可以降低交易成本。对上下游企业的并购可以将外部交易转化为内部交易，延伸产业链，降低交易成本，从而增加公司业绩。有些企业还偏爱对上、下游企业参股，这种不以控制为目的参股行为，不是为了获得上下游企业的利润，而是为了获取上下游企业的信息，维护大客户关系，目的是从上游企业取得市场紧缺的原材料，并稳定下游大客户。

4. 并购式扩张可以降低投资成本，从而提高了企业扩张的速度。俗话说"办企业不如买企业"，股权的价格是以目标公司的净资产（而不是资产）为基础兼顾企业商誉综合评估的基础上双方协商达成的价格，所以投资方只需用较小的资金就可以取得目标公司的控股权。实际操作中，既有杠杆收购式的"四两拨千斤"，也有股权收购（以股权为对价）式的"空手套白狼"。

5. 公司并购使得集团公司的财务指标在同行业排名靠前，扩大了公司知名度的同时，也增强了公司融资能力。

6. 通过并购可以优化资源配套，减少重复建设。仔细研究不难发现，每一轮金融危机之后都会掀起一轮并购高潮。政府鼓励企业兼并重组的目的正在于此。

7. 通过并购可以优势互补，强强联合。在过去政府主导的国有企业兼并，大多是"强弱兼并"，其目的是为大批的严重亏损的国有企业寻找出路，有些政府部门出于政绩考虑，为了兼并而兼并，非要搞个"几百强"出来，结果好企业也被拖垮。兼并是企业自发的市场行为，无论是国有企业兼并其他企业，还是其他企业兼并国有企业，关键一条，必须实行优势互补，走强强联合之路，只有这样才能取得"1＋1＞2"的并购效应。

8. 通过并购可以改变财务指标。上市公司发生持续亏损经常会动用并购工具进行报表重组。这种并购既可能是非同一控制下的企业控股合并，也可能是同一控制下的控股合并，其目的只有一个，将目标公司的利润纳入合并方的报表，从而逃脱其股票被终止上市交易的厄运，或勉强维持再融资资格。

9. 通过并购获得税收利益。企业并购有时也成为税收筹划工具，例如收购一家亏损的公司，将盈利业务装入该企业，目标公司以前年度的亏损可以在剩余年限内继续弥补，从而少缴企业所得税。

企业并购的动因很多，一般的规律是收购股权优于资产重置，股权并购优于现金并购，横向并购优于纵向并购，下游并购优于上游并购。

与新设公司相比，公司并购也有弊端，比如目标公司并购后涉及人员调整、企业文化整合等方面的难题，目标公司或有负债的法律风险等等。

第二节 股权收购概念、分类、操作程序

股权收购是指以目标公司股东的全部或部分股权为收购标的的收购。控股式收购的结果是 A 公司持有足以控制 B 公司绝对优势的股份，并不影响 B 公司的继续存在，其组织形式仍然保持不变，法律上仍是具有独立法人资格。B 公司持有的各项资产，仍由 B 公司持有，而不因公司股东或股东股份数量持有情况的变化而发生任何改变。资产持有人未发生变化，其使用权当然也未发生转移。

一、股权收购的概念

股权收购是指一家企业（以下称为收购企业）购买另一家企业（以下称为被收购企业）的股权，以实现对被收购企业控制的交易。

收购企业支付对价的形式包括股权支付、非股权支付或两者的组合。股权支付，是指企业重组中购买、换取资产的一方支付的对价中，以本企业或其控股企业的股权、股份作为支付的形式；所称非股权支付，是指以本企业的现金、银行存款、应收款项、本企业或其控股企业股权和股份以外的有价证券、存货、固定资产、其他资产以及承担债务等作为支付的形式。①

A 公司控股式收购 B 公司，并不改变 B 公司的组织形式，其仍具有独立法人资格，对外独立承担法律责任。因此，除法律有特殊规定，B 公司对外的所有行为都应当以 B 公司的名义作出，A 公司无权以其本身的名义代替 B 公司对外作出任何行为，而只能在内部通过其持有的 B 公司的绝对优势的股份来行使支配或控制 B 公司的权利。

常见的股权收购方式主要有下列情形：

1. 一家公司以本公司的股权、股份作为对价，收购另一家公司的股权。

[例 7.1] 甲公司以本企业 20% 的股权作为对价，收购乙公司持有 M 公司 60% 的股权。如果甲公司股权总额 20% 的公允价值与 M 公司股权 60% 的公允价值相等，则无需支付补价，反之，则需支付补价。股权收购后，乙公司持有甲公司 20% 的股权，甲公司持有 M 公司 60% 的股权。如果甲公司向乙公司支付补价，则该补价称之为非股权支付额。

本例中，如果站在乙公司的角度看，可以理解为乙公司以其控股企业 M 公司 60% 的股权对甲公司投资（增资扩股），如果乙公司同时向甲公司支付了部分现金，则现金支付额一并计入乙公司的投资成本。

---

① 引自《财政部、国家税务总局关于企业重组业务企业所得税处理若干问题的通知》（财税〔2009〕59 号）。

2. 一家公司以其控股公司的股权、股份作为对价，收购另一家公司的股权。

[**例7.2**] 甲公司以其持有的 M 公司 55% 的股权作为对价，收购乙公司持有的 N 公司 60% 的股权。反之亦然，乙公司以其持有的 N 公司 60% 的股权作为对价，收购甲公司持有的 M 公司 55% 的股权。这种股权收购方式也被称之为"股权置换"。

从股权收购的定义来看，收购股权的目的必须对被收购企业实施控制（即纳入合并会计报表的范围），收购后，投资方将成为被收购企业的第一大股东。如果不能对被收购企业实施控制，则不能作为股权收购重组对待，而是一般的股权购买业务。对于支付对价的方式，没有特别要求，可以是非股权支付额，也可以是股权支付额，或者是两者组合，但只有以本公司或控股企业的股权、股份作为对价，才能作为股权支付额对待。如果以持有的非控股企业的股权、股份作为对价，则属于非股权支付额。

如果以收购方的股权作为对价，收购方的股本总额将增加；如果以控股企业的股权作为对价，控股企业的股本总额不变，只不过控股企业的全部或部分股权由收购方变更为被收购方。

二、股权收购和资产收购的比较分析

股权收购与资产收购不同。资产收购是指一家公司以有偿对价取得另外一家公司的全部或者部分资产的民事法律行为。资产收购是公司寻求其他公司优质资产、调整公司经营规模、推行公司发展战略的重要措施。

（一）主体和客体不同

股权收购的主体是收购公司和目标公司的股东，客体是目标公司的股权。而资产收购的主体是收购公司和目标公司，客体是目标公司的资产。

（二）收购的目的不同

股权收购的目的是为了获得控制权，而投资的目的则可能是看准了此项投资未来有较高的回报，也可能是为了加强与对方的合作或为了进入某个产业领域作准备，还有可能是为了获得目标公司的无形资产（经营资质、商誉、人才、销售网络等）。

资产收购的目的是为了获得某项资产或某类资产，资产是经营业务的载体，收购一类资产的实质在于收购目标公司的经营业务。资产收购过程中，收购方如果用股权作为对价，则属于合作经营的一种方式，法律上表现为被收购企业用非现金资产对收购方进行股权投资。

（三）债务风险差异

在股权收购中，收购者成为被收购公司的股东，可以行使股东的相应的权利,但须承担法律、法规所规定的责任。在收购股权的买卖中,负债问题有时确实很难把握,因为有些结果有待于未来不确定事件发生或发生后才能证实,称之为"或有负债"。这些或有负债主要是因税收争讼、侵权行为等可能造成的损失,以及对他人的债务提供担保而可能造成损失的赔偿。或有负债发生的可能性有多大,在整个收购过程中是很难估算的。此外,债权问题有时也很难把握,能否回收,可能发生多少坏账,无法判断。

在收购资产的买卖中不会发生或有负债,收购中只要重视每项资产的盘点,使其与契约上所列相符。收购资产当事双方在买卖完成后没有存续的法律责任,收购资产无须承担被收购公司的债务(除整体收购)。一般地说,企业资产出售的是全部资产或部分资产,如果被收购企业将其全部的资产出售,该企业就无法经营,只能被迫解散。有鉴于此,在这种股份买卖协议签订以前,收购者必须对该公司债务调查清楚,收购后若有未列举的债务,可要求其补偿。具体的操作方法通常是:收购者应要求将部分收购价款以定期存单形式放在律师事务所,以备收购后新增的债务补偿之用。

除或有负债风险外,股权收购后的整合也是收购方必须考虑的重大问题,包括目标公司的人事安排、内部管理制度、企业文化等。收购方通常采取分步收购,暂时预留部分股权,一方面可用作或有负债的担保,另一方面可以有效避免企业文化的冲突,待企业平稳过渡后,收购剩余股权。

股权收购后,收购公司成为目标公司控股股东,收购公司仅在出资范围内承担责任,目标公司的原有债务仍然由目标公司承担,但因为目标公司的原有债务对今后股东的收益有着巨大的影响,因此在股权收购之前,收购公司必须调查清楚目标公司的债务状况。对于目标公司的或有债务在收购时往往难以预料,因此,股权收购存在一定的负债风险。

(四)政府审批差异

股权收购因目标企业性质的不同,政府监管的宽严程度区别很大。对于不涉及国有股权、上市公司股权收购的,审批部门只有负责外经贸的部门及其地方授权部门,审批要点主要是外商投资是否符合我国利用外资的政策、是否可以享受或继续享受外商投资企业有关优惠待遇。对于涉及国有股权的,审批部门还包括负责国有股权管理的部门及其地方授权部门,审批要点是股权转让价格是否公平、国有资产是否流失。对于涉及上市公司股权的,审批部门还包括中国证券监督管理委员会,审批要点是上市公司是否仍符合上市条件、是否损害其他股东利益、是否履行信息披露义务等。

对于资产收购,因目标企业性质的不同,政府监管的宽严程度也有一定的区别。对于目标企业是外商投资企业的,我国尚无明确法律法规规定外商投资企业资产转让需要审批机关的审批。外商投资企业设立时,项目建议书和可行性研究报告需要经过审批,而项目建议书和可行性研究报告中对经营规模和范围都有明确的说明。若外商投资企业资产转让后,其经营范围或内容有所改变是否需要审批呢？《关于外商投资企业境内投资的暂行规定》第十三条明确规定，"外商投资企业以其固定资产投资而改变原经营规模或内容的，投资前应向原审批机关申请并征得原审批机关的同意"。该规定仅适用于外商投资企业投资的情形，而不能直接适用于外商投资企业资产转让的情形，因此可以认为就现有规定来看，外商投资企业资产转让是不需要审批的。此外，若转让的资产属于曾享受过进口设备减免税优惠待遇并仍在海关监管年限内的机器设备，根据《对外商投资企业进出口货物监管和征免税办法》的规定必须首先得到海关的许可并且补缴关税后才能转让。对于目标企业是国有企业的，资产收购价格一般应经过审计和政府核准。对于上市公司重大资产变动的，还应按照《关于上市公司重大购买、出售、置换资产若干问题的通知》的规定报中国证监会批准。

《中华人民共和国反垄断法》（以下简称《反垄断法》）缺少对公司收购行为予以规范的条款。在《利用外资改组国有企业暂行规定》（国家经济贸易委员会、财政部、国家工商行政管理总局、国家外汇管理局令2002年第42号）第九条中原则性地规定了国务院经济贸易主管部门有权"对可能导致市场垄断、妨碍公平竞争的，在审核前组织听证"。但是，因为《利用外资改组国有企业暂行规定》（国家经济贸易委员会、财政部、国家工商行政管理总局、国家外汇管理局令2002年第42号）仅适用于外资收购国有企业的情形，对于其他企业的收购行为，政府并无明确的法律依据进行反垄断审查。

（五）第三方权益影响差异

在股权收购中，影响最大的是目标公司的其他股东。根据《公司法》规定，对于股权转让必须有过半数的股东同意并且其他股东有优先受让权。此外，根据我国《中华人民共和国合资企业法》（以下简称《合资企业法》）的规定，"合营一方向第三者转让其全部或者部分股权的，须经合营他方同意"，因此股权收购可能会受制于目标公司其他股东。

在资产收购中，影响最大的是对该资产享有某种权利的人，如担保人、抵押权人、商标权人、专利权人、租赁权人。对于这些财产的转让，必须得到相关权利人的同意，或者必须履行对相关权利人的义务。

此外，在股权收购和资产收购中，都可能因收购相对方（目标公司股东或目标公司）的债权人认为转让价格大大低于公允价格，而依据《中华人民共和国合同法》（以下简称《合同法》）中规定的撤销权，主张转让合同无效，导致收购失败。因此，债权人的同意对公司收购行为非常重要。

三、股权收购操作流程

为规避并购业务的法律风险，制定一套切实可行的操作流程十分重要。股权收购的一般程序如下：

1. 起草、修改股权收购框架协议。
2. 对出让方、担保方、目标公司的重大资产、资信状况进行尽职调查。
3. 制定股权收购合同的详细文本,并参与股权出让方的谈判或提出书面谈判意见。
4. 起草内部授权文件(股东会决议、放弃优先购买权声明等)。
5. 起草连带担保协议。
6. 起草债务转移协议。
7. 对每轮谈判所产生的合同进行修改组织,规避风险并保证最基本的权益。
8. 对谈判过程中出现的重大问题或风险出具书面法律意见。
9. 对合同履行过程中出现的问题提供法律意见。
10. 协助资产评估等中介机构的工作。
11. 办理公司章程修改、权证变更等手续。
12. 对目标公司的经营出具书面的法律风险防范预案(可选)。
13. 协助处理公司内部授权、内部争议等程序问题(可选)。
14. 完成股权收购所需的其他法律工作。

四、股权收购尽职调查

基于股权收购的目的及风险防范,对目标公司的历史数据和文档、管理人员的背景、市场风险、管理风险、技术风险和资金风险做全面深入的审核是股权收购的重要环节。尽职调查一般应聘请中介机构完成。尽职调查文件清单如下:

(一)组织性文件

1. 公司的组织性文件。
(1)公司的合同、章程、内部管理条例或其他有关公司组建及改组文件,包括有效的和任何对该等文件进行修改的文件。
(2)公司的营业执照(正、副本),股东会决议、董事会决议、批准证书以及与成立、组建及改组有关的任何其他政府批文,包括任何对该等文件进行修改的文件。
(3)公司的验资报告、出资证明和资产评估证明及/或产权登记证;公司现有的注册资本及其历次变更的证明文件和工商变更登记。
(4)公司历次股权变更的证明文件及相关的决议和协议。
(5)公司的组织结构图,该图应显示公司及其下属企业的投资方及其各自持股或拥有权益的比例。
(6)所有有关公司历史的重要材料,包括其前身的组建过程以及公司成立之后进行的改组、兼并、合并、分立、资产交换或收购、出售等重大活动。

（7）公司自设立以来的公司文件记录，包括：①董事会会议记录、股东会会议记录及监事会会议记录。②向公司主管部门或机构提交的报告、公司编制的或由其管理层委托编制的报告或分析、对员工所作的管理报告。

（8）公司的公司名称、商业名称（如果有别于公司名称）、登记号、注册地址、主要办事处所在地。

2. 下属企业的组织性文件。

（1）下属企业的合资、合作经营合同、章程及其修改文本。

（2）项目建议书、可行性研究报告、初步立项申请以及为设立下属企业向政府审批部门提交的任何其他文件及其批复。

（3）每个下属企业的营业执照（正、副本）、批准证书以及与设立该下属企业有关的任何其他政府批准文件。

（4）每个下属企业自组建以来的公司记录，包括股东会、董事会决议和会议纪录。

（5）下属企业的验资报告及出资证明、资产评估报告及审计报告。

3. 公司股东的文件。

公司股东是否将其所持有的公司的股份设置了质押或其他第三者权益，如有，请提供有关合同及登记备案文件。

（二）业务文件

1. 公司和（或）下属企业为从事其经营范围内的各项业务而获得由政府授予的所有经营许可证、批准及认证，包括但不限于从事现在正在进行的主要业务的经营许可证及批准（如法律要求）。

2. 公司和（或）下属企业是否在中国内地以外经营，如存在，请提供境外投资或经营的有关国内方面的批准文件。

3. 主营业务范围。

（1）产品/服务类别清单。

（2）公司10家最大的客户名单及对这些客户的销售明细（包括数量与金额）。

（3）主要产品销售明细。

（4）占公司总业务80%的子公司或部门名单。

4. 公司收入构成。

（1）公司收入来源构成明细。

（2）产品和服务定价。

5. 公司生产流程（图示）的详细介绍，包括但不限于原材料的采购及产品的设计、生产和装配。

6. 公司所需原材料的主要供应商及其所供应的原材料的清单。

7. 产品或服务的销售与促销调查。

（1）营销机构、销售队伍与销售半径、主要销售商的清单；

（2）销售人员的地域分布及人数、销售队伍的素质、销售培训、市场及客户；

（3）存在的主要问题说明。

8. 竞争对手/市场份额。

（1）公司产品服务的主要竞争对手名单及公司竞争者市场份额的估计。

（2）在产品服务、价格、分销渠道及促销手段等方面与竞争对手的比较。

9. 公司主要产品的发展方向，研究重点及正在开发的产品和新产品清单。

10. 公司和（或）下属企业的业务是否发生过变更，如变更过，请提供相关的法律文件。

11. 公司和（或）下属企业的业务发展目标。

（三）财务文件

1. 历史财务报表分析。
2. 最近 3 年的审计报告。
3. 最近的评估报告。
4. 或有债务说明。
5. 租赁资产说明。

（四）重要协议和合同

1. 任何以公司和（或）下属企业为当事方的重大业务合同，包括但不限于融资担保合同、代理合同、销售合同及购买/采购合同。

2. 任何以公司和（或）下属企业为当事方的合资、合营、合作及合伙协议或意向书。

3. 任何限制公司和（或）下属企业转让其股份的股东协议或合营、合作协议。

4. 任何以公司和（或）下属企业作为当事方签订的与股份有关的合同或协议（包括股权认购计划，职工入股计划，以及购买股份和私募配售股份的协议）。

5. 列表说明公司和（或）下属企业所有重要的保险合同或保险单（包括就财产、职工工伤事故、第三方责任、盗窃、环保等的保险），并写明保险公司的名字，保险的范围及保险额。

6. 提供已有的及可能有的就这些保险提出的重要索赔。

7. 所有公司和（或）下属企业与政府机构或其他企业、团体或组织签订的履行期超过一年的重大合同。

8. 所有公司和（或）下属企业为当事方的重要许可协议、特许及附有条件的买卖合同。

9. 为公司和（或）下属企业的股东、董事、监事或高级管理人员就其以股东、董事、监事或高级管理人员的身份而引起的责任提供保险或补偿的合同或安排的文件。

10. 任何以公司和（或）下属企业为当事方所签订的关于限制竞争的协议。

11. 不在公司和（或）下属企业正常业务范围内的协议、合同及承诺。

12. 公司和（或）下属企业在其正常业务以外，放弃价值重大的索赔或权利的任何协议，以及在正常业务以外，对应收款账目作出重大的降低账面值，或注销账面值的任何文件。

13. 所有公司和（或）下属企业为当事方的其他的重要协议或有约束力的文件，包括重要的政府合同和保密协议。

14. 任何界定或限制公司和（或）下属企业股东权利（包括对投票权或宣布或支付股息的任何限制）的协议或文件，包括以受托人身份持有股份的信托协议、表决委托或依然有效的委任代表书。

15. 公用设施服务协议（水、电、气、热）。

16. 所有要求公司和（或）下属企业在本次收购前需要取得对方同意的协议或因本次收购而需要修改的协议。

17. 有未包括前述的其他任何重大协议和合同。

（五）融资文件

1. 公司和（或）下属企业的人民币或外汇贷款协议、债券和其他债务契据和借款安排。

2. 其他融资文件，包括分期付款、销售后立即返租及融资租赁文件。

3. 所有在国家和地方外汇管理局进行的外债登记。

4. 列表说明在公司和（或）下属企业的动产或不动产上设定的担保物权或其他债权，并提供所有重要的抵押、质押或授予其他担保物权或其他债权的文件及影响公司和（或）下属企业资产或财产的所有担保和抵押协议。

5. 第三者为公司和（或）下属企业的债务提供的担保和保证协议或履约保证。

6. 公司和（或）下属企业自设立以来与贷款人和担保人的函件。由独立会计师向债权人提供的借贷协议执行情况的报告。

7. 与未列入资产负债表的任何项目（即担保书、对冲或掉期交易、收付合同等）有关的文件。

8. 在正常业务以外所产生的债务及其他义务的文件，包括公司和（或）下属企业为第三者的债务所提供的担保和保证协议。

9. 任何有关由国家、省或地方政府发给公司和（或）下属企业的补助及/或补贴的协议，批准或其他安排，及政府机构及非政府机构对其提供的融资及该融资条款的文件，包括依据法律、法规、政策或融资惯例所施加的限制。

10. 任何债转股协议或意向书。

(六) 知识产权

1. 列表说明公司和（或）下属企业拥有的（在国内及国外注册的）重要专利、专利申请、商标、服务商标、商号、品牌及版权（包括但不限于公司和（或）下属企业拥有的软件版权），并提供有关注册证书。

2. 公司和（或）下属企业拥有的技术秘密。

3. 公司和（或）下属企业为当事方的知识产权转让或许可协议。

4. 公司作为一方的技术转让协议、技术交换协议、专利权费协议和与专利、商标、著作权、技术支持、技术秘密、发明、商业秘密有关的其他协议。

5. 公司作为一方的所有研发协议和咨询协议。

(七) 雇员及员工事宜

1. 公司的管理架构图。

2. 公司和（或）下属企业的董事、监事和高级管理人员的名单和简历。

3. 公司高级管理人员在公司以外的其他企业的任职情况。

4. 公司高级管理人员自设立以来的变化情况。

5. 如公司和（或）下属企业的主要管理或技术人员曾受雇于其他单位，或曾作为当事方与以前的工作单位签订过保密或不竞争协议，请提供有关资料。

6. 任何公司和（或）下属企业与其董事、监事和高级管理人员之间订立的服务合约、就职务津贴或其他安排作出的协议、合同或贷款，以及与高级管理人员、顾问或与其他有关机构之间的任何安排。

7. 重要的雇佣或代理协议及员工与管理人员的标准雇佣合同。

8. 职员聘用的政策性文件。

9. 对因公伤而造成职工残废以及因事故造成职工伤亡时，公司和（或）下属企业应对职工及其家属的赔偿、赡养费及其他安置计划，并请提供公司和（或）下属企业本身的惯常作法以及依据的有关法律、法规或政策。

10. 公司和（或）下属企业对工作人员的培训计划。

11. 公司和（或）下属企业向职工提供的医疗保健、住房津贴、分房政策以及其他福利及服务设施，包括食堂、幼儿园、学校、鼓励性的补恤金、养老或其他类似计划，并提供所依据的有关法律、法规、规章及办法。

12. 公司和（或）下属企业的职工购股计划（如有）及有关的文件。

(八) 诉讼和其他程序

1. 说明所有对公司和（或）下属企业造成影响的（已结案但尚未执行的或开始起诉的或将来可能有的）重要诉讼、仲裁、索赔、行政诉讼或政府机构的调查或质询，以及所有与上述事宜有关的文件、函件，包括答辩状及法律意见书。

2. 持有公司股权 5% 以上的股东作为当事人的正在进行的可能对公司和

（或）下属企业有影响的诉讼、仲裁和其他法律程序，或其所了解的任何有可能在未来引起的此类重大诉讼或仲裁的事实或潜在的争议。

3. 自公司成立以来，涉及公司和（或）下属企业的董事、监事、高级管理人员之破产、犯罪、欺诈、不当发行证券或不当商业行为的诉讼。

4. 公司和（或）下属企业的董事长、总经理作为当事人的、正在进行的诉讼、仲裁和其他法律程序，或其所了解的任何有可能在未来引起重大诉讼或仲裁的事实或潜在的争议。

5. 由代表公司和（或）下属企业的律师发给公司和（或）下属企业的独立会计师，关于公司和（或）下属企业被牵连在内的诉讼或仲裁的所有函件。

6. 与专利、商标或版权侵权行为有关的函件。

7. 所有公司和（或）下属企业为当事方的（或对其具约束力的）裁决、判决、命令、和解协议及其他协议。该类裁决、判决、命令或协议将要求公司和（或）下属企业从事或停止从事某些活动。

8. 公司和（或）下属企业违反或被指控违反卫生、防火、建筑、规划、安全等方面的法律、法规、通知或诉讼。

（九）税务

1. 公司和（或）下属企业现行有效的国、地税的《税务登记证》。

2. 自设立以来公司和（或）下属企业（或其前身）与政府税务部门之间的所有报告、备案材料、报税表及其他函件。

3. 适用于公司和（或）下属企业的税收待遇的法规或政策。请提供与减免税或其他税收优惠有关的文件（如果有）。

4. 与公司和（或）下属企业应缴税项有关的所有会计师函件和分析，以及所有其他有关的分析。

5. 政府向公司和（或）下属企业作出任何税务会计审查的报告。

6. 公司和（或）下属企业为当事方的所有税项分担或税项分配协议。

7. 公司和（或）下属企业自设立以来的重大税务问题（包括但不限于税务机关或海关要求补税或罚款或正在调查）有关的文件和情况说明。

8. 有关欠缴税款的文件通知及公司和（或）下属企业采取的解决方法。

（十）公司和下属企业的土地、物业和其他资产

1. 拥有的土地、房产的文件。
（1）土地使用权和房产产权（包括拥有的、占有的房产和土地）的清单（请注明地址、面积、用途和使用年限）。
（2）划拨土地的划拨文件和国有土地使用证。
（3）出让土地的土地出让批准文件、土地出让合同和国有土地使用证。
（4）土地使用费和土地出让金交纳凭证。
（5）转让土地的土地批准文件、土地转让合同和相关的国有土地使用证。

（6）房产的所有权证。

（7）有关土地、房产的抵押合同及登记注册（如有）。

（8）对于未领取权属证明的土地及（或）房产，请说明具体情况（包括但不限于地址、面积、用途及未能取得权属证明的原因）。

2. 租赁的土地、房产的文件。

（1）租赁的土地、房产清单。

（2）土地、房产租赁协议及其登记证明。

（3）租赁土地的土地使用证。

（4）租赁房产的房产证。

（5）租赁房产的业主的房屋租赁许可证。

3. 对公司和（或）下属企业物业使用权所设的限制和其他债权。

4. 公司和（或）下属企业主要物业权益的任何估价报告，以及有关物业业权的调查及评估报告。

5. 任何重大在建工程的批文。

6. 公司和（或）下属企业拥有的主要生产经营设备的产权状况。

（十一）环境保护和产品质量

1. 公司和（或）下属企业所准备的环境影响评价报告（如适用）及其批复（如有）。

2. 环保部门或管理机构给予公司和（或）下属企业的命令、罚款或调查的有关文件。

3. 公司和（或）下属企业因为遵守有关环境保护法例而获得的任何表扬和奖励。

4. 环保部门就公司和（或）下属企业的业务项目出具的环境保护设施验收报告（如有）。

5. 一切与公司和（或）下属企业业务相关的环保监管法律、法规、政策、条例和行政规定。

6. 自设立以来由环保部门作出的涉及公司和（或）下属企业任何调查或处罚的有关文件及公司和（或）下属企业发生过的与环境污染有关的重大事故情况的详细介绍。

7. 公司和（或）下属企业的产品符合产品质量和技术监督标准的证明。

8. 自设立以来公司和（或）下属企业因违反有关产品质量和（或）技术监督方面而受到调查或处罚的文件。

（十二）产品、研发、市场

1. 公司的产品与技术情况。

（1）主要产品、主要产品系列。

（2）公司之注册商标的品牌知名度及公司保持（开创）品牌的计划和

费用。

（3）新产品推出情况。

①产品种类，与现有产品的关系。

②周期：主要里程碑（测试阶段），时间表（直到投入市场）。

③各新产品的开发风险：影响产品推向市场的可能因素。

2. 公司所属行业/市场的情况。

（1）所属行业过去五年整体行业概况。

①产业背景。②市场环境、市场特点、竞争特点（区别于其他行业）。③业务的季节性。④用户群体。⑤资源供应者。⑥人力资源。

（2）影响公司所属行业之发展的主要正面/负面因素。

①产业政策倾斜。②行业趋势：发展/萎缩程度；市场年增长/下降率；上下游行业趋势。

（3）科技。

①产品的科技是否有新的进展（或新的规范）。②产品的科技是否成熟。③产品是否超越旧科技。

（4）行业壁垒：如有主要国内和国外竞争者如欲加入本行业，会遇到哪些障碍。

①产业政策（政府的支持或管制）。②产品商业化（进入市场）的壁垒（风险），产品进入市场的时间及费用。③产品开发（进入行业）的壁垒（风险），技术开发的时间及费用。④用户群特征：集中还是分散。

（5）公司如退出该行业，会遇到哪些障碍？

①政府政策。②产品的责任。③转换成本。④固定投资/专属成本。

（6）行业标准：国内和国际标准。

（7）公司在乐观、符合实际、悲观三种不同情况下，对本年度及未来 3～5 年的市场形势有哪些看法？

（8）本行业产品国际市场情况及全国进出口情况。

（9）公司的行业研究及分析报告。

3. 市场/竞争。

（1）市场总量、年增长/下降率。

（2）市场区隔。

（3）公司主要业务面对竞争形势。

①按业务分类的竞争对手清单。②各公司的市场占有率、区域市场占有率。③各公司/品牌的市场认知程度（排名）。④各公司的强项与弱点，品牌属性，目标用户群。

（4）公司所在行业的竞争基础及同行业主要公司产品的相互比较。①业务及其种类。②产品功能。③技术水平、成本水平及近年走势。④价格及质量。⑤信贷条件。⑥服务。⑦新产品的开发及进入市场的速度。

（5）预测国内主要竞争对手可能采取的战略性行动。

(6) 公司过去及现在的经营强势及弱势、公司如何保持竞争优势和技术优势。

(7) 公司关于竞争状况的研究报告。

4. 本公司的市场营销情况。

(1) 公司主要业务的市场定位和市场结构。①近三年市场份额（总体市场和区域市场）。②区域经营策略/目标和产品经营策略/目标。③针对直接竞争对手的经营策略。

(2) 产品定价策略。

(3) 市场宣传。①主要手段：广告、传媒、活动之组合，覆盖面。②广告及促销是否重要，其效用情况。③经费投入，占销售额比例。④过去一年广告和促销的活动总结，未来计划。⑤与直接竞争对手之比较。

(4) 销售。①销售机制：和最终用户的距离，包括经销商情况（地区、行业）和内部组织：分公司、经营部。②销售网络的规模和覆盖面。③销售费用及控制手段。④主要促销手段及其演变。⑤销售人员及培训、稳定性及报酬结构。⑥与直接竞争对手之比较。

(5) 售后服务体系。

(6) 库存及物流管理。

(7) 大型客户分布。

(8) 主要大型项目，占公司整体销售额比例。

(9) 客户/经销商的订货周期和结算方式。

(10) 在国际市场上的销售状况。①出口自营权和其他特殊证明。②出口产品类别和数量。

5. 生产情况。

(1) 生产技术水平及其所达到的指标。

(2) 各产品的设计生产能力。

(3) 主要设备。①型号规格。②生产厂家。③原值及现值。④使用寿命、启用时间。⑤维护情况（成新率）。

(4) 生产人员。①职工人数、效率、培训、考核。②车间管理人员人数、能力。③质检人员。

(5) 物业权益。①厂区面积。②建筑面积。③厂房面积。④厂房设施与土地的租用情况。⑤扩大的可能性（结合上述内容）。

(6) 公司水电供应情况（如公司满负荷生产的耗电量、当地供电指标、稳定性等）。

(7) 专利工艺：生产许可证。

(8) 质量控制。①公司如何进行质量控制？②是否达到ISO质量认证。③质量投诉及返工率。

6. 原材料供应。

(1) 公司的主要原材料，包括主要十大供应商、价格和一般可取得来源。

（2）公司与主要原材料供应商往来时间有多久，及彼此关系如何？

（3）有没有寻求从海外输入原材料？如有，每年的进口成本是多少？

（4）原材料价格和供应方面的波动性，如何控制及减低这些波动性？

（5）如何控制原材料存货水平？

（6）出现过因原材料短缺而造成生产中断的情况吗？每次中断损失有多大？

（7）如果转换材料供应商，对公司的成本及生产带来哪种影响？

（8）公司与材料供应商签订的长期订购合约或安排？

（9）公司与材料供应商交易中的信贷及送货条件。

7. 研究与开发。

（1）研究及开发部门的组织与管理结构。

（2）研究开发部门人员及结构。

（3）研究开发部门的主要任务与目标及在实现目标方面的成功度。

（4）研究及开发投入。

（5）公司近期研究计划和长期规划。

第三节　股权收购业务的会计与税务处理

股权收购涉及收购方、转让方（被收购企业的股东）、目标公司（被收购企业）三方的会计处理，分述如下：

一、收购企业的会计处理

由于股权收购的目的是对被投资方实施控制，收购方应当依据《企业会计准则第20号——企业合并》进行账务处理。

1. 同一控制下控股合并取得长期股权投资的初始计量。

（1）《企业会计准则第20号——企业合并》规定，合并方以支付现金、转让非现金资产或承担债务方式作为合并对价的，应当在合并日按照取得被合并方所有者权益账面价值的份额作为长期股权投资的初始投资成本。长期股权投资的初始投资成本与支付的现金、转让的非现金资产及所承担债务账面价值之间的差额，应当调整资本公积（资本溢价或股本溢价）；资本公积（资本溢价或股本溢价）不足冲减的，调减留存收益。合并方以发行权益性证券作为合并对价的，应按发行股份的面值总额作为股本，长期股权投资的初始投资成本与所发行股份面值总额之间的差额，应当调整资本公积（资本溢价或股本溢价）；资本公积（资本溢价或股本溢价）不足冲减的，调整留存收益。

上述在按照合并日应享有的被合并方账面所有者权益的份额确定长期股权

投资的初始投资成本时,前提是合并前合并方与被合并方采用的会计政策应当一致。企业合并前合并方与被合并方采用的会计政策不同的,应当按照合并方的会计政策对被合并方资产、负债的账面价值进行调整,在此基础上确定形成长期股权投资的初始投资成本。

(2) 母公司购买子公司少数股权所形成的长期股权投资,应当按照《企业会计准则第 2 号——长期股权投资》第四条的规定确定其投资成本。即:除企业合并形成的长期股权投资以外,其他方式取得的长期股权投资,应当按照下列规定确定其初始投资成本:①以支付现金取得的长期股权投资,应当按照实际支付的购买价款作为初始投资成本。初始投资成本包括与取得长期股权投资直接相关的费用、税金及其他必要支出。②以发行权益性证券取得的长期股权投资,应当按照发行权益性证券的公允价值作为初始投资成本。③投资者投入的长期股权投资,应当按照投资合同或协议约定的价值作为初始投资成本,但合同或协议约定价值不公允的除外。④通过非货币性资产交换取得的长期股权投资,其初始投资成本应当按照《企业会计准则第 7 号——非货币性资产交换》确定。⑤通过债务重组取得的长期股权投资,其初始投资成本应当按照《企业会计准则第 12 号——债务重组》确定。

母公司在编制合并财务报表时,因购买少数股权新取得的长期股权投资与按照新增持股比例计算应享有子公司自购买日(或合并日)开始持续计算的净资产份额之间的差额,应当调整所有者权益(资本公积),资本公积不足冲减的,调整留存收益。

(3) 同一控制下的企业合并中,合并方发生的审计、法律服务、评估咨询等中介费用以及其他相关管理费用,应当于发生时计入当期损益(管理费用)。

2. 非同一控制下控股合并取得长期股权投资的初始计量。

(1) 非同一控制下的控股合并中,购买方应当按照确定的企业合并成本作为长期股权投资的初始投资成本。企业合并成本包括购买方付出的资产、发生或承担的负债、发行的权益性证券的公允价值以及为进行企业合并发生的各项直接相关费用之和。其中,支付非货币性资产为对价的,所支付的非货币性资产在购买日的公允价值与其账面价值的差额应作为资产处置损益,计入企业合并当期的利润表。

企业通过多次交易分步实现非同一控制下企业合并的,应当区分个别财务报表和合并财务报表进行相关会计处理:①在个别财务报表中,应当以购买日之前所持被购买方的股权投资的账面价值与购买日新增投资成本之和,作为该项投资的初始投资成本;购买日之前持有的被购买方的股权涉及其他综合收益的,应当在处置该项投资时将与其相关的其他综合收益(例如,可供出售金融资产公允价值变动计入资本公积的部分,下同)转入当期投资收益。②在合并财务报表中,对于购买日之前持有的被购买方的股权,应当按照该股权在购买日的公允价值进行重新计量,公允价值与其账面价值的差额计入当期投资收益;购买日之前持有的被购买方的股权涉及其他综合收益的,与其相关的其他综收益应当转为购买日所属当期投资收益。购买方应当在附注中披露其在购买日之前持有的被购买方的股权在购买日的公允价值、按照公允价值重新计量产生的相关利得或损失的金额。

（2）对于非上市公司通过购买上市公司的股权、实现间接上市交易的会计处理。

①非上市公司取得上市公司的控制权，未形成反向购买的，应当按照《企业会计准则第 20 号——企业合并》的规定执行。

②非上市公司以所持有的对子公司投资等资产为对价取得上市公司的控制权，构成反向购买的，上市公司编制合并财务报表时应当区别以下情况处理：

交易发生时，上市公司未持有任何资产负债或仅持有现金、交易性金融资产等不构成业务的资产或负债的，上市公司在编制合并财务报表时，应当按照《财政部关于做好执行会计准则企业 2008 年年报工作的通知》（财会函〔2008〕60 号）的规定执行，即"企业购买上市公司，被购买的上市公司不构成业务的，购买企业应按照权益性交易的原则进行处理，不得确认商誉或确认计入当期损益。"

交易发生时，上市公司保留的资产、负债构成业务的，应当按照《企业会计准则第 20 号——企业合并》及相关讲解的规定执行，即对于形成非同一控制下企业合并的，企业合并成本与取得的上市公司可辨认净资产公允价值份额的差额应当确认为商誉或是计入当期损益。

业务是指企业内部某些生产经营活动或资产负债的组合，该组合具有投入、加工处理过程和产出能力，能够独立计算其成本费用或所产生的收入等，可以为投资者等提供股利、更低的成本或其他经济利益等形式的回报。有关资产或资产、负债的组合具备了投入和加工处理过程两个要素即可认为构成一项业务。对于取得的资产、负债组合是否构成业务，应当由企业结合实际情况进行判断。

③非上市公司取得上市公司的控制权，构成反向购买的，上市公司在其个别财务报表中应当按照《企业会计准则第 2 号——长期股权投资》等的规定确定取得资产的入账价值。上市公司的前期比较个别财务报表应为其自身个别财务报表。

（3）非同一控制下的企业合并中，购买方为企业合并发生的审计、法律服务、评估咨询等中介费用以及其他相关管理费用，应当于发生时计入当期损益；购买方作为合并对价发行的权益性证券或债务性证券的交易费用，应当计入权益性证券或债务性证券的初始确认金额。

3. 购买方对于因企业合并而产生的递延所得税资产的会计处理。在企业合并中，购买方取得被购买方的可抵扣暂时性差异，在购买日不符合递延所得税资产确认条件的，不应予以确认。购买日后 12 个月内，如取得新的或进一步的信息表明购买日的相关情况已经存在，预期被购买方在购买日可抵扣暂时性差异带来的经济利益能够实现的，应当确认相关的递延所得税资产，同时减少商誉，商誉不足冲减的，差额部分确认为当期损益；除上述情况以外，确认与企业合并相关的递延所得税资产，应当计入当期损益。

二、被收购企业的会计处理

根据《企业会计准则第 20 号——企业合并》规定，非同一控制下的企业合并中，购买方通过企业合并取得被购买方 100% 股权的，被购买方可以按照合并中确定的可辨认资产、负债的公允价值调整其账面价值。除此之外，其他情况下被购买方不应因企业合并改记有关资产、负债的账面价值。

被收购企业股东发生变更，应根据被收购股权、股份的比例调整实收资本（股本）明细科目。

三、被收购企业的股东的会计处理

根据《企业会计准则第 2 号——长期股权投资》规定，企业处置长期股权投资时，其账面价值与实际取得价款的差额，应当计入当期损益（投资收益）。

四、股权收购业务的税务处理

1. 股权收购业务除支付对价涉及有关流转税处理外，转让方不涉及流转税的处理。

2. 股权收购业务的企业所得税处理分别适用一般重组和特殊重组待遇，具体参考本章第五节。

第四节　资产收购业务的会计与税务处理

资产收购，是指一家企业（以下称为受让企业）购买另一家企业（以下称为转让企业）实质经营性资产的交易。受让企业支付对价的形式包括股权支付、非股权支付或两者的组合。

资产收购业务实质就是购买非现金资产，按照一般的日常经常税务处理规则，转让资产的一方应当缴纳流转税，并确认资产转让所得，相应地，购买方取得资产的计税基础应以该项资产的公允价值为基础确定。

如果是整体资产或主要资产所有权发生转移，并由于量变引起质变，导致资本的经济或法律结构发生变化，应视为重组业务对待。

常见的资产收购主要有下列情形：

1. 一家公司以其本公司股权作为对价（发行股份），收购另一家公司实质经营性资产。

[例7.3] 甲公司以本公司20%的股份（公允价值6 000万元）作为对价，收购乙公司全部经营性资产（公允价值6 000万元），由于两者公允价相等，因此无需支付补价。如果甲公司20%股权的公允价为5 800万元，则甲公司还需向乙公司发生非股权支付额200万元（现金、承担债务金额或其他非现金资产的公允价）。反之，如果乙公司全部经营性资产的公允价为5 800万元，而甲公司20%股权的公允价为6 000万元，则乙公司还需向甲公司支付补价（现金、承担债务金额或其他非现金资产的公允价）200万元。

2. 一家公司以其控股公司的股权作为对价（非货币性资产交换），收购另一家公司实质经营性资产。

[例7.4] 甲公司以其持有的M公司60%的股权（公允价值6 000万元）作为对价，收购乙公司全部经营性资产（公允价值6 000万元）。由于用于交换的股权和资产的公允价值相等，因此不涉及补价。反之，必须涉及补价。

资产收购业务涉及转让方和受让方的会计处理，分述如下：

一、受让方的会计处理

依据现行企业会计准则规定，受让方以发行权益工具，或者以其持有的控股子公司股权作为对价，以及与其他非股权支付额组合一并支付对价，所取得的固定资产、无形资产、存货等经营性资产，分别适用《企业会计准则第4号——固定资产》、《企业会计准则第6号——无形资产》、《企业会计准则第1号——存货》、《企业会计准则第7号——非货币性资产交换准则》等，按照取得非现金资产的公允价值进行初始计量。

二、转让方的会计处理

转让方以非现金资产作为对价取得受让方的股权，按照《企业会计准则第2号——长期股权投资》作账，如果转让方对受让方实施控制，应按照《企业会计准则第20号——企业合并》对长期股权投资进行初始计量。

转让方以非现金资产作为对价取得受让方持有的控股子公司的全部或部分股权，如果转让方对受让方实施控制，应按照《企业会计准则第20号——企业合并》对长期股权投资进行初始计量。如果不构成控制，应按照《企业会计准则第7号——非货币性资产交换准则》作账。

三、资产收购的税务处理

1. 资产收购双方法人资格保持不变，转让方资产所有权发生转移，需要缴纳流转税，并给受让方开具发票。其中，房地产所有权发生转移还可能涉及土地增值税的缴纳问题。

2. 受让方取得的房地产在变更房屋产权证和土地使用权证书时也需依法缴纳契税。

3. 资产收购业务涉及的企业所得税，区分一般重组和特殊重组处理，有关处理原则参见本章第五节。

第五节 股权收购与资产收购的企业所得税政策问题及建议

2009年4月30日颁布的《财政部、国家税务总局关于企业重组业务企业所得税处理若干问题的通知》（财税〔2009〕59号）及2014年12月颁布的《财政部、国家税务总局关于促进企业重组有关企业所得税处理问题的通知》（财税〔2014〕109号）（以下或合称《通知》），对于鼓励企业并购、规范税收管理和反避税工作具有重大意义。研究发现，该两通知中的相关税务处理规定与制定政策的初衷有一定抵触，甚至自相矛盾，有些问题只作了原则性规定，亟待修订和完善。本章将针对重组业务的税务处理规则结合实际工作，提出一些有针对性的改进建议。

一、现行税法对股权收购和资产收购的所得税处理原则

企业重组的税务处理区分不同条件分别适用一般重组和特殊重组。

（一）股权收购、资产收购重组适用一般性重组税务处理原则

1. 股权收购中被收购方的股东应确认股权转让所得或损失，资产收购中被转让资产的企业应确认资产转让所得或损失。

2. 收购方取得股权或资产的计税基础应以公允价值为基础确定。

[例7.5] 甲公司以本公司20%的股份（公允价值6 000万元）作为对价，收购乙公司持有N公司60%的股权（计税基础1 000万元，公允价值6 000万元）。由于收购后甲公司只控股N公司60%的股权，小于税法规定享受特殊重组待遇的控股比例75%，因此应适用一般重组规定。乙公司应确认股权转让所得5 000万元（6 000 – 1 000），乙公司取得甲公司股权的计税基础为6 000万元，甲公司取得N公司股权的计税基础也为6 000万元。

本例中，如果甲公司20%的股权的公允价值为5 800万元，则甲公司还需向乙公司支付现金200万元，乙公司仍应确认股权转让所得5 000万元，乙公司取得甲公司股权的计税基础为5 800万元（6 000 – 200），甲公司取得N公司股权的计税基础为6 000万元。

换一种情况，如果甲公司20%的股权的公允价值为6 000万元，乙公司持有N公司60%的股权的公允价值为5 800万元（计税基础仍为1 000万元），则

乙公司需向甲公司支付现金200万元，乙公司应确认股权转让所得4 800万元（5 800 - 1 000），乙公司取得甲公司股权的公允价值为6 000万元，甲公司取得N公司股权的公允价值为5 800万元。

[例7.6] 甲公司持有M公司60%的股权，投资计税基础1 000万元，公允价值为6 000万元。乙公司持有N公司55%的股权，投资计税基础为5 500万元，公允价值也为6 000万元。若甲公司以其持有的M公司60%的股权作为对价，收购乙公司持有的N公司55%的股权以获得其控股权。

由于甲公司只控股乙公司股权55%，小于税法规定享受特殊重组待遇的控股比例75%，因此应适用一般重组规定，甲公司应确认股权转让所得5 000万元（6 000 - 1 000），乙公司应确认股权转让所得500万元（6 000 - 5 500）。相应地，甲公司取得N公司55%的股权的计税基础应为6 000万元，乙公司取得M公司60%的股权的计税基础也为6 000万元。

本例中，如果甲公司持有M公司60%股权的公允价值为5 800万元，甲公司应向乙公司支付现金200万元。则甲公司应确认股权转让所得4 800万元（5 800 - 1 000），乙公司应确认股权转让所得500万元（6 000 - 5 500）。甲公司取得N公司股权的计税基础为6 000万元（5 800 + 200），乙公司取得M公司股权的计税基础为5 800万元（6 000 - 200）。

（二）股权收购、资产收购重组适用特殊性税务处理原则

1. 根据财税〔2009〕59号，适用特殊重组应具备下列基本条件：

（1）具有合理的商业目的，且不以减少、免除或者推迟缴纳税款为主要目的。

（2）被收购、合并或分立部分的资产或股权比例符合本通知规定的比例。

（3）企业重组后的连续12个月内不改变重组资产原来的实质性经营活动。

（4）重组交易对价中涉及股权支付金额符合本通知规定比例。

（5）企业重组中取得股权支付的原主要股东，在重组后连续12个月内，不得转让所取得的股权。

2. 股权收购特殊重组的税务处理。股权收购，收购企业购买的股权不低于被收购企业全部股权的75%（财税〔2014〕109号文件明确从2014年1月1日起，该比例放宽到50%，下同），且收购企业在该股权收购发生时的股权支付金额不低于其交易支付总额的85%，可以选择按以下规定处理：

（1）转让方企业取得的股权支付额不确认有关资产的转让所得或损失，转让方取得收购企业或其控股公司股权的计税基础，以被收购股权的原有计税基础确定。但转让方取得的非股权支付额应在交易当期确认相应的资产转让所得或损失，并调整相应资产的计税基础。

被收购企业的股东取得的非股权支付对应的资产转让所得或损失 =（被转让资产的公允价值 - 被转让资产的计税基础）×（非股权支付金额 ÷ 被转让资产的公允价值）

被收购企业的股东取得新股（收购企业或其控股公司股权）的计税基础 =

所放弃旧股（被收购股权）原有计税基础＋支付的补价（或减去收到的非股权支付额）＋收到非股权支付额对应的资产转让所得或损失

上式中，"支付的补价"是指收购方支付的对价大于被收购股权公允价值的部分，应由被收购企业的股东向收购方支付的差额。如果是用非现金资产支付补价，也应视同销售确认资产转让所得，相应地，这里的补价应按非现金资产的公允价值确定。

（2）收购企业取得被收购企业股权的计税基础，以被收购股权的原有计税基础确定，涉及补价的，需调整相应资产的计税基础。计算公式如下：

收购企业取得资产的计税基础＝被转让股权的原有计税基础×（股权支付额÷全部支付额）＋支付的补价（或减去收到的补价）

[例7.7] 甲公司以其本企业20%的股权（公允价值6 000万元）作为对价，收取乙公司持有M公司80%的股权（计税基础1 000万元，公允价值6 000万元）。该项股权收购具有商业目的，且符合特殊重组其他条件。

根据现行税法规定，乙公司暂不确认所得，乙公司取得甲公司20%的股权的计税基础为1 000万元。甲公司取得M公司80%的股权的计税基础亦为1 000万元。

[例7.8] 甲公司持有M公司90%的股权，投资计税基础1 000万元，公允价值为6 000万元。乙公司持有N公司85%的股权，投资计税基础为5 500万元，公允价值也为6 000万元。甲、乙双方约定：甲公司以其持有的M公司90%的股权作为对价，收乙公司持有的N公司85%的股权以获得其控股权。该项股权收购具有商业目的，且符合特殊重组其他条件。

根据现行税法规定，乙公司暂不确认所得，乙公司取得M公司90%股权的计税基础为5 500万元。甲公司取得N公司85%股权计税基础亦为5 500万元。

3. 资产收购特殊重组的税务处理。资产收购，受让企业收购的资产不低于转让企业全部资产的50%，且受让企业在该资产收购发生时的股权支付金额不低于其交易支付总额的85%，可以选择按以下规定处理：

（1）转让企业取得的股权支付额不确认资产转让所得或损失，其取得受让企业或其控股公司的股权的计税基础，以被转让资产的原有计税基础确定。转让企业其取得的非股权支付额仍应在交易当期确认相应的资产转让所得或损失，并调整相应资产的计税基础。

转让方取得非股权支付对应的资产转让所得或损失＝（被转让资产的公允价值－被转让资产的计税基础）×（非股权支付金额÷被转让资产的公允价值）

转让方取得新股（收购企业或其控股公司股权）的计税基础＝所转让资产原有计税基础＋支付的补价（或减去收到的非股权支付额）＋收到非股权支付额对应的资产转让所得或损失

上式中，"支付的补价"，是指收购方支付的对价大于被收购资产公允价值的部分，应由被收购企业的股东向收购方支付的差额。如果是用非现金资产支付补价，也应视同销售确认资产转让所得，相应地，这里的补价应按非现金资产的公允价值确定。

(2) 受让企业取得转让企业资产的计税基础，以被转让资产的原有计税基础确定，涉及补价的，需调整相应资产的计税基础。计算公式如下：

受让企业取得资产的计税基础 = 被转让资产的原有计税基础 × (股权支付额 ÷ 全部支付额) + 支付的补价(或减去收到的补价)

[**例7.9**] 甲公司以其持有的M公司60%的股权作价6 000万元受让乙公司实质经营性资产。乙公司资产总额公允价值为7 000万元，其中，被转让实质经营性资产的计税基础为2 000万元，公允价值6 000万元。由于用于交换的股权和资产的公允价值相等，因此不涉及补价。

本例中，乙公司转让资产公允价值占全部资产公允价值的比例为：6 000/7 000×100% = 85.71%，大于50%，且对价全部为股权支付额，可享受特殊重组待遇。

乙公司不确认资产转让所得，乙公司取得M公司60%股权的计税基础为2 000万元。根据财税〔2009〕59号文件规定，甲公司取得乙公司资产的计税基础亦为2 000万元。

[**例7.10**] 甲公司以本公司20%的股权作价6 000万元受让乙公司实质经营性资产。乙公司资产总额公允价值为7 000万元，其中，被转让实质经营性资产的计税基础为2 000万元，公允价值6 000万元。由于受让资产的公允价值与股权支付额相等，因此不涉及补价。

本例中，乙公司转让资产公允价值占全部资产公允价值的比例为：6 000/7 000×100% = 85.71%，大于50%，且对价全部为股权支付额，可享受特殊重组待遇。

乙公司不确认资产转让所得，乙公司取得甲公司20%股权的计税基础为2 000万元。根据财税〔2009〕59号及财税〔2014〕109号文件规定，甲公司取得乙公司资产的计税基础亦为2 000万元。

[**例7.11**] 甲公司以本公司20%的股权作价5 800万元及现金200万元，受让乙公司实质经营性资产。乙公司资产总额公允价值为7 000万元，其中，被转让实质经营性资产的计税基础为2 000万元，公允价值6 000万元。

乙公司转让资产公允价值占全部资产公允价值的比例为85.71%，大于50%，股权支付额占全部支付额的比例为：5 800/6 000×100% = 96.67%，大于85%，可享受特殊重组待遇。

乙公司应确认资产转让所得 = (6 000 − 2 000) × 200/6 000 = 133.33（万元）

乙公司取得甲公司20%股权的计税基础 = 2 000 − 200 + 133.33 = 1 933.33（万元）

甲公司取得资产的计税基础 = 2 000 × (5 800 ÷ 6 000) + 200 = 2 133.33（万元）

[**例7.12**] 甲公司以本公司20%的股权作价6 000万元受让乙公司实质经营性资产。乙公司资产总额公允价值为7 000万元，其中，被转让实质经营性资产的计税基础为2 000万元，公允价值5 800万元。由于乙公司转让资产的公允价值小于甲公司20%股权的公允价值，乙公司向甲公司支付补价200万元。

乙公司转让资产的公允价值占全部资产公允价值的比例为：5 800/7 000×100%＝82.86%，大于50%，股权支付额占全部支付额的比例为100%，大于85%，可享受特殊重组待遇。

乙公司不确认资产转让所得，乙公司取得甲公司20%股权的计税基础为：2 000＋200＝2 200（万元）。

根据财税〔2009〕59号及财税〔2014〕109号文件规定，甲公司取得资产的计税基础：2 000－200＝1 800（万元）。

（三）被收购企业所得税处理办法

无论是一般重组还是特殊重组，收购企业、被收购企业的原有各项资产和负债的计税基础和其他相关所得税事项保持不变具体包括尚未弥补的亏损可以在剩余的年限内继续弥补；税收优惠可以继续享受，但享受税收优惠的条件发生变化的除外。例如，在一般重组中，境内居民纳税人收购某生产性外商独资企业的全部股权，收购后外商独资企业将变更为内资企业，该外商投资企业如果在"两免三减半"优惠期间，则应停止享受定期减免税。如果经营期未满十年，税务机关还应追征其已享受的所得税减免优惠。

（四）股权收购、资产收购适用特殊重组的税务管理

根据《企业重组业务企业所得税管理办法》（国家税务总局2010年第4号公告）规定，企业重组业务，符合规定条件并选择特殊性税务处理的，当事各方应在该重组业务完成当年企业所得税年度申报时，向主管税务机关提交书面备案资料，证明其符合各类特殊性重组规定的条件。企业未按规定书面备案的，一律不得按特殊重组业务进行税务处理。

如企业重组各方需要税务机关确认，可以选择由重组主导方（指股权转让方）向主管税务机关提出申请，层报省税务机关给予确认。

采取申请确认的，主导方和其他当事方不在同一省（自治区、市）的，主导省税务机关应将确认文件抄送其他当事方所在地省税务机关。

省税务机关在收到确认申请时，原则上应在当年度企业所得税汇算清缴前完成确认。特殊情况，需要延长的，应将延长理由告知主导方。

1. 股权收购业务适用特殊重组办法，应准备以下资料：

（1）当事方的股权收购业务总体情况说明，情况说明中有关股权收购的商业目的应从以下方面加以说明：

①重组活动的交易方式，即重组活动采取的具体形式、交易背景、交易时间、在交易之前和之后的运作方式和有关的商业常规。

②该项交易的形式及实质，即形式上交易所产生的法律权利和责任，也是该项交易的法律后果。另外，交易实际上或商业上产生的最终结果。

③重组活动给交易各方税务状况带来的可能变化。

④重组各方从交易中获得的财务状况变化。

⑤重组活动是否给交易各方带来了在市场原则下不会产生的异常经济利益或潜在义务。

（2）双方或多方所签订的股权收购业务合同或协议。

（3）由评估机构出具的所转让及支付的股权公允价值。

（4）证明重组符合特殊性税务处理条件的资料，包括股权比例，支付对价情况，以及12个月内不改变资产原来的实质性经营活动和原主要股东不转让所取得股权的承诺书等。

（5）工商等相关部门核准相关企业股权变更事项证明材料。

（6）税务机关要求的其他材料。

2. 资产收购业务适用特殊重组办法，应准备以下资料：

（1）当事方的资产收购业务总体情况说明。情况说明中有关资产收购的商业目的应从以下方面加以说明：

①重组活动的交易方式，即重组活动采取的具体形式、交易背景、交易时间、在交易之前和之后的运作方式和有关的商业常规。

②该项交易的形式及实质，即形式上交易所产生的法律权利和责任，也是该项交易的法律后果。另外，交易实际上或商业上产生的最终结果。

③重组活动给交易各方税务状况带来的可能变化。

④重组各方从交易中获得的财务状况变化。

⑤重组活动是否给交易各方带来了在市场原则下不会产生的异常经济利益或潜在义务。

（2）当事各方所签订的资产收购业务合同或协议。

（3）评估机构出具的资产收购所体现的资产评估报告。

（4）受让企业或其控股公司股权的计税基础的有效凭证。

（5）证明重组符合特殊性税务处理条件的资料，包括资产收购比例，支付对价情况，以及12个月内不改变资产原来的实质性经营活动和原主要股东不转让所取得股权的承诺书等。

（6）工商部门核准相关企业股权变更事项证明材料。

（7）税务机关要求的其他材料证明。

3. 股权收购、资产收购当事各方应在完成重组业务后的下一年度的企业所得税年度申报时，向主管税务机关提交书面情况说明，以证明企业重组后的连续12个月内未改变重组资产原来的实质性经营活动，且企业重组中取得股权支付的原主要股东，在重组后连续12个月内，没有转让所取得的股权。

当事方的其中一方在规定时间内发生生产经营业务、公司性质、资产或股权结构等情况变化，致使重组业务不再符合特殊性税务处理条件的，发生变化的当事方应在情况发生变化的30天内书面通知其他所有当事方。主导方在接到通知后30日内将有关变化通知其主管税务机关。

当事各方应于上述情况发生变化后60日内，按照一般重组规定调整重组业务的税务处理。原交易各方应各自按原交易完成时资产和负债的公允价值计算重组业务的收益或损失，调整交易完成纳税年度的应纳税所得额及相应的资产和负债的计税基础，并向各自主管税务机关申请调整交易完成纳税年度的企业所得税年度申报表。逾期不调整申报的，按照《征管法》的相关规定处理。

二、股权收购与资产收购的企业所得税政策问题及建议

1. 《财政部、国家税务总局关于企业重组业务企业所得税处理若干问题的通知》（财税〔2009〕59号）适用范围问题。《财政部、国家税务总局关于企业重组业务企业所得税处理若干问题的通知》（财税〔2009〕59号）是以《企业所得税法》及其实施条例为依据所作出的规定，只适用于企业所得税的处理，不适用于个人所得税，而股权收购、资产收购、公司合并、公司分立等资产重组业务中涉及的有关股东不仅是企业还可能是自然人。这是政策的空白，亟须补充完善。

2. 一般重组与特殊重组名称的修订。《公司法》、《关于外商投资企业合并与分立的规定》等制度，对合并、分立业务有着较为严格的规定，任何违反制度的操作方法，工商部门是不会审批的。实务中，合并、分立出现非股权支付额的情况十分罕见，大多情况下都适用特殊重组，而不是一般重组。按照习惯用法，一般适用于大多数，特殊是指少数情况，用一般重组和特殊重组容易产生歧义。国外采用应税重组、免税重组的说法也不规范，因为免税重组只不过是递延纳税，并非真正意义上的免税。建议用应税重组替代一般重组，用递延重组替代特殊重组。将特殊重组改为递延重组，不仅体现出税务处理的真正含义，而且与《企业会计准则第18号——所得税》中要求对资产的账面价值与计税基础差异对未来所得税的影响确认递延所得税资产或递延所得税负债的规定是一致的。

3. 纳税主体问题。股权收购是指一家企业（以下称为收购企业）购买另一家企业（以下称为被收购企业）的股权，以实现对被收购企业控制的交易。资产收购是指一家企业（以下称为受让企业）购买另一家企业（以下称为转让企业）实质经营性资产的交易。

根据《财政部、国家税务总局关于企业重组业务企业所得税处理若干问题的通知》（财税〔2009〕59号）第四条第三款规定，企业股权收购、资产收购重组交易，在一般重组方式下，被收购方应确认股权、资产转让所得或损失。由于资产收购重组交易中，被转让的资产是交易的对象，转让方是资产的所有者，转让方将从受让方取得对价，因此转让方应确认资产转让所得或损失。但股权收购业务中，被收购方本公司的股权是交易的对象，被收购方的股东将从收购企业取得对价，因此，被收购方的股东应确认股权转让所得或损失，而不是被收购方。

4. 特殊重组条件中计算资产比例的口径问题。资产收购执行特殊重组的必要条件是"受让企业收购的资产不低于转让企业全部资产的50%"。《财政部、

国家税务总局关于企业重组业务企业所得税处理若干问题的通知》（财税〔2009〕59号）只明确了被收购的资产是实质经营性资产，但没有明确计算资产比例的口径（账面价值、公允价值，还是计税基础）。笔者认为，计算资产比例的口径应与计算资产转让所得的口径相一致，按照公允价值计算。

5. 股权支付额与非股权支付额的划分问题。股权支付额与非股权支付额的划分标准不合理，如果将持有控股子公司的股权视同股权支付额对待，有可能造成同一笔股权收购业务会出现两个完全不同的税务处理。

甲公司以其持有控股子公司M 45%的股权作为对价，与乙公司持有N公司100%的股份等价交换。若以甲公司作为收购方，符合特殊重组条件；若以乙作为收购方，则不符合特殊重组条件。

特殊重组待遇的意义在于，当收购行为构成重大资产重组，且转让方取得的所得为非现金资产时允许递延纳税。笔者建议：站在转让方的角度将转让方取得的对价划分为现金和非现金资产（含投资资产），而不应当站在受让方的角度将对价划分为股权支付额和非股权支付额。

基于此，股权收购适用特殊重组的基本条件表述为：一家公司收购另一家公司50%以上的股权，用本公司股权及非现金资产作为对价占全部对价的比例达85%。换言之，一家公司收购另一家公司50%以上的股权，被转让企业的股东取得的非现金资产占全部对价的比例达85%。

资产收购适用特殊重组的基本条件表述为：一家公司收购另一家公司实质经营性资产占全部资产总额的比例达50%，用本公司股权及非现金资产作为对价占全部对价的比例达85%。换言之，一家公司收购另一家公司实质经营性资产占全部资产总额的比例达50%，转让方企业取得的非现金资产占全部对价的比例达85%。

6. 股权收购适用特殊重组时收购企业取得股权计税基础的确定问题。《财政部、国家税务总局关于企业重组业务企业所得税处理若干问题的通知》（财税〔2009〕59号）中的特殊重组与一般重组对应于原税法①中的免税改组和应税改组。由于企业改组会涉及大额资产或股权交易行为，并且这种交易行为的结果大都是非现金资产的置换，如果要求对此征税，势必会阻碍企业改组。因此，税法需要设定特殊的"免税改组"政策。"所谓'免税改组'，不是给予有关公司或自然人股东一个最终的税收优惠，而只是从征税角度使企业改组'中性化'，以使各方在税收上既未得到好处，也无任何不利，改组与未改组一样。在改组时不征税，在改组资产受让公司的应税利润以改组前存在于目标公司的税收因素为基础计算。"② 由于"免税改组"并非真正意义上的免税，而是给予交

---

① 《国家税务总局关于企业股权投资业务若干所得税问题的通知》（国税发〔2000〕118号）、《国家税务总局关于企业合并分立业务有关所得税问题的通知》（国税发〔2000〕119号）。

② 董树奎、孙瑞标、陆炜．税收制度与企业会计制度差异分析及协调．中国财政经济出版社，2003：168

易主体递延纳税的权利,因此《财政部、国家税务总局关于企业重组业务企业所得税处理若干问题的通知》(财税〔2009〕59号)中采用了"特殊重组"一词,使其更符合税法精神。

《财政部、国家税务总局关于企业重组业务企业所得税处理若干问题的通知》(财税〔2009〕59号)第六条第二款规定:"股权收购,收购企业购买的股权不低于被收购企业全部股权的50%,且收购企业在该股权收购发生时的股权支付金额不低于其交易支付总额的85%,收购企业取得被收购企业股权的计税基础,以被收购股权的原有计税基础确定。"

笔者认为,在特殊重组中,转让方已经确认了股权转让所得,只不过是通过计税基础替代的方式将股权转让所得实现时间递延,因此收购方取得股权的计税基础应当按照公允价值确定。

《财政部、国家税务总局关于企业重组业务企业所得税处理若干问题的通知》(财税〔2009〕59号)依据的立法精神是:"如果有关资产中隐含的增值(或减值)在税收上没有确认实现,或没有按税法规定的方式递延,接受该资产的企业就不能按评估价值调整有关资产的计税成本。"①

《财政部、国家税务总局关于企业重组业务企业所得税处理若干问题的通知》(财税〔2009〕59号)存在的问题在于:股权转让所得确认时间的递延,视为资产转让所得没有实现,从而要求收购方取得股权的计税基础按照转让方原有计税基础确定,导致:

(1)转让方在适用特殊重组和一般重组时,仅仅是股权转让所得实现时间的差异,而收购方适用特殊重组与一般重组的税收待遇就完全不同。

甲公司以其本企业20%的股权(公允价值6 000万元)作为对价,收取乙公司持有M公司80%的股权(计税基础1 000万元,公允价值6 000万元)。该项股权收购具有商业目的,且符合特殊重组其他条件。

如果甲公司选择一般重组,甲公司取得M公司80%的股权的计税基础为6 000万元,而选择特殊重组,则计税基础为1 000万元。

(2)以非现金资产交换方式进行的股权置换中,交易的双方既是收购方又是转让方,以不同方作为重组主导方会出现两个不同的结果。

甲公司持有M公司90%的股权,投资计税基础1 000万元,公允价值为6 000万元。乙公司持有N公司85%的股权,投资计税基础为5 500万元,公允价值也为6 000万元。甲、乙双方约定:甲公司以其持有的M公司90%的股权作为对价,收购乙公司持有的N公司85%的股权以获得其控股权。该项股权收购具有商业目的,且符合特殊重组其他条件。

如果以甲公司作为收购方,乙公司作为转让方,则,乙公司取得M公司90%股权的计税基础为5 500万元;甲公司取得N公司85%股权的计税基础为

---

① 董树奎、孙瑞标、陆炜. 税收制度与企业会计制度差异分析及协调. 中国财政经济出版社,2003:168

5 500万元。如果以乙公司作为收购方，甲公司作为转让方，则甲公司取得N公司85%股权的计税基础为1 000万元；乙公司取得M公司90%股权的计税基础亦为1 000万元。同一笔股权收购业务，因以不同方作为重组主导方出现两种截然不同的结果，自相矛盾。

值得一提的是，"如果有关资产中隐含的增值（或减值）在税收上没有确认实现，或没有按税法规定的方式递延，接受该资产的企业就不能按评估价值调整有关资产的计税成本。"这一观点值得推敲。转让方与受让方（或投资方与被投资方）是两个不同的法律主体，转让方的纳税义务、法律责任与受让方无关。无论转让方享受递延纳税或是减免税优惠，都不影响受让方的计税基础。受让方取得资产计税基础的确认原则是受让方实际支付的对价。如果受让方用现金资产、承担债务、权益工具作为对价，按照现金、承担债务的金额、权益工具的公允价作为计税基础；如果受让方用非现金资产作为对价，凡作为对价的非现金资产已视同销售计算资产转让所得，则取得资产的计税基础用换出非现金资产的公允价替代；反之，如果作为对价的非现金资产未视同销售计算资产转让所得，则取得资产的计税基础只能用换出非现金资产的原有计税基础替代。

基于以上分析，笔者建议，股权收购适用特殊重组时，区别情况处理：

（1）转让方以增资方式转让股权时，转让方取得股权的计税基础按照所转让股权的计税基础确定，接受投资方（收购方）取得股权（投资资产）的计税基础按照公允价值确定。

（2）以非货币性资产交换方式转让股权，双方均以换出资产的计税基础作为换入资产的计税基础。

（3）如果转让方以上述两种方式转让同一项股权，即转让方转让同一项股权，取得的对价既包括受让方的股权，也包括受让方持有其他企业的股权及其他非现金资产，则转让方取得每项资产的计税基础按照取得每项资产的公允价除以全部资产公允价之和的比例对转让股权的原有计税基础划分；受让方取得资产的计税基础按照作为对价的本公司股权的公允价与作为对价的非现金资产的原有计税基础之和确定。

（4）股权收购涉及补价的，上述股权的计税基础作相应调整。

7. 资产收购适用特殊重组时受让方取得资产计税基础的确定问题。资产收购，是指一家企业（以下称"受让企业"）购买另一家企业（以下称"转让企业"）实质经营性资产的交易。受让企业支付对价的形式包括股权支付、非股权支付或两者的组合。《通知》第六条第三款规定："资产收购，受让企业收购的资产不低于转让企业全部资产的75%，且受让企业在该资产收购发生时的股权支付金额不低于其交易支付总额的85%，受让企业取得转让企业资产的计税基础，以被转让资产的原有计税基础确定。"

根据《财政部、国家税务总局关于企业重组业务企业所得税处理若干问题的通知》（财税〔2009〕59号）对股权支付额的定义，资产收购也包括两种情形：

第一，受让方以本企业股权作为对价购买资产。对于受让方来说，实际是接受投资（发行股份、定向增发）。对转让方来说，实际是以非现金资产对外投资（对受让方增资扩股）。这种改组情形就是原税法①中规定的整体资产转让改组业务。

第二，受让方以其控股子公司的股权作为对价购买资产，即以持有子公司的股权换取厂房、设备等实质经营性资产。这种重组方式实质就是非货币性资产交换业务。

资产收购有关资产的计税基础存在的问题与股权收购完全相同。笔者建议，资产收购适用特殊重组时，区别情况处理：

（1）以增资方式进行资产收购时，转让方取得股权的计税基础按照所转让非现金资产的计税基础确定，接受投资方（收购方）取得非现金资产的计税基础按照公允价值确定。

（2）以非货币性资产交换方式进行资产收购时，一方以换出经营性资产的计税基础作为换入资产的计税基础，另一方以换出资产的计税基础作为换入经营性资产的计税基础。

换入多项经营性资产，应当按照每一项资产的公允价值除以全部资产公允价值的比例对计税基础进行划分。

（3）如果转让方以上述两种方式转让经营性资产，即转让方取得的对价既包括受让方的股权，也包括受让方持有其他企业的股权及其他非现金资产，则转让方按照取得每项资产的计税基础按照每项资产的公允价除以全部资产公允价之和的比例对所转让经营性资产的原有计税基础划分；受让方取得经营性资产的计税基础按照作为对价的本公司股权的公允价与作为对价的第三方股权及其他非现金资产的原有计税基础之和确定。

（4）资产收购涉及补价的，上述股权的计税基础作相应调整。

需要注意的是，《国家税务总局关于企业股权投资业务若干所得税问题的通知》（国税发〔2000〕118号）②曾规定，适用免税改组的整体资产转让业务，接受投资的非现金资产的计税基础按照原计税基础确定，此后，《国家税务总局关于执行〈企业会计制度〉需要明确的有关所得税问题的通知》（国税发〔2003〕45号）作了修订，将其明确为按公允价值确定。对于整体资产置换业务，双方都应以换出资产的计税基础作为换入资产的计税基础。国税发〔2000〕118号和国税发〔2003〕45号文件的规定与笔者的思路是一致的。

8. 股权收购与资产收购涉及补价的相关税务问题。

（1）无论是股权收购，还是资产收购，只要用于交易的对价与资产的公允

---

① 《国家税务总局关于企业股权投资业务若干所得税问题的通知》（国税发〔2000〕118号）第四条。

② 新企业所得税法实施后，《国家税务总局关于企业股权投资业务若干所得税问题的通知》（国税发〔2000〕118号）已废止。

价值不同,必然涉及补价。根据《财政部、国家税务总局关于企业重组业务企业所得税处理若干问题的通知》(财税〔2009〕59号)的规定,收购方(或受让方,下同)支付的对价除股权支付外,均称之为非股权支付。这只是针对收购方股权支付的公允价值小于被收购股权、资产公允价值的情形。如果股权支付额的公允价值大于被收购股权、资产公允价值,那么转让方还应当向收购方支付对价。《财政部、国家税务总局关于企业重组业务企业所得税处理若干问题的通知》(财税〔2009〕59号)中没有考虑第二种情形,并且对特殊重组下,收购方收取的补价是否也应当确认其中所蕴含的应纳税所得额等问题未作出规定。

(2)重组交易的双方如果以非现金资产(不含《财政部、国家税务总局关于企业重组业务企业所得税处理若干问题的通知》(财税〔2009〕59号)中作为股权支付额的控股公司的股权)作为补价,在特殊重组方式下,是否需对非现金资产转移环节确认资产转让所得,也没有明确规定。

(3)《财政部、国家税务总局关于企业重组业务企业所得税处理若干问题的通知》(财税〔2009〕59号)第六条第六款规定:"重组交易各方在特殊重组方式下,对交易中股权支付暂不确认有关资产的转让所得或损失的,其非股权支付仍应在交易当期确认相应的资产转让所得或损失,并调整相应资产的计税基础。"不仅是特殊重组,即使是一般重组只要涉及补价都应当调整有关资产的计税基础,并且《通知》对如何调整资产的计税基础没有作出明确规定。

针对上述问题,作如下分析和建议:

第一,一般重组交易中,凡涉及非现金资产(含收购方作为对价的控股公司股权)作为补价的,无论是交易的哪一方,都必须视同转让非现金资产,确认资产转让所得。

收购方取得股权或经营性资产的计税基础,按照所付出的全部代价(股权支付公允价值和非股权支付公允价值之和)作为计税基础。如果收购方收到补价,按照所付出的全部代价扣除收到的补价(现金和非现金资产的公允价值)作为计税基础。

转让方收到补价的(非股权支付额),按照转让股权或经营性资产的公允价值扣除收到的补价(现金和非现金资产的公允价值)确定计税基础;转让方支付补价的,按照转让股权或经营性资产的公允价值加上支付的补价(现金和非现金资产的公允价值)确定计税基础。

第二,特殊重组中,凡涉及非现金资产(不含收购方作为对价的控股公司股权)作为补价的,无论是交易的哪一方,都必须视同转让非现金资产,确认资产转让所得。重组交易的双方只要收到补价,就必须确认补价中所蕴含的应纳税所得额。

①收购方支付非股权支付额的。如果收购方以本企业的股权作为对价,收购方取得股权或经营性资产的计税基础按照被收购股权或经营性资产的公允价值确定。

如果收购方以其控股公司的股权作为对价，收购方取得股权或经营性资产的计税基础＝控股公司股权的原计税基础＋支付的非股权支付额（现金及非现金资产的公允价值）

转让方取得股权的计税基础＝转让股权或经营性资产的原计税基础－收到的非股权支付额（现金及非现金资产的公允价值）＋取得非股权支付额所蕴含的应纳税所得额

转让方取得的非股权支付额中的非现金资产的计税基础，按照非现金资产的公允价值确定。

②收购方取得补价的。如果收购方以本企业的股权作为对价，取得股权或经营性资产的计税基础＝被收购股权或经营性的公允价值－收到的补价（现金及非现金资产的公允价值）＋取得补价所蕴含的应纳税所得额

如果收购方以其控股公司的股权作为对价，收购方取得股权或经营性资产的计税基础＝控股公司股权的原计税基础－收到的补价（现金及非现金资产的公允价值）＋取得补价所蕴含的应纳税所得额

收购方取得的非股权支付额中的非现金资产的计税基础，按照非现金资产的公允价值确定。

转让方取得股权的计税基础＝转让股权或经营性资产的原计税基础＋支付的补价（现金及非现金资产的公允价值）

9. 特殊重组中有关主要股东转让股权期限的限制问题。《财政部、国家税务总局关于企业重组业务企业所得税处理若干问题的通知》（财税〔2009〕59号）规定："适用特殊重组的企业重组中取得股权支付的原主要股东，在重组后连续12个月内，不得转让所取得的股权。"由于特殊重组待遇只是递延纳税，递延纳税的操作方法是采取换入资产的计税基础按照换出资产的计税基础替代，无论是股权收购、资产收购，还是合并、分立，重组后取得股权支付的原主要股东在任何时候转让股权都要确认应纳税所得额，在这里强调股权的连续性是没有实际意义的。

至于合并、分立按特殊重组对有关税收优惠、亏损弥补的继承问题，与股东转让股权毫无关联，要求合并企业、被分立企业改按一般重组处理也不合理。第一，根据资产重组税收立法的"中性原则"，"先合并分立，再转让股权"与"先转让股权，再合并分立"的税收待遇应当相同。第二，企业的资产并未对外转让，要求企业提前缴纳资产增值的所得税不符合收入确认原则。第三，追溯调整有关纳税事项操作上比较复杂。第四，实际操作中很少有人愿意通过复杂的合并程序来享受被合并企业的优惠，更何况特殊重组下被合并方税收优惠继承有严格的限制。

其实可能存在的避税环节是纳税人利用企业所得税税收政策变化的临界点选择一般重组和特殊重组。有时，纳税人选择一般重组反而比特殊重组更有利。税收政策应减少或杜绝纳税人选择的权利。

10. 实质重于形式原则的运用。《财政部、国家税务总局关于企业重组业务

企业所得税处理若干问题的通知》（财税〔2009〕59号）规定："企业在重组发生前后连续12个月内分步对其资产、股权进行交易，应根据实质重于形式原则将上述交易作为一项企业重组交易进行处理。"

该项规定很难甚至无法实施，因为重组方案可以有多种路径，殊途同归，更何况纳税人可以突破"连续12个月"临界点。因此，将分步交易看成一项重组交易无法做到"有据可依"。

股权置换案例分析：

[**例7.13**] 甲公司（张先生持股60%、李先生持股40%）持有A房地产公司100%股权、持有B水电公司90%股权、持有C医药公司80%的股权。乙集团公司持有丙房地产控股公司100%股权、持有丁矿业投资公司100%的股权。经甲、乙双方全体股东协商一致，用A房地产公司80%的股权，换取乙集团公司15%的股权，即丙房地产控股公司收购A房地产公司80%的股权，张先生、李先生分别取得乙集团公司9%、6%的股权。该项股权置换业务无法一步到位，履行该协议必须通过资产重组方案分步实施。以下是纳税人选择的资产重组方案：

第1步：甲公司分立为甲1（持有A20%、B90%、C80%）和甲2（持有A80%）。

第2步：乙集团公司吸收合并甲2。合并后，甲2注销，张先生、李先生分别持有乙集团9%、6%的股权，乙集团公司持有A公司80%的股权。

第3步：乙集团公司以持有A公司80%的股权对丙公司增资扩股。

上述重组业务即使在12个月内操作完毕也很难按照"实质重于形式"原则来判断为一笔交易。该重组业务涉及的法律主体众多，在进行税务处理时只能按照纳税人所采用的重组步骤分步处理。

实质重于形式原则是基于反避税的需要而设定的立法原则，而不是执法原则，允许税务人员主观判断很可能导致滥用税法侵害纳税人权益。

第六节 股权收购业务税务风险的防范策略

股权收购业务的税务风险主要是针对收购方而言，基于现行税法的相关规定，股权收购税务风险防范策略如下：

一、目标公司连带的税务风险责任

无论目标公司的股东如何变更，由于目标公司的法人资格不变，目标公司纳税义务和法律责任仍由目标公司承继。因此，收购之前，收购方应当聘请专业的咨询公司对目标公司进行纳税审查，审查内容包括目标公司的纳税义务、扣缴义务的履行、有关成本费用合法凭据的审核等。通过对目标公司以前年度应纳税额的补提补缴，不仅可以有效控制目标公司未来补税罚款的风险，同时可以降低收购成本。

二、目标公司以前年度亏损的弥补

股权收购后，目标公司以前年度的亏损仍然可以在剩余的年限内继续弥补。以前年度亏损是指前 5 年经纳税调整后的应纳税所得额，如果因税务检查对纳税人年度申报的所得额作了调整，应以税务检查后的应纳税所得额为准。因此，目标公司前 5 年的年度所得税申报表存根、弥补亏损台账、税务检查结论（税务处理决定书）等税务档案资料应移交给新的办税人员，确保政策执行的连续性。

三、代扣代缴义务的正确履行

非居民企业或个人（含外籍个人）转让境内公司的股权，转让方应纳的预提所得税或个人所得税应由受让方负责代扣代缴。根据《税收征收管理法》第六十九条规定，扣缴义务人应扣未扣、应收而不收税款的，由税务机关向纳税人追缴税款，对扣缴义务人处应扣未扣、应收未收税款50%以上3倍以下的罚款。

有关扣缴义务的范围、扣缴金额的计算、扣缴义务发生时间及缴纳地点的相关规定，参见本书"第七章股权收购与资产收购的会计与税务问题"有关内容。

四、收购日目标公司账面留存收益的处理

由于投资方股息、红利所得实现的时间为被投资方企业宣告分配的当天，因此，目标公司在股权转让前账面已实现尚未分配的利润，在股权转让后宣告分配的，收购方仍应按照股息、红利所得处理。

基于上述规定，对目标公司账面留存收益的处理，如果是居民企业收购个人持有的股权，应当收购后再分配，其他情形一般应要求目标公司将留存收益分配后再收购。

可供分配的留存收益通常只是针对未分配利润而言，盈余公积不能直接分配，但可以转增资本，且转增后不得少于转增前注册资本的25%。由于公司法对盈余公积用于现金分配无处罚规定，实际操作中企业直接将盈余公积用于现金分配的案例屡见不鲜。

五、基于持有与转让的盈利模式确定出资人

如果收购的目的是为了高价转让获利（例如收购矿业公司的股权），通常

应由个人或低税负的居民企业或非居民企业出资收购。反之，收购的目的是为了长期持有，通过目标公司生产经营持续盈利，则通常由居民企业（如一人有限公司）出资收购，以避免股息、红利重复征收个人所得税或预提所得税。

六、以收购股权的名义收购房地产

《国家税务总局关于以转让股权名义转让房地产行为征收土地增值税问题的批复》（国税函〔2000〕687号）规定，一次性收购目标公司100%的股权，且这些以股权形式表现的资产主要是土地使用权、地上建筑物及附着物，税务机关可以按照土地增值税的规定征税。

上述政策是为反避税而设定的，但没有说明土地增值税的纳税人是股东还是企业。对企业而言，房地产所有权没有发生转移，不应对此征税。对股东而言，其转让的标的物是股权，而不是房地产，转让股权不属于土地增值税的征税范围，也不应对此征税。如果股东将一家拥有房地产但已资不抵债的公司以零价格转让，又如何要求股东征税呢？据此可以推断，政策制定者是要求视同目标公司将房地产转让给自己，从而要求征收土地增值税。那么是否要求目标公司缴纳契税、销售不动产营业税和企业所得税呢？如果要求目标公司缴纳土地增值税，则目标公司房地产的成本将按照公允价值确定。这样做，实际只是将目标公司未来转让房地产应缴纳的一部分土地增值税纳税义务提前。另外，对于"一次性收购目标公司100%的股权"，纳税人可以分期收购或干脆一次性收购目标公司99.9%的股权，该文件也就无法执行了。而且"以股权形式表现的资产主要是土地使用权、地上建筑物及附着物"中的"主要是"也很难掌握。在《土地增值税暂行条例》及其实施细则中找不到相关的反避税理论依据。实际操作中，收购方往往是采取"先增资，再收购"方式，就可以有效避免目标公司缴纳土地增值税，从而造成税负不公，显然，这样的答复有失偏颇。

七、以土地为目标的股权收购价格应剔除土地增值税

股权收购价格通常是根据目标公司净资产公允价值和商誉之和确定的。但对于收购房地产企业来说，情况就不同了。例如，甲公司拟收购乙公司持有房地产公司M 100%的股权，基准日M公司资产总额：1亿元（全部为土地使用权），负债为0，净资产1亿元（均为股本）。经评估，该土地市场价格3亿元。

有关税务处理如下：由于土地使用权没有转移，资产评估增值不征企业所得税，相应地，资产的计税基础不变，仍然是1亿元。原股东需缴纳所得税，相应地，受让股权的一方可以按照受让股权的价格作为股权的投资成本。甲公司投资成本大于M公司实收资本的部分，在未来处置股权时，可以确认为投资损失。

由于M公司未来清算土地增值税时，允许扣除的土地成本仍为1亿元。不

考虑其他因素，股权受让价＝账面净资产公允价值－土地增值部分应计的土地增值税×(1－25%)。由于土地增值税采取"四级超率累进税率"，计算股权受让价格时应通过列方程求解方式测算。

八、间接受让股权可以避免重复征税

由于股权转让需缴纳企业所得税或个人所得税，实际操作中，转让方要求取得固定的税后收益，这样一来，受让方不得不考虑转让方的应纳税额，如果能够避免重复征税，可以有效降低税收成本。居民企业A将持有B公司的股权对外转让，需缴纳企业所得税，税后利润再分配给居民企业的个人股东还需缴纳个人所得税。如果个人股东直接转让A公司的股权，则只需缴纳一道个人所得税。若是A公司除持有B公司股权外，还持有C、D、E等公司股权，可以先将A公司分立为A1（持有B）和A2（持有C、D、E），然后受让方直接收购A1公司即可。

九、受让生产性外商投资企业股权需考虑税收优惠监管期限

原《外商投资企业和外国企业所得税法》第八条规定，对生产性外商投资企业，经营期在10年以上的，从开始获利的年度起，第1年和第2年免征企业所得税，第3年至第5年减半征收企业所得税。外商投资企业实际经营期不满10年的，应当补缴已免征、减征的企业所得税税款。《国家税务总局关于外商投资企业和外国企业原有若干税收优惠政策取消后有关事项处理的通知》（国税发〔2008〕23号）规定，外商投资企业按照《外商投资企业和外国企业所得税法》规定享受定期减免税优惠，2008年后，企业生产经营业务性质或经营期发生变化，导致其不符合《外商投资企业和外国企业所得税法》规定条件的，仍应依据《外商投资企业和外国企业所得税法》规定补缴其此前（包括在优惠过渡期内）已经享受的定期减免税税款。

根据上述规定，居民企业收购已享受定期减免税且经营期不满10年的生产性外商投资企业，如果收购后，外方股东持有股权比例小于25%，需要补缴已享受的定期减免税税款。

收购方可以采取分期受让境外公司股权，确保受让后目标公司外商投资企业的法律地位保持不变，在监管期满后收购剩余股权。也可以通过受让境外公司股权，从而间接控股境内公司，即使境外公司被认定为注册在境外的中资控股企业，根据《国家税务总局关于境外注册中资控股企业依据实际管理机构标准认定为居民企业有关问题的通知》（国税发〔2009〕82号）规定，非境内注册居民企业在中国境内投资设立的企业，其外商投资企业的税收法律地位保持不变。此外，如果受让方用境外关联的离岸公司作为收购的主体，可以有效避免曲线投资带来的重复征税。

十、收购项目高额中介费税前扣除的规避

《财政部、国家税务总局关于企业手续费及佣金支出税前扣除政策的通知》（财税〔2009〕29号）、《财政部、税务总局关于保险企业手续费及佣金支出税前扣除政策的公告》（财政部、国家税务总局公告2019年第72号）规定，企业发生与生产经营有关的手续费及佣金支出，不超过以下规定计算限额以内的部分，准予扣除；超过部分，不得扣除。

保险企业发生与其经营活动有关的手续费及佣金支出，不超过当年全部保费收入扣除退保金等后余额的18%（含本数）的部分，在计算应纳税所得额时准予扣除；超过部分，允许结转以后年度扣除。

其他企业按与具有合法经营资格中介服务机构或个人（不含交易双方及其雇员、代理人和代表人等）所签订服务协议或合同确认的收入金额的5%计算限额。

企业收购股权而发生的佣金应当计入长期股权投资成本，而允许计入长期股权投资计税基础的手续费及佣金不得超过交易额的5%。在处置该项股权时，按照计税基础扣除。

对于超过税前扣除限额的佣金计入投资计税基础的方法通常是由中介公司或个人先收购股权再转让给受让方，通过交易结构的改变，使得受让方可以按照实际支付的对价作为投资的计税基础。

第八章

境外所得的税收抵免

税收抵免是国际消除重复征税、减轻纳税人税收负担的一种重要途径。采用适当的税收抵免办法，对于促进国际资本、技术和人才的交流和全球经济的发展都将产生积极作用。

关于税收抵免，目前世界各地所采用的税收抵免方法通常有三种：免税法、费用支出扣除法以及税额扣除法。我国企业所得税和个人所得税在选择避免重复征税的方法时，充分考虑到了我国的国情，并认真权衡了三种方法的利弊。一般来讲，免税法就是对纳税人取得的来源于境外的所得，凡已在来源国（地区，下同）按照该国税法的规定缴纳了所得税，则本国对纳税人的该项所得便免予征税。采用这种方法，也就意味着本国放弃了对一部分所得的征税权。而费用支出扣除法，则是对纳税人来源于本国境外的所得在来源国已缴纳的所得额，在计算该项所得本国的应纳税所得额时，允许作为费用支出，予以扣除。但是，该办法只能部分消除两国内的重复征税，纳税人为此而承担的税负依然很重。鉴于以上两种方法弊端，为了保留我国对居民纳税人境外所得的征税权，同时，又尽可能使所得来源国与我国共同对该项所得征税的重复部分予以完全消除，我国《企业所得税法》和《个人所得税法》采用了税额扣除法。税额扣除法是指对纳税人来源于境外的所得在境外已缴纳的所得税额，允许从其在本国的应纳税额中扣除。它通常又包括全额扣除和限额扣除两种。所谓全额扣除，就是对本国居民纳税人来源于境外所得在境外缴纳的税款，允许从其依据境内、外所得总额计算的本国应纳税额中全部扣除；所谓限额扣除，则是对本国居民纳税人来源于境外所得在境外已缴纳的税款，仅允许从其境外所得依据本国税法所计算的应纳税额中扣除。由于全额扣除法有可能侵蚀到纳税人在居住国的税基，所以，我国企业所得税和个人所得税均采用了限额扣除法。

本章解读我国现行《企业所得税法》和《个人所得税法》中有关境外所得的抵免办法及操作程序。

第一节 企业境外所得税收抵免

《企业所得税法》第二十三条、第二十四条规定，居民企业来源于中国境外的应税所得以及非居民企业在中国境内设立机构、场所，取得发生在中国境外但与该机构、场所有实际联系的应税所得已在境外缴纳的所得税税额，可以从其当期应纳税额中抵免，抵免限额为该项所得依照本法规定计算的应纳税额；超过抵免限额的部分，可以在以后5个年度内，用每年度抵免限额抵免当年应抵税额后的余额进行抵补。居民企业从其直接或者间接控制的外国企业分得的来源于中国境外的股息、红利等权益性投资收益，外国企业在境外实际缴纳的所得税税额中属于该项所得负担的部分，可以作为该居民企业的可抵免境外所得税税额，在税法规定的抵免限额内抵免。

关于企业境外所得税收抵免的相关规定主要有《关于企业境外所得税收抵

免有关问题的通知》（财税〔2009〕125号）、《企业境外所得税收抵免操作指南》（国家税务总局2010年第1号公告）、《关于完善企业境外所得税收抵免政策问题的通知》（财税〔2017〕84号），操作要点如下：

一、境外所得税收抵免适用范围

居民企业以及非居民企业在中国境内设立的机构、场所（以下统称"企业"）可以在其应纳税额中抵免在境外缴纳的所得税额。

（一）可以适用境外（包括港澳台地区，下同）所得税收抵免的纳税人包括两类

1. 根据《企业所得税法》第二十三条"关于境外税额直接抵免"和第二十四条"关于境外税额间接抵免"的规定，居民企业（包括按境外法律设立但实际管理机构在中国，被判定为中国税收居民的企业，下同）可以就其取得的境外所得直接缴纳和间接负担的境外企业所得税性质的税额进行抵免。

2. 根据《企业所得税法》第二十三条的规定，非居民企业（外国企业）在中国境内设立的机构（场所）可以就其取得的发生在境外但与其有实际联系的所得直接缴纳的境外企业所得税性质的税额进行抵免。

为缓解由于国家间对所得来源地判定标准的重叠而产生的国际重复征税，我国税法对非居民企业在中国境内分支机构取得的发生于境外的所得所缴纳的境外税额，给予了与居民企业类似的税额抵免待遇。对此类非居民给予的境外税额抵免仅涉及直接抵免。

所谓"实际联系"，是指据以取得所得的权利、财产或服务活动由非居民企业在中国境内的分支机构拥有、控制或实施，如外国银行在中国境内分行以其可支配的资金向中国境外贷款，境外借款人就该笔贷款向其支付的利息，即属于发生在境外与该分行有实际联系的所得。

（二）直接抵免和间接抵免

境外税额抵免分为直接抵免和间接抵免。直接抵免，是指企业直接作为纳税人就其境外所得在境外缴纳的所得税额在我国应纳税额中抵免。直接抵免主要适用于企业就来源于境外的营业利润所得在境外所缴纳的企业所得税，以及就来源于或发生于境外的股息、红利等权益性投资所得、利息、租金、特许权使用费、财产转让等所得在境外被源泉扣缴的预提所得税。

间接抵免，是指境外企业就分配股息前的利润缴纳的外国所得税额中由我国居民企业就该项分得的股息性质的所得间接负担的部分，在我国的应纳税额中抵免。例如，我国居民企业（母公司）的境外子公司在所在国（地区）缴纳企业所得税后，将税后利润的一部分作为股息、红利分配给该母公司，子公司在境外就其应税所得实际缴纳的企业所得税税额中按母公司所得股息占全部税

后利润之比的部分即属于该母公司间接负担的境外企业所得税额。

(三) 间接抵免的范围

1. 居民企业在按照《企业所得税法》第二十四条规定用境外所得间接负担的税额进行税收抵免时,其取得的境外投资收益实际间接负担的税额,是指根据直接或者间接持股方式合计持股20%以上(含20%,下同)的规定层级的外国企业股份,由此应分得的股息、红利等权益性投资收益中,从最低一层外国企业起逐层计算的属于由上一层企业负担的税额,其计算公式如下:

本层企业所纳税额属于由一家上一层企业负担的税额=(本层企业就利润和投资收益所实际缴纳的税额+符合本通知规定的由本层企业间接负担的税额)×本层企业向一家上一层企业分配的股息(红利)÷本层企业所得税后利润额

2. 企业在境外取得的股息所得,在按规定计算该企业境外股息所得的可抵免所得税额和抵免限额时,由该企业直接或者间接持有20%以上股份的外国企业,限于按照财税〔2009〕125号文件第六条规定的持股方式确定的五层外国企业,即:

第一层:居民企业直接持有20%以上股份的外国企业;

第二层至第五层:单一上一层外国企业直接持有20%以上股份,且由该企业直接持有或通过一个或多个符合本条规定持股方式的外国企业间接持有总和达到20%以上股份的外国企业。

二、境外所得税额抵免计算的基本项目

企业取得境外所得,其在中国境外已经实际直接缴纳和间接负担的企业所得税性质的税额,进行境外税额抵免计算的基本项目包括:

1. 境内所得的应纳税所得额(以下称"境内应纳税所得额")和分国(地区)别的境外所得的应纳税所得额(以下称"境外应纳税所得额")。
2. 分国(地区)别的可抵免境外所得税税额。
3. 分国(地区)别的境外所得税的抵免限额。

企业不能准确计算上述项目实际可抵免分国(地区)别的境外所得税税额的,在相应国家(地区)缴纳的税收均不得在该企业当期应纳税额中抵免,也不得结转以后年度抵免。

三、境外应纳税所得额的计算

(一) 境外子公司抵免税额的计算

根据《企业所得税法实施条例》第七条规定确定的境外所得,在计算适用境外税额直接抵免的应纳税所得额时,应为将该项境外所得直接缴纳的境外所

得税额还原计算后的境外税前所得；上述直接缴纳税额还原后的所得中属于股息、红利所得的，在计算适用境外税额间接抵免的境外所得时，应再将该项境外所得间接负担的税额还原计算，即该境外股息、红利所得应为境外股息、红利税后净所得与就该项所得直接缴纳和间接负担的税额之和。

对上述税额还原后的境外税前所得，应再就计算企业应纳税所得总额时已按税法规定扣除的有关成本费用中与境外所得有关的部分进行对应调整扣除后，计算为境外应纳税所得额。

[例8.1] 假设居民企业 A 公司申报的境内外所得总额为 15 796.25 万元，其中取得境外股息所得为 5 250 万元（已还原向境外直接缴纳 10% 的预提所得税 525 万元，但未含应还原计算的境外间接负担的税额），其中甲国（设有子公司 B1、B2）2 250 万元，乙国（设有子公司 B3、B4）3 000 万元；已知甲国可抵免间接负担境外已纳税额为 912.5 万元（间接负担 B1 税额 120 万元 + 间接负担 B2 税额 792.5 万元），乙国可抵免间接负担境外已纳税额为 1 291.25 万元（间接负担 B3 税额 666.25 万元 + 间接负担 B4 税额 625 万元）；同时，假设 A 公司用于管理四个 B 子公司的管理费合计为 433.75 万元，其中用于甲国 B1、B2 公司的管理费用为 184.5 万元，用于乙国 B3、B4 公司的管理费用为 249.25 万元。那么，如何计算来自两个国家四个 B 子公司的股息应纳税所得时对应调整扣除。

分析：

(1) 境外股息所得应为境外股息净所得与境外直接缴纳税额和间接缴纳税额之和 7 453.75 万元（5 250 + 2 203.75），其中：

来源于甲国股息所得 3 162.5 万元（2 250 + 912.5）；

来源于乙国股息所得 4 291.25 万元（3 000 + 1 291.25）。

(2) 境外股息所得对应调整扣除相关管理费后的应纳税所得额为 7 020 万元（7 453.75 − 433.75），其中：

来源于甲国股息所得对应调整后应纳税所得额为 2 978 万元（3 162.5 − 184.5）；

来源于乙国股息所得对应调整后应纳税所得额为 4 042 万元（4 291.25 − 249.25）。

(3) 境外间接负担税额还原计算后境内、外应纳税所得总额为：

已还原直接税额的境内外所得总额 + 可予计算抵免的间接税额 = 15 796.25 + 2 203.75 = 18 000（万元）

(4) 企业应纳税总额为：

应纳税所得总额 × 适用税率 = 18 000 × 25% = 4 500（万元）

(5) 计算抵免限额。

①来源于甲国所得的抵免限额为：

应纳税总额 × 甲国的应纳税所得额 ÷ 中国境内、境外应纳税所得总额 = 4 500 × 2 978 ÷ 18 000 = 744.5（万元）

②来源于乙国所得的抵免限额为：

应纳税总额×乙国的应纳税所得额÷中国境内、境外应纳税所得总额＝4 500×4 042÷18 000＝1 010.5（万元）

（二）境外分支机构应纳税所得额的计算

居民企业在境外投资设立不具有独立纳税地位的分支机构，其来源于境外的所得，以境外收入总额扣除与取得境外收入有关的各项合理支出后的余额为应纳税所得额。各项收入、支出按《企业所得税法》及其实施条例的有关规定确定。

居民企业在境外设立不具有独立纳税地位的分支机构取得的各项境外所得，无论是否汇回中国境内，均应计入该企业所属纳税年度的境外应纳税所得额。

所谓"不具有独立纳税地位"，是指根据企业设立地法律不具有独立法人地位或者按照税收协定规定不认定为对方国家（地区）的税收居民。

执行上述规定，应注意下列问题：

1. 由于分支机构不具有分配利润职能，因此，境外分支机构取得的各项所得，不论是否汇回境内，均应当计入所属年度的企业应纳税所得额。

2. 境外分支机构确认应纳税所得额时的各项收入与支出标准，须符合我国《企业所得税法》相关规定。

3. 根据《企业所得税法实施条例》第二十七条规定，确定与取得境外收入有关的合理的支出，应主要考察发生支出的确认和分摊方法是否符合一般经营常规和我国税收法律规定的基本原则。企业已在计算应纳税所得总额时扣除的，但属于应由各分支机构合理分摊的总部管理费等有关成本费用应做出合理的对应调整分摊。

境外分支机构合理支出范围通常包括境外分支机构发生的人员工资、资产折旧、利息、相关税费和应分摊的总机构用于管理分支机构的管理费用等。

（三）境外所得确认时间及有关合理支出的扣除

1.《通知》规定，来源于境外的股息、红利等权益性投资收益，应按被投资方作出利润分配决定的日期确认收入实现；来源于境外的利息、租金、特许权使用费、转让财产等收入，应按有关合同约定应付交易对价款的日期确认收入实现。

企业应根据收入确认时间的规定确认境外所得的实现年度及其税额抵免年度。

（1）企业来源于境外的股息、红利等权益性投资收益所得，若实际收到所得的日期与境外被投资方作出利润分配决定的日期不在同一纳税年度的，应按被投资方作出利润分配日所在的纳税年度确认境外所得。

企业来源于境外的利息、租金、特许权使用费、转让财产等收入，若未能在合同约定的付款日期当年收到上述所得，仍应按合同约定付款日期所属的纳税年度确认境外所得。

（2）由居民企业，或者由居民企业和中国居民控制的设立在实际税负明显低于12.5%的国家（地区）的企业，并非由于合理的经营需要而对利润不作分配或者减少分配的，上述利润中应归属于该居民企业的部分，应当计入该居民企业的当期收入。所谓控制，包括：

①居民企业或者中国居民直接或者间接单一持有外国企业10%以上有表决权股份，且由其共同持有该外国企业50%以上股份；

②居民企业，或者居民企业和中国居民持股比例没有达到第①项规定的标准，但在股份、资金、经营、购销等方面对该外国企业构成实质控制。

（3）企业收到某一纳税年度的境外所得已纳税凭证时，凡是迟于次年5月31日汇算清缴终止日的，可以对该所得境外税额抵免追溯计算。

2. 居民企业应就其来源于境外的股息、红利等权益性投资收益，以及利息、租金、特许权使用费、转让财产等收入，扣除按照《企业所得税法》及实施条例等规定计算的与取得该项收入有关的各项合理支出后的余额为应纳税所得额。

从境外收到的股息、红利、利息等境外投资性所得一般表现为毛所得，应对在计算企业总所得额时已做统一扣除的成本费用中与境外所得有关的部分，在该境外所得中对应调整扣除后，才能作为计算境外税额抵免限额的境外应纳税所得额。在就境外所得计算应对应调整扣除的有关成本费用时，应对如下成本费用（但不限于）予以特别注意：

（1）股息、红利，应对应调整扣除与境外投资业务有关的项目研究、融资成本和管理费用；

（2）利息，应对应调整扣除为取得该项利息而发生的相应的融资成本和相关费用；

（3）租金，属于融资租赁业务的，应对应调整扣除其融资成本；属于经营租赁业务的，应对应调整扣除租赁物相应的折旧或折耗；

（4）特许权使用费，应对应调整扣除提供特许使用的资产的研发、摊销等费用；

（5）财产转让，应对应调整扣除被转让财产的成本净值和相关费用。

涉及上述所得应纳税所得额中应包含的已间接负担税额的具体还原计算参见本节"六"相关内容。

来源于境外利息收入的应纳税所得额的计算举例如下：

[例8.2] 中国A银行向甲国某企业贷出500万元，合同约定的利率为5%。2009年A银行收到甲国企业就应付利息25万元扣除已在甲国扣缴的预提所得税2.5万元（预提所得税税率为10%）后的22.5万元税后利息。A银行应纳税所得总额为1 000万元，已在应纳税所得总额中扣除的该笔境外贷款的融资成本为本金的4%。

请分析并计算该银行应纳税所得总额中境外利息收入的应纳税所得额。

分析：

来源于境外利息收入的应纳税所得额，应为已缴纳境外预提所得税前的就合同约定的利息收入总额，再对应调整扣除相关筹资成本费用等。

境外利息收入总额 = 税后利息 22.5 + 已扣除税额 2.5 = 25（万元）

对应调整扣除相关成本费用后的应纳税所得额 = 25 − 500 × 4% = 5（万元）

该境外利息收入用于计算境外税额抵免限额的应纳税所得额为 5 万元，应纳税所得总额仍为 1 000 万元不变，其中境内所得 = 1 000 − 25 + 500 × 4% = 995（万元），境外所得 5 万元。

（四）非居民企业在中国境内设立机构、场所享受境外税额抵免的计算

非居民企业在中国境内设立机构、场所，在享受境外税额抵免时，也应就其发生在境外但与境内所设机构、场所有实际联系的各项应税所得，按《企业所得税法》和实施条例及《通知》、《指南》等相关税收法规规定计算境外所得的应纳税所得额。

（五）境内外所得共同支出的分摊

《通知》规定，在计算境外应纳税所得额时，企业为取得境内、境外所得而在境内、境外发生的共同支出，与取得境外应税所得有关的、合理的部分，应在境内、境外［分国（地区）别，下同］应税所得之间，按照合理比例进行分摊后扣除。

所谓"共同支出"，是指与取得境外所得有关但未直接计入境外所得应纳税所得额的成本费用支出，通常包括未直接计入境外所得的营业费用、管理费用和财务费用等支出。

企业应对在计算总所得额时已统一归集并扣除的共同费用，按境外每一国（地区）别数额占企业全部数额的下列一种比例或几种比例的综合比例，在每一国别的境外所得中对应调整扣除，计算来自每一国别的应纳税所得额。

(1) 资产比例；

(2) 收入比例；

(3) 员工工资支出比例；

(4) 其他合理比例。

上述分摊比例确定后应报送主管税务机关备案；无合理原因不得改变。

（六）境外分支机构亏损的处理

在汇总计算境外应纳税所得额时，企业在境外同一国家（地区）设立不具有独立纳税地位的分支机构，按照《企业所得税法》及实施条例的有关规定计算的亏损，不得抵减其境内或他国（地区）的应纳税所得额，但可以用同一国家（地区）其他项目或以后年度的所得按规定弥补。

基于分国不分项计算抵免的原则及其要求，对在不同国家的分支机构发生

的亏损不得相互弥补,这样规定可以避免出现同一笔亏损重复弥补或须进行繁复的还原弥补、还原抵免的现象。

企业在同一纳税年度的境内外所得加总为正数的,其境外分支机构发生的亏损,由于上述结转弥补的限制而发生的未予弥补的部分(以下称为"非实际亏损额"),今后在该分支机构的结转弥补期限不受 5 年期限制。即:

(1)如果企业当期境内外所得盈利额与亏损额加总后和为零或正数,则其当年度境外分支机构的非实际亏损额可无限期向后结转弥补;

(2)如果企业当期境内外所得盈利额与亏损额加总后和为负数,则以境外分支机构的亏损额超过企业盈利额部分的实际亏损额,按税法规定的五年期限进行亏损弥补,未超过企业盈利额部分的非实际亏损额仍可无限期向后结转弥补。

企业应对境外分支机构的实际亏损额与非实际亏损额不同的结转弥补情况做好记录。

[例 8.3] 中国居民 A 企业 2008 年度境内外净所得为 160 万元。其中,境内所得的应纳税所得额为 300 万元。设在甲国的分支机构当年度应纳税所得额为 100 万元,设在乙国的分支机构当年度应纳税所得额为 -300 万元,A 企业当年度从乙国取得利息所得(该利息所得与设在乙国的分支机构无实际联系)的应纳税所得额为 60 万元。

请调整计算该企业当年度境内、外所得的应纳税所得额。

分析:

(1)A 企业当年度境内外净所得为 160 万元,但依据当年执行的境外亏损不得在境内或他国盈利中抵减的规定,其发生在乙国分支机构的当年度亏损额 300 万元,仅可以用从该国取得的利息 60 万元弥补,未能弥补的非实际亏损额 240 万元,不得从当年度企业其他盈利中弥补。因此,相应调整后 A 企业当年境内、外应纳税所得额为:

境内应纳税所得额 = 300 万元;

甲国应纳税所得额 = 100 万元;

乙国应纳税所得额 = -240 万元;

A 企业当年度应纳税所得总额 = 400 万元。

(2)A 企业当年度境外乙国未弥补的非实际亏损共 240 万元,允许 A 企业以其来自乙国以后年度的所得无限期结转弥补。

四、关于可予抵免境外所得税额的确认

(一)可抵免的境外所得税税额的基本条件

可抵免的境外所得税税额的基本条件为:

1. 企业来源于中国境外的所得依照中国境外税收法律以及相关规定计算而

缴纳的税额。

2. 缴纳的属于企业所得税性质的税额，而不拘泥于名称。在不同的国家，对于企业所得税的称呼有着不同的表述，如法人所得税、公司所得税等。判定是否属于企业所得税性质的税额，主要看其是否是针对企业净所得征收的税额。

3. 限于企业应当缴纳且已实际缴纳的税额。税收抵免旨在解决重复征税问题，仅限于企业应当缴纳且已实际缴纳的税额（除另有饶让抵免或其他规定外）。

4. 可抵免的企业所得税税额，若是税收协定非适用所得税项目，或来自非协定国家的所得，无法判定是否属于对企业征收的所得税税额的，应层报国家税务总局裁定。

（二）不应作为可抵免境外所得税税额的情形

可抵免境外所得税税额，是指企业来源于中国境外的所得依照中国境外税收法律以及相关规定应当缴纳并已实际缴纳的企业所得税性质的税款。但不包括：

1. 按照境外所得税法律及相关规定属于错缴或错征的境外所得税税款。即，属于境外所得税法律及相关规定适用错误而且企业不应缴纳而错缴的税额，企业应向境外税务机关申请予以退还，而不应作为境外已交税额向中国申请抵免企业所得税。

2. 按照税收协定规定不应征收的境外所得税税款。即，根据中国政府与其他国家（地区）政府签订的税收协定（或安排）的规定不属于对方国家的应税项目，却被对方国家（地区）就其征收的企业所得税，对此，企业应向征税国家申请退还不应征收的税额；该项税额还应包括，企业就境外所得在来源国纳税时适用税率高于税收协定限定税率所多缴纳的所得税税额。

3. 因少缴或迟缴境外所得税而追加的利息、滞纳金或罚款。

4. 境外所得纳税人或者其利害关系人从境外征税主体得到实际返还或补偿的境外所得税税款。即，如果有关国家为了实现特定目标而规定不同形式和程度的税收优惠，并采取征后由政府予以返还或补偿方式退还的已缴税额，对此，企业应从其境外所得可抵免税额中剔除该相应部分。

5. 按照我国《企业所得税法》及其实施条例规定，已经免征我国企业所得税的境外所得负担的境外所得税税款。即，如果我国税收法律法规做出对某项境外所得给予免税优惠规定，企业取得免征我国企业所得税的境外所得的，该项所得的应纳税所得额及其缴纳的境外所得税额均应从计算境外所得税额抵免的境外应纳税所得额和境外已纳税额中减除。

6. 按照国务院财政、税务主管部门有关规定已经从企业境外应纳税所得额中扣除的境外所得税税款。即，如果我国税法规定就一项境外所得的已纳所得税额仅作为费用从该项境外所得额中扣除的，就该项所得及其缴纳的境外所得税额不应再纳入境外税额抵免计算。

五、货币计量

企业取得的境外所得已直接缴纳和间接负担的税额为人民币以外货币的，在以人民币计算可予抵免的境外税额时，凡企业记账本位币为人民币的，应按企业就该项境外所得记入账内时使用的人民币汇率进行换算；凡企业以人民币以外其他货币作为记账本位币的，应统一按实现该项境外所得对应的我国纳税年度最后一日的人民币汇率中间价进行换算。

六、关于适用间接抵免的外国企业持股比例的计算

除国务院财政、税务主管部门另有规定外，企业在境外取得的股息所得，在按规定计算该企业境外股息所得的可抵免所得税额和抵免限额时，由该企业直接或者间接持有20%以上股份的外国企业，限于按照财税〔2009〕125号文件第六条规定的持股方式确定的五层外国企业，即：

第一层：居民企业直接持有20%以上股份的外国企业。

第二层至第五层：单一上一层外国企业直接持有20%以上股份，且由该企业直接持有或通过一个或多个符合本条规定持股方式的外国企业间接持有总和达到20%以上股份的外国企业。

上述符合规定的"持股条件"是指，各层企业直接持股、间接持股以及为计算居民企业间接持股总和比例的每一个单一持股，均应达到20%的持股比例。

二层持股条件的判定举例如下：

[例8.4] 中国居民A企业直接持有甲国B企业20%股份，直接持有乙国C企业16%股份，并且B企业直接持有C企业20%股份，如图8.1所示：

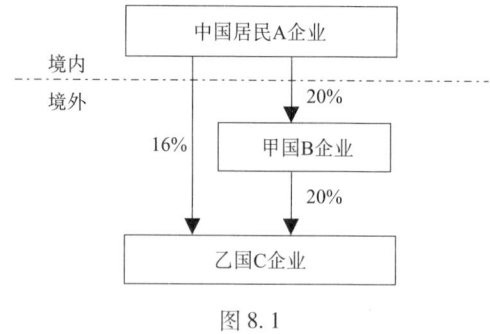

图8.1

分析：

（1）中国居民A企业直接持有甲国B企业20%股份，满足直接持股20%（含20%）的条件。

（2）中国居民A企业直接持有乙国C企业16%股份，间接持有乙国C企业股份为：20%×20%=4%。A企业直接持有C企业的股份不足20%，故不能

计入 A 企业对 C 企业直接持股或间接持股的总和比例之中。因此，C 企业未满足居民企业通过一个或多个符合规定持股条件的外国企业间接持有总和达到 20% 以上股份的外国企业的规定。

多层持股条件的综合判定举例如下：

[例 8.5]　中国居民企业 A 分别控股了甲国 B1、甲国 B2、乙国 B3、乙国 B4 四家公司，持股比例分别为 50%、50%、100%、100%；B1 持有丙国 C1 公司 30% 股份，B2 持有丙国 C2 公司 50% 股份，B3 持有丁国 C3 公司 50% 股份，B4 持有丁国 C4 公司 50% 股份；C1、C2、C3、C4 分别持有戊国 D 公司 20%、40%、25%、15% 股份。见图 8.2。

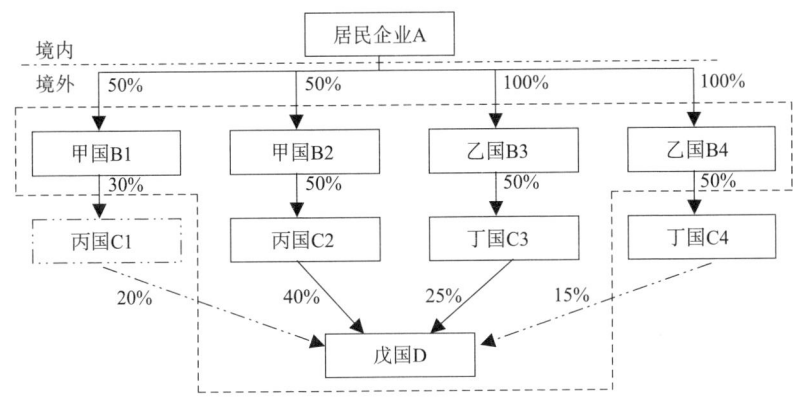

图 8.2

注：┈虚线内为判定符合间接持股条件的公司及可就分配的股息计算间接抵免税额的所持股份。

分析：

(1) B 层各公司间接抵免持股条件的判定：

B1、B2、B3、B4 公司分别直接被 A 公司控股 50%、50%、100%、100%，均符合间接抵免第一层公司的持股条件。

(2) C 层各公司间接抵免持股条件的判定：

①C1 公司虽然被符合条件的上一层公司 B1 控股 30%，但仅受居民企业 A 间接控股 15%(50%×30%)，因此，属于不符合间接抵免持股条件的公司（但如果协定的规定为 10%，则符合间接抵免条件）。

②C2 公司被符合条件的上一层公司 B2 控股 50%，且被居民企业 A 间接控股达到 25%(50%×50%)，因此，属于符合间接抵免持股条件的公司。

③C3 公司被符合条件的上一层公司 B3 控股 50%，且被居民企业 A 间接控股达到 50%(100%×50%)，因此，属于符合间接抵免持股条件的公司。

④C4 公司情形与 C3 公司相同，属于符合间接抵免持股条件的公司。

(3) D 公司间接抵免持股条件的判定：

①虽然 D 公司被 C1 控股达到了 20%，但由于 C1 属于不符合持股条件的公司，所以，C1 对 D 公司的 20% 持股也不得再计入 D 公司间接抵免持股条件的范围，来源于 D 公司 20% 部分的所得的已纳税额不能进入居民企业 A 的抵免范畴。

②D 公司被 C2 控股达到 40%，但被 A 通过符合条件的 B2、C2 间接持股仅 10%，未达到 20%，因此，还不能由此判定 D 是否符合间接抵免条件。

③D 公司被 C3 控股达到 25%，且由 A 通过符合条件的 B3、C3 间接控股达 12.5%（100%×50%×25%），加上 A 通过 B2、C2 的间接控股 10%，间接控股总和达到 22.5%。因此，D 公司符合间接抵免条件，其所纳税额中属于向 C2 和 C3 公司分配的 65% 股息所负担的部分，可进入 A 公司的间接抵免范畴。

④D 公司被 C4 控股 15%，虽然 C4 自身为符合持股条件的公司，但其对 D 公司的持股不符合直接控股达 20% 的持股条件。因此，该 C4 公司对 D 公司 15% 的持股，不能计入居民企业 A 对 D 公司符合条件的间接持股总和之中；同时，D 公司所纳税额中属于向 C4 公司按其持股 15% 分配的股息所负担的部分，也不能进入居民企业 A 的间接抵免范畴。

七、关于境外所得间接负担税额的计算

居民企业在按照《企业所得税法》第二十四条规定用境外所得间接负担的税额进行税收抵免时，其取得的境外投资收益实际间接负担的税额，是指根据直接或者间接持股方式合计持股 20% 以上（含 20%，下同）的规定层级的外国企业股份，由此应分得的股息、红利等权益性投资收益中，从最低一层外国企业起逐层计算的属于由上一层企业负担的税额，其计算公式如下：

本层企业所纳税额属于由一家上一层企业负担的税额=（本层企业就利润和投资收益所实际缴纳的税额+符合本通知规定的由本层企业间接负担的税额）×本层企业向一家上一层企业分配的股息（红利）÷本层企业所得税后利润额

正确理解上述规定，应注意下列事项：

1. 本条规定了境外所得间接负担的符合《通知》第六条规定条件的下层企业税额的计算方式及公式（参见［例 8.6］），公式中：

（1）本层企业是指实际分配股息（红利）的境外被投资企业；

（2）本层企业就利润和投资收益所实际缴纳的税额是指，本层企业按所在国税法就利润缴纳的企业所得税和在被投资方所在国就分得的股息等权益性投资收益被源泉扣缴的预提所得税；

（3）符合《通知》规定的由本层企业间接负担的税额是指该层企业由于从下一层企业分回股息（红利）而间接负担的由下一层企业就其利润缴纳的企业所得税税额；

（4）本层企业向一家上一层企业分配的股息（红利）是指，该层企业向上一层企业实际分配的扣缴预提所得税前的股息（红利）数额；

（5）本层企业所得税后利润额是指该层企业实现的利润总额减去就其利润实际缴纳的企业所得税后的余额。

2. 每一层企业从其持股的下一层企业在一个年度中分得的股息（红利），若是由该下一层企业不同年度的税后未分配利润组成，则应按该股息（红利）

对应的每一年度未分配利润,分别计算就该项分配利润所间接负担的税额;按各年度计算的间接负担税额之和,即为取得股息(红利)的企业该一个年度中分得的股息(红利)所得所间接负担的所得税额。

3. 境外第二层及以下层级企业归属不同国家的,在计算居民企业负担境外税额时,均以境外第一层企业所在国(地区)为国别划分进行归集计算,而不论该第一层企业的下层企业归属何国(地区)。

间接抵免负担税额的计算举例如下:

[例8.6] 以[例8.5]中居民企业A集团公司组织架构(如图8.2所示)及其对符合间接抵免持股条件的判定结果为例,对A公司于2010年初申报的2009年度符合条件的各层公司生产经营及分配股息情况,计算A公司可进入抵免(参见[例8.5]分析)的间接负担的境外所得税额如下:

(1) 计算甲国B1及其下层各企业已纳税额中属于A公司可予抵免的间接负担税额。

①C1公司及其对D公司20%持股税额的计算:

由于C1不符合A公司的间接抵免条件,因此,其就利润所纳税额及其按持有D公司20%股份而分得股息直接缴纳的预提所得税及该股息所包含的D公司税额,均不应计算为由A公司可予抵免的间接负担税额。

②B1公司税额的计算:

B1公司符合A公司的间接抵免持股条件。B1公司应纳税所得总额为1 000万元(假设该"应纳税所得总额"中在B1公司所在国计算税额抵免时已包含投资收益还原计算的间接税额,下同),其中来自C1公司的投资收益为300万元,按10%缴纳C1公司所在国预提所得税额为30万元(300万×10%),无符合抵免条件的间接税额;

B1公司适用税率为30%,其当年在所在国按该国境外税收抵免规定计算后实际缴纳所在国所得税额为210万元;B1公司当年税前利润为1 000万元,则其当年税后利润为760万元(税前利润1 000万 - 实际缴纳所在国税额210万 - 缴纳预提税额30万),且全部分配;

B1公司向A公司按其持股比例50%分配股息380万元;

将上述数据代入《通知》第五条公式,即:本层企业所纳税额属于由一家上一层企业负担的税额=(本层企业就利润和投资收益所实际缴纳的税额+符合本通知规定的由本层企业间接负担的税额)×本层企业向一家上一层企业分配的股息(红利)÷本层企业所得税后利润额(下同) 计算,A公司就从B1公司分得股息间接负担的可在我国应纳税额中抵免的税额为120万元。即:

$(210 + 30 + 0) \times (380 \div 760) = 120$(万元)

(2) 计算甲国B2及其下层各企业已纳税额中属于A公司可予抵免的间接负担税额。

①D公司税额的计算:

D公司符合A公司的间接抵免持股条件。D公司应纳税所得总额和税前会计利润均为 1 250 万元，适用税率为 20%，无投资收益和缴纳预提所得税项目。当年 D 公司在所在国缴纳企业所得税为 250 万元，D 公司将当年税后利润 1 000 万元全部分配，D 公司向 C2 公司按其持股比例 40% 分配股息 400 万元。

将上述数据代入《通知》第五条公式计算，D 公司已纳税额属于可由 C2 公司就分得股息间接负担的税额为 100 万元。即

$(250+0+0)\times(400\div1\ 000)=100$（万元）

②C2 公司税额的计算：

C2 公司符合 A 公司的间接抵免持股条件。C2 公司应纳税所得总额为 2 000 万元；其中从 D 公司分得股息 400 万元，按 10% 缴纳 D 公司所在国预提所得税额为 40 万元（400×10%），符合条件的间接负担下层公司税额 100 万元。

C2 公司适用税率为 25%，假设其当年享受直接和间接抵免后实际缴纳所在国所得税额为 360 万元；当年税前利润为 2 000 万元，则其税后利润为 1 600 万元（2 000－360－40）。

C2 公司将当年税后利润的一半用于分配，C2 公司向 B2 公司按其持股比例 50% 分配股息 400 万元（1 600×50%×50%）；同时，将该公司 2008 年未分配税后利润 1 600 万元（实际缴纳所得税额为 400 万元，且无投资收益和缴纳预提所得税项目）一并分配，向 B2 公司按其持股比例 50% 分配股息 800 万元（1 600×50%）。

C2 公司向 B2 公司按其持股比例分配股息 1 200 万元。

将上述数据代入《通知》第五条公式计算，C2 公司已纳税额属于可由 B2 公司就 2009 年度分得股息间接负担的税额共计为 325 万元，其中以 2009 年度利润分配股息间接负担的税额 125 万元[（360＋40＋100）×（400÷1 600）＝125 万元]；以 2008 年度利润分配股息间接负担的税额 200 万元[（400＋0＋0）×（800÷1 600）＝200 万元]。

③B2 公司税额的计算：

B2 公司符合 A 公司的间接抵免持股条件。B2 公司应纳税所得总额为 5 000 万元，其中来自 C2 公司的投资收益为 1 200 万元，按 10% 缴纳 C2 公司所在国预提所得税额为 120 万元（1 200×10%），符合条件的间接负担下层公司税额 325 万元。

B2 公司适用税率为 30%，假设其当年享受直接和间接抵免后实际缴纳所在国所得税额为 1 140 万元；当年税前利润为 5 000 万元，则其税后利润为 3 740 万元（5 000－1 140－120），且全部分配。

B2 公司向 A 公司按其持股比例 50% 分配股息 1 870 万元。

将上述数据代入《通知》第五条公式计算，A 公司就从 B2 公司分得股息间接负担的可在我国应纳税额中抵免的税额为 792.5 万元。即

$(1\ 140+120+325)\times(1\ 870\div3\ 740)=792.5$（万元）

（3）计算乙国 B3 及其下层各企业已纳税额中属于 A 公司可予抵免的间接负担税额。

①D公司税额的计算:

D公司符合A公司的间接抵免持股条件。D公司应纳税所得总额为1 250万元,适用税率为20%,无投资收益和缴纳预提所得税项目。当年D公司在所在国缴纳企业所得税为250万元;D公司将当年税后利润1 000万元全部分配。

D公司向C3公司按其持股比例25%分配股息250万元。

将上述数据代入《通知》第五条公式计算,D公司已纳税额属于可由C3公司就分得股息间接负担的税额为62.5万元。即

(250 + 0 + 0) × (250 ÷ 1 000) = 62.5(万元)

②C3公司税额的计算:

C3公司符合A公司的间接抵免持股条件。C3公司应纳税所得总额为1 000万元;其中从D公司分得股息250万元,按10%缴纳D公司所在国预提所得税额为25万元(250×10%),符合条件的间接负担下层公司税额62.5万元。

C3公司适用税率为30%,假设其当年享受直接和间接抵免后实际缴纳所在国所得税额为245万元;当年税前利润为1 000万元,则其税后利润为730万元(1 000 - 245 - 25),且全部分配。

C3公司向B3公司按其持股比例50%分配股息365万元。

将上述数据代入《通知》第五条公式计算,C3公司已纳税额属于可由B3公司就分得股息间接负担的税额为166.25万元。即

(245 + 25 + 62.5) × (365 ÷ 730) = 166.25(万元)

③B3公司税额的计算:

B3公司符合A公司的间接抵免持股条件。B3公司应纳税所得总额为2 000万元,其中来自C3公司的投资收益为365万元,按10%缴纳C3公司所在国预提所得税额为36.5万元(365×10%),符合条件的间接负担下层公司税额166.25万元。

B3公司适用税率为30%,假设其当年享受直接和间接抵免后实际缴纳所在国所得税额为463.5万元;当年税前利润为2 000万元,则其税后利润为1 500万元(2 000 - 463.5 - 36.5),且全部分配。

B3公司向A公司按其持股比例100%分配股息1 500万元。

将上述数据代入《通知》第五条公式计算,A公司就从B3公司分得股息间接负担的可在我国应纳税额中抵免的税额为666.25万元。即

(463.5 + 36.5 + 166.25) × (1 500 ÷ 1 500) = 666.25(万元)

(4)计算乙国B4及其下层各企业已纳税额中属于A公司可予抵免的间接负担税额。

①D公司税额的计算:

D公司被C4公司持有的15%股份不符合A公司享受间接抵免的持股比例条件,因此,其所纳税额中属于该15%股息负担的部分不能通过C4等公司计入A公司可予抵免的间接负担税额。

②C4公司税额的计算:

C4公司符合A公司的间接抵免持股条件。C4公司应纳税所得总额为1 000

万元;其中从 D 公司分得股息 150 万元,其按 10% 直接缴纳 D 公司所在国的预提所得税额 15 万元(150×10%)属于可计算 A 公司间接抵免的税额,无符合条件的间接负担税额。

C4 公司适用税率为 25%,假设其当年享受直接和间接抵免后实际缴纳所在国所得税额为 235 万元;当年税前利润为 1 000 万元,则其税后利润为 750 万元(1 000 - 235 - 15),且全部分配。

C4 公司向 B4 公司按其持股比例 50% 分配股息 375 万元。

将上述数据代入《通知》第五条公式计算,C4 公司已纳税额属于可由 B4 公司就分得股息间接负担的税额为 125 万元。即

(235 + 15 + 0)×(375 ÷ 750)= 125(万元)

③B4 公司税额的计算:

B4 公司符合 A 公司的间接抵免持股条件。B4 公司应纳税所得总额为 2 000 万元,其中来自 C4 公司的投资收益为 375 万元,按 10% 缴纳 C4 公司所在国预提所得税额为 37.5 万元(375×10%),符合条件的间接负担下层公司税额 125 万元。

B4 公司适用税率为 30%,假设其当年享受直接和间接抵免后实际缴纳所在国所得税额为 462.5 万元;当年税前利润为 2 000 万元,则其税后利润为 1 500 万元(2 000 - 462.5 - 37.5),且全部分配。

B4 公司向 A 公司按其持股比例 100% 分配股息 1 500 万元。即

将上述数据代入《通知》第五条公式计算,A 公司就从 B4 公司分得股息间接负担的可在我国应纳税额中抵免的税额为 625 万元。即

(462.5 + 37.5 + 125)×(1 500 ÷ 1 500)= 625(万元)

(5)A 公司可适用间接抵免的境外所得及间接负担的境外已纳税额分国计算如下。

①可适用间接抵免的境外所得(含直接所缴预提所得税但未含间接负担的税额)为 5 250 万元,其中:

来自甲国的境外所得为 2 250 万元(B1 股息 380 + B2 股息 1 870);

来自乙国的境外所得为 3 000 万元(B3 股息 1 500 + B4 股息 1 500)。

②可抵免的间接负担境外已纳税额为 2 203.75 万元,其中:

来自甲国的可抵免间接负担境外已纳税额为 912.5 万元(间接负担 B1 税额 120 + 间接负担 B2 税额 792.5);

来自乙国的可抵免间接负担境外已纳税额为 1 291.25 万元(间接负担 B3 税额 666.25 + 间接负担 B4 税额 625)。

(6)计算 A 公司可适用抵免的全部境外所得税额。

①假设上项境外所得在来源国均按 10% 税率直接缴纳境外预提所得税合计为 525 万元,其中:

缴纳甲国预提所得税为 225 万元(2 250×10%);

缴纳乙国预提所得税为 300 万元(3 000×10%)。

②来自甲乙两国所得的全部可抵免税额分别为：

甲国：直接缴纳 225 万元 + 间接负担 912.5 万元 = 1 137.5 万元；

乙国：直接缴纳 300 万元 + 间接负担 1 291.25 万元 = 1 591.25 万元。

八、关于税收饶让抵免的应纳税额的确定

《通知》规定，居民企业从与我国政府订立税收协定（或安排）的国家（地区）取得的所得，按照该国（地区）税收法律享受了免税或减税待遇，且该免税或减税的数额按照税收协定规定应视同已缴税额在中国的应纳税额中抵免的，该免税或减税数额可作为企业实际缴纳的境外所得税额用于办理税收抵免。

我国《企业所得税法》目前尚未单方面规定税收饶让抵免，但我国与有关国家签订的税收协定规定有税收饶让抵免安排，本条对此进行了重申。居民企业从与我国订立税收协定（或安排）的对方国家取得所得，并按该国税收法律享受了免税或减税待遇，且该所得已享受的免税或减税数额按照税收协定（或安排）规定应视同已缴税额在我国应纳税额中抵免的，经企业主管税务机关确认，可在其申报境外所得税额时视为已缴税额。

1. 税收饶让抵免应区别下列情况进行计算。

（1）税收协定规定定率饶让抵免的，饶让抵免税额为按该定率计算的应纳境外所得税额超过实际缴纳的境外所得税额的数额。

（2）税收协定规定列举一国税收优惠额给予饶让抵免的，饶让抵免税额为按协定国家（地区）税收法律规定税率计算的应纳所得税额超过实际缴纳税额的数额，即实际税收优惠额。

2. 境外所得采用《通知》第十条规定的简易办法计算抵免额的，不适用饶让抵免。

3. 企业取得的境外所得根据来源国税收法律法规不判定为所在国应税所得，而按中国税收法律法规规定属于应税所得的，不属于税收饶让抵免范畴，应全额按中国税收法律法规规定缴纳企业所得税。

税收饶让抵免的计算举例如下：

[例 8.7] 中国居民企业 A 公司，在甲国投资设立了 B 公司，甲国政府为鼓励境外投资，对 B 公司第一个获利年度实施了企业所得税免税。按甲国的税法规定，企业所得税税率为 20%。A 公司获得了 B 公司免税年度分得的利润 2 000 万元。根据中国和甲国政府签订税收协定规定，中国居民从甲国取得的所得，按照协定规定在甲国缴纳的税额可以在对居民征收的中国税收中抵免。所缴纳的税额包括假如没有按照该缔约国给予减免税或其他税收优惠而本应缴纳的税额。所缴纳的甲国税收应包括相当于所放弃的甲国税收的数额。计算如下：

A 公司在计算缴纳企业所得税时，B 公司的免税额 = 2 000 × 20% = 400（万元），应计算为由 A 公司抵免的间接负担的境外税额。

九、关于抵免限额的计算

《通知》规定,企业应按照《企业所得税法》及其实施条例和本通知的有关规定分国(地区)别计算境外税额的抵免限额。

某国(地区)所得税抵免限额=中国境内、境外所得依照企业所得税法及实施条例的规定计算的应纳税总额×来源于某国(地区)的应纳税所得额÷中国境内、境外应纳税所得总额

据以计算上述公式中的"中国境内、境外所得依照《企业所得税法》及实施条例的规定计算的应纳税总额"的税率,除国务院财政、税务主管部门另有规定外,应为企业所得税法规定的基本税率25%。目前,《财政部、国家税务总局关于高新技术企业境外所得适用税率及税收抵免问题的通知》(财税〔2011〕47号)特别规定:"以境内、境外全部生产经营活动有关的研究开发费用总额、总收入、销售收入总额、高新技术产品(服务)收入等指标申请并经认定的高新技术企业,其来源于境外的所得可以享受高新技术企业所得税优惠政策,即对其来源于境外所得可以按照15%的优惠税率缴纳企业所得税,在计算境外抵免限额时,可按照15%的优惠税率计算境内外应纳税总额。"

企业按照《企业所得税法》及其实施条例和本通知的有关规定计算的当期境内、境外应纳税所得总额小于零的,应以零计算当期境内、境外应纳税所得总额,其当期境外所得税的抵免限额也为零。

理解上述规定,应注意下列事项:

1. 中国境内外所得依照《企业所得税法》及实施条例的规定计算的应纳税总额的税率是25%,即使企业境内所得按税收法规规定享受企业所得税优惠的,在进行境外所得税额抵免限额计算中的中国境内、外所得应纳税总额所适用的税率也应为25%。今后若国务院财政、税务主管部门规定境外所得与境内所得享受相同企业所得税优惠政策的,应按有关优惠政策的适用税率或税收负担率计算其应纳税总额和抵免限额;简便计算,也可以按该境外应纳税所得额直接乘以其实际适用的税率或税收负担率得出抵免限额。

2. 若企业境内所得为亏损,境外分支机构的所得为盈利,且企业已使用同期境外盈利全部或部分弥补了境内亏损,则境内已用境外盈利弥补的亏损不得再用以后年度境内盈利重复弥补。由此,在计算境外所得抵免限额时,形成当期境内、外应纳税所得总额小于零的,应以零计算当期境内、外应纳税所得总额,其当期境外所得税的抵免限额也为零。上述境外盈利在境外已纳的可予抵免但未能抵免的税额可以在以后5个纳税年度内进行结转抵免。

3. 如果企业境内为亏损,境外盈利分别来自多个国家的分支机构,则弥补境内亏损时,企业可以自行选择弥补境内亏损的境外所得来源国家(地区)顺序。

[例8.8] 如表8.1所示,当境外盈利弥补境内亏损时,境外已缴税额应如何处理?

表 8.1　　　　　　　　　　　　　　　　　　　　　　　　　　　　　　　　单位：万元

项目	境内企业	境外营业机构	境外已纳税额	抵免限额	结转以后年度抵免余额
税率	25%	30%	—	—	—
第一年利润	-100	100	30	0	30
第二年利润	100	100	30	25	35

分析：

第一年：应纳税所得额 = -100 + 100 = 0，抵免限额为 0，境外已缴税额结转下一年度抵补余额为 30 万元。

第二年：应纳税所得额 = 100 + 100 = 200（万元）；

当年境外所得税税额 = 30 万元；

抵免限额 = 200 × 25% × (100 ÷ 200) = 25（万元）（< 30 万元）；

实际抵免境外所得税额 = 25 万元；

留待以后结转抵免税额 = 30 - 25 + 30 = 35（万元）。

十、关于实际抵免境外税额的计算

《通知》规定，在计算实际应抵免的境外已缴纳和间接负担的所得税税额时，企业在境外一国（地区）当年缴纳和间接负担的符合规定的所得税税额低于所计算的该国（地区）抵免限额的，应以该项税额作为境外所得税抵免额从企业应纳税总额中据实抵免；超过抵免限额的，当年应以抵免限额作为境外所得税抵免额进行抵免，超过抵免限额的余额允许从次年起在连续 5 个纳税年度内，用每年度抵免限额抵免当年应抵税额后的余额进行抵补。

理解上述规定，应注意下列事项：

1. 本条规定了企业在境外一国（地区）当年缴纳和间接负担的符合规定的企业所得税税额的具体抵免方法，即企业每年应分国（地区）别在抵免限额内据实抵免境外所得税额，超过抵免限额的部分可在以后连续 5 个纳税年度延续抵免；企业当年境外一国（地区）可抵免税额中既有属于当年已直接缴纳或间接负担的境外所得税额，又有以前年度结转的未逾期可抵免税额时，应首先抵免当年已直接缴纳或间接负担的境外所得税额后，抵免限额有余额的，可再抵免以前年度结转的未逾期可抵免税额，仍抵免不足的，继续向以后年度结转。

2. 企业申报抵免境外所得税收（包括按照《通知》第十条规定的简易办法进行的抵免）时，应向其主管税务机关提交如下书面资料：

（1）与境外所得相关的完税证明或纳税凭证（原件或复印件）。

（2）不同类型的境外所得申报税收抵免还需分别提供：

①取得境外分支机构的营业利润所得需提供境外分支机构会计报表；境外分支机构所得依照中国境内《企业所得税法》及实施条例的规定计算的应纳税额的计算过程及说明资料；具有资质的机构出具的有关分支机构审计报告等。

②取得境外股息、红利所得需提供集团组织架构图；被投资公司章程复印件；境外企业有权决定利润分配的机构作出的决定书等。

③取得境外利息、租金、特许权使用费、转让财产等所得需提供依照中国境内企业所得税法及实施条例规定计算的应纳税额的资料及计算过程；项目合同复印件等。

（3）申请享受税收饶让抵免的还需提供：

①本企业及其直接或间接控制的外国企业在境外所获免税及减税的依据及证明或有关审计报告披露该企业享受的优惠政策的复印件；

②企业在其直接或间接控制的外国企业的参股比例等情况的证明复印件；

③间接抵免税额或者饶让抵免税额的计算过程；

④由本企业直接或间接控制的外国企业的财务会计资料。

（4）采用简易办法计算抵免限额的还需提供：

①取得境外分支机构的营业利润所得需提供企业申请及有关情况说明；来源国（地区）政府机关核发的具有纳税性质的凭证和证明复印件。

②取得符合境外税额间接抵免条件的股息所得需提供企业申请及有关情况说明；符合《企业所得税法》第二十四条条件的有关股权证明的文件或凭证复印件。

（5）主管税务机关要求提供的其他资料。

以上提交备案资料使用非中文的，企业应同时提交中文译本复印件。

上述资料已向税务机关提供的，可不再提供；上述资料若有变更的，须重新提供；复印件须注明与原件一致，译本须注明与原本无异义，并加盖企业公章。

3. 税务机关、企业在年度企业所得税汇算清缴时，应对结转以后年度抵免的境外所得税额分国别（地区）建立台账管理，准确填写逐年抵免情况。

（1）台账表式（见表8.2）：

表8.2　　　　　　　　境外所得税额结转抵免管理台账

企业名称：

所得来源国别（地区）：　　　　　　　　　　　　　　　金额单位：人民币（列至角分）

行次	本年度未抵免税额		5年期结转抵扣额及余额									
			第1年		第2年		第3年		第4年		第5年	
	税额所属年度	未抵免额	抵免额	余额	抵免额	余额	抵免额	余额	抵免额	余额	抵免额	不得再结转额
1												
2												
3												
4												
5												

(2) 管理台账的编制说明：

填报以前年度境外所得已纳税额未抵免部分的结转、抵扣情况。

①按分国不分项填报结转抵扣额的境外所得税在各年的抵扣情况；

②本年度未抵免税额：填报税额所属年度未抵免结转以后年度抵扣的税额；

③五年结转抵扣额：填报按规定用本期税额扣除限额的余额抵扣以前年度结转的税额及抵扣后的余额。

实际抵免境外税额的计算举例如下：

[例 8.9] 以 [例 8.6] 对 A 公司计算的可抵免境外负担税额及 [例 8.1] 对其计算的境外所得应纳税总额和境外税额抵免限额为例，计算其当年度可实际抵免的境外税额。

分析

(1) 甲国：

可抵免境外税额 = 直接税额 225 万元 + 间接负担税额 912.5 万元 = 1 137.5 万元；

抵免限额 = 744.5 万元（<1 137.5 万元）；

当年可实际抵免税额 = 744.5 万元；

可结转的当年度未抵免税额 = 1 137.5 - 744.5 = 393（万元）。

(2) 乙国：

可抵免境外税额 = 直接税额 300 万元 + 间接负担税额 1 291.25 万元 = 1 591.25 万元；

抵免限额 = 1 010.5 万元（<1 591.25 万元）；

当年可实际抵免税额 = 1 010.5 万元；

可结转的当年度未抵免税额 = 1 591.25 - 1 010.5 = 580.75（万元）；

(3) 当年度可实际抵免税额合计 = 744.5 + 1 010.5 = 1 755（万元）。

再以此例按《通知》第十二条所列公式计算 A 公司 2010 年抵免境外所得税后应纳所得税额（假设 A 公司没有适用税法规定的有关设备投资抵免税额等优惠）为：

境内外应纳所得税总额 - 当年可实际抵免境外税额 = 18 000 × 25% - 1 755 = 2 745（万元）。

十一、关于"不分国（地区）不分项"抵免限额及抵免境外税额的计算

根据《财政部、国家税务总局关于完善企业境外所得税收抵免政策问题的通知》（财税〔2017〕84 号，自 2017 年 1 月 1 日起执行）规定，企业可以选择按国（地区）别分别计算（即"分国（地区）不分项"），或者不按国（地区）别汇总计算（即"不分国（地区）不分项"）其来源于境外的应纳税所得额，并按规定的税率，分别计算其可抵免境外所得税税额和抵免限额。抵免方式一

经选择，5年内不得改变。

[例8.10] 中国居民A企业2017年度境内外净所得为160万元。其中，境内所得的应纳税所得额为300万元；设在甲国的分支机构当年度应纳税所得额为100万元；设在乙国的分支机构当年度应纳税所得额为-300万元；A企业当年度从乙国取得利息所得的应纳税所得额为60万元。假设不考虑其他调整因素，则：

（1）当A企业采用分国不分项的抵免方式时：

A企业当年度境内外净所得为160万元，但依据境外亏损不得在境内或他国盈利中抵减的规定，其发生在乙国分支机构的当年度亏损额300万元，仅可以用从该国取得的利息60万元弥补，未能弥补的非实际亏损额240万元，不得从当年度企业其他盈利中弥补。因此，相应调整后A企业当年境内、外应纳税所得额为：

境内应纳税所得额=300万元；

甲国应纳税所得额=100万元；

乙国应纳税所得额=-240万元；

A企业当年度应纳税所得总额=400万元。

A企业当年度境外乙国未弥补的非实际亏损共240万元，允许A企业以其来自乙国以后年度的所得无限期结转弥补。

（2）当A企业采用不分国不分项的抵免方式时：

境内应纳税所得额=300万元；

甲国应纳税所得额=100万元；

乙国应纳税所得额=-240万元；

乙国亏损240万元可以抵减甲国100万元盈利，剩余140万元非实际亏损留待以后年度无限期结转。此抵免方式一旦确定，5年内不得改变。

A企业当年度应纳税所得总额=300万元。

十二、关于简易办法计算抵免

1. 企业从境外取得营业利润所得以及符合境外税额间接抵免条件的股息所得，虽有所得来源国（地区）政府机关核发的具有纳税性质的凭证或证明，但因客观原因无法真实、准确地确认应当缴纳并已经实际缴纳的境外所得税税额的，除就该所得直接缴纳及间接负担的税额在所得来源国（地区）的实际有效税率低于12.5%的国家（地区）外，可按境外应纳税所得额的12.5%作为抵免限额，企业按该国（地区）税务机关或政府机关核发具有纳税性质凭证或证明的金额，其不超过抵免限额的部分，准予抵免；超过的部分不得抵免。

属于本款规定以外的股息、利息、租金、特许权使用费、转让财产等投资性所得，均应按本通知的其他规定计算境外税额抵免。

2. 企业从境外取得营业利润所得以及符合境外税额间接抵免条件的股息所

得,凡就该所得缴纳及间接负担的税额在所得来源国(地区)的法定税率且其实际有效税率明显高于我国的,可直接以按本通知规定计算的境外应纳税所得额和我国《企业所得税法》规定的税率计算的抵免限额作为可抵免的已在境外实际缴纳的企业所得税税额。

属于本款规定以外的股息、利息、租金、特许权使用费、转让财产等投资性所得,均应按本通知的其他规定计算境外税额抵免。

理解上述规定,应注意下列事项:

(1)采用简易办法应遵循"分国不分项"原则。

(2)本条第一项中"从所得来源国(地区)政府机关取得具有纳税性质的凭证或证明"是指向境外所在国家政府实际缴纳了具有综合税额(含企业所得税)性质的款项的有效凭证。

(3)本条第二项中"实际有效税率"是指实际缴纳或负担的企业所得税税额与应纳税所得额的比率。

法定税率且实际有效税率明显高于我国(税率)的国家,由财政部和国家税务总局列名单公布;各地税务机关不能自行作出判定,发现名单所列国家抵免异常的,应立即向国家税务总局报告。

(4)本条第一项和第二项中"属于本款规定以外的股息、利息、租金、特许权使用费、转让财产等投资性所得"是指,居民企业从境外未达到直接持股20%条件的境外子公司取得的股息所得,以及取得利息、租金、特许权使用费、转让财产等所得,向所得来源国直接缴纳的预提所得税额,应按《通知》有关直接抵免的规定正常计算抵免。

十三、关于境外分支机构与我国对应纳税年度的确定

1. 企业在境外投资设立不具有独立纳税地位的分支机构,其计算生产、经营所得的纳税年度与我国规定的纳税年度不一致的,与我国纳税年度当年度相对应的境外纳税年度,应为在我国有关纳税年度中任何一日结束的境外纳税年度。

2. 企业取得上款以外的境外所得实际缴纳或间接负担的境外所得税,应在该项境外所得实现日所在的我国对应纳税年度的应纳税额中计算抵免。

企业就其在境外设立的不具有独立纳税地位的分支机构每一纳税年度的营业利润,计入企业当年度应纳税所得总额时,如果分支机构所在国纳税年度的规定与我国规定的纳税年度不一致的,在确定该分支机构境外某一年度的税额如何对应我国纳税年度进行抵免时,境外分支机构按所在国规定计算生产经营所得的纳税年度与其境内总机构纳税年度相对应的纳税年度,应为该境外分支机构所在国纳税年度结束日所在的我国纳税年度。

境外分支机构纳税年度的判定举例如下:

[例8.11] 某居民企业在A国的分公司,按A国法律规定,计算当期利润

年度为每年 10 月 1 日至次年 9 月 30 日。

分析：

该分公司按 A 国规定计算 2009 年 10 月 1 日至次年 9 月 30 日期间（即 A 国 2009/2010 年度）的营业利润及其已纳税额，应在我国 2010 年度计算纳税及境外税额抵免。

3. 企业取得境外股息所得实现日为被投资方做出利润分配决定的日期，不论该利润分配是否包括以前年度未分配利润，均应作为该股息所得实现日所在的我国纳税年度所得计算抵免。

境外股息所得在我国计算抵免的时间举例如下：

[例 8.12] 某居民企业的境外子公司于 2010 年 5 月 1 日股东会决定，将分别属于 2008 年、2009 年的未分配利润共计 2 000 万元进行分配。

分析：

该 2 000 万元均属于该居民企业 2010 年取得的股息，就该股息被扣缴的预提所得税以及该股息间接负担的由境外子公司就其 2008 年度、2009 年度利润缴纳的境外所得税，均应按规定的适用条件在该居民企业 2010 年应纳我国企业所得税中计算抵免。

十四、其他问题

（一）关于境外所得税抵免时应纳所得税额的计算

企业抵免境外所得税额后实际应纳所得税额的计算公式为：

企业实际应纳所得税额 = 企业境内外所得应纳税总额 - 企业所得税减免（抵免）优惠税额 - 境外所得税抵免额

公式中抵免优惠税额是指按《企业所得税法》第三十四条规定，企业购置用于环境保护、节能节水、安全生产等专用设备的投资额，可以按一定比例实行税额抵免。

境外所得税抵免额是指按照《通知》和《指南》计算的境外所得税额在抵免限额内实际可以抵免的税额。

（二）关于"不具有独立纳税地位"的定义

本通知所称"不具有独立纳税地位"，是指根据企业设立地法律不具有独立法人地位或者按照税收协定规定不认定为对方国家（地区）的税收居民。

1. 企业居民身份的判定，一般以国内法为准。如果一个企业同时被中国和其他国家认定为居民（即双重居民），应按中国与该国之间税收协定（或安排）的规定执行。

2. 不具有独立纳税地位的境外分支机构特别包括企业在境外设立的分公司、代表处、办事处、联络处，以及在境外提供劳务、被劳务发生地国家（地区）认定为负有企业所得税纳税义务的营业机构和场所等。

（三）关于来源于港、澳、台地区的所得

企业取得来源于中国香港、澳门、台湾地区的应税所得，参照本通知执行。

（四）关于税收协定优先原则的适用

中华人民共和国政府同外国政府订立的有关税收的协定与本通知有不同规定的，依照协定的规定办理。

所称"有关税收的协定"，包括内地与中国香港、澳门地区等签订的相关税收安排。

（五）《通知》执行日期

《通知》虽然于 2009 年 12 月发布，但仍属于对执行《企业所得税法》及实施条例的解释，因此，与《企业所得税法》及实施条例的执行日期一致，自 2008 年 1 月 1 日起执行。

（六）法定税率明显高于我国的境外所得来源国（地区）名单

法定税率明显高于我国的境外所得来源国（地区）名单有：美国、阿根廷、布隆迪、喀麦隆、古巴、法国、日本、摩洛哥、巴基斯坦、赞比亚、科威特、孟加拉国、叙利亚、约旦、老挝。

此类国家（地区）名单，由财政部和国家税务总局适时调整。

十五、纳税申报表填报要点

企业所得税年度申报表中关于境外所得税收抵免的计算逻辑为：按照企业全部利润总额剔除计入会计利润的境外所得及纳税调整、弥补亏损等计算出企业境内的应纳税所得额及应纳所得税额，按照境内所得应纳税额加上境外所得应纳税额，再减去境外所得允许抵免的税额，得到全年应纳税额。主要涉及表 A108000（境外所得税收抵免明细表）、表 A108010（境外所得纳税调整后所得明细表）、表 A108020（境外分支机构弥补亏损明细表）、表 A108030（跨年度结转抵免境外所得税明细表），表 A105000（纳税调整项目明细表）第 28 行"（十五）境外所得分摊的共同支出"以及主表第 14 行"减：境外所得"、第 29 行"加：境外所得应纳所得税额"、第 30 行"减：境外所得抵免所得税额"的填报。如有用境外盈利弥补境内当期或以前年度亏损的，还涉及表 A106000（企业所得税弥补亏损明细表）。较之 2014 年版申报表，2017 年版申报表对与境外税收抵免有关的表单未做修订，但由于 2017 年 1 月 1 日后，企业可采用不分国不分项的综合抵免方式，因此，相应表单的填报有一定变化。

2017 年版申报表发布后，《国家税务总局关于修订〈中华人民共和国企业

所得税年度纳税申报表（A类，2017年版）》部分表单样式及填报说明的公告》（国家税务总局公告2018年第57号）对表A108020（境外分支机构弥补亏损明细表）的表单样式及填报说明、表A108000（境外所得税收抵免明细表）的填报说明进行了修订，主要关注以下几点：一是明确选择"不分国（地区）不分项"境外所得抵免方式的纳税人，不再填报境外所得税收抵免明细表（表A108000）第1列"国家（地区）"；将第14列"本年可抵免以前年度未抵免境外所得税额"的填报规则修订为："填报表A108030第13列金额"，需注意的是，采用综合抵免法下，主表合并一行填报，附表仍然需要分国别填报。二是根据《财政部、国家税务总局关于延长高新技术企业和科技型中小企业亏损结转年限的通知》（财税〔2018〕76号）等文件将高新技术企业和科技型中小企业亏损结转年限由5年延长至10年的规定，为降低境外分支机构弥补亏损明细表（表A108020）填报难度，将"以前年度结转尚未弥补的实际亏损额"和"结转以后年度弥补的实际亏损额"项目，由原各6列精简为各1列，不再要求纳税人分年度填报明细情况。三是与企业所得税亏损弥补明细表（表A106000）的联系，A106000表第11行第10列＝表A108000第10行第6列（抵减境内亏损，包括当年度与以前年度）－表A100000第18行（境外应税所得抵减境内亏损，抵减的是当年度境内亏损）。2017年版表A106000未设计境外所得弥补以前年度境内亏损的栏次，因此，实际填报中，需在表外具体计算当年度境外所得可以弥补的以前年度亏损金额后，直接填列表A106000第11列"可结转以后年度弥补的亏损额"。国家税务总局公告2018年第57号文件修改的表A106000专门有一列"使用境外所得弥补"，使填报更加清晰。

《国家税务总局关于修订企业所得税年度纳税申报表有关问题的公告》（国家税务总局公告2019年第41号）对"中华人民共和国企业所得税年度纳税申报表（A类）"（表A100000）第14行"境外所得"行次及境外所得纳税调整后所得明细表（表A108010）的填报说明进行了修订，需要注意的是，主表第14行"境外所得"行次由之前"填报纳税人取得的境外所得且已计入利润总额的金额"修改为"填报已计入利润总额以及按照税法相关规定已在纳税调整项目明细表（表A105000）进行纳税调整的境外所得金额。"，即将受控外国企业视同分配的股息红利计入"境外所得"范围，并作为计算抵免限额的基数。

（一）填表要点

1. 表A108000。

（1）企业若选择"分国（地区）不分项"的境外所得抵免方式，应根据表A108010、表A108020、表A108030分国（地区）别逐行填报本表；若选择"不分国（地区）不分项"的境外所得抵免方式，应按照税收规定计算可抵免境外所得税额和抵免限额，并根据表A108010、表A108020、表A108030的合计金额填报本表第1行。

（2）第2列"境外税前所得"根据表A108010第14列金额填报。

（3）第3列"境外所得纳税调整后所得"根据表A108010第18列填报。

（4）第6列"抵减境内亏损"：当企业选择用境外所得弥补境内亏损时，填报境外所得按照税收规定抵减境内的亏损额（包括弥补的当年度境内亏损额和以前年度境内亏损额）；当企业选择不用境外所得弥补境内亏损时，填报0。

如果企业选择用境外所得弥补境内亏损，对于境外所得抵减当年度境内亏损的金额，于主表第18行"加：境外应税所得抵减境内亏损"填列；对于境外所得弥补以前年度境内亏损的金额，需在表A106000中填报。

（5）第9列"境外所得应纳税额"，填写境外纳税调整后所得依次减去境外以前年度亏损、弥补的境内亏损（当年度境内亏损及以前年度境内亏损）之后，乘以境内适用税率得出的金额，该列合计金额等于主表第29行"加：境外所得应纳所得税额"。

（6）第19列"境外所得抵免所得税额合计"，填列"本年可抵免境外所得税额"+"本年可抵免以前年度未抵免境外所得税额"+适用简易办法计算的抵免额的合计金额，该列合计金额等于主表第30行"减：境外所得抵免所得税额"。

2. 表A108010。

（1）对于境外所得税收抵免方式选择"不分国（地区）不分项"的纳税人，也应按照规定计算可抵免境外所得税税额，并按国（地区）别逐行填报。

（2）第2列至第9列"境外税后所得"，填报纳税人取得的来源于境外的税后所得，包含已计入利润总额以及按照税法相关规定已在纳税调整项目明细表（表A105000）进行纳税调整的境外税后所得。

（3）第10列至第13列"境外所得可抵免的所得税额"，填报纳税人直接缴纳的所得税额、间接负担的所得税额、享受税收饶让抵免税额。其中，直接缴纳的所得税额填报纳税人来源于境外的营业利润所得在境外所缴纳的企业所得税，以及就来源于或发生于境外的股息、红利等权益性投资所得、利息、租金、特许权使用费、财产转让等所得在境外被源泉扣缴的预提所得税。

（4）第14列"境外税前所得"，填写"境外税后所得"与纳税人在境外"直接缴纳的所得税额"、"间接负担的所得税额"的合计金额。这里，"境外税后所得"与"直接缴纳的所得税额"合计金额等于主表第14行"减：境外所得"金额。根据主表第14行的填写说明"'境外所得'填报纳税人取得的境外所得且已计入利润总额的金额"之要求，概括如下：

境外的股权投资业务实现的股息所得（在外国公司宣告分配时确认），应单独计算应纳税额，在主表第29栏、30栏反映。关于境外股权投资业务涉及的会计损益或境外不具备独立纳税人的分支机构的营业利润，凡已构成会计利润总额的（主要是成本法核算的贷方投资收益，以及权益法核算形成的借方或贷方投资收益），需要在主表第14栏填写（投资收益借方金额填写负数）。

对于境内的股权投资业务涉及的股息红利、股权转让的税会差异，无论会计上采取成本法、权益法进行后续计量，均通过纳税调整表解决。

(5)第15列"境外分支机构收入与支出纳税调整额":填报纳税人境外分支机构收入、支出按照税收规定计算的纳税调整额。

(6)第16列"境外分支机构调整分摊扣除的有关成本费用":填报纳税人境外分支机构应合理分摊的总部管理费等有关成本费用;第17列"境外所得对应调整的相关成本费用支出":填报纳税人实际发生与取得境外所得有关但未直接计入境外所得应纳税所得的成本费用支出,第16列与第17列的合计金额需同时体现在表A105000第28行"(十五)境外所得分摊的共同支出"纳税调增金额列次。

(7)第18列"境外所得纳税调整后所得",填报"境外税前所得"+"境外分支机构收入与支出纳税调整额"-"境外分支机构调整分摊扣除的有关成本费用"-"境外所得对应调整的相关成本费用支出"计算金额。

3. 表A108020。

纳税人选择"不分国(地区)不分项"的境外所得抵免方式,在填报本表时,需分析填报企业的境外分支机构发生的实际亏损额和非实际亏损额及其弥补、结转的金额。此表第4列"本年弥补的以前年度非实际亏损额"与第8列"本年弥补的以前年度实际亏损额"合计金额等于表A108000第4列"弥补境外以前年度亏损"。

如果企业当期境内外所得盈利额与亏损额加总后和为零或正数,则其当年度境外分支机构的非实际亏损额可无限期向后结转弥补。

[例8.13] 境内所得100万元,境外分支机构亏损80万元,则80万元为非实际亏损,不得抵减境内盈利,但可以用来自该国(分国)或境外(不分国)的所得无限期结转弥补。

如果企业当期境内外所得盈利额与亏损额加总后和为负数,则以境外分支机构的亏损额超过企业盈利额部分的实际亏损额,在不超过5年的期限内进行亏损弥补,未超过企业盈利额部分的非实际亏损额仍可无限期向后结转弥补。

[例8.14] 境内所得90万元,境外分支机构亏损135万元,不得抵减境内盈利,其中45万元为实际亏损,5年内用来自该国(分国)或境外(不分国)的所得弥补,90万元为非实际亏损,无限期结转弥补。

4. 表A108030。

本表第13列"本年实际抵免以前年度未抵免的境外已缴所得税额—小计"对应表A108000第14列"本年可抵免以前年度未抵免境外所得税额"。

(二)示例

1. 不分国不分项方式境外所得税收抵免填报。

[例8.15] 境内居民企业A(税率25%)在甲国设立分支机构B、在乙国设立分支机构C,2017年度B分支机构营业利润100万元,甲国企业所得税率为30%;C分支机构营业利润200万元,乙国企业所得税率为10%。当年A企业境内利润500万元,A企业采用不分国不分项的综合抵免方式,试计算

并填报 A 企业当年度应纳税额。

分析：

不考虑纳税调整、所得减免等各项因素，计算过程如下：

A 企业境内外利润总额 = 500 + 100 + 200 = 800（万元）；

境外所得应纳税所得额 = 100 + 200 = 300（万元）；

境外所得境外应纳税额（即可抵免税额）= 100 × 30% + 200 × 10% = 50（万元）；

境外税后所得 = 300 - 50 = 250（万元）；

境内所得应纳税所得额 = 500 万元；

境内所得应纳所得税额 = 500 × 25% = 125（万元）；

境外所得境内应纳税额 = (100 + 200) × 25% = 75（万元）；

境外所得境内抵免限额 = (800 × 25%) × (100 + 200) ÷ 800 = 75（万元）；

与境外所得可抵免税额相比，根据孰小原则，实际抵免的境外税额为 50 万元。

A 企业当年应纳税额 = 境内所得应纳税额 + 境外所得境内应纳税额 - 境外所得实际抵免税额 = 125 + 75 - 50 = 150（万元）。

申报表填列：

① 表 A108010：

单位：元

行次	国家（地区）	境外税后所得		境外所得可抵免的所得税额				境外税前所得	境外分支机构收入与支出纳税调整额	境外分支机构调整分摊扣除的有关成本费用	境外所得对应调整的相关成本费用支出	境外所得纳税调整后所得
		分支机构营业利润所得	小计	直接缴纳的所得税额	间接负担的所得税额	享受税收饶让抵免税额	小计					
	1	2	9(2+…+8)	10	11	12	13(10+11+12)	14(9+10+11)	15	16	17	18(14+15-16-17)
1		2 500 000	2 500 000	500 000	0	0	500 000	3 000 000	0	0	0	3 000 000

② 表 A108000：

单位：元

行次	国家（地区）	境外税前所得	境外所得纳税调整后所得	弥补境外以前年度亏损	境外应纳税所得额	抵减境内亏损	抵减境内亏损后的境外应纳税所得额	税率	境外所得应纳税额	境外所得可抵免税额	境外所得抵免限额	本年可抵免境外所得税额	未超过境外所得税抵免限额的余额	本年可抵免以前年度未抵免境外所得税额	境外所得抵免税额合计
	1	2	3	4	5(3-4)	6	7(5-6)	8	9(7×8)	10	11	12	13(11-12)	14	19(12+14+18)
1		3 000 000	3 000 000	0	3 000 000	0	3 000 000	25%	750 000	500 000	750 000	500 000	250 000	0	500 000

③A100000：

单位：元

13		三、利润总额（10+11-12）	8 000 000
14	应纳税所得额计算	减：境外所得（填写 A108010）	3 000 000
18		加：境外应税所得抵减境内亏损（填写 A108000）	0
19		四、纳税调整后所得（13-14+15-16-17+18）	5 000 000
20		减：所得减免（填写 A107020）	0
21		减：弥补以前年度亏损（填写 A106000）	0
22		减：抵扣应纳税所得额（填写 A107030）	0
23		五、应纳税所得额（19-20-21-22）	5 000 000
24	应纳税额计算	税率（25%）	25%
25		六、应纳所得税额（23×24）	1 250 000
28		七、应纳税额（25-26-27）	1 250 000
29		加：境外所得应纳所得税额（填写 A108000）	750 000
30		减：境外所得抵免所得税额（填写 A108000）	500 000
31		八、实际应纳所得税额（28+29-30）	1 500 00

注：如果该企业采用分国不分项的抵免方式，则其在 B 国虽然缴纳 30 万元企业所得税，但仅能抵免 25 万元 [抵免限额=100×25%=25（万元）]，差额 5 万元结转以后年度抵免；在 C 国缴纳企业所得税 20 万元，抵免限额=200×25%=50（万元），实际抵免 20 万元；A 企业合计抵免 45 万元。就此例而言，A 企业采用不分国不分项的抵免方式更为有利。

2. 境外盈利弥补境内以前年度亏损

[例 8.16] 居民企业 A（一般企业，税率 25%）2019 年度纳税调整后所得为 50 万元（无所得减免项目），在甲国设立分支机构 B（税率 20%），当年营业利润 300 万元，已知 A 企业历年亏损及弥补情况如下：

2014 年度至 2018 年度分别亏损 10 万元、20 万元、30 万元、40 万元和 50 万元。

现 A 企业选择以境外盈利抵免境内亏损，A 企业 2019 年度应纳税额计算及申报表填列如下（假设不考虑境外机构成本费用分配、境内投资抵扣等相关因素）：

①计算可以弥补的以前年度亏损，并填报 A106000 表。

第八章 境外所得的税收抵免

A106000　　　　　　　　　　企业所得税弥补亏损明细表　　　　　　　　　　单位：万元

行次	项目	年度	当年境内所得额	分立转出的亏损额	合并、分立转入的亏损额		弥补亏损企业类型	当年亏损额	当年待弥补的亏损额	用本年度所得额弥补的以前年度亏损额		当年可结转以后年度弥补的亏损额
					可弥补年限5年	可弥补年限10年				使用境内所得弥补	使用境外所得弥补	
			1	2	3	4	5	6	7	8	9	10	11
1	前十年度	2009							0				0
2	前九年度	2010							0				0
3	前八年度	2011							0				0
4	前七年度	2012							0				0
5	前六年度	2013							0				0
6	前五年度	2014	-10					100	-10	-10	10		0
7	前四年度	2015	-20					100	-20	-20	20		0
8	前三年度	2016	-30					100	-30	-30	20	10	0
9	前二年度	2017	-40					100	-40	-40		40	0
10	前一年度	2018	-50					100	-50	-50		50	0
11	本年度	2019	50	0	0				0		50	100	0
12	可结转以后年度弥补的亏损额合计												0

②计算境外 B 分支机构2019年度应纳税额与实际抵免税额：

A 企业境内外所得合计 50 + 300 = 350（万元）；

弥补境内以前年度亏损后，境内所得应纳税所得额 = 0；境外所得应纳税所得额 = 300 - 100 = 200（万元）；

境外所得应纳税额 = 200 × 25% = 50（万元）；

境外所得可抵免税额 = 300 × 20% = 60（万元）；

当年抵免限额 = 境内外应纳税总额 × 境外所得 ÷ 境内外所得总额 = (0 + 200) × 25% × 200 ÷ (0 + 200) = 50（万元）；

实际可抵免税额50万元，剩余10万元结转以后年度抵免。

A108000　　　　　　　　　　　　　　　　　　　　　　　　　　　　　　　　单位：万元

行次	国家（地区）	境外税前所得	境外所得纳税调整后所得	弥补以前年度亏损	境外应纳税所得额	抵减境内亏损	抵减境内亏损后的境外应纳税所得额	税率	境外所得应纳税额	境外所得可抵免税额	境外所得抵免限额	本年可抵免境外所得税额	未超过境外抵免以前年度未抵免境外所得税额	本年可抵免以前年度未抵免境外所得税额	境外所得抵免所得税额合计
	1	2	3	4	5(3-4)	6	7(5-6)	8	9(7×8)	10	11	12	13(11-12)	14	19(12+14+18)
1		0	300	0	300	100	200	25%	50	60	50	50	0	0	50

307

A100000　　　　　　　　　　　　　　　　　　　　　　　　　　单位：万元

行次	类别	项　　目	金额
13	应纳税所得额计算	三、利润总额（10＋11－12）	350
14		减：境外所得（填写A108010）	300
15		加：纳税调整增加额（填写A105 000）	0
16		减：纳税调整减少额（填写A105 000）	0
17		减：免税、减计收入及加计扣除（填写A107010）	0
18		加：境外应税所得抵减境内亏损（填写A108000）	0
19		四、纳税调整后所得（13－14＋15－16－17＋18）	50
20		减：所得减免（填写A107020）	0
21		减：弥补以前年度亏损（填写A106000）	50
22		减：抵扣应纳税所得额（填写A107030）	0
23		五、应纳税所得额（19－20－21－22）	0
24	应纳税额计算	税率（25%）	25%
25		六、应纳所得税额（23×24）	0
29		加：境外所得应纳所得税额（填写A108000）	50
30		减：境外所得抵免所得税额（填写A108000）	50
31		七、实际应纳所得税额（28＋29－30）	0

注①：第18行"境外应税所得抵减境内亏损"：当纳税人选择不用境外所得抵减境内亏损时，填报0；当纳税人选择用境外所得抵减境内亏损时，填报境外所得抵减当年度境内亏损的金额，用境外所得弥补以前年度境内亏损的，填报境外所得税收抵免明细表（A108000）。

注②：根据填表说明，当A100000第13－14＋15－16－17行≥0，第18行＝0。

第二节　个人境外所得税收抵免

《中华人民共和国个人所得税法》第七条规定，居民个人从中国境外取得的所得，可以从其应纳税额中抵免已在境外缴纳的个人所得税税额，但抵免额不得超过该纳税人境外所得依照本法规定计算的应纳税额。《财政部、国家税务总局关于境外所得有关个人所得税政策的公告》（财政部、国家税务总局公告2020年第3号）给出了操作指引，分述如下：

一、来源于中国境外所得的判定

下列所得，为来源于中国境外的所得：
1. 因任职、受雇、履约等在中国境外提供劳务取得的所得。
2. 中国境外企业以及其他组织支付且负担的稿酬所得。
3. 许可各种特许权在中国境外使用而取得的所得。

4. 在中国境外从事生产、经营活动而取得的与生产、经营活动相关的所得。

5. 从中国境外企业、其他组织以及非居民个人取得的利息、股息、红利所得。

6. 将财产出租给承租人在中国境外使用而取得的所得。

7. 转让中国境外的不动产、转让对中国境外企业以及其他组织投资形成的股票、股权以及其他权益性资产（以下称"权益性资产"）或者在中国境外转让其他财产取得的所得。但转让对中国境外企业以及其他组织投资形成的权益性资产，该权益性资产被转让前3年（连续36个公历月份）内的任一时间，被投资企业或其他组织的资产公允价值50%以上直接或间接来自位于中国境内的不动产的，取得的所得为来源于中国境内的所得。

"被投资企业或其他组织的资产公允价值50%以上直接或间接来自位于中国境内的不动产"，是指公司股份被转让之前（不含转让当月）的连续36个公历月份内任一时间，被转让股份的公司直接或间接持有位于中国的不动产价值占公司全部财产价值的比率在50%以上。公司财产和不动产均应按照当时有效的中国会计制度有关资产（不考虑负债）处理的规定进行确认和计价，但相关不动产所含土地或土地使用权价值额不得低于按照当时可比相邻或同类地段的市场价格计算的数额。纳税人不能按照上款规定进行可靠计算的，相关资产确认和计价由税务机关参照上款规定合理估定。

执行该款规定时还应注意"间接持有"的问题，即除了应考虑被转让公司本身财产构成以外，还应注意被转让股份的公司是否有参股其他公司股份及该参股公司的财产价值构成情况。比如，新加坡居民通过转让境外公司股权间接转让中国境内的股权，如果该中国公司财产价值的不动产部分低于50%，但中国公司又参股其他中国公司，并且其参股的其他中国公司的财产价值主要由在中国的不动产组成，则该被参股的中国公司的财产价值中的一部分（按参股比例计算）应与前面提及的中国公司的不动产合并计算，在计算被转让股份公司的财产价值时，应将后一个被控股公司的不动产价值按参股比例计算的归属部分一并考虑，来确定该中国居民公司财产价值的不动产比例是否达到50%。

[例8.17] 新加坡居民公司甲拥有新加坡居民公司乙100%股份，乙拥有中国居民公司丙20%的股份，丙的财产价值为100万元，其中不动产价值为40万元。如果丙又持有中国居民公司丁80%的股份，如丁的财产价值为100万元，其中不动产价值为90万元。计算丙的财产价值时，应将丁财产价值的80%计算在内，即丙直接或间接拥有的财产价值 = 100 + 100 × 80% = 180（万元），其中不动产价值 = 40 + 90 × 80% = 112（万元），不动产价值比例 = 112 ÷ 180 = 62.22%。

因此，当甲转让乙的股份时，由于丙财产价值中50%以上的价值直接或间接来自中国的不动产，无论转让股权比例多少，均应在中国缴纳企业所得税。

应纳企业所得税额 = (丙公司股权的公允价 − 乙持有丙公司股权的计税基础) × 乙公司持有丙公司股权比例 × 甲公司转让乙公司股权比例

8. 中国境外企业、其他组织以及非居民个人支付且负担的偶然所得。

9. 财政部、国家税务总局另有规定的，按照相关规定执行。

二、居民个人当期境内和境外所得应纳税额的计算

1. 居民个人来源于中国境外的综合所得，应当与境内综合所得合并计算应纳税额。

2. 居民个人来源于中国境外的经营所得，应当与境内经营所得合并计算应纳税额。居民个人来源于境外的经营所得，按照《个人所得税法》及其实施条例的有关规定计算的亏损，不得抵减其境内或他国（地区）的应纳税所得额，但可以用来源于同一国家（地区）以后年度的经营所得按中国税法规定弥补。

3. 居民个人来源于中国境外的利息、股息、红利所得，财产租赁所得，财产转让所得和偶然所得（以下称"其他分类所得"），不与境内所得合并，应当分别单独计算应纳税额。

三、居民个人境外所得抵免限额的计算

居民个人在一个纳税年度内来源于中国境外的所得，依照所得来源国家（地区）税收法律规定在中国境外已缴纳的所得税税额允许在抵免限额内从其该纳税年度应纳税额中抵免。

正确计算扣除限额，是确保境外纳税合理抵免的重要一环。我国个人所得税采用的综合与分类相结合税制，对于各个应税所得项目，税法规定了不同的费用扣除标准和适用税率，因此，在计算纳税人境外所得已纳税款的扣除限额时，必须区分不同国家（地区）和不同应税所得项目分别计算。根据这一原则，现行税法明确，在计算扣除限额时，对纳税人从中国境外取得的所得，应区别不同国家或者地区和不同应税项目，依照我国个人所得税法所规定的费用扣除标准和适用税率分别计算。考虑到世界上许多国家和地区的个人所得税采用的综合税制，他们在计算个人所得税税额时，通常是将各项所得综合起来一并计算，因而，很难将纳税人在某国缴纳的个人所得税税额分解到各个单项应税所得上。针对这种情况，税法进一步规定：同一国家或地区内不同应税项目的应纳税额之和，即为该国家或者地区的扣除限额。这就是说，在实际扣除境外税额时，实行分国不分项的综合扣除方法。

居民个人来源于一国（地区）的综合所得、经营所得以及其他分类所得项目的应纳税额为其抵免限额，按照下列公式计算：

公式一：来源于一国（地区）综合所得的抵免限额 = 中国境内和境外综合所得合并计算的应纳税额 × 来源于该国（地区）的综合所得收入额 ÷ 中国境内和境外综合所得收入额合计

公式二：来源于一国（地区）经营所得的抵免限额 = 中国境内和境外经营所得合并计算的应纳税额 × 来源于该国（地区）的经营所得应纳税所得额 ÷ 中

国境内和境外经营所得应纳税所得额合计

公式三：来源于一国（地区）其他分类所得的抵免限额＝该国（地区）的其他分类所得应纳税额

公式四：来源于一国（地区）所得的抵免限额＝来源于该国（地区）综合所得抵免限额＋来源于该国（地区）经营所得抵免限额＋来源于该国（地区）其他分类所得抵免限额

四、可抵免境外所得税税额的确定

1. 可抵免的境外所得税税额，是指居民个人取得境外所得，依照该所得来源国（地区）税收法律应当缴纳且实际已经缴纳的所得税性质的税额。

居民个人申报境外所得税收抵免时，除另有规定外，应当提供境外征税主体出具的税款所属年度的完税证明、税收缴款书或者纳税记录等纳税凭证，未提供符合要求的纳税凭证，不予抵免。

2. 可抵免的境外所得税额不包括以下情形：

（1）按照境外所得税法律属于错缴或错征的境外所得税税额；

（2）按照我国政府签订的避免双重征税协定以及中国内地与中国香港、澳门签订的避免双重征税安排（以下统称"税收协定"）规定不应征收的境外所得税税额；

（3）因少缴或迟缴境外所得税而追加的利息、滞纳金或罚款；

（4）境外所得税纳税人或者其利害关系人从境外征税主体得到实际返还或补偿的境外所得税税款；

（5）按照我国《个人所得税法》及其实施条例规定，已经免税的境外所得负担的境外所得税税款。

3. 居民个人从与我国签订税收协定的国家（地区）取得的所得，按照该国（地区）税收法律享受免税或减税待遇，且该免税或减税的数额按照税收协定饶让条款规定应视同已缴税额在中国的应纳税额中抵免的，该免税或减税数额可作为居民个人实际缴纳的境外所得税税额按规定申报税收抵免。

4. 居民个人一个纳税年度内来源于一国（地区）的所得实际已经缴纳的所得税税额，低于来源于该国（地区）该纳税年度所得的抵免限额的，应以实际缴纳税额作为抵免额进行抵免；超过来源于该国（地区）该纳税年度所得的抵免限额的，应在限额内进行抵免，超过部分可以在以后5个纳税年度内结转抵免。

五、税务管理：纳税申报

1. 外币折算。居民个人取得来源于境外的所得或者实际已经在境外缴纳的所得税税额为人民币以外货币，应当按照《中华人民共和国个人所得税法实施条例》第三十二条折合计算。即所得为人民币以外货币的,按照办理纳税申报或者扣缴申报的上一月最后一日人民币汇率中间价,折合成人民币计算应纳税所得额。年度终了后办理汇算清缴的,对已经按月、按季或者按次预缴税款的人民币以外货币所得,不再重新折算;对应当补缴税款的所得部分,按照上一纳税年度最后一日人民币汇率中间价,折合成人民币计算应纳税所得额。

2. 申报时间。居民个人从中国境外取得所得的,应当在取得所得的次年3月1日至6月30日内申报纳税。居民个人取得境外所得的境外纳税年度与公历年度不一致的,取得境外所得的境外纳税年度最后一日所在的公历年度,为境外所得对应的我国纳税年度。

居民个人已申报境外所得、未进行税收抵免,在以后纳税年度取得纳税凭证并申报境外所得税收抵免的,可以追溯至该境外所得所属纳税年度进行抵免,但追溯年度不得超过5年。自取得该项境外所得的5个年度内,境外征税主体出具的税款所属纳税年度纳税凭证载明的实际缴纳税额发生变化的,按实际缴纳税额重新计算并办理补退税,不加收税收滞纳金,不退还利息。

纳税人确实无法提供纳税凭证的,可同时凭境外所得纳税申报表(或者境外征税主体确认的缴税通知书)以及对应的银行缴款凭证办理境外所得抵免事宜。

3. 申报地点。居民个人取得境外所得,应当向中国境内任职、受雇单位所在地主管税务机关办理纳税申报;在中国境内没有任职、受雇单位的,向户籍所在地或中国境内经常居住地主管税务机关办理纳税申报;户籍所在地与中国境内经常居住地不一致的,选择其中一地主管税务机关办理纳税申报;在中国境内没有户籍的,向中国境内经常居住地主管税务机关办理纳税申报。

4. 预扣预缴。居民个人被境内企业、单位、其他组织(以下称"派出单位")派往境外工作,取得的工资薪金所得或者劳务报酬所得,由派出单位或者其他境内单位支付或负担的,派出单位或者其他境内单位应按照《个人所得税法》及其实施条例规定预扣预缴税款。

居民个人被派出单位派往境外工作,取得的工资薪金所得或者劳务报酬所得,由境外单位支付或负担的,如果境外单位为境外任职、受雇的中方机构(以下称"中方机构")的,可以由境外任职、受雇的中方机构预扣税款,并委托派出单位向主管税务机关申报纳税。中方机构未预扣税款的或者境外单位不是中方机构的,派出单位应当于次年2月28日前向其主管税务机关报送外派人员情况,包括:外派人员的姓名、身份证件类型及身份证件号码、职务、派往国家和地区、境外工作单位名称和地址、派遣期限、境内外收入及缴税情况等。

中方机构包括中国境内企业、事业单位、其他经济组织以及国家机关所属的境外分支机构、子公司、使(领)馆、代表处等。

5. 法律责任及个人纳税信用管理。纳税人和扣缴义务人未按本公告规定申报缴纳、扣缴境外所得个人所得税以及报送资料的,按照《中华人民共和国税收征收管理法》和《个人所得税法》及其实施条例等有关规定处理,并按规定纳入个人纳税信用管理。

[案例8.1] 居民个人境外综合所得税收抵免

一、基本案情

我国居民个人张某2019年度收入及扣除项目金额如下:

(一) 境内收入

1. 张某在某集团公司任职,每月取得工资收入10 000元。

2. 张某到国内某高校讲座一次取得课酬50 000元。

3. 张某国内核心期刊发表论文一篇取得稿酬30 000元。

(二) 境外收入

1. 因工作需要,张某被集团派往a国子公司工作8个月,期间,从a国公司取得工资收入120 000元(人民币,下同),在a国缴纳个人所得税6 000元。

2. 张某将其自行研发的专利提供给a国某公司使用,获得报酬50 000元,在a国按税法缴纳个人所得税5 000元。

张某在a国缴纳的个人所得税均取得完税凭证。

(三) 扣除项目

每月个人缴纳"三险一金"2 000元,每月需要还2 000元房贷(婚前购买,张某夫妻选择由张某扣除),独生女在小学读书(张某夫妻选择由双方分别按扣除标准的50%扣除),父母尚未退休,全年无其他扣除项目。

二、要求

根据上述资料,不考虑增值税及附加、印花税,计算张某2019年度应纳个人所得税额。

三、案例分析: 计算张某境内外综合所得应纳税额

1. 政策依据。《财政部、国家税务总局关于境外所得有关个人所得税政策的公告》(财政部、国家税务总局公告2020年第3号)规定,居民个人来源于中国境外的综合所得,应当与境内综合所得合并计算应纳税额。

《个人所得税专项附加扣除暂行办法》(国发〔2018〕41号)第五条规定,纳税人的子女接受全日制学历教育的相关支出,按照每个子女每月1 000元的标准定额扣除;父母可以选择由其中一方按扣除标准的100%扣除,也可以选择由双方分别按扣除标准的50%扣除,具体扣除方式在一个纳税年度内不能变更。第十五条规定,夫妻双方婚前分别购买住房发生的首套住房贷款,其贷款利息支出,婚后可以选择其中一套购买的住房,由购买方按扣除标准的100%扣除,也可以由夫妻双方对各自购买的住房分别按扣除标准(每月1 000元)的50%扣除,具体扣除方式在一个纳税年度内不能变更。

2. 张某境内外综合所得应纳税所得额合计 = 境内综合所得 + 境外综合所得 − 60 000 − "三险一金"专项扣除 − 专项附加扣除

= (工资薪金收入额 + 劳务报酬收入额 + 稿酬收入额) + (a国工资薪金收入额 + a国特许权使用费收入额) − 60 000 − "三险一金"专项扣除 − 专项附加扣除

= [(10 000 × 12 + 50 000 × (1 − 20%) + 30 000 × (1 − 20%) × 70%)] + [120 000 + 50 000 × (1 − 20%)] − 60 000 − 2 000 × 12 − (1 000 × 12 + 1 000 × 50% × 12)

= 176 800 + 160 000 − 60 000 − 24 000 − 18 000

= 336 800 − 102 000

= 234 800（元）

3. 张某境内外综合所得合并计算的应纳税额 = 234 800 × 20% − 16 920 = 30 040（元）。

4. 来源于 a 国综合所得的抵免限额 = 中国境内和境外综合所得合并计算的应纳税额 × 来源于该国（地区）的综合所得收入额 ÷ 中国境内和境外综合所得收入额合计 = 30 040 × 160 000 ÷ 336 800 = 14 270.78（元）

张某在 a 国共缴纳个人所得税 = 6 000 + 5 000 = 11 000（元）

张某2019年综合所得应纳个人所得税额 = 境内外综合所得合并计算的应纳税额 − 境外已纳税额抵免额 = 234 800 − 11 000 = 223 800（元）

[案例8.2] 居民个人境外经营所得及其他分类所得税收抵免

一、基本案情

个体工商户业主谢先生为我国居民，妻子无工作，谢先生为独生子，父亲65岁，赡养老人费用由谢先生按每月2 000元标准定额扣除。谢先生育有一子，读小学，子女教育按每月1 000元标准定额扣除。谢先生2019年度收入情况如下：

（一）国内收入

1. 2019年度经营收入为200万元，准许扣除的当年成本、费用（不含业主工资）及相关税金共计150万元。谢先生每月缴纳"三险一金"1 000元，全年无其他专项扣除项目。

2. 谢先生于2019年1月将其自有建筑面积150平方米的住宅按市场价格出租给杜先生居住。谢先生每月取得租金收入4 500元，全年租金收54 000元。同时当年2月出租住宅因下水道堵塞发生修理费用1 000元，按租赁协议约定由谢先生承担。

3. 谢先生为解决经营资金需要，于2019年7月15日出售其位于海南省三亚市的商品住房一套，售价180万元（含税）。该房产于2015年购置用于度假，发票金额为120万元，缴纳契税（税率3%）3.6万元。

（二）国外收入

1. 谢先生因业务扩张需要，以其投资的境内合伙企业甲参股A国乙企业，合伙企业甲转让乙企业股权获得投资收益，谢先生按合伙比例计算的经营所得为30万元，已在A国缴纳个人所得税折合人民币5万元；同时出租其在A国购买的一套住宅，每月租金折合人民币2万元，全年租金24万元，已在A国缴纳个人所得税折合人民币3万元。

2. 合伙企业甲同时在B国开展咨询等经营业务，当年经营亏损，按《个人所得税法》及其实施条例的有关规定计算的应纳所得额为 −10万元；同时当年在B国拍卖其在商店购买的一幅油画，买价为10万元，拍卖价格为18万元，已在B国缴纳个人所得税0.8万元。

以上，谢先生在 A 国、B 国缴纳的个人所得税均取得完税凭证。

二、要求

不考虑房屋出租应纳房产税、城建税及附加，计算谢先生 2019 年度应纳个人所得税额。

三、案例分析

（一）计算谢先生境内财产租赁所得应纳税额

1. 政策依据。

（1）《国家税务总局关于印发〈征收个人所得税若干问题的规定〉的通知》（国税发〔1994〕089 号）规定，纳税义务人出租财产取得财产租赁收入，在计算征税时，除可依法减除规定费用和有关税、费外，还准予扣除能够提供有效、准确凭证，证明由纳税义务人负担的该出租财产实际开支的修缮费用。允许扣除的修缮费用，以每次 800 元为限，一次扣除不完的，准予在下一次继续扣除，直至扣完为止。

（2）《国家税务总局关于个人转租房屋取得收入征收个人所得税问题的通知》（国税函〔2009〕639 号）规定，财产租赁所得个人所得税前扣除税费的扣除次序调整为：①财产租赁过程中缴纳的税费；②向出租方支付的租金；③由纳税人负担的租赁财产实际开支的修缮费用；④税法规定的费用扣除标准。

（3）《财政部、国家税务总局关于营改增后契税、房产税、土地增值税、个人所得税计税依据问题的通知》（财税〔2016〕43 号）规定，个人出租房屋的个人所得税应税收入不含增值税，计算房屋出租所得可扣除的税费不包括本次出租缴纳的增值税。免征增值税的，确定计税依据时，租金收入不扣减增值税额。《国家税务总局关于小规模纳税人免征增值税政策有关征管问题的公告》（国家税务总局公告 2019 年第 4 号）规定："自 2019 年 1 月 1 日起，《中华人民共和国增值税暂行条例实施细则》第九条所称的其他个人，采取一次性收取租金形式出租不动产取得的租金收入，可在对应的租赁期内平均分摊，分摊后的月租金收入未超过 10 万元的，免征增值税。"

《营业税改征增值税试点有关事项的规定》（财税〔2016〕36 号）规定，个人（含个体工商户）出租住房应纳增值税，按照 5% 的征收率减按 1.5% 计算。

（4）《财政部、国家税务总局关于廉租住房、经济适用住房和住房租赁有关税收政策的通知》（财税〔2008〕24 号）规定，对个人出租住房取得的所得减按 10% 的税率征收个人所得税；对个人出租、承租住房签订的租赁合同，免征印花税。

2. 计算过程。

（1）2019 年 2 月应纳税所得额 = 租金收入 − 相关税费 − 租金支出 − 修缮费用 − 法定扣除费用 = 4 500 − 0 − 0 − 800 − 800 = 2 900（元）

（2）2019 年 3 月应纳税所得额 = (4 500 − 200) × (1 − 20%) = 3 440（元）

（3）全年境内财产租赁应纳个人所得税额 = [4 500 × (1 − 20%) × 10 + 2 900 + 3 440] × 10% = 4 234（元）≈ 0.42 万元

（二）计算谢先生境内财产转让所得应纳税额

1. 政策依据。

（1）《财政部、国家税务总局关于营改增后契税、房产税、土地增值税、个人所得税计税依据问题的通知》（财税〔2016〕43号）规定，个人转让房屋的个人所得税应税收入不含增值税，其取得房屋时所支付价款中包含的增值税计入财产原值，计算转让所得时可扣除的税费不包括本次转让缴纳的增值税；免征增值税的，确定计税依据时，成交价格、租金收入、转让房地产取得的收入不扣减增值税额。

（2）《营业税改征增值税试点有关事项的规定》（财税〔2016〕36号）规定，个人将购买不足2年的位于北京市、上海市、广州市和深圳市之外地区的住房对外销售的，按照5%的征收率全额缴纳增值税；个人将购买2年以上（含2年）的住房对外销售的，免征增值税。

（3）《财政部、国家税务总局关于调整房地产交易环节税收政策的通知》（财税〔2008〕137号）规定，对个人销售或购买住房暂免征收印花税；对个人销售住房暂免征收土地增值税。

（4）《财政部、国家税务总局关于个人所得税若干政策问题的通知》（财税字〔1994〕20号）规定，个人转让自用达5年以上，并且是唯一的家庭生活用房取得的所得。

2. 计算过程。

（1）谢先生转让住房免征增值税、土地增值税、印花税，财产原值＝房屋购买价＋契税＝120＋3.6＝123.6（万元）

（2）应纳个人所得额＝（转让收入－财产原值－相关税费）×20%＝（180－123.6）×20%＝11.28（万元）

（三）计算谢先生A国财产租赁所得应纳个人所得税额

《财政部、税务总局关于境外所得有关个人所得税政策的公告》（财政部、国家税务总局公告2020年第3号）规定，居民个人来源于中国境外的利息、股息、红利所得，财产租赁所得，财产转让所得和偶然所得（以下称"其他分类所得"），不与境内所得合并，应当分别单独计算应纳税额。

来源于A国财产租赁所得的抵免限额＝A国财产租赁所得应纳个人所得税额＝[2×（1－20%）]×12×10%＝1.92（万元），小于其在A国缴纳的个人所得税3万元，其差额1.08万元在以后5个年度结转抵免。

（四）计算谢先生B国财产转让所得应纳个人所得税额

来源于B国财产转让所得的抵免限额＝B国财产转让所得应纳个人所得税额＝（18－10）×20%＝1.6（万元），大于其在B国缴纳的个人所得税0.8万元，应补交个人所得＝1.6－0.8＝0.8（万元）

（五）计算谢先生境内外经营所得应纳税额

1.《财政部、税务总局关于境外所得有关个人所得税政策的公告》（财政部、国家税务总局公告2020年第3号）规定，居民个人来源于境外的经营所得，按照《个人所得税法》及其实施条例的有关规定计算的亏损，不得抵减其境内或他国（地区）的应纳税所得额，但可以用来源于同一国家（地区）以后年度的经营所得按中国税法规定弥补。

谢先生中国境内和境外经营所得应纳税所得额合计＝境内经营所得＋A国经营所得－"三险一金"等专项扣除－子女教育等专项附加扣除－业主全年扣除费用＝（200－150）＋30－0.1×12－（0.1＋0.2）×12－6＝69.2（万元）

2. 谢先生中国境内和境外经营所得合并计算的应纳税额＝69.2×35%－6.55＝17.67（万元）

3. 谢先生来源于A国经营所得的抵免限额＝中国境内和境外经营所得合并计算的应纳税额×来源于A国的经营所得应纳税所得额÷中国境内和境外经营所得应纳税所得额合计＝17.67×30÷69.2＝7.66（万元），大于A国实际缴纳个人所得税5万元，A国已缴个人所得税允许据实抵免。

4. 谢先生2019年度经营所得应纳个人所得税＝17.67－5＝12.67（万元）

综上，谢先生当年应纳个人所得税额＝境内财产租赁所得应纳税额＋境内财产转让所得应纳税额＋境外财产租赁所得应纳税额＋境外财产转让所得应纳税额＋境内外经营所得应纳税额＝0.42＋11.28＋0＋0.8＋12.67＝25.17（万元）

[案例8.3] 居民个人境外所得税收抵免及申报表填报

一、基本案情

我国居民个人张某2019年度取得以下收入：

1. 取得境内工资薪金所得50万元，专项扣除及专项附加扣除7.2万元；同时在甲国任职，全年在甲国工作90天，取得工资薪金所得30万元，在甲国缴纳个人所得税6万元。

2. 投资境内合伙企业，合伙协议约定张某的分配比例为50%。合伙企业2019年度实现境内应纳税所得额50万元；当年转让甲国A公司取得股权转让所得30万元，在甲国缴纳所得税3万元；当年转让乙国B公司股权，股权转让损失20万元。

3. 在甲国拥有一套办公用房，2019年12月一次性取得租金收入12万元，在甲国缴纳个人所得税2万元。

4. 在丙国发表论文，取得丙国C杂志社支付的稿酬所得1万元，在丙国缴纳个人所得税0.1万元。

二、要求

不考虑增值税及附加，计算张某2019年度应纳个人所得税及填报申报表。

三、案例分析

（一）应纳税额计算

1. 境内外所得应纳税额＝境内外综合所得应纳税额＋境内外经营所得应纳税额＋境内外其他分类所得应纳税额。

（1）境内外综合所得应纳税额＝（综合所得收入额－60 000元－"三险一

金"等专项扣除 – 子女教育等专项附加扣除 – 依法确定的其他扣除 – 捐赠）× 适用税率 – 速算扣除数 =（境内工资薪金收入 + 境外工资薪金收入 + 稿酬收入 – 法定扣除费用 – 专项附加扣除）× 税率 – 速算扣除数 =（500 000 + 300 000 + 10 000 × 80% × 70% – 60 000 – 72 000）× 35% – 85 920 = 149 840（元）。

（2）根据 3 号公告，境外经营所得的亏损，不得抵减其境内或他国（地区）的应纳税所得额，因此，甲合伙企业转让乙国 B 公司产生的股权转让损失不得抵减其境内以及甲国的应纳税所得额。另外，因张某 6 万元减除费用及各项扣除均已在综合所得中扣除，故计算经营所得时不再扣除。

境内外经营所得应纳税额 =（500 000 + 300 000）× 50% × 30% – 40 500 = 79 500（元）。

（3）财产租赁所得应纳税额 = 120 000 × 80% × 20% = 19 200（元）

境内外所得应纳税额 = 149 840 + 79 500 + 19 200 = 248 540（元）。

2. 抵免限额与抵免税额计算。

（1）甲国：

①来源于甲国综合所得的抵免限额 = 中国境内和境外综合所得合并计算的应纳税额 × 来源于甲国的综合所得收入额 ÷ 中国境内和境外综合所得收入额合计 = 149 840 × 300 000 ÷ 805 600 = 55 799.40（元）。

②来源于甲国经营所得的抵免限额 = 中国境内和境外经营所得合并计算的应纳税额 × 来源于甲国的经营所得应纳税所得额 ÷ 中国境内和境外经营所得应纳税所得额合计 = 79 500 × 150 000 ÷ 400 000 = 29 812.50（元）。

③来源于甲国财产租赁所得的抵免限额 = 财产租赁所得 × 20% = 120 000 × 80% × 20% = 19 200（元）。

④来源于甲国所得的抵免限额合计 = ① + ② + ③ = 55 799.40 + 29 812.50 + 19 200 = 104 811.90（元）。

甲国实际已纳税额 = 60 000 + 30 000 + 20 000 = 110 000（元）

实际抵免税额为 104 811.90 元，超过部分 5 188.10 元可在以后 5 个纳税年度内结转。

（2）乙国：

无抵免税额，20 万元股权转让损失可用该国未来 5 个纳税年度的经营所得弥补。

（3）丙国：

在丙国仅有稿酬所得，因此，来源于丙国的抵免限额 = 中国境内和境外综合所得合并计算的应纳税额 × 来源于丙国的综合所得收入额 ÷ 中国境内和境外综合所得收入额合计 = 149 840 × 5 600 ÷ 805 600 = 1 041.59（元）。

丙国实际已纳税额 = 1 000 元

实际抵免税额为 1 000 元。

综上，张某当年度实际应纳税额 = 境内外应纳税额 – 允许抵免的境外已纳税额 = 248 540 – 104 811.90 – 1 000 = 142 728.10（元）。

（二）境外所得个人所得税抵免明细表的填报

境外所得个人所得税抵免明细表第54行"本年抵免额（境外所得已纳所得税抵免额）"金额于个人所得税年度自行纳税申报表（B表）第75行"境外所得已纳所得税抵免额"中填报。

境外所得个人所得税抵免明细表

税款所属期：2019年1月1日至2019年12月31日

纳税人姓名：张某

纳税人识别号：□□□□□□□□□□□□□□□□□-□□　　　　　　金额单位：人民币元（列至角分）

			本期境外所得抵免限额计算				
	列次		A	B	C	D	E
	项目	行次	金额				
	国家（地区）	1	境内	境外			合计
				甲国	乙国	丙国	
一、综合所得	（一）收入	2	500 000	300 000		10 000	810 000
	其中：工资、薪金	3	500 000	300 000			800 000
	劳务报酬	4					
	稿酬	5				10 000	10 000
	特许权使用费	6					
	（二）费用	7				2 000	2 000
	（三）收入额	8	500 000	300 000		5 600	805 600
	（四）应纳税额	9	—	—	—	—	149 840
	（五）减免税额	10					
	（六）抵免限额	11	—	55 799.40		1 041.59	
二、经营所得	（一）收入总额	12					
	（二）成本费用	13					
	（三）应纳税所得额	14	250 000	150 000			400 000
	（四）应纳税额	15	—	—	—	—	79 500
	（五）减免税额	16					
	（六）抵免限额	17	—	29 812.50			29 812.50
三、利息、股息、红利所得	（一）应纳税所得额	18					
	（二）应纳税额	19	—				
	（三）减免税额	20					
	（四）抵免限额	21					
四、财产租赁所得	（一）应纳税所得额	22		120 000			
	（二）应纳税额	23	—	19 200			
	（三）减免税额	24					
	（四）抵免限额	25	—	19 200			

续表

	本期境外所得抵免限额计算						
	列次		A	B	C	D	E
	项目	行次	金额				
	国家（地区）	1	境内	境外			合计
				甲国	乙国	丙国	
五、财产转让所得	（一）收入	26	—				
	（二）财产原值	27	—				
	（三）合理税费	28	—				
	（四）应纳税所得额	29	—				
	（五）应纳税额	30	—				
	（六）减免税额	31	—				
	（七）抵免限额	32	—				
六、偶然所得	（一）应纳税所得额	33	—				
	（二）应纳税额	34	—				
	（三）减免税额	35	—				
	（四）抵免限额	36	—				
七、股权激励	（一）应纳税所得额	37					
	（二）应纳税额	38	—	—	—	—	
	（三）减免税额	39	—	—	—	—	
	（四）抵免限额	40					
八、其他境内、境外所得	（一）应纳税所得额	41					
	（二）应纳税额	42					
	（三）减免税额	43					
	（四）抵免限额	44	—				
九、本年可抵免限额合计（第45行=第11行+第17行+第21行+第25行+第32行+第36行+第40行+第44行）		45	—	104 811.90		1 041.59	

续表

本期实际可抵免额计算					
一、以前年度结转抵免额 （第46行=第47行+第48行+第49行+第50行+第51行）	46	—			
其中：前5年	47	—			
前4年	48	—			
前3年	49	—			
前2年	50	—			
前1年	51	—			
二、本年境外已纳税额	52	—	110 000		1 000
其中：享受税收饶让抵免税额（视同境外已纳）	53	—			
三、本年抵免额（境外所得已纳所得税抵免额）	54	—	104 811.90		1 000	105 811.90
四、可结转以后年度抵免额 （第55行=第56行+第57行+第58行+第59行+第60行）	55	—	5 188.10			—
其中：前4年	56	—			—
前3年	57	—			—
前2年	58	—			—
前1年	59	—			—
本年	60		5 188.10		—
备注					

谨声明：本表是根据国家税收法律法规及相关规定填报的，本人对填报内容（附带资料）的真实性、可靠性、完整性负责。

纳税人签字：　　　　　　　　　　　　　　年　　月　　日

经办人签字： 经办人身份证件类型： 经办人身份证件号码： 代理机构签章： 代理机构统一社会信用代码：	受理人： 受理税务机关（章）： 受理日期：　　　　　年　月　日

第九章

资本结构调整的会计与税务问题

资本结构调整（以下简称股权重组）是指企业的股东（投资者）或股东持有的股份金额或比例发生变更，常见的股权重组主要指：（1）股权转让，即企业的股东将其拥有的股权或股份，部分或全部转让给他人。（2）增资扩股，即企业向社会募集股份、发行股票，新股东投资入股或原股东增加投资扩大股权，从而增加企业的资本。

实务中，减资、增发、借壳、收购、缩股、准股权（可转换债券、可转换权证）、债转股、股权分置、股权分割、股权激励、股份制改造（可细分为整体改建和整体变更）等资产重组的法律形式都属于股权重组的形式。

第一节 股权重组税务处理概述

企业的股权重组，是其股东的投资或交易行为，属于企业股权结构的重组，不影响企业的存续性；企业不须经清算程序；企业的债权和债务关系，在股权重组后继续有效。

一、股权重组流转税、契税等征缴问题

股权重组由于不影响企业的存续，其资产的所有权未发生转让，因此不涉及流转税、土地增值税、契税等税费的征缴问题，因股权重组导致实收资本与资本公积增加的金额，需按照资金账簿缴纳5‰的印花税。

二、资本溢价（股本溢价）的处理

资本溢价是指企业在筹集资金的过程中，投资人的投入资本超过其注册资本的数额。

上市公司发行股票，其发行价格高于股票面值的溢价部分称之为股本溢价。

资本溢价与股本溢价含义相同，既是股东的投资成本，又是被投资企业的股东权益，不作为营业利润征收企业所得税。

三、资产计税基础的处理

股权重组前后的营业活动应作为延续的营业活动进行税务处理，企业账面各项资产的计税基础不变，凡是按企业会计制度或企业会计准则的有关规定按评估的价值调整其各项资产、负债及股东权益的账面价值的，并在会计损益核算中按调整后的账面价值计提折旧或摊销的，应在计算申报年度应纳税所得额时按下列方法作纳税调整：

1. 据实逐年调整。企业因进行股份制改造发生的资产评估增值，每一纳税

年度通过折旧、摊销等方式实际计入当期成本、费用的数额，在年度纳税申报的成本项目、费用项目中予以调整，相应调增当期应纳税所得额。

2. 综合调整。对资产评估增值额不分资产项目，均在以后年度纳税申报的成本、费用项目中予以调整，相应调增每一纳税年度的应纳税所得额，调整期限最长不得超过 10 年。

以上调整方法的选用，由企业申请，报主管税务机关批准。调整办法一经批准确定后，不得更改。

四、税收优惠的处理

股权重组后，按照《企业所得税法》、实施条例及有关规定可享受的各项税收优惠的条件没有改变的，可以继续享受，但不得作为新办企业重新享受有关税收优惠。

对外商投资企业股权重组后失去外商投资企业资格，按税法规定享受有关税收优惠未满税务监管期的，应按规定补缴相关税款。

五、亏损弥补的处理

企业在股权重组前尚未弥补的经营亏损，可在《企业所得税法》第十八条规定的亏损弥补年限的剩余期限内，在股权重组后逐年延续弥补。

第二节　股权分置的会计与税务

一、股权分置改革概述

上市公司股权分置改革，是通过非流通股股东和流通股股东之间的利益平衡协商机制，消除 A 股市场股份转让制度性差异的过程。股权分置也称为股权分裂，是指上市公司的一部分股份上市流通，另一部分股份暂时不上市流通。前者主要称为流通股，主要成分为社会公众股；后者为非流通股，大多为国有股和法人股。通过股权分置改革，实施股票全流通，可以有效解决流通股和非流通股产生"同股不同权"的历史遗留问题，进一步推动资本市场积极发展。

《财政部关于印发〈上市公司股权分置改革中相关会计处理暂行规定〉的通知》（财会〔2005〕18 号）明确了非流通股股东的会计处理，对于流通股股东以及被改股的上市公司的相关会计处理没有规定，按照常规方法处理。

二、股权分置改革的会计处理

（一）非流通股股东的会计处理

非流通股股东涉及的对价形式包括支付现金、送股或缩股、发行认购权证、发行认股权证、上市公司派发股票股利或者资本公积转增的股份送给流通股股东、资产重组或债务重组、承诺等。

基本原则是将非流通股股东以直接资产流出形式支付的对价，按账面价值确认为流通权资产（相当于挂账，而不是计入当期损益或者直接冲减股东权益），在非流通股未出售前不对其进行摊销，一般也不计提减值准备，待取得流通权的非流通股出售时，再按出售的部分按比例予以结转，增加所出售的股权投资的出售成本，相应减少投资收益。

非流通股股东应单独设置资产类一级科目"股权分置流通权"。另外凡是涉及非流通股股东以一定价格将认购权证、认股权证出售给流通股股东的，还应同时在流动负债大类下设置"应付权证"科目。非流通股股东支付对价取得流通权的主要会计处理如下：

1. 支付现金。

借：股权分置流通权
  贷：银行存款

2. 送股或缩股。

借：股权分置流通权
  贷：长期股权投资（按所减少的持股占原持股的比例，按比例转销长期股权投资的原账面价值）

3. 以上市公司资本公积转增或派发股票股利形成的股份，送给流通股股东的方式取得的流通权。

首先按照上市公司资本公积金转增或派发股票股利进行会计处理（常规处理，即不作会计处理，仅在备查簿中反映持股数的增加）。然后以转增或派发股票股利后的股权结构为基础，比照前述 2 的规定对向流通股股东赠送股份进行会计处理。

4. 以向上市公司注入优质资产、豁免上市公司债务、替上市公司承担债务的方式取得的流通权。

按照注入资产、豁免债务、承担债务的账面价值，借记"股权分置流通权"科目，贷记相关资产或负债科目。

需要注意的是，上市公司如因此而增加净资产，则采用权益法核算的非流通股股东在进行上述会计处理之后，仍然需要按照常规处理方法确认"长期股权投资——其他股权变动"和相应的"资本公积——其他资本公积"。

5. 承诺形式。在实际履行承诺前不进行会计处理，仅需备查登记。

6. 认购权证。

（1）将认购权证直接送给流通股股东的：

赠送时：

不作会计处理，仅作备查登记。

认购权证持有人行使认购权向企业购买股份时：

借：银行存款（按实际收到现金）

  股权分置流通权（按行权价低于市价的差额）

 贷：长期股权投资（按出售部分的原账面价值）

  投资收益（整笔分录的平衡数）

认购权证持有人行使认购权，要求以现金结算行权价低于股票市场价格的差价部分：

借：股权分置流通权

 贷：银行存款

在备查登记簿中应同时注销相关认购权证的记录。

（2）将认购权证以一定价格出售给非流通股股东的：

发行时：

借：银行存款

 贷：应付权证

认购权证持有人行使认购权向企业购买股份时：

借：银行存款（按实际收到现金）

  应付权证（按照行权部分对应全部发行权证的比例计算的金额）

  股权分置流通权（按行权价低于市价的差额）

 贷：长期股权投资（按出售部分的原账面价值）

  投资收益（整笔分录的平衡数）

认购权证持有人行使认购权，要求以现金结算行权价低于股票市场价格的差价部分：

借：应付权证（按照行权部分对应全部发行权证的比例计算的金额）

  股权分置流通权（整笔分录的平衡数）

 贷：银行存款（按照实际支付的金额）

认购权证存续期满时：

"应付权证"科目的余额应首先冲减"股权分置流通权"科目，"股权分置流通权"科目的余额冲减至零后，"应付权证"科目的余额计入"资本公积"科目。

7. 认股权证。

（1）将认股权证直接送给流通股股东的：

赠送时：

不作会计处理，仅作备查登记。

认股权证持有人行使出售权将股份出售给企业时：

借：长期股权投资（或短期投资）（整笔分录的平衡数）
　　　　股权分置流通权（按行权价高于股票市场价格的差额）
　　　　贷：银行存款
认股权证持有人行使出售权，要求以现金结算行权价高于股票市场价格的差价部分：
　　借：股权分置流通权
　　　　贷：银行存款
在备查登记簿中应同时注销相关认股权证的记录。

（2）将认股权证以一定价格出售给流通股股东的：
发行时：
　　借：银行存款
　　　　贷：应付权证
认股权证持有人行使出售权将股份出售给企业时：
　　借：长期股权投资（或短期投资）（整笔分录的平衡数）
　　　　应付权证（按照行权部分对应全部发行权证的比例计算的金额）
　　　　股权分置流通权（按行权价高于股票市场价格的差额）
　　　　贷：银行存款
认股权证持有人行使出售权，要求以现金结算行权价高于股票市场价格的差价部分：
　　借：股权分置流通权（整笔分录的平衡数）
　　　　应付权证（按照行权部分对应全部发行权证的比例计算的金额）
　　　　贷：银行存款
认股权证存续期满时：
"应付权证"科目的余额应首先冲减"股权分置流通权"科目，"股权分置流通权"科目的余额冲减至零后，"应付权证"科目的余额计入"资本公积"科目。

8. 股权分置改革的相关费用。股权分置改革的相关费用，例如聘请保荐机构和律师的费用、与投资者沟通的费用等，如果已由非流通股股东支付并承担的，建议直接作为发生当期费用处理，不要资本化。

（二）流通股股东的会计处理

《财政部关于印发〈上市公司股权分置改革中相关会计处理暂行规定〉的通知》（财会〔2005〕18号）未涉及流通股股东收到对价的处理问题，应按照常规的方法进行处理。由于流通股股东取得的任何方式的对价，都不是真正意义上的"接受捐赠"，而是对股东权利的"补偿"，故均不应确认当期损益，而应当调整投资成本和股东权益。如果流通股股东以权益法核算（较少），则流通股股东应按照所增加的持股数对应的上市公司净资产份额相应增加"长期股权投资——其他权益变动"和"资本公积——其他资本公积"。如果流通股股东采用成本法核算,流通股股东收到现金,不同于从被投资的上市公司中分得的股利,同时也未处置原先持有的股份,因此不应作为收益,而应作为对原投资成本的一项调整,冲减投资账面价值;收到所赠送的股份,比照现行股票股利的处理方法,不作会计处理,只需在备查簿中登记;如果采用认购权证或者认股权证方式进行股改,则流通股股东可按照下列方式进行会计处理:

1. 如果认购权证或者认股权证均无需任何代价获赠取得,则:

取得时无需进行会计处理,只需在备查簿中登记。

行权时购入或者出售股份,按照常规的股权投资购入、出售业务进行会计处理。

行权时以现金结算行权价与市场价之间的差价部分而未实际发生股份的购入或者出售的,所收到的现金作为冲减投资的账面价值处理,相应在备查簿中减少所持权证的数量。

权证存续期满时如尚未行使,也只需在备查簿中将权证注销即可。

2. 如果认购权证或者认股权证是使用现金购入的,则:

购入时应按照所支付的价款将权证确认为一项短期投资或者长期投资,并在各会计期末对该项投资进行减值测试,如发现减值迹象,则应计提相应的减值准备。

认购权证行权时购入股份,则相关的认购权证的账面价值应同步转入所购入的股份的取得成本;认股权证行权时出售股份,则相关的认股权证的账面价值应同步计入所出售的股份的出售成本,冲减投资收益。

行权时以现金结算行权价与市场价之间的差价部分而未实际发生股份的购入或者出售的,所收到的现金作为冲减投资的账面价值处理,同时应按比例结转权证的账面价值,将这部分现金所对应的权证的原账面价值转入投资的账面价值。

权证存续期满时如尚未行使,应当将权证的账面价值注销,冲减投资收益。

(三) 上市公司的会计处理

对于被股改的上市公司本身而言所涉及的业务往往只是缩股、派发红利、派发股票股利、公积金转增等常规业务,按照企业会计准则的一般处理方法处理即可,但应注意下列问题:

1. 股权分置改革是非流通股股东与流通股股东之间的交易,与上市公司无关,但非流通股股东以向上市公司注入优质资产、豁免上市公司债务、替上市公司承担债务的方式取得流通权的,上市公司应当确认当期损益(营业外收入)处理。

2. 股权分置改革的相关费用,按理应当由股东自行承担,不应由上市公司承担,但目前实际情况是大量上市公司已经为此支出了大额的费用(其中还有不少"灰色支出")。如果上市公司与其大股东之间已订立协议,大股东承诺归还上市公司代垫的费用的,上市公司可将其作为其他应收款处理;如果没有明确协议表明这些款项能够收回的，上市公司应当参照《财政部关于印发〈关联方之间出售资产等有关会计处理问题暂行法规〉的通知》（财会〔2001〕64号）中关于上市公司与关联方之间互相承担费用的会计处理规定，作为营业外支出处理。

对于上述两种情形，上市公司在其会计报表附注中均需作为关联交易进行披露。

三、股权分置改革非流通股股东支付对价税务处理问题的探讨

为促进资本市场发展和股市全流通，推动股权分置改革试点的顺利实施，《财政部、国家税务总局关于股权分置试点改革有关税收政策问题的通知》（财税〔2005〕103号）规定，股权分置改革过程中因非流通股股东向流通股股东支付对价而发生的股权转让，暂免征收印花税。股权分置改革中非流通股股东通过对价方式向流通股股东支付的股份、现金等收入，暂免征收流通股股东应缴纳的企业所得税和个人所得税。

《国家税务总局关于股权分置改革中上市公司取得资产及债务豁免对价收入征免所得税问题的批复》（国税函〔2009〕375号）规定："根据《财政部、国家税务总局关于企业所得税若干优惠政策的通知》（财税〔2008〕1号）的规定，《财政部、国家税务总局关于股权分置试点改革有关税收政策问题的通知》（财税〔2005〕103号）的有关规定，自2008年1月1日起继续执行到股权分置试点改革结束。股权分置改革中，上市公司因股权分置改革而接受的非流通股股东作为对价注入资产和被非流通股股东豁免债务，上市公司应增加注册资本或资本公积，不征收企业所得税。"

此外，《国家税务总局关于企业所得税应纳税所得额若干问题的公告》（国家税务总局公告2014年第29号）已明确规定，企业接收股东划入资产（包括股东赠予资产、上市公司在股权分置改革过程中接收原非流通股股东和新非流通股股东赠予的资产、股东放弃本企业的股权，下同），凡作为资本金（包括资本公积）处理的，说明该事项属于企业正常接受股东股权投资行为，因此，不能作为收入进行所得税处理。企业接收股东划入资产，凡作为收入处理的，说明该事项不属于企业正常接受股东股权投资行为，而是接受捐赠行为，因此，应计入收入总额计算缴纳企业所得税。

对于非流通股股东而言，其发生的各种形式的对价的税务处理，税法没有作出明确规定。笔者认为，非流股股东发生的各种形式的对价，是一种双向有偿行为，不能按无偿赠送处理。资产的所有权包括占用、使用、收益、处分四项权能。非流通股股东通过向流通股股东支付对价，取得股票流通权，该项对价属于为取得该项投资而发生的必要成本，应当计入投资的计税基础，在实际流通股票计算股权转让所得时扣除。

由于流通股股东取得的对价免征所得税，因此，其取得的对价不得冲减投

资计税基础，否则免税优惠将变成递延纳税。

上市公司为股东承担的费用，不得在税前扣除。

股权分置业务，上市公司存续，其作为独立纳税人其他税务事项保持不变。

第三节　增资、减资、转让、分割、缩股的会计与税务

一、增资的会计与税务

（一）概念

增资扩股是指企业向社会募集股份、发行股票（包括配股和定向增发）、新股东投资入股或原股东增加投资扩大股权，从而增加企业的资本金。被增资企业不须经清算程序，其债权、债务关系，在股权重组后继续有效。

增资扩股是企业融资的一种方式，上市公司通常采用定向增发方式进行增资扩股，从而提升公司盈利、改善公司治理。

（二）会计处理

企业接受投资者投入的资本，借记"银行存款"、"其他应收款"、"固定资产"、"无形资产"、"长期股权投资"等科目，按其在注册资本或股本中所占份额，贷记"实收资本"或"股本"科目，按其差额，贷记"资本公积——资本溢价"或"资本公积——股本溢价"科目。

上市公司为发行权益性证券发生的承销费、保荐费、上网发行费、招股说明书印刷费、申报会计师费、律师费、评估费等与发行权益性证券直接相关的新增外部费用，应自所发行权益性证券的发行收入中扣减，在权益性证券发行有溢价的情况下，自溢价收入中扣除，在权益性证券发行无溢价或溢价金额不足以扣减的情况下，应当冲减盈余公积和未分配利润；发行权益性证券过程中发行的广告费、路演及财经公关费、上市酒会费等其他费用应在发生时计入当期损益。

（三）税务处理

增资扩股除涉及印花税和企业所得税外，不涉及其他税务处理。

税法规定，发行股票的发行价高于或低于股票面值的溢价或折价，应当增加或减少股东权益，不确认应纳税所得或损失。同样，有限责任公司取得的投资额超过或低于实收资本面值的部分也不确认应纳税所得或损失。

企业为发行权益性证券支付给有关证券承销机构等的手续费、佣金等与权

益性证券发行直接相关的费用，直接冲减股本溢价，计算企业所得税时也不得在税前扣除。

增资扩股企业存续，其作为独立纳税人的其他税务事项保持不变。关于外商投资企业因增资扩股导致外方股权稀释至25%以下的税务处理问题，原《外商投资企业和外国企业所得税法》（中华人民共和国主席令第45号公布）第八条："……外商投资企业实际经营期不满十年的，应当补缴已免征、减征的企业所得税税款。"《国家税务总局关于外商投资企业合并、分立、股权重组、资产转让等重组业务所得税处理的暂行规定》（国税发〔1997〕71号）第五条规定："凡重组前企业的外国投资者持有的股权，在企业重组业务中没有退出，而是已并入或分入合并、分立后的企业或者保留在股权重组后的企业的，不论重组前的企业经营期长短，均不适用税法第八条关于补缴已免征、减征的税款的规定；凡重组前企业的外国投资者在企业重组业务中，将其持有的股权退出或转让给国内投资者的，重组前的企业实际经营期不满适用定期减免税优惠的规定年限的，应依照税法第八条的规定，补缴已免征、减征的企业所得税税款。"《国家税务总局关于外商投资企业和外国企业原有若干税收优惠政策取消后有关事项处理的通知》（国税发〔2008〕23号）的规定：外商投资企业按照《外商投资企业和外国企业所得税法》规定享受定期减免税优惠，2008年后，企业生产经营业务性质或经营期发生变化，导致其不符合《外商投资企业和外国企业所得税法》规定条件的，仍应依据《外商投资企业和外国企业所得税法》规定补缴其此前（包括在优惠过渡期内）已经享受的定期减免税税款。

新企业所得税法实施后，原国税发〔1997〕71号文件相应废止。外商投资企业因接受内资增资扩股导致外方股权比例稀释至25%以下，是否需要补缴已享受的定期减免税优惠，实际操作中争议很大。

国税发〔1997〕71号文件废止是由于原《外商投资企业和外国企业所得税法》变更为《企业所得税法》，但可以从中看出立法精神，只要外资没有退出，即使外资低于25%，也不用补缴已减免税款。

新税制实施后，唯一执行的依据是国税发〔2008〕23号文件，该文强调"2008年后，企业生产经营业务性质或经营期发生变化，导致其不符合《外商投资企业和外国企业所得税法》规定条件的，仍应依据《外商投资企业和外国企业所得税法》规定补缴其此前（包括在优惠过渡期内）已经享受的定期减免税税款。"企业因增资扩股使得外资比例小于25%，不属于"生产经营业务性质或经营期发生变化"的情形，不应补缴已减免税款。

建议明确：凡是外国投资者处置股权（股权转让、减资、清算）导致外方股权比例小于25%，且企业经营期不满10年，需补缴已享受的定期减免税；凡由于外商投资企业增资扩股，导致外方股权比例低于25%，则停止享受外商投资企业优惠，但前期已享受的定期减免税不需要补缴。

二、减资的会计与税务

（一）减资的情形

按照资本不变原则，公司的资本通常情况下是不允许减少的。我国法律允许减少资本，主要有下列情形：

1. 原有公司资本过多，形成资本过剩，再保持资本不变，就会导致资本在公司中的闲置和浪费，也增加了分红的负担。

2. 公司严重亏损，资本总额与其实有资产差距过大，公司资本已失去应有的证明公司资信状况的法律意义。

此外，将公司中某些部门分离独立时，资产也随之分离，这不同于一般意义上的减资，而是公司分立。

（二）减资的方法

公司减资的方法有两种：

1. 减少出资总额，同时改变原出资比例。

2. 以不改变出资比例为前提，减少各股东出资。减资后，各股东出资比例保持不变。有两种做法：发还，对已缴足的出资，将其一部分返还给股东；合并，在公司亏损时，依出资比例减少每一股东出资，以抵消应弥补的资本亏损。

（三）会计处理

如果减资额支付给股东的，应减少实收资本，支付金额超过实收资本的部分，依次冲减资本公积（资本溢价）、盈余公积和未分配利润。如果减资额用于弥补亏损的，借记"实收资本（股本）"科目，贷记"利润分配——未分配利润"科目。

股份有限公司按法定程序报经批准采用收购本公司股票方式减资的，按注销股票面值总额减少股本，购回股票支付的价款（含交易费用）与股票面值的差额调整所有者权益，超过面值总额的部分，应依次冲减资本公积（股本溢价）、盈余公积和未分配利润；低于面值总额的部分增加资本公积（股本溢价）。

（四）税务处理

公司减资通常不涉及税务处理，实收资本与资本公积之和比原账面数减少的部分，不得退还已缴纳的印花税。原公司存续，其作为独立纳税人的所有税务事项保持不变。

股东减资收回的投资额，直接冲减投资资产的计税基础，超过投资计税基础的部分应确认股权转让所得，按规定计征企业所得税或个人所得税。

现行税法规定，用资本溢价（或股本溢价）转增个人股本不征个人所得税，同时，个人减少实收资本（或股本）不用缴纳个人所得税。以上规定容易给人形成一个错误的结论，以为个人减资不用缴纳个人所得税。实际操作中，很多个人用这种方式逃避个人所得税。减资是股权处置的一种方式，应当按照"财产转让所得"征收个人所得税。

应纳税所得额＝减资收回金额－投资成本

其中，投资成本是指初始出资与追加出资之和。追加出资包括被投资方用留存收益和资本公积（不含资本溢价）转增资本的金额。根据上述公式可知，资本溢价转增股本不用缴纳个人所得税，但当资本溢价以减资方式退出时，个人必须缴纳个人所得税。

[例9.1] A公司出资700万元，张先生出资300万元，于2001年7月1日成立甲公司，注册资本1 000万元。2009年9月30日，B公司按3∶1对甲公司增资扩股。资产负债表日甲公司净资产1 500万元，其中实收资本1 000万元，留存收益500万元。根据投资协议，B公司出资3 000万元，占甲公司50%的股份。甲公司分录如下：

借：银行存款 30 000 000
　　贷：实收资本——B公司 10 000 000
　　　　资本公积——资本溢价 20 000 000

2009年12月31日，甲公司将资本溢价全部转增实收资本。分录如下：

借：资本公积——资本溢价 20 000 000
　　贷：实收资本——A公司 7 000 000
　　　　　　　　——张先生 3 000 000
　　　　　　　　——B公司 10 000 000

至此，甲公司实收资本总额为4 000万元，A公司、B公司、张先生分别为1 400万元、2 000万元、600万元。

2010年2月，甲公司申请减资37.5%，减资额1 500万元（4 000×37.5%）。分录如下：

借：实收资本——A公司 5 250 000
　　　　　　——张先生 2 250 000
　　　　　　——B公司 7 500 000
　　贷：银行存款 15 000 000

对张先生而言，投资成本300万元，减资相当于收回部分投资，其对应的投资成本为：300×37.5%＝112.5（万元），减资额225万元，应按"财产转让所得"计征个人所得税。

应纳税额＝(225－112.5)×20%＝22.5（万元）

A公司投资成本700万元，收回部分投资对应的计税基础为：700×37.5%＝262.5（万元），减资额525万元。

应确认股权转让所得＝525－262.5＝262.5（万元）

B 公司投资成本 3 000 万元，收回部分投资对应的计税基础为：3 000 × 37.5% = 1 125（万元），减资额 750 万元。

应确认股权转让损失 = 1 125 – 750 = 375（万元）

三位股东对甲公司剩余股权投资的计税成本分别按照原有计税基础的 62.5% 计算。

三、股权转让的会计与税务

（一）股权转让的概念

股权转让是指公司股东依法将自己的股份让渡给他人，使他人成为公司股东的民事法律行为。股权转让是股东行使股权经常而普遍的方式，我国《公司法》规定股东有权通过法定方式转让其全部出资或者部分出资。

（二）股权转让的会计及税务处理

股权转让是股东之间发生的资产转让业务，对目标公司（被股权转让的企业）而言，通常只涉及股东变更的账务处理，目标公司的资产、负债的账面价值保持不变，但非同一控制下的控股合并中，购买方通过企业合并取得被购买方 100% 股权的，被购买方可以按照合并中确定的可辨认资产、负债的公允价值调整其账面价值。

股权转让，目标公司存续，企业的所有税务事项保持不变。但外商投资企业股权转让后变更为内资企业的，不再享受外商投资企业相关税收优惠。生产性外商投资企业经营期不满十年，外方股东撤出后，应当补缴已享受的"两免三减半"所得税优惠。

四、股票分割的会计与税务

（一）股票分割的概念

股票分割，又称股票拆细，即将一张较大面值的股票拆成几张较小面值的股票。

股票分割对公司的资本结构不会产生任何影响，一般只会使发行在外的股票总数增加，资产负债表中股东权益各账户（股本、资本公积、留存收益）的余额都保持不变，股东权益的总额也保持不变。

股票分割给投资者带来的不是现实的利益，但是投资者持有的股票数增加了，给投资者带来了今后可多分股息和更高收益的希望，因此股票分割往往比增加股息派发对股价上涨的刺激作用更大。

与股票分割相对应的是反向分割，反向分割的作用在于提高股票的价钱。

在反向分割里投资人可以换到更少的股票。

（二）股票分割的作用

1. 股票分割会在短时间内使公司股票每股市价降低，买卖该股票所必需的资金量减少，易于增加该股票在投资者之间的换手，并且可以使更多的资金实力有限的潜在股东变成持股的股东。因此，股票分割可以促进股票的流通和交易。

2. 股票分割可以向投资者传递公司发展前景良好的信息，有助于提高投资者对公司的信心。

3. 股票分割可以为公司发行新股做准备。公司股票价格太高，会使许多潜在的投资者力不从心从而不敢轻易对公司的股票进行投资。在新股发行之前，利用股票分割降低股票价格，可以促进新股的发行。

4. 股票分割有助于公司并购政策的实施，增加对被并购方的吸引力。

5. 股票分割带来的股票流通性的提高和股东数量的增加，会在一定程度上加大对公司股票恶意收购的难度。

6. 股票分割在短期内不会给投资者带来太大的收益或亏损，即给投资者带来的不是现实的利益，而是给投资者带来了今后可多分股息和更高收益的希望，是利好消息，因此对除权日后股价上涨有刺激作用。

[例9.2] 陈小姐拥有1 000股甲公司股票，每股面值1元，当公司宣布10∶1股票分割后，陈小姐原有的1 000股股票便会变为10 000股，每股面值0.1元。如果每1股原先价格是40元（收盘价），不考虑投资者因素，那么分割后每股价值应当为4元（开盘价）。

（三）股票分割的会计处理

由于股票分割只是对股票数量的影响，并不影响股本总额，因此上市公司不作账务处理。

（四）股票分割的税务处理

股票分割，上市公司存续，其作为独立纳税人所有税务事项保持不变。

五、缩股的会计与税务

（一）缩股的概念

缩股是股本分割的一种。缩股是指为了实现股份的全流通，根据历史成本原则，按流通股发行价与非流通股折股价的比例关系，将现有的非流通股进行合并，使非流通股合并后的每股估值与流通股的价格基本一致，然后在二级市场上减持。

（二）缩股方法

缩股的方法是：选择一个时点，以每只股票的每股净资产与该股的收盘价（或一定时期平均价）进行缩股，缩股后重新进行股权登记，缩股后的非流通股可以进行流通。

缩股步骤为：

（1）选择一个时点，如11月30日，市场休市一个月开始缩股。

（2）每只股票开始缩股。缩股率＝每股流通股的某时点收盘价（或一定时期加权平均价）/每股净资产。非流通股经过缩股后的数量＝某支股票非流通股数量/缩股率。缩股后可流通股数量＝原流通股数量＋非流通股缩股后数量。

（3）在这一个月之内进行工商重新登记和股权注册调整。

（4）恢复开市，有条件地允许缩股后的原非流通股流通。

［例9.3］　天士力（600535）总股本19 000万股，每股面值1元，流通A股5 000万股，境内法人股14 000万股，三季度每股净资产5.4元，11月15日收盘价为21.2元。

缩股率＝21.2/5.4＝3.9

非流通股经过缩股后的数量＝14 000/3.9＝3 590（万股）

缩股后可流通股数量＝5 000＋3 590＝8 590（万股）

缩股后上市公司股票数量减少，股票面值及上市公司所有者权益不会发生变化。上市公司作账务处理如下：

借：股本　　　　　　　　　　　　　　　　　　　　　　　　104 100 000

　　贷：资本公积——股本溢价　　　　　　　　　　　　　　　104 100 000

（三）缩股业务的税务处理

上市公司缩股，原公司存续，其作为独立纳税人所有税务事项保持不变。

第四节　债务重组的会计与税务

债务重组，是指在债务人发生财务困难的情况下，债权人按照其与债务人达成的书面协议或者法院裁定书，就其债务人的债务作出让步的事项。

一、债务重组业务的会计处理

从债务人角度看，应当将重组债务的账面价值超过清偿债务的现金、非现金资产的公允价值、所转股份的公允价值，或者重组后债务账面价值之间的差额，在满足《企业会计准则第22号——金融工具确认和计量》规定的金融负债终止确认条件时，将其终止确认，计入营业外收入（债务重组利得）。非现金资产公允价值与账面价值的差额,应当分别不同情况进行处理:(1)非现金资产为存货的,应当视同销售处理,按照《企业会计准则第14号——收入》的有关规定,以其公允价值确认销售商品收入,同时结转相应的成本。(2)非现金资产为固定资产、无形资产的,其公允价值和账面价值的差额,计入营业外收入或营业外支出。(3)非现金资产为长期股权投资的,其公允价值和账面价值的差额,计入投资收益。

从债权人角度看,债权人应当将重组债权的账面余额与受让资产的公允价值、所转股份的公允价值,或者重组后债权的账面价值之间的差额,在满足《企业会计准则第22号——金融工具确认和计量》所规定的金融资产终止确认条件时,将其终止确认,计入营业外支出(债务重组损失)等。重组债权已计提减值准备的,应当先将上述差额冲减已计提的减值准备,冲减后仍有损失的,计入营业外支出(债务重组损失);冲减后减值准备仍有余额的,应予转回并抵减当期资产减值损失。债权人收到存货、固定资产、无形资产、长期股权投资等非现金资产的,应当以其公允价值入账。

以修改其他债务条件进行债务重组涉及或有应付金额,且该或有应付金额符合《企业会计准则第13号——或有事项》中有关预计负债确认条件的,债务人应将该或有应付金额确认为预计负债。或有应付金额在随后会计期间没有发生的,企业应当冲销已确认的预计负债,同时确认营业外收入。对债权人而言,修改后的债务条款中涉及或有应收金额的,不应当确认或有应收金额,不得将其计入重组后债权的账面价值。根据谨慎性原则,或有应收金额属于或有资产,或有资产不予确认。只有在或有应收金额实际发生时,才计入当期损益。

二、债务重组业务的税务处理

(一)流转税、契税处理

1. 以债务重组方式取得的非现金资产,必须取得合法凭据方可确认计税基础。

2. 以债务重组方式取得的房屋、土地使用权,在办理过户手续时,需缴纳契税。

3. 增值税一般纳税人以债务重组方式取得的存货或设备取得增值税专用发票的,符合抵扣条件的,应当确认可抵扣的进项税额。

4. 以非现金资产抵偿债务应当区别情况处理:

(1)以存货(不含开发产品)或使用过的固定资产(不动产除外)抵偿债务,应当视同销售计算增值税。如果是自产应税消费品,还需缴纳消费税。

(2)以无形资产、不动产、投资性房地产、开发产品抵偿债务,应当视同销售计征营业税和土地增值税。

(二) 企业所得税处理

1. 债务重组的一般性税务处理。

(1) 以非货币资产清偿债务,应当分解为转让相关非货币性资产、按非货币性资产公允价值清偿债务两项业务,确认相关资产的所得或损失。

(2) 发生债权转股权的,应当分解为债务清偿和股权投资两项业务,确认有关债务清偿所得或损失。

(3) 债务人应当按照支付的债务清偿额低于债务计税基础的差额,确认债务重组所得;债权人应当按照收到的债务清偿额低于债权计税基础的差额,确认债务重组损失。

(4) 债务人的相关所得税纳税事项原则上保持不变。

2. 债务重组的特殊性税务处理。债务重组业务一般不会影响债权人、债务人经营的连续性和股权的连续性。以债转股方式进行的债务重组,只要债务人取得的股权不在 12 个月内不转让,都不影响股权的连续性条件。如果取得股权后在 12 个月转让,则应按照实质重于形式原则,将债转股与股权转让作为一项交易处理,即股权转让收入与原债权计税基础之间的差额确认债务重组所得或损失。债务人原债务金额与作为对价的权益工具的公允价值之间的差额应当确认债务重组所得。通常情况下,独立企业之间的债务重组均"具有合理的商业目的",关联企业之间的债务重组可能会影响"具有合理商业目的"的判断。

债务重组的特殊性税务处理与免税重组不同,是指债务人的债务重组所得允许分期递延纳税。主要包括:①企业发生债权转股权业务,对债务清偿和股权投资两项业务纳税人可以选择暂不确认有关债务清偿所得或损失,股权投资的计税基础以原债权的计税基础确定。企业的其他相关所得税事项保持不变。②企业债务重组确认的应纳税所得额占该企业当年应纳税所得额 50% 以上,可以在 5 个纳税年度的期间内,均匀计入各年度的应纳税所得额。

3. 《企业会计准则第 12 号——债务重组》与所得税处理差异与纳税调整方法。

(1)《企业会计准则第 12 号——债务重组》要求,债权人对债务人作出的让步,债权人作为债务重组损失处理,债务人应作为债务重组利得,计入当期损益,而税法要求,债权人对债务人作出的让步,允许在税前扣除,债务人应计入债务重组所得。两者从金额上是一致的,无需作纳税调整。如果债务人确认的债务重组所得金额超过当年应纳税所得 50% 的,纳税人可以选择可分 5 年平均计入应纳税所得额。以债转股方式进行债务重组,如果债务人的重组所得占当年应纳税所得额的比例不超过 50% 的,也可以选择第二种特殊性税务处理,即债务人获得的让步不确认债务重组所得,相应地债权人所作出的让步也不作为债务重组损失处理。

允许扣除的债务重组损失,只能是与销售商品、提供劳务有关的应收账款、预付账款、委托银行放贷的债权投资、与所得额有关的担保无法追索的债务重组损失,对于企业与非金融部门以及个人之间的借贷发生的损失,是不能在税前扣除的。需要注意的是,由于债务重组损失,从本质上是一笔坏账损失,因此,债务重组损失允许在税前扣除的前提,必须到主管税务机关进行专项申报。

(2) 债权人取得的非现金资产按公允价值进行初始计量。无论债务人按一般重组规定一次性确认债务重组所得,还是按照特殊重组规定分期确认债务重组所得,债权人以债务重组方式取得的存货、固定资产、无形资产、长期股权投资等非现金资产均应以公允价值为基础确定计税基础。二者完全一致。但需注意,取得的非现金资产必须取得合法的凭据,否则计税基础为零。

(3) 以非现金资产抵偿债务,应当视同销售确认计税收入,这与会计处理是一致的,但如果非现金资产的账面价值与计税基础不同,应当作纳税调整。

(4) 由于坏账准备计提标准以及坏账损失的会计确认与税法确认之间存在差异,需要年末对坏账准备作专项纳税调整。

(5) 附或有条件的债务重组,根据税前扣除的确定性原则,预计负债只有待实际发生时据实扣除。会计上将重组债务的账面价值与重组后债务的入账价值和预计负债金额之和的差额,作为债务重组利得,计入营业外收入。而税法应将重组债务的账面价值与重组后债务的入账价值之间的差额确认为债务重组所得。债务重组利得与债务重组所得之间的差额,应作纳税调整。因重组后债务的账面金额与计税基础之间形成的可抵扣暂时性差异,待预计负债实际发生时或转回时转回。

对债权人而言,修改后的债务条款中涉及或有应收金额的,不应当确认或有应收金额,不得将其计入重组后债权的账面价值。只有在或有应收金额实际发生时,才计入当期损益。这一点会计与税务处理相同。

第五节 跨境重组的会计与税务

跨境重组是指跨国集团内部涉及中国境内与境外之间(包括中国港澳台地区)的股权和资产收购交易。

一、跨境重组的会计处理

跨境重组的会计处理应区别情况处理:

1. 非居民企业向其直接控股的另一非居民企业转让其拥有的居民企业股权,境内企业只需调整实收资本明细科目即可,不涉及其他会计处理。

2. 非居民企业向其直接控股的居民企业转让其拥有的另一居民企业股权,境内受让方按照《企业会计准则第2号——长期股权投资》的有关规定进行初始计量。被转让的企业需调整实收资本明细科目,不涉及其他会计处理。

3. 居民企业以其拥有的资产或股权向其直接控股的非居民企业进行投资，居民企业按照《企业会计准则第 2 号——长期股权投资》的有关规定进行初始计量。

二、跨境重组的一般性税务处理

跨境重组的一般性税务处理方法如下：

1. 股权收购交易（包括居民企业转让非居民企业的股权、非居民企业转让居民企业的股权），应按公允价值计价，并确认股权转让所得，受让方按照实际支付的对价确认股权的计税基础。

非居民企业转让非居民企业的股权不属于《企业所得税法》规定的管辖范围，不征企业所得税。但境外投资方（实际控制方）通过滥用组织形式等安排间接转让中国居民企业股权，且不具有合理的商业目的，规避企业所得税纳税义务的，主管税务机关层报税务总局审核后可以按照经济实质对该股权转让交易重新定性，否定被用作税收安排的境外控股公司的存在。

《国家税务总局关于加强非居民企业股权转让所得企业所得税管理的通知》（国税函〔2009〕698 号）规定，境外投资方（实际控制方）间接转让中国居民企业股权，如果被转让的境外控股公司所在国（地区）实际税负低于 12.5%或者对其居民境外所得不征所得税的，应自股权转让合同签订之日起 30 日内，向被转让股权的中国居民企业所在地主管税务机关提供以下资料：

（1）股权转让合同或协议。（2）境外投资方与其所转让的境外控股公司在资金、经营、购销等方面的关系。（3）境外投资方所转让的境外控股公司的生产经营、人员、账务、财产等情况。（4）境外投资方所转让的境外控股公司与中国居民企业在资金、经营、购销等方面的关系。（5）境外投资方设立被转让的境外控股公司具有合理商业目的的说明。（6）税务机关要求的其他相关资料。

境外投资方（实际控制方）同时转让境内或境外多个控股公司股权的，被转让股权的中国居民企业应将整体转让合同和涉及本企业的分部合同提供给主管税务机关。如果没有分部合同的，被转让股权的中国居民企业应向主管税务机关提供被整体转让的各个控股公司的详细材料，准确划分境内被转让企业的转让价格。如果不能准确划分的，主管税务机关有权选择合理的方法对转让价格进行调整。

2. 资产收购交易，是指居民企业将非现金资产投资非居民企业。资产转让方应视同按公允价值转让资产，并一次性确认资产转让所得。资产转让方取得股权的计税基础按照公允价值确定。

非居民企业将非现金资产投资于居民企业或非居民企业，均不属于《企业所得税法》规定的管辖范围，不征收企业所得税。

三、跨境重组的特殊性税务处理

除应符合《财政部、国家税务总局关于企业重组业务企业所得税处理若干问题的通知》（财税〔2009〕59号）第五条规定的"具有合理的商业目的，且不以减少、免除或者推迟缴纳税款为主要目的"、"企业重组后的连续12个月内不改变重组资产原来的实质性经营活动"、"企业重组中取得股权支付的原主要股东，在重组后连续12个月内，不得转让所取得的股权"等条件外，还应同时符合下列条件，方可选择适用特殊性税务处理规定：

1. 非居民企业向其100%直接控股的另一非居民企业转让其拥有的居民企业股权，没有因此造成以后该项股权转让所得预提税负担变化，且转让方非居民企业向主管税务机关书面承诺在3年（含3年）内不转让其拥有受让方非居民企业的股权。

2. 非居民企业向与其具有100%直接控股关系的居民企业转让其拥有的另一居民企业股权。

3. 居民企业以其拥有的资产或股权向其100%直接控股的非居民企业进行投资。

4. 财政部、国家税务总局核准的其他情形。

对于上述第1、2项的特殊性税务处理，是指允许按照投资计税基础转让，不确认股权转让所得，相应地，受让方取得股权的计税基础只能以原计税基础确定。对第3项所指的居民企业以其拥有的资产或股权向其100%直接控股关系的非居民企业进行投资，其资产或股权转让收益如选择特殊性税务处理，是指在10个纳税年度内均匀计入各年度应纳税所得额，相应地，居民企业取得该项投资的计税基础按照公允价值确定。

《国家税务总局关于加强非居民企业股权转让所得企业所得税管理的通知》（国税函〔2009〕698号）规定，非居民企业取得股权转让所得，符合《财政部、国家税务总局关于企业重组业务企业所得税处理若干问题的通知》（财税〔2009〕59号）规定的特殊性重组条件并选择特殊性税务处理的，应向主管税务机关提交书面备案资料，证明其符合特殊性重组规定的条件，并经省级税务机关核准。

四、对跨境重组所得税处理政策的建议

跨境重组涉及的关联方之间的股权转让，税法要求按照独立交易原则计算股权转让所得，对特殊重组制定了较为严格的限制条件，这对大型企业集团有合理需要的内部资产重组设置了障碍，为了避免内部交易转让承受高额的税收负担，许多企业放弃资产重组计划。这不符合重组税收政策的立法精神。

原《国家税务总局关于外商投资企业和外国企业转让股权所得税处理问

的通知》(国税发〔1997〕207号)① 规定"在以合理经营为目的进行的公司集团重组中,外国企业将其持有的中国境内企业股权,或者外商投资企业将其持有的中国境内、境外企业的股权,转让给与其有直接拥有或者间接拥有或被同一人拥有100%股权关系的公司,包括转让给具有上述股权关系的境内投资公司的,可按股权成本价转让,由于不产生股权转让收益或损失,不计征企业所得税。"

基于制定资产重组税收政策的"经济合理原则"、"中性原则"和"反避税原则",只要该项重组不会导致税收减少,上述政策应当继续执行,并扩大到所有居民企业。

第六节 国有企业改制的会计与税务

一、国有企业改制概述

中共十五届四中全会通过的《中共中央关于国有企业改革和发展若干重大问题的决定》为我国国有企业指明了方向:"到2010年,国有企业改革和发展的目标是,适应经济体制与经济增长方式两个根本性转变和扩大对外开放的要求,基本完成战略性调整和改组,形成比较合理的国有经济布局和结构,建立比较完善的现代企业制度,经济效益明显提高,科技开发能力、市场竞争能力和抗御风险能力明显增强,使国有经济在国民经济中更好地发挥主导作用。"国企改组不仅有利于改善政府的财政状况,还有利于刺激竞争、促进市场的发育和成熟、提高企业绩效,促进所有权多元化,建立完善的现代企业制度。

我国国有企业公司制改组通常有下列方式:一是将国有企业的净资产评估作价后全部转让给国有企业内部员工或外部的其他法人单位或者个人(包括外国投资者)。股权转让收入全部上缴财政、国有资产管理部门或国有资产授权管理单位;二是将国有企业的净资产评估作价后全部折算为国有股份,同时吸收其他法人股东和个人股东的投资,共同组建公司制企业;三是将国有企业净资产评估作价后部分折合为国有股份,其他部分向法人股东和个人股东等转让,组建公司制企业;四是国有企业将部分资产评估作价后投入到一家新设的或现存的企业,组建公司制企业,该国有企业作为新公司的股东继续存续经营。前三种改组方式属于资本结构调整模式,第四种改组方式属于纯粹的投资业务。

---

① 该文件已被国家税务总局公告2011年第2号《国家税务总局关于公布全文失效废止、部分条款失效废止的税收规范性文件目录的公告》宣布全文失效废止。

二、国企改制的会计及税务处理

为保证国有资本的保值增值,无论是哪种方式的改组,接受原企业资产及负债的企业(新设或存续)都必须按照资产、负债的公允价值调整账务,然后按账面可辨认净资产的公允价折合为股本。

国有企业将全部或部分资产评估作价与其他股东共同出资成立新公司,或者直接对另一家现存的企业增资扩股的,属于国有企业的投资行为,参照长期股权投资业务进行会计及税务处理。

国有企业将持有的另一家公司的股权对外转让,必须计算资产转让所得,但政府将国有企业的净资产评估后对外转让的,其股权转让收入全部上缴财政、国有资产管理部门或国有资产授权管理单位,股权转让收入不征企业所得税。由于企业商誉的存在,或者为了吸引投资者等多种因素,股权转让价格可能高于、等于或低于净资产评估价,受让方按照实际出资额作为投资的计税基础。对于被转让股权的国有企业而言,资产仍归存续企业所有,其所有权没有发生转移,不确认资产转让所得或损失,相应地,资产、负债的计税基础仍应当按照原计税基础结转。计税基础与会计成本之间的差额在未来期间应当按照"据实逐年调整法"或者"综合调整法"进行纳税调整。根据《〈企业会计准则第18号——所得税〉应用指南》第四条规定,直接计入所有者权益的交易或事项,相关资产、负债的账面价值与计税基础之间形成暂时性差异的,应当按照准则规定确认递延所得税资产或递延所得税负债,计入资本公积(其他资本公积)。因此,资产评估增值,应首先确认递延所得税负债,按照评估增值剔除递延税款后的差额部分折成股份,反之,资产评估减值,应确认递延所得税资产。将国有企业净资产评估作价后部分折合为国有股份,其他部分向法人股东和个人股东等转让组建公司制企业的,其会计及税务处理方法与第一种改组方法相同。

将国有企业的净资产评估作价后全部折算为国有股份,同时吸收其他法人股东和个人股东的投资,共同组建公司制企业的,属于在原有企业的基础上增资扩股。新吸收股东的出资额超过约定股本金额的部分属于资本溢价,不征收所得税。其他股东以其实际出资额确定投资计税基础。原国有企业的资产、负债的计税基础不变,接受投资的非现金资产按照公允价值确定计税基础。

凡原国有企业存续的,作为独立纳税人的所有税务事项延续,内容包括:资产的所有权未发生转移,故不涉及流转税、土地增值税等问题;如果公司名称发生变更,其房屋产权证书和土地使用权证书办理变更手续时,不征契税,但对出让方式或国家作价出资(入股)方式承受原改制重组企业、事业单位划拨用地的,不属上述规定的免税范围,对承受方应按规定征收契税;改组前的亏损额可以由改组后的企业在税法规定的剩余年限内继续弥补;符合税收优惠条件的,可以继续享受税收优惠。

第七节 股份制改造与上市的会计与税务

企业上市方式有两种：一是由原股份公司（或有限责任公司改组成立的股份有限公司）存续几年，条件成熟，符合规定，核准股票上市；二是由老企业进行资产重组，设立股份公司直接批准股票发行上市。

一、有限责任公司改组为股份有限公司

由有限责任公司吸收其他股东成立股份有限公司，或者有限责任公司与其他股东共同作为发起人出资成立股份有限公司。对有限责任公司而言，前者属于增资扩股，而后者属于长期股权投资业务。

有限责任公司改组成立股份有限公司的，应首先对净资产进行评估，并确认递延所得税资产或递延所得税负债，然后再折成股份。

企业增资扩股只是股本结构的变化，其产生的股本溢价，是新股东投资成本的一部分，由被增资企业的新老股东共同享有，这部分金额属于股东的权益，不征企业所得税。股份有限公司按照资产、负债的公允价值入账，但计算所得税时仍然按照改组前的计税基础结转。有限责任公司用留存收益和资本公积（不含资本溢价）折算为法人股本的，股东应确认股息、红利所得，其中，境内法人股东免征企业所得税，境外法人股东须就2008年1月1日以后实现的留存收益份额计算缴纳预提所得税；有限责任公司用留存收益和资本公积（不含资本溢价）折算为个人股本的，外籍个人免征个人所得税，中方个人应按股息、红利所得项目缴纳个人所得税。原有限责任公司存续，其作为独立纳税人的所有税务事项均保持不变。

二、通过资产重组成立股份有限公司

通过资产重组成立股份公司有四种模式：

（一）整体改组分立模式

整体改组分立模式是上市公司中最为常见的模式，主要有两种形式：

一种是原企业（法人）解散型，原企业经过重组后已分为两个或多个法人，原法人消亡，但新法人仍然属于原所有者。这种重组模式主要适用于那些"大而全""小而全"的企业，即非生产系统数量较多，而且创利水平较低，甚至亏损的企业；企业办社会现象严重的企业；其所有者一般是经营性组织，如

---

① 经济活页文选. 企业股份制改组与上市. 中国财政经济出版社，1999（6）。

行业性公司等等。这种模式有利于国有资产的保值增值，有利于建立新的高效率的企业运行机制，提高企业的竞争能力。不足的是需要许多政策上的配套，如果是中央企业，由于与地方政府的矛盾比较难以协调，操作起来难度较大。

上海石化总厂就是按这种模式重组的。上海石化总厂原隶属于中国石油化工总公司，经过重组后，新成立了上海石油化工股份有限公司和上海金山实业公司，前者为上市公司，后者为全民所有制企业，原来的上海石化总厂消亡了，上述两个法人在行业上仍隶属于中国石油化工总公司。

另一种是原企业（法人）保留型。这一类型从原企业重组中拿出生产经营资产进行股份制改组，原企业变成控股公司，被改组部分变成股份有限公司（上市公司），其余非生产性资产作为全资子公司（或其他形式）隶属于改组后的控股公司。这一类型适用于企业集团；非生产经营系统数量较多、盈利水平低的企业；地方性大企业；定向募集股份有限公司等。原企业（法人）保留型除具备上述原企业解散型的优点之外，还保留原企业享受的各种政策，较容易受到地方政府的支持，操作起来较为顺利。马鞍山钢铁公司就是采用这一模式重组的。

以上两种操作模式属于公司分立式改组，前者属于新设分立，后者属于派生分立，均适用公司分立业务的会计及税务处理。

（二）部分改组分立模式

部分改组分立模式是指原企业以一定比例的资产（有形资产或无形资产）或业务进行重组，设立一个法人实体，这种模式不常运用。主要适用于集团企业，且集团企业中的生产性企业与非生产性企业界线较为清楚。其优点是有利于调整原企业集团内部的运行机制，提高各企业的生产率和竞争力，有利于集团企业重组的顺利进行。但把主要盈利企业划出原企业（或集团）后，留在原企业的主要为非盈利企业，容易两极分化，给原企业的管理带来不便。

上海海运（集团）公司就是采用这种模式进行资产重组的。该集团公司将44.98%的优质资产作为股本，经评估后发起设立上海海兴轮船股份有限公司，其余55.02%的资产保留在原企业，仍然保持现有的各种对内对外关系，享受各种政策，这样既达到了重组企业转换机制的目的，又保证了企业上市要求。

这种操作模式对集团公司而言，属于投资业务，适用长期股权投资业务的会计及税务处理。

（三）整体改组模式

整体改组模式是指原企业以整体资产进行重组，并将较小的非经营性资产不予剥离而改组设立的新的法人实体，原企业变更。这一模式适用面较窄，尤其是在上市公司中，一般认为适用范围是：新建企业或企业办社会负担比较轻的企业，即原企业非生产性资产较小而且有一定经济效益；经测算，企业上市的各项经济指标比较好，完全能满足上市需要；改组后，不会使国有资产流失；

企业内部隐性失业率小。其优点是有利于减少政府的干预，创造公平竞争的劳动环境，明晰产权归属主体，操作简便，但由于非生产性经营资本未经剥离，对进一步提高劳动生产率，企业走专业化发展道路容易产生负面效应。

镇海石油化工总厂（隶属于中国石化总公司）就是采用这一模式改组的。由于建厂时间短，社会负担轻，其非经营性资产不到1%，该厂重组后设立镇海炼油化工股份有限公司，其隶属"中石化"的关系不变。此外，青岛啤酒厂和成都电缆厂也都是采用这一模式重组的。

整体改组模式实质应当按照有限责任公司吸收新股东成立股份有限公司方式进行会计及税务处理。

（四）共同重组模式

共同重组模式是指多个企业以其部分非现金资产、业务、资金或债权，共同设立一个新法人实体，其中的一个或两个企业在新实体中占有较大的份额。这一模式一般表现为共同发起人中一个或若干个企业（其中包含着其他发起人的债务）进行债务重组，其他发起人（债权人）往往是以债权转为股本，也有出资人以资金、非现金资产投入参股的。这一模式在上市公司中也极少运用。但对非上市公司而言，各种类型的企业都可采用。其优点是有利于理顺各企业间的产权关系，强化企业内部管理，使企业尽快走上规模经营、专业化的道路。

华能国际电力股份有限公司就是采用这一模式组建的。

共同重组模式中的债权人以债权出资的，凡债权账面价值与股权的公允价值存在差额的，说明债权人作出了让步，应当按照债务重组的有关规定进行会计及税务处理。以现金和非现金资产出资的股东，按照投资业务进行会计及税务处理。

三、改组上市的企业所得税处理

无论是整体改组分立还是部分改组分立都有一个结构性调整和资产剥离问题。企业往往需要分步实施多项重组业务来达到目的。在进行会计及税务处理时，必须按照不同重组类型分别处理。但同一企业重组发生前后连续12个月内分步进行资产、股权的转让、处置等，应根据实质重于形式原则将上述交易作为一项企业重组交易整体进行处理。

仅就有限公司改组为股份公司而言，主要有整体变更和整体改建，前者资产、负债按原账面价值入账，按账面净资产折股，上市前3年的业绩可以连续计算，后者按照资产、负债的评估价值入账，按评估后的净资产折股。整体改建视同新办企业，上市前3年业绩需重新计算。以整体改建方式成立股份公司的，资产评估增值不征企业所得税，相应地，企业按评估价调整后的资产计提折旧或摊销额需作纳税调整处理。

第八节 股权激励计划的会计与税务

股权激励通常发生在上市前与上市后,方式主要有员工直接持股与间接持股,间接持股一般由员工设立有限责任公司、合伙企业、信托计划、代持股等方式实现。本章依据《上市公司股权激励管理办法》(中国证券监督管理委员会令第 126 号,2016 年 7 月 13 日颁布)、《企业会计准则第 11 号——股份支付》、《国家税务总局关于我国居民企业实行股权激励计划有关企业所得税处理问题的公告》(国家税务总局公告 2012 年第 18 号)、《财政部、国家税务总局关于完善股权激励和技术入股有关所得税政策的通知》(财税〔2016〕101 号)等文件,介绍股权激励所涉的会计与企业所得税、个人所得税的处理。

一、股权激励的类型

股权激励方式主要有股票(权)期权、限制性股票、股票增值权、股权奖励等,分述如下:

(一)股票(权)期权

股票(权)期权是指公司给予激励对象在一定期限内以事先约定的价格购买本公司股票(权)的权利。一般涉及授予日、可行权日、等待期、行权日、解禁日(如图 9.1 所示)。

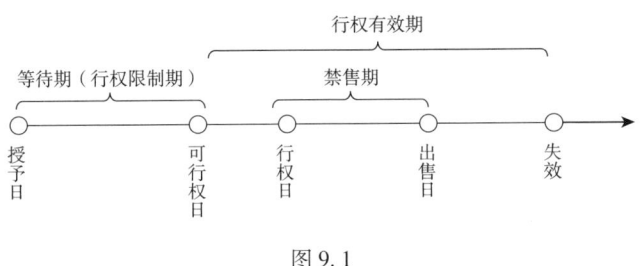

图 9.1

上市公司在授予激励对象股票期权时,应当确定行权价格或者行权价格的确定方法。行权价格不得低于股票票面金额,且原则上不得低于下列价格较高者:

1. 股权激励计划草案公布前 1 个交易日的公司股票交易均价。
2. 股权激励计划草案公布前 20 个交易日、60 个交易日或者 120 个交易日的公司股票交易均价之一。

(二)限制性股票

限制性股票是指公司按照预先确定的条件授予激励对象一定数量的本公司

股权，激励对象只有工作年限或业绩目标符合股权激励计划规定条件的才可以处置该股权。一般涉及授予日、禁售期与解禁日。限制性股票与股票（权）期权的主要区别在于，股票（权）期权在授予日，被激励者取得的是未来可以拥有该股票（权）的一份期权，并不拥有该股票（权）的所有权。限制性股票在授予日，也称"股票登记日"，即拥有该股票的所有权，只是在禁售期内，所有权中的处分权等部分权限受到限制。对于授权日即行权的股票期权，相当于限制性股票。

上市公司在授予激励对象限制性股票时，应当确定授予价格或授予价格的确定方法。授予价格不得低于股票票面金额，且原则上不得低于下列价格较高者：

1. 股权激励计划草案公布前1个交易日的公司股票交易均价的50%。

2. 股权激励计划草案公布前20个交易日、60个交易日或者120个交易日的公司股票交易均价之一的50%。

（三）股票增值权

股票增值权是一种虚拟的股权激励方式，是指上市公司授予公司员工在未来一定时期和约定条件下，获得规定数量的股票价格上升所带来收益的权利，其实质也是一种期权，通常涉及授予日与等待期。

（四）股权奖励

技术入股是指企业或个人以技术成果投资入股到境内居民企业，被投资企业支付的对价全部为股票（权）。

二、股权激励的差异

股权激励带来的双赢结果使得越来越多的公司将股权激励作为激励员工的一种方式。股份支付交易的实质是企业以股份或者期权作为代价，接受职工的服务。股权激励的财务处理可理解为企业给职工发放薪酬，同时企业再给职工发行股份或期权并收回现金，因此在财务报表中确认相应的成本费用和权益工具。对于股票期权、限制性股票，会计上按《企业会计准则第11号——股份支付》及其相关准则解释执行。

（一）"一次授权、分期行权"股份支付计划的差异

1. 会计处理。除立即可行权的股份支付外，企业在授予日均不作会计处理。等待期内，股份支付准则第六条规定，"完成等待期内的服务或达到规定业绩条件才可行权的换取职工服务的以权益结算的股份支付，在等待期内的每个资产负债表日，应当以对可行权权益工具的最佳估计为基础，按照权益工具授予日的公允价值，将当期取得的服务计入相关成本或费用和资本公积。"待实际

可行权日，根据实际行权的权益工具数量与金额，转入实收资本（股本）或资本溢价（股本溢价）。账务处理如下：

（1）股权激励授予日：

企业不做任何账务处理。

（2）等待期内每个资产负债表日：

借：管理费用、生产成本等科目

　　贷：资本公积——其他资本公积

（3）实际行权日：

借：银行存款

　　资本公积——其他资本公积

　　贷：实收资本（或股本）

　　　　资本公积——资本溢价（或股本溢价）

需要注意的是，上述股权激励的股票（权）来源均是公司回购的库存股或定向增发的股份，如果股票（权）激励的标的股票（权）是由原股东让渡产生，公司账务处理如下：

（1）股权激励授予日：

企业不做任何账务处理。

（2）等待期内每个资产负债表日：

借：管理费用/生产成本等

　　贷：资本公积——其他资本公积

（3）实际行权日：

借：资本公积——其他资本公积

　　贷：资本公积——资本溢价（股本溢价）

借：实收资本（股本）——原股东

　　贷：实收资本（股本）——被激励员工

2. 税务处理。《国家税务总局关于我国居民企业实行股权激励计划有关企业所得税处理问题的公告》（国家税务总局公告 2012 年第 18 号）规定，企业建立的职工股权激励计划，其企业所得税的处理，按以下规定执行：

（1）对股权激励计划实行后立即可以行权的，上市公司可以根据实际行权时该股票的公允价格与激励对象实际行权支付价格的差额和数量，计算确定作为当年上市公司工资薪金支出，依照税法规定进行税前扣除。

（2）对股权激励计划实行后，需待一定服务年限或者达到规定业绩条件方可行权的。上市公司等待期内会计上计算确认的相关成本费用，不得在对应年度计算缴纳企业所得税时扣除。在股权激励计划可行权后，上市公司方可根据该股票实际行权时的公允价格与当年激励对象实际行权支付价格的差额及数量，计算确定作为当年上市公司工资薪金支出，依照税法规定进行税前扣除。

（3）上述所称股票实际行权时的公允价格，以实际行权日该股票的收盘价格确定。

[**例 9.4**] A 公司为上市公司。2016 年 1 月 5 日,A 公司进行了限制性股票激励计划的授权,一次性授予 A 公司高级管理人员共计 3 600 万股限制性股票。2016—2018 年的每年年末,在达到当年行权条件的前提下,每年解锁 1 200 万股。在解锁时职工应当在职。当年未满足条件不能解锁的股票作废。

A 公司拟按照 3 600 万股限制性股票计算的股权激励费用在 2016 年至 2018 年这 3 年平均分摊(见表 9.1)。

问题:A 公司将费用在 3 年中平均分摊的方法是否恰当?A 公司各年度如何进行纳税调整?

解析:

从本例中的条款看,该股权激励计划属于一次授予、分期行权的股权激励计划,每期的结果相对独立,即第一期未达到可行权条件并不会直接导致第二期或第三期不能达到可行权条件,因此在会计处理时会将其作为三个独立的股份支付计划处理,即第一个计划的等待期是一年,第二个计划的等待期是两年,第三个计划的等待期是三年,各年应分摊的费用情况如表 9.1(按股份数计算):

表 9.1　　　　2016—2018 年 A 公司股权激励费用分摊情况　　　　单位:万股

分摊	第一期	第二期	第三期	合计
计入 2016 年	1 200	600(1 200/2)	400(1 200/3)	2 200
计入 2017 年	—	600(1 200/2)	400(1 200/3)	1 000
计入 2018 年	—	—	400(1 200/3)	400
合计	1 200	1 200	1 200	3 600

这样处理的原因是:①要求职工在解锁时仍然在职,故对于第一期的奖励 1 200 万股股票要求职工必须在公司服务一年;②对于第二期的奖励 1 200 万股股票要求职工在第二年年末仍在职,即要求职工必须在公司服务两年,故相应的费用应当在两年内分摊;③同理,第三期的奖励 1 200 万股股票应当在三年内分摊。

从表 9.1 中可以看到,公司确认的费用成阶梯形下降,即前期比后期要确认更多的费用。前期费用较高的原因是员工在前期为数个具有不同等待期的奖励计划而工作。

在各个资产负债表日,公司应根据最新取得的可行权人数变动、业绩指标完成情况等后续信息修正预计可行权的股票数量,并以此为依据确认各期应分摊的费用。

税务处理:假设各期可行权人数不变,且均实际行权。A 公司各年度纳税调整金额计算如下:

2016 年度纳税调整金额 = 2 200 万股 × 授予日股票的公允价值 - 1 200 万股 ×(实际行权时的公允价格 - 实际行权支付价格)

2017 年度纳税调整金额 = 1 000 万股 × 授予日股票公允价值 - 1 200 万股 ×

(实际行权时的公允价格 – 实际行权支付价格)

2018年度纳税调整金额 = 400万股 × 授予日股票的公允价值 – 1 200万股 × (实际行权时的公允价格 – 实际行权支付价格)

上式计算结果大于零为纳税调增,计算结果小于零为纳税调减。

(二)涉及集团内公司的股份支付计划的差异

公司在涉及股份支付安排时通常需要考虑员工被授予权益工具的退出机制,即职工将以何种方式实现权益工具的增值。如果集团内有一家公司是上市公司,这家上市公司的股票或者期权将是一个比较好的授予工具。因此,对于为集团内的非上市主体提供服务的员工,也有可能授予的是上市公司的股份或期权,这就产生了集团内公司股份支付的问题(例如,提供股份的上市公司和接受服务的非上市公司各自的会计处理)。在集团内,通常会有结算职工权益工具的一方和接受职工服务的另一方,需要根据交易的安排考虑双方在其财务报表中的会计处理。

1. 会计处理。集团内股份支付主要考虑的是在集团内接受服务主体和结算的主体在各自报表中如何列报。关于企业集团内涉及不同企业股份支付交易的会计处理,企业会计准则解释第4号明确:企业集团(由母公司和其全部子公司构成)内发生的股份支付交易,应当按照以下规定进行会计处理:

(1)结算企业以其本身权益工具结算的,应当将该股份支付交易作为权益结算的股份支付处理;除此之外,应当作为现金结算的股份支付处理。结算企业是接受服务企业的投资者的,应当按照授予日权益工具的公允价值或应承担负债的公允价值确认为对接受服务企业的长期股权投资,同时确认资本公积(其他资本公积)或负债。

(2)接受服务企业没有结算义务或授予本企业职工的是其本身权益工具的,应当将该股份支付交易作为权益结算的股份支付处理;接受服务企业具有结算义务且授予本企业职工的是企业集团内其他企业权益工具的,应当将该股份支付交易作为现金结算的股份支付处理。

2. 税务处理。《国家税务总局关于我国居民企业实行股权激励计划有关企业所得税处理问题的公告》(国家税务总局公告2012年第18号)的具体规定是针对激励对象为上市公司的董事、监事、高级管理人员及其他员工。对上市公司子公司、孙公司员工进行激励的情形没有作出具体规定。笔者认为,由于费用分摊计入了接受服务的子公司、孙公司,故该项股权激励不得由上市公司税前扣除,而应当在实际行权时由上市公司的子公司、孙公司扣除。扣除金额仍按照股票实际行权时的公允价格与当年激励对象实际行权支付价格的差额及数量计算确定。

[**例9.5**] A公司为上市公司。2020年A公司按照经批准的股权激励计划向A公司自身、子公司B公司及孙公司C公司的高管授予了A公司限制性股票。A公司持有B公司60%的股权,B公司持有C公司100%的股权。

问题:

(1) A 公司、B 公司、C 公司如何进行会计处理?

(2) C 公司的股权激励成本是否可以只在 A 公司和 C 公司层面进行会计处理?

(3) 如果受激励高管在集团内调动,原接受服务企业的股权激励成本是否调整?

(4) B 公司、C 公司如何进行税务处理?

解析:

(1) 本例中,母公司 A 和子公司 B、孙公司 C 均是按照以权益结算的股份支付处理。假设 A 公司授予 B 公司、C 公司高管的限制性股票在 2020 年等待期内确认的费用总额分别为 100 万元、150 万元,则 A 公司的会计处理为:

借:长期股权投资——B 公司　　　　　　　　　　1 000 000
　　　　　　　　　——C 公司　　　　　　　　　　1 500 000
　　贷:资本公积——其他资本公积　　　　　　　　2 500 000

子公司 B 会计处理为:

借:管理费用　　　　　　　　　　　　　　　　　1 000 000
　　贷:资本公积——其他资本公积　　　　　　　　1 000 000

孙公司 C 会计处理为:

借:管理费用　　　　　　　　　　　　　　　　　1 500 000
　　贷:资本公积——其他资本公积　　　　　　　　1 500 000

(2) 对孙公司的股权激励仅涉及母公司和孙公司,子公司在个别报表中不应体现。其原因是:假如子公司做账,其会计处理应当是相应增加对孙公司的长期股权投资和资本公积,但是在子公司的个别报表中,对孙公司的投资是按照成本法核算。因为对孙公司的投资成本并没有真实发生改变,所以不应当确认对孙公司的长期股权投资的增加,即中间公司 B 不应当体现。

值得一提的是,虽然可能母公司对孙公司没有直接的股权投资,但是在母公司的个别报表中会出现"长期股权投资——孙公司"。这样的结果也是合理的,因为在本例中,母公司和孙公司直接发生了交易。母公司在编制合并财务报表时对孙公司的股权激励进行了合并抵消调整。

(3) 如果受到激励的高管在公司集团内调动导致接受服务的企业变更,但高管人员应取得的股权激励并未发生实质性变化,在等待期内应按合理的标准(例如按服务时间)在原接受服务的企业与新接受服务的企业间分摊股权激励成本,即谁受益,谁确认费用。

税务处理:子公司 B、孙公司 C 在等待期内确认的成本费用不得扣除,作纳税调增处理。实际行权年度允许扣除的金额按照股票实际行权时的公允价格与实际行权支付价格的差额及数量计算,作纳税调减处理。

(三)股份支付计划的取消与作废的差异

近些年来,随着股票市场价格的波动及受全球经济环境的影响,有的公司希望修改正在执行的股权激励计划。例如，有的公司授予员工的期权出现了"缩水"的状况，即股票的价格远低于行权价格，公司为了继续体现激励作用，会对原有的计划进行修改，比如降低行权价格。同时在某些情况下，公司出于对业绩的考虑，也可能会取消股权激励计划。这些对原计划的修改和取消都有可能对公司的财务报表产生影响。

1. 会计处理。在股份支付的会计处理中，我们会碰到作废、取消、修改、结算等不同的术语。这些术语所表达的含义不同其相应的会计处理也不尽相同，比较容易混淆的是"作废"和"取消"。

准则中没有对"作废"作出定义。对于"作废"，我们通常理解为：由于服务条件或者非市场的业绩条件没有得到满足，导致职工未能获得授予的权益工具的情形。

对于"作废"，准则中规定"在等待期内每个资产负债表日，企业应当根据最新取得的后续信息作出最佳估计，修正预计可行权的权益工具数量。在可行权日，最终预计可行权权益工具的数量应当与实际可行权工具的数量一致"。也就是说，如果没有满足服务或者非市场的业绩条件，则实际可行权的权益工具的数量为零，即接受的服务累计确认的费用为零。

"取消"通常源于公司的主动行为。《企业会计准则解释第3号》明确，"在等待期内如果取消了授予的权益工具，企业应当对取消所授予的权益性工具作为加速行权处理，将剩余等待期内应确认的金额立即计入当期损益，同时确认资本公积。职工或其他方能够选择满足非可行权条件但在等待期内未满足的，企业应当将其作为授予权益工具的取消处理"。也就是说，"取消"的会计处理结果视同加速行权。

从职工的角度看，无论是作废还是取消，职工都没有获得所授予的权益工具，但是两者的原因是不同的。作废是源于职工没有能够满足提前设定的可行权条件，故对于作废的股权激励会冲销以前确认的相关费用；取消往往源于企业的主动行为，为了防止企业随意取消股权激励计划，准则要求在等待期内如果取消了授予的权益工具，企业应当对取消所授予的权益性工具作为加速行权处理，将剩余等待期内应确认的金额立即计入当期损益，视同剩余等待期内的股权支付计划已经全部满足可行权条件。这一规定实质上是一项惩罚性的规定，为了防止企业随意取消计划而要求企业在取消的时候确认额外的费用。

2. 税务处理。对于"作废"，实际可行权的权益工具数量为零，即接受的服务累计确认费用为零，相应地，计算企业所得税时也不得扣除与股权激励相关的薪酬支出。

对于"取消"，实际可行权的权益工具数量也为零，但由于财务上视同加速行权确认了费用，则该项计入损益的费用不得在税前扣除，应作纳税调增处理。

[例9.6] A公司为上市公司。2011年1月20日，A公司向25名公司高级管理人员授予了1 500万股限制性股票，授予价格为8元，授予后锁定3年。

2011年、2012年、2013年为申请解锁考核年，每年的解锁比例分别为30%、30%和40%，即450万股、450万股和600万股。经测算，授予日限制性股票的公允价值总额为15 000万元。该计划为一次授予、分期行权的计划，费用在各期的分摊如表9.2所示：

表9.2　　　　　　　A公司一次授予、分期行权计划费用分摊情况　　　　　　　单位：万元

分摊	第一期	第二期	第三期	合计
计入2011年	4 500	2 250	2 000	8 750
计入2012年	—	2 250	2 000	4 250
计入2013年	—	—	2 000	2 000
合计	4 500	4 500	6 000	15 000

各期解锁的业绩条件如表9.3所示：

表9.3　　　　　　　A公司限制性股票各期解锁业绩条件

	业绩条件
第一期	2011年净利润较2009年增长率不低于25%
第二期	2011年和2012年两年净利润平均数较2009年增长率不低于30%
第三期	2011—2013年的3年净利润平均数较2009年增长率不低于40%

2011年10月25日，A公司公告预计2011年全年净利润较2010年下降20%-50%，较2009年下降10%-25%。

2011年12月13日，A公司召开董事会，由于市场需求大幅度萎缩，严重影响了公司当年以及未来一两年的经营业绩，公司预测股权激励计划解锁条件中关于经营业绩的指标无法实现，故决定终止实施原股权激励计划，激励对象已获授的限制性股票由公司回购并注销。2011年12月28日，A公司股东大会审议通过上述终止及回购方案。

问题：A公司终止实施原股权激励计划应该如何进行会计及税务处理？

解析：

（1）第一期解锁部分所对应的股权激励费用应该按照股份支付计划作废来进行会计处理，2011年度不确认与这一部分相关的股权激励费用。原因是，在2011年年底，由于未能达到可行权条件"2011年净利润较2009年增长率不低于25%"而导致职工不能解锁相应的限制性股票，这属于"作废"。

（2）第二期和第三期应该作为取消股份支付计划，按照加速行权处理。对于取消日应当确认的金额，财政部在2012年3月的《关于取消股份支付计划会计处理问题的复函》（财办会〔2012〕11号）中指出："企业在等待期内取消了所授予的权益工具（因未满足可行权条件而被取消的除外）的，应当按照《企业会计准则解释第3号》（财会〔2009〕8号）的规定作为加速可行权处理，即视同剩余等待期内的股权支付计划已经全部满足可行权条件，在取消所

授予权益工具的当期确认剩余等待期内的所有费用"。根据该规定，在取消日加速确认第二期、第三期的费用 10 500 万元。

税务处理：2011 年度第一期作废，未确认费用，不作纳税调整处理。同时 2011 年因取消股权支付计划确认了第二期、第三期的费用 10 500 万元，应作纳税调增处理。

（四）技术入股的差异

个人以技术入股，被投资企业按照投资协议作价确认无形资产成本。所得税处理如下：以技术成果投资入股，属于非货币性资产投资，如果是企业作为投资主体，根据《财政部、国家税务总局关于非货币性资产投资企业所得税政策问题的通知》（财税〔2014〕116 号），对于非货币性资产转让所得，可在 5 年内分期均匀计入应纳税所得额；如果是个人作为投资主体，根据《财政部、国家税务总局关于个人非货币性资产投资有关个人所得税政策的通知》（财税〔2015〕41 号）规定，对个人以非货币性资产投资，可在 5 年内分期缴纳税款。如果在投资交易过程中取得现金补价的，现金部分应优先用于缴税；现金不足以缴纳的部分，可分期缴纳。个人在分期缴税期间转让其持有的上述全部或部分股权，并取得现金收入的，该现金收入应优先用于缴纳尚未缴清的税款。为鼓励大众创业、万众创新，支持科技力量的发展，《财政部、国家税务总局关于完善股权激励和技术入股有关所得税政策的通知》（财税〔2016〕101 号）文件对于技术投资入股给予更大的税收支持，文件规定，"对于技术企业或个人以技术成果投资入股到境内居民企业，被投资企业支付的对价全部为股票（权）的，企业或个人可选择继续按现行有关税收政策执行，也可选择适用递延纳税优惠政策。选择技术成果投资入股递延纳税政策的，经向主管税务机关备案，投资入股当期可暂不纳税，允许递延至转让股权时，按股权转让收入减去技术成果原值和合理税费后的差额计算缴纳所得税。"即对于投资者纳税义务发生的时间由原先的定期递延变为不定期递延，直至相应股权转让时，纳税义务发生。同时，作为被投资企业，仍按技术成果投资入股时的评估值入账并在企业所得税前摊销扣除。

三、股权激励的个人所得税处理

（一）非上市公司股权激励的个人所得税处理

财税〔2016〕101 号文件规定，"非上市公司授予本公司员工的股票期权、股权期权、限制性股票和股权奖励，符合规定条件的，经向主管税务机关备案，可实行递延纳税政策，即员工在取得股权激励时可暂不纳税，递延至转让该股权时纳税；股权转让时，按照股权转让收入减除股权取得成本以及合理税费后的差额，适用'财产转让所得'项目，按照 20% 的税率计算缴纳个人所得税。"

对于取得股权的成本，股票（权）期权取得成本按行权价确定，限制性股票取得成本按实际出资额确定，股权奖励取得成本为零，适用递延纳税的股权成本按照加权平均法计算，不得与其他方式取得的股权成本合并计算。个人转让股权时，视同享受递延纳税优惠政策的股权优先转让。

1. 享受递延纳税税收优惠需符合的条件见表9.4：

表9.4

要求	具体标准
实施主体	境内居民企业，且公司所属行业不属于《股权奖励税收优惠政策限制性行业目录》范围，公司所属行业按公司上一纳税年度主营业务收入占比最高的行业确定。全国中小企业股份转让系统挂牌公司适用非上市公司的相关规定。
激励与奖励标的	激励标的为本公司股权。股权奖励的标的可以是技术成果投资入股到其他境内居民企业所得的股权。
激励对象	技术骨干、高管，人数累计不得超过本公司最近6个月在职职工平均人数的30%，"最近6个月在职职工平均人数"按公司授予股权激励、奖励之上月起前6个月"工资薪金所得"项目全员全额扣缴明细申报的平均人数计算。
等待期、禁售期、有效期期限	股票（权）期权：等待期3年、行权后持有满1年、授予日至行权日不得超过10年； 限制性股票：授予日持有满3年，且解禁后持有满1年； 股权奖励：获得股权激励后持有满3年。
内部审批	股权激励需经公司董事会、股东（大）会审议通过，未设股东（大）会的国有单位，经上级主管部门审核批准。
备案资料	于股票（权）期权行权、限制性股票解禁、股权奖励获得之次月15日内，向主管税务机关报送"非上市公司股权激励个人所得税递延纳税备案表"（附件1）、股权激励计划、董事会或股东大会决议、激励对象任职或从事技术工作情况说明等。实施股权奖励的企业同时报送本企业及其奖励股权标的企业上一纳税年度主营业务收入构成情况说明。未办理备案手续的，不得享受递延纳税优惠政策。

2. 对不符合递延纳税条件的股权激励，个人从任职受雇企业以低于公平市场价格取得股票（权）的，应在获得股票（权）时，对实际出资额低于公平市场价格的差额，按照"工资薪金所得"项目，按下列公式计算缴纳个人所得税：

应纳税所得额 =（行权股票的每股市场价 − 员工取得该股票期权支付的每股施权价）× 股票数量

员工将行权后的股票（权）再转让时获得的高于购买日公平市场价的差额，因转让的是非上市公司的股票（权），不属于证券二级市场交易的股票，故需按"财产转让所得"，适用20%的税率计算缴纳个人所得税。

这里"公平市场价格"依次按照净资产法、类比法和其他合理方法确定。

3. 员工取得符合条件、实行递延纳税政策的股权激励，与不符合递延纳税条件的股权激励需分别计算。在一个纳税年度中多次取得不符合递延纳税条件的股票（权）形式工资薪金所得的，按下列公式计算：

本年度内以后每次取得不符合递延纳税条件的股权激励工资薪金所得应纳税款=(本纳税年度内取得的不符合递延纳税条件的股权激励工资薪金所得之和×适用税率-速算扣除数)-本纳税年度内取得的不符合递延纳税条件的股权激励工资薪金所得累计已纳税款

4. 财税〔2016〕101号文规定的可以享受递延纳税的对象为本公司员工，如果股权激励的对象为非本公司员工，应视激励对象的身份确定按"工资薪金所得"或"劳务报酬所得"计算个人所得税。

5. 员工因股权激励、技术成果投资入股取得股权后，非上市公司在境内上市的，处置递延纳税的股权时，按照现行限售股有关征税规定执行，即按照"财产转让所得"，适用20%的比例税率征收个人所得税，计算公式如下：

应纳税所得额=本期限售股转让收入-(限售股原值+合理税费)/限售股总股数×本期转让限售股股数

应纳税额=应纳税所得额×20%

此处"合理税费"是指转让限售股过程中发生的印花税、佣金、过户费等与交易相关的税费。需要注意的是，这里的限售股，含员工被授予股权之日至处置日期间孳生的送、转股。在授权日与处置日期间公司用留存收益转增股本的，被激励员工按"股息红利所得"计征个人所得税（上市公司可执行股息红利差别化税收待遇），并相应追加限售股原值；公司通过资本溢价（或股本溢价）转增股本的，被激励员工不征个人所得税，亦不增加限售股原价值。

（二）上市公司股权激励的个人所得税处理

根据《财政部、国家税务总局关于个人股票期权所得征收个人所得税问题的通知》（财税〔2005〕35号）规定，员工取得股票期权的个人所得税计征方式如下：

1. 授予日。一般情况下，员工被授予股票期权时不征个人所得税。但是，对于部分股票期权在授权时即约定可以转让，且在境内或境外存在公开市场及挂牌价格，员工接受该类股票期权时，属于员工已实际取得有确定价值的财产，应按授权日股票期权的市场价格，作为员工授权日所在月份的工资薪金所得。

如果员工以折价购入方式取得股票期权的，可以授权日股票期权的市场价格扣除折价购入股票期权时实际支付的价款后的余额，作为授权日所在月份的工资薪金所得。

员工取得上述股票期权，在授权日已缴纳个人所得税的，待实际行权时，不再缴纳个人所得税。

2. 行权前转让股票期权。行权前转让股票期权应以股票期权的转让净收入，作为工资薪金所得征收个人所得税。

3. 行权日。股票期权形式的工资薪金应纳税所得额=(行权股票的每股市场价-员工取得该股票期权支付的每股施权价)×股票数量

4. 行权后转让股票。根据《财政部、国家税务总局关于个人转让股票所得继续暂免征收个人所得税的通知》（财税字〔1998〕61号）规定，员工行权后

转让上市公司股票，免征个人所得税。

（三）限制性股票的个人所得税处理

依据《国家税务总局关于股权激励有关个人所得税问题的通知》（国税函〔2009〕461 号），被授权人取得限制性股票个人所得税计征方式如下：

应纳税所得额=（股票登记日股票市价+本批次解禁股票当日市价）÷2×本批次解禁股票份数－被激励对象实际支付的资金总额×（本批次解禁股票份数÷被激励对象获取的限制性股票总份数）

纳税义务发生时间为每一批次限制性股票解禁的日期。

被授权人限制性股票解禁后再转让的，根据财税字〔1998〕61 号文件免征个人所得税。

需要注意的是，限制性股票禁售期内，发生股本溢价转增股本（转股）的，需要相应调整"股票登记日股票市价"与"被激励对象获取的限制性股票总份数"；若用未分配利润转增股本（送股），还需调整"被激励对象实际支付的资金总额"。

[例 9.7] 某上市公司经股东大会批准于 2019 年 3 月 1 日授予员工限制性股票 1 000 万股（其中员工李某工作 5 年，成绩优秀，被授予 100 万股），授予价格每股 20 元，股票登记日收盘价格为 36 元。2020 年 4 月，公司实施 2019 年度利润分配方案，本次分配以 2019 年底公司总股本为基数，向全体股东每 10 股派发现金红利 1 元（含税），送 3 股，转增 2 股，股权登记日为 2020 年 4 月 30 日。2021 年 11 月 7 日解禁（本批解禁 30%），当日收盘价为 41 元。

李某 2021 年 11 月 7 日解禁时应缴纳个人所得税计算过程如下：

1. 授予 100 万股，送转后股数为 150 万股。

送股在税法中理解为"先分配，再投资"，实际投资成本需追加调整为：$100 \times 20 + 30 = 2\ 030$（万元）。

实际每股投资成本 $= 2\ 030 \div 150 = 13.5$（元）

2. 本批次解禁 30%，即 150 万股 $\times 30\% = 45$（万股）

100 万股股权登记日收盘价为 36 元，150 万股股权登记日收盘价调整为：$36 \times 100 \div 150 = 24$（元/股）

本批次解禁公允价 $=(24+41) \div 2 = 32.5$（元/股）

3. 应纳税所得额 $=(32.5-13.5) \times 45 = 855$（万元）

根据财税〔2016〕101 号文件，上述税款可在限制性股票解禁之日起，在不超过 12 个月的期限内缴纳。

（四）股票增值权的个人所得税处理

根据国税函〔2009〕461 号文件规定，被授权人取得股票增值权时，个人所得税计征方式如下：

股票增值权某次行权应纳税所得额=（行权日股票价格－授权日股票价格）×

行权股票份数。

纳税义务发生时间为上市公司向被授权人兑现股票增值权所得的日期。

（五）股权激励个人所得税应纳税额的计算

根据《财政部、国家税务总局关于个人所得税法修改后有关优惠政策衔接问题的通知》（财税〔2018〕164号）规定，2019年1月1日至2021年12月31日，股权激励性质的工资薪金所得不并入当年综合所得，全额单独适用综合所得税率表，计算纳税。计算公式为：

应纳税额＝股权激励收入×适用税率－速算扣除数

居民个人一个纳税年度内取得两次以上（含两次）股权激励的，应将应纳税所得额合并后按照上述公式计算应纳税额。

根据财税〔2016〕101号文件规定，上市公司实施股权激励，经向主管税务机关备案后，员工可自股票期权行权、限制性股票解禁或取得股权奖励之日起，在不超过12个月的期限内缴纳个人所得税。

四、科技成果转化个人所得税处理

科技成果转化奖励主要有股权（股份）奖励和现金奖励两种。为鼓励科研机构和高等学校的科技人员，《国家税务总局关于促进科技成果转化有关个人所得税问题的通知》（国税发〔1999〕125号）规定，科技机构、高等学校转化职务科技成果以股份或出资比例等股权形式给予科技人员个人奖励，暂不征收个人所得税。在获奖人按股份、出资比例获得分红时，对其所得按"利息、股息、红利所得"应税项目征收个人所得税。获奖人转让股权、出资比例，对其所得按"财产转让所得"应税项目征收个人所得税，财产原值为零。

《财政部、国家税务总局、科技部关于科技人员取得职务科技成果转化现金奖励有关个人所得税政策的通知》（财税〔2018〕58号）规定，依法批准设立的非营利性研究开发机构和高等学校，根据《中华人民共和国促进科技成果转化法》规定，从职务科技成果转化收入中给予科技人员的现金奖励，可减按50%计入科技人员当月"工资、薪金所得"，依法缴纳个人所得税。

第九节 中央企业重组上市资产评估税收政策的建议

一、资产计税基础确定的基本原则

《企业所得税法实施条例》第五十六条、第七十五条明确了有关资产计税基础的确定原则。即，"企业的各项资产，包括固定资产、生物资产、无形资产、长期待摊费用、投资资产、存货等，以历史成本为计税基础。企业持有各项资产期间资产增值或者减值，除国务院财政、税务主管部门规定可以确认损益外，不得调整该资产的计税基础。除国务院财政、税务主管部门另有规定外，企业在重组过程中，应当在交易发生时确认有关资产的转让所得或者损失，相关资产应当按照交易价格重新确定计税基础。"

二、中央企业重组上市对资产评估的特殊处理

股权重组业务只是股东、股本的变化，不影响企业的存续，其资产的所有权未发生转让，根据历史成本原则，股权重组业务不涉及资产转让所得或损失，相应地，资产的计税基础应当保持不变。但在实际操作中，出现了例外的情况。

例如，《财政部、国家税务总局关于中国中化集团有限公司重组上市资产评估增值有关企业所得税政策问题的通知》（财税〔2010〕49号）规定，为支持中国中化集团公司重组改制上市工作，经国务院批准，现就其重组改制上市过程中资产评估增值涉及的企业所得税政策问题明确如下：（1）中国中化集团公司在重组改制上市过程中发生的资产评估增值 5 060 464.25 万元应缴纳的企业所得税不征收入库，直接转计中国中化集团公司的国有资本金。（2）对上述经过评估的资产，中国中化集团公司及其所属子公司可按评估后的资产价值计提折旧或摊销，并在企业所得税税前扣除。

再如《财政部、国家税务总局关于中国南方机车车辆工业集团公司重组上市资产评估增值有关企业所得税政策问题的通知》（财税〔2008〕68号）规定，为支持中国南方机车车辆工业集团公司重组改制上市工作，经国务院批准，现对其改制过程中资产评估增值涉及的企业所得税政策问题明确如下：（1）中国南方机车车辆工业集团公司在重组改制上市过程中发生的资产评估增值 69.83 亿元，直接转计中国南方机车车辆工业集团公司的资本公积，作为国有资本，不征收企业所得税。（2）对上述经过评估的资产，中国南车股份有限公司及其所属企业可按评估后的资产价值计提折旧或摊销，并在企业所得税税前扣除。

三、对中央企业给予特殊处理的危害及对策

国有企业重组上市过程中，资产的权属没有发生转让，资产评估增值不确认应纳税所得额，相应地，资产的计税基础应当按照原有计税基础确定。如果允许按评估价值作为资产计税基础，必然会造成未来巨额的税收流失。笔者建议，尽快停止对国有企业改制上市给予特别优惠，以增强税法的严肃性。理由如下：

第一，国际上通行的为企业改组而制定企业所得税政策都要求遵循"中性

原则"，中性原则的含义是不论企业改组与否，税收待遇应该一样，不应因为改组而有特殊的照顾。国企重组上市，企业账面资产的计税基础保持不变，并不会因上市而提前缴纳巨额的税款，允许中央企业按资产评估价值确认计税基础，相当于给予上市企业未来减免巨额的税收，这不仅破坏了资产重组税收政策的"中性原则"，而且会导致中央企业把上市作为避税的手段。

第二，对中央企业与民营企业给予差别税收待遇，会造成不平等竞争，破坏市场经济秩序。

第三，由于企业所得税属于中央与地方共享税，允许中央企业按资产的评估价值确认计税基础，会导致地方财政收入减少。

第四，中央企业上市后会融得巨额的资金，资产负债率的下降，融资能力进一步增强，对这类企业进行税收优惠是没有理由的。即使上市后遇到经营困难，政府完全可以通过政府专项补助等方式予以扶持，而不应当通过制订特殊税收政策来解决。

第十章

公司合并的会计与税务问题

公司合并是指两个或两个以上的公司依照《公司法》规定的条件和程序，通过订立合并协议，共同组成一个公司的法律行为。本章解析公司合并业务的会计及税务处理，分析合并业务相关税收政策存在的问题并提出改进建议。

第一节 公司合并的类型及操作程序

财务会计中将企业合并分为控股合并、吸收合并、新设合并三种。本节所称合并类型是依据《公司法》对合并的定义，特指吸收合并和新设合并。

一、合并业务的类型

1. 吸收合并。吸收合并是指通过将一个或一个以上的公司并入另一个公司的方式而进行公司合并的一种法律行为，并入的公司解散，其法人资格消失，接受合并的公司继续存在，并办理变更登记手续。

甲公司（股东A、B）吸收合并乙公司（股东C、D），乙公司不通过清算的程序而解散，乙公司的资产、负债转移到甲公司名下，乙公司的原股东C、D将成为甲公司的股东。

上述吸收合并中，甲公司取得了乙公司的资产、负债，以本公司股权（权益工具）向乙公司的原股东C、D支付对价，C、D取得的甲公司股权的公允价即为股权支付额。在确定股权支付额时，需考虑乙公司账面可辨认净资产的公允价值（由资产、负债的公允价值确定）和乙公司商誉（如乙公司客户资源等）等因素。如果两者金额不同，通常会涉及补价（包括现金、非现金资产）。如果甲公司向C、D支付补价，属于"非股权支付额"。如果C、D向甲公司支付补价，则C、D取得甲公司的股权应当分拆为合并业务取得的股权支付额和以现金、非现金资产对甲公司增资扩股。

2. 新设合并。新设合并是指两个或两个以上的公司以消灭各自的法人资格为前提而合并组成一个公司的法律行为。其合并结果，原有公司的法人资格均告消灭，新组建公司办理设立登记手续取得法人资格。

甲公司（股东A、B）和乙公司（股东C、D）均不通过清算程序而注销，将资产、负债经过评估后重新注册成立丙公司，被合并企业的原股东A、B、C、D将成为合并方丙公司的股东。A、B、C、D取得丙公司股权的公允价即为股权支付额，如果丙公司同时向A、B、C、D支付现金、非现金资产则作为非股权支付额处理。

3. 其他合并方式。其他合并包括母子公司合并、承债式合并等。承债式合并是指被合并企业净资产为零或负数，合并方不向被合并方的股东支付对价。

母公司吸收合并全资子公司，因为合并方和被合并企业的股东是同一人，故合并过程中不需要支付对价。

子公司吸收合并母公司，母公司的资产、负债并入子公司，母公司对子公司的投资与子公司的权益相抵销，差额调整资本公积，母公司的原股东将成为子公司股东。这种合并方式较为罕见，例如东软股份（股票代号：600178）吸收合并母公司东软集团，合并后东软集团的九个法人股东成为上市公司东软股份的直接股东，然后东软股份又将公司名称变更为东软集团。

无论是哪种形式的合并，都有一个共同的特征，即由两个或两个以上的法人合并为一个法人。

二、公司合并的操作程序

公司合并业务的一般操作程序如下：

1. 董事会提出合并方案或者合并计划。公司法授予公司董事会"拟定公司合并方案"的职权。

2. 公司合并涉及国有企业、外商投资企业的，需经政府有关部门批准。

3. 股东会（大会）表决通过合并决议。公司法规定合并要有合并各方股东会（大会）做出特别决议。

4. 签订合并协议并编制资产负债表和财产清单。

公司合并协议是指由两个或者两个以上的公司就公司合并的有关事项而订立的书面协议。协议的内容应当载明法律、法规规定的事项和双方当事人约定的事项，一般来说应当包括以下内容：

（1）公司的名称与住所。这里所讲公司的名称与住所包括合并前的各公司的名称与住所和合并后存续公司或者新设公司的名称与住所。公司名称应当与公司登记时的名称相一致，并且该名称应当是公司的全称；公司的住所应当是公司的实际住所即总公司所在地。

（2）存续或者新设公司因合并而发行的股份总数、种类和数量，或者投资总额，每个出资人所占投资总额的比例等。

（3）合并各方现有的资本及对现有资本的处理方法。

（4）合并各方所有的债权、债务的处理方法。

（5）存续公司的公司章程是否变更，公司章程变更后的内容，新设公司的章程如何订立及其主要内容。

（6）公司合并各方认为应当载明的其他事项。

5. 实施债权人的保护程序。实施债权人的保护程序，即在做出合并的决议后通过邮寄、公告等方式通知债权人，要求其在规定的时间内可对合并提出异议。公司法规定，公司应当自作出合并决议之日起10日内通知债权人，并于30日内在报纸上公告。债权人自接到通知书之日起30日内，未接到通知书的自公告之日起45日内，可以要求公司清偿债务或者提供相应的担保。不清偿债务又不提供担保的，公司不得合并。

6. 公司合并应当办理相应的登记手续。合并其他公司应当于公司合并之后就发生变化的登记事项向登记机关申请办理变更登记；被合并的公司应到登记机关依法办理注销登记手续。

第二节 公司合并业务的会计处理

根据《企业会计准则第20号——企业合并》规定，对企业合并业务区分同一控制下的企业合并和非同一控制下的企业合并进行账务处理。

一、同一控制下的企业合并会计处理

合并方在企业合并中取得的资产和负债，应当在合并日按照被合并方的账面价值计量。合并方取得的净资产账面价值与支付的合并对价账面价值（或发行股份面值总额）的差额，应当调整资本公积；资本公积不足冲减的，调整留存收益。

合并方为进行企业合并发生的各项直接相关费用，包括为进行企业合并而支付的审计费用、评估费用、法律服务费用等，应当于发生时计入当期损益。

为企业合并发行的债券或承担其他债务支付的手续费、佣金等，应当计入所发行债券及其他债务的初始计量金额。企业合并中发行权益性证券发生的手续费、佣金等费用，应当抵减权益性证券溢价收入，溢价收入不足冲减的，冲减留存收益。

二、非同一控制下的企业合并会计处理

1. 非同一控制下的企业合并，购买方应当区别下列情况确定合并成本：一次交换交易实现的企业合并，合并成本为购买方在购买日为取得对被购买方的控制权而付出的资产、发生或承担的负债以及发行的权益性证券的公允价值；通过多次交换交易分步实现的企业合并，合并成本为每一单项交易成本之和；购买方为进行企业合并发生的各项直接相关费用也应当计入企业合并成本；在合并合同或协议中对可能影响合并成本的未来事项作出约定的，购买日如果估计未来事项很可能发生并且对合并成本的影响金额能够可靠计量的，购买方应当将其计入合并成本。

2. 购买方在购买日对作为企业合并对价付出的资产、发生或承担的负债应当按照公允价值计量，公允价值与其账面价值的差额，计入当期损益。

3. 非同一控制下的企业合并中，购买方为企业合并发生的审计、法律服务、评估咨询等中介费用以及其他相关管理费用，应当于发生时计入当期损益；购买方作为合并对价发行的权益性证券或债务性证券的交易费用，应当计入权益性证券或债务性证券的初始确认金额。

4. 购买方在购买日应当对合并成本进行分配，确认所取得的被购买方各项可辨认资产、负债及或有负债。

购买方对合并成本大于合并中取得的被购买方可辨认净资产公允价值份额的差额，应当确认为商誉；初始确认后的商誉，应当以其成本扣除累计减值准备后的金额计量。商誉的减值应当按照《企业会计准则第 8 号——资产减值》处理。

5. 购买方对合并成本小于合并中取得的被购买方可辨认净资产公允价值份额的差额，应当按照下列规定处理：

对取得的被购买方各项可辨认资产、负债及或有负债的公允价值以及合并成本的计量进行复核；经复核后合并成本仍小于合并中取得的被购买方可辨认净资产公允价值份额的，其差额应当计入当期损益。

6. 在企业合并中，购买方取得被购买方的可抵扣暂时性差异，在购买日不符合递延所得税资产确认条件的，不应予以确认。购买日后 12 个月内，如取得新的或进一步的信息表明购买日的相关情况已经存在，预期被购买方在购买日可抵扣暂时性差异带来的经济利益能够实现的，应当确认相关的递延所得税资产，同时减少商誉，商誉不足冲减的，差额部分确认为当期损益；除上述情况以外，确认与企业合并相关的递延所得税资产，应当计入当期损益。

第三节 公司合并业务的会计与税务处理差异

《财政部、国家税务总局关于企业重组业务企业所得税处理若干问题的通知》（财税〔2009〕59 号，以下简称《通知》）将合并业务的所得税处理按照一般重组和特殊重组区别对待，一方面对有合理商业目的的重组予以支持，同时对以合并方式利用亏损、税收优惠等避税行为加以规范。

一、一般重组的会计与税务处理差异

企业合并，当事各方应按下列规定处理：
1. 被合并企业及其股东都应按清算进行所得税处理。

被合并方在注销税务登记前，必须清理生产经营期间的各项欠税，适用一般重组规定的，还必须计算清算所得税。计算公式如下：

应纳所得税额 = 清算所得 × 25%

清算所得 = 资产（含盘盈资产）公允价值 - 清算费用（评估费等）- 资产计税基础净值 - 清算相关税费 ± 其他纳税调整额 - 弥补以前年度亏损

被合并方纳税有困难的，可以由合并方承继，但被合并企业的亏损、税收优惠等所得税事项均不得结转至合并方弥补或享受。被合并方股东应分解为转

让被合并企业的股权,再购买合并方的股权两项业务进行所得税处理。取得合并方股权的公允价及非股权支付额(现金及非现金资产公允价值)视为股权转让收入,其中相当于被清算方累计未分配利润和累计盈余公积中按该股东所占股份比例计算的部分,应确认为股息所得;扣除股息所得后的余额,超过或低于投资计税基础的部分,应确认为企业的投资转让所得或损失。

2. 由于被合并企业已计算清算所得,对合并方而言,视同按公允价值购买资产处理,因此应按公允价值确认取得资产和负债的计税基础。企业合并一般重组方式下,合并方取得资产、负债的计税基础与初始计量的差异如表10.1所示。

表 10.1　　　　　　　　　企业合并一般重组方式的差异

会计分类	一般重组		备注
	初始计量	计税基础	
同一控制	原账面价值	公允价值	非同一控制下的企业合并,合并方确认的商誉的计税基础与初始计量金额相同。商誉不得摊销扣除,在合并方未来计算清算所得时一次性扣除。
非同一控制	公允价值	公允价值	

资料来源:笔者根据《财政部、国家税务总局关于企业重组业务企业所得税处理若干问题的通知》(财税〔2009〕59号)和《企业会计准则》编制。

[例 10.1]　甲公司(股东A公司、B公司)吸收合并乙公司(股东C公司、D公司),乙公司注册资本1 000万元,C公司、D公司对乙公司投资的计税基础分别为700万元、300万元,股权比例分别为70%、30%。合并日乙公司有关数据如表10.2所示。

表 10.2　　　合并日乙公司资产及负债账面价值、公允价值、计税基础对比表

会计要素	账面价值	公允价值	计税基础	备注
资产	8 000万元(其中现金1 000万元,非现金资产7 000万元)	10 000万元(其中现金1 000万元,非现金资产9 000万元)	非现金资产计税基础7 500万元	(1)因合并乙公司支付评估费10万元,无其他费用,合并基准日资产总额已剔除评估费。(2)乙公司计算清算所得无其他纳税调整项目。
负债	2 000万元	2 000万元	2 000万元	
实收资本	1 000万元	—		
留存收益	5 000万元	—		

甲公司拟向C公司、D公司支付甲公司20%的股权(公允价值3 000万元),其余用现金支付。乙公司应纳清算所得税 = (9 000 - 7 500 - 10) × 25% = 372.5(万元),乙公司缴纳清算所得税后,将导致资产总额减少372.5万元。甲公司实际取得资产总额9 627.5万元,承担负债2 000万元,乙公司商誉作价1 500万元,应向C公司、D公司支付对价总额为9 127.5万元(9 627.5 - 2 000 + 1 500),其中,股权支付额3 000万元,银行存款6 127.5万元。若甲公司原实收资本为4 000万元,甲公司按照非同一控制下的公司合并作分录如下:

借：银行存款　　　　　　　　　　　　　　　6 275 000
　　非现金资产　　　　　　　　　　　　　　90 000 000
　　商誉　　　　　　　　　　　　　　　　　15 000 000
　贷：负债　　　　　　　　　　　　　　　　20 000 000
　　　实收资本——C公司　　7 000 000（4 000/80%×20%×70%）
　　　　　　——D公司　　　3 000 000（4 000/80%×20%×30%）
　　　资本公积——资本溢价　　　　　　　　20 000 000
　　　银行存款　　　　　　　　　　　　　　61 275 000①

由于乙公司已计算清算所得，甲公司取得非现金资产的计税基础为9 000万元，该计税基础应按照每项资产公允价值占全部资产公允价值的比例分配结转至各项资产。商誉资产的计税基础按1 500万元确定，商誉不得摊销，但可以计提减值准备。根据《企业所得税法实施条例》第六十七条规定，外购的商誉计算公司清算所得时一次性扣除。

因清算所得产生的留存收益＝（9 000－7 000）－（9 000－7 500－10）×25%＝1 627.50（万元）

留存收益合计＝5 000＋1 627.50＝6 627.50（万元）

该金额应由C公司、D公司作为股息所得处理，并享受免征企业所得税优惠。其中：

C公司应确认的股息所得＝6 627.5×70%＝4 639.25（万元）

D公司应确认的股息所得＝6 627.5×30%＝1 988.25（万元）

C公司应确认股权转让所得＝股权支付额＋非股权支付额－股息所得－投资计税基础＝（3 000＋6 127.5）×70%－4 639.5－700＝1 049.75（万元）

D公司应确认股权转让所得＝股权支付额＋非股权支付额－股息所得－投资计税基础＝（3 000＋6 127.5）×30%－1 988.25－300＝450（万元）

C公司取得甲公司股权比例为14%（20%×70%），投资计税基础为2 100万元（3 000×70%）；D公司取得甲公司股权比例为6%（20%×30%），投资计税基础为900万元（3 000×30%）。

3. 一般重组方式下税收优惠的结转问题。《国家税务总局关于发布〈企业重组业务企业所得税管理办法〉的公告》（国家税务总局公告2010年第4号）第十五条规定，"企业合并，合并各方企业涉及享受税法第五十七条规定中就企业整体（即全部生产经营所得）享受的税收优惠过渡政策尚未期满的，仅就存续企业未享受完的税收优惠，按照《通知》第九条的规定执行。即，在企业吸收合并中，合并后的存续企业性质及适用税收优惠的条件未发生改变的，可以继续享受合并前该企业剩余期限的税收优惠，其优惠金额按存续企业合并前一年的应纳税所得额（亏损计为零）计算。

---

① 甲公司增加的银行存款为乙公司原账面资产，甲公司减少的银行存款是向乙公司股东C、D支付的对价。

注销的被合并企业未享受完的税收优惠，不再由存续企业承继；新设合并中，新设企业也不得再承继或重新享受上述优惠。合并各方企业按照税法的税收优惠规定和税收优惠过渡政策中就企业有关生产经营项目的所得享受的税收优惠承继问题，按照《实施条例》第八十九条规定继续执行。"

二、特殊重组的会计与税务处理差异

特殊重组应同时满足下列基本条件：

具有合理的商业目的，且不以减少、免除或者推迟缴纳税款为主要目的。

企业合并后的连续 12 个月内不改变重组资产原来的实质性经营活动。

企业合并中取得股权支付的原主要股东，在重组后连续 12 个月内，不得转让所取得的股权。

企业合并符合上述基本条件，并且企业股东在该企业合并发生时取得的股权支付金额不低于其交易支付总额的 85%，或者同一控制下且不需要支付对价的企业合并，交易各方对交易中的股权支付部分，可以选择按下列办法进行税务处理：

1. 被合并企业不计算清算所得，合并企业接受被合并企业资产和负债的计税基础，以被合并企业的原有计税基础确定。

企业合并特殊重组方式下，合并方取得资产、负债的计税基础与初始计量的差异如表 10.3 所示。

表 10.3　　合并方取得资产、负债的计税基础与初始计量的差异

会计分类	特殊重组		备注
同一控制	初始计量	计税基础	非同一控制下的企业合并，合并方确认的商誉的计税基础与初始计量金额相同。商誉不得摊销扣除，在合并方未来计算清算所得时一次性扣除。
	原账面价值	原计税基础 + 非股权支付额所蕴含的应税所得或损失	
非同一控制	公允价值	原计税基础 + 非股权支付额所蕴含的应税所得或损失	

资料来源：笔者根据《财政部、国家税务总局关于企业重组业务企业所得税处理若干问题的通知》（财税〔2009〕59 号）和《企业会计准则》编制。

2. 被合并企业合并前的相关所得税事项由合并企业承继。

3. 可由合并企业弥补的被合并企业亏损的年限额 = 被合并企业净资产公允价值 × 截至合并业务发生当年年末国家发行的最长期限的国债利率。

4. 被合并企业股东取得合并企业股权的计税基础，以其原持有的被合并企业股权的计税基础确定。

5. 特殊重组交易中股权支付暂不确认有关资产的转让所得或损失的，其非股权支付仍应在交易当期确认相应的资产转让所得或损失，并调整相应资产的计税基础。

非股权支付对应的资产转让所得或损失=(被转让资产的公允价值-被转让资产的计税基础)×(非股权支付金额÷被转让资产的公允价值)

[**例10.2**] 沿用例10.1资料，甲公司取得乙公司资产10 000万元、负债2 000万元、乙公司商誉1 500万元，甲公司应向C、D支付对价总额为9 500万元。拟以甲公司60%的股权（公允价值9 000万元）和现金500万元（实际支付额应扣除非股权支付额应纳的所得税）作为对价，股权支付额占交易总额的比例=9 000÷9 500×100%=94.73%＞85%，符合特殊重组条件，则乙公司不计算清算所得，但必须确认非股权支付额所蕴含的应纳税所得额，并相应调整有关资产的计税基础。

非股权支付额所蕴含的应纳税所得额=(9 000-7 500)×(500/9 000)=83.33（万元）

如果乙公司以前年度没有可供弥补的亏损，则乙公司应纳所得税额=83.33×25%=20.83（万元）。

乙公司当年及以前年度没有弥补完的亏损，在特殊重组下，可由甲公司在剩余的年限内继续弥补。

甲公司取得的资产总额应剔除20.83万元，甲公司作账务处理如下：

借：银行存款　　　　　　　　　　　　　　9 791 700
　　非现金资产　　　　　　　　　　　　　90 000 000
　　商誉　　　　　　　　　　　　　　　　15 000 000
　　贷：负债　　　　　　　　　　　　　　　　20 000 000
　　　　实收资本——C公司　42 000 000（4 000/40%×60%×70%）
　　　　　　　　——D公司　18 000 000（4 000/40%×60%×30%）
　　　　资本公积——资本溢价　　　　　　　30 000 000
　　　　银行存款　　　　　　　　　　　　　 4 791 700

甲公司取得非现金资产的计税基础=原计税基础+非股权支付额所蕴含的应税所得=7 500+83.33=7 583.33（万元）。甲公司取得的商誉属于合并成本的一部分，虽然乙公司暂不确认清算所得，但乙公司的股东C公司、D公司在未来处置甲公司股权时，商誉的价值会体现在股权转让收入之中，因此甲公司应确认商誉的计税基础1 500万元。

乙公司以前年度的亏损可以在税法规定的剩余的年限内由甲公司弥补，但不得超过税法规定的弥补限额。乙公司账面留存收益并入甲公司后，由全体股东享有，C公司、D公司未来从甲公司取得的税后分配，仍然享受免征企业所得税优惠。

乙公司的股东C公司、D公司，取得的非股权支付额属于税后收益，应按股息所得处理，C公司、D公司取得的股权支付额，不确认股权转让所得或损失，相应地，C公司、D公司对甲公司投资资产的计税基础，只能对原计税基础（而不是合并日公允价值）进行调整后确定。

C公司取得甲公司股权比例为42%（60%×70%）。

投资计税基础 = 原计税基础 - 收到的非股权支付额 + 非股权支付额所蕴含的应纳税所得 = 700 - 479.17 × 70% + 20.83 × 70% = 379.16（万元）

D公司取得甲公司股权比例为18%（60% × 30%）。

投资计税基础为 = 原计税基础 - 收到的非股权支付额 + 非股权支付额所蕴含的应纳税所得 = 300 - 479.17 × 30% + 20.83 × 30% = 162.50（万元）

6. 特殊重组方式下被合并企业税收优惠的结转问题。《国家税务总局关于发布〈企业重组业务企业所得税管理办法〉的公告》（国家税务总局公告2010年第4号）第二十八条规定，根据《通知》第六条第（四）项第2目规定，被合并企业合并前的相关所得税事项由合并企业承继，这些事项包括尚未确认的资产损失、分期确认收入的处理以及尚未享受期满的税收优惠政策承继处理问题等。其中，对税收优惠政策承继处理问题，凡属于依照税法第五十七条规定中就企业整体（即全部生产经营所得）享受税收优惠过渡政策的，合并后的企业性质及适用税收优惠条件未发生改变的，可以继续享受合并前各企业剩余期限的税收优惠。合并前各企业剩余的税收优惠年限不一致的，合并后企业每年度的应纳税所得额，应统一按合并日各合并前企业资产占合并后企业总资产的比例进行划分，再分别按相应的剩余优惠计算应纳税额。合并前各企业按照《税法》的税收优惠规定以及税收优惠过渡政策中就有关生产经营项目所得享受的税收优惠承继处理问题，按照《实施条例》第八十九条规定继续执行。

例如，生产性外商投资企业A公司于2009年1月1日吸收合并生产性外商投资企业B公司。合并后仍符合生产性外商投资企业条件。A公司"两免三减半"已享受到期满，B公司"两免三减半"优惠期为2006～2010年。合并后，B公司尚未享受到期满的税收优惠应结转至A公司继续享受。

A公司2009年、2010年允许享受减半优惠的应纳税所得额 = 当年实现的应纳税所得总额 × [合并日B公司资产公允价 / (合并日A公司资产公允价 + 合并日B公司资产公允价)]。

7. 企业在重组发生前后连续12个月内（指自重组日起计算的连续12个月内）分步对其资产、股权进行交易，应根据实质重于形式原则将上述交易作为一项企业重组交易进行处理。

8. 企业发生符合特殊重组条件并选择特殊性税务处理的，当事各方应在该重组业务完成当年企业所得税年度申报时，向主管税务机关提交书面备案资料，证明其符合各类特殊性重组规定的条件。企业未按规定书面备案的，一律不得按特殊重组业务进行税务处理。

三、合并商誉的会计与税务处理差异

由于商誉不可辨认，不符合企业会计准则关于无形资产的定义，因此会计上将商誉从无形资产中独立出来，作为一项独立的特殊资产处理。企业自创的商誉

不得作价入账，外购的商誉可以作价入账。外购的商誉是指在非同一控制下的吸收合并当中，合并成本大于合并中取得的被购买方可辨认净资产公允价之间的差额。有一种特殊情况，同一控制下的吸收合并，按照被合并方资产的账面金额结转至合并方账下，因此，如果被合并方账面原来有商誉，也应当结转至合并方账下。

商誉在确认以后，持有期间不要求摊销，每一会计年度末，企业应当根据《企业会计准则第8号——资产减值》的规定对其进行减值测试，按照账面价值与可收回金额孰低的原则计量，对于可收回金额低于账面价值的部分，计提减值准备，有关减值准备在提取以后，不能够转回。

税法仍将商誉作为一项无形资产处理。由于商誉是指合并成本大于合并中取得的被购买方可辨认净资产公允价之间的差额，因此，企业合并业务无论是适用一般重组，还是特殊重组，其商誉的计税基础均以实际成本确定，与初始会计成本一致。《企业所得税法实施条例》第六十七条第四款规定："外购商誉的支出，在企业整体转让或者清算时，准予扣除。"

清算所得中允许扣除的商誉，是指商誉的计税基础（不得扣除减值准备）。

依据《企业所得税法实施条例》第十一条规定，清算所得＝清算日全部资产变现收入－全部资产计税基础净值－清算费用以及相关税费－弥补亏损。这里，允许扣除的资产计税基础净值包括商誉的计税基础。

对于非同一控制下的控股合并形成的商誉，构成长期股权投资的会计成本，而没有在个别会计报表中单独反映。由于外购长期股权投资的计税基础是以取得该项投资发生的实际支出确定的，因此长期股权投资的计税基础包含商誉，长期股权投资成本在持有期间不得扣除，处置长期股权投资时，商誉作为投资计税基础的一部分，一并扣除。

四、企业合并适用特殊重组的税务管理

企业合并适用特殊重组税务处理办法的，应当按照《企业重组业务企业所得税管理办法》（国家税务总局公告2010年第4号）的规定进行税务管理。

1. 企业合并，以合并企业取得被合并企业资产所有权并完成工商登记变更日期为重组日。

重组业务完成年度的确定，可以按各当事方适用的会计准则确定，具体参照各当事方经审计的年度财务报告。由于当事方适用的会计准则不同导致重组业务完成年度的判定有差异时，各当事方应协商一致，确定同一个纳税年度作为重组业务完成年度。

2. 吸收合并为合并后拟存续的企业为重组主导方，新设合并为合并前资产较大的企业为重组主导方。

3. 企业合并适用特殊性税务处理的，应按照税务机关要求进行备案；如企业重组各方需要税务机关确认，可以选择由重组主导方向主管税务机关提出申

请,层报省税务机关给予确认。省税务机关在收到确认申请时,原则上应在当年度企业所得税汇算清缴前完成确认。特殊情况,需要延长的,应将延长理由告知主导方。

备案资料包括:

(1) 当事方企业合并的总体情况说明。情况说明中应包括企业合并的商业目的。企业重组具有合理的商业目的主要从以下几方面加以说明:

①重组活动的交易方式。即重组活动采取的具体形式、交易背景、交易时间、在交易之前和之后的运作方式和有关的商业常规;

②该项交易的形式及实质。即形式上交易所产生的法律权利和责任,也是该项交易的法律后果。另外,交易实际上或商业上产生的最终结果;

③重组活动给交易各方税务状况带来的可能变化;

④重组各方从交易中获得的财务状况变化;

⑤重组活动是否给交易各方带来了在市场原则下不会产生的异常经济利益或潜在义务;

(2) 企业合并的政府主管部门的批准文件;

(3) 企业合并各方当事人的股权关系说明;

(4) 被合并企业的净资产、各单项资产和负债及其账面价值和计税基础等相关资料;

(5) 证明重组符合特殊性税务处理条件的资料,包括合并前企业各股东取得股权支付比例情况、以及12个月内不改变资产原来的实质性经营活动、原主要股东不转让所取得股权的承诺书等;

(6) 工商部门核准相关企业股权变更事项证明材料;

(7) 主管税务机关要求提供的其他资料证明。

4.《财政部 国家税务总局关于企业重组业务企业所得税处理若干问题的通知》(财税〔2009〕59号)(以下简称《通知》)第五条第(三)和第(五)项所称"企业重组后的连续12个月内",是指自重组日起计算的连续12个月内。

5.《通知》第五条第(五)项规定的原主要股东,是指原持有转让企业或被收购企业20%以上股权的股东。

6.《通知》第六条第(四)项规定的同一控制,是指参与合并的企业在合并前后均受同一方或相同的多方最终控制,且该控制并非暂时性的。能够对参与合并的企业在合并前后均实施最终控制权的相同多方,是指根据合同或协议的约定,对参与合并企业的财务和经营政策拥有决定控制权的投资者群体。在企业合并前,参与合并各方受最终控制方的控制在12个月以上,企业合并后所形成的主体在最终控制方的控制时间也应达到连续12个月。

7. 适用《通知》第五条第(三)项和第(五)项的当事各方应在完成重组业务后的下一年度的企业所得税年度申报时,向主管税务机关提交书面情况说明,以证明企业在重组后的连续12个月内,有关符合特殊性税务处理的条件未发生改变。

8. 企业重组的当事各方应该取得并保管与该重组有关的凭证、资料，保管期限按照《征管法》的有关规定执行。

第四节 公司合并业务其他税种的处理

一、流转税的处理

公司合并与资产收购不同。资产收购是指收购方购买目标公司的非现金资产（含投资资产），由于非现金资产的所有权转移给购买方，因而涉及流转税的缴纳问题，而公司合并是指合并方购买被合并企业的净资产向其股东支付对价，因此是不需要缴纳流转税的。

基于这样的理解，《国家税务总局关于纳税人资产重组有关营业税问题的公告》（国家税务总局公告2011年第13号）规定："根据《中华人民共和国增值税暂行条例》及其实施细则的有关规定，纳税人在资产重组过程中，通过合并、分立方式，将全部或者部分实物资产以及与其相关联的债权、债务和劳动力一并转让给其他单位和个人的行为，不属于增值税征收范围，其中涉及的货物转移，不征收增值税。"《国家税务总局关于纳税人资产重组有关营业税问题的公告》（国家税务总局公告2011年第51号）规定："根据《中华人民共和国营业税暂行条例》及其实施细则的有关规定，纳税人在资产重组过程中，通过合并、分立方式，将全部或者部分实物资产以及与其相关联的债权、债务和劳动力一并转让给其他单位和个人的行为，不属于营业税征收范围，其中涉及的不动产、土地使用权转让，不征收营业税。"《国家税务总局关于纳税人资产重组有关增值税问题的公告》（国家税务总局公告2013年第66号）规定，纳税人在资产重组过程中，通过合并、分立、出售、置换等方式，将全部或者部分实物资产以及与其相关联的债权、负债经多次转让后，最终的受让方与劳动力接收方为同一单位和个人的，仍适用《国家税务总局关于纳税人资产重组有关增值税问题的公告》（国家税务总局公告2011年第13号）的相关规定，其中货物的多次转让行为均不征收增值税。资产的出让方需将资产重组方案等文件资料报其主管税务机关。营改增后，该文亦适用于不动产和土地使用税。

合并方按照财产清单、评估报告作为原始凭据确认资产价值，无需取得发票，但被合并方以前年度账证应由合并方继续保存。

值得注意的是，合并方支付的非股权支付额中如果涉及非现金资产，因其所有权发生转让，应当按规定进行流转税处理，其中涉及房地产转移的，还需缴纳土地增值税。

二、土地增值税处理

如前所述,公司合并是指合并方购买被合并企业的净资产向其股东支付对价,而不是购买目标公司(被合并企业)的资产,向目标公司支付对价,因此,目标公司房地产转移到合并方名下时,不属于房地产转让行为,不征土地增值税。《财政部、国家税务总局关于继续实施企业改制重组有关土地增值税政策的通知》(财税〔2018〕57号)规定,按照法律规定或者合同约定,两个或两个以上企业合并为一个企业,且原企业投资主体存续的,对原企业将房地产转移、变更到合并后的企业,暂不征土地增值税。投资主体存续,是指原企业出资人必须存在于改制重组后的企业,出资人的出资比例可以发生变动。

三、契税处理

合并方取得目标公司的房屋和土地使用权,应当办理产权过户手续,根据《财政部、国家税务总局关于继续支持企业事业单位改制重组有关契税政策的通知》(财税〔2018〕17号)规定,公司依照法律规定、合同约定分立为两个或两个以上与原公司投资主体相同的公司,对分立后公司承受原公司土地、房屋权属,免征契税。投资主体相同,是指公司分立前后出资人不发生变动,出资人的出资比例可以发生变动。

四、印花税处理

根据《财政部、国家税务总局关于企业改制过程中有关印花税政策的通知》(财税〔2003〕183号)规定,以合并方式成立的新企业,其新启用的资金账簿记载的资金,凡原已贴花的部分可不再贴花,未贴花的部分和以后新增加的资金按规定贴花。

第五节　企业合并税收政策存在问题及其改进

一、商誉资产的扣除问题

非同一控制下的吸收合并,合并方账面形成的商誉资产,是合并方按照公允价支付的对价。《企业所得税法实施条例》要求商誉只能在企业计算清算所得税时一次性扣除,而不能摊销扣除。

上述规定违反了税前扣除的相关性原则和配比性原则。商誉是在独立交易原则下,企业以资产或权益工具作为对价购买的一项长期资产,而且这项资产与未来的应税收入有关,因此,应当允许企业在未来一定时期内摊销扣除。税法要求在公司清算时一次性扣除,往往是无法扣除的,实际情况通常是公司清算时账面资产处置所得可能远远小于以前年度尚未弥补的巨额亏损,即使没有商誉资产的扣除,清算所得也小于零。对并购商誉比照无形资产处理,在企业剩余的经营期限内平均扣除,经营期超过10年,按10年期限平均扣除。

二、合并方适用一般重组待遇时合并方税收优惠的结转问题

《国家税务总局关于发布〈企业重组业务企业所得税管理办法〉的公告》(国家税务总局公告2010年第4号)第十五条规定:"企业合并,合并各方企业涉及享受《税法》第五十七条规定中就企业整体(即全部生产经营所得)享受的税收优惠过渡政策尚未期满的,仅就存续企业未享受完的税收优惠,按照《通知》第九条的规定执行。即,在企业吸收合并中,合并后的存续企业性质及适用税收优惠的条件未发生改变的,可以继续享受合并前该企业剩余期限的税收优惠,其优惠金额按存续企业合并前一年的应纳税所得额(亏损计为零)计算。"

合并方适用一般重组待遇时对合并方享受优惠的金额进行限制是没有道理的。因为合并方按照一般重组处理,视同合并方购买被合并方企业的资产处理,相当于合并方扩大生产规模,在这种情况下,合并方在剩余期限享受税收优惠的应纳税所得额不应当受到限制。

三、母子公司合并注销长期股权投资的税务处理问题

母公司吸收合并子公司,或者子公司吸收合并母公司,母公司注销长期股权投资时是否确认转让所得或损失,税法没有具体规定,实际操作中屡有争议。笔者认为,应当按规定计算股权转让所得或损失。公司合并业务,对母公司来说,属于处置股权收回投资,对子公司来说,属于股东减资。企业减资,被减资的企业不确认所得或损失,但其股东取得的价款,应视同转让了全部或部分股权,应按规定计算股权转让所得或损失。根据《国家税务总局关于企业所得税若干问题的公告》(国家税务总局2011年第34号公告)规定,投资企业从被投资企业撤回或减少投资,其取得的资产中,相当于初始出资的部分,应确认为投资收回;相当于被投资企业累计未分配利润和累计盈余公积按减少实收资本比例计算的部分,应确认为股息所得;其余部分确认为投资资产转让所得。

(1)母公司吸收合并子公司的税务处理。母公司吸收合并子公司,适用特殊重组办法时,子公司不确认资产转让所得。即企业为合并而回购本公司股,回购价格与发行价格之间的差额,属于企业权益的增减变化,不属于资产转让

损益,不得从应纳税所得中扣除,也不计入应纳税所得①。对母公司而言,属于股东减资行为,股东应确认股权转让所得或损失,母公司收回金额按照子公司净资产账面价值的份额确定。当合并适用一般重组办法时,子公司视同清算,需计算资产转让所得;母公司收回投资,应当应确认股权转让所得,收回金额按照子公司净资产公允价值的份额确定。

(2)子公司吸收合并母公司的税务处理。子公司吸收合并母公司,适用特殊重组办法时,母公司除对子公司的长期股权投资需确认资产转让所得外,不确认其他资产转让所得,其收回金额按照子公司净资产账面价值的份额确定;子公司按减资处理,不确认资产转让所得。适用一般重组办法时,母公司需确认资产转让所得,其中长期股权投资的公允价应当按照子公司净资产的公允价值的份额确定。为便于比较,现将上述结论列表(见表10.4)。

表10.4 母子公司合并的所得税处理

合并类型	特殊重组		一般重组	
	母公司	子公司	母公司	子公司
母公司吸收合并子公司	按子公司净资产账面价值份额计算股权转让所得,不确认其他资产转让所得	回购价与发行价的差额不计入应纳税所得	按子公司净资产公允价值计算股权转让所得,不确认其他资产转让所得	回购价与发行价的差额不计入应纳税所得,账面资产需视同转让计算资产转让所得
子公司吸收合并母公司	同上	同上	按子公司净资产公允价计算股权转让所得,同时确认其他资产转让所得	回购价与发行价的差额不计入应纳税所得,不确认账面资产转让所得

四、资产的账面价值与计税基础差异的纳税调整方法

资产重组中,如果资产的账面价值与计税基础存在差异需要进行纳税调整,《财政部、国家税务总局关于企业重组业务企业所得税处理若干问题的通知》(财税〔2009〕59号)未明确具体纳税调整方法,为便于操作,建议仍按下列传统的纳税调整方法进行调整。

1. 据实逐年调整法。对企业资产账面价值与计税基础的差异,每一纳税年度通过折旧、摊销等方式实际计入当期成本、费用的数额,在年度纳税申报的成本项目、费用项目中予以调整,相应调增当期应纳税所得额。

2. 综合调整法。对资产账面价值与计税基础的差异不分资产项目,均额在以后年度纳税申报的成本、费用项目中予以调整,相应调增每一纳税年度的应纳税所得额,调整期限最长不得超过十年。

---

① 参见原《国家税务总局关于执行〈企业会计制度〉需要明确的有关所得税问题的通知》(国税发〔2003〕45号)。

五、自然人股东取得合并企业股权计税基础的确定问题

《财政部、国家税务总局关于企业重组业务企业所得税处理若干问题的通知》（财税〔2009〕59号）只规定了被合并方法人股东取得合并方股权计税基础的确定办法，但对自然人股东没有作出具体规定。

笔者认为，公司合并无论适用一般重组还是特殊重组，只要个人股东取得除合并方股权外，还取得其他现金或非现金资产（以下称应税收入），则必须视同转让了部分股权，按规定计算股权转让所得，允许扣除的投资成本按照应税收入与合并前投资资产公允价值的比例对投资成本进行划分。自然人股东取得合并方股权的计税基础按照剩余计税基础结转。如果自然人股东除取得合并方股权外，无其他应税收入，则自然人股东不确认股权转让所得，自然人股东取得合并方股权的计税基础按照原投资成本结转。

第十一章

公司分立的会计与税务问题

公司分立是指依照《公司法》有关规定，通过股东会决议分成两个或两个以上的公司。公司分立业务的经济主体包括被分立企业、分立企业和被分立企业的股东。

第一节 公司分立业务的类型

一、按分立后组织形式的变化分类

按照分立后组织形式的变化，可分为存续分立和新设分立。

1. 存续分立，又称派生分立。是指一个公司将一部分财产或营业依法分出，成立两个或两个以上公司的行为。在存续分立中，原公司继续存在，原公司的债权债务可由原公司与新公司分别承担，也可按协议由原公司独立承担。新公司取得法人资格，原公司也继续保留法人资格。存续分立可表示为：甲公司（变更）–甲公司（变更后的甲公司）+乙公司（新设）。

2. 新设分立，又称解散分立。指一个公司将其全部财产分割，解散原公司，并分别归入两个或两个以上新公司中的行为。在新设分立中，原公司的财产按照各个新成立的公司的性质、宗旨、业务范围进行重新分配组合。同时原公司解散，债权、债务由新设立的公司分别承受。新设分立，是以原有公司的法人资格消灭为前提，成立新公司。新设分立可表示为：甲公司（注销）–乙公司（新设）+丙公司（新设）。

二、按分立后股权结构的变化分类

按照分立后股权结构的变化，可分为让产分权式分立、让产赎权式分立、让产扩权式分立、股权分割式分立。

1. 让产分权式分立，是指公司将没有法人资格的部分营业分立出去成立新公司，将新公司的股权按比例分配给被分立企业的全部股东。分立企业的股权结构（股权人数及股权比例）与被分立企业相同。让产分权式分立可表示为：甲（A、B、C、D）–甲（A、B、C、D）+乙（A、B、C、D）。

2. 让产赎权式分立，是指公司将没有法人资格的部分营业分立出去成立新公司，将新公司的股权分配给被分立企业的部分股东，换回其在被分立企业的股份，从而这部分股东不再持有被分立企业的股份。让产赎权式分立可表示为：甲（A、B、C、D）–甲（A、B）+乙（C、D）。

3. 让产扩权式分立，是指公司将没有法人资格的部分营业分立出去成立新公司，新公司的股权可能是按照比例分配给被分立企业的全体股东，也可能是分配给被分立企业的部分股东，但不管是哪种形式，分立后的企业同时还吸收部分新股东的投资。让产扩权式分立常见的方式有：

甲（A、B、C、D）→甲（A、B、C、D）+乙（A、B、C、D、E）

甲（A、B、C、D）→甲（A、B）+乙（C、D、E）

4. 股权分割式分立，是指公司分割组成两家以上的新公司，原公司解散。这种分立方式实质上就是新设分立（解散分立）。其表现形式也有两种：分立企业的股权结构与被分立企业相同或不同。即：

甲（A、B、C、D）→乙（A、B、C、D）+丙（A、B、C、D、E）

甲（A、B、C、D）→乙（A、B）+丙（C、D）

纵观以上各种分立方式，均有一个共同的特点，那就是由一个法人分立为两个或两个以上的法人。

第二节 分立业务的会计处理问题

公司分立业务涉及被分立企业、分立企业以及被分立企业的股东的会计处理。有关公司分立业务的会计处理，除国有企业改建有明确规定外，我国已经出台的 38 项具体会计准则，未涉及公司分立业务的会计处理。

目前，业界对公司分立的会计处理有两种不同的理解①认为，一种认为应当对让产分股式分立、让产赎股式分立区别处理，核心的观点是让产分股式分立，分立企业股东与存续企业相同，故存续企业的资产、负债账面值不变，新设企业的资产、负债按照原账面价值结转。对让产赎股式分立，由于一部分股东放弃了被分立企业的股权，取得的分立企业的股权，应视同清算处理，从而建议对分立企业按照资产、负债的评估价计量。对解散分立，视同被分立企业清算，新成立的公司全部按照资产、负债的评估价值计量。② 另一种观点认为，如果存续或新设企业的实际控制人发生变化则按资产、负债的评估价值计量，反之按原账面价值计量。③

对此，笔者的观点是，公司分立只是一家公司分割为两家公司，无论是让产分股还是让产赎股，也无论是存续分立，还是新设分立，被分立企业的股东都将继续在分立后的企业存在。公司分立是根据股东之间的契约，对原有资产、负债进行适当的分割。即使是解散分立，也不需要经过清算的程序，故不能比照清算老企业成立新企业处理。因此，分立后，无论是存续企业的资产、负债，还是新设企业的资产、负债都应当按照原账面价值结转，而不得按评估价计量。

对国有企业改建过程中的公司分立行为，仍按《财政部关于印发〈企业公司制改建有关国有资本管理与财务处理的暂行规定〉的通知》（财企〔2002〕

---

① 李忠敏. 企业合并、分立的会计处理方法的探讨. 科技创新导报，2008
② 杨行种，钱忠. 企业财务与会计分立制度的新思考. 重庆科技学院学报（社会科学版），2009
③ 范德海. 现代企业制度财务会计与管理会计的分立. 时代经贸（下旬），2008

313号）规定处理，即，企业实行分立式改建的，应当按照转入公司制企业的资产、负债经过评估后的净资产折合为国有股份，并可以由原企业国有资本持有单位持有，也可以由存续企业持有。

1. 被分立企业的会计处理。公司分立，被分立企业只需将进入分立企业的资产、负债以原账面价值为基础结转确定，借记负债类科目，贷记资产类科目，差额借记权益类科目。

2. 分立企业的会计处理。分立企业按照资产、负债的原账面价值进行初始计量，分立资产原账面价值与计税基础的差异确认的递延所得税资产或递延所得税负债，也应按原账面价值结转，同时对应归属于分立企业的净资产分别计入"股本"（或"实收资本"）、"资本公积——股本溢价（或资本溢价）"、"盈余公积——法定盈余公积"、"利润分配——未分配利润"等所有者权益类科目。分立企业在一般特殊重组下，当资产的入账价值大于计税基础时，形成递延所得税负债，即借记"所得税费用"科目，贷记"递延所得税负债"科目；当资产的入账价值小于计税基础时，形成递延所得税资产，即借记"递延所得税资产"科目，贷记"所得税费用"科目。在资产耗用或处置时递延所得税资产或递延所得税负债转销。特殊重组下，资产的计税基础仍按原有计税基础结转，不会产生新的暂时性差异。

3. 被分立企业股东的会计处理。被分立企业的股东放弃旧股取得新股，借记"长期股权投资——分立企业"，贷记"长期股权投资——被分立企业"，因股权比例变化还需考虑成本法与权益法核算方法的转换。

第三节　公司分立业务的会计与税务处理差异

《财政部、国家税务总局关于企业重组业务企业所得税处理若干问题的通知》（财税〔2009〕59号）从业务实质上对公司分立进行定义：分立是指一家企业（以下称为"被分立企业"）将部分或全部资产分离转让给现存或新设的企业（以下称为"分立企业"），被分立企业股东换取分立企业的股权或非股权支付，实现企业的依法分立。该通知对分立业务的所得税处理区分不同条件分别适用一般性税务处理规定和特殊性税务处理规定。

一、一般重组的税务处理

除符合适用特殊性税务处理规定外，企业分立，当事各方应按下列规定处理：

1. 被分立企业对分立出去资产应按公允价值确认资产转让所得或损失。
2. 分立企业应按公允价值确认接受资产的计税基础。
3. 被分立企业继续存在时，其股东取得的对价应视同被分立企业分配进行处理。

4. 被分立企业不再继续存在时，被分立企业及其股东都应按清算进行所得税处理。

5. 企业分立相关企业的亏损不得相互结转弥补。

6. 一般重组分立各方税收优惠政策的衔接。《国家税务总局关于发布〈企业重组业务企业所得税管理办法〉的公告》（国家税务总局公告 2010 年第 4 号）第十五条规定，企业分立适用一般重组处理办法的，分立企业涉及享受《企业所得税法》第五十七条规定中就企业整体（即全部生产经营所得）享受的税收优惠过渡政策尚未期满的，仅就存续企业未享受完的税收优惠，按照《财政部、国家税务总局关于企业重组业务企业所得税处理若干问题的通知》（财税〔2009〕5 号）第九条的规定执行。即，在企业存续分立中，分立后的存续企业性质及适用税收优惠的条件未发生改变的，可以继续享受分立前该企业剩余期限的税收优惠，其优惠金额按该企业分立前一年的应纳税所得额（亏损计为零）乘以分立后存续企业资产占分立前该企业全部资产的比例计算。

注销的被分立企业未享受完的税收优惠，不再由存续企业承继；分立而新设的企业也不得再承继或重新享受上述优惠。被分立企业和分立企业按照《企业所得税法》的税收优惠规定和税收优惠过渡政策中就企业有关生产经营项目的所得享受的税收优惠承继问题，按照《企业所得税法实施条例》第八十九条规定执行。

存续分立下，被分立企业的股东取得的对价视同被分立企业分配处理。对价包括股权支付额（分立企业净资产的公允价值）和其他非股权支付额（现金、非现金资产公允价）。该分配额不超过被分立企业留存收益份额的部分，属于股息性所得，免征企业所得税。超过股息所得的部分，视同投资成本的回收，相应冲减旧股（存续企业）的计税基础。新股的计税基础按照分立企业净资产公允价值的份额确定。

新设分立下，被分立企业需计算清算所得，被分立企业的股东视同转让旧股（解散企业），购买新股（分立企业）处理。取得的全部对价（分立企业净资产公允价值份额、非股权支付额的公允价值）扣除被分立企业留存收益份额①和投资计税基础后的差额，确认股息所得或损失。如果留存收益为负数，按零计算。取得新股的计税基础按照公允价值确定（分立企业净资产公允价值份额）。

二、特殊重组的税务处理

特殊重组应同时满足下列基本条件：

1. 具有合理的商业目的，且不以减少、免除或者推迟缴纳税款为主要

---

① 这部分留存收益按股息所得处理，免征企业所得税。

目的。

2. 企业分立后的连续12个月内不改变重组资产原来的实质性经营活动。

3. 企业分立中取得股权支付的原主要股东,在重组后连续12个月内,不得转让所取得的股权。

公司分立符合上述基本条件,被分立企业所有股东按原持股比例取得分立企业的股权,分立企业和被分立企业均不改变原来的实质经营活动,且被分立企业股东在该企业分立发生时取得的股权支付金额不低于其交易支付总额的85%,可以选择按下列方法进行税务处理:

1. 分立企业接受被分立企业资产和负债的计税基础,以被分立企业的原有计税基础确定。

2. 被分立企业已分立出去资产相应的所得税事项由分立企业承继。

3. 被分立企业未超过法定弥补期限的亏损额可按分立资产占全部资产的比例进行分配,由分立企业继续弥补。

4. 被分立企业的股东取得分立企业的股权(以下简称"新股"),如需部分或全部放弃原持有的被分立企业的股权(以下简称"旧股"),"新股"的计税基础应以放弃"旧股"的计税基础确定。如不需放弃"旧股",则其取得"新股"的计税基础可从以下两种方法中选择确定:直接将"新股"的计税基础确定为零;或者以被分立企业分立出去的净资产占被分立企业全部净资产的比例先调减原持有的"旧股"的计税基础,再将调减的计税基础平均分配到"新股"上。

5. 特殊重组交易中股权支付暂不确认有关资产的转让所得或损失的,其非股权支付仍应在交易当期确认相应的资产转让所得或损失,并调整相应资产的计税基础。

非股权支付对应的资产转让所得或损失=(被转让资产的公允价值-被转让资产的计税基础)×(非股权支付金额÷被转让资产的公允价值)

由此可见,特殊重组除需满足"合理的商业目的""经营连续""权益连续"三个条件外,还要求分立企业股东取得的股权支付额达到整体交易支付总额的85%。

存续分立中的交易支付总额是指所剥离的净资产(资产-负债)的公允价值,包括股权支付额和非股权支付额。其中,股权支付额是指被分立企业的股东持有分立企业股权的公允价值,非股权支付额是指被分立企业的股东从被分立企业直接取得的现金和非现金资产的公允价值。

新设分立(解散分立)中的交易支付总额实际就是被分立企业净资产的公允价值,其中股权支付额是指被分立企业的股东持有各个分立企业股权的公允价值。被分立企业的股东取得的除股权支付额之外的现金和非现金资产为非股权支付额。

6. 特殊重组分立各方税收优惠政策的衔接。根据《财政部、国家税务总局关于企业重组业务企业所得税处理若干问题的通知》(财税〔2009〕5号)第六条第（五）项第 2 目规定，企业分立，已分立资产相应的所得税事项由分立企业承继，这些事项包括尚未确认的资产损失、分期确认收入的处理以及尚未享受期满的税收优惠政策承继处理问题等。其中，对税收优惠政策承继处理问题，凡属于依照《企业所得税法》第五十七条规定中就企业整体（即全部生产经营所得）享受税收优惠过渡政策的分立后的企业性质及适用税收优惠条件未发生改变的，可以继续享受分立前被分立企业剩余期限的税收优惠。分立前被分立企业按照《企业所得税法》的税收优惠规定以及税收优惠过渡政策中就有关生产经营项目所得享受的税收优惠承继处理问题，按照《企业所得税法实施条例》第八十九条规定执行。

7. 公司分立适用特殊重组处理办法的，企业在重组发生前后连续 12 个月内分步对其资产、股权进行交易，应根据实质重于形式原则将上述交易作为一项企业重组交易进行处理。

8. 企业发生符合《财政部、国家税务总局关于企业重组业务企业所得税处理若干问题的通知》（财税〔2009〕5 号）规定的特殊性重组条件并选择特殊性税务处理的，当事各方应在该重组业务完成当年企业所得税年度申报时，向主管税务机关提交书面备案资料，证明其符合各类特殊性重组规定的条件。备案资料包括：

（1）当事方企业分立的总体情况说明。"情况说明"中应包括企业分立的商业目的。

（2）企业分立的政府主管部门的批准文件。

（3）被分立企业的净资产、各单项资产和负债账面价值和计税基础等相关资料。

（4）证明重组符合特殊性税务处理条件的资料，包括分立后企业各股东取得股权支付比例情况，以及 12 个月内不改变资产原来的实质性经营活动、原主要股东不转让所取得股权的承诺书等。

（5）工商部门认定的分立和被分立企业股东股权比例证明材料；分立后，分立和被分立企业工商营业执照复印件；分立和被分立企业分立业务账务处理复印件。

（6）税务机关要求提供的其他资料证明。

[例 11.1] 甲公司由 A、B 股东投资组建，注册资本 1 000 万元（A 公司出资 700 万元、B 公司出资 300 万元，股权比例分别为 70%、30%）。分立基准日，资产负债表显示资产总额 3 000 万元（公允价 3 800 万元），负债 2 000 万元（公允价 2 000 万元），净资产 1 000 万元（公允价 1 800 万元）。甲公司将 1 200 万元资产（公允价 1 400 万元）、负债 300 万元（公允价 300 万元）剥离成立乙公司。也可以理解为甲公司将所剥离的净资产支付给 A、B 股东，再由 A、B 股东出资成立乙公司。如果 A、B 将所取得的净资产（资产、负债）全部用于设立乙公司，从而持有乙公司股权，说明股权支付额占整体交易总额的比例为 100%，可适用特殊性税务处理办法。

《国家工商行政管理总局关于做好公司合并分立登记支持企业兼并重组的意见》(工商企字〔2011〕226号)第一条第(五)项规定:"支持公司自主约定注册资本数额。因合并而存续或者新设的公司,其注册资本、实收资本数额由合并协议约定,但不得高于合并前各公司的注册资本之和、实收资本之和。合并各方之间存在投资关系的,计算合并前各公司的注册资本之和、实收资本之和时,应当扣除投资所对应的注册资本、实收资本数额。

因分立而存续或者新设的公司,其注册资本、实收资本数额由分立决议或者决定约定,但分立后公司注册资本之和、实收资本之和不得高于分立前公司的注册资本、实收资本。"

由于乙公司股东不变,资产、负债应按原账面价值计量,即资产总额1 200万元、负债300万元。实收资本以不低于公司法要求的最低金额为限,具体金额由股东确定,差额部分作为资本溢价处理。如果实收资本确定为300万元(A、B股东的股权比例仍为70%、30%),则资本溢价为600万元。有关税务处理如下:

甲公司所剥离的资产不确认资产转让所得,相应地,乙公司取得资产的计税基础只能以原有计税基础①确定。

甲公司以前年度的亏损(应纳税所得额)可以按照分立资产(公允价)占分立前总资产(公允价)的比例划分,由分立企业和被分立企业在剩余的年限内继续弥补。

A公司和B公司不视同转让旧股,购买新股处理。新股和旧股的计税基础按下列方法确定:

由于A、B公司未放弃"旧股",则A、B股东对乙公司投资的计税基础可确定为零,A、B股东对甲公司投资的计税基础不变,或者按下列方法确定新股和旧股的计税基础:

A持有新股的计税基础=剥离净资产/总净资产×旧股计税基础=1 100/1 800×700=427.78(万元)

调整后A持有旧股的计税基础=700-427.78=272.22(万元)

B持有新股的计税基础=剥离净资产/总净资产×旧股计税基础=1 100/1 800×300=183.33(万元)

调整后B持有旧股的计税基础=300-183.33=116.67(万元)

[例11.2] 仍引用例11.1资料。如果A、B将所取得资产中的现金100万元留下(A公司70万元、B公司30万元),其余资产、负债用于成立乙公司,则留下的现金为非股权支付额,A、B持有乙公司的股权的公允价为股权支付额。

股权支付额/交易总额×100%=乙公司净资产公允价/剥离净资产公允价×100%=1 000/1 100×100%=90.91%≥85%,仍然符合特殊重组的条件。

---

① 由于计提资产减值准备等原因,原有计税基础与原账面价值可能不同。

(1) A公司、B公司不视同转让旧股，购买新股处理，但必须确认非股权支付额所蕴含的应纳税所得额。

A公司应确认非股权支付对应的股权转让所得 =（被剥离资产的公允价值 – 被剥离资产的计税基础①）×（非股权支付金额÷被转让资产的公允价值）=（1 400 – 1 200）×（70/1 100）= 12.73（万元）

或 =（1 100 – 900）×（70/1 100）= 12.73（万元）

B公司应确认非股权支付对应的股权转让所得 =（1 400 – 1 200）×（30/1 100）= 5.45（万元）

或 =（1 100 – 900）×（30/1 100）= 5.45（万元）

(2) 新股和旧股的计税基础的确定。

由于A、B公司未放弃"旧股"，则A、B股东对乙公司投资的计税基础可确定为零，A、B股东对甲公司投资的计税基础不变，或者按下列方法确定新股和旧股的计税基础：

A持有旧股的计税基础应调减数 = 1 100/1 800 × 700 = 427.78（万元）

调整后，A持有旧股的计税基础 = 700 – 427.78 = 272.22（万元）

A持有新股的计税基础 = 旧股计税基础调减数 – 收到的非股权支付额 + 非股权支付额所蕴含的股权转让所得 = 427.78 – 70 + 12.73 = 370.51（万元）

同理，B持有旧股的计税基础应调减数 = 1 100/1 800 × 300 = 183.33（万元）

调整后，B持有旧股的计税基础 = 300 – 183.33 = 116.67（万元）

B持有新股的计税基础 = 183.33 – 30 + 5.45 = 158.78（万元）

第四节　公司分立业务其他税种的处理

一、流转税及土地增值税处理

公司分立业务，也是股东之间的契约，交易的标的物是被分立企业的一部分净资产，因为净资产属于股东所有，因此分立公司的股东与被分立企业相同。不能将分立业务理解为被分立企业将一部分资产转让给分立企业，因为分立企业取得的是净资产，且将对价支付给被分立企业的股东，而不是分立企业。因此，被分立企业有关资产的转移，不属于增值税、营业税、土地增值税的征收范围，不征收增值税、营业税、土地增值税。

基于这样的理解，《国家税务总局关于纳税人资产重组有关营业税问题的公告》（国家税务总局公告2011年第13号）规定："根据《中华人民共和国增值

---

① 为简化计算，这里假设计税基础与账面价值相等。

税暂行条例》及其实施细则的有关规定，纳税人在资产重组过程中，通过合并、分立方式，将全部或者部分实物资产以及与其相关联的债权、债务和劳动力一并转让给其他单位和个人的行为，不属于增值税征收范围，其中涉及的货物转移，不征收增值税。"

值得注意的是，被分立企业支付的非股权支付额中如果涉及非现金资产，因其所有权发生转让，应当按规定进行流转税处理，其中涉及房地产转移的，还需缴纳土地增值税。

二、契税处理

分立企业取得目标公司的房屋和土地使用权，应当办理产权过户手续，根据《财政部、国家税务总局关于企业事业单位改制重组契税政策的通知》（财税〔2012〕4号）规定，公司依照法律规定、合同约定分设为两个或两个以上与原公司投资主体相同的公司，对派生方、新设方承受原企业土地、房屋权属，免征契税。

三、印花税处理

根据《财政部、国家税务总局关于企业改制过程中有关印花税政策的通知》（财税〔2003〕183号）规定，以分立方式成立的新企业，其新启用的资金账簿记载的资金，凡原已贴花的部分可不再贴花，未贴花的部分和以后新增加的资金按规定贴花。

第五节　公司分立税收政策存在问题及其改进

一、公司分立适用特殊重组的条件与税务处理办法有抵触

《财政部、国家税务总局关于企业重组业务企业所得税处理若干问题的通知》（财税〔2009〕5号）要求，享受特殊重组待遇的条件之一是"被分立企业所有股东按原持股比例取得分立企业的股权"，而在特殊重组税务处理时又规定"被分立企业的股东取得分立企业的股权，如需部分或全部放弃原持有的被分立企业的股权，'新股'的计税基础应以放弃'旧股'的计税基础确定。"如果被分立企业的股东全部放弃旧股，就不可能满足"被分立企业所有股东按原持股比例取得分立企业的股权"。

笔者认为，在对股权支付额比例不低于全部对价的85%、分立后原主要股东在12个内不得转让分立企业股权等前提条件下，完全可以取消"被分立企

所有股东按原持股比例取得分立企业股权"这一规定。

二、被分立企业股东投资计税基础的确定问题

《财政部、国家税务总局关于企业重组业务企业所得税处理若干问题的通知》（财税〔2009〕5号）规定，特殊重组下，被分立企业的股东取得分立企业的股权，如不需放弃"旧股"，则其取得"新股"的计税基础可从以下两种方法中选择确定：直接将"新股"的计税基础确定为零；或者以被分立企业分立出去的净资产占被分立企业全部净资产的比例先调减原持有的"旧股"的计税基础，再将调减的计税基础平均分配到"新股"上。

按照上述规定，如果被分立企业的股东希望持有分立企业股权，转让被分立企业的股权，那么纳税人就会选择新设的计税基础为零，以期达到提前扣除，少缴所得税的目的。建议取消纳税人的上述选择权。

三、一般重组分立各方税收优惠政策的衔接

《国家税务总局关于发布〈企业重组业务企业所得税管理办法〉的公告》（国家税务总局公告2010年第4号）第十五条规定："企业分立适用一般重组处理办法的，分立企业涉及享受《税法》第五十七条规定中就企业整体（即全部生产经营所得）享受的税收优惠过渡政策尚未期满的，仅就存续企业未享受完的税收优惠，按照《通知》第九条的规定执行。即在企业存续分立中，分立后的存续企业性质及适用税收优惠的条件未发生改变的，可以继续享受分立前该企业剩余期限的税收优惠，其优惠金额按该企业分立前一年的应纳税所得额（亏损计为零）乘以分立后存续企业资产占分立前该企业全部资产的比例计算。"

在一般重组方式下，只不过视同正常对外转让资产处理，即使被分立企业希望通过剥离一部分非经营性资产，以期达到减少折旧增加盈利多享受税收优惠的目的，对于分立企业来说，取得分立资产的折旧同样允许在税前扣除。因此，对存续企业享受税收优惠的应纳税所得额进行限制是不合理的，建议取消。

四、自然人股东取得分立企业股权计税基础的确定问题

《财政部、国家税务总局关于企业重组业务企业所得税处理若干问题的通知》（财税〔2009〕5号）只规定了被分立方法人股东取得分立企业股权计税基础的确定办法，但对自然人股东没有作出具体规定。公司分立无论适用一般重组还是特殊重组，只要个人股东取得除分立企业的股权外，还取得其他现金或非现金资产（以下称应税收入），则必须视同转让了部分股权，按规定计算股权转让所得，允许扣除的投资成本按照应税收入与分立前投资资产公允价值

的比例对投资成本进行划分。自然人股东取得持有分立企业和被分立企业股权的计税基础按照分立企业和被分立企业净资产公允价值份额的比例对剩余计税基础划分。

如果自然人股东除取得分立企业的股权外，无其他应税收入，则自然人股东不确认股权转让所得，自然人股东以被分立企业分立出去的净资产占被分立企业全部净资产的比例先调减原持有的"旧股"的计税基础，再将调减的计税基础平均分配到"新股"上。

五、公司分立资产过户的契税优惠问题

《财政部、国家税务总局关于企业事业单位改制重组契税政策的通知》（财税〔2012〕4号）规定，公司依照法律规定、合同约定分设为两个或两个以上与原公司投资主体相同的公司，对派生方、新设方承受原企业土地、房屋权属，免征契税。依据该文件，如果分立企业的投资主体与被分立企业不同（如让产赎权式分立），则需要对被分立企业、分立企业承受原企业土地、房屋权属征收契税。这一规定与《契税暂行条例》有抵触。

根据《契税暂行条例》第一条、第二条规定，在中华人民共和国境内转移土地、房屋权属，承受的单位和个人为契税的纳税人，应当依照本条例的规定缴纳契税。其中，转移土地、房屋权属是指下列行为：国有土地使用权出让；土地使用权转让，包括出售、赠与和交换；房屋买卖；房屋赠与；房屋交换。

公司分立过程中的资产分割，不具有企业转让资产的属性，不属于契税的征税范围。建议统一明确为公司分立过程中的房屋、土地权属分割行为，无论是派生方、还是新设立均不征契税。

第十二章

企业清算的会计与税务问题

企业清算的所得税处理是指企业不再持续经营,发生结束自身业务、处置资产、偿还债务以及向所有者分配剩余财产等经济行为时,对清算所得、清算所得税、股息分配等事项的处理。《财政部、国家税务总局关于企业清算业务若干所得税问题的通知》(财税〔2009〕60号)对企业所得税清算作出了原则性规定,许多实务问题不甚明确,本章着重于实务操作,主要从清算所得税的计算及税务管理两方面进行探讨。

第一节　公司清算的概念与操作程序

一、公司清算的概念

公司清算是指公司解散后,为最终了结现存的财产和其他法律关系,依照法定程序,对公司的财产和债权债务关系,进行清理、处分和分配,以了结其债权债务关系,从而消灭公司法人资格的法律行为。公司清算必须结清其作为独立纳税人的所有税务事项。公司除因合并或分立而解散外,其余原因引起的解散,均须经过清算程序。

公司因下列原因解散:

1. 公司章程规定的营业期限届满或者公司章程规定的其他解散事由出现。
2. 股东会或者股东大会决议解散。
3. 因公司合并或者分立需要解散。
4. 依法被吊销营业执照、责令关闭或者被撤销。
5. 公司经营管理发生严重困难,继续存续会使股东利益受到重大损失,通过其他途径不能解决的,持有公司全部股东表决权10%以上的股东,可以请求人民法院解散公司。

二、清算程序

企业清算一般应履行下列程序:

1. 在解散事由出现之日起15日内成立清算组,开始清算。有限责任公司的清算组由股东组成,股份有限公司的清算组由董事或者股东大会确定的人员组成。逾期不成立清算组进行清算的,债权人可以申请人民法院指定有关人员组成清算组进行清算。人民法院应当受理该申请,并及时组织清算组进行清算。

清算期间,公司存续,但不得开展与清算无关的经营活动。

2. 清算组应当自成立之日起10日内通知债权人,并于60日内在报纸上公告。债权人应当自接到通知书之日起30日内,未接到通知书的自公告之日起45日内,向清算组申报其债权。

债权人申报债权,应当说明债权的有关事项,并提供证明材料。清算组应当对债权进行登记。在申报债权期间,清算组不得对债权人(含税务机关)进行清偿。

3. 清理公司财产,分别编制资产负债表和财产清单。清算企业的财产包括宣布终止时企业的全部财产以及企业在清算期间取得的资产。已经作为担保物的财产相当于担保债务的部分,不属于清算财产,担保物的价款超过所担保的债务数额的部分,属于清算财产。

企业清算中发生的财产盘盈或盘亏、变价净收入、无力归还的债务或无法收回的债权,以及清算期间的经营收益或损失等,计入清算损益。

企业在宣布终止前6个月至终止之日的期间内,下列行为无效,清算机构有权追回其财产作为清算财产入账:

(1) 隐匿私分或无偿转让财产。

(2) 非正常压价处理财产。

(3) 对原来没有财产担保的债务提供财产担保。

(4) 对未到期的债务提前清偿。

(5) 放弃自己的债权。

4. 资产处置,包括收回应收款项、非现金资产转让等。非现金资产转让给股东的,按照公允价值确定转让价格。无法收回的应收款项作坏账处理。

5. 清偿债务。我国现行《中华人民共和国破产法》(以下简称"《破产法》")第三十七条和《中华人民共和国民事诉讼法》(以下简称"《民事诉讼法》")第二百零四条均规定,破产财产在优先拨付清算费用后,按下列顺序清偿:职工工资和劳动保险费用;所欠税款;清偿债务。对处于第二清偿顺序的"所欠税款"是指企业清算前的欠税,而并非是处置资产过程中的新发生的税收。对清算处置资产时产生的税收是为债权人的共同利益而于清算程序中必须支付的各种费用,是属于清算费用,应当优先受偿。另据《税收征管法》第四十五条规定:处于第二清偿顺序的欠税发生在设立担保权之前的,税收债权优先;欠税发生在设立担保债权之后的,担保债权优先。

因此,担保财产的变现价值必须优先用于偿还担保债务,担保物的价款超过所担保的债务数额,属于清算财产的一部分,按下列顺序清偿债务:

(1) 支付清算费用。企业办理清算发生的费用从现有财产中优先支付。清算费用包括法定清算机构成员的工资、差旅费、办公费、公告费、诉讼费及清算过程中所必需的其他支出。清算过程中处置资产需要缴纳各项税费(含清算所得税)也作为清算费用处理。

(2) 应付未付的职工工资、劳动保险费、法定补偿金等。

(3) 应缴未缴的各项税费,是指生产经营过程中应交未交的各项税费,清算过程的产生的税费按清算费用处理。既有欠税又欠缴滞纳金和罚款的,《国家税务总局关于税收优先权包括滞纳金问题的批复》(国税函〔2008〕1084号)明确规定,按照《税收征收管理法》的立法精神,税款滞纳金与罚款两者在征收和缴纳时顺序不同，税款滞纳金在征缴时视同税款管理。因此，税收及滞纳金的清偿应优先于罚款。

(4) 尚未偿付的债务。不足清偿的同一顺序债务，按比例清偿。

6. 剩余财产分配。有限责任公司，除公司章程另有规定者外，应当按投资各方出资比例分配；股份有限公司，按优先股股份面值对优先股股东分配。优先股股东分配后的剩余部分，按普通股股东的股份比例进行分配。如果剩余财产不足全额偿还优先股金时，按各优先股股东所持比例分配。

7. 制作清算报告，申请注销登记。公司清算结束后，清算组应当制作清算报告，报股东会、股东大会或者人民法院确认，并报送公司登记机关，申请注销公司税务登记、工商登记，公告公司终止。

第二节 清算会计实务

有关企业清算的会计处理，《企业会计制度》和《企业会计准则》均没有明确规定，目前唯一可以参考的文件是《财政部关于国有企业试行破产有关会计处理问题暂行规定》（财会〔1997〕28号）。该规定适用于国有企业破产，其他企业清算可以参考执行。

一、破产企业的会计处理

1. 破产企业在宣告破产并成立破产清算组后，应接受清算组的指导，协助清算组对企业的各种资产（包括流动资产、固定资产、长期投资、无形资产及其他资产）进行全面的清理登记，编造清册；同时，对各项资产损失、债权债务进行全面核定查实。

2. 破产企业应于法院宣告破产日，按照办理年度决算的要求，进行财产清查，计算完工产品和在产品成本、结转各损益类科目、结转利润分配等，进行相关的账务处理。在此基础上编制宣告破产日的资产负债表、自年初起至破产日的损益表，以及科目余额表，报表格式和编制方法按现行会计制度有关规定执行；并将编制的会计报表报送主管财政机关、同级国有资产管理部门和企业主管部门。

3. 破产企业按上述规定编制会计报表后，应向清算组办理会计档案移交手续。会计档案移交以前，企业应当按照《会计档案管理办法》妥善保管，任何单位和个人不得非法处理。

二、清算组的会计处理

清算组应当接管属于破产企业的财产，并对破产清算过程中的有关事项

（如清算、变卖和分配财产等）加以如实的记录。

（一）科目设置

清算组应于清算开始日另立新账。清算组应设置以下会计科目：

1. 资产类。

（1）现金，核算被清算企业的库存现金。

（2）银行存款，核算被清算企业存入银行的各种存款以及持有的外埠存款、银行汇票存款、银行本票存款、信用证存款等。

（3）应收票据，核算被清算企业持有的商业汇票，包括商业承兑汇票和银行承兑汇票。

（4）应收款，核算被清算企业除应收票据以外的各种应收款项。

（5）材料，核算被清算企业库存以及在途的各种材料的实际成本。

（6）半成品，核算被清算企业尚未完工产品的实际成本。被清算企业的自制半成品也在本科目核算。

（7）产成品，核算被清算企业库存的各种产成品、代制代修品等的实际成本。被清算企业的外购商品也在本科目核算。

（8）投资，核算被清算企业持有的各种投资，包括股票投资、债券投资和其他投资。

（9）固定资产，核算被清算企业所有的固定资产的净值。

（10）在建工程，核算被清算企业尚未完工的各项工程的实际成本。被清算企业的库存工程物资的实际成本以及预付工程款，也在本科目核算。

（11）无形资产，核算被清算企业持有的各种专利权、非专利技术、商标权等各种无形资产的价值。

2. 负债类。

（1）借款，核算被清算企业需偿还的各种借款，包括短期借款、长期借款。

（2）应付票据，核算被清算企业需偿付的商业汇票，包括银行承兑汇票和商业承兑汇票。

（3）其他应付款，核算被清算企业需偿付的除应付票据以外的各种款项。

（4）应付工资，核算被清算企业需支付给职工的工资。

（5）应付福利费，核算被清算企业需支付给职工的福利费用。

（6）应交税费，核算被清算企业需交纳的各种税金，如增值税、营业税、消费税、资源税、所得税等。企业尚未抵扣的期初进项税额，也在本科目核算，并应单独设置"期初进项税额"明细科目进行明细核算。

（7）应付利润，核算被清算企业需支付给投资者的利润。

（8）其他应交款，核算被清算企业需交纳的除应交税费、应付利润以外的其他各种需上交的款项，包括教育费附加等。

（9）应付债券，核算被清算企业需偿付的债券本息。

3. 清算损益类。

(1) 清算费用，核算被清算企业在清算期间发生的各项费用。本科目应按发生的费用项目设置明细账。

(2) 土地转让收益，核算被清算企业转让土地使用权取得的收入以及从土地使用权转让所得中支付的职工安置费等。企业发生的与转让土地使用权有关的成本、税费，如应缴纳的有关税金、支付的土地评估费用等，也在本科目核算。

(3) 清算损益，核算被清算企业在破产清算期间处置资产、确认债务等发生的损益。被清算企业的所有者权益，也在本科目核算。

清算组可根据被清算企业的具体情况，增设、减少或合并某些会计科目。

（二）有关账务处理

1. 结转期初余额。清算组应于清算开始日，根据破产企业移交的科目余额表，将有关会计科目的余额转入新的账户，并编制新的科目余额表。具体的账务处理如下：

(1) 将"现金"科目的余额转入新设置的"现金"科目。

(2) 将"银行存款"科目的余额和"其他货币资金"科目中的外埠存款、银行汇票存款、银行本票存款、信用证存款等明细科目的余额转入新设置的"银行存款"科目。

(3) 将"应收票据"科目的余额转入新设置的"应收票据"科目。

(4) 将"应收账款"、"预付账款"和"预收账款"各所属明细科目的借方余额和"其他应收款"科目的余额、"其他货币资金"科目中的"在途货币资金"明细科目的余额转入新设置的"应收款"科目。

(5) 将"材料采购"、"原材料"、"包装物"、"低值易耗品"、"材料成本差异"、"委托加工材料"等材料类科目的余额全部转入新设置的"材料"科目。

(6) 将"自制半成品"、"生产成本"、"制造费用"科目的余额转入新设置的"半成品"科目。

(7) 将"产成品"、"分期收款发出商品"等产品类科目的余额转入新设置的"产成品"科目。

(8) 将"短期投资"和"长期投资"科目的余额转入新设置的"投资"科目。

(9) 将"固定资产"科目的余额，减去"累计折旧"科目余额后的差额转入新设置的"固定资产"科目。

(10) 将"在建工程"科目的余额转入新设置的"在建工程"科目。

(11) 将"无形资产"科目的余额转入新设置的"无形资产"科目。

(12) 将"短期借款"、"长期借款"科目的余额转入新设置的"借款"科目。

(13) 将"应付票据"科目的余额转入新设置的"应付票据"科目。

(14) 将"应付账款"、"预付账款"、"预收账款"科目所属明细科目的贷方余额,"其他应付款"、"长期应付款"、"专项应付款"科目的余额转入新设置的"其他应付款"科目。

(15) 将"应付工资"和"应付福利费"科目的余额分别转入新设置的"应付工资"和"应付福利费"科目。

(16) 将"应交税费"、"应付利润"、"其他应交款"科目的余额分别转入新设置的"应交税费"、"应付利润"、"其他应交款"科目。将"待摊费用"科目中的"期初进项税额"明细科目的余额转入新设置的"应交税费"科目。

(17) 将"应付债券"科目的余额转入新设置的"应付债券"科目。

(18) 将"实收资本"、"资本公积"、"盈余公积"、"利润分配"各科目的余额转入新设置的"清算损益"科目。

(19) 将"坏账准备"科目的余额转入新设置的"清算损益"科目。

(20) 将尚未摊销的"待摊费用"(不包括"期初进项税额"明细科目余额)、"递延资产"科目的余额转入新设置的"清算损益"科目。

(21) 将尚未转销的"递延税款"科目的余额转入新设置的"清算损益"科目。

(22) 将预提但尚未支出的各项费用的余额,从"预提费用"科目转入新设置的"清算损益"科目。

(23) 将"待处理财产损溢"、"待转销汇兑损益"科目的余额转入新设置的"清算损益"科目。

2. 处理破产财产的账务处理。清算期间,处置破产财产、发生零星的产品销售收入和其他业务收入等,分别以下情况进行处理:

(1) 收回应收款等债权,按实际收回的金额或预计可变现金额,借记"银行存款"、"产成品"等科目,按应收金额和实收金额或预计可变现金额的差额,借记(或贷记)"清算损益"科目,按应收金额,贷记"应收款"、"应收票据"等科目。

对于不能收回的应收款项,按核销的金额,借记"清算损益"科目,贷记"应收款"等科目。

(2) 变卖材料、产成品等存货,按实际变卖收入和收取的增值税额,借记"银行存款"等科目,按其账面价值和变卖收入的差额,借记(或贷记)"清算损益"科目,按账面价值,贷记"材料"、"产成品"等科目,按收取的增值税额,贷记"应交税费——应交增值税(销项税额)"科目(小规模纳税企业贷记"应交税费——应交增值税"科目)。

破产清算期间发生零星、正常的产品销售行为,应比照上述规定进行会计处理。

(3) 清算期间取得的其他业务收入,应按实际收入金额,借记"银行存款"等科目，贷记"清算损益"科目；发生的税金等支出，借记"清算损益"科目，贷记"应交税费"等科目。

（4）处置、销售产品等应缴纳的消费税等，借记"清算损益"科目，贷记"应交税费"科目。按缴纳的增值税、消费税等流转税计算应缴的城市维护建设税、教育费附加等，借记"清算损益"科目，贷记"应交税费——应交城市维护建设税"、"其他应交款——应交教育费附加"科目。

（5）变卖机器设备、房屋等固定资产以及在建工程，按实际变卖收入，借记"银行存款"等科目，按其账面价值和变卖收入的差额，借记（或贷记）"清算损益"科目，按账面价值，贷记"固定资产"、"在建工程"等科目。转让相关资产应缴纳的有关税费等，借记"清算损益"科目，贷记"应交税费"等科目。

（6）转让商标权、专利权等资产，按其实际变卖收入，借记"银行存款"等科目，按实际变卖收入与账面价值的差额，借记（或贷记）"清算损益"科目，按资产的账面价值，贷记"无形资产"等科目；转让相关资产应缴纳的有关税费，借记"清算损益"科目，贷记"应交税费"等科目。

（7）分回的投资收益，采用成本法核算的，按实际取得的款项金额，借记"银行存款"等科目，贷记"清算损益"科目；采用权益法核算的，按实际取得的款项金额，借记"银行存款"等科目，贷记"投资"科目。

（8）转让对外投资，按实际取得的转让收入，借记"银行存款"等科目，按投资的账面价值与转让收入的差额，借记（或贷记）"清算损益"科目，按投资的账面价值，贷记"投资"等科目。

3. 破产费用的账务处理。支付的破产清算费用，如清算期间职工生活费，破产财产管理、变卖和分配所需费用，破产案件诉讼费用，清算期间企业设施和设备维护费用、审计评估费用，为债权人共同利益而支付的其他费用（包括债权人会议会务费、破产企业催收债务差旅费及其他费用），应于支付有关费用时，按照实际发生额，借记"清算费用"科目，贷记"现金"、"银行存款"等科目。

4. 转让土地使用权、支付职工有关费用的账务处理。

转让土地使用权、支付离退休职工有关费用和职工安置费，应分别以下情况进行处理：

（1）转让土地使用权，按其实际转让收入，借记"银行存款"科目，按其账面价值，贷记"无形资产"科目（如土地原评估后记入"固定资产"科目的，应贷记"固定资产"科目），按实际转让收入与账面价值的差额，贷记"土地转让收益"科目；转让原无偿划拨的土地，应按实际转让收入，借记"银行存款"科目，贷记"土地转让收益"科目；转让土地使用权应缴纳的有关税费，借记"土地转让收益"科目，贷记"应交税费"等科目。

（2）从土地使用权转让所得中支付未参加养老、医疗社会保险的离退休职工的离退休费和医疗保险费,以及对自谋职业的职工支付一次性安置费,按实际支付金额,借记"土地转让收益"科目,贷记"现金"、"银行存款"等科目。

(3) 土地使用权转让所得不足支付职工安置费,以其他破产财产支付职工安置费,按实际支付金额,借记"清算损益"科目,贷记"现金"、"银行存款"等科目。

5. 清偿债务的账务处理

破产财产收入优先支付破产费用后,按法定的顺序清偿债务,应分别以下情况进行处理:

(1) 支付所欠职工工资和社会保险费等,按照实际支付金额,借记"应付工资"、"应付福利费"等科目,贷记"现金"、"银行存款"科目。在清算过程中发生的支付给职工的各种费用,应直接计入清算费用,不通过"应付工资"、"应付福利费"科目核算。

(2) 缴纳所欠的税费,按实际缴纳的金额,借记"应交税费"、"其他应交款"科目,贷记"银行存款"等科目。

(3) 清偿其他破产债务,按实际清偿各种债务的金额,借记"应付票据"、"其他应付款"、"借款"等有关科目,贷记"现金"、"银行存款"等科目。

6. 结转清算损益

清算终结时,应将有关科目的余额转入清算损益。

(1) 将"清算费用"科目的余额转入清算损益,借记"清算损益"科目,贷记"清算费用"科目。

(2) 将土地使用权转让净收益转入清算损益,借记"土地转让收益"科目,贷记"清算损益"科目。

(3) 将需要核销的各项资产、不能抵扣的期初进项税额转入清算损益,借记"清算损益"科目,贷记"材料"、"产成品"、"无形资产"、"投资"、"应交税费"等科目。

(4) 将应予注销的不再清偿的债务转入清算损益,借记"应付票据"、"其他应付款"、"借款"等科目,贷记"清算损益"科目。

(5) 破产财产按照法定顺序清偿后的剩余部分,按规定应上缴主管财政机关(或同级国有资产管理部门)。上缴时,应按实际上缴的金额,借记"清算损益"科目,贷记"银行存款"等科目。如实际清算收入小于清算费用,应立即终止清算程序,未清偿的破产债务不再清偿,有关清算费用、清算损益的结转按上述规定处理。

(三)会计报表

清算组接管破产企业财产后,应按以下规定编制会计报表(报表格式及编制说明附后),并报受理破产的人民法院、主管财政机关和同级国有资产管理部门:

1. 清算开始时,将有关科目余额转入有关新账后,应当编制清算资产负债表。

2. 清算期间,应当按照人民法院、主管财政机关和同级国有资产管理部门规定的期限编制清算资产负债表、清算财产表、清算损益表。

3. 清算终结时,应当编制清算损益表、债务清偿表。

(四)会计档案移交

清算终结后,清算组应当将接收的会计账册等会计档案连同在清算期间形成的会计档案一并移交破产企业的业务主管部门或者人民法院,由业务主管部门或者人民法院指定有关单位保存。

会计档案保管要求和保管期限应当符合《会计档案管理办法》的规定。

附:会计报表格式及编制说明(表12.1—表12.4)

表 12.1　　　　　　　　　　清算资产负债表　　　　　　　　　　会清01表
编制单位:　　　　　　　　　　　　　　　　　　　　　　　　　　单位:元

资产	行次	账面金额	预计可实现净值	债务及清算净损益	行次	账面金额	确认数
用作担保的资产:				有担保的债务:			
……	1			……	51		
	2				52		
	3				53		
	4				54		
	5				55		
	6				56		
	7				57		
	8				58		
	9				59		
	10				60		
	11				61		
	12				62		
	13				63		
	14				64		
	15				65		
	16				66		
	17				67		
	18				68		
	19				69		
合计	20			小计	70		

续表

资产	行次	账面金额	预计可实现净值	债务及清算净损益	行次	账面金额	确认数
普通资产：				普通债务：			
货币资金	21			应付员工费用	71		
应收款项	22			应付税款	72		
实物资产	23			其他普通债务	73		
有转让价值的无形资产	24			……	74		
……	25				75		
	26				76		
	27				77		
	28				78		
	29				79		
	30				80		
	31				81		
	32				82		
	33				83		
	34				84		
	35				85		
	36				86		
	37				87		
	38				88		
	39				89		
	40				90		
	41				91		
	42				92		
	43				93		
	44				94		
	45				95		
	46				96		
	47			小计	97		
	48			债务合计	98		
合计	49			清算净损益：			
				清算净收益（清算净损失以"-"号表示）	99		
资产合计	50			债务及清算净损益总计	100		

第十二章 企业清算的会计与税务问题

表 12.2　　　　　　　　　　　　　清算财产表　　　　　　　　　　会清 01 表附表

编制单位：　　　　　　　　　　　　　　　　　　　　　　　　　　　　单位：元

财产项目	行次	期初账面金额	预计变现金额	本期变现金额	期末账面金额
用作担保的财产：					
货币资金：					
银行存款	1				
有价证券：					
国库券	2				
企业债券	3				
股票	4				
实物资产：					
房屋	5				
设备	6				
车辆	7				
……	8				
	9				
	10				
	11				
	12				
	13				
	14				
	15				
合计	16				
普通财产：					
货币资金：					
现金	17				
银行存款	18				
有价证券：					
国库券	19				
企业债券	20				
股票	21				
各项债权：					
应收票据	22				
应收款	23				
……	24				
	25				
	26				
	27				
	28				
	29				
	30				
	31				
	32				
	33				
	34				

续表

财产项目	行次	期初账面金额	预计变现金额	本期变现金额	期末账面金额
	35				
	36				
	37				
	38				
	39				
	40				
实物资产:					
房屋	41				
设备	42				
车辆	43				
……	44				
	45				
	46				
	47				
	48				
	49				
	50				
	51				
	52				
	53				
	54				
	55				
	56				
	57				
	58				
	59				
	60				
有转让价值的无形资产:					
土地使用权	61				
专利权	62				
……	63				
	64				
	65				
	66				
	67				
	68				
合计	69				
资产总计	70				

表 12.3　　　　　　　　　　　　　　清算损益表　　　　　　　　　　　　　　会清 02 表

编制单位：＿＿年＿＿月＿＿日　　　　　　　　　　　　　　　　　　　　　　单位：元

	行次	预计数	本期数	累计数
一、清算收益（清算损失以"－"号表示）	1			
二、清算费用	2			
1. 职工生活费	3			
2. 诉讼费	4			
3. 设备设施维护费	5			
4. 审计评估费	6			
5. 财产保管费	7			
……	8			
……	9			
	10			
	11			
……	12			
	13			
	14			
	15			
	16			
	17			
	18			
	19			
	20			
三、土地转让净收益	21			
其中：土地转让收入	22			
安置职工支出	23			
四、清算净收益（清算净损失以"－"号表示）	24			

表 12.4　　　　　　　　　　　　　　债务清偿表　　　　　　　　　　　　　　会清 03 表

编制单位：＿＿年＿＿月＿＿日　　　　　　　　　　　　　　　　　　　　　　单位：元

债务项目	行次	账面金额	确认金额	偿还比例	实际需偿还金额	本期偿还金额	累计偿还金额	尚未偿还金额
有担保的债务：								
×企业	1							
……	2							
……	3							
	4							
	5							
	6							
	7							
	8							
	9							
小计	10							

续表

债务项目	行次	账面金额	确认金额	偿还比例	实际需偿还金额	本期偿还金额	累计偿还金额	尚未偿还金额
普通债务：								
应付职工工资	11							
其中：工资	12							
劳动保险费	13							
……	14							
	15							
	16							
	17							
应付税款	18							
	19							
	20							
	21							
	22							
	23							
	24							
其他普通债务	25							
其中：×企业	26							
……	27							
	28							
	29							
	30							
	31							
	32							
	33							
	34							
	35							
	36							
	37							
	38							
	39							
	40							
	41							
	42							
	43							
	44							
	45							
	46							
	47							
	48							
小计	49							
合计	50							

补充资料：实际上缴的清算净收益_____元。

清算资产负债表编制说明：

一、本表是反映被清算企业在清算报表日的资产、负债和清算净损益情况的报表。

二、本表"账面金额"栏反映被清算企业清算报表日的资产、负债和清算净损益的账面金额。"预计可实现净值"栏反映在清算报表日预计的资产可出售价格或者该项资产可以抵偿债务的金额；"确认数"栏反映债务清理中重新确认的债务的金额。

三、本表的资产部分分为"用作担保的资产"和"普通资产"两大类，并在各大类项下分项填列。用作担保的资产的预计可实现净值高于相关债务的部分应视为普通资产，填列在普通资产类的"预计可实现净值"栏内。

四、本表的"债务"部分分为"有担保的债务"和"普通债务"两大类。对于有担保的债务高于用作担保的资产的预计可实现净值的部分应作为普通债务，填列在普通债务类的"确认数"栏内。

五、"清算净收益"项目反映被清算企业清算报表日的清算净收益，如为清算净损失以"－"号表示。本项目应根据"清算损益"科目的余额填列。

六、本表有关项目的关系如下：

1. 20 行 + 49 行 = 50 行。
2. 1 行至 19 行之和 = 20 行。
3. 21 行至 48 行之和 = 49 行。
4. 51 行至 69 行之和 = 70 行。
5. 71 行至 96 行之和 = 97 行。
6. 70 行 + 97 行 = 98 行。
7. 98 行 + 99 行 = 100 行。
8. 50 行 = 100 行。

清算财产表编制说明：

一、本表是反映被清算企业在清算期间财产的期初账面金额、预计可变现金额、本期变现金额和期末账面金额的报表。

二、本表有关栏目说明如下：

1. "期初账面金额"栏，反映被清算企业在清算期间各项资产的期初账面净值。

2. "预计可变现金额"栏，反映被清算企业各项资产预计可变现的金额。

3. "本期变现金额"栏，反映被清算企业各项资产本期实际变现的金额。

4. "期末账面金额"栏，反映被清算企业在清算期间各项资产的期末账面净值。

三、本表的项目应区分为"用作担保的财产"和"普通财产"两大类，每一大类项下还应区分为若干小类。

四、本表有关项目和栏目的关系如下：

1. 1 行至 15 行之和 = 16 行；
2. 17 行至 68 行之和 = 69 行；
3. 16 行 + 69 行 = 70 行；
4. "期初账面金额"栏 – "本期变现金额"栏 = "期末账面金额"栏。

清算损益表编制说明：

一、本表是反映被清算企业在清算期间发生的清算收益、清算损失、清算费用等情况的报表。

二、本表有关项目的内容及填列方法说明如下：

1. "清算收益"项目，反映被清算企业在处置破产财产过程中取得的资产的变卖收入超过资产的账面价值所发生的收益和重新确认债务中发生的负债的减少金额等，以及在处置破产财产过程中取得的资产的变卖收入小于资产的账面价值所发生的损失、不能收回的应收款项和重新确认债务中发生的负债的增加金额等。本项目应根据"清算损益"科目的发生额分析填列。

2. "清算费用"项目，反映企业在破产清算中支付的各种破产清算费用。

3. "土地转让净收益"项目，反映转让土地使用权取得的收入减去以此收入支付的职工安置费等支出后的净收益。

4. "清算净收益"项目，反映清算收益减去清算费用加上土地转让净收益后的余额。

三、本表有关项目的关系如下：

1. 3 行至 20 行之和 = 2 行；
2. 1 行 – 2 行 + 21 行 = 24 行。

债务清偿表编制说明：

一、本表是反映被清算企业债务偿还情况的报表。

二、本表应按"有担保的债务"和"普通债务"分类设项。

三、本表有关项目和栏目的关系如下：

1. 1 行至 9 行之和 = 10 行；
2. 11 行 + 18 行至 25 行之和 = 49 行；
3. 10 行 + 49 行 = 50 行；
4. "普通债务的确认金额"栏 × "普通债务的偿还比例"栏 = "普通债务的实际需偿还金额"栏；
5. "实际需偿还金额"栏 – "累计偿还金额"栏 = "尚未偿还金额"栏。

第三节　企业清算的税收问题

企业清算的所得税处理是指企业在不再持续经营，发生结束自身业务、处置资产、偿还债务以及向所有者分配剩余财产等经济行为时，对清算所得、清算所得税、股息分配等事项的处理。《财政部关于企业清算业务若干所得税问题的通知》（财税〔2009〕60号），对企业所得税清算作了原则性规定，许多实务问题不甚明确，本节着重于实务操作，主要从清算所得税的计算及税务管理两方面进行探讨。

一、需进行清算所得税处理的企业范围

1. 按《公司法》、《中华人民共和国企业破产法》（以下简称"《企业破产法》"）等规定需要进行清算的企业。根据《公司法》规定，除公司合并或分立外，其他解散情形必须进行清算。

2. 视同清算，即企业重组中需要按清算处理的企业。根据《财政部关于企业清算业务若干所得税问题的通知》（财税〔2009〕60号）规定，适用特殊税务处理原则的重组业务，不作所得税清算处理。对适用一般重组税务处理原则进行的改组业务，不需要履行上述清算程序，但需要视同清算进行所得税处理。视同清算的企业其作为独立纳税人的全部税务事项（包括尚未弥补的亏损、正在享受的税收优惠等）均应终止，不得结转到接受资产的企业继续享有或承继。

（1）企业由法人转变为个人独资企业、合伙企业等非法人组织，或将登记注册地转移至中华人民共和国境外（包括港、澳、台地区），应视同企业进行清算、分配，股东重新投资成立新企业。相应地，企业的全部资产的计税基础均应以公允价值为基础确定。

（2）被合并企业应视同清算进行所得税处理，相应地，合并企业应按公允价值确定接受被合并企业各项资产和负债的计税基础。

（3）被分立企业不再继续存在时，被分立企业应按清算进行所得税处理，相应地，分立企业应按公允价值确认接受资产的计税基础。

二、清算所得的税法表述

企业应将整个清算期作为一个独立的纳税年度，按年度计算清算所得。《企业所得税法实施条例》第十一条规定，清算所得是指企业的全部资产可变现价值或者交易价格减除资产净值、清算费用以及相关税费等后的余额。原《企业所得税暂行条例实施细则》第四十四条规定，清算所得是指纳税人清算时的全部资产或者财产扣除各项清算费用、损失、负债、企业未分配利润、公益金和

公积金后的余额，超过实缴资本的部分。

由于"资产=负债+净资产"，因此《企业所得税法实施条例》对清算所得的计算方法与原《企业所得税暂行条例实施细则》的规定实际是一致的，只是表述不同而已。不过新税法表述更严谨，考虑了会计与税法差异项目的纳税调整问题。其中的资产净值不是指账面价值，而是指资产的计税成本（计税基础净值）。

三、计算清算应纳税额的若干问题

（一）清算收入总额

《财政部关于企业清算业务若干所得税问题的通知》（财税〔2009〕60号）规定："企业的全部资产可变现价值或交易价格，减除资产的计税基础、清算费用、相关税费，加上债务清偿损益等后的余额，为清算所得。"

对解散、注销的企业，注销收入必须按照实际交易价格计算，其中资产转让给关联方的，应当按照独立交易原则确定交易价格。对不经过解散而注销的企业，需要视同清算，计算清算所得税的，按照资产的可变现价值确定清算收入。

（二）资产处置环节流转税等税费的处理

企业清算虽然不属于生产经营期，但其资产处置行为，仍需按规定缴纳增值税、消费税、营业税、资源税、土地增值税、印花税等，根据《财政部、国家税务总局关于房产税、城镇土地使用税有关问题的通知》（财税〔2008〕152号）规定，纳税人因房产、土地的实物或权利状态发生变化而依法终止房产税、城镇土地使用税纳税义务的，其应纳税款的计算应截止到房产、土地的实物或权利状态发生变化的当月末。因此，企业在清算期间，截至房地产交付的当月末仍需缴纳房产税和城镇土地使用税。除增值税外，其他税费均可在计算清算所得时扣除。企业的清算收入不含增值税。

（三）清算期间资产盘盈、盘亏的税务处理

清算期间，资产盘盈、盘亏应当计入清算所得。清算期间不能收回的应收款项应作为坏账损失处理。根据《国家税务总局关于发布〈企业资产损失税前扣除管理办法〉的通知》（国家税务总局2011年第25号公告）规定，坏账损失、资产盘亏等损失应采取专项申报方式将相关资料呈报主管税务机关备案，未经报备的资产损失不得在计算清算所得时扣除。

（四）应付未付款项是否并入所得征税问题

企业清算前已确定不需支付的应付款项，应并入生产经营所得征税。企业

清算期间确定的不需支付的应付款项,需并入清算所得征税。企业清算期间应支付但由于清算财产不足以偿还的未付款项,无需并入清算所得征税。盈余公积和资本公积属于股东权益,不计入清算所得。

(五) 对递延所得、商誉、递延所得税资产、预提和待摊费用的处理

应当分期确认所得的项目(如政府补助等),剩余未确认所得的金额,必须一次性并入清算所得;对于生产经营期间预提的各项费用(不含递延所得税负债)不再支付的,必须并入清算所得;其他待摊费用(如按3年平均扣除的企业筹办费、房屋装修费等)按照剩余计税基础扣除;非同一控制下的企业合并形成的商誉,在生产经营期间不得摊销扣除,在计算清算所得时一次性扣除。递延所得税资产与应纳税所得额无关,其计税基础为零。

对于以收入为基础确定扣除限额的广告宣传费,不得结转到清算期间扣除。在清算期间发生的业务招待费属于与清算所得有关的费用,因其与生产经营无关,所以不受比例限制,全额扣除。

(六) 清算所得能否弥补以前年度亏损

《企业所得税法》第五十三条规定,企业依法清算时,应当以清算期间作为一个纳税年度。《企业所得税法》第十八条规定,企业每一纳税年度发生的亏损,准予向以后年度结转,用以后年度的所得弥补,但结转年限最长不得超过5年。根据上述规定,由于清算期间也是一个独立的纳税年度,因此以前年度的亏损可以用以后纳税年度(包括清算期间)的所得弥补。

也可以这样理解,企业的清算所得可以看作是企业资产潜在的、尚未征收过企业所得税的增值部分。如果企业在关闭清算前,将全部资产出售,或者将无需支付的负债确认为所得,那么在总应纳税所得不变的前提下,清算所得就会转变为经营所得。基于此,财税〔2009〕60号第三条第(四)项规定"依法弥补亏损,确定清算所得。"

(七) 清算所得的适用税率

清算期间不属于正常的生产经营期间,不能享受法定减免税优惠(包括定期减免优惠、小型微利企业优惠税率、高新技术企业优惠税率、"5+1"地区过渡税率等),一律适用基本税率25%。

当然,清算期间收到符合条件的权益性投资收益、国债利息的免税收入仍然可以享受免税优惠。

(八) 清算所得税的计算公式

应纳所得税额 = 清算所得 × 25%

清算所得 = 资产(含盘盈资产)变现收入 − 清算费用 − 资产计税基础净值 − 清算相关税费 ± 其他纳税调整额 − 弥补以前年度亏损

其中，资产变现收入是指处置资产不含增值税的收入。财产过户给股东的，按照公允价作为变现收入处理。其他纳税调整事项包括递延所得、因债权人的缘故无需或无法支付的款项、符合条件的权益性投资收益、国债利息等。

四、清偿职工薪酬的个人所得税处理

企业向职工清偿欠发工资，以及与职工解除劳动合同而支付的一次性补偿金应当按照工资薪金所得扣缴个人所得税。依据《国家税务总局关于个人因解除劳动合同取得经济补偿金征收个人所得税问题的通知》（国税发〔1999〕178号）、《财政部、国家税务总局关于个人与用人单位解除劳动关系取得的一次性补偿收入征免个人所得税问题的通知》（财税〔2001〕157号）规定，个人因与用人单位解除劳动关系而取得的一次性补偿收入（包括用人单位发放的经济补偿金、生活补助费和其他补助费用），按照国家和地方政府规定的比例实际缴纳的住房公积金、医疗保险费、基本养老保险费、失业保险费，可以在计征其一次性补偿收入的个人所得税时予以扣除。其余部分在当地上年职工平均工资3倍数额以内的部分，免征个人所得税；超过的部分除以个人在本企业的工作年限数，以其商数作为个人的月工资、薪金收入，按照税法规定计算缴纳个人所得税。个人在本企业的工作年限数按实际工作年限数计算，超过12年的按12年计算。此外，企业依照国家有关法律规定宣告破产，企业职工从该破产企业取得的一次性安置费收入，免征个人所得税。

五、被清算企业股东的税务处理

企业股东从被清算企业分得的剩余财产的金额，其中相当于被清算方累计未分配利润和累计盈余公积中按该股东所占股份比例计算的部分，应确认为股息所得；剩余资产扣除股息所得后的余额，超过或低于企业投资成本的部分，应确认为企业的投资转让所得或损失。清算企业的累计未分配利润和累计盈余公积是指清算前的留存收益与清算期间实现的税后留存收益（或损失）之和。被清算企业的股东取得的股息所得和投资转让所得应区别情况处理：

1. 居民纳税人。居民纳税人从境内直接投资的另一居民纳税人（被清算企业）取得的股息所得，免征企业所得税。依据《财政部关于企业资产损失税前扣除政策的通知》（财税〔2009〕57号）规定，因被投资企业清算导致投资方发生的股权处置损失，可以在计算应纳税所得额时直接扣除。

股权转让所得或损失 = 清算分配额 − 股息所得 − 投资计税基础

投资计税基础是指为取得该项投资资产支付的对价，包括现金、非现金资产公允价、权益工具的公允价、承担债务金额、相关税费等。相关税费是指投资方以非现金资产对外投资视同销售缴纳的增值税销项税额，以不动产、无形资产作为对价，取得被投资方持有第三方的股权，应纳的营业税及附加、土地

增值税，由于投资时已获得税前扣除，因此不得计入投资资产的计税基础，否则会导致转让股权时重复扣除。被投资方用资本溢价（或股本溢价）转增资本（或股本），不得计入投资资产的计税基础。被投资方用留存收益或者其余的资本公积转增资本，视同追加投资，应当计入投资资产的计税基础。

2. 非居民纳税人。非居民纳税人取得的股息所得或投资转让所得需要缴纳的预提所得税由清算企业负责代扣代缴。依据《财政部、国家税务总局关于企业所得税若干优惠政策的通知》（财税〔2008〕001号）文件规定，2008年1月1日之前外商投资企业形成的累积未分配利润，在2008年以后分配给外国投资者的，免征企业所得税；2008年及以后年度外商投资企业新增利润分配给外国投资者的，依法缴纳企业所得税。

非居民纳税人取得的股息所得应纳预提所得税＝股息所得×适用税率

（公式一）

非居民纳税人取得的投资转让所得应纳预提所得税＝（清算分配额－股息所得－投资计税基础）×适用税率 （公式二）

公式一中的股息所得仅指外商投资企业2008年及以后年度实现的留存收益归属于外国投资者的部分。公式二中的股息所得是指外商投资企业实现的全部留存收益归属于外国投资者的部分。

适用税率为10%，税收协定（或安排）中明确了优惠税率的，从其规定。非居民纳税人应纳的预提所得税由清算企业负责代扣代缴。

3. 外籍个人。依据《财政部、国家税务总局关于个人所得税若干政策问题的通知》（财税〔1994〕20号）规定，外籍个人从外商投资企业取得的股息所得免征个人所得税。外籍个人从外商投资企业取得的投资转让所得依法征收个人所得税。

4. 居民个人。自然人股东从被清算企业分得的剩余财产的金额，不再区分股息所得和股权转让所得，一律按照"财产转让所得"计算个人所得税，允许扣除的计税基础包括留存收益转增实收资本的金额。自然人股东应纳税额由清算企业负责代扣代缴。

六、清算企业税务管理办法

根据《企业所得税法》第五十五条、《国家税务总局关于企业清算所得税有关问题的通知》（国税函〔2009〕684号）等文件规定，企业在年度中间终止经营活动的，应当自实际经营终止之日起60日内，向税务机关办理当期企业所得税汇算清缴。企业清算时，应当以整个清算期间作为一个纳税年度，依法计算清算所得及其应纳所得税。企业应当自清算结束之日起15日内，向主管税务机关报送企业清算所得税纳税申报表，结清税款。

企业未按照规定的期限办理纳税申报或者未按照规定期限缴纳税款的，应根据《税收征收管理法》的相关规定加收滞纳金。

进入清算期的企业应对清算事项，报主管税务机关备案。

七、清算企业注销税务管理现状与对策

《中华人民和国税收征收管理法实施细则》（以下简称"《税收征收管理法实施细则》"）第十五条、第十六条、第五十条以及《税务登记管理办法》第三十一条规定：纳税人有解散、撤销、破产情形的，在清算前应当向其主管税务机关报告，未结清税款的，由其主管税务机关参加清算。税务注销清算是企业法人注销清算的必经前置程序，企业在申请注销法人工商登记前必须向原税务登记机关申报办理注销税务登记，注销税务登记前应当向税务机关提交相关证明文件和资料，结清应纳税款、多退（免）税款、滞纳金和罚款，缴销发票、税务登记证件和其他税务证件，经税务机关核准后，办理注销税务登记手续。

实际操作中主要有三类现象：一是企业在办理清算前事先注销税务登记，税务人员把注销前对生产经营期间的税务检查误以为是公司清算；二是企业提前清算，将资产处置，未申报纳税，不办理税务登记和工商登记手续，逃之夭夭；三是企业因违规经营等原因被工商等部门吊销营业执照或取消有关资格而发生解散、终止经营，但长期不清算。

由于企业未经清算提前办理税务登记注销的现象普遍存在，应作以下几方面规范管理：

第一，加强税收征管人员对公司清算程序、会计及税收政策的学习，吃透政策精神。

第二，制定统一规范的《企业注销税务登记管理办法》，严格按照"先清算、再注销"的税务管理流程办理注销手续。

第三，税务部门与房管、国土、工商等管理部门应该建立长期固定的合作协调机制和定期的信息沟通机制，采取"先完税，再权证"、"先注销税务登记，再注销工商登记"等管理办法，从源头上加强监管。

第四，强化税务考核和执行监督，确保税收政策和管理措施落实到位。

八、案例分析

[案例12.1]

1. 基本案情：甲公司（由 A 公司、B 先生投资组建）于 1999 年 1 月 1 日成立，2009 年 9 月 30 日，经营期届满，股东会决议停止经营，解散并注销甲公司。为注销甲公司，企业办税员做了以下工作：

（1）将 2009 年 1 月 1 日至 2009 年 9 月 30 日作为一个纳税年度办理企业所得税汇算清缴；

（2）缴清所有欠税、欠费，并缴销发票和税务登记证件等相关手续。

（3）书面申请注销税务登记。

主管税务分局按下列程序注销甲公司税务登记：

（1）对 1999 年 1 月 1 日至 2009 年 9 月 30 日的生产经营情况进行纳税检查，按规定查补税款、加收滞纳金、处以罚款，并追征入库。

（2）注销税务登记。

2. 分析与处理。该企业必须先履行清算手续再申请注销税务登记。

申报债权期之前，税务机关可以向纳税人追缴生产经营期间的税收、滞纳金和罚款（含查补数），申报债权期间，清算组不得向税务机关清偿生产经营期间的税费。清算过程中处置资产产生的流转税、清算所得税等，应作为清算费用优先受偿。生产经营过程中欠缴的税收（含查补数、滞纳金），在支付了清算费用、职工工资、劳动保险费、法定补偿金等后清偿。

B 先生取得的剩余财产分配按"财产转让所得"项目计算个人所得税，税款由甲公司代扣代缴。

甲公司主管税务机关应当对清算分配报告审核确认，A 公司据此作为投资处置业务会计处理的原始凭证。如果 A 公司发生投资转让损失，应当向主管税务机关提供清算分配报告审核确认书，申报财产损失。

3. 案例点评。类似案例在实际操作中普遍存在，应当引起税务机关的足够重视，尽快完善企业解散注销的税务管理流程，依法办理税务登记注销手续。

第十三章

研究结论与对策建议

第一节 研究结论

本书在参考国内外研究成果的基础上,系统研究了资产重组的会计与税务问题,并对现行政策存在的问题及对策进行了深入的探讨。内容包括:

一、对资产重组的概念进行界定

对资产重组的概念进行了探讨。主要观点如下:

1. 从资产重组主体、目的、内容、方法、法律形式等方面看,资产重组是指依据企业的拥有者、企业或企业外部的经济主体之间达成的契约,通过新设、增资、减资、合并、分立、转让、清算等方式对企业集团的组织架构、公司的股权结构、经营业务及相关资产的权属进行重新组合,以期达到公司运营效率最大化,投资资产价值最大化。

2. 从资产重组的业务实质看,资产重组是指企业资产的拥有者、企业的控制者与企业外部的经济主体进行的,对企业资产的分布状态进行重新组合、调整、配置的过程,或对设在企业资产上的权利进行重新配置的过程。

3. 资产重组的法律形式一共有七种,分别是新设公司、增资扩股、股东减资、公司合并、公司分立、股权转让、公司清算。其他诸如兼并、并购、并购重组、增发、配股、借壳、买壳、资产剥离、债转股、回购、股权激励、股份制改造等,是站在不同法律主体的角度对上述七种法律形式的习惯叫法。

4. 资产重组只是一个抽象的概念,实际操作程序需要根据资产重组的具体法律形式而定。

二、会计问题研究结论

1. 通过对购买法和权益结合法的比较认为,两种方法都不是完美无缺的会计政策,各有利弊。笔者的观点是无论是同一控制下的公司合并还是非同一控制下的企业合并,都应当按照独立交易原则进行计价,并按照购买法进行会计核算,这样处理不仅体现公平合理原则,更有利于与税务处理的原则保持一致。

2. 公司分立和公司清算必然会引起相应的会计问题,迄今为止,我国尚未颁布关于分立和清算的会计准则。研究认为,公司分立是按照股东之间的契约对资产、负债的分割行为,被分立企业不需经过清算的程序,股权具有连续性,无论是让产分股式分立,还是让产赎股式分立,对分立企业的企业均应当按照资产、负债的原账面价值入账。

3. 对公司清算期间的会计处理,以清算会计与传统会计理论冲击为切入点,从会计目标、会计对象和会计要素、破产清算会计信息披露的原则及方式等层面阐述了自己的观点。研究认为持续经营假设和权责发生制的核算基础均不适用于清算会计，在清算期间应当以收付实现制作为核算的基础。

4. 通过对国内外商誉会计处理的比较研究认为，我国《企业会计准则第20号——企业合并》对商誉的处理比较符合基本准则有关会计信息质量特征的有关要求。商誉通常不会减值，但又不符合公允价值计量的要求。根据谨慎性原则的要求，商誉以历史成本为原则计量，不准予摊销，但允许计提减值准备，相对于其他国家，是一次实质性进步。

三、税务问题研究结论

1. 系统研究了资产重组会计与税务的差异及协调方法。

2. 系统研究了资产重组工具现行税收政策，详细分析了现行税收政策存在的问题，认为应从利益相关者交易结构来界定资产重组的法律形式，结合现行税收法律、行政法规中体现的立法精神研究资产重组过程中相关法律主体的纳税义务问题，对修订和完善现行资产重组税制提出了较为具体的建议。

3. 结合实际调研，总结了资产重组税务管理的现状和存在的问题，分析研究了关于加强资产重组税务管理办法的各项措施。

4. 研究了资产重组的财务和税收效应，从纳税人的角度研究如何设计资产重组方案，以降低重组成本，防范纳税风险。

第二节 对策建议

一、股权投资业务亟须明确的税收政策

1. 建议明确房地产企业将开发产品临时出租或自用后又对外投资的，视同销售开发产品缴纳土地增值税。对于以自用或出租为目的，后用于股权投资的，免征土地增值税。同时满足下列条件的，视同以自用或出租为目的：

（1）自用或出租满12个月；

（2）房地产企业对自用或出租的开发产品办理了房屋产权登记。

2. 建议明确个人以非现金资产对外投资的纳税义务发生时间为股权转让的当天。

3. 建议明确个人以非现金资产交换方式转让资产的纳税义务发生时间为将换入资产转让的当天。

4. 建议明确居民企业以非现金资产作为对价取得投资资产的计税基础不包括非现金资产转让过程中的相关税费。

5. 建议明确外商投资企业税后利润按照"先赚先分"原则，从最早年度依

次往以后年度推算分配利润的所属年度,并据此计算非居民企业应纳的预提所得税。

6. 建议明确居民企业取得的利润分配无论被投资方是否缴纳企业所得税,一律按股息、红利所得处理。

7. 建议明确居民企业按照《公司法》第三十五条、第一百六十七条规定的分配原则取得的税后分配,可以享受股利、红利所得免税优惠。

8. 建议明确居民企业部分转让股权,按加权平均法计算允许扣除的投资成本。

9. 为了不阻碍企业有合理商业目的的资产重组,如果集团内成员企业间转让股权符合下列条件,税收上可以按照成本价交易,受让方取得股权的计税基础按照成本价确定:

(1) 集团内资产重组具有合理的商业目的;

(2) 直接、间接拥有转让方股权与直接、间接拥有受让方股权的股东相同,即该项股权转让不会导致股东之间的权益发生变动;

(3) 转让方和受让方转让股权适用的企业所得税政策相同(含减免税、适用税率相同),不会因受让方再次向集团以外的单位或个人转让该项股权时减少应纳企业所得税。

二、股权投资业务亟须修订的税收政策

1. 非现金资产对外投资涉及的流转税、土地增值税政策应当统一,建议对不动产、无形资产投资入股视同转让缴纳营业税、土地增值税。

2. 建议废止对特定目标的股权转让征收土地增值税政策,并修订《土地增值税暂行条例》,增补一般反避税条款。

3. 建议取消居民企业持有上市公司流通股不足12个月期间取得的投资收益不得享受免税的规定,同时明确居民企业通过成立合伙企业对其他居民企业投资取得股息、红利所得可以享受免税优惠。

4. 建议将送股与派息区别处理,对留存收益转增股本,不作视同分配处理,也不得追加投资计税基础。投资方以转让股权、申请减资、公司清算方式处置股权时,其收回金额包含留存收益转股的金额,应作为股息所得处理。

5. 建议统一股权处置(转让、减资、清算)时目标公司留存收益的税收待遇,对股权转让价格中所包含的目标公司的留存收益,允许按照股息所得处理,相应的,受让方按照支付对价扣除目标公司账面留存收益后的金额确认计税基础。

6. 建议统一非居民企业转让境内股权应纳企业所得税的缴纳地点,明确为被转让股权所在地税务机关。

7. 建议将代持股业务纳税义务人界定为实名股东。

8. 建议修订《个人所得税法》,增加一般反避税条款。

三、关于股权收购和资产收购业务有关企业所得税政策的修订建议

1. 完善股权收购、资产收购业务有关自然人股东的税务处理办法。
2. 建议对一般重组与特殊重组名称进行修订，用应税重组替代一般重组，用递延重组替代特殊重组。
3. 明确特殊重组条件中计算资产比例的口径，统一按照公允价值计算。
4. 建议修订股权支付额与非股权支付额的划分办法。对价是相对于转让资产的一方而言的，应将转让方取得的对价划分为现金和非现金资产（含投资资产），而不应当站在受让方的角度将对价划分为股权支付额和非股权支付额。即对于具有合理商业目的股权收购、资产收购业务，凡一家公司收购另一家公司75%以上的股权或75%以上的经营性资产，且转让方取得的非现金资产占全部对价的比例达85%，可以享受递延重组待遇。
5. 建议修订股权收购、资产收购适用特殊重组时收购企业、受让企业取得股权资产的计税基础，按下列情形分别处理：

（1）凡以增资扩股方式进行股权收购、资产收购业务的，接受投资企业取得的股权、资产的计税基础按照公允价值确定。

（2）凡以非现金资产交换方式进行股权收购、资产收购业务的，双方取得股权、资产的计税基础均以换出股权、资产的计税基础确定。

（3）股权收购、资产收购涉及补价的，对相关资产的计税基础作相应调整。

6. 研究并推导出股权收购与资产收购涉及补价时有关资产计税基础的计算公式。
7. 建议取消特殊重组中有关主要股东转让股权期限的限制。
8. 建议取消基层税务机关对具体案例采用实质重于形式原则进行判断，以免滥用税法。

四、资本结构调整税收政策修订建议

1. 建议明确同一投资主体内部所属企业之间房地产权属划转的具体范围。
2. 建议明确股权分置改革的非流通股股东支付对价的税务处理，结论是非流通股股东支付对价应当计入非流通股股东的投资成本。
3. 建议明确自然人股东以减资方式取得的资本溢价应当按照财产转让所得项目缴纳个人所得税。
4. 建议明确生产性外商投资企业经营期不满10年，因增资扩股导致外方股权稀释至25%以下，不用补缴已享受的定期减免税。
5. 建议对跨国公司集团内部符合商业目的且不会导致税收流失的资产重组

允许按股权成本价转让。

6. 建议取消央企重组上市允许按评估价值确认资产计税基础的特殊优惠政策。

7. 建议完善股权激励计划有关企业所得税政策，包括上市公司对关联方职工股权激励、上市公司为获取其他方服务的股权激励、拟上市公司以间接持股方式对职工股权激励等相关法律主体的税务处理，并对个人取得限制性股票应纳税所得额的确定方法提出修订建议。

五、对公司合并业务税收政策修订建议

1. 建议将并购商誉比照无形资产处理，在企业剩余的经营期限内平均扣除，经营期超过10年，按10年期限平均扣除。
2. 建议取消一般重组税务处理对合并方享受税收优惠应纳税额的限制。
3. 建议明确母子公司合并注销长期股权投资的税务处理。
4. 建议明确公司合并业务涉及自然人股东的税务处理。
5. 建议明确资产的账面价值与计税基础差异按照据实逐年调整法或综合调整法进行纳税调整。

六、对公司分立业务税收政策修订建议

1. 建议修改公司分立适用特殊重组的条件。
2. 建议取消被分立企业股东取得分立企业股权计税基础的选择权。
3. 建议取消一般重组税务处理对存续企业享受税收优惠的应纳税额的限制。
4. 建议明确公司分立业务涉及自然人股东的税务处理。
5. 建议取消公司分立派生方、新设方承受原企业土地、房屋权属享受免征契税的条件。
6. 建议明确公司分立派生方、新设方承受原企业土地、房屋权属不征土地增值税。

七、建议对清算所得有关收入和扣除项目进行具体明确

1. 对清算收入的界定。
2. 对资产处置环节流转税等税费的处理。
3. 清算期间资产盘盈、盘亏的税务处理。
4. 关于应付未付款项是否并入所得征税问题。
5. 对递延所得、商誉、递延所得税资产、预提和待摊费用的处理。
6. 关于以前年度亏损弥补问题。

7. 关于清算所得的适用税率。

8. 被清算企业股东的税务处理。

9. 针对公司清算税务管理的现状提出具体对策，强调必须先履行清算程序再注销税务登记。

八、关于资产重组税收制度建设的几点思考

（一）建设资产重组税收制度的必要性

资产重组几乎涉及所有税种的征缴与管理问题，有关资产重组的税收政策多数是由国家税务总局或财政部和国家税务总局联合下发，有些是由国家税务总局有关司处以文件批复的形式单独下发的。国家税务总局内设机构有政策法规司、货物和劳务税司、所得税司、财产和行为税司、国际税务司、征管和科技发展司、大企业税收管理司等部门，其中有关业务司又按具体税种分设不同的处室，税收政策出自国家税务总局不同的司处，由于相互之间缺少沟通，对资产重组的法律形式的名称不统一，加之资产重组不同于日常业务，基层税务人员对资产重组知识缺少了解，导致税务人员与纳税人之间、基层税务人员之间、上下级税务机关之间经常产生争议，于是各种批复、解释性文件不断，导致政策频繁变动，一线工作人员应接不暇。

资产重组业务涉及企业资产的拥有者、企业的控制者以及企业外部的经济主体，这些法律主体分布在全国各地，分别由不同地方的国税机关、地税机关负责管理，少数税务机关以本位主体为原则，相互间缺少沟通，加之税务人员年年岗位轮换，很难做到跟踪管理。凡此种种，都是导致资产重组税收管理缺失的根源。

因此，实事求是地分析当前我国资产重组与税收政策之间的矛盾和问题，借鉴国外做法，立足我国实际情况，制定一套完整、系统、规范的资产重组税制，无疑是十分必要的。

（二）制定资产重组税收政策的基本框架

对资产重组业务制定税收政策，应当以资产重组的本质属性——"利益相关者的交易结构"为基础，以我国《公司法》规定的资产重组的法律形式统一口径进行定性，以现行税收法律、行政法规对各个税种的征税范围、纳税义务人等税制要素的相关规定作为依据，对资产重组所涉及的相关法律主体的纳税义务进行具体明确，做到不重不漏。

1. 流转税、资源税、土地增值税、契税征税环节。

增值税、消费税、营业税、资源税、土地增值税、契税的征税范围都是以资产的所有权转让为前提，针对不同的资产适用不同的税种。凡不属于相关暂行条例规定的征管范围，应界定为不征税（非免税）。凡属于相关暂行条例规

定的征税范围，但需给予税收优惠的，应界定为免税或减税项目。

通过前面的分析，我们已经得到结论：任何资产重组的行为，无论叫什么名称，都不外乎《公司法》规定的几种资产重组的法律形式。下面对此作逐一分析：

（1）资产转让必须具备三个要素，即卖方、买方、标的物。在资产转让业务中，应注意股东资产与公司法人财产的区别，两者不得相混淆。卖方只能是资产权属的所有者，买方必须将对价支付给卖方，而不得支付给其他第三方。买方支付对价的方式包括现金、非现金资产（含投资资产）、承担债务、权益工具（本公司股权）。买方以权益工具作为对价的，对卖方来说，应按非现金资产对外投资业务处理。如果买方以未来的劳务作为对价，属于现金支付方式，财务处理上应首先作为应付款项处理，买方在未来确认劳务收入的同时，冲减应付款项。如果买方以承担债务方式作为对价，同样属于现金支付方式，只不过是卖方委托买方代其偿还债务而已。

（2）以非现金资产投资成立新公司，或以增资扩股方式认购股份，或作为对价收购一家公司的股权，其资产的所有权发生转让，是资产转让的一种特殊形式。其中新设公司和增资扩股属于投资行为，而收购股权属于非现金资产交换行为，有关流转税、土地增值税等按照相关暂行条例的有关规定执行。

（3）股权转让业务，是老新股东之间的交易，交易的标的物为目标公司（被转让企业）的股权。目标公司无论公司名称是否变更，其法人财产所有权不变，仍然是目标公司所有，故目标公司不涉及货物、不动产、无形资产转让的税收征缴问题。

（4）公司合并、公司分立，是股东之间的一种契约，而不是合并企业与被合并企业、分立企业与被分立企业之间的契约，交易的标的物是净资产（非资产），对价是支付给股东，而不是合并企业或被分立企业，合并、分立过程中的资产的组合或分割，不属于资产转让行为，不涉及货物、不动产、无形资产转让的税收征缴问题。

（5）公司清算业务，一家公司以清算方式解散，必须经过资产处置、偿还债务、剩余财产分配三个步骤。在公司注销前，被清算企业将资产对外转让，其涉及的货物、不动产、无形资产应当按照税法规定缴纳流转税、资源税、土地增值税等，如果有清算所得，还需缴纳清算所得税。

2. 资产重组所得税政策设计的基本思路。

（1）基本原则。

第一，资产所有权发生转移的设计。按照一般的税收规则，对于非现金资产（含投资资产）的对外转让（包括对外投资、抵偿债务等），只要资产所有权转移，并且取得了确定的交换价值，就应确认有关资产的转让所得或损失。

第二，资产所有权未发生转移的设计。有些资产重组业务（如合并、分立）本身并不是一项经营业务，对企业或其投资者而言，只不过是以不同的形式继续着他们的投资，如果对其投资形式的简单变化要求确认转让所得并征收企业所得税，会对企业资产重组行为造成阻碍。

第三，以投资资产换取投资资产、以非现金资产换取投资资产重组业务的设计。如果交易额在数量上达到一定程度，构成重大资产重组，虽然企业拥有的资产所有权发生了转让，但企业或其股东并没有实现对资产的变现，如果要在交易发生时确认资产转让所得，他们需要另筹资金纳税。基于企业纳税能力的考虑，对构成重大资产重组的资产交易行为且所得为非现金资产的部分，允许递延纳税。

第四，资产重组中反避税的设计。为了防止企业利用资产重组逃避税收，要求对一切不符合商业目的且导致不缴税、少缴税或递延纳税的重组行为，需经过税务机关审核确认，否则必须按照独立交易原则计算有关资产转让所得。

（2）国际借鉴。在绝大多数国家的公司所得税法中，都对企业资产重组制定了特殊的税收规则，这些特殊税收规则一般遵循以下三项基本原则①：

第一是"经济合理原则"。即资产重组行为应当具有合理的商业或经营目的，而不应当纯粹是为了"利用被合并企业的巨额亏损"等达到避税目的。所得税的政策不应该影响企业有正常经营需要的资产重组活动。

第二是"中性原则"。这主要有两层含义：首先，不论企业重组与否，税收待遇应该一样，不应因为重组而有特殊的照顾；其次，经济功能相同或相似的资产重组交易，税收待遇应该一样。比如，企业兼并可以通过收购被兼并企业的净资产的方式实现（吸收合并），也可以通过购买被兼并企业股东持有的全部被兼并企业的股份的方式实现（控股合并）。如果被兼并企业的股东取得的对价都是合并方的股权，虽然形式不同，但经济实质一样，对合并方和被兼并企业的股东制定税收政策时不应该有差别待遇。

第三是"反避税原则"。即通过适当的税收技术措施防止企业以资产重组为名，通过关联交易等，相互转移利润、隐匿转移增值资产或利用其他企业巨额亏损冲减本企业应纳税所得等避税行为。最核心的要求是，如果有关资产中隐含的增值（减值）暂不确认，那么该项资产的计税基础将保持不变，如果会计账务中已依据会计准则的有关规定按评估价值调整有关资产的会计成本，多提（或少提）的折旧、多摊销多计（或少计）的费用，在申报纳税时必须依法进行调整。

（三）资产重组税务管理的对策建议

资产重组具有非经常发生、涉及法律主体众多、金额较大等特点，在制定"资产重组税收制度"同时，还应当针对实际操作中可能存在的漏洞制定一部切实可行的"资产重组税务管理办法"，以阻塞任何可能存在的每一道税收管理缝隙。管理的核心内容包括：

1. 纳税人应将与投资有关的重要文件报税务机关备案，需要报备的资料包

---

① 董树奎、孙瑞标、陆炜. 税收制度与企业会计制度差异分析及协调. 中国财政经济出版社，2003

括股东协议、验资报告、公司章程、与资产重组有关的股东会决议、被投资方审计年度报告。

2. 对享受税收优惠的资本交易，应重点审核资产重组的合理商业目的和享受税收优惠的硬性条件。

3. 对资本交易的纳税评估与税务检查应注重第三方信息获取来寻找证据。

4. 各地税务机关应当通过情报交换等方法对资产重组业务协同管理。

5. 税务机关应做好资产重组税务档案的管理工作，对递延纳税的资产重组，应以税务档案为载体做好跟踪管理，保证税务管理的连续性。

第十四章

资本交易税收案例分析

第十四章 资本交易税收案例分析

一、股权投资案例

1. 减资、清算与股权转让计算所得税有什么不同？

国家税务总局 2011 年第 34 号公告第五条关于投资企业撤回或减少投资的税务处理中，"相当于被投资企业累计未分配利润和累计盈余公积按减少实收资本比例计算的部分，应确认为股息所得"是否可理解为对原《国家税务总局关于贯彻落实企业所得税法若干税收问题的通知》（国税函〔2010〕79 号）第三条关于股权转让所得确认和计算问题中"企业在计算股权转让所得时，不得扣除被投资企业未分配利润等股东留存收益中按该项股权所可能分配的金额"政策的改变？

答：企业处置股权的方式有转让、减资、清算三种类型。由于股息、红息所得确认的时间为被投资方宣告分配时，因此，国税函〔2010〕79 号文件明确规定，股权转让收入不得扣除转让日投资方享有的留存收益。34 号公告中的"撤回或减少投资"是指企业减资。减资与清算类似，是将股东权益的收回，目标公司的留存收益今后不可能再分配，故在减资、清算时视同分配，确认为股息所得。

2. 外商投资企业清算，账面未分配利润如何进行税务处理？

我是一家合资企业（中国香港），企业于 2020 年 1 月营业期终止，现将我公司的情况说明如下：

我公司于 1999 年成立，投资总额 666 万元人民币，香港公司占 25% 的股权。截至 2019 年 12 月 31 日，累计未分配利润 2 300 万元，其中归属于 2007 年 12 月 31 日之前的未分配利润 800 万元。

请问：我公司都需要上缴哪些税种及税额？另外我公司外方股东是撤资好还是股权转让好。

答：2011 年营业期终止，经营期已满 10 年，不需要补交"两免三减半"的所得税。根据《财政部、国家税务总局关于企业所得税若干优惠政策的通知》（财税〔2008〕001 号）规定，归属于 2007 年底以前实现的未分配利润无论在何时分配或是实际清算时分配给境外，均免征预提所得税。2008 年以后实现的利润在分配或实际清算时分配给境外，需缴纳 10% 的预提所得税，但如果香港股东属于香港居民且符合受益所有人身份，按照《国家税务总局关于印发内地和香港避免双重征税安排文本并请做好执行准备的通知》（国税函〔2006〕884 号）规定可以享受 5% 的优惠税率。中方法人股东取得的分配（含清算分配）根据《关于执行企业所得税优惠政策若干问题的通知》（财税〔2009〕69 号）规定，可以免征企业所得税。清算时需履行清算程序，有关清算所得的计算参见《关于企业清算业务企业所得税处理若干问题的通知》（财税〔2009〕60 号）。

3. 境外公司通过转让境外控股公司股权间接转让境内股权，是否征收预提所得税？

A、D 为国内公司，B、C、E 为中国香港公司。A 公司持有 B 公司 100% 股权、A公司持有D公司60%股权,B公司持有C公司100%股权,C公司持有D公司40%股权。其中C公司没有实质业务,仅持有D公司40%股权,D为房地产项目公司。

目前,B公司拟将持有的C公司100%股权全部转让给E公司。转让前后股权结构如图14.1所示。

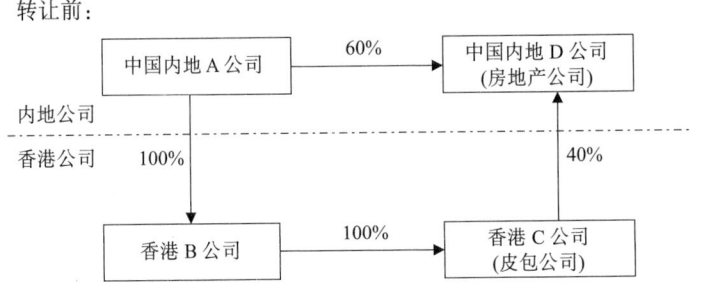

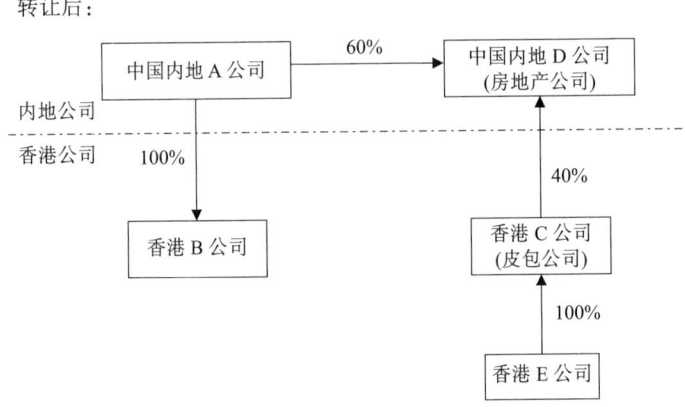

图14.1 股权结构

请问:上述交易在香港是否应该缴纳企业所得税?在内地是否应该缴纳企业所得税?

答:《企业所得税法》规定,境外公司转让境内的股权需要缴纳预提所得税,境外公司转让境外的股权,不征企业所得税,并且香港税务局对股权转让业务也不征企业所得税。

因此,上述业务,如果境外C公司将持有境内D公司40%的股权转让给E公司,则需要按照差额缴纳预提所得税,但境外B公司将境外C公司股权转让给境外E公司,属于境外交易,因为被转让的股权在境外,所以不在境内缴纳预提所得税。

但是,如果香港B公司被认定为非境内注册中资控股企业,则B公司转让香港C公司股权需在我国境内缴纳企业所得税,税率为25%。如果香港B被认定为香港居民,则根据《国家税务总局关于非居民企业间接转让财产企业所得税若干问题的公告》(国家税务总局公告2015年第7号)规定,视为B公司直接转让境内 D 公司 40%股权，需缴纳预提所得税。B 公司的税后利润分配给境内，仍需缴纳 25%的企业所得税。

4. 土地使用权对外投资，资产转让所得日期如何确定？

现将本税务师事务所代理的一家集团公司改制上市涉及的相关情况介绍如下，并请教土地出资的所得税处理问题。

（1）土地使用权的取得。

2016 年 11 月至 2018 年 1 月，某集团有限公司累计付出土地款 14 837 790 元，土地账面价值 14 837 790 元。

2017 年 12 月 7 日，公司与国土资源局签订了国有土地使用权出让合同。

（2）某集团有限公司以土地使用权出资。

2018 年 7 月，某集团有限公司与 A 进出口有限公司向 B 公司进行同比例增资，其中某集团有限公司以土地使用权增资 6 930 万元（根据不动产评估咨询有限公司出具的《土地估价报告》，该项土地使用权评估价值为 7 067 万元）；A 进出口有限公司以货币资金增资 2 970 万元。此次增资已经会计师事务所出具《验资报告》验证，并进行了工商变更登记。此次增资后 B 公司的股权结构为：某集团有限公司出资 7 000 万元，占注册资本的 70%；A 进出口有限公司出资 3 000 万元，占注册资本的 30%，股权结构如图 14.2 所示。

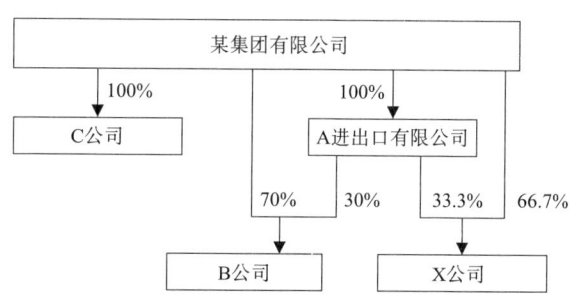

图 14.2　股权结构

某集团有限公司对 B 公司此次增资会计核算的具体会计分录如下：

借：长期股权投资——B 公司　　　　　　69 300 000
　　贷：无形资产——土地　　　　　　　　　14 837 990
　　　　资本公积　　　　　　　　　　　　54 462 010

土地的账面价值为 14 837 790 元，将增资额 69 300 000 元与土地账面价值的差额 54 462 010 元计入资本公积，即账面上的土地评估增值额。

（3）C 公司吸收合并 B 公司。

2020 年 3 月，某集团有限公司全资子公司 C 公司作出决定，由 C 公司吸收合并 B 公司。2020 年 8 月 8 日，C 公司与 B 公司签订吸收合并协议，约定由 C 公司以承担 B 公司全部负债同时接受其全部资产、权益的方式整体吸收合并 B 公司，合并完成后 B 公司注销法人地位，C 公司继续存续经营，注册资本增至 20 000 万元。吸收合并后，C 公司的股权结构为：某集团有限公司出资 17 000

万元，占注册资本的85%；A进出口有限公司出资3 000万元，占注册资本的15%，股权结构如图14.3所示。

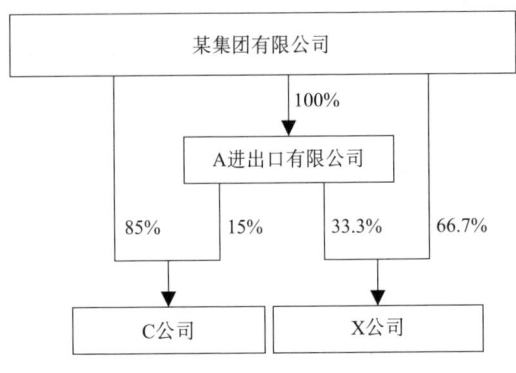

图14.3　股权结构

截至合并基准日2020年4月30日，B公司土地使用权的账面价值为67 530 660元，C公司亦以该账面价值入账记入"无形资产——土地"，按照土地使用权的剩余使用年限进行摊销核算。

2020年10月，某集团有限公司与A进出口有限公司签订股权转让协议，约定由A进出口有限公司将其持有的C公司15%股权以3 000万元的价格转让给某集团有限公司。同月，C公司对此次股权转让行为进行了工商变更登记。本次转让完成后，C公司再次成为某集团有限公司全资子公司，股权结构如图14.4所示。

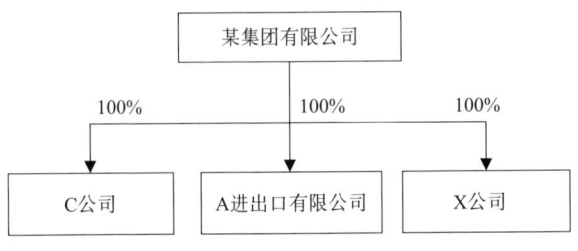

图14.4　股权结构

C公司吸收合并完B公司后对土地使用权进行了过户，现土地使用权人为C公司。

由于C公司为某集团的全资子公司，该土地经几次转让仍在某集团公司100%控股子公司内部，没有对外处置。

问题一：对某集团有限公司投资B公司的土地增值部分是否需要缴纳企业所得税？如果缴纳，纳税义务发生应在什么时间？

问题二：本项纳税义务如果成立，某集团有限公司自己发现并主动缴纳税款，其滞纳金是否应缴纳？

问题三：该集团整体上市，有什么依据可以参考从而不需缴纳此税款？或者缴纳税款但不缴纳滞纳金，以免影响上市进程。

答：根据《中华人民共和国企业所得税法实施条例》第二十五条规定，以土地出资应当视同销售计算资产转让所得，土地转让收入确认时间应当是办理土地过户的当天。但根据《财政部、国家税务总局关于非货币性资产投资企业所得税政策问题的通知》（财税〔2014〕116号）规定，纳税人可以选择按5年平均确认资产转让所得。该项所得确认的时间应当是2018年度。

公司应当按照上述方法确认应税所得的归属年度，并从汇算清缴期满的次日起计算滞纳金。

根据《财政部、国家税务总局关于企业重组业务企业所得税处理若干问题的通知》（财税〔2009〕59号）规定，C公司吸收合并B公司可适用特殊性税务处理办法，即B公司不确认资产转让所得，C公司取得B公司资产的计税基础按照原计税基础结转。但需注册，适用特殊重组后，被合并企业B公司的原股东A进出口公司不得在12个月转让持有C公司的股权，否则合并业务将改按一般性税务处理。不过，就本例而言，因A出口公司是集团公司的全资子公司，A进出口公司将持有C公司的股权转让给集团，并非对外转让，且属于关联方交易，如果A公司的企业所得税税负小于或等于集团公司企业所得税税负，总体上不会导致国家税收减少，即便改按一般性税务处理，也无需作纳税调整。

5. 外商投资性公司用被投资企业取得的税后利润在境内直接再投资，是否征收预提所得税？

我公司是一家外商投资性公司，本公司从其他参股公司取得的税后利润在境内直接再投资。最近，我们在与主管税务机关和税务中介机构的讨论中，有关外商投资居民企业境内投资收益，在境内再投资的税收政策应该如何掌握问题，观点差异比较大。

外商投资性公司有关会计核算账务处理说明如下：

（1）境内股权投资，作如下分录：

借：长期股权投资——其他股权投资
　　贷：银行存款

（2）长期股权投资收益：（权益法）

①被投资单位当年实现的净利润，投资公司按应分享的份额作如下分录：

借：长期股权投资——其他股权投资
　　贷：投资收益

②被投资单位股利分配，作如下分录：

借：应收股利
　　贷：长期股权投资——其他股权投资

③收到分配的股利，作如下分录：

借：银行存款
　　贷：应收股利

（3）投资收益境内直接再投资，作如下分录：

借：长期股权投资——其他股权投资

贷：银行存款

（4）期末，投资收益科目余额转账，作如下分录：

借：投资收益

　　贷：本年利润

为了规范掌握相关政策，完善操作，特以下例请教：

[**例 14.1**]　外商独资企业 A 公司以自有资金向境内居民企业 B 作长期股权投资，属于内资。2008 年以后取得的境内投资收益免税。现在企业 A 将该收益直接在境内再投资企业 C。

A 企业有权自行支配自有资金的投资收益。C 的投资者是 A，而非 A 的境外投资者（非居民企业），所以应该不涉及 A 的境外投资者 10% 的预提所得税。

请问：我的理解是否正确？

答：你的理解完全正确。外商投资性公司属于居民企业，从境内参股公司取得的税后分配，免征预提所得税。只有外商投资性公司将税后利润分配给境外非居民企业才需要缴纳预提所得税。

6. 股权出资是否视同销售计算资产转让所得？

2019 年 5 月，北京的 A 公司和 B 公司在本地共同投资设立甲公司。甲公司注册资本 4 000 万元，其中 A 公司以现金和设备、无形资产投资 2 400 万元，持股比例 60%；B 公司以现金投资 1 600 万元，持股比例 40%。

2020 年 3 月，经甲公司股东会决议同意，A 公司用所持有的甲公司的股份和 C 公司共同投资成立乙公司，乙公司的注册资本为 5 000 万元，其中 A 公司以所持有的甲公司股份评估作价 6 500 万元，持股比例 65%；C 公司用现金 3 500 万元投入，持股比例 35%。A 公司和 C 公司约定，双方投资额按持股比例分别计入乙公司的"实收资本"和"资本公积"中。

故乙公司成立后，A 公司持有乙公司 65% 的股权，乙公司持有甲公司 60% 的股权。

请问：乙公司成立后，A 公司就甲公司评估增值额 6 500 − 2 400 = 4 100 万元是否需要缴纳企业所得税？该增值额能否计入 A 公司的"资本公积"科目？

答：A 公司出资 2 400 万元，占甲公司 60% 股权，评估作价 6 500 万元投资于乙公司，占 65% 股权。

A 公司用甲公司 60% 的股权（成本 2 400 万元）评估作价（6 500 万元）投资于乙公司，根据《企业所得税法实施条例》第 25 条、《关于企业处置资产所得税处理问题的通知》（国税函〔2008〕828 号）规定，应视同销售计算资产转让所得。

A 公司的分录为：

借：长期股权投资——乙公司　　　　　　　　　　　65 000 000
　　贷：长期股权投资——甲公司　　　　　　　　　24 000 000
　　　　投资收益　　　　　　　　　　　　　　　　41 000 000

该 4 100 万元应当缴纳企业所得税。

乙公司分录为：

借：长期股权投资——甲公司　　　　　　　　　65 000 000
　　贷：实收资本　　　　　　32 500 000（50 000 000×65%）
　　　　资本公积——资本溢价　　　　　　　　32 500 000

乙公司取得甲公司65%股权的计税基础按照公允价值6 500万元确定。

甲公司分录为：

借：实收资本——A公司　　　　　　　　　　　24 000 000
　　贷：实收资本——乙公司　　　　　　　　　24 000 000

根据《财政部、国家税务总局关于企业重组业务企业所得税处理若干问题的通知》（财税〔2009〕59号）及《财政部、国家税务总局关于促进企业重组有关企业所得税处理问题的通知》（财税〔2014〕109号）规定，以一家公司50%以上的股权对外投资，可以暂不确认所得，取得新股的计税基础用所放弃旧股的计税基础替代。A公司还可以按照《财政部、国家税务总局关于非货币性资产投资企业所得税政策问题的通知》（财税〔2014〕116号）规定，按5年平均确认应纳税所得额。

7. 会计政策变更追溯调整处理，外方股东取得的超额分配如何进行所得税处理？

背景：深圳机场高速公路东段有限公司为中外合作企业（以下简称"合资公司"），业务为开发经营机场高速公路东段。

2007年度合资公司审计后可分配利润28 000万元；2008年7月，按董事会决议，外方股东（一家香港公司）按比例45%分得12 600万元，中方股东按比例55%分得15 400万元。根据《外商投资企业和外国企业所得税法》规定，免征所得税。2008年度合资公司向外方分配利润7 200万元，根据《企业所得税法》及实施条例、《内地和香港特别行政区关于对所得避免双重征税和防止偷漏税的安排》规定，经税务机关核准征收企业所得税360万元。

2008年8月，财政部颁发《财政部关于印发企业会计准则解释第2号的通知》（财会〔2008〕11号）（以下简称"准则解释第2号"）规定，企业采用建设经营移交方式（BOT）参与公共基础设施建设业务，按照合同规定，企业为使有关基础设施保持一定的服务能力或在移交给合同授予方之前保持一定的使用状态，预计将发生的支出，应当按照《企业会计准则第13号——或有事项》的规定处理，同时应当进行追溯调整。根据"准则解释第2号"规定，2008年度合资公司对会计政策进行变更，并对有关公路养护责任拨备（以下简称"有关拨备"），扣除拨备费用后，当年实现利润24 400万元，实际可分配利润或累积盈余为15 600万元，受追溯调整减少2008年以前利润8 800万元。

税务局判断：

对于"准则解释第2号"追溯调整减少2008年以前利润8 800万元，其中应属于外方股东的利润为3 960万元，税务局认为2008年实现利润为24 400万元，而累积盈余仅为15 600万元，差额8 800万元（外方股东应占利润为3 960万元），代表2007年预分配2008年利润，故合资公司应代扣代缴外方5%所得税，即198万元。

问题请教：

合资公司在申报2008年应纳所得税额时，已对有关拨备作出纳税调整，并按调整后利润缴付所得税，而有关拨备并没有分配给股东，且留在合资公司。

在分配2007年利润时，有关"准则解释第2号"还没出台，税务局对2008年以前的拨备调整进行征税，是否合法？请赐教。

答：对企业而言，预计负债计提时不得在税前扣除，应作纳税调整。对外方股东而言，2007年实际可供分配的利润减少，超额分配的部分抵以后年度的分配。如果股东将超额分配退回公司，则不征预提所得税，但以后再分配时，仍然要缴纳预提所得税，因为2008年以后实现的利润分配时不能享受免税优惠。税务机关的理解正确。

8. 股权转让价款附带其他条件，如何确定股权转让收入？

甲公司系房地产开发公司，由A、B、C三位自然人股东于2018年10月出资成立，注册资金2 000万元，A、B、C分别拥有公司股份65%、25%、10%。2019年1月，A、B、C三位股东分别将其25%、10%、5%的股份合计40%，转让给自然人D。股权转让前，甲公司已征用土地一块，尚在做平整土地等前期工作。转让前双方对公司的前期投资作价5 000万元，股东D取得该公司40%的股权，支付给A、B、C三位股东总价款2 000万元，A、B、C三位股东将其拆分为：800万元作为股权转让款，1 200万元作为前期投入款（前期投入费用已记入公司开发成本）。2019年10月份，A、B、C三位股东与D股东产生矛盾，A、B、C股东从D股东手中又购回原先转让的40%股份，除退还D股东原先支付的800万元股权转让款、1 200万元的前期投入款外，另补偿D股东2 000万元，已代扣个人所得税400万元。A、B、C三位股东认为2019年1月份D股东支付的1 200万元的"前期投入费用"不用缴纳股权转让个人所得税，理由有：一是1 200万元不是股权转让款；二是1 200万元1月份收到，8月份退还，没有增值额。税务机关依据《国家税务总局关于纳税人收回转让的股权征收个人所得税问题的批复》（国税函〔2005〕130号），认为1 200万元应作为股权转让所得，应征收240万元个人所得税。

请问：哪种做法正确？

答：A、B、C三位股东前期投入5 000万元，除2 000万元计入了"实收资本"外，其余3 000万元是以债权方式借给房地产公司的。如果A、B、C将40%的股权转让给D时，房地产公司将其中的1 200万元作了下列账务处理：

借：其他应付款——A、B、C　　　　　　　　　　12 000 000
　　贷：其他应付款——D　　　　　　　　　　　　　　12 000 000

说明A、B、C是将股权和债权一起转让给D，这样，A、B、C则不需缴纳个人所得税。否则 A、B、C 是需要缴纳个人所得税的。

下列案例可供参考。

广东省某温泉公司原全体股东通过签订股权转让协议，以转让公司全部资产方式将股权转让给新股东，协议约定时间以前的债权债务由原股东负责，协议约定时间以后的债权债务由新股东负责。针对这样的合同条款对股权转让收入的判定，《国家税务总局关于股权转让收入征收个人所得税问题的批复》（国税函〔2007〕244号）答复如下：

对于原股东取得转让收入后，根据持股比例先清收债权、归还债务后，再对每个股东进行分配的，应纳税所得额的计算公式为：

应纳税所得额＝（原股东股权转让总收入－原股东承担的债务总额＋原股东所收回的债权总额－注册资本额－股权转让过程中的有关税费）×原股东持股比例。

其中，原股东承担的债务不包括应付未付股东的利润（下同）。

对于原股东取得转让收入后，根据持股比例对股权转让收入、债权债务进行分配的，应纳税所得额的计算公式为：

应纳税所得额＝原股东分配取得股权转让收入＋原股东清收公司债权收入－原股东承担公司债务支出－原股东向公司投资成本

9. 控股合并目标公司100%的股权，如何进行会计及税务处理？

某公司以1亿元收购一自然人成立的有限责任公司100%的股权，以及公司所有资产。股权转让合同约定一切涉税事项由该公司承担。合同签订名称为《股权转让协议》。

请问：上述业务，相关法律主体将涉及哪些税务处理？

答：签订股权转让合同的双方均需按照"产权转移书据"缴纳印花税。自然人股东转让股权取得的所得需按照"财产转让所得"缴纳个人所得税，税款由受让方负责代扣代缴，税款在股权所在地地税机关申报缴纳。

合同约定转让方应纳的个人所得税由受让方承担，因此在计算个人所得税时应将不含税股权转让款换算为含税股权转让款，然后计算应纳个人所得税。受让方按照含税股权转让款确认股权投资成本。

根据《企业会计准则第20号——企业合并》，非同一控制下的控股合并，收购目标公司股权达100%，目标公司可以按照评估价调整账务，同时在会计报表附注中披露。目标公司账面资产所有权未转移，故资产评估增值不确认所得，相应的，资产的计税基础仍按照原有计税基础结转，不得按照公允价值确定。

10. 合伙企业转让上市公司原始股，合伙企业投资人如何计算所得税？

甲股份有限公司的股东N为合伙企业（性质：有限合伙企业），N合伙企业的股东为A有限公司（持有60%股权）和自然人B（持有40%股权），N合伙企业持有甲公司的原始出资额为500万元人民币，持有100万股，甲公司上市12个月后，甲公司对所有股东10转5送5，派现3元人民币，N合伙企业持有甲公司的股本变为 200 万股，收到现金红利 30 万元。现 N 合伙企业拟将持有的股票全部出售，出售价 25 元/股，股票出售收入为 5 000 万元，N 合伙企业出售股票后将所得分给股东，然后注销 N 合伙企业。

请教下列问题：

（1）N 合伙企业收到 30 万元现金股利，如何征税？

（2）N 合伙企业以收到资本公积（资本溢价）和未分配利润转增股本 100 万股，如何征税？

（3）N 合伙企业将持有甲公司 200 万股转让后，转让价 5 000 万元，实际出资 500 万元，转让所得为 4 500 万元，如何征税？

答：（1）根据《国家税务总局关于〈关于个人独资企业和合伙企业投资者征收个人所得税的规定〉执行口径的通知》（国税函〔2001〕84 号）规定，合伙企业对外投资分回的股息、红利，不并入合伙企业的收入，而应当按照"股息、红利所得"处理。

根据《财政部、国家税务总局关于合伙企业合伙人所得税问题的通知》（财税〔2008〕159 号）规定，合伙企业生产经营所得和其他所得采取"先分后税"的原则：合伙企业以每一个合伙人为纳税义务人；合伙企业合伙人是自然人的，缴纳个人所得税；合伙人是法人和其他组织的，缴纳企业所得税。

N 合伙企业收到 30 万元现金股利，按照合伙比例：

A 有限公司应得现金股利 = 30 × 60% = 18（万元）

B 自然人应得现金股利 = 30 × 40% = 12（万元）

根据《财政部、国家税务总局关于股息红利个人所得税政策的通知》（财税〔2005〕102 号）规定，对个人投资者从上市公司取得的股息红利所得，暂减按 50% 计入个人应纳税所得额，依照现行税法规定计征个人所得税。

B 自然人应纳个人所得税 = 12 × 20% × 50% = 1.2（万元）

根据《企业所得税法》第二十六条、《企业所得税法实施条例》第八十三条规定，居民企业直接投资于其他居民企业取得的股息、红利免征企业所得税。因此，A 有限公司应得现金股利 18 万元免征企业所得税。

综上，N 合伙企业取得的现金股息 30 万元，可以直接用于分配，其中 A 有限公司可以取得分配 18 万元，B 自然人缴纳了个人所得税 1.2 万元后，应分配税后收入 10.8 万元。

（2）税法中所讲的"股息、红利所得"是指现金股利和股票股利的总称，股票股利是指目标公司用留存收益（未分配利润和盈余公积）转增股本（有限公司为实收资本），由于税法将留存收益转增股本，视同"先分配、再投资"，因此，对于红利所得与股息所得在税法中的待遇是相同的。

根据《国务院关于征收个人所得税若干问题的规定》（国税发〔1994〕89 号）、《国家税务总局关于股份制企业转增股本和派发红股征免个人所得税的通知》（国税发〔1997〕198 号）、《国家税务总局关于原城市信用社在转制为城市合作银行过程中个人股增值所得应纳个人所得税的批复》（国税函〔1998〕

289号）规定，上市公司用未分配利润转增个人股本，需缴纳个人所得税，用资本公积（资本溢价）转增个人股本不征个人所得税，除资本溢价之外的其他资本公积（如资产评估增值等）转增个人股本需缴纳个人所得税。

N合伙企业以收到资本公积（资本溢价）转增个人股本，自然人B不征收个人所得税，有限公司A也不征收企业所得税。

N合伙企业收到的未分配利润转增股本50万股，其中A有限公司中应得30万股免征企业所得税，B自然人需缴纳个人所得税。

应纳税额=50万股×1元/股×40%×20%×50%=2（万元）

该税款由N合伙企业代扣代缴。

（3）N合伙企业转让股票取得的所得采取"先分后税"原则，分别计算应纳税额。

《国家税务总局关于贯彻落实企业所得税法若干税收问题的通知》（国税函〔2010〕79号）规定，居民企业的被投资方用留存收益转增股本，视同"先分配（享有免税优惠）、再投资（应追加投资计税基础）"，用资本溢价转增股本，不得计入投资计税成本。

上述投资计税成本的确定对个人转让股权是同样适用的。

N合伙企业投资计税成本=初始投资额500万元+追加投资额50万元=550万元；

N合伙企业股权转让所得=股票转让收入-投资计税成本=5 000-550=4 450（万元）。

如果N合伙企业还存在其他办公费用等，合伙企业在计算应纳税所得总额时允许扣除，此外，还可以扣除个人投资者的法定费用（每年每人42 000元）。这里，暂不考虑其他扣除项目。

A、B所得税处理如下：

有限责任公司A应确认应纳税所得额=4 450×60%=2 670（万元）

该所得应并入A公司当年度利润总额缴纳企业所得税，而不是单独对该笔利润征税，如果A公司当年或前5年有尚未弥补的亏损，还可以弥补亏损后再征企业所得税。

自然人B应确认应纳税所得额=4 450×40%=1 780（万元）

根据《财政部、国家税务总局关于合伙企业合伙人所得税问题的通知》（财税〔2008〕159号）、《财政部关于个人独资企业和合伙企业投资者征收个人所得税的规定的通知》（财税〔2000〕91号）、《财政部关于企业促销展业赠送礼品有关个人所得税问题的通知》（财税〔2011〕50号）规定，自然人B应按照"个体工商户的生产、经营所得"项目计算个人所得税。

B应纳税额=17 800 000×35%-14 750=6 215 250（元）

B自然人缴纳了上述税款后，可以注销N合伙企业。

个体工商户的生产、经营所得税税率表如表14.1所示。

表 14.1　　　　　　　　　个体工商户的生产、经营所得税税率表

级数	全年应纳税所得额	税率（%）	速算扣除数
	含税级距		
1	不超过 15 000 元的	5	0
2	超过 15 000 元至 30 000 元的部分	10	750
3	超过 30 000 元至 60 000 元的部分	20	3 750
4	超过 60 000 元至 100 000 元的部分	30	9 750
5	超过 100 000 元的部分	35	14 750

11. 股权转让合同生效并收到转让款但未办理股东变更登记，股权转让所得何时确认？

我集团一控股子公司拟上市。由于我公司同时持有另一家与该子公司同行业拟上市公司 M 的股份，形成同业竞争，触犯同业禁止规定，不利于上市。因此我公司将持有的 M 公司的股份于 2019 年转让给我公司参股的 A 公司。在与 A 公司签订的股权转让协议中明确，从现在起至股票解禁日止，不能办理 M 公司上市前已发行股份的过户手续，因此仍以我公司的名义持有 M 公司股权，实质持有人为 A 公司，A 公司享有和承担与 M 公司相关的一切权利和责任。我公司在收到该股权转让款时（A 公司已全额支付）作了相应的账务处理：转出了对 M 公司的"长期股权投资"，并确认了"投资收益"。

关于股权转让所得确认和计算问题，《国家税务总局关于贯彻落实企业所得税法若干税收问题的通知》（国税函〔2010〕79 号）第三条规定："企业转让股权收入，应于转让协议生效、且完成股权变更手续时，确认收入的实现。"

请问：由于股权没有进行工商变更，那我公司在 2019 年所得税汇算清缴时，是否能将该笔股权转让的投资收益作纳税调减？

答：应当作纳税调减处理。因为会计上按照实质重于形式原则进行账务处理，而计算企业所得税必须按照《国家税务总局关于贯彻落实企业所得税法若干税收问题的通知》（国税函〔2010〕79 号）规定处理。申报 2019 年所得税时，作纳税调减处理，股权变更的年度，作纳税调增处理。

12. 境内企业收购外国企业持有境内公司的股权，如何进行税务处理？

我公司是一家制造企业，注册地在 A 省，根据我公司制定的发展规划，准备扩张同类产品生产业务，拟并购大陆三家外商投资企业的港方部分股权，该转让方（港方）为独立第三方，与我公司为非同一控制人。

三家目标公司，现身份为外商投资企业，注册、住所所在地分别在 B、C 和 D 三省。

问题 1：我公司（居民企业，受让方/支付对价款方）以公允价格收购目标公司部分港方股权，在支付港方（非居民企业，转让方/收取对价款方）对价款时，我公司负有扣缴义务。

(1)《企业所得税法》第一章第三条第三款"非居民企业在中国境内未设

立机构、场所的，或者虽设立机构、场所但取得的所得与其所设机构、场所没有实际联系的，应当就其来源于中国境内的所得缴纳企业所得税。"

（2）《企业所得税法》第一章第四条"非居民企业取得本法第三条第三款规定的所得，适用税率为20%。"；第四章第二十七条第五款"本法第三条第三款规定的所得。"

《企业所得税法实施条例》第四章第九十一条第一款"非居民企业取得企业所得税法第二十七条第5项规定的所得，减按10%的税率征收企业所得税。"

（3）《企业所得税法》第五章第三十七条"对非居民企业取得本法第三条第三款规定的所得应缴纳的所得税，实行源泉扣缴，以支付人为扣缴义务人。税款由扣缴义务人在每次支付或者到期应支付时，从支付或者到期应支付的款项中扣缴。"

（4）《企业所得税法》第七章第五十一条"非居民企业取得本法第三条第三款规定的所得，以扣缴义务人所在地为纳税地点。"

（5）《国家税务总局关于印发〈非居民企业所得税源泉扣缴管理暂行办法〉的通知》（国税发〔2009〕3号）第一章第三条"对非居民企业取得来源于中国境内的股息、红利等权益性投资收益和利息、租金、特许权使用费所得、转让财产所得以及其他所得应当缴纳的企业所得税，实行源泉扣缴，以依照有关法律规定或者合同约定对非居民企业直接负有支付相关款项义务的单位或者个人为扣缴义务人。"

《国家税务总局关于印发〈非居民企业所得税源泉扣缴管理暂行办法〉的通知》（国税发〔2009〕3号）第三章第七条"扣缴义务人在每次向非居民企业支付或者到期应支付本办法第三条规定的所得时，应从支付或者到期应支付的款项中扣缴企业所得税。"

基于上述规定，能否这样理解：

我公司是扣缴义务人，扣缴税率为10%，纳税地点在扣缴义务人所在地。扣缴时点是在支付对价款时，目标公司在当地不负有扣缴义务？

问题2：《企业所得税法》第七章第五十一条"非居民企业取得本法第三条第二款规定的所得，以机构、场所所在地为纳税地点。非居民企业在中国境内设立两个或者两个以上机构、场所的，经税务机关审核批准，可以选择由其主要机构、场所汇总缴纳企业所得税。"

我公司的理解：本条仅对《企业所得税法》第三条第二款的规定，而不是对第三条第三款的规定，这样理解对吗？

问题3：《国家税务总局关于印发〈非居民企业所得税源泉扣缴管理暂行办法〉的通知》（国税发〔2009〕3号）第三章第八条"扣缴企业所得税应纳税额=应纳税所得额×实际征收率；应纳税所得额是指依照企业所得税法第十九条规定计算的下列应纳税所得额：（二）转让财产所得，以收入全额减除财产净值后的余额为应纳税所得额；实际征收率是指企业所得税法及其实施条例等相关法律法规规定的税率，或者税收协定规定的更低的税率。"

请问：应纳税所得额＝外国投资者转让国内企业股权所得超出其出资的部分＝股权投资转让所得＝处置股权投资的收入－股权投资成本，股权投资成本如何确定？出资是否包括：①2008年前形成的未分配利润转增。②2008年前形成的其他被投资大陆企业利润再投资。③2008年前形成的其他被投资大陆企业清算所得再投资。④2008年后形成的未分配利润转增。⑤2008年后形成的其他被投资大陆企业利润再投资。⑥2008年后形成的其他被投资大陆企业清算所得再投资？

答：（1）根据《国家税务总局关于非居民企业所得税源泉扣缴有关问题的公告》（国家税务总局公告2017年第37号）第七条规定，非居民企业采取分期收款方式取得应源泉扣缴所得税的同一项转让财产所得的，其分期收取的款项可先视为收回以前投资财产的成本，待成本全部收回后，再计算并扣缴应扣税款。需要注意的是，该规定不适用于非居民企业间接转让境内股权。非居民企业间接转让境内股权纳税义务发生之日是指股权转让合同或协议生效，且境外企业完成股权变更之日，而不论款项是否支付、一次性支付、分期支付。

扣缴义务人应当向扣缴义务人所在地主管税务机关申报和解缴代扣税款。应当源泉扣缴的所得税，扣缴义务人未依法扣缴或者无法履行扣缴义务的，由纳税人在所得发生地缴纳。

（2）本条款说的是外国企业在境内的分支机构（分公司或办事处或常驻机构，均无法人资格）从境内、境外取得的收入，需要在分公司、办事处、常驻机构所在地缴纳企业所得税。如果境内有两个这样的非法人机构，可以汇总缴纳企业所得税。本条款不适用于外国企业转让境内股权。

（3）《企业所得税法实施条例》第五十六条规定：企业的各项资产，包括固定资产、生物资产、无形资产、长期待摊费用、投资资产、存货等，以历史成本为计税基础。所称历史成本，是指企业取得该项资产时实际发生的支出。

《企业所得税法实施条例》第七十一条规定："企业在转让或者处置投资资产时，投资资产的成本，准予扣除。投资资产按照以下方法确定成本：

①通过支付现金方式取得的投资资产，以购买价款为成本；

②通过支付现金以外的方式取得的投资资产，以该资产的公允价值和支付的相关税费为成本。

根据上述规定，出资包括2008年前形成的未分配利润转增、2008年前形成的其他被投资大陆企业税后利润再投资、2008年前形成的其他被投资大陆企业清算所得再投资（同样属于外国企业的资金用于境内再投资）、2008年后形成的未分配利润转增股本、2008年后形成的其他被投资大陆企业利润再投资、2008年后形成的其他被投资大陆企业清算所得再投资。

有关投资成本的合法凭据：如果是直接投资，必须能够提供验资报告。非居民企业持有境内的股权如果是通过受让股权方式取得的，必须能够提供原股权转让合同。

外国企业转让境内的股权计算预提所得税时不得扣除股权转让日外国企业

享有的目标公司的留存收益。

计算公式如下：

应扣缴预提所得税＝（股权转让价款－投资成本）×10%

投资成本＝外国企业初始出资额＋追加出资额（含目标公司用留存收益转增资本、外国企业用境内其他企业的税后利润在目标公司再投资金额）

如果三家公司的目前投资不是受让取得，三家公司也没有用资本公积转增资本，则三家公司的投资计税成本应当等于实收资本。

由于只是转让了部分股权，投资成本应当按照所转让份额占持有股权总份额的比例分配确定。

收购方账务处理如下：

借：长期股权投资
　　贷：其他应付款——股权受让款
　　　　应交税费——应交预提所得税

《税收征收管理法》第六十九条规定："扣缴义务人应扣未扣、应收而不收税款的，由税务机关向纳税人追缴税款，对扣缴义务人处应扣未扣、应收未收税款50%以上3倍以下的罚款。"《税收征收管理法》第三十二条规定："扣缴义务人未按照规定期限解缴税款的，税务机关除责令限期缴纳外，从滞纳税款之日起，按日加收滞纳税款万分之五的滞纳金。"

目标公司在当地不负有扣缴义务。股权转让后，目标公司必须保留外商投资企业资格（外方所占股份不得少于25%），否则目标公司如果经营期不满10年需补缴已享受的"两免三减半"所得税优惠。

香港公司所得税的税率是16.5%，但香港是不征资本利得税的，即香港公司转让持有其他公司（包括境内、境外）的股权是不征企业所得税的。因此，香港公司不用在香港补缴所得税。

13. 法人股东低价转让股权给个人股东，个人股东需要缴纳哪些税？

某企业有1个外方法人股东和8个中方自然人股东，其中外方占控股权。如果外方以奖励的方式以1美元将700万元人民币股权转让给8位自然人股东的话，需要缴纳哪些税收？

答：外方法人股东转让境内股权，应纳预提所得税（差额×10%）。由于是关联方交易，定价明显不合理，税务机关一定会作纳税调整。转让价必须按照公允价确定，通常不会低于净资产份额。

因个人股东在本单位任职，取得的奖励，应按照奖励的股份（公允价与实际交易价的差额），计入个人当月薪酬所得，计征个人所得税。按工资薪金缴纳个人所得税后，个人股东取得的股权成本可以按照公允价值确定。如果此8位个人股东同时为企业员工，且符合《财政部、国家税务总局关于完善股权激励和技术入股有关所得税政策的通知》（财税〔2016〕101号）规定的条件，个人可适用递延纳税政策，即受让股权时不征个人所得税，实际处置股权时按照财产转让所得缴纳个人所得税，允许扣除的成本按照实际出资额确定。

14. 股权收购合同约定目标公司免除原股东债务，投资成本如何确定？

我公司拟收购一家外资保健品公司，公司为亏损单位。该企业原注册资本 2 400 万元人民币，累计亏损 500 万元，公司以预付款及其他应收款形式支付原股东及其关联单位 800 万元，现在我公司拟以 1 300 万元收购。同时对方提出要求公司免除其原股东及其关联单位的 800 万元。请问账务如何处理？投资成本如何确定？还涉及其他哪些税务问题？

答：（1）该笔业务股权收购成本应为 2 100 万元，其中，1 300 万元以现金方式支付给转让方，剩余 800 万元，收购方代转让方偿还给目标公司。

收购方分录如下：

借：长期股权投资　　　　　　　　　　　　　21 000 000
　　贷：银行存款　　　　　　　　　　　　　13 000 000
　　　　其他应付款——保健品公司　　　　　 8 000 000

保健品公司分录如下：

借：其他应收款——收购方　　　　　　　　　 8 000 000
　　贷：其他应收款——原股东及其关联单位　 8 000 000
借：实收资本——原股东　　　　　　　　　　24 000 000
　　贷：实收资本——收购方　　　　　　　　24 000 000

（2）保健品公司原亏损可以在剩余的年限弥补。生产性外资企业经营期不满 10 年，外方撤出需补缴已享受的"两免三减半"所得税优惠。

15. 外商投资企业将部分可供分配的利润实施分配，如何划分所属年度？

香港母公司在 2008 年度集团上市年报公告中，董事会建议派付截至 2008 年 12 月 31 日止年度的末期股息每股 0.025 港元，但是境内公司的董事会分配方案决议分别注明从 2007 年度未分配利润中进行分配红利。当地税务机关认为境外公司年报公告中的意思是含 2008 年利润，不认可境内公司的分配方案，要求境内企业必须先分配 2008 年度的利润，并扣缴 10% 的预提所得税，不足的部分再用 2007 年底的留存收益。我公司认为与《财政部、国家税务总局关于企业所得税若干优惠政策的通知》（财税〔2008〕1 号）第 4 条规定相背离。

请问：外商投资企业将部分可供分配的利润实施分配，如何划分所属年度？

答：年报公告中股息分配的来源为截至 2008 年 12 月 31 日止实现的税后利润。由于公司并没有将截至 2008 年 12 月 31 日止实现的税后利润全部分配，并且《财政部、国家税务总局关于企业所得税若干优惠政策的通知》（财税〔2008〕001 号）规定非居民纳税人从居民企业取得的 2008 年度实现的税后收益与 2007 年底前实现的税后收益分别适用不同的税收待遇，因此，必须对税后利润所属年度进行明确的划分。因为股息分配属于股东会或董事会权限，因此，所属年度的划分应由企业提供，而不是税务机关认定。在这方面纳税人有选择权利。从最早年度开始对实现的税后利润分配不仅合理，而且也有利于递延纳税。税务机关认为从上一年度开始分配，虽然有利于征税，但缺少政策依据。

例如,《国家税务局关于外商投资企业的外国投资者再投资退税若干问题的通知》(国税发〔1993〕009号)规定,外国投资者在申请再投资退税时应提供能够确认其用于投资利润所属年度的证明。凡不能提供证明的,税务机关可就外国投资者再投资前的企业账面应付股利或未分配利润中属于外国投资者应取得的部分,从最早年度依次往以后年度推算再投资利润的所属年度,并据以计算应退还的企业所得税税款。

换一个角度,如果2008年公司亏损,则分配的利润一定归属于以前年度,因此,从最早年度依次分配才是合理的做法。

为减少纳税争议,董事会决议时应说明可供分配利润及归属年度、实际分配利润及归属年度。

另外,根据《国家税务总局关于印发内地和香港避免双重征税安排文本并请做好执行准备的通知》(国税函〔2006〕884号)、《内地和香港特别行政区关于对所得避免双重征税和防止偷漏税的安排》(国税函〔2007〕403号)、《国家税务总局关于下发协定股息税率情况一览表的通知》(国税函〔2008〕112号)规定,香港公司如果持有境内公司股权比例超过25%,按照《非居民享受税收协定待遇管理办法(试行)》的通知(国税发〔2009〕124号)规定报经税务机关审批后,预提所得税税率可适用优惠税率5%。

16. 企业对外投资额是否受股本或净资产金额的限制?对计算企业所得税是否有影响?

某一人有限公司注册资本50万元,拟对外投资880万元。

请问:注册资本为50万元的公司对外投资880万元,工商部门是否同意?

答:可以。修订后的《公司法》取消了企业对外投资额不得超过净资产50%的限制,企业可以举债投资。

企业向关联方借款如果能够按公允价支付利息,即使超过了《财政部、国家税务总局关于企业关联方利息支出税前扣除标准有关税收政策问题的通知》(财税〔2008〕121号)规定的债资比率,其利息支出允许在税前扣除。如果利率支出过高,且企业的所得税税负高于关联方税负,超过债资比例的利息支出需要作纳税调整。若无利息支出,对债务人是不存在税务风险的。

17. 被投资企业的亏损,投资方能否弥补?

某集团公司A公司,在不考虑投资收益及股权转让损失的情况下,2019年的应纳税所得额为3亿元,企业所得税税率为25%。A公司拥有B公司60%的股权,A公司拥有C公司80%的股权(C公司为房地产公司),A公司投资5 000万元拥有D公司15%的股权,共计1 000万股,当时每股作价5元(D公司已于2018年11月份在创业板上市、A公司拥有的股票限售期为一年,也就是说已于2019年11月份到期)。B公司2019年的应纳税所得额为亏损2亿元,由于房地产市场不景气,C公司2019年的应纳税所得额为亏损1亿元。A公司将其拥有的D上市公司的股权全部转让给B公司,12月1日D公司股票收盘价为30元,A公司鉴于近期股票市场低迷,且急需资金,如果通过大宗交易可能导致 D 公司股票大跌，A 公司与 B 公司协调一致，将其拥有的 D 公司的股票全部转让给 B 公司，成交价 21 元/每股。A 公司将其拥有 C 公司股权全部转让给 B 公司，该股权转让亏损 1.2 亿元。

请问：A 公司如何申报缴纳企业所得税？

分析：A 公司除投资外的自营业务应税所得为 3 亿元；

A 公司持有 B 公司 60% 股权，2011 年亏损 2 亿元；

A 公司持有 C 公司 80% 股权，2011 年亏损 1 亿元；

A 公司持有 D 上市公司 15% 股权（共 1 000 万股，投资成本 5 元/股）；

A 公司将 D 公司 15% 股权转让给 B 公司，成交价 21 元/股，公允价 30 元/股；

A 公司将 C 公司 80% 股权转让给 B 公司，亏损 1.2 亿元。

答：A 公司将 D 公司股权转让给 B 公司，属于关联交易。因为 B 公司是亏损企业，且定价不公允，有转移利润嫌疑，根据《企业所得税法》及《特别纳税调整实施办法（试行）的通知》（国税发〔2009〕002 号）规定，税务机关会将股票成交价调整为 30 元/股，相应地，B 取得股票的成本也调整为 30 元/股。该笔交易应确认所得 = 1 000 万股 ×（30 - 5）= 25 000（万元）。

A 公司将 C 公司 80% 股权转让给 B 公司，同样属于关联交易，定价应当公允。通常转让价格不得低于 A 公司享有的 C 公司净资产评估价，至少不得低于净资产账面价，然后计算此笔业务的亏损（可能就不是 1.2 亿元）。这里暂按 1.2 亿元计算。另外，投资方与被投资方是两个独立的企业所得税纳税义务人，被投资方的亏损，应由被投资方以后年度实现的应税所得弥补，不得由投资方弥补。

A 公司 2019 年度应纳税所得总额 = A 公司除投资外的自营业务应税所得 + A 公司转让 D 公司股权形成的所得 + A 公司转让 C 公司股权形成的亏损 = 3 + 2.5 - 1.2 = 4.3（亿元）

应纳企业所得税 = 43 000 × 25% = 10 750（万元）

18. 非居民企业转让境内股权以外币结算，如何计算并折合人民币应纳税额？

境外 A 企业为非居民企业，境内 B 企业、C 企业为居民企业，A 企业经过前后两次投资 C 企业，合计持有 C 企业 40% 的股权。2008 年 8 月 1 日第一次出资 100 万美元（假设当时人民币汇率中间价为：1 美元 = 8.6 元人民币），2010 年 9 月 1 日第二次投资 50 万欧元（假设当时人民币汇率中间价为：1 欧元 = 8.9 元人民币）

2018 年 1 月 10 日 A 企业以 230 万英镑将该项股权转让给英国 B 企业，合同于当天生效，B 企业于 2018 年 1 月 15 日向 A 企业支付了股权转让款 230 万英镑，假设 2018 年 1 月 15 日，人民币兑美元、欧元、英镑的中间价分别为：1 美元 = 6.6 元人民币，1 欧元 = 7.2 元人民币，1 英镑 = 8.7 元人民币。

请问：A 公司如何计算应纳税额？

答：根据《国家税务总局关于非居民企业所得税源泉扣缴有关问题的公

告》(国家税务总局公告 2017 年第 37 号) 第五条规定,财产转让收入或财产净值以人民币以外的货币计价的,分扣缴义务人扣缴税款、纳税人自行申报缴纳税款和主管税务机关责令限期缴纳税款三种情形,先将以非人民币计价项目金额下列情形进行外币折算,再按《企业所得税法》第十九条第二项及相关规定计算非居民企业财产转让所得应纳税所得额。

(1) 扣缴义务人扣缴企业所得税的,应当按照扣缴义务发生之日人民币汇率中间价折合成人民币,计算非居民企业应纳税所得额。扣缴义务发生之日为相关款项实际支付或者到期应支付之日。

(2) 取得收入的非居民企业在主管税务机关责令限期缴纳税款前自行申报缴纳应源泉扣缴税款的,应当按照填开税收缴款书之日前一日人民币汇率中间价折合成人民币,计算非居民企业应纳税所得额。

(3) 主管税务机关责令取得收入的非居民企业限期缴纳应源泉扣缴税款的,应当按照主管税务机关作出限期缴税决定之日前一日人民币汇率中间价折合成人民币,计算非居民企业应纳税所得额。

财产净值、财产转让收入按照取得、转让财产时实际支付或收取的计价币种与上述日期的汇率计算确定。原计价币种停止流通并启用新币种的,按照新旧货币市场转换比例转换为新币种后进行计算。

假设本次交易财产转让由扣缴义务人扣缴企业所得税,则应纳税所得额的计算过程如下:

①按照所得款项实际支付日 1 月 15 日的汇率折算财产转让收入:

财产转让收入 = 230 万英镑 × 8.7 = 2 001(万元人民币)

②按照所得款项实际支付日 1 月 15 日的汇率折算财产净值:

财产净值 = 100 万美元 × 6.6 + 50 万欧元 × 7.2 = 1 020 万元人民币

③计算财产转让所得应纳税所得:

转让所得应纳税所得额 = 财产转让收入 - 财产净值 = 2 001 - 1 020 = 981(万元人民币)

19. 国内分红汇出境外利润形成期间所得税如何认定?

我公司拟将下属各子公司 2011 年度累积利润进行分配,各子公司自成立至今未进行过利润分配,计划近期进行,并最终从内地的"鸿鹏山庄公司"(外资企业,中间层)分配到中国香港的"中原国际公司"(终端)(注:中间层公司"鸿鹏山庄"自身没有盈利)。

公司的简易股权结构如图 14.5 所示。

《财政部关于外国投资者从外商投资企业取得利润的优惠政策》(财税〔2008〕1 号)规定:"2008 年 1 月 1 日之前外商投资企业形成的累积未分配利润,在 2008 年以后分配给外国投资者的,免征企业所得税;2008 年及以后年度外商投资企业新增利润分配给外国投资者的,依法缴纳企业所得税。"

基于上述"关于外国投资者从外商投资企业取得利润的优惠政策"的背景,我公司拟对各下属公司的分红以 2007 年 12 月 31 日为时间点分段进行,即:

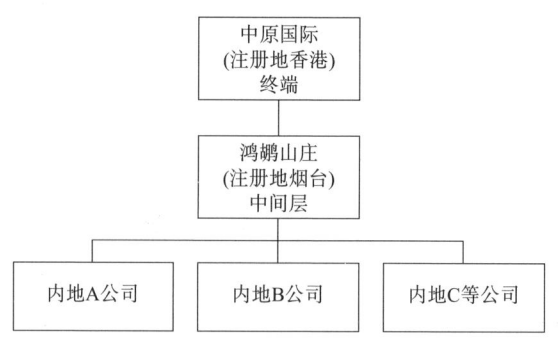

图 14.5　股权结构

第一阶段，各实体子公司出具董事会决议，对 2007 年 12 月 31 日以前的留存利润进行分配，"鸿鹏山庄"出具董事会决议，对收到的 2007 年 12 月 31 日以前的利润进行分配，向股东"中原国际"解款。并据财税〔2008〕1 号文件的规定，鸿鹏山庄公司不需申报 5% 的预提所得税。

第二阶段，完成第一阶段后，再依次进行 2008～2011 年分红，最终解款至"中原国际"。与第一阶段的区别是："鸿鹏山庄"需申报分配款的 5% 的所得税后，将余款汇至中原国际。

本年度（2012 年）各子公司分配 2007 年及以前年度的利润给"鸿鹏山庄"，"鸿鹏山庄"再向股东公司分配。此部分利润税务局会认定为本年度（2012 年）的收益还是 2008 年度以前形成的利润？如果税务局认定是 2012 年的收益，我公司如何解释？

答：境内各子公司都是内资企业，无论是 2007 年及以前年度利润还是 2008 年及以后年度实现的利润，鸿鹏山庄都是免征企业所得税的。

子公司宣告分配，鸿鹏山庄作分录如下：

借：应收股利

　　贷：投资收益

收到股利：

借：银行存款

　　贷：应收股利

由于该投资收益是免征企业所得税的，鸿鹏山庄在汇算清缴时免征企业所得税，注意汇缴时有一张附表（免税优惠清单备案表）必须填报。

鸿鹏山庄 2012 年度的投资收益（本年利润），年末才能结转未分配利润，还需提留盈余公积。2013 年度出具 2012 年度审计报告后，才能通过股东会决议向境外分配。

因为鸿鹏山庄是外商投资企业，只有鸿鹏山庄在 2007 年度以前实现的利润，分配给境外时才是免征企业所得税的。鸿鹏山庄 2012 年度从各子公司取得的分配，在宣告分配时作投资收益，属于 2012 年度实现的利润（即 2008 年及以后年度实现），分配给境外时，需扣缴预提所得税（5%）。

如果各子公司在 2007 年分配给鸿鹏山庄，鸿鹏山庄 2007 年底前账面的利润（含从子公司应得的分配）在 2013 年分配给境外时才是免税的。

20. 新股东不承担以前年度亏损，股权转让方案如何设计？

北京新百会餐饮管理有限公司（以下简称"新百会"）成立于 2011 年 12 月 27 日，法人独资，股东为"中原投资"，注册资本 100 万元，经营范围：餐饮服务、餐饮管理。原始投资额 1 670 万元，其中：固定资产 450 万元、无形资产 5 万元、装修费开办费等长期待摊费用 1 215 万元。资金来源除注册资本 100 万元外，其余均为股东借支。至 2013 年 5 月，原始投资 1 670 万元经折旧摊销后账面余额为 1 302 万元。

公司由于经营不久，市场客户群有限，加上人力、租金、装修等固定费用较大，使得近期经营持续亏损，累计账面亏损 1 093.56 万元，净资产为 -993.56 万元。为扭转这种状态，公司拟通过引入拥有客户资源的新股东合作经营，拟转让股权 10%，总转让价约 130 万元（1 302×10%），新股东不承担以前亏损。现拟订如下两个合作方案：

方案一：以 10 万元平价转让 10% 股权，同时以 120 万元偿还原股东对公司借款；

方案二：为让中原投资不缴股权转让所得税，考虑中原投资所得税可弥补亏损 38 万元，以 48 万元转让 10% 股权，同时以 82 万元偿还原股东对公司借款。

请问：从公司整个经营过程考虑，上述股权转让方案是否可行？哪种方案对我方更有利？有无其他更好的转让方案？

答：这两个方案都不行，因为新股东代新百会偿还原股东对公司借款，新百会就会欠新股东借款，这笔钱新股东早晚还要收回去。

另外，账面累计亏损 1 094 万元（假设为 2013 年 12 月 31 日数据），净资产为 -994 万元。账面亏损如果新股东不承担，以后新股东如何分配利润呢？比如，2014 年实现利润 300 万元，累计亏损为 694 万元，按照股东约定，应分给新股东 30 万元，但账面无可供分配的利润，新股东无法分配，除非以借款方式分配，将来有可供分配的利润时，再分配偿还借款。

建议：新股东出资 144.67 万元［1 302/（1 - 10%）×10%］对新百会增资扩股，增资后占新百汇 10%，中原投资稀释为 90%。新百会可用增资款 130 万元归还原股东借款。

以后分配实现的利润时，如果账面累计未分配利润为负数，可以由新百会借款给新股东，待以后账面有可供分配利润，分配给新股东时偿还公司借款。

《公司法》第三十四条规定："股东按照实缴的出资比例分取红利；公司新增资本时，股东有权优先按照实缴的出资比例认缴出资。但是，全体股东约定不按照出资比例分取红利或者不按照出资比例优先认缴出资的除外。"新百会账面有可供分配利润时，可以依据此规定由股东约定分配办法，优先对新股东分配，用于偿还新百汇借款，剩余利润再按股权比例 9：1 分配。

二、资本结构调整案例

1. 公司接受新股东溢价增资,原股东是否确认股权转让所得?

我是国家税务干部学院第二期全国税务稽查班的学员,想请教增资扩股涉及的企业所得税问题,现举例说明如下:

M公司为甲公司全资子公司,注册资本1 000万元。经过一段时间运营之后,M公司净资产3 000万元,其中注册资本1 000万元,盈余公积200万元,未分配利润1 800万元。

现M公司拟采取股权融资方式引入新的投资者乙公司,经评估,M公司净资产公允价为5 000万元,甲、乙签订增资协议,乙出资5 000万元,获得M公司50%的股份,甲公司持有M公司股权稀释为50%。

M公司账务处理如下:

借:银行存款　　　　　　　　　　　　　　　50 000 000
　　贷:实收资本　　　　　　　　　　　　　　10 000 000
　　　　资本公积——资本溢价　　　　　　　　40 000 000

根据公司章程,资本溢价4 000万元为甲、乙股东按股权比例共同享有。

请问:在此增资过程中,能否理解为甲公司将M公司50%的股权转让给了乙公司,转让价为2 500万元,即甲公司股权转让所得=股权转让收入-投资成本=2 500-1 000×50%=2 500-500=2 000(万元)。

另外,M公司因接受投资形成的资本公积4 000万元是否确认股息所得或股权转让所得,并对此征税?

答:你提的问题涉及三个法律主体,甲公司、乙公司和M公司。分别说明如下:

(1)甲公司是M公司的原股东,对于甲公司而言,只有被投资方企业M公司股东会决议宣告分配利润时,甲公司才需确认股息所得,并且居民企业从境内直接投资的另一居民企业取得的股息所得,享受免税优惠。本案例中,M公司账面盈余公积200万元,未分配利润1 800万元没有实施分配,故甲公司不确认股息所得。

甲公司如果将M公司的股权转让给乙公司,甲公司需确认股权转让所得。但本例中,甲公司并没有转让M公司的股权,因为乙公司没有购买甲公司持有M公司股权,如果乙公司购买了M公司股权,那么,乙公司应将转让款支付给甲公司。本案例属于乙公司对M公司增资扩股,乙公司将资金5 000万元支付给了M公司,从而取得了M公司的股权。如前所述,如果乙公司将资金支付给甲公司,取得M公司的股权,这才是股权转让。

股权转让与增资扩股的区别是:股权转让,是新老股东之间的转让行为,目标公司(M公司)的股本不变;而增资扩股,目标公司(M公司)的股本是增加的。

故本案例中,甲公司不确认股权转让所得,甲公司对 M 公司的投资成本不变,仍然是 1 000 万元,将来甲公司转让 M 公司股权时,甲公司才需确认股权转让所得,缴纳企业所得税。

股份公司上市募股、已上市公司定向增发,都是常见的增资扩股行为,上市公司原股东均不确认所得,只有上市公司原股东转让股票时才需缴纳所得税。

(2) 乙公司对 M 公司投资,取得了 M 公司 50% 的股权,其投资成本为 5 000 万元。将来乙公司转让 M 公司 50% 的股权,需计算股权转让所得或损失,允许扣除的投资计税成本为 5 000 万元。

(3) M 公司接受投资,账面增加的实收资本和资本公积是股东投入的资金,对股东的投资款是不征企业所得税的。此资本公积将来也可以转增资本,《国家税务总局贯彻落实企业所得税法若干税收问题的通知》(国税函〔2010〕79 号)、《国家税务总局关于企业所得税若干问题的公告》(国家税务总局公告 2011 年第 34 号)等文件规定,资本公积(因为是股权投资款,不是税后利润)转增资本,不确认股息红利,也不能增加投资的计税基础。

关于资本溢价不征税,以前总局出过类似的文件,如《关于外商投资企业合并、分立、股权重组、资产转让等重组业务所得税处理的暂行规定》(国税发〔1997〕71 号)规定:"企业发行股票,其发行价格高于股票面值的溢价部分为企业的股东权益,不作为营业利润征收所得税;企业清算时,亦不计入应纳税清算所得。"

(4) 增资扩股涉及的纳税义务。根据现行印花税政策,M 公司实收资本和资本公积之和,新增加的金额,应当缴纳万分之五的印花税。

2. 外资企业减资形成的汇兑差额,对外方股东和外商投资企业涉及哪些所得税处理?

B 公司于 2018 年 12 月 21 日完成减资手续,注册资金减为 100 万元人民币,但由于需要审批,减资款尚未汇出。截至 2018 年 12 月 31 日,5.7 亿港币银行存款因汇率变动产生的累计汇兑收益为 3 688 万元人民币,计入了"财务费用——汇兑损益——汇兑收益"。根据当地税务师事务所建议,我司拟就减资事项按照下列步骤操作:

(1) 出具股东会决议:约定股东发起减资时,资本金外币产生的汇兑差额由股东方享有或承担。本次减资后,5.7 亿港币注册资本金,扣除 100 万人民币注册资本对应的港币金额,余额全部归股东方所有。

(2) 母子公司签订协议,具体内容同股东会决议,即子公司注册资本变动时,其外币账户的汇兑差额由母公司享有或承担。

(3) B 公司于 2019 年 3 月 31 日前将上述减资款项付至股东方账户。

(4) 对注册资本变动进行如下账务处理:

①注资以来累计产生的汇兑损溢的账务处理:

借:银行存款　　　　　　　　　　　　　　　36 880 000
　　贷:财务费用\汇兑损益\汇兑收益　　　　　　36 880 000

②减资至 100 万元人民币时：

借：实收资本　　　　　　　　　　　　　　461 500 000
　　贷：其他应付款　　　　　　　　　　　　　461 500 000

③减资后应汇出的港币款 57 000 – 100÷0.87932（12 月 21 日汇率）= 56 886 元港币，根据 12 月 31 日汇率 0.8762 换算成人民币为 49 843 元，因此确认汇兑损失 3 693 万元人民币

借：财务费用\汇兑损益\汇兑损失　　　　　　 36 930 000
　　贷：其他应付款　　　　　　　　　　　　　 36 930 000

根据上述约定及账务处理，汇兑收益与汇兑损失相抵消，不产生利润，无需缴纳企业所得税。

请问：B 公司上述做法是否稳妥？有无更好的处理方式？

答：这样操作不妥。B 公司减资前的汇兑收益属于 B 公司的，股东不得约定汇兑收益归股东所有，即便是约定归股东所有，也要由 B 公司缴纳企业所得税，税后收益归股东所有，香港股东取得的收益应理解为股权处置的差价，仍需缴纳预提所得税。

好在汇兑收益应当于每年末确认。由于投资和减资的时间均在同一年，且减资时间不在年末，故财务上无需确认汇兑收益。

减资金额按照减资日当天的汇率计算。

应纳非居民企业所得税 =（减资额 – 投资成本）× 10% =（56 000 × 减资当天汇率 – 56 000 × 减资当天汇率）× 10% = 0

注册资本到位时，作：

借：银行存款　　　　462 500 000（57 000 港币 × 投资日汇率）
　　贷：实收资本　　　462 500 000（57 000 × 投资日汇率）

根据《金融工具列报准则》规定，企业回购自身权益工具支付的对价和交易费用，应当减少所有者权益。

股份有限公司按法定程序经批准采用收购本公司股票方式减资的，按注销股票面值总额减少股本，购回股票支付的价款（含交易费用）超过面值总额的部分，应依次冲减资本公积（股本溢价）、盈余公积和未分配利润；购回股票支付的价款（含交易费用）低于面值总额的，低于面值总额的部分增加资本公积（股本溢价）。

企业所得税方面，减资时，回购价与实收资本的差计入资本公积，B 公司不征企业所得税。

借：实收资本　　　　　　　　　　　　　　　461 500 000
　　未分配利润　　　　　　　　　　　　　　 36 880 000
　　贷：其他应付款——　　　　　　　　　　　498 380 000

减资后实收资本人民币 100 万元。

3. 以土地溢价增资，股东约定资本公积由出资方独享，是否涉及企业所得税？

我在网上看到一份上市公司公告，武汉展览馆将土地注入武汉国际会展公

司计入国有独享资本公积,并约定在以后这笔资本公积单独转增武汉展览馆的股本。公告内容如下:

武汉市汉商集团股份有限公司董事会关于控股子公司增加国有独享资本公积的公告

证券代码:600774　　股票简称:汉商集团　　编号:2008-005

本公司及董事会全体成员保证公告内容的真实、准确和完整,对公告的虚假记载、误导性陈述或者重大遗漏负连带责任。

公司控股子公司武汉国际会展中心股份有限公司(以下简称会展中心,公司占会展中心53.1%的股权)于2008年3月22日召开2007年度股东大会,出席会议的股东及股东代表共6人,代表股份22 600万股,占会展中心总股本的100%。股东及股东代表审议并一致通过本次会议全部议案。其中关于增加国有独享资本公积的议案为:

(1)《关于修改公司章程的议案》。

增加公司章程第十七条第(五)款内容为:

"国家独享资本公积金:

①股东武汉展览馆按照武汉土地估价事务所2000年1月评估报告(武土估价字〔2000〕008号)对该土地资产评估价格21 294.82万元,扣除原入股土地价值5 000万元后,以16 294.82万元价格注入武汉国际会展中心股份有限公司,注入后不改变武汉国际会展中心股份有限公司的股本结构,所形成的权益为国家独享资本公积,由武汉展览馆享有。

②公司于2008年,将武汉展览馆的国家独享资本入股土地按照当时的武汉国际会展中心股份有限公司的净资产,以增资扩股的方式转增武汉展览馆对武汉国际会展中心股份有限公司投入的股本,同时,各股东有权利按比例增资扩股。"

(2)《关于武汉展览馆独享资本公积项下的土地资产抵押贷款的议案》。

为妥善解决会展中心工程款遗留问题,根据武汉市人民政府办公厅2007年12月29日(4)号《关于解决武汉国际会展中心工程欠款有关问题的会议纪要》的要求,会展中心将武汉展览馆独享资本公积项下的土地资产抵押贷款,上限为2亿元。

特此公告

武汉市汉商集团股份有限公司董事会
2008年3月25日

针对上述公告,我有以下疑问,请求回复。

(1)上述资本公积是属于资本溢价形成的资本公积,还是接受捐赠形成的资本公积?在土地注入同时没有增加股本,似乎与资本溢价的含义对不上(在此次投资时没有实收资本的变化,看起来更像是老股东对公司的捐赠),但若是捐赠,接受非现金资产形成的资本公积不是不能直接用于转增股本吗?如果这不是捐赠,那岂不是接受捐赠都可以用这种方式来逃税?

(2)若武汉展览馆不是国有股东而是一个自然人或非国有法人,那么它可以独享以上资本公积吗?

答:溢价增资,投资额大于股本的金额属于资本溢价,因此不能按捐赠处理。该土地是2000年投资的,当时评估价就是21 294万元,并确认了资本溢价,2008年公告只是经全体股东确认该资本公积归国资展览馆所有。

只要有股东会决议,就可以约定资本公积归一方或多方享有。

实际操作中,以捐赠为名避税是不现实的。因为以投资为名接受捐赠可以不征税,但捐赠方形成的财产损失不能在税前扣除。

4. 溢价减资如何进行会计及税务处理?

某公司注册资本1 000万元,留存收益200万元,有A和B两个股东,各占注册资本的50%。现公司减资,B股东撤出全部股份,公司变为A的全资子公司,该公司净资产经过评估为1 400万元,该公司按B的出资比例需支付B股东700万元股权撤出款,这样除500万元实收资本、100万元留存收益外,还需另行支付100万元。这种减资行为已经工商管理部门批准,并且已在报纸上公告,在实际中是可行的,B股东需确认股权转让所得,但该公司支付B股东700万元如何进行账务处理呢?实收资本500万元,留存收益100万元,剩余100万元如何处理?如果先按净资产评估价调账,增值部分记入资本公积,可减记资本公积,如果不调账又如何处理呢?

答:公司减资不属于改制,故不能按评估价调账。减资额高于股本和留存收益份额的部分,属于所有者权益的变化,应当记入资本溢价。

借:实收资本　　　　　　　　　　　　　　　　5 000 000
　　盈余公积、未分配利润　　　　　　　　　　1 000 000
　　资本公积——资本溢价　　　　　　　　　　1 000 000
　　贷:银行存款　　　　　　　　　　　　　　　　7 000 000

根据《国家税务总局关于企业所得税若干问题的公告》(国家税务总局2011年第34号)规定,投资企业从被投资企业撤回或减少投资,其取得的资产中,相当于初始出资的部分,应确认为投资收回;相当于被投资企业累计未分配利润和累计盈余公积按减少实收资本比例计算的部分,应确认为股息所得;其余部分确认为投资资产转让所得。

股权转让所得=700-500-100=100(万元)

5. 原始出资不到位,能否用留存收益补足?融资利息能否作税前扣除?

我公司登记的注册资本为26 300 220美元,根据公司章程规定,应于2008年6月6日前缴足,截至2006年7月22日实缴注册资本26 227 417.63美元,因种种原因差额部分72 802.37美元至今尚未缴足。

请问:(1)如公司股东计划补缴差额,但不打算以货币资金投资,比如实物投资或其他投资，或资本公积或盈余公积或未分配利润转增资本等都可以。请问哪种方案可行？具体流程该如何操作？

（2）未按期出资对会计、税务有什么不利影响？该如何补救？

答：原始注册资本必须到位，不能用资本公积、留存收益增资。如果公司章程中说明是现金出资，就不能改按实物出资。建议用现金出资，然后再用现金购买实物，这样现金就收回去了。

注册资本没有在规定的时间到位，工商部门可以处以罚款。

关于企业由于投资者投资未到位而发生的利息支出扣除问题，《国家税务总局关于企业投资者投资未到位而发生的利息支出企业所得税前扣除问题的批复》（国税函〔2009〕312号）规定，凡企业投资者在规定期限内未缴足其应缴资本额的，该企业对外借款所发生的利息，相当于投资者实缴资本额与在规定期限内应缴资本额的差额应计付的利息，其不属于企业合理的支出，应由企业投资者负担，不得在计算企业应纳税所得额时扣除。

具体计算不得扣除的利息，应以企业一个年度内每一账面实收资本与借款余额保持不变的期间作为一个计算期，每一计算期内不得扣除的借款利息按该期间借款利息发生额乘以该期间企业未缴足的注册资本占借款总额的比例计算，公式为：

企业每一计算期不得扣除的借款利息＝该期间借款利息额×该期间未缴足注册资本额÷该期间借款额

企业一个年度内不得扣除的借款利息总额为该年度内每一计算期不得扣除的借款利息额之和。

6. 外商投资企业增资扩股，外方股权稀释至25%以下，是否补缴"两免三减半"税款？

我单位是一家生产性外商投资企业，明年5月即满经营期10年，已享受过"两免三减半"企业所得税优惠。现在企业要重组，但外方股东不想增资，这样，如果内资股东单方增资，外方股权比例就低于25%了，不知道这样会不会存在补税的风险？

我们咨询了浙江省、湖北省国税局，他们均认为不需补税，主要依据是《关于外商投资企业合并、分立、股权重组、资产转让等重组业务所得税处理的暂行规定》（国税发〔1997〕71号）和《国家税务总局关于外商投资企业和外国企业原有若干税收优惠政策取消后有关事项处理的通知》（国税发〔2008〕23号）。我们也在网上查到了山东省国税局一篇文章（见附件），认同不需补税。

但我们重组中介人员认为，九阳股份与我们不同，他们是因为上市吸收的流通股稀释到25%以下的，而我们是股本增加拟上市前就降到25%以下；同时他们还咨询了上海和北京的12366，得到的答案是需要补税，补税依据是上述23号文件，同时认为上述71号文件已经失效。

他们建议从稳妥的原则出发，需要得到税务主管部门的书面文件，但如果这样操作的话，可能需要很长的时间过程。

请教有无明确的法律文件？

附：歌尔和九阳，西装改穿马褂和改穿马甲的税务差异①

歌尔和九阳，西装改穿马褂和改穿马甲的税务差异

声明：截止到发稿日，百丞未和歌尔声学和九阳股份发生过任何商业业务关系，也未和两家公司拟达成商业合作意向而进行任何正式洽谈接触。本文的目的仅是对两家公司的税务问题作简单分析，以盼早日结束众多口舌之争，并无任何商业目的，以便大家能将更多的时间和精力投入到我国任重道远的社会主义法制市场经济和和谐社会建设中去。

近一段时间，关于歌尔声学和九阳股份 IPO 过程中的税务问题在众多媒体和网站上吵得沸沸扬扬。为什么同样是山东企业，同样不再享受外商投资企业税收待遇，歌尔声学要补缴以前年度的税款 1 036 万元而九阳股份却不需要？两家企业的差别待遇是主管税务机关执法尺度不同还是在 IPO 过程中存在虚假操作？究竟税法对此类企业性质转变适用税收政策是如何进行规定的？我们将就这些疑问与大家共同进行分析和探讨。

(1) 两家企业性质的转变。歌尔声学，由于 2007 年 5 月香港歌尔将其所持歌尔声学股权转让给怡通工公司以及姜滨个人，外资彻底从歌尔声学退出，歌尔声学由外资企业转为内资企业。

九阳股份，由于在中国境内发行 A 股上市，虽然外资持股并未对外转让或者退出，但是上市后外资持股比例下降到 22.21%，低于相关法规所规定的 25% 的标准。

(2) 两家企业性质转变对应的税务处理。税收事项的认定应以税收法规为根本、直接的依据，同样税务机关的执法也应以税收法规为根本、直接的依据，我们将在下文引用税收法规相应条款对两家企业性质转变的税务处理进行分析，并对两家企业各自税务处理的准确性，以及其各自主管税务机关执法的公正性作出判断。

①歌尔声学。

A. 不再享受外商投资企业所得税优惠。《国务院关于实施企业所得税过渡优惠政策的通知》（国发〔2007〕39 号，以下简称"39 号文"）对原享受定期减免税优惠的衔接规定：自 2008 年 1 月 1 日起，原享受企业所得税 "两免三减半"、"五免五减半" 等定期减免税优惠的企业，新税法施行后继续按原税收法律、行政法规及相关文件规定的优惠办法及年限享受至期满为止，但因未获利而尚未享受税收优惠的，其优惠期限从 2008 年度起计算。

---

① 信息来源自百丞税务咨询网，作者：段琳。

《外商投资企业和外国企业所得税法》（中华人民共和国主席令第45号公布）第一条对适用外商投资企业所得税法的企业所得范围作出了规定：中华人民共和国境内的外商投资企业生产、经营所得和其他所得。依照本法的规定缴纳所得税。

第二条对外商投资企业进行了定义：本法所称外商投资企业，是指在中国境内设立的中外合资经营企业、中外合作经营企业和外资企业。

《关于外商投资企业合并、分立、股权重组、资产转让等重组业务所得税处理的暂行规定》（国税发〔1997〕71号）第五条对不得再享受外商投资企业有关所得税优惠的情况进行了规定：合并、分立、股权重组后的企业，其内外资股权比例不符合有关外商投资企业法律规定比例的，除税收法律、法规、规章另有规定的以外，不再继续适用外商投资企业有关的所得税法律、法规，而应按照内资企业适用的所得税法律、法规进行税务处理。

新企业所得税法自2008年1月1日起开始实施，企业也应自2008年1月1日起以新税法规定为依据进行相应的税务处理。新税法体系中的国发39号文已明确，对符合享受原定期减免条件的企业可以继续享受至期满。也就是说新税法认可原税法对已享受定期减免优惠的企业应符合条件的相关规定，因此即使在2008年1月1日之后发生企业性质的变化，在判断是否可以继续享受原税法规定的减免税优惠时仍应以原税法的规定为依据。如果企业不再符合原税法规定的享受定期减免税条件，则按照新税法的规定也不能继续享受税收优惠待遇。按照原税法规定，歌尔声学因为外资退出，由外资企业转为内资企业，不再符合原税法规定的外商投资企业条件，因此不得再继续享受原外商投资企业所得税优惠待遇。

B. 需要补缴已减征、免征所得税款。《国家税务总局关于外商投资企业和外国企业原有若干税收优惠政策取消后有关事项处理的通知》（国税发〔2008〕23号，以下简称"23号文"）对需要补缴已减征、免征税款情况的规定：外商投资企业按照《外商投资企业和外国企业所得税法》规定享受定期减免税优惠，2008年后，企业生产经营业务性质或经营期发生变化，导致其不符合《外商投资企业和外国企业所得税法》规定条件的，仍应依据《外商投资企业和外国企业所得税法》规定补缴其此前（包括在优惠过渡期内）已经享受的定期减免税税款。

《外商投资企业和外国企业所得税法》（中华人民共和国主席令第45号公布）第八条对需要补缴已减征、免征税款的情况作出了规定：……外商投资企业实际经营期不满10年的，应当补缴已免征、减征的企业所得税税款。

《关于外商投资企业合并、分立、股权重组、资产转让等重组业务所得税处理的暂行规定》（国税发〔1997〕71号，以下简称"71号文"）第五条第二项对外资退出使企业性质发生改变情况下的税务处理作出了规定：凡重组前企业的外国投资者在企业重组业务中,将其持有的股权退出或转让给国内投资者的,重组前的企业实际经营期不满适用定期减免税优惠的规定年限的,应依照《税法》第八条的规定,补缴已免征、减征的企业所得税税款。

《国家税务总局关于外商投资企业和外国企业原有若干税收优惠政策取消后有关事项处理的通知》(国税发〔2008〕23号)明确了在新税法环境下,企业是否需要补缴已减征、免征税款仍应以企业是否不再满足原税法规定的条件为依据进行判断。新税法既然认可了原税法规定补缴条件(即:生产经营业务性质的变化或经营期不满10年),同样说明在新税法环境下,仍应以原税法体系对补缴条件的判断标准为依据进行对应税务处理。也就是说,即使是在2008年1月1日之后发生企业性质的变化,在判断是否需要补缴已减征、免征税款时仍应以原税法的规定为依据。而具体到歌尔声学,应以其企业性质转变是否对原外商投资企业实际经营期的计算产生影响为依据判断其是否属于国税发〔2008〕23号文所规定的补缴情况。而对原外商投资企业实际经营期的判断仍应以原税法体系中的规定为依据。而原税法体系中,71号文将外资退出而导致企业性质的变化定义为税收上的重组行为,并对外资退出情况下原外商投资企业经营期的计算做出了明确的规定。按照上述税收政策的规定,由于外资退出,税法不能将歌尔声学重组前后视为连续的同一纳税主体。因此,歌尔声学作为外商投资企业的实际经营期按照税法规定计算不满10年,应依照税法第八条的规定,补缴已免征、减征的企业所得税税款。

②九阳股份。

A. 不再享受外商投资企业税收优惠。《国务院关于实施企业所得税过渡优惠政策的通知》(国发〔2007〕39号,以下简称"39号文")对原享受定期减免税优惠的衔接规定:自2008年1月1日起,原享受企业所得税"两免三减半"、"五免五减半"等定期减免税优惠的企业,新税法施行后继续按原税收法律、行政法规及相关文件规定的优惠办法及年限享受至期满为止,但因未获利而尚未享受税收优惠的,其优惠期限从2008年度起计算。

《国家税务总局关于外国投资者出资比例低于25%的外商投资企业税务处理问题的通知》(国税函〔2003〕422号)关于适用外商投资企业税收优惠待遇作出了明确答复:外资低于25%的企业适用税制一律按照内资企业处理,不得享受外商投资企业税收待遇。但国务院另有特别规定的除外。

在新税法环境下此类税收事项的判断仍应依据原税法规定标准的原因已在对歌尔声学不再享受定期减免税优惠的分析中进行了阐述,在此不再赘述。具体到九阳股份,按照原税法规定,虽然外资并未退出,但是由于境内A股首发上市而使外资持股比例低于25%,因此,九阳股份不得再享受外商投资企业的税收优惠待遇。

B. 无需补缴已减征、免征所得税款。《关于外商投资企业和外国企业原有若干税收优惠政策取消后有关事项处理的通知》（国税发〔2008〕23号，以下简称"23号文"）规定：外商投资企业按照《外商投资企业和外国企业所得税法》规定享受定期减免税优惠，2008年后，企业生产经营业务性质或经营期发生变化，导致其不符合《外商投资企业和外国企业所得税法》规定条件的，仍应依据《外商投资企业和外国企业所得税法》规定补缴其此前（包括在优惠过渡期内）已经享受的定期减免税税款。

《关于外商投资企业合并、分立、股权重组、资产转让等重组业务所得税处理的暂行规定》（国税发〔1997〕71号）第五条第一项对外资没有退出但股权重组后使外资持股比例低于25%情况下的税务处理作出了明确规定：凡重组前企业的外国投资者持有的股权，在企业重组业务中没有退出，而是已并入或分入合并、分立后的企业或者保留在股权重组后的企业的，不论重组前的企业经营期长短，均不适用《税法》第八条关于补缴已免征、减征的税款的规定。

在新税法环境下此类税收事项的判断仍应依据原税法规定标准的原因已在对歌尔声学需要补缴已减征、免征税款的分析中进行了阐述，在此不再赘述。具体到九阳股份，应以原税法体系对九阳股份企业性质转变是否对其原外商投资企业实际经营期的计算产生影响为依据判断其是否属于国税发〔2008〕23号文所规定的补缴情况。而原税法体系中，71号文将股权结构发生变化但是外资并未退出的行为定义为税收上的重组行为。对此类情况原税法体系规定，应视为重组行为对外商投资企业的实际经营期不产生影响，外商投资企业的实际经营期可以延续计算。按照上述政策规定，虽然九阳股份首发上市后外商持股比例低于25%，但是在首发上市过程中九阳股份的原外商投资并未退出，仍保留在首发上市后的九阳股份中，则税法仍将首发上市前后的九阳股份视为连续的同一纳税主体。因此，九阳股份也就不牵扯到所谓的经营期限是否不足10年，适用《税法》第八条补缴税款的问题。九阳股份重组后不适用《税法》第八条关于补缴已免征、减征税款的规定，不需要补缴已免征、减征的企业所得税税款。

综上所述，两家企业由于企业性质发生变化，均不能再享受原外商投资企业的税收优惠待遇。由于歌尔声学外资的退出，因此需要按照税法的规定，就其已免征、减征的企业所得税税款进行补缴；而九阳股份外资并未退出，只是由于境内发行A股上市而使外资持股比例低于25%，按照税法的规定，原则不需要就其原已免征、减征的企业所得税税款进行补缴。从公共媒体所获取的资料结合现阶段税收法规判断，两家企业由于企业性质的变化而进行的税务处理基本合法、正确，两家企业的主管税务机关所做出的税务处理决定也基本合法、准确。

企业的 IPO 过程必然涉及资源的整合、资本的流动、财务数据的审计与预测，而这其中方方面面的变化也必然会涉及税收事项的认定。正如我们所分析的税收事项，对外商投资企业由原本的西装缩水到改穿马甲或者从根本上换成长袍马褂之间税收差异的困惑可能仅仅是这两家企业 IPO 过程中众多税收问题中的一个方面，但是却对企业过去 3 年以及未来的利润产生巨大的影响，进而也就对企业 IPO 过程产生了重大的影响。因此，企业应在 IPO 策划、实施过程中注意防范各种税收风险可能对 IPO 产生的影响。

附件 1 歌尔声学股份有限公司（002241）以下简称"歌尔声学"IPO 税收事项摘录

（1）《审计报告》的"财务会计报表附注"之"五、税项"（4-1-34 页）部分披露如下：

"本公司的前身——怡力达原是位于国家级高新技术开发区内成立的生产性合资经营企业，成立于 2001 年 6 月 25 日，2002 年认定为第一个获利年度，合同约定的生产经营期 20 年，享受企业所得税'两免三减半'的税收优惠；同时，怡力达于 2003 年 11 月被确认为省级高新技术企业（高新企业证书编号：44-07345A），依据《外商投资企业和外国企业所得税法》的有关规定，2005 年度、2006 年度执行 15% 减半的企业所得税税率，即 7.5% 的企业所得税税率。"

（2）《招股说明书》"第四节 风险因素"之"五、政策风险"之"（一）所得税政策的变化风险"（1-1-30 页）披露如下：

"公司是注册于潍坊高新技术开发区（国家级）的企业，根据山东省科学技术厅鲁科高字〔2003〕154 号，公司自 2003 年 11 月被确认为省级高新技术企业，享受减按 15% 的税率缴纳企业所得税的税收优惠政策。"

（3）《招股说明书》"第五节 发行人基本情况"之"二、发行人历史沿革及股本形成"之"（五）2007 年 5 月股权转让、变更为内资企业"（1-1-36 页）披露如下：

"由于公司变更为内资企业，根据潍坊市高新技术产业开发区国家税务局《关于潍坊怡力达电声有限公司经营期不满 10 年追征已减免企业所得税的报告》，公司于 2007 年 5 月 28 日补缴了 2002 年至 2006 年度已免征、减征的企业所得税共计 10 369 661.21 元。"

（4）《审计报告》的"财务会计报表附注"之"五、税项"（4-1-34 页）部分披露如下：

"2007 年 5 月，根据潍外经贸字（2007）第 96 号批复，怡力达的外方股东香港歌尔将其持有的全部外资股股权转让给怡通工和自然人姜滨，怡力达由合资经营企业变更为内资企业；由于合资公司实际经营期不满10年，根据《外商投资企业和外国企业所得税法》的规定，不能享受'两免三减半'的企业所得税税收优惠，应补缴以前年度已经免征、减征的企业所得税款，按照15%的税率缴纳企业所得税。经潍坊高新技术产业开发区国家税务局审核确认，公司补缴了以前年度予以免征、减征的企业所得税，并将各期应补缴的企业所得税计入相应所属期所得税费用。"

(5)《审计报告》的"财务会计报表附注"之"七、合并财务报表主要项目附注"之"19、应交税费"（4-1-50页至4-1-51页）部分披露如下：

"2007年5月，根据潍外经贸字（2007）第96号批复，本公司的前身怡力达由合资经营企业变更为内资企业，由于合资企业实际经营期未满10年，应当补缴已免征、减征的企业所得税税款。根据潍坊高新技术产业开发区国家税务局出具的《关于怡力达经营期不满10年追征已减免企业所得税的报告》文件审核确认，怡力达补缴企业所得税10 369 661.21元，同时追溯调整报告期内各期期末的应交所得税数额，由此造成2007年年初账面欠税12 953 131.51元，在2007年5月份已全部清缴。"

附件2　九阳股份有限公司（002242）以下简称"九阳股份"IPO税收事项摘录

（1）《招股说明书》第188页披露如下：

"根据济南市槐荫国家税务局《关于对山东九阳小家电有限公司认定生产性企业的批复》（槐国税发〔2005〕40号），发行人被认定为生产型中外合资企业，企业所得税享受'两免三减半'优惠政策。经济南市槐荫国家税务局认定（槐国税函〔2007〕12号），发行人2005年开始进入获利年度，2007年为减半优惠期的第一年，企业所得税税率为12%。

本次发行上市后，外资持股比例将下降到25%以下，则九阳股份不能继续享受中外合资公司税收优惠政策。同时，我国将于2008年1月1日实施的新《企业所得税法》，内外资企业所得税实现并轨，统一适用25%的企业所得税率。上述税收政策的变化将对公司未来业绩造成一定影响。"

答：国税发〔1997〕71号文件废止是由于原《外商投资企业和外国企业所得税法》变更为《企业所得税法》，但可以从其中看出立法精神，只要外资没有退出，即使外资低于25%，也不用补缴已减免税款。

新税制实施后，唯一执行的依据是《国家税务总局关于外商投资企业和外国企业原有若干税收优惠政策取消后有关事项处理的通知》（国税发〔2008〕23号），该文强调"2008年后，企业生产经营业务性质或经营期发生变化，导致其不符合《外商投资企业和外国企业所得税法》规定条件的，仍应依据《外商投资企业和外国企业所得税法》规定补缴其此前（包括在优惠过渡期内）已经享受的定期减免税款。"企业因增资扩股使得外资比例小于25%，不属于"生产经营业务性质或经营期发生变化"的情形，不应补缴已减免税款。

总结如下：如果是因为公司清算、外方减资、外方股权转让导致外商投资企业经营期不满10年，需补缴已享受的定期减免税。如果是因为增资扩股，导致外方股权比例低于25%，则停止享受外商投资企业优惠，包括"两免三减半"不再享受过渡，但前期已享受的"两免三减半"不需要补缴，因为外资没有退出。

7. 以房产作为对价向个人股东回购股份如何进行会计及税务处理？

我公司有两个自然人股东，股本100万元，甲占60%，乙占40%，现公司回购乙所持股份，以公司所有的一幢办公楼与乙股东交换其所持股份，该办公楼原价150万元（其中买价120万元，契税3.6万元，装修费26.4万元），累计折旧120万元，账面价值30万元，评估价为200万元，请问我公司此笔交易是否应该缴纳企业所得税（200－30）×25%＝42.5（万元），乙股东是否应缴个人所得税（200－40）×20%＝32（万元）？如何进行账务处理？

答：上述业务对公司而言既是回购也是减资。公司用房屋抵顶个人股东的减资款，应视同销售不动产缴纳营业税及附加和土地增值税，同时需确认资产转让所得。个人股东办理房产变更手续需缴纳契税。此外，个人股东收回投资取得的差价，应按"财产转让所得"缴纳个人所得税。

应纳营业税＝(200－120)×5%＝4（万元）

应纳城市维护建设税＝4×7%＝0.28（万元）

应纳教育费附加＝4×3%＝0.12（万元）

假设土地增值税按照销售收入的1%计征，则：

应纳土地增值税＝200×1%＝2（万元）

甲公司应确认资产转让所得＝200－30－(4＋0.28＋0.12＋2)＝163.6（万元）。

会计处理如下：

借：实收资本　　　　　　　　　　　　　　　　　400 000
　　资本公积——资本溢价　　　　　　　　　　1 600 000
　　累计折旧　　　　　　　　　　　　　　　　1 200 000
　　贷：固定资产　　　　　　　　　　　　　　1 500 000
　　　　应交税费——营业税　　　　　　　　　　40 000
　　　　　　　　——应交城市维护建设税　　　　2 800
　　　　　　　　——应交教育费附加　　　　　　1 200
　　　　　　　　——应交土地增值税　　　　　　20 000
　　　　营业外收入——处置非流动资产利得　　1 636 000

乙应纳个人所得税＝(200－40)×20%＝32（万元）

第十四章 资本交易税收案例分析

8. 新股东按约定的股权比例溢价增资，如何确认股本金？

某股份公司注册资本 150 万元，该公司购入一块土地，价款 2 300 万元，用于开发旅游景点项目，其间发生管理费用 550 万元，该公司包括注册资本在内实际投资 3 000 万元，根据开发地块的地理环境更适合开发温泉休闲度假中心的情况，投资者决定开发温泉休闲度假中心，由于资金不足，投资者另找到一合作伙伴。为此，原投资者公司整体资产评估作价 6 000 万元，新投资方投资人民币 9 000 万元，公司名称不变，注册资本变更为 1.5 亿元，新老投资者股份占比为 6∶4。

请问：

（1）该业务如何进行会计账务核算？

（2）该业务涉及哪些税种？税收依据是什么？

（3）如何将企业的税负降至最低？

答：资产以历史成本计价，资产评估增值不允许调增账面价值，因此注册资本不可能是 1.5 亿元。

操作方法如下：原账面欠老股东债务 2 850 万元先转为老股东的实收资本，转增后实收资本为 3 000 万元。按照股权比例 6∶4 计算，应确认新股东股本 2 000 万元，其余 7 000 万元作为资本公积（资本溢价）处理，然后再按股权比例将资本公积转增股本。转增后，注册资本总额为 12 000 万元。

上述业务除实收资本和资本公积增加额需缴纳印花税外，不涉及其他税费问题。

9. 公司股权变更能否按照实质重于形式原则要求企业缴纳销售不动产增值税、契税等？

英属维尔京群岛的肯尼克公司于 1991 年出资 460.50 万美元（按当时汇率折合人民币 3 412.96 万元）在奉化注册了一家外商独资企业——奉化武岭泰新食品有限公司，2019 年肯尼克公司将其持有的奉化武岭泰新食品有限公司的 100% 股权转让给江圣岳等 4 人，双方约定转让价 3 200 万元人民币。

请问：

（1）肯尼克公司在此次股权转让过程中股权转让价是多少？

（2）肯尼克公司在此次股权转让过程中获得的收益是多少？需要缴纳多少所得税？

（3）被投资单位——奉化武岭泰新食品有限公司资产总额的评估价是 4 500 万元，股权转让价是否应按 4 500 万元计算？

（4）如该企业在转让前已停产，大部分员工已解除劳动合同，且全部处置了资产（除不动产外）、负债。地税局认定此项交易按照实质重于形式原则且有减少、免除缴纳税款的目的，认定为转让不动产行为，需缴纳不动产转让的增值税、契税等有何政策依据？

答：股权转让价格为 3 200 万元人民币。转让收益为负，不征预提所得税。股权转让价格通常按照净资产公允价（资产公允价－负债公允价）并结合商誉

(客户资源、品牌等)因素,由股权转让的双方共同商定。

《企业所得税法》第四十七条规定:"企业实施其他不具有合理商业目的的安排而减少其应纳税收入或者所得额的,税务机关有权按照合理方法调整。"该条款仅适用于企业所得税,不适用于增值税、契税等税种。

《特别纳税调整实施办法》(国税发〔2009〕002号)第九十七条规定:"一般反避税调查及调整须层报国家税务总局批准。"该《办法》第一百零三条规定:"相应调整或相互磋商的结果,由国家税务总局以书面形式经主管税务机关送达企业。"税法之所以这样规定,主要是防止基层税务人员滥用税法,侵害纳税人合法权益,因为不同的税务人员判断的标准可能不同。

10. 接受投资的土地评估价与协议价不同,土地成本如何确定?

A公司(上市公司)和B公司共同出资,于2008年7月成立C公司,注册资本金2 800万元。A和B两公司于2008年6月签订了合资协议书,协议书约定:A公司以土地方式出资,土地评估价值为11 622万元,双方商定土地使用权作价12 018万元,其中1 960万元作为注册资金,占注册资本金的70%,10 058万元作为投资;B公司以现金方式出资,出资金额为5 150万元,其中840万元作为注册资金(已于2008年7月到位),占注册资本金的30%,4 310万元作为投资(未到位)。到目前为止,营业执照上的注册资本是2 800万元,实收资本是840万元。

土地使用权于2009年5月21日从A公司以投资形式转给了C公司,现土地使用权归C公司所有。

A公司于2009年5月底代C公司聘请了两家事务所分别作了验资和土地评估,目的是作工商变更。

A公司于2009年5月底聘请了一家事务所对C公司进行资产评估,目的是待工商变更时进行股权转让,A公司将所持股权全部转给B公司。此评估过程中A公司要求C公司以A、B两家公司的合资协议为依据将A公司作为投资的10 058万元和B公司作为投资的4 310万元(未到位)记入"资本公积"科目。

问题1:土地使用权何时入C公司的账,以哪个价值入账?

问题2:A公司要求将B公司未到位的4 310万元投资记入"资本公积"是否合理?如果可以话,还有一问题就是B公司的4 310万元投资可能会长期到不了位,那么"其他应收款"科目中的4 310万元将长期挂账,这样对C公司各方面的影响有多大?

答:(1)土地使用权应于土地使用权证书变更至C公司时入账,按照投资合同确定的价值12 018万元入账。

(2)B公司未到位的投资款作资本溢价是不对的,应按会计差错冲销原分录。B公司投资不到位,不影响A公司转让股权,因为股权转让的价格是双方约定的。

11. 资产评估增值为什么会出现负数?对企业所得税有什么影响?

本税务师事务所代理客户涉及股权重组的会计与税务问题,详情如下:

第十四章 资本交易税收案例分析

北京田禾协同药业有限责任公司（简称"协同药业"）是由田禾控股有限公司（简称"田禾"）和北京协同科技开发公司（国有企业，简称"开发公司"）合资组建，前身是北京协同诊断试剂厂（国有企业，简称"试剂厂"）。

试剂厂是开发公司的全资企业，2019年5月10日，田禾控股作为新进的股东对试剂厂进行注资，同时开发公司对试剂厂的净资产进行评估增值，这样试剂厂的注册资本变成了4 179.86万元，其中田禾控股以现金出资2 131.73万元，占51%，开发公司以试剂厂净资产出资2 048.13万元，占49%，试剂厂也更名为协同药业。

试剂厂的资产评估基准日是2018年4月30日，原账面净资产为459.76万元，评估增值1 588.37万元，其中流动资产增值465.65万元，固定资产增值3.82万元，无形资产增值1 118.90万元。

评估基准日1年之后的2019年5月10日，协同药业注册成立。协同药业在建立新账的时候，只是将实收资本变成了4 179.86万元，资产、负债还是按照试剂厂2019年4月30日的数据作为期初数建账，并没有按照评估值进行调账。这样一来，为了保持资产负债表的平衡，我们把评估增值的1 588.37万元在"资本公积"科目下以负数反映。

请问：

（1）试剂厂资产评估增值部分是否要调账？如果要调账的话，是试剂厂新公司注册之前就调呢，还是新公司成立之后直接以评估值建账？如果不调账，是不是感觉协同药业的资产缺少一部分，比如无形资产评估增值1 118.90万元在新公司的账面上就没有反映。

（2）试剂厂资产评估基准日之后到新公司成立之前，又继续经营了一年，资产评估结果对试剂厂这一年的经营成果是否产生影响？

（3）这种模式下成立的新的协同药业还应该注意哪些涉税问题？是否涉税？如何处理？

答：按照《企业会计制度》或《企业会计准则》的规定，试剂厂资产评估增值不应当调账。实收资本总额应当是938.28万元，其中，田禾控股出资2 131.73万元，占注册资本的51%，应确认实收资本478.53万元，其余作"资本公积"贷方处理。

目前，实收资本已登记注册为4 179.86万元，只能将增值部分调整资产的账面价值了，其后还要补提折旧，补转成本，可通过"以前年度损益调整"科目核算，但不需要补缴税款。因为以前按账面价值结转成本并没有多提折旧、多摊费用、多转成本。只有2021年以后多提折旧、多摊费用、多转成本（计入损益）的部分才需纳税调整。

田禾控股当时与对方谈判时没有考虑到资产评估纳税调整的问题，实际田禾控股多出资了。根据《公司法》第三十五条规定，有限公司股东约定了分配比例的，可以不按股份比例分配。目前签订股东协议，修改公司章程，给田禾控股优先分配一部分税后利润。

12. 溢价增资，投资额如何计算？

我公司拟投资乙公司，初步协商我公司按乙公司净资产 2 803 万元，溢价 1.2 倍评估股权定价，我公司持股 35%。

我公司计算的投资成本是：2 803（净资产）×1.2（溢价）×0.35（我方持股）/0.65（对方持股）＝1 811.17（万元），其中 1 509.31 万元计入乙公司实收资本，301.86 万元计入乙公司资本公积。

乙公司原股东认为，原股东 65% 股权溢价＝2 803×0.2＝560.6（万元），这部分应由我司以现金形式投入，计入乙公司的资本公积，否则他们等于没有溢价。即我公司的投资成本为：1 811.17＋560.6＝2 371.77（万元）。

我公司认为溢价并不等同于实际的价值，它只是一个评估值，我公司已经承担了净资产按溢价评估增值的部分，即计入乙公司资本公积金中的 301.86 万元，乙公司股东所持股份溢价的享有者是现有的股东，怎么可能要求我公司承担？

请问：哪种计算方法正确？

答：净资产与市值是两个不同的概念。按照该原股东的理解，新股东持股比例越小出资越多。例如新股东增资 1%，则需将 99% 的溢价投资到乙公司，这显然是不对的。溢价增资，原股东虽然股权比例稀释到 65%，但其股权的市值增加了。市值并不等于净资产，市值只有在转让时才能实现。

本案例与上市公司首发新股或增发新股是同一回事。

三、股权收购与资产收购案例

同一重组业务，当事各方判断重组条件不一致怎么办？特殊重组资料如何报备？

A 公司持有 C 公司 40% 股权，A 公司注册在北京，C 公司注册在天津；

B 公司持有 D 公司 100% 股权（D 公司的主要资产是一栋经营中的商场），B 公司注册在上海，D 公司注册在深圳。

现 A 公司决定收购 B 公司持有的 D 公司 100% 股权，支付对价为 A 公司持有的 C 公司 40% 股权。

请问：

（1）若将 A 公司视为收购企业、将 D 公司视为被收购企业，是满足《财政部关于企业重组业务企业所得税处理若干问题的通知》（财税〔2009〕59 号）的特殊重组条件的；但也可认为是 B 公司收购 A 公司持有的 C 公司 40% 股权，即将 B 公司视为收购企业，将 C 公司视为被收购企业，这样是不满足 59 号文件的特殊重组条件的。

税法在判定是否满足特殊重组时，是否只站在换股的其中一方角度看满足特殊重组条件即可？还是站在两方看都要满足？

（2）《财政部关于企业重组业务企业所得税处理若干问题的通知》（财税〔2009〕59 号）第 11 条规定"企业发生符合本通知规定的特殊性重组条件并选

择特殊性税务处理的，当事各方应在该重组业务完成当年企业所得税年度申报时，向主管税务机关提交书面备案资料，证明其符合各类特殊性重组规定的条件。企业未按规定书面备案的，一律不得按特殊重组业务进行税务处理。"

在上述情况下，应由哪个公司向税务局申请备案？还是4个公司都要申请备案？如果有其中一地的税务局"认为不符合合理商业目的，不予备案"，而其他三地的税务局都给予备案，这种情况如何处理？还是只要由其中一家公司在其注册地申报即可？

是否只要拿到备案回执就可以认为是税务局同意按特殊重组了？还是要拿到审核确认批复才行？

在上述情况下，如果想在交易发生前报请税务机关审核确认，应由哪个公司向何地税务机关申请？

（3）D公司的主要资产是一项房地产，即一栋经营中的商场，但D公司并不是房地产开发企业，请问上述交易中，税务机关是否会按《国家税务总局关于以转让股权名义转让房地产行为征收土地增值税问题的批复》（国税函〔2000〕687号）要求征收土地增值税？

答：

（1）根据《国家税务总局关于发布〈企业重组业务企业所得税管理办法〉的公告》（国家税务总局公告2010年第4号）第四条"同一重组业务的当事各方应采取一致税务处理原则，即统一按一般性或特殊性税务处理"和第六条"《通知》第2条所称控股企业，是指由本企业直接持有股份的企业"的解释，股权收购业务，只要站在其中一方角度符合特殊重组条件，即可执行特殊重组政策。本例A公司是C公司的大股东，相对控股，符合控股公司条件（与会计准则中实质控制的概念相同），可以按照特殊重组处理。

（2）根据《国家税务总局关于发布〈企业重组业务企业所得税管理办法〉的公告》（国家税务总局公告2010年第4号）第七条、第十六条、第十七条规定，股权收购，以转让协议生效且完成股权变更手续日为重组日。股权收购业务以股权转让方为重组主导方。企业重组业务，符合《通知》规定条件并选择特殊性税务处理的，应按照《通知》第十一条规定进行备案；①如企业重组各方需要税务机关确认，可以选择由重组主导方向主管税务机关提出申请，层报省税务机关给予确认；②采取申请确认的，主导方和其他当事方不在同一省（自治区、市）的，主导方省税务机关应将确认文件抄送其他当事方所在地省税务机关；③省级税务机关在收到确认申请时，原则上应在当年度企业所得税汇算清缴前完成确认；④特殊情况，需要延长的，应将延长理由告知主导方。

《国家税务总局关于发布〈企业重组业务企业所得税管理办法〉的公告》第二十三条规定，企业发生《通知》第六条第（2）项规定的股权收购业务，应准备以下资料：

①当事方的股权收购业务总体情况说明，情况说明中应包括股权收购的商业目的；

②双方或多方所签订的股权收购业务合同或协议；

③由评估机构出具的所转让及支付的股权公允价值；

④证明重组符合特殊性税务处理条件的资料，包括股权比例、支付对价情况，以及12个月内不改变资产原来的实质性经营活动和原主要股东不转让所取得股权的承诺书等；

⑤工商等相关部门核准相关企业股权变更事项证明材料；

⑥税务机关要求的其他材料。

根据上述规定，股权转让方B公司（收购方是A公司，被收购企业是D公司，转让方是B公司）必须得到省级税务局（上海市局）对备案资料的确认，明确符合特殊重组要求，同意备案，并加盖印章。

（3）存在按国税函〔2000〕687号征收土地增值税的风险，可以由A公司的关联方先对D公司增资1%，然后A公司收购D公司剩余99%股权。

四、公司合并案例

1. 公司合并符合特殊重组条件，如何做好资料备案？

甲公司和乙公司的原股东持股比例为A公司95%、B公司5%，以2020年7月31日为合并基准日，甲公司按《甲公司与乙公司吸收合并协议》在2020年完成了对乙公司的吸收合并，乙公司注销、甲公司存续，合并中未发生现金支付。

乙公司在合并基准日（2020年7月31日）前的累计亏损为1 308 439.34元，存续的甲公司已在2020年12月1日按照《企业重组业务企业所得税管理办法》（国家税务总局公告2010年第4号）的相关规定向主管税务机关备案。

《财政部、国家税务总局关于企业重组业务企业所得税处理若干问题的通知》（财税〔2009〕59号）规定：公司合并适用特殊性税务处理时，可由合并企业弥补的被合并企业亏损的限额=被合并企业净资产公允价值×截至合并业务发生当年年末国家发行的最长期限的国债利率。

按财税〔2009〕59号文件中的公式计算，合并前乙公司的累计亏损1 308 439.34元中应有371 129.64元可以在存续的甲公司弥补，但我市国税机关认为：乙公司在办理税务注销时要专门申报未弥补亏损，否则在合并后存续的公司不能弥补。我们认为：财税〔2009〕59号文只是要求备案，就算是以前申报错误，现在发现不是也可以重新申报吗？

答：《企业所得税汇算清缴管理办法》（国税发〔2009〕79号）、《企业所得税法》第五十三条、《税收征管法》第六十二条等文件规定，乙公司注销，应当在终止经营的60日内办理企业所得税汇算清缴。公司在年终按照财税〔2009〕59号文件备案时，税务机关应当提醒纳税人办乙公司所得税汇算清缴申报表。如果政策上没有障碍，操作上的问题可以与税务机关沟通，进一步完善备案资料。

2. 公司合并，被合并企业的个人股东取得合并方股权是否按"财产转让所得"征收个人所得税？

子公司股东以子公司净资产与新设公司合并，按会计规定以评估增值后资产作价计算原子公司股本，对于法人股东可以选择特殊重组计算企业所得税，对于个人股东是否按评估增值转增股本计算股息所得？

答：同一控制下公司合并，按照资产、负债的原账面价值计量，合并方按照被合并企业的净资产公允价向被合并企业的股东支付对价，贷记股本，差额部分如果在贷方，作资本公积（股本溢价）处理，如果在借方，依次冲减未分配利润、盈余公积、资本公积。

公司合并与股权转让不同，被合并方的个人股东，取得合并方的股权的计税成本按照历史成本（对被合并方的投资计税成本）替代，不计算股权转让个人所得税。但被合并企业的留存收益如果在合并方体现为实收资本和资本公积——资本溢价，对个人股东而言，视同将留存收益转增个人股本，按照《国家税务总局关于股份制企业转增股本和派发红股征免个人所得税的通知》（国税发〔1997〕198号）规定，个人股东享有的份额应当按照"利息、股息、红利所得"缴纳个人所得税。

3. 采取哪种合并方式，税负最低？

有一家外资企业A企业（"两免三减半"已结束，经营期不满10年），2019年开始是高新技术企业，实收资本550万元（中方由两个自然人投资、外方由一个外国人投资），资产总额7 600万元（无房产和土地），净资产总额3 000万元。另有一家内资企业B企业，实收资本500万元（由两个自然人投资），资产总额2 700万元，净资产总额1 700万元，有土地和房产1 500万元（评估价3 000万元），现A企业想为上市作准备，由于A企业和B企业是关联企业（中方股东一样），A企业想把B企业合并过来，请问：

（1）这样合并可行吗？

（2）还是以股权转让的方式取得B企业的土地和房产更好？

（3）还有更好的办法吗？

答：如果A、B企业生产同类产品或者具有关联交易，必须合并会计报表，但合并手续很复杂，需要外经贸部门批准，而且合并后可能影响所得税优惠政策的享受，建议由两位自然人将B企业的股权评估作价投资给A企业，增加个人对A企业的股权，这样B企业成为A企业的全资子公司，从而并入上市公司合并会计报表。

4. 高新技术企业吸收合并非高新技术企业，如何计算所得税？

一家高新技术企业，按15%的所得税税率缴纳企业所得税。现准备吸收合并一家非高新技术企业，全部以股权作为支付对价，经税务机关确认符合特殊重组的规定。该公司存续，非高新技术企业注销。吸收合并后公司经重新申请仍被认定为高新技术企业。

例：A企业为一家高新技术企业，2019年应纳税所得额为300万元；2020

年吸收合并 B 企业，B 企业 2019 年应纳税所得额为 -100 万元，2020 年合并后 B 企业注销，A 企业存续，经认定存续企业仍为高新技术企业，2020 年合并当年企业年应纳税所得额为 400 万元。

请问：

（1）2020 年所得税该如何计算？

（2）如果 2019 年 A 企业应纳税所得额为 -100 万元，2020 年 A 企业又该如何计算所得税？

答：（1）关于一般重组合并税收优惠的结转问题，《企业重组业务企业所得税管理办法》（国家税务总局 2010 年第 4 号公告）第十五条规定，企业合并，合并各方企业涉及享受《企业所得税法》第五十七条规定中就企业整体（即全部生产经营所得）享受的税收优惠过渡政策尚未期满的，仅就存续企业未享受完的税收优惠，按照《财政部、国家税务总局关于企业重组业务企业所得税处理若干问题的通知》（财税〔2009〕59 号）第九条的规定执行。即，在企业吸收合并中，合并后的存续企业性质及适用税收优惠的条件未发生改变的，可以继续享受合并前该企业剩余期限的税收优惠，其优惠金额按存续企业合并前一年的应纳税所得额（亏损计为零）计算。

注销的被合并企业未享受完的税收优惠，不再由存续企业承继；新设合并，新设企业也不得再承继或重新享受上述优惠。合并各方企业按照《企业所得税法》的税收优惠规定和税收优惠过渡政策中就企业有关生产经营项目的所得享受的税收优惠承继问题，按照《企业所得税法实施条例》第八十九条规定执行。

（2）关于特殊重组方式下被合并企业税收优惠的结转问题，《企业重组业务企业所得税管理办法》规定，根据《财政部、国家税务总局关于企业重组业务企业所得税处理若干问题的通知》（财税〔2009〕59 号）第六条第（四）项第 2 目规定，被合并企业合并前的相关所得税事项由合并企业承继，这些事项包括尚未确认的资产损失、分期确认收入的处理以及尚未享受期满的税收优惠政策承继处理问题等。其中，对税收优惠政策承继处理问题，凡属于依照《企业所得税法》第五十七条规定中就企业整体（即全部生产经营所得）享受税收优惠过渡政策的，合并后的企业性质及适用税收优惠条件未发生改变的，可以继续享受合并前各企业剩余期限的税收优惠。合并前各企业剩余的税收优惠年限不一致的，合并后企业每年度的应纳税所得额，应统一按合并日各合并前企业资产占合并后企业总资产的比例进行划分，再分别按相应的剩余优惠计算应纳税额。合并前各企业按照《企业所得税法》的税收优惠规定以及税收优惠过渡政策中就有关生产经营项目所得享受的税收优惠承继处理问题，按照《企业所得税法实施条例》第八十九条规定执行。

（3）高新技术企业减低税率优惠属于变更适用条件的延续政策而未列入过渡政策。根据《财政部、国家税务总局关于企业重组业务企业所得税处理若干问题的通知》（财税〔2009〕59 号）规定，被合并企业合并前的相关所得税事项由合并企业承继。可由合并企业弥补的被合并企业亏损的限额 = 被合并企净资产公允价值×截至合并业务发生当年年末国家发行的最长期限的国债利率。

（4）本案例适用特殊重组政策，根据上述规定，A 公司应纳税额计算如下：

①B 企业 2008 年亏损，故 A 公司不得弥补 B 公司 2008 年亏损。

应纳所得税额 = 400×15% = 60（万元）。

②应纳税所得额 = 400 - 100 = 300（万元）。

应纳所得税额 = 300×15% = 45（万元）。

5. 母子公司合并有哪些操作程序，如何进行会计及税务处理？

一家会计师事务所的客户拟将已停业的全资子公司（宾馆）吸收合并到母公司，吸收合并后子公司注销，母公司将宾馆重新装修，然后作为写字楼分块对外出租。请教合并的程序及母子公司涉及的会计及税务处理。

答：所谓公司合并是指两个或两个以上的公司依照《公司法》规定的条件和程序，通过订立合并协议，共同组成一个公司的法律行为。公司的合并可分为吸收合并和新设合并两种形式。吸收合并又称存续合并，它是指通过将一个或一个以上的公司并入另一个公司的方式而进行公司合并的一种法律行为。并入的公司解散，其法人资格消失。接受合并的公司继续存在，并办理变更登记手续。新设合并是指两个或两个以上的公司以消灭各自的法人资格为前提而合并组成一个公司的法律行为。其合并结果，原有公司的法人资格均告消灭。新组建公司办理设立登记手续取得法人资格。

我国《公司法》（2006）第一百七十四条规定："公司合并，应当由合并各方签订合并协议，并编制资产负债表及财产清单。公司应当自作出合并决议之日起十日内通知债权人，并于三十日内在报纸上公告。债权人自接到通知书之日起三十日内，未接到通知书的自公告之日起四十五日内，可以要求公司清偿债务或者提供相应的担保"，第一百七十五条规定"公司合并时，合并各方的债权、债务，应当由合并后存续的公司或者新设的公司承继"，第一百七十七条规定"公司分立前的债务由分立后的公司承担连带责任。但是，公司在分立前与债权人就债务清偿达成的书面协议另有约定的除外"，这几项规定为公司合并时对债权人保护确定了基本原则。

（1）公司合并的形式。公司合并可以采取吸收合并和新设合并两种形式。

一个公司吸收其他公司为吸收合并，被吸收的公司解散。两个以上公司合并设立一个新的公司为新设合并，合并各方解散。

公司合并，应当由合并各方签订合并协议，并编制资产负债表及财产清单。公司应当自作出合并决议之日起十日内通知债权人，并于三十日内在报纸上至少公告三次。债权人自接到通知书之日起三十日内，未接到通知书的自第一次公告之日起九十日内，有权要求公司清偿债务或者提供相应的担保。不清偿债务或者不提供相应的担保的，公司不得合并。

公司合并时，合并各方的债权、债务应当由合并后存续的公司或者新设的公司承继。

（2）公司合并的程序。公司合并是一种法律行为，公司合并不仅涉及公司的变化，还关系到公司债权债务及关系人的利益，必须依法定程序进行。

公司在合并协议正式达成之前，必须先在公司内部形成一致意见，作出决定。根据《公司法》规定，公司合并，先由公司董事会拟订方案，接着再由公司的股东会作出决议，同时股份有限公司合并，必须经国务院授权的部门或者省级人民政府批准。

①订立合并协议。《公司法》第一百七十四条规定，公司合并，应该由合并各方签订合并协议。合并因当事公司之间的合同而成立。一般来讲，在公司合并实践中，往往是公司管理层在得到公司董事会的授权后即进行合并谈判，并代表双方公司拟订"合并协议"。合并计划需要经过公司董事会的同意。合并计划经由董事会同意推荐给股东会，然后征得各自公司股东会的同意。如果合并双方股东会批准了合并计划，合并协议发生法律效力。

②董事会决议。公司合并应首先经由董事会作出合并决议。尽管我国《公司法》没有对董事会的合并决议作出规定，但这确属应有之义。公司合并本身就是公司董事会权限范围内的事情，只不过公司合并构成了对股东利益的重大影响。因此，公司合并计划经由董事会同意后，还需要提交股东会的审议。

③股东会决议。公司合并是公司的重大变更事项，对股东利益影响甚大。因此，公司合并必须经由股东会同意后方可实施。《公司法》规定，其决议方法，在有限责任公司，必须经代表 2/3 以上有表决权的股东通过；在股份有限公司，必须经出席会议的股东所持表决权的 2/3 以上通过。

④政府批准。如果合并需要取得主管机关审批的，则需要取得其批准。如修订以前的《公司法》规定，股份有限责任公司的合并必须经国务院授权的部门或者省级人民政府批准。

⑤编制资产负债表及财产清单。《公司法》第一百七十四条规定，公司决议合并时，应立即编制资产负债表和财产清单。编制资产负债表和财产清单的目的是为了便于了解公司现有资产状况。

⑥对债权人的通知或者公告。因公司合并对债权人利益构成影响，法律要求公司在作出合并决议之日起通知或者公告债权人。

⑦办理合并登记手续。

（3）会计处理。母公司吸收合并全资子公司，属于同一控制下的公司合并。根据合并准则规定，合并方按照合并日被合并企业资产、负债原账面价进行初始计量，合并方支付的对价，按照账面价值结转，合并成本与被合并企业账面净资产差额的部分，调整所有者权益。

为合并而发生的评估、咨询费用，由合并方作管理费用处理。

（4）营业税及土地增值税处理。《营业税暂行条例》第一条及其实施细则第二条规定，营业税的征税范围是指提供《营业税暂行条例》规定的应税劳务、转让无形资产或者销售不动产的行为。提供条例规定的劳务、转让无形资产或者销售不动产，是指有偿提供条例规定的劳务、有偿转让无形资产或者有偿转让不动产所有权的行为。有偿，是指取得货币、货物或者其他经济利益。

《土地增值税暂行条例》第二条及其实施细则第二条规定，土地增值税的征税范围是转让国有土地使用权、地上的建筑物及其附着物。其中，转让国有土地使用权、地上的建筑物及其附着物并取得收入，是指以出售或者其他方式有偿转让房地产的行为。

《国家税务总局关于纳税人资产重组有关营业税问题的公告》（国家税务总局公告2011年第51号）规定，纳税人在资产重组过程中，通过合并、分立、出售、置换等方式，将全部或者部分实物资产以及与其相关联的债权、债务和劳动力一并转让给其他单位和个人的行为，不属于营业税征收范围，其中涉及的不动产、土地使用权转让，不征收营业税。

《财政部、国家税务总局关于土地增值税一些具体问题规定的通知》（财税〔1995〕48号）规定，一家公司吸收合并另一家公司，另一家公司的房地户转移到合并方，免征土地增值税（确切地说，应当是不征土地增值税）。

上述文件的理论依据是：甲公司吸收合并乙公司，是指甲公司购买乙公司的净资产（而不是资产），向乙公司的股东（而不是乙公司）支付对价（通常是以甲公司的股份作为对价）。因为房屋等非现金资产的所有权属于公司所有，公司的净资产属于股东所有。公司转让房产，需缴纳营业税、土地增值税，但公司股东转让其权益（资产－负债），是不征营业税和土地增值税的。

（5）契税处理。《财政部、国家税务总局关于企业事业单位改制重组契税政策的通知》（财税〔2012〕4号）第3条规定两个或两个以上的公司，依据法律规定、合同约定，合并为一个公司，且原投资主体存续的，对其合并后的公司承受原合并各方的土地、房屋权属，免征契税。

（6）印花税处理。《财政部、国家税务总局关于企业改制过程中有关印花税政策的通知》（财税〔2003〕183号）规定："以合并或分立方式成立的新企业，其新启用的资金账簿记载的资金，凡原已贴花的部分可不再贴花，未贴花的部分和以后新增加的资金按规定贴花。"

（7）企业所得税处理。母公司吸收合并全资子公司适用特殊重组税务处理办法。《财政部、国家税务总局关于企业重组业务企业所得税处理若干问题的通知》（财税〔2009〕59号）第6条第4款规定，同一控制下且不需要支付对价的企业合并，被合并企业合并前的相关所得税事项由合并企业承继，合并企业接受被合并企业资产和负债的计税基础，以被合并企业的原有计税基础确定。

6. 同一控制下的控股合并，如何进行企业所得税处理？

本税务师事务所一客户涉及公司合并问题。请教如下：

背景：甲集团公司在M省共投资两家公司：A投资有限公司和B置业有限公司。

其中，A公司注册资本3 400万元，为甲集团全资控股子公司，经营范围为：动产、不动产、运输、仓储、高新技术及产品项目投资；产权重组和交易咨询服务；农业、信息、高新技术及产品开发；设备租赁；企业托管；销售建筑材料、化工产品、钢材、电器机械、五金、矿产品、通信设备、农副产品。现有资产：开发用地300亩，办公室300平方米（外购）。

B公司注册资本3 400万元,为甲集团全资子公司。经营范围为:利用企业自有资金对外投资;房屋建筑设施租赁(不含融资租赁和塔吊);停车服务。现有资产:东海福苑小区农贸市场约7 000平方米,网点和车库约2 000平方米。该公司开发项目尚未完成土地增值税清算。

目前,集团公司拟将两家公司合并,但A公司、B公司注册在不同地区,而且A公司很可能会与其他公司合作开发。

请问:A、B两家公司如何合并?如果由B公司吸收合并A公司会涉及哪些税费?

答:由于A公司拥有开发用地300亩,且会与其他公司合作开发,因此,A公司必须保留法人资格,故不能采取吸收合并方式。

建议由集团将A公司的全部股权评估后,投资到B公司。投资后,两个公司法人资格均保留,B公司成为A公司的母公司。假设A公司股权评估作价6 000万元(因土地有增值),则:

集团公司作如下分录:

借:长期股权投资——B公司　　　　　　　　　　34 000 000
　　贷:长期股权投资——A公司　　　　　　　　　　34 000 000

A公司作如下分录:

借:实收资本——集团　　　　　　　　　　　　　34 000 000
　　贷:实收资本——B公司　　　　　　　　　　　　34 000 000

B公司作如下分录:

借:长期股权投资——A公司　　　　　　　　　　60 000 000
　　贷:实收资本——集团　　　　　　　　　　　　60 000 000

根据《财政部、国家税务总局关于企业重组业务企业所得税处理若干问题的通知》(财税〔2009〕59号)规定,B公司收购集团持有A公司100%(大于75%)的股权,用本公司股权向集团支付对价,符合特殊重组条件,集团暂不确认股权转让所得〔6 000-3 400=2 600(万元)〕,相应的,集团取得B公司股权(新增加的股权)的计税成本只能用放弃旧股(集团原持有A公司的股权)的计税成本(3 400万元)替代,B公司转让这部分股权时,按照计税基础3 400万元扣除。

按照上述重组方式,不征企业所得税,除股权变更需缴纳印花税外,无其他税负,也不涉及土地变更等手续。

7. A公司吸收合并B公司,能否保留B公司法人资格?

本事务所代理客户有两个单位,其中一家企业A由上市公司和自然人股东共同投资,A同时还拥有一家全资子公司B。现在由于B公司经营和声誉都比较好,上市公司打算直接控股B公司。

目前设计的方案是:首先A公司将持有的B公司股权转让给上市公司和自然人股东,请问:转让价是否可以平价?有什么税务风险?

转让后A公司和B公司为同一控制下的两家公司,B公司吸收合并A公司，会计上按同一控制下的企业合并，合并方在合并中确认取得的被合并方的资产、负债仅限于被合并方账面上原已确认的资产和负债，合并中不产生新的资产和负债。合并方在合并中取得的被合并方各项资产、负债应维持其在被合并方的原账面价值不变。税收上可作为免税重组。但对于自然人股东在这次吸收合并中如何纳税？有什么相关依据？

另外，如果直接用 A 公司吸收合并 B 公司但保留 B 公司的法人资格而注销 A 公司的法人资格是否可行？有什么涉税问题？

答：（1）A 公司将持有 B 公司股权转让给上市公司和自然人，需确认股权转让所得，因为是关联交易，平价转让显然不妥，存在被税务机关依法纳税调整的风险，建议将 B 公司留存收益分配给 A 公司，然后再转让。

（2）B 公司吸收合并 A 公司，原持有两家公司股权的股东，变为持有一家公司股权，自然人股东并没有退出，即股权没有转让，所以不征个人所得税。

（3）建议分两步走，先由 A 公司吸收合并 B 公司，合并结束后，再向工商申请变更公司名称。

五、公司分立案例

在建工程在分立公司名下，发票抬头为被分立企业，分立公司能否作账？

一家房地产企业将商业资产分立，成立资产管理公司。2018 年 12 月 31 日已经取得新公司营业执照，2019 年 1 月 1 日已经建立新账。

存续公司账务处理如下：

借：开发产品
　　贷：开发成本
借：应付账款——施工单位
　　贷：开发产品

分立企业账务处理如下：

借：在建工程
　　贷：应付账款——施工单位

原来的工程承包合同全部是存续企业签订的，施工单位只同意将发票抬头开给存续企业，且款项由存续企业支付，但这些商业资产已过户至分立企业。

请问：存续企业收到发票如何作账？这些工程款应由分立企业支付，存续企业支付如何作账？

答：公司分立，发票抬头为存续企业名称的资产，已过户到分立企业，因此，这些发票应由分立企业记账。由于是公司分立，分立企业资产的发票抬头为被分立企业，不影响未来资产折旧在税前扣除。

存续企业作如下分录：

借：其他应收款——资产管理公司
　　贷：银行存款

附件：银行汇款单据、分立企业委托付款协议、建筑业发票复印件（略）。

分立公司作如下分录：

借：应付账款——施工单位

　　贷：其他应付款——××房地产公司

附件：委托付款协议、建筑业发票原件。

六、混合重组案例

1. 以债务重组和股权收购方式借壳上市，如何进行企业所得税处理？

A 集团有限公司重组 B 股份有限公司，该业务过程分为对 B 股份有限公司的清理和 B 股份有限公司增发新股置换 A 集团有限公司的股权两部分，涉及两阶段计税成本的认定问题，以下分别按两阶段的具体情况进行描述。

（1）B 股份有限公司上市公司清理阶段。B 股份有限公司因经营业绩等原因停牌，在政府及有关部门的协调下确定 A 集团有限公司为重组方（本案为增发新股借壳上市），重组增发复牌的前提是将原公司的债权债务进行清理，使原上市公司成为一个净壳。在 B 股份有限公司的公司清理阶段，因 B 股份有限公司连续几年的亏损，债权人的偿付率约为 8%（通常为 20%）。因偿付率很低，债权、债务清理的难度大、周期长，很可能导致重组计划及进度不能获得证监会等管理机关的审批。

经管理人（政府、法院等机构组成）及 B 股份有限公司原大股东协调确定：原大股东放弃原持有的全部股权 1.39 亿股、流通股放弃 7 000 万股；A 集团有限公司向 B 股份有限公司支付现金 1 亿元用于清偿债务，大股东及流通股东放弃的股权中以其中约 7 000 万股向债权人受偿，至此受偿率由原来的 8% 左右提高到约 20%。

如重组成功法院将裁定 1.39 亿股归属 A 集团有限公司，如重组不成功则 A 集团有限公司支付的 1 亿元现金不能得到任何的偿付。

请问：如重组成功，A 集团有限公司可否将 1.39 亿股的成本确认为 1 亿元？

（2）B 股份有限公司增发新股置换 A 集团有限公司股权。上述债权、债务清理完毕后，B 股份有限公司定向增发新股并同 A 集团有限公司进行股权置换，使 A 集团有限公司的优质资产进入 B 股份有限公司，完成目前常规的股权重组。其中 B 股份有限公司增发的新股每股价格按照停牌前平均价格确定，增发新股的价值同 A 集团有限公司股权的评估价值相等，该增发符合特殊重组的相应条件。

请问：A 集团有限公司取得 B 股份有限公司的股权成本应该如何确认？

答：B 公司原大股东将 1.39 亿股转让给 A 集团，转让价 1 亿元，A 集团的投资成本 1 亿元，大股东委托 A 集团将资金直接支付给上市公司（大股东借给上市公司）。大股东及流通股股东将 7 000 万股转让给债权人，转让款（偿债额）由大股东借给上市公司偿还给债权人，两者相抵。至此，上市公司欠大股东及流转股股东债务，以及原债权人放弃的债务由上市公司确认债务重组所得。大股东对上市公司的债权如果放弃，上市公司确认债务重组所得。

A集团取得B股份有限公司的股权成本按照A集团注入资产的原计税基础确定。

2. 在特殊重组后连续12个月内取得股权支付的原股东申请减资，是否按一般重组对待？

《财政部关于企业重组业务企业所得税若干问题的通知》（财税〔2009〕59号）第5条第5款规定"企业重组中取得股权支付的原股东，在重组后连续12个月内，不得转让所取得的股权"，如所有股东同比例减资是否适用此条款。

答：股权转让、减资都属于股权处置套现，如果享受特殊重组后，在连续12个月内取得股权支付的原股东以减资方式退出，也应按照一般重组对待。

3. ST重组，企业所得税如何处理？

请教一家上市公司复杂的资产重组所涉及的所得税问题。

重组过程：甲方：ST××，乙方：××水泥集团（2019年前是国有企业，2020年以后为国有控股企业），丙方：国资委（甲、乙两方均为该局管户）。

第一步，2019年7月，经国资委同意，A公司、B公司（两家国家控股的有限责任公司）分别将自己持有的股权共6 000多股，大概价值5亿元，无偿划转给乙方。转让后乙方持有甲方约30%的股权（乙方做账务处理增加了"资本公积"）。第二步，2020年3月30日，乙方将甲方原资产负债全部置出，置入乙方三个子公司100%的股权和一个子公司51%的股权，置出资产公允价3.4亿元，置入资产公允价5.3亿元（但账面价值6.1亿元），置入资产和置出资产差价在交割日后第6－10年甲方还清乙方。第三步，置出资产及人员只在乙方过一下账就无偿划转到丙方新设的另一公司"××制品有限责任公司"中，资产、负债、人员全部与乙方脱钩。

请问：

（1）2019年，乙方未增加实收资本，而是增加"资本公积"，是否应按接收捐赠所得将5亿元计入应纳税所得额？

（2）对照《财政部、国家税务总局关于企业重组业务企业所得税处理若干问题的通知》（财税〔2009〕59号）和《国家税务总局企业重组业务企业所得税管理办法》（国家税务总局公告2010年第4号），2020年3月这笔业务应如何定性，如果说它是资产收购，它收购的是净资产而不是实质性资产，如果说是合并，虽说是净资产发生了转移，但它又不是两个企业并为一个企业，被收购企业还存在。

（3）ST××重组是否属于特殊性重组，不计算清算所得和损失？

（4）乙方将置入股权公允价5.3亿元与账面价6.1亿元之差计入损失是否应调增应纳税所得额？

(5) ST××重组前的以前年度亏损是否可由重组后的ST××来弥补？

(6) 第三步涉税吗？

答：(1) 乙方不应按接受捐赠处理，不应确认所得。这是国企（A公司、B公司）将持有上市公司股权评估作价投资到乙公司，乙公司用权益工具（实收资本和资本公积－资本溢价）作为对价。这里的无偿划转其实就是投资，因为乙公司也是国有控股100%。投资时乙公司没有确认实收资本，全部记入了资本溢价（又称之为准资本），此资本溢价可以在未来转增实收资本。该笔业务，乙公司只是接受投资方，不应征收所得税，但A公司、B公司将上市公司股权（非现金资产）评估作价投资到乙公司，应当视同销售处理，计算资产转让所得。需要说明的是，乙公司收购上市公司股权只占30%，小于《财政部、国家税务总局关于企业重组业务企业所得税处理若干问题的通知》（财税〔2009〕59号）规定的50%的比例，因此不适用股权收购特殊重组规定，因此，投资方（A公司和B公司）必须作视同销售处理。

(2) 乙方将三个子公司100%的股权和一个子公司51%的股权转让给上市公司，必须确定股权转让所得或损失，允许扣除的是投资计税成本，而不是账面价6.1亿元。

上市公司将资产、负债作价3.4亿元转让给乙公司，应当计算资产转让所得，资产转让价＝3.4亿元＋负债，转让所得＝转让价－资产计税基础。

本来乙公司收购上市公司的资产、负债用乙公司控股公司股权作为对价是符合资产收购特殊重组条件的，但因乙公司在12个月内将收购的资产、负债无偿划转给××制品有限公司，因此不能适用特殊重组条件，应按上述方法确认资产转让所得或损失。

另外，根据国家税务总局2011年发布的第13号公告规定，上市公司将资产、负债、人员转移到乙公司不再征增值税。

4. 多项资产注入ST，如何判断是否符合特殊重组处理条件？

以下是一家参与上市公司定向增发的集团公司向本局报送的请示报告，请教如何判断哪些业务适用特殊重组？资产计税基础如何确定？如为应税重组，如何计算应税所得？

甲集团有限责任公司关于资产重组要求企业所得税按特殊性处理的函

经某省国资委同意，中国证监委核准，乙商业集团公司及一致行动人与丙钢铁集团公司一起，将所持有的A房地产开发有限公司100%股权、B集团有限公司100%股权、C房地产公司100%股权、D房地产开发有限公司65%股权、E房地产开发有限公司79%的股权，以××股份有限公司（以下简称ST）增发股票购买资产的形式，将上述公司资产注入ST。

我公司作为乙商业集团公司的一致行动人,其中拥有 A 房地产开发有限公司 50% 股权（净资产评估值 50% 计 97 925.00 万元,我公司账面价值 43 241.42 万元,增值 54 683.57 万元）、D 房地产开发有限公司 65% 股权（净资产评估值 65% 计 5 551.21 万元,我公司账面价值 3 400.43 万元,增值 2 150.78 万元）、E 房地产开发有限公司 79% 的股权（净资产评估值 79% 计 6 496.53 万元,我公司账面价值 3 950.00 万元,增值 2 546.53 万元）,合计净资产评估值 109 972.24 万元,我公司账面价值 50 591.85 万元,净资产增值 59 380.35 万元。上市公司购买我公司上述全部资产并以 3.90 元/股的价格全额以股票方式支付。因此经此重组业务,我公司上述房产净资产按评估值 109 972.20 万元被上市公司收购同时取得上市公司法人股股票 28 198 万股。

上述交易按 2007 年 9 月 30 日评估值基准日,部分采取假设开发法进行评估作价,为保证资产评估价的公允性对相关资产实际盈利不足利润预测数部分,一致行动人和丙钢铁集团公司同意业绩补偿,因此至 2008 年 12 月 31 日,我公司以现金补偿业绩差额共 2 850.797 万元给上市公司。

资产交割于 2009 年 7 月 14 日过户完毕,同年 10 月 20 日在深交所上市,我公司取得上市公司法人股股票 28 198 万股。此股份为限售股,我公司及一致行动人承诺 3 年内不转让,限售期自 2009 年 10 月 20 日至 2012 年 10 月 20 日。

被上市公司收购的房产企业原有的各项资产、负债、权益金额均保持不变。

根据财政部、国家税务总局《关于企业重组业务企业所得税处理若干问题的通知》（财税〔2009〕59 号）的第五条、第六条规定,我公司上述业务符合特殊性税务处理规定,为便于对此业务进行会计核算和税务处理,要求对我公司取得的上市公司股权的计税基础按 3.90 元/股为计税基础；财务账面增值额 59 380.35 万元扣除补偿业绩差额 2 850.797 万元的实际收益为 56 529.55 万元的企业所得税在持有的上市公司法人股转让之前按递延所得税负债处理。望予核准！

2010 年 2 月 28 日
甲集团有限公司

答：ST 上市公司收购 A 房地产开发有限公司 100% 股权、E 房地产开发有限公司 79% 的股权,因收购股权比例超过 75%,适用特殊重组条件,转让方可暂不确认股权转让所得。相应地,取得上市公司股权的计税基础按照所转让股权的计税基础替代。这里的计税基础是指甲公司为取得 A 房地产开发有限公司、E 房地产开发有限公司股权实际支付的历史成本。历史成本是指现金出资额,如果是非现金资出资,按投资作价确定。如果是收购股权方式取得,按照实际收购价确定。如果目标公司曾经用留存收益转增股本,则视同追加投资,转增股本的金额一并计入计税基础，但用资本溢价转增股本不得计入投资计税基础。

上市公司收购 D 房地产开发有限公司 65% 股权，小于税法规定的 75%，不适用特殊重组条件，甲公司应确认股权转让所得。相应的，甲集团公司取得上市公司股权的计税基础按照公允价值（即 D 房地产开发有限公司 65% 股权投资合同确认的价格）确定。

由于股权评估价（109 972.24 万元）与投资作价〔109 972.24 - 2 850.80 = 107 121.44（万元）〕并不相同，应以投资作价作为股权转让的公允价值。因为 A 公司和 E 公司适用特殊重组，而 D 公司适用一般重组，应要求甲公司分别提供三家公司投资作价，同时提供三家公司股权的计税基础。同时，对符合特殊重组条件的股权收购，按照《国家税务总局关于发布〈企业重组业务企业所得税管理办法〉的公告》（国家税务总局公告 2010 年第 4 号）的要求，将相关资料报备。

5. 先股权出资，再吸收合并，有关各方如何进行税务处理？

A 公司持有 B 公司 100% 股权，A 公司持有 D 公司 70% 股权，C 公司持有 D 公司 30% 股权。

A 公司以其持有 B 公司的股权对 D 公司增资，C 公司以现金对 D 公司增资，增资后，A、C 公司对 D 公司的持股比例仍保持 7∶3。

然后，D 公司合并 B 公司。

请问：在上述操作中，会存在哪些税务风险和问题？会涉及哪些税负？上述公司均为房地产开发公司。

答：根据《财政部、国家税务总局关于企业重组业务企业所得税处理若干问题的通知》（财税〔2009〕59 号）规定，D 公司收购 B 公司 100% 的股权，以本公司股份作为对价，可选择适用特殊重组税收待遇，即 A 公司不视同转让 B 公司股权，不确认资产转让所得。相应地，A 公司取得 D 公司股权的计税成本按照所投出 B 公司股权的计税成本替代。财税〔2009〕59 号文件规定 D 公司取得 B 公司股权的计税成本按照 A 公司最初持有 B 公司的股权的计税成本确定。笔者的理解是应当按照公允价值确定，目前政策尚未修订，暂按财税〔2009〕59 号文件执行。后期 D 公司合并 B 公司时，如果 B 公司存在留存收益，应先将其全部分配给 D 公司，D 公司取得股息所得免征所得税，然后合并。合并过程中，B 公司不确认所得或损失，但 D 公司收回投资额（即 B 公司净资产）与投资计税成本之间的差额应确认投资转让所得或损失。除企业所得税和印花税外，不涉及其他税种。

6. 外商投资企业多次股权重组，相关股东涉及哪些税务处理？

兹有外资企业甲公司，现有股权结构为 A（中方企业）占 51%，B（香港公司）占 40%，C（中方企业）占 9%。至 2009 年 3 月，股本评估增值 2.8 亿元，现有意向按如下方式转让：B 将其 40% 的股权平价转让给香港另一公司 D（B、D 同属香港某投资者，且股权结构一样），然后香港公司 D 再将其持有的 7% 股权按评估价转让给 A 公司，C 也将其持有的 9% 股权按评估价转让给 A 公司，最终股权结构变为：A 占 67%，D 占 33%。

请问：

（1）此次股权结构变化涉及哪些税收问题？

（2）B 和 D 之间的平价转让是否符合税法要求，甲公司是否存在税务风险？

答：B 将甲公司股权转让给 D，应纳预提所得税；D 将甲公司股权转让给 A，应纳预提所得税；C 将甲公司股权转让给 A，应确认股权转让所得，并入当年度应纳税所得总额征税。所有签订股权转让合同的双方，均需按"产权转移书据"税目缴纳印花税。

由于 B、D 同属香港某投资者，B 和 D 之间的关联交易平价转让，不符合税法要求，B 公司有被纳税调整补缴税款的风险。应当是 B 按公允价转让给 D，由 B 缴纳预提所得税，D 再转让时就可以不纳预提所得税了。

建议甲公司将税后利润全部分配，然后再实施上述转让。C 从甲公司取得的股息是免税的；B 从甲公司取得的股息，归属于 2007 年年底前实现的部分是免税的，2008 年以后实现的部分按 5% 征收企业所得税（预提所得税），如果不分配，则转让差价全额征收预提所得税 10%。

7. 子公司收购股权，能否用母公司持有该子公司股份支付对价？

我就职于北京某律师事务所，为本所服务客户草拟了一份股权转让（置换）协议，该协议希望华恒投资通过转让北京宏业的股权而持有田禾置业的股权。请您帮助审核并关注下列问题：

（1）这种股权置换协议到工商部门能否办理备案登记？

（2）能否按财税〔2009〕59 号文件规定的特殊重组处理？

附：

股权转让协议

本协议由以下各方于 2009 年 6 月 × 日在北京市共同签署。

甲方：北京华恒投资有限公司

住所：略

乙方：北京田禾置业有限公司

住所：略

丙方：田禾控股有限公司

住所：略

鉴于：

（1）北京宏业房地产开发有限公司（以下称：目标公司）注册资本 5 000 万元人民币，甲方出资 750 万元人民币，占该公司注册资本的 15%；乙方出资 4 250 万元人民币，占该公司注册资本的 85%；

(2) 丙方出资 2 亿元人民币，持有乙方 100% 股权；

(3) 甲方愿意将其持有的全部目标公司股权转让给乙方；

(4) 乙方愿意受让甲方转让的目标公司股权；

(5) 本次股权转让完成后，乙方将获得目标公司 100% 的股权并享有全部的所有者权益，因此，丙方愿意让渡其所持乙方的部分股权给甲方作为甲方本次股权转让的对价。

现根据有关法律、法规规定，经本协议双方友好协商，达成协议如下：

第一条 股权转让标的和转让对价

(1) 本次股权转让之标的股权为甲方所持有的目标公司 15% 股权，甲方自愿将标的股权转让给乙方，乙方自愿受让标的股权；

(2) 丙方自愿将其持有的乙方 3.07958% 的股权让渡给甲方作为甲方向乙方转让目标公司 15% 股权的对价；

(3) 本次股权转让的对价根据如下原则确定：

①甲、乙、丙三方皆认可，以 2008 年 12 月 31 日为基准日，目标公司的资产评估值为 527 197 855.28 元，乙方的资产评估值为 2 488 793 007.92 元，乙方受让甲方所持目标公司 15% 的股权所代表的目标公司资产评估值占乙方受让该股权后之资产评估总值的比例为 3.07958%，即：(527 197 855.28 × 15%) ÷ (527 197 855.28 × 15% + 2 488 793 007.92)；

②根据上述公式计算得出的比例，丙方将其持有的乙方 3.07958% 的股权转让给甲方作为本次股权转让的对价。

(4) 附属于标的股权的其他权利亦随该标的股权的转让而转让。

第二条 承诺和保证

甲方保证，根据本合同第一条约定转让给乙方的标的股权为甲方合法拥有，甲方拥有完全、有效的处分权，甲方保证其所转让的标的股权上没有设置质押担保、查封、冻结等任何权利限制，不受任何第三人的追索。

丙方保证，根据本合同第一条约定让渡给甲方的标的股权为丙方合法拥有，丙方拥有完全、有效的处分权，丙方保证其所转让的标的股权上没有设置质押担保、查封、冻结等任何权利限制，不受任何第三人的追索。

第三条 违约责任

(1) 本协议的任何一方违反其在本协议中的任何承诺、声明和保证，即构成违约。若该违约行为给守约方造成实际经济损失时，违约方有义务就其给守约方造成的实际经济损失向守约方作出足额的经济补偿。

(2) 本协议的任何一方因违反或不履行本协议项下全部或部分义务，即构成违约。若该违约行为给守约方造成实际经济损失时，违约方有义务就其给守约方造成的实际经济损失向守约方作出足额的经济补偿。

第四条 解决争议的方法

第十四章 资本交易税收案例分析

本协议受中华人民共和国相关法律的约束并适用其解释。

凡因本协议引起的或与本协议有关的任何争议，双方应友好协商解决。协商不成，应直接向乙方所在地人民法院起诉。

第五条 其他

（1）本协议一式五份，具有同等法律效力。协议各方各执壹份，目标公司执贰份，以备办理有关手续时使用。

（2）本协议自甲、乙、丙三方法定代表人或授权代表签字，并加盖公章后生效。

（以下无正文）

（本页无正文，为北京华恒投资有限公司、北京新华置业有限公司与田禾控股有限公司的《股权转让协议》的签署页）

北京华恒投资有限公司：（签章）

法定代表人（或授权代表）：

北京田禾置业有限公司：（签章）

法定代表人（或授权代表）：

田禾控股有限公司：（签章）

法定代表人：

2009年6月8日

答：这种换股方式不可行，无法办理工商部门变更登记。华恒投资将持有目标公司（北京宏业）的股权转让给田禾置业，应由田禾置业公司向华恒投资支付对价，而不可能由田禾控股支付对价。

可以操作的方案有两种：

第一，田禾置业公司收购华恒投资持有目标公司的股权，用田禾置业的权益工具（本公司股权）作为对价，即华恒投资用目标公司的股权对田禾置业增资扩股。

第二，改按两次股权转让所得，先由华恒投资将目标公司15%的股权转让给田禾置业，再由集团将持有的田禾置业股份转让给华恒投资。最终通过委托付款方式由田禾置业欠田禾控股挂账一笔往来款。

由于股权收购的比例只占目标公司15%的股权，因此，以上两种方式都不符合《财政部、国家税务总局关于企业重组业务企业所得税处理若干问题的通知》（财税〔2009〕59号）规定的特殊重组条件。

8. 我集团公司考虑将主要财务指标（如收入规模等）较现在有大幅提升，集团持有华生公司100%股权，拟将华生公司参股的A公司纳入合并报表编制范围。问题：

（1）A公司为杭州房地产企业，其股权结构为：甲方占18%，乙方占41%，华生占41%，乙方实际为我集团所控股公司，故想通过乙方转让2%的股权给华生公司，这样让华生公司成为最大股东，符合报表合并条件，但有两点顾虑：一是目前 A 公司所开发的有住宅楼，也有商业门面、写字楼等，总投资规模达 20 亿元。如转让股权需要对 A 公司进行评估，是否会产生很多溢价，涉及税费问题，是否有更好的办法将乙方的 2% 股权转让到华生公司名下？二是目前 A 公司股东甲方的关联方 H（个人）正因向 A 公司借款至今未还，产生纠纷（已诉至法院），所以，A 公司办理工商变更时，需要股东甲方盖章，此环节很可能受到甲方关联人 H 的干涉。

（2）上述 2% 股权转让工商手续需要在本年 12 月 31 日前办妥。另让 A 公司出具章程修正案（日期为本年年初），修正案中注明华生公司对 A 公司拥有实质经营管理权（乙方的表决权由华生公司行使）。这样会计师事务所才能将 A 公司纳入到我集团的合并报表中。

请问：以上做法合适与否？

答：只要章程修正案中注明华生公司对 A 公司拥有实质经营管理权（乙方表决权由华生公司行使），则华生公司即可对 A 公司合并报表。因为会计准则对"控制"的要求是实质控制，故 2% 不需要转让。还有一个方案可供你选择：由华生公司和甲公司共同增资、乙方不增资，只要华生公司和甲方各增资 1 万元，华生公司在股权比例上就是大股东。例如，原股本 2 000 万元，甲方占 18%，乙方占 41%，华生占 41%。由华生公司增资 4.56 万元，甲方增资 1 万元，增资后股本总额 2 005.56 万元，股权比例变为：

甲方：361/2 005.56 = 18%

乙方：820/2 005.56 = 40.886%

华生公司：824.56/2 005.56 = 41.114%

这样，乙方与华生公司持股比例仍然是 82%。而甲方持股比例不变，仍然是 18%。

七、综合案例分析

本案例内容为笔者仿真虚构，内容包括合并、分立、股权收购、交易性金融资产、可供出售金额资产、送股、转股、派现、重组上市、公司清算、关联交易等，法律主体涉及居民企业、非居民企业、居民个人、外籍个人。根据北旺投资集团资本运营的有关资料，逐项分析有关会计及税务处理。

（一）北旺投资集团有限责任公司（以下简称北旺集团）基本情况

北旺集团创建于 1993 年 10 月，历经 16 年的持续快速发展，已成为涵盖制造业、房地产业、金融投资等多个产业的大型现代企业集团。目前，集团拥有数家全资、控股、参股企业。

北旺集团执行企业会计准则。

2008 年 12 月 31 日，北旺集团资本结构如表 14.2 所示。

表 14.2

公司名称	股东	注册资本	股权比例	股东性质	备注
北旺集团	张三	30 000 万元	60%	境内自然人	
	李四	20 000 万元	40%	境内自然人	
南山股份	北旺集团	22 500 万元	45%	境内法人	上市公司
	M 公司	15 000 万元	30%	境内法人	
	公众股	12 500 万元	25%	公众股	
东方化工	北旺集团	7 000 万元	70%	境内法人	香港 N 公司为非居民纳税人。东方化工于 2002 年成立，当年盈利，2002 年至 2006 年享受企业所得税"两免三减半"优惠金额 1 200 万元
	中国香港 N 公司	2 500 万元	25%	境外法人	
	汤姆先生	500 万元	5%	外籍个人	
北方制药	北旺集团	750 万元	75%	境内法人	北方制药于 2006 年 8 月成立，当年盈利，公司选择从 2007 年起享受"两免三减半"。美国 R 公司由美国杰克公司持有 100% 的股权
	美国 R 公司	250 万元	25%	外国公司	
房地产 A	北旺集团	4 000 万元	80%	境内法人	
	张三	1 000 万元	20%	境内自然人	
房地产 B	北旺集团	2 000 万元	40%	境内法人	
	李四	3 000 万元	60%	境内自然人	
房地产 C	张三	3 000 万元	60%	境内自然人	
	李四	2 000 万元	40%	境内自然人	
中国香港 P 公司	北旺集团	1 000 万元	100%	外国公司	被税务机关认定为非居民纳税人
中国香港 Q 公司	北旺集团	1 000 万元	100%	外国公司	被税务机关认定为居民纳税人
蓝天服装	北旺集团	3 600 万元	90%	境内法人	蓝天服装有限公司生产销售"蓝天"牌服装
	X 公司	400 万元	10%	境内法人	
白云服装	飞狼集团	700 万元	70%	境内法人	白云服装有限公司生产销售"白云"牌服装。飞狼集团与北旺集团无关联关系
	Y 公司	300 万元	30%	境内法人	
红谷保健	北旺集团	600 万元	60%	境内法人	红谷保健品有限公司生产销售"红谷"胶囊
	王五	400 万元	40%	境内自然人	

（二）2009 年发生的有关投资、重组、清算业务如下：

1. 2009 年 3 月 20 日，南山股份股东大会通过利润分配方案：10 送 3 转 7 派 0.4（含税）。股权登记日 2009 年 4 月 17 日，南山股份总股本 50 000 万股。其中基金投资者及自然人股东股本为 8 000 万股，其余均为法人股本。

南山股份会计分录如下：

借：利润分配——未分配利润　　　　　　　　　　　　150 000 000
　　资本公积——股本溢价　　　　　　　　　　　　　250 000 000
　　　　　　——其他资本公积（债务重组利得）　　　100 000 000
　　贷：股本　　　　　　　　　　　　　　　　　　　　　　500 000 000
借：利润分配——未分配利润　　　　　　　　　　　　 20 000 000
　　贷：银行存款　　　　　　　　　　　　　　　　　　　　20 000 000

北旺集团于南山股份宣告分配之日，分录如下：

借：应收股利　　　　　　　　　　　　9 000 000（2 000×45%）
　　贷：投资收益　　　　　　　　　　　　9 000 000（2 000×45%）

南山股份用留存收益、资本公积转增股本，北旺集团不作账务处理，仅作备查登记。

北旺集团于除权除息日2009年4月20日收到股息，分录如下：

借：银行存款　　　　　　　　　　　　9 000 000
　　贷：应收股利　　　　　　　　　　　　9 000 000

2. 2009年4月25日，香港P公司宣告分配股息300万元，并于当日支付。北旺集团分录如下：

借：银行存款　　　　　　　　　　　　3 000 000
　　贷：投资收益　　　　　　　　　　　　3 000 000

P公司在香港缴纳利得税税率为16.5%。

附件：香港P公司董事会决议（略）。

3. 2009年4月27日，香港Q公司宣告分配股息200万元，并于当日支付。北旺集团分录如下：

借：银行存款　　　　　　　　　　　　2 000 000
　　贷：投资收益　　　　　　　　　　　　2 000 000

附件：香港Q公司董事会决议（略）。

4. 由于东方化工的主营业务不符合修订后的《中西部地区外商投资优势产业目录》，拟转为内资。经董事会决议，由北旺集团收购香港N公司、外籍个人汤姆先生股份。收购基准日为2009年9月30日。资产负债表日，东方化工净资产15 000万元（实收资本10 000万元，留存收益5 000万元，其中归属于2007年12月31日之前实现的留存收益为3 000万元）。香港N公司、汤姆先生持有东方化工25%、5%的股权分别作价4 500万元、900万元。

北旺集团分录如下：

借：长期股权投资——东方化工　　　　　54 000 000
　　贷：其他应付款——香港N公司　　　　　45 000 000
　　　　　　　　　——汤姆先生　　　　　　9 000 000

附件：股权转让合同（略）。

5. 北方制药厂管理层意见经常发生分歧，美国R公司有意退出。为了享受"两免三减半"过渡优惠，决定由北旺集团出资600万元收购美国杰克公司持有的美国R公司的全部股权，从而使得北旺集团以直接和间接方式持有对北方制药的全部股权。

附件：董事会决议、股权转让合同（略）。

借：长期股权投资——美国R公司　　　　6 000 000
　　贷：银行存款　　　　　　　　　　　　6 000 000

6. 整合房地产板块借壳上市。由集团公司用持有的全部房地产股权，对某

ST 壳公司增资扩股。根据券商建议，按下列步骤实施重组：

第一步：由北旺集团出资 30 000 万元成立全资子公司——北旺房地产投资管理公司。

北旺集团分录如下：

借：长期股权投资——北旺房地产投资管理公司　　300 000 000
　　贷：银行存款　　　　　　　　　　　　　　　　300 000 000

北旺房地产投资管理公司分录如下：

借：银行存款　　　　　　　　　　　　　　　　　300 000 000
　　贷：实收资本——北旺集团　　　　　　　　　　300 000 000

第二步：由北旺集团将持有的 A、B、C 三家公司的股权对北旺房地产投资管理公司增资。

（1）C 公司分立，将酒店资产剥离，单独成立酒店公司。C 公司由张三、李四投资组建，注册资本 5 000 万元（张三出资 3 000 万元、李四出资 2 000 万元，股权比例分别为 60%、40%）。分立基准日，资产负债表显示资产总额 10 000 万元（公允价值 16 000 万元），负债 2 000 万元（公允价值 2 000 万元），净资产 8 000 万元（公允价值 14 000 万元）。C 公司将 7 000 万元资产（公允价值 10 000 万元）、负债 300 万元（公允价值 300 万元）剥离成立酒店公司。

C 公司资产负债表如表 14.3 所示。

表 14.3　　　　　　　　　　　　　C 公司资产负债表　　　　　　　　　　　　　单位：万元

资产	账面价	评估价	负债	账面价	评估价
银行存款	500	500	短期借款	300	300
开发产品（商品房）	2 500	5 500	应付账款	1 700	1 700
开发产品（酒店资产）	7 000	10 000	负债合计	2 000	2 000
合计	10 000	16 000	所有者权益		
			实收资本	5 000	5 000
			盈余公积	300	300
			未分配利润	2 700	2 700
			资本公积		6 000
			所有者权益合计	8 000	14 000

C 公司分录如下：

借：短期借款　　　　　　　　　　　　　　　　　　3 000 000
　　利润分配——未分配利润　　　　　　　　　　　27 000 000
　　盈余公积　　　　　　　　　　　　　　　　　　3 000 000
　　实收资本——张三　　　　　　　　　　　　　　22 200 000
　　　　　　——李四　　　　　　　　　　　　　　14 800 000
　　贷：开发产品　　　　　　　　　　　　　　　　70 000 000

酒店公司分录如下：

借：固定资产　　　　　　　　　　　　　　　　100 000 000
　　贷：短期借款　　　　　　　　　　　　　　　　3 000 000
　　　　实收资本——张三　　　　　　　　　　　22 200 000
　　　　　　　　——李四　　　　　　　　　　　14 800 000
　　　　资本公积——资本溢价　　　　　　　　　60 000 000

(2) 为了北旺集团对C公司实施全资控股，由北旺集团出资5 000万元收购C公司存续企业股东张三、李四的全部股权。北旺集团分录如下：

借：长期股权投资——C公司　　　　　　　　　50 000 000
　　贷：银行存款　　　　　　　　　　　　　　　42 600 000
　　　　应交税费——应交个人所得税　　　　　　7 400 000

附：个人所得税计算明细：

张三应纳个人所得税 = (3 000 - 780) × 20% = 444（万元）
李四应纳个人所得税 = (2 000 - 520) × 20% = 296（万元）

实际解缴税款，分录如下：

借：应交税费——应交个人所得税　　　　　　　　7 400 000
　　贷：银行存款　　　　　　　　　　　　　　　　7 400 000

附件：北旺集团所在地地税机关完税凭证。

(3) 由北旺集团出资5 200万元收购李四持有的B公司60%的股权。B公司于2006年成立，注册资本5 000万元，其中李四以房产出资，房产原价2 500万元，评估价值3 100万元，投资作价3 000万元。上年末B公司留存收益2 000万元。北旺集团原持有B公司40%的股份，采用权益法核算，收购后改按成本法核算。

北旺集团分录如下：

借：盈余公积　　　　　　　　800 000（2 000×40%×10%）
　　利润分配——未分配利润　7 200 000（2 000×40%×90%）
　　贷：长期股权投资——损益调整　　　　　　　　8 000 000
借：长期股权投资——B公司　　　　　　　　　　52 000 000
　　贷：银行存款　　　　　　　　　　　　　　　47 800 000
　　　　应交税费——应交个人所得税　　　　　　4 200 000

附：个人所得税计算明细：

应纳税额 = (5 200 - 3 100) × 20% = 420（万元）

实际缴纳税款时：

借：应交税费——应交个人所得税　　　　　　　　4 200 000
　　贷：银行存款　　　　　　　　　　　　　　　　4 200 000

附件：北旺集团所在地税务机关完税凭证。

(4) 北旺集团将持有A公司80%、B公司100%、C公司100%的股权对北旺房地产投资管理公司增资扩股。

北旺房地产投资管理公司按照同一控制下的公司合并进行账务处理：
借：长期股权投资——A 公司　　　　　　　　　　55 000 000
　　　　　　　　——B 公司　　　　　　　　　　75 000 000
　　　　　　　　——C 公司　　　　　　　　　　13 000 000
　　贷：实收资本——北旺集团　　　　　　　　　143 000 000

北旺集团按照同一控制下的公司合并进行账务处理：
借：长期股权投资——北旺房地产投资管理公司　　143 000 000
　　利润分配——未分配利润　　　　　　　　　　19 000 000
　　贷：长期股权投资——A 公司　　　　　　　　40 000 000
　　　　　　　　　　——B 公司　　　　　　　　72 000 000
　　　　　　　　　　——C 公司　　　　　　　　50 000 000

附件：评估报告显示，北旺集团持有 A 公司 80%、B 公司 100%、C 公司 100% 股权的公允价分别为：6 000 万元、8 600 万元、5 200 万元，合计 19 800 万元。上述股权在资产负债表日对应的净资产份额分别为：5 500 万元、7 500 万元、1 300 万元，合计 14 300 万元。

第三步：北旺集团将持有的北旺房地产投资管理公司的全部股权对 ST 壳公司增资，北旺集团成为上市公司第一大股东。

北旺集团对北旺房地产投资管理公司的投资账面价值 44 300 万元，评估价 50 000 万元，按照 5∶1 折股。

北旺集团按照非同一控制下的公司合并进行账务处理：
借：长期股权投资——上市公司　　　　　　　　　500 000 000
　　贷：长期股权投资——北旺房地产投资管理公司　443 000 000
　　　　投资收益　　　　　　　　　　　　　　　 57 000 000

上市公司分录如下：
借：长期股权投资——北旺房地产投资管理公司　　500 000 000
　　贷：股本——北旺集团　　　　　　　　　　　100 000 000
　　　　资本公积——股本溢价　　　　　　　　　400 000 000

7. 为了整合名牌资源，由蓝天服装公司吸收合并白云服装公司，统一生产"蓝天"牌服装。由于蓝天公司与白云公司分属两个不同省份，根据当地工商部门的要求，合并后原白云公司注销，成立分支机构。

蓝天公司①（北旺集团、X 公司）吸收合并白云公司（飞狼集团、Y 公司），白云公司注册资本 1 000 万元，飞狼集团、Y 公司对白云公司投资的计税基础分别为 700 万元、300 万元，股权比例分别为 70%、30%。合并基准日白云公司有关数据如表 14.4 所示。

---
① 蓝天公司原注册资本 4 000 万元。

表14.4

会计要素	账面价值	公允价值	计税基础	备注
资产	8 000万元（其中现金1 000万元，非现金资产7 000万元）	10 000万元（现金1 000万元，非现金资产9 000万元）	非现金资产计税基础7 500万元	（1）因合并白云公司支付评估费10万元，无其他费用，合并基准日资产总额已剔除评估费。（2）白云公司计算清算所得无其他纳税调整项目。
负债	2 000万元	2 000万元	2 000万元	
实收资本	1 000万元	—	—	
留存收益	5 000万元	—	—	

蓝天公司拟向飞狼集团、Y公司支付蓝天公司20%的股权（公允价3 000万元），其余用现金支付。白云公司应纳清算所得税=(9 000-7 500-10)×25%=372.5（万元）。

白云公司缴纳清算所得税后，将导致资产总额减少372.5万元。蓝天公司实际取得资产总额9 627.5万元，承担负债2 000万元，白云公司商誉作价1 500万元，应向飞狼集团、Y公司支付对价总额为9 127.5万元（9 627.5-2 000+1 500），其中，股权支付额3 000万元，银行存款6 127.5万元。① 蓝天公司按照非同一控制下的公司合并作分录如下：

借：银行存款　　　　　　　　　　　　　　　6 275 000
　　非现金资产　　　　　　　　　　　　　　90 000 000
　　商誉　　　　　　　　　　　　　　　　　15 000 000
　　贷：负债　　　　　　　　　　　　　　　20 000 000
　　　　实收资本——飞狼集团 7 000 000（4 000/80%×20%×70%）
　　　　　　　　——Y公司　　3 000 000（4 000/80%×20%×30%）
　　　　资本公积——资本溢价　　　　　　　20 000 000
　　　　银行存款　　　　　　　　　　　　　61 275 000

8. 北旺集团有关股票和债券投资业务如下：

（1）北旺集团于2009年1月1日从二级市场支付价款102万元（含已到付息期但尚未领取的利息2万元）购入某公司发行的债券，另发生交易费用2万元。该债券面值100万元，剩余期限为2年，票面年利率为4%，每半年付息一次，北旺集团将其划分为交易性金融资产。其他资料如下：

①2009年1月5日，收到该债券2008年下半年利息2万元；
②2009年6月30日，该债券的公允价值为115万元（不含利息）；
③2009年7月5日，收到该债券半年利息；
④2009年12月31日，该债券的公允价值为110万元（不含利息）；
⑤2010年1月5日，收到该债券2009年下半年利息；

---

① 蓝天公司增加的银行存款为白云公司原账面资产，蓝天公司减少的银行存款是向白云公司股东飞狼集团、Y公司支付的对价。

⑥2010年3月31日，北旺集团将该债券出售，取得价款118万元（含1季度利息1万元）。

企业所得税税率为25%，不考虑其他因素，北旺集团的账务处理如下：

①2009年1月1日，购入债券：

借：交易性金融资产——成本　　　　　　　　　　1 000 000
　　应收利息　　　　　　　　　　　　　　　　　　　20 000
　　投资收益　　　　　　　　　　　　　　　　　　　20 000
　　贷：银行存款　　　　　　　　　　　　　　　　　　　　1 040 000

②2009年1月5日，收到该债券2008年下半年利息：

借：银行存款　　　　　　　　　　　　　　　　　　　20 000
　　贷：应收利息　　　　　　　　　　　　　　　　　　　　20 000

③2009年6月30日，确认债券公允价值变动和投资收益：

借：交易性金融资产——公允价值变动　　　　　　　150 000
　　贷：公允价值变动损益　　　　　　　　　　　　　　　150 000
借：应收利息　　　　　　　　　　　　　　　　　　　20 000
　　贷：投资收益　　　　　　　　　　　　　　　　　　　　20 000

④2009年7月5日，收到该债券半年利息：

借：银行存款　　　　　　　　　　　　　　　　　　　20 000
　　贷：应收利息　　　　　　　　　　　　　　　　　　　　20 000

⑤2009年12月31日，确认债券公允价值变动和投资收益：

借：公允价值变动损益　　　　　　　　　　　　　　　50 000
　　贷：交易性金融资产——公允价值变动　　　　　　　　50 000
借：应收利息　　　　　　　　　　　　　　　　　　　20 000
　　贷：投资收益　　　　　　　　　　　　　　　　　　　　20 000

⑥2010年1月5日，收到该债券2009年下半年利息：

借：银行存款　　　　　　　　　　　　　　　　　　　20 000
　　贷：应收利息　　　　　　　　　　　　　　　　　　　　20 000

⑦2010年3月31日，将该债券予以出售：

借：银行存款　　　　　　　　　　　　　　　　　　1 180 000
　　贷：交易性金融资产——成本　　　　　　　　　　　1 000 000
　　　　　　　　　　　　——公允价值变动　　　　　　　100 000
　　　　投资收益　　　　　　　　　　　　　　　　　　　80 000
借：公允价值变动损益　　　　　　　　　　　　　　　100 000
　　贷：投资收益　　　　　　　　　　　　　　　　　　　　100 000

（2）北旺集团在2009年6月10日以每股15元的价格（其中包含已宣告但尚未发放的现金股利0.2元）购进某股票20万股，确认为交易性金融资产，另支付相关税费1.2万元；6月15日如数收到宣告发放的现金股利；6月20日以每股13元又购进该股票10万股，支付相关税费0.6万元；6月30日该股票价格下跌到每股12元；9月20日以每股16元的价格将该股票18万股出售，支付相关税费1万元；2009年12月31日该股票剩余12万股，每股公允价值为17元。相关会计及税务处理如下（所得税会计处理省略）：

①2009年6月10日：

借：交易性金融资产——成本　　　　　　　　　　2 960 000
　　应收股利　　　　　　　　　　　　　　　　　　40 000
　　投资收益　　　　　　　　　　　　　　　　　　12 000
　　贷：银行存款　　　　　　　　　　　　　　　　　　　3 012 000

②2009年6月15日：

借：银行存款　　　　　　　　　　　　　　　　　　40 000
　　贷：应收股利　　　　　　　　　　　　　　　　　　　40 000

③2009年6月20日：

借：交易性金融资产——成本　　　　　　　　　　1 300 000
　　投资收益　　　　　　　　　　　　　　　　　　6 000
　　贷：银行存款　　　　　　　　　　　　　　　　　　　1 306 000

④2009年6月30日：

公允价值变动损益 = 公允价 - 账面价值 = 300 000×12 - (2 960 000 + 1 300 000) = -660 000（元）

借：公允价值变动损益　　　　　　　　　　　　　660 000
　　贷：交易性金融资产——公允价值变动　　　　　　　　660 000

⑤2009年9月20日：

借：银行存款　　　　　　2 870 000（180 000×16 - 10 000）
　　交易性金融资产——公允价值变动
　　　　　　　　　　　　　396 000（660 000×18/30）
　　贷：交易性金融资产——成本　2 556 000（4 260 000×18/30）
　　　　投资收益　　　　　　　　　　　　　　　　　　710 000
借：投资收益　　　　　　　　　　　　　　　　　　396 000
　　贷：公允价值变动损益　　　　　　　　　　　　　　　396 000

⑥2009年12月31日：

公允价值变动损益 = 公允价 - 账面价值 = 120 000×17 - (2 960 000 + 1 300 000 - 660 000 - 2 556 000 + 396 000) = 2 040 000 - 1 440 000 = 600 000（元）

借：交易性金融资产——公允价值变动　　　　　　600 000
　　贷：公允价值变动损益　　　　　　　　　　　　　　　600 000

（3）北旺集团于2009年1月1日支付价款1 000万元（含交易费用）从活跃市场上购入某公司5年期债券，面值1 250万元，票面年利率4.72%，按年支付利息（即每年59万元），本金最后一次支付。合同约定，该债券的发行方在遇到特定情况时可以将债券赎回，且不需要为提前赎回支付额外款项。北旺集团在购买该债券时，预计发行方不会提前赎回。不考虑减值损失等因素。

计算实际利率 R：

$59 \times (P/A, R, 5) + 1\,250 \times (P/F, R, 5) = 1\,000$ 万元

由此得出 r = 10%。

各年数据如表 14.5 所示。

表 14.5 单位：万元

年份	期初摊余成本（a）	实际利息（b）（按10%计算）	现金流入（c）	期末摊余成本（d=a+b−c）
2009	1 000	100	59	1 041
2010	1 041	104	59	1 086
2011	1 086	109	59	1 136
2012	1 136	113	59	1 190
2013	1 190	119	1 250 + 59	0
合计	—	545	1 545	—

根据上述数据，北旺集团的有关账务处理如下：

① 2009 年 1 月 1 日，购入债券：

借：持有至到期投资——成本　　　　　　　　　　12 500 000
　　贷：银行存款　　　　　　　　　　　　　　　10 000 000
　　　　持有至到期投资——利息调整　　　　　　 2 500 000

② 2009 年 12 月 31 日，确认实际利息收入、收到票面利息等：

借：应收利息　　　　　　　　　　　　　　　　　　590 000
　　持有至到期投资——利息调整　　　　　　　　　410 000
　　贷：投资收益　　　　　　　　　　　　　　　 1 000 000
借：银行存款　　　　　　　　　　　　　　　　　　590 000
　　贷：应收利息　　　　　　　　　　　　　　　　590 000

③ 2010 年 12 月 31 日，确认实际利息收入、收到票面利息等：

借：应收利息　　　　　　　　　　　　　　　　　　590 000
　　持有至到期投资——利息调整　　　　　　　　　450 000
　　贷：投资收益　　　　　　　　　　　　　　　 1 040 000
借：银行存款　　　　　　　　　　　　　　　　　　590 000
　　贷：应收利息　　　　　　　　　　　　　　　　590 000

④ 2011 年 12 月 31 日，确认实际利息收入、收到票面利息等：

借：应收利息　　　　　　　　　　　　　　　　　　590 000
　　持有至到期投资——利息调整　　　　　　　　　500 000
　　贷：投资收益　　　　　　　　　　　　　　　 1 090 000
借：银行存款　　　　　　　　　　　　　　　　　　590 000
　　贷：应收利息　　　　　　　　　　　　　　　　590 000

⑤ 2012 年 12 月 31 日，确认实际利息收入、收到票面利息等：

借：应收利息　　　　　　　　　　　　　　　　　　590 000

		持有至到期投资——利息调整	540 000	
		贷：投资收益	1 130 000	
借：银行存款			590 000	
	贷：应收利息		590 000	

⑥2013年12月31日，确认实际利息收入、收到票面利息和本金等：

借：应收利息		590 000
	持有至到期投资——利息调整	600 000
	贷：投资收益	1 190 000
借：银行存款		590 000
	贷：应收利息	590 000
借：银行存款等		12 500 000
	贷：持有至到期投资——成本	12 500 000

根据有关规定，北旺集团购买的债券不是分次付息，而是到期一次还本付息，且利息不是以复利计算。此时，北旺集团所购买债券的实际利率 R 计算如下：

$$(59 \times 5 + 1\ 250) \times (P/F, R, 5) = 1\ 000 （万元）$$

由此得出 R≈9.05%

据此，调整上述表中相关数据后如表14.6所示。

表14.6

年份	期初摊余成本（A）	实际利息（B）（按9.05%计算）	现金流入（C）	期末摊余成本（D = A + B + C）
2009	1 000	90.5	0	1 090.5
2010	1 090.5	98.69	0	1 189.19
2011	1 189.19	107.62	0	1 296.81
2012	1 296.81	117.36	0	1 414.17
2013	1 414.17	130.83 *	1 545	0

注：标 * 数字考虑了计算过程中出现的尾差2.85万元。

根据上述数据，北旺集团的有关账务处理如下：

①2009年1月1日，购入债券：

借：持有至到期投资——成本		12 500 000
	贷：银行存款	10 000 000
	持有至到期投资——利息调整	2 500 000

②2009年12月31日，确认实际利息收入：

借：持有至到期投资——应计利息		590 000
	——利息调整	315 000
	贷：投资收益	905 000

③2010年12月31日，确认实际利息收入：

| 借：持有至到期投资——应计利息 | | 590 000 |

——利息调整	396 900
贷：投资收益	986 900

④2011年12月31日，确认实际利息收入：

借：持有至到期投资——应计利息	590 000
——利息调整	486 200
贷：投资收益	1 076 200

⑤2012年12月31日，确认实际利息收入：

借：持有至到期投资——应计利息	590 000
——利息调整	583 600
贷：投资收益	1 173 600

⑥2013年12月31日，确认实际利息收入、收到本金和名义利息等：

借：持有至到期投资——应计利息	590 000
——利息调整	718 300
贷：投资收益	1 308 300
借：银行存款	15 450 000
贷：持有至到期投资——成本	12 500 000
——应计利息	2 950 000

9. 南山股份有关债务重组业务如下：

南山股份与雨虹商场签订的销售协议约定，南山股份每年给雨虹商场支付商品陈列费、广告宣传费、仓储费合计200万元。雨虹商场为了逃避缴纳营业税，与南山股份签订债务重组协议。协议约定：截至2009年12月31日，雨虹商场"应付账款——南山股份"贷方余额800万元，由南山股份放弃债权200万元，剩余款项于重组日一次性支付。南山股份账务处理如下：

借：银行存款	6 000 000
营业外支出——债务重组损失	2 000 000
贷：应收账款——乙公司	8 000 000

10. 南山股份股权激励业务如下：

2009年1月1日，南山股份向其200名管理人员每人授予100份股票期权，这些人员从2009年1月1日起必须在该公司连续服务3年，服务期满时才能以每股4元购买100股A公司股票。公司估计该期权在授予日的公允价值为15元。

第一年有20名管理人员离开A公司，A公司估计3年中离开的管理人员比例将达到20%，即实际行权人数估计为160人。

第二年又有10名管理人员离开公司，公司将管理人员离开比例修正为15%，即实际行权人数估计为170人。

第三年又有15名管理人员离开，实际行权人数为155人。

(1) 费用和资本公积计算过程列表如表14.7所示：

表 14.7　　　　　　　　　　　　　　　　　　　　　　　　　　　　　　　　　单位：元

年份	累计费用	当期费用
2009	160×100×15×1/3=80 000	80 000
2010	170×100×15×2/3=170 000	90 000
2011	155×100×15×3/3=232 500	62 500

（2）会计处理：

①2009 年 1 月 1 日，授予日不作处理。

②2009 年 12 月 31 日：

借：管理费用等　　　　　　　　　　　　　　　　80 000
　　贷：资本公积——其他资本公积　　　　　　　80 000

③2010 年 12 月 31 日：

借：管理费用等　　　　　　　　　　　　　　　　90 000
　　贷：资本公积——其他资本公积　　　　　　　90 000

④2011 年 12 月 31 日：

借：管理费用等　　　　　　　　　　　　　　　　62 500
　　贷：资本公积——其他资本公积　　　　　　　62 500

⑤假设全部 155 名职工都在 2012 年 12 月 31 日行权，A 公司股票面值为 1 元。行权日股票收盘价为 12 元/股。

借：银行存款　　　　　　　　　　　　　　　　　62 000
　　资本公积——其他资本公积　　　　　　　　　232 500
　　贷：股本　　　　　　　　　　　　　　　　　15 500
　　　　资本公积——资本溢价　　　　　　　　　279 000

11. 集团公司向子公司收取管理费。北旺集团于 2009 年 12 月 25 日收到东方化工 2009 年度管理费 60 万元。分录为：

借：银行存款　　　　　　　　　　　　　　　　　600 000
　　贷：管理费用　　　　　　　　　　　　　　　600 000

附件：北旺集团与东方化工签订的管理服务合同（略）。

东方化工账务处理：

借：管理费用　　　　　　　　　　　　　　　　　600 000
　　贷：银行存款　　　　　　　　　　　　　　　600 000

12. 集团公司与子公司之间的融资业务。2009 年 12 月 31 日，北旺集团应收南山股份本年度融资服务费 120 万元。

借：其他应收款——南山股份　　　　　　　　　　1 200 000
　　贷：财务费用　　　　　　　　　　　　　　　1 200 000

附件 1：融资服务费计算清单（略）

南山股份 2009 年平均贷款余额 24 000×0.5%=120（万元）。

附件 2：融资服务合同

附件 2

融资服务合同

甲　方：南山股份

乙　方：北旺集团

鉴于南山股份公司（下称甲方）为更好地实施融资计划，优化融资结构，以满足技改项目的资金需求。甲乙双方在平等互利、协商一致的基础上，甲方聘请乙方担任融资顾问，特订立如下条款，以兹共同遵守。

第一条　乙方服务范围

本协议有效期内，乙方接受甲方委托，在符合相关法律、法规的前提下，为甲方提供融资服务，具体的服务内容包括：

（一）利用自身的融资平台，根据甲方个性化的需求，协助企业降低融资成本、优化融资结构、简化融资方式。

（二）帮助甲方对企业自身资产进行调查，核实资产、负债、所有者权益等财务状况，提出财务结构调整合理化建议。

（三）评价及预测企业自身的现金流状况，帮助甲方测算融资额度，以及时间、进度安排。

（四）帮助甲方设计企业自身融资结构，评估各种融资方案的财务成本及效益，比较分析方案优劣，指出操作的难点及解决方法，确定合适的融资方案。

（五）协助甲方分析企业自身的债务结构及债务成本，评估和测算融资到期后企业偿债能力。

第二条　融资服务费及支付办法

乙方因其提供本合同第二条所列工作范围的融资服务而向甲方收取融资服务费。

融资服务费按年计算，每年按照甲方取得的平均贷款余额计算，标准为：甲方每年度平均贷款余额的 0.5%。

甲方应于次年 1 月一次性将上述费用划入乙方指定的账户。

以上费用仅为融资服务费，不包括必要时聘请会计师事务所、资产评估事务所、律师事务所等社会中介机构之费用。

第三条　甲方的责任与义务

（一）本合同生效后，甲方无正当理由不得拒绝乙方为其提供融资服务。

（二）甲方有义务及时按本合同第三条之规定向乙方支付相关融资服务费。

（三）甲方应真实、全面、及时地向乙方提供与委托事项相关的文件资料，并对其真实性、完整性和准确性负责。

（四）甲方不得向乙方工作人员提供任何虚假、有误导或重大遗漏的信息和资料。

（五）甲方应保证专人与乙方工作人员联系，并予以合作。

（六）甲方承诺，任何由乙方为完成本合同书的工作所提供的口头或书面意见、分析资料及文件仅供甲方及相关的甲方工作人员使用，在未获得乙方书面（包括传真件）同意之前，不得以乙方的名义向任何第三者透露、引用、复印、摘要、记述或提供该等资料。

（七）甲方应保障乙方工作人员为履行本合同所需的其他具体条件。

第四条 乙方的责任与义务

（一）本合同生效后，乙方无正当理由不得拒绝为甲方提供融资服务。

（二）乙方有义务遵守中华人民共和国法律、法规和职业道德，为甲方勤勉、客观、谨慎地提供融资服务。

（三）乙方承诺，任何由甲方为完成本合同书内容向乙方提供的任何资料、文件及口头意见，未经甲方许可，不得用作任何其他用途及向任何第三者透露、引用、复印、摘要、记述或提供该等资料。在未得到甲方书面同意以前，不公开披露从甲方获得的任何保密信息。但乙方向甲方提供服务过程中与相关商业银行、乙方聘请的顾问和其他专业人员披露保密信息，以期为甲方提供更好的服务情况除外。任何形成的在本合同规定的工作内容下，受甲方委托由乙方完成的任何有形的文件资料，均属甲方所有，乙方未得甲方承诺，不得在本合同规定的范围之外使用、转让有关资料。

第五条 违约责任

（一）若因甲方延误提供资料或未能按乙方建议组织实施等甲方原因延误融资服务工作或影响实施效果，乙方不承担任何法律责任，并不返还已收取的融资服务费。

（二）若由于乙方原因导致有关工作未能按期完成，则甲方有权要求乙方进行延期工作。

第六条 本合同未尽事宜，由甲乙双方友好协商解决。

第七条 本合同自甲乙双方授权代表签字之日起生效，有效期一年。未经甲乙双方书面认可，任何一方不得单方面修改、变更本合同。

第八条 本合同一式贰份，双方各持壹份，具有同等法律效力。

甲方：南山股份	乙方：北旺集团
法定代表人	法定代表人
委托代理人：略	委托代理人：略
2008 年 12 月 8 日	2008 年 12 月 8 日

13. 红谷保健品有限公司于 2004 年 3 月成立，注册资本 1 000 万元，截至 2009 年 9 月 30 日，累计留存收益 8 000 万元。由于夸大宣传，涉嫌违反广告法，被媒体曝光，股东会于 2009 年 9 月 30 日决定解散并注销红谷公司。

2009 年 9 月 30 日，红谷公司资产负债表如表 14.8 所示。

第十四章 资本交易税收案例分析

表 14.8 单位：万元

资产	金额	负债	金额
货币资金	550	短期借款	100
应收账款	350	应付账款	200
其他应收款	100	应付职工薪酬	50
存货	2 600	应交税费	150
固定资产	6 000	其他应付款	100
		负债总额	600
		所有者权益	
		实收资本	1 000
		留存收益	8 000
资产总额	9 600	负债及所有者权益	9 600

公司于10月8日成立清算组，并对外公告，同时向税务机关书面报告。

10月15日，公司向主管税务机关提交2009年度所得税汇算清缴申报表，补缴所得税20万元。

主管国、地税分局于10月18日到红谷公司进行税务检查，检查期限为2004年3月至2009年9月。10月20日检查结束，国税查补税款200万元（其中偷税额80万元）、加收滞纳金20万元、罚款40万元；地税查补税款300万元（其中偷税额60万元）、加收滞纳金30万元、罚款30万元。

借：利润分配——未分配利润　　　　　　　　　　6 200 000
　　贷：应交税费——应交增值税　　　　　　　　2 000 000
　　　　　　　　——应交营业税等　　　　　　　3 000 000
　　　　其他应交款——滞纳金、罚款　　　　　　1 200 000

截至2009年11月23日，共申报债权1 200万元（600+260+360-20），其中新增税款620万元，应付账款20万元因债权人注销无需支付。

清算期间共发生清算费用（不含相关税费）80万元。资产账面价值、计税基础、处置收入、应纳税费如表14.9所示。

表 14.9 单位：万元

资产	账面价值	计税基础	处置收入	应纳税费	备注
货币资金	550	550	550	0	
应收账款	350	350	300	0	发生坏账损失50万元，符合坏账损失税前扣除条件
其他应收款	100	100	0	0	不符合坏账损失扣除条件
存货	2 600	2 590	3 200	598.4	国税544万元，地税54.4万元
固定资产	6 000	5 950	9 000	600	国税30万元，地税570万元
合计	9 600	9 510	13 050	1 198.4	

注：表中存货及固定资产处置收入为不含增值税收入。除上述资料外，无其他纳税调整项目。

(三) 根据所给资料，分步解答下列问题

1. 南山股份分配方案。要求：说明南山股份分配方案中相关股东的税务处理。

2. 香港P公司分配方案。要求：计算北旺集团从境外取得股息应补缴企业所得税额。

3. 香港Q公司分配方案。要求：说明香港Q公司宣告分配股息，北旺集团是否确认股息、红利所得，如何进行纳税调整？

4. 北旺集团收购东方化工。要求：指出转让方、受让方及目标公司的税务及会计处理。

5. 北旺集团间接收购北方制药厂。要求：根据上述资料，回答下列问题：
（1）美国杰克公司转让股权，是否在境内缴纳企业所得税？
（2）如果美国R公司被税务机关判定为非境内注册居民企业，北方制药能否继续享受"两免三减半"所得税过渡优惠？

6. 整合房地产板块借壳上市。
（1）说明酒店资产过户到酒店公司是否征收营业税、土地增值税、契税？税法依据是什么？说明公司分立业务的所得税处理（包括是否确认资产转让所得或损失、分立公司取得资产的计税基础如何确定、被分立企业的亏损如何弥补、被分立企业的股东的税务处理）。
（2）北旺集团收购C公司应代扣个人所得税额及缴纳地点是否正确？
（3）北旺集团收购B公司应代扣个人所得税额及缴纳地点是否正确？
（4）北旺集团将持有A公司80%、B公司100%、C公司100%的股权对北旺房地产投资管理公司增资扩股。计算北旺集团、北旺房地产投资管理公司取得投资的计税基础。

7. 蓝天服装吸收合并白云服装。要求：详细说明合并方、被合并方及其股东，以及合并方新设的分支机构的所得税处理。

8. 北旺集团有关股票和债券投资业务。
（1）交易性金融资产债券投资业务。要求：说明上述业务所得税处理与会计处理的差异，并作出纳税调整处理，写出所得税会计分录。
（2）交易性金融资产股票投资业务。要求：分别说明每笔业务的所得税处理与会计处理的差异，并作出纳税调整处理。
（3）持有至到期投资业务。要求：指出持有至到期投资业务的所得税处理与会计处理的差异，并进行纳税调整。

9. 南山股份有关债务重组业务。要求：指出上述业务存在问题，并说明正确的税务处理。

10. 南山股份股权激励业务。要求：说明股份支付的所得税处理与会计处理的差异，并进行纳税调整，写出所得税会计分录。

11. 集团公司向子公司收取管理费。要求：指出存在问题，说明正确的会计、税务处理方法，写出调账分录。

12. 集团公司与子公司之间的融资业务。要求：指出存在的问题，并写出调账分录。

13. 红谷保健品有限公司注销。要求：（1）计算红谷公司应纳清算所得税；（2）分别计算北旺集团应得清算分配额、股息红利所得、股权转让所得；（3）计算王五应纳个人所得税；（4）编制清算所得税申报表；（5）出具清算报告审核确认书。

（四）参考答案

1. 南山股份分配股息、红利未按规定扣缴个人所得税。

（1）资本公积转增股本。国税发〔1997〕198号文件规定："股份制企业用资本公积金转增股本不属于股息、红利性质的分配，对个人取得的转增股本数额，不作为个人所得，不征收个人所得税。"国税函〔1998〕289号文件解释："国税发〔1997〕198号文件规定的资本公积，是指股份制企业股票溢价发行收入所形成的资本公积金。将此转增股本由个人取得的数额，不作为应税所得征收个人所得税。而与此不相符合的其他资本公积金分配个人所得部分，应当依法征收个人所得税。"

（2）未分配利润送股。

①税收政策规定。根据国税发〔1994〕89号文件规定："股份制企业在分配股息、红利时，以股票形式向股东个人支付应得的股息、红利（即派发红利），应以派发红股的股票票面金额为收入额，按利息、股息、红利项目计征个人所得税。"财税〔2005〕102号文件规定："从2005年6月13日起，对个人投资者从上市公司取得的股息红利所得，暂减按50%计入个人应纳税所得额，依照现行税法规定计征个人所得税。"

根据财税〔1998〕55号、财税〔2002〕128号文件的规定，这里的流通股自然人股东股数，还应包括开放式证券投资基金和封闭式证券投资基金购买本公司股票的数量。因为税法要求，上市公司分配股息、送股时，应对证券投资基金扣缴个人所得税，证券投资基金将股息再分配给个人投资者时，不再扣缴个人所得税。

②计算应扣缴税额。

基金投资者及自然人股东股本占总股本比例 = 8 000/50 000 × 100% = 16%

未分配利润转增股本应纳个人所得税 = 15 000 × 16% × 10% = 240（万元）

资本公积转增股本应纳个人所得税 = （8 000 + 2 000）× 16% × 10% = 160（万元）

现金股利应纳个人所得税 = 2 000 × 16% × 10% = 32（万元）

应纳税额合计 = 240 + 160 + 32 = 432（万元）

③处理决定。依据《中华人民共和国税收征收管理法》第六十九条规定，扣缴义务人未按规定扣缴税款的，由税务机关向纳税人追缴税款，并对扣缴义务人处以少扣未扣税款50%以上、3倍以下的罚款。由于税款无法追缴，决定处以1倍罚款。

借：营业外支出——罚款　　　　　　　　　　　　　　　　4 320 000
　　贷：银行存款　　　　　　　　　　　　　　　　　　　　4 320 000

上述罚款在年终计算企业所得税时，不得在税前扣除。

(3) 南山股份用资本溢价转增股本，北旺集团不确认股息、红利所得，但由于债务重组利得已缴纳企业所得税，应视同留存收益转增股本，北旺集团应确认股息、红利所得。北旺集团应确认股息、红利所得 7 650 万元 (17 000 × 45%)，享受免征企业所得税优惠，同时增加投资计税成本。

2. 境外分回利润未按规定进行所得税处理。应首先将投资收益从利润总额中剔除，然后换算为税前所得，并入投资方应纳税所得总额征收企业所得税，同时按规定抵免境外已纳税额。不考虑其他因素，应补缴企业所得税 = 300/(1 - 16.5%) × (25% - 16.5%) = 30.54（万元）。

3. 由于 Q 公司被主管税务机关认定为居民纳税人，因此，北旺集团从 Q 公司取得的分配免征企业所得税。申报企业所得税时，应作纳税调减 200 万元。

4. (1) 北旺集团收购香港 N 公司及汤姆先生股权，未按规定扣缴预提所得税和个人所得税；应扣缴预提所得税 = (4 500 - 2 500) × 10% = 200（万元）。税款在收购方所在地税务机关缴纳。

(2) 北旺集团收购汤姆先生股权未按规定扣缴个人所得税。根据财税〔1994〕20 号、国税发〔1997〕71 号、国税函〔2009〕285 号文件规定，应扣缴个人所得税 = (900 - 500 - 5 000 × 5%) × 20% = 30（万元）。税款由收购方扣缴，在东方化工机构注册地地税机关缴纳。

(3) 依据《中华人民共和国税收征收管理法》第六十九条规定，扣缴义务人未按规定扣缴税款的，由扣缴义务人协助税务机关追缴税款，并对扣缴义务人处以少扣未扣税款 50% 以上、3 倍以下的罚款。由于股权转让款尚未支付，税款可以追缴，决定处以 0.5 倍罚款。

(4) 东方化工于 2002 年成立，实际经营期未满 6 年，外方股东撤出，东方化工应补缴已享受"两免三减半"企业所得税优惠金额 1 200 万元。

(5) 账务处理：
借：其他应付款——香港 N 公司　　　　　　　　　　　2 000 000
　　　　　　　　——汤姆先生　　　　　　　　　　　　　300 000
　　贷：应交税费——应交预提所得税　　　　　　　　　2 000 000
　　　　　　　　——应交个人所得税　　　　　　　　　　300 000
借：利润分配——未分配利润　　　　　　　　　　　　10 800 000
　　盈余公积——法定盈余公积　　　　　　　　　　　　1 200 000
　　贷：应交税费——应交企业所得税　　　　　　　　12 000 000
借：营业外支出——罚款　　　　　　　　　　　　　　　1 150 000
　　贷：银行存款　　　　　　　　　　　　　　　　　　1 150 000

上述罚款在年终计算企业所得税时，不得在税前扣除。

5. 美国杰克公司将美国 R 公司的股权转让给北旺集团,杰克公司不在境内缴纳企业所得税。根据国税发〔2009〕82号文件规定,即使美国 R 公司被判定为非境内注册居民企业,北方制药外商投资企业的税收法律地位不变,可以在剩余的年限内享受"两免三减半"过渡优惠。

6. (1) 公司分立存在问题及正确的税务处理。

①由于分立公司的资本结构与被分立企业相同,根据财税〔2008〕175号文件规定,酒店公司资产过户免征契税。

②C 公司资产剥离到酒店公司不属于营业税、土地增值税的征收范围,不征营业税、土地增值税。

③C 公司分立过程中张三、李四除取得酒店公司的股权支付额外,未取得非股权支付额,可选择特殊重组待遇,C 公司所剥离的资产不确认资产转让所得,相应的,酒店公司取得资产的计税基础只能以原有计税基础 7 000 万元确定。

④C 公司以前年度如果存在尚未弥补的亏损(应纳税所得额),可以按照分立资产(公允价)占分立前总资产(公允价)的比例划分,由分立企业和被分立企业在剩余的年限内继续弥补。

⑤张三和李四不视同转让旧股、购买新股处理,不征个人所得税。C 公司将资产评估增值 3 000 万元以及留存收益 3 000 万元(未分配利润 2 700 万元、盈余公积 300 万元)折股计入资本公积——资本溢价,暂不征收个人所得税,但根据国税函〔1998〕289号文件规定,未来将此资本公积转增实收资本,需按股息、红利所得扣缴个人所得税,同时增加个人股东的投资计税基础。

新股和旧股的计税基础可以选择下列方法确定:

第一,按照股本调整数,调整股权的计税基础。

张三、李四取得新股的计税基础分别为 2 220 万元、1 480 万元。

张三、李四旧股的计税基础分别为 780 万元、520 万元。

第二,按照剥离净资产公允价占总净资产公允价的比例确定新股和旧股的计税基础:

剥离净资产公允价/总净资产公允价 × 100% = (10 000 − 300)/(16 000 − 2 000) × 100% = 69.28%

张三持有新股的计税基础 = 剥离净资产/总净资产 × 旧股计税基础 = 69.28% × 3 000 = 2 078.40(万元)

调整后张三持有旧股的计税基础 = 3 000 − 2 078.40 = 921.60(万元)

李四持有新股的计税基础 = 剥离净资产/总净资产 × 旧股计税基础 = 69.28% × 2 000 = 1 385.60(万元)

调整后李四持有旧股的计税基础 = 2 000 − 1 385.60 = 614.40(万元)

(2) 北旺集团收购个人股权,个人所得税税款计算正确,但纳税地点不正确。根据国税函〔2009〕285号文件规定,北旺集团收购个人持有的 C 公司股权,扣缴个人所得税应在 C 公司机构所在地地税机关缴纳。

(3) 个人所得税计算及纳税地点有误。根据国税函〔2005〕319 号、国税发〔2008〕115 号、国税函〔2009〕285 号文件规定,应纳个人所得税 =(5 200 – 2 500)×20% =540(万元)。税款应当在 B 公司所在地地税机关缴纳。

(4) 北旺房地产投资管理公司收购 A、B、C 公司 75% 以上的股权,以自身的股权作为对价,可选择采用特殊重组规定进行企业所得税处理。北旺集团不视同转让股权购买新股处理,相应地,北旺集团取得北旺房地产投资管理公司股权的计税基础只能按照所放弃 A、B、C 三家公司股权的原有计税基础确定。至此,北旺集团持有北旺房地产投资管理公司股权的计税基础 = 30 000 + 4 000 + 7 200 + 5 000 = 46 200(万元)。

北旺房地产投资管理公司取得 A、B、C 三家公司股权的计税基础,应按公允价 6 000 万元、8 600 万元、5 200 万元确定①。

(5) 上市公司收购北旺房地产投资管理公司 100% 的股权,全部以本公司股票作为对价,可选择采用特殊重组规定进行所得税处理。北旺集团不视同转让旧股购买新股处理,不确认股权转让所得,投资收益 5 700 万元应作纳税调减处理,取得上市公司股权(新股)的计税成本应以所放弃的投资原有计税基础 46 200 万元替代。上市公司取得北旺房地产投资管理公司 100% 股权的计税基础应按公允价值 50 000 万元确定②。

7. 由于被合并企业的股东从合并方取得的股权支付额低于整个交易额的 85%,应适用一般重组规定进行所得税处理。

(1) 被合并企业及其股东都应按清算进行所得税处理。被合并方在注销税务登记前,必须清理生产经营期间的各项欠税,适用一般重组规定的,还必须计算清算所得税。计算公式如下:

应纳所得税额 = 清算所得 × 25%

清算所得 = 资产(含盘盈资产)公允价 – 清算费用(评估费等)– 资产计税基础净值 – 清算的相关税费 ± 其他纳税调整额 – 弥补以前年度亏损

被合并方纳税有困难的,可以由合并方承继,但被合并企业的亏损、税收优惠等所得税事项均不得结转至合并方弥补或享受。

被合并方股东应分解为转让被合并企业的股权、再购买合并方的股权两项业务进行所得税处理。取得合并方股权的公允价及非股权支付额(现金及非现金资产公允价)视为股权转让收入,其中相当于被清算方累计未分配利润和累计盈余公积中按该股东所占股份比例计算的部分,应确认为股息所得;剩余金额扣除股息所得后的余额,超过或低于投资计税基础的部分,应确认为企业的

---

① 根据财税〔2009〕59 号文件规定,北旺房地产投资管理公司取得 A、B、C 三家公司股权的计税基础,也应按照北旺集团对 A、B、C 三家公司的原有计税基础 4 000 万元、7 200 万元、5 000 万元确定,笔者认为应按公允价值确定,理由参见本书第七章第五节。

② 根据财税〔2009〕59 号文件规定,上市公司取得北旺房地产投资管理公司股权的计税基础也为 46 200 万元,笔者认为应按公允价值 50 000 万元确定,理由参见本书第七章第五节。

投资转让所得或损失。

（2）由于被合并企业已计算清算所得，对合并方而言，视同按公允价值购买资产处理，因此应按公允价值确认取得资产和负债的计税基础。

企业合并一般重组方式下，合并方取得资产、负债的计税基础与初始计量的差异如表14.10所示。

表 14.10

会计分类	一般重组		备注
	初始计量	计税基础	非同一控制下的企业合并，合并方确认的商誉的计税基础与初始计量金额相同。商誉不得摊销扣除，在合并方未来计算清算所得时一次性扣除。
同一控制	原账面价值	公允价值	
非同一控制	公允价值	公允价值	

由于白云公司已计算清算所得，蓝天公司取得非现金资产的计税基础为9 000万元，该计税基础应按照每项资产公允价值占全部资产公允价值的比例结转至各项资产。商誉资产的计税基础按1 500万元确定，商誉不得摊销，但可以计提减值准备。根据《企业所得税法实施条例》第六十七条规定，外购的商誉计算公司清算所得时一次性扣除。

因清算所得产生的留存收益为：(9 000 − 7 000) − (9 000 − 7 500 − 10) × 25% = 1 627.50（万元）

留存收益合计 = 5 000 + 1 627.50 = 6 627.50（万元）。该金额应由飞狼集团、Y公司作为股息所得处理，并享受免征企业所得税优惠。其中：

飞狼集团应确认股息所得 = 6 627.5 × 70% = 4 639.25（万元）

Y公司应确认股息所得 = 6 627.5 × 30% = 1 988.25（万元）

飞狼集团应确认股权转让所得 = 股权支付额 + 非股权支付额 − 股息所得 − 投资计税基础 = (3 000 + 6 127.5) × 70% − 4 639.5 − 700 = 1 049.75（万元）

Y公司应确认股权转让所得 = 股权支付额 + 非股权支付额 − 股息所得 − 投资计税基础 = (3 000 + 6 127.5) × 30% − 1 988.25 − 300 = 450（万元）

飞狼集团取得蓝天公司股权比例为14%（20% × 70%），投资计税基础为2 100万元（3 000 × 70%）；Y公司取得蓝天公司股权比例为6%（20% × 30%），投资计税基础为900万元（3 000 × 30%）。

白云公司注销后，蓝天公司将在原白云公司注册地成立分支机构，增值税在分公司所在地缴纳，企业所得税按照《跨地区经营汇总纳税企业所得税征收管理暂行办法》（国税发〔2008〕28号）规定，实行"统一计算、分级管理、就地预缴、汇总清算、财政调库"。

8. (1) ①2009年12月31日，债券投资计税基础为102万元（含交易费用2万元），计入当期损益的交易费用和公允价值变动应当作纳税调整，应调减所得 = 15 − (5 + 2) = 8（万元）。期末会计成本为：100万元 + 15万元 − 5万元 = 110万元，因会计基础大于计税基础形成应纳税暂时性差异：(110 − 102) × 25% = 2（万元）。

借：所得税费用——递延所得税费用　　　　　　　　　　　20 000
　　　　贷：递延所得税负债——某公司债券　　　　　　　　　　20 000

②2010年3月31日，债券处置收益8万元，债券转让所得（含2010年1季度利息收入）=转让收入-计税基础=1 180 000-1 020 000=160 000（元），应调增应纳税所得额8万元。

　　借：递延所得税负债——某公司债券　　　　　　　　　　　20 000
　　　　贷：所得税费用——递延所得税费用　　　　　　　　　　20 000

（2）①2009年6月10日，购入股票支付的相关税费12 000元不得在本期税前扣除，应调增应纳税所得额12 000元。该项股票投资计税基础为2 972 000元。

②2009年6月15日，税务处理与会计处理一致。

③2009年6月20日，购入股票支付的相关税费6 000元不得在本期税前扣除，该项股票投资计税基础为4 278 000元（2 972 000+1 306 000）。

④2009年6月30日，公允价值变动损益借方金额不得税前扣除，应调增所得额660 000元。

⑤2009年9月20日，股票处置收益71 000元，资产转让所得=转让收入-计税基础-相关税费=2 880 000-4 278 000×18/30-10 000=303 200（元）。应调减应纳税所得额=710 000-303 200=406 800（元）。剩余12万股计税基础为：4 278 000×12/30=1 711 200（元）。

⑥"公允价值变动损益"贷方金额不确认所得，应调减应纳税所得额600 000元。

前期累计纳税调整金额=12 000+6 000+660 000-406 800-600 000=-328 800（元）。

截至2009年12月31日，剩余股票账面价值2 040 000元，计税基础1 711 200元，差额328 800元在处置时作纳税调整。

说明：纳税调整及所得税会计处理应在年末进行，实际操作中应当在年末作一次性纳税调整处理。

（3）税法要求按照合同约定的付息日期确认计税收入，由于税法允许采用实际利率法确认利息收入，因此持有至到期投资采取按年支付利息的前提下，视同税务处理与会计处理一致，不作纳税调整。

一次性还本付息的，需要作纳税调整处理，即2009~2012年会计上确认的利息收入均可暂不缴纳企业所得税，而应于2013年确认利息收入545万元，因此2009-2012年应分别调减应纳税所得额90.5万元、98.69万元、107.62万元、117.36万元，2013年调增应纳税所得额414.17万元。

9．债务重组是指因债务人发生财务困难，债权人与债务人通过协议或经过法院裁定修改债务偿还条件的事项。债务重组的前提是债务人发生财务困难，重组的结果是债权人作出让步。债务重组损失必须符合坏账损失的条件并采取专项申报方式，将相关资料报主管税务机关备案后可在税前扣除。南山股份与雨虹商场签订的债务重组合同不合法，不能在税前扣除。根据国税发〔2004〕136号文件规定，雨虹商场从南山股份取得的商品陈列费、广告宣传费等，因其金额是固定的，与销售商品的数量和金额无关，应当按照"服务业"税目缴纳营业税。因此，南山股份应取得雨虹商场出具的服务业发票方可在税前扣除。基于南山股份与雨虹商场签订的销售协议约定支付商品陈列费等、未按规定取得服务业发票等事实，税务机关应当责令限期改正，并处一万元以下的罚款。如果南山股份未能在规定的期限内取得补开的发票，应调增应纳税所得额200万元。

10.《国家税务总局关于我国居民企业实行股权激励计划有关企业所得税处理问题的公告》（国家税务总局公告2012年第18号）规定，对股权激励计划实行后，需待一定服务年限或者达到规定业绩条件（以下简称等待期）方可行权的。上市公司等待期内会计上计算确认的相关成本费用，不得在对应年度计算缴纳企业所得税时扣除。在股权激励计划可行权后，上市公司方可根据该股票实际行权时的公允价格与当年激励对象实际行权支付价格的差额及数量，计算确定作为当年上市公司工资薪金支出，依照税法规定进行税前扣除。

（1）2009年度申报所得税时，调增应纳税所得额80 000元。虽然企业应付给职工的报酬，会计上作为一项成本费用处理，但税法将其作为一项资产在实际行权时一次性扣除，其会计成本为零。预计行权时股票公允价为16元/股，未来可扣除的金额 $=160 \times 100 \times (16-4) \times 1/3 = 64\,000$（元），即计税基础为64 000元。

借：递延所得税资产——权益结算的股份支付
                16 000（64 000×25%）
 贷：资本公积——其他资本公积   16 000

（2）2010年度申报所得税时，调增应纳税所得额90 000元。预计行权时股票公允价为14元/股，本期应确认递延所得税资产 $=[170 \times 100 \times (14-4) \times 2/3] \times 25\% - 16\,000 = 12\,333.33$（元）。

借：递延所得税资产——权益结算的股份支付 12 333.33
 贷：资本公积——其他资本公积   12 333.33

（3）2011年度申报所得税时，调增应纳税所得额62 500元。预计行权时股票公允价为13元/股，本期应确认递延所得税资产 $=[155 \times 100 \times (13-4) \times 3/3] \times 25\% - 16\,000 - 12\,333.33 = 6\,541.67$（元）。

借：递延所得税资产——权益结算的股份支付 6 541.67
 贷：资本公积——其他资本公积   6 541.67

（4）2012年12月31日，职工行权时，股票收盘价为12元/股，应调减应纳税所得额 $=115 \times 100 \times (12-4) = 92\,000$（元）。

前期确认的可抵扣暂时性差异在本期转回：
借：资本公积——其他资本公积   34 875
 贷：递延所得税资产——权益结算的股份支付 34 875

若 2012 年会计利润为 500 万元，不考虑其他纳税调整因素，应纳所得税额 = (5 000 000 - 92 000) × 25% = 1 227 000（元）。

借：所得税费用——当期所得税费用   1 227 000
    贷：应交税费——应交所得税   1 227 000

11. 集团公司收取的管理服务费应当给东方化工出具服务业发票，并缴纳营业税。管理服务收入不得直接冲减管理费用，应当作其他业务收入处理。根据国税发〔2008〕86 号文件规定，东方化工接受集团公司提供的服务发生的相关支出可以在税前扣除。税务机关应责令限期改正，补开发票，并处以 1 万元以下的罚款。

集团公司调账分录如下：

借：管理费用   600 000
    贷：其他业务收入   600 000
借：营业税金及附加   33 000
    贷：应交税费——应交营业税   30 000
        ——应交城市维护建设税   2 100
        ——应交教育费附加   900

若为次年检查，调账分录为：

借：以前年度损益调整   33 000
    贷：应交税费——应交营业税   30 000
        ——应交城市维护建设税   2 100
        ——应交教育费附加   900

加收罚款：

借：营业外支出——滞纳金   10 000
    贷：银行存款   10 000

12. 收取融资服务费未开具发票、未确认其他业务收入、未缴纳营业税，而是直接冲减财务费用。应当补开发票，并确认收入。调账分录为：

借：财务费用   1 200 000
    贷：其他业务收入   1 200 000
借：营业税金及附加   66 000
    贷：应交税费——应交营业税   60 000
        ——应交城市维护建设税   4 200
        ——应交教育费附加   1 800

跨年度调账分录为：

借：以前年度损益调整   66 000
    贷：应交税费——应交营业税   60 000
        ——应交城市维护建设税   4 200
        ——应交教育费附加   1 800

涉及应补退所得税的，按规定进行账务处理。

13. (1) 清算所得税过程如下：

清算所得 = 资产处置收入 - 清算费用 - 资产计税基础 + 其他纳税调整 - 弥补以前年度亏损 = 13 050 - (80 + 54.4 + 570) - 9 540 + (20 + 100) - 0 = 2 925.6（万元）

清算所得税 = 2 925.6 × 25% = 731.4（万元）

(2) 清算期新增税后利润 = 清算损益 - 清算所得税 = [13 050 - 9 600 - (80 + 54.4 + 570) + 20] - 731.4 = 2 034.2（万元）

累计留存收益 = 8 000 - 620 + 2 034.2 = 9 414.2（万元）

按顺序偿债后，剩余财产 = (13 050 + 544 + 30) - (80 + 54.4 + 570 + 731.4 + 544 + 30) - 50 - (150 + 620) - (100 + 200 + 100 - 20) = 10 414.2（万元）

其中，北旺集团应得清算分配额 = 10 414.2 × 60% = 6 248.52（万元）

北旺集团应确认股息红利所得 = 9 414.2 × 60% = 5 648.52（万元）

北旺集团应确认股权转让所得 = 6 248.52 - 5 648.52 - 600 = 0（万元）

(3) 王五应得清算分配额 = 10 414.2 × 40% = 4 165.68（万元）

王五应纳个人所得税 = (4 165.68 - 400) × 20% = 753.14（万元），税款由清算组负责代扣代缴。

王五实际收回投资应得金额 = 4 165.68 - 753.14 = 3 412.54（万元）

(4) 编制清算所得税申报表（见表 14.11、表 14.12、表 14.13、表 14.14）。

表 14.11　　　　　　　　中华人民共和国企业清算所得税申报表

清算期间：2009 年 9 月 30 日至 2009 年 12 月 10 日

纳税人名称：红谷保健品有限公司

纳税人识别号：□□□□□□□□□□□□□□□　　　　　　　　　　　　　　　金额单位：万元

类别	行次	项目	金额
应纳税所得额计算	1	资产处置损益（填附表一）	3 510
	2	负债清偿损益（填附表二）	20
	3	清算费用	80
	4	清算税金及附加	624.4
	5	其他所得或支出	100
	6	清算所得（1 + 2 - 3 - 4 + 5）	
	7	免税收入	
	8	不征税收入	
	9	其他免税所得	
	10	弥补以前年度亏损	
	11	应纳税所得额（6 - 7 - 8 - 9 - 10）	2 925.6
应纳所得税额计算	12	税率（25%）	25%
	13	应纳所得税额（11 × 12）	731.4

续表

类别	行次	项目	金额
应补（退）所得税额计算	14	减（免）企业所得税额	
	15	境外应补所得税额	
	16	境内外实际应纳所得税额（13 - 14 + 15）	
	17	以前纳税年度应补（退）所得税额	
	18	实际应补（退）所得税额（16 + 17）	731.4

纳税人盖章：	代理申报中介机构盖章：	主管税务机关 受理专用章：
清算组盖章：	经办人签字及执业证件号码：	受理人签字：
经办人签字：		
申报日期： 年 月 日	代理申报日期： 年 月 日	受理日期： 年 月 日

表 14.12　　　　　　　　　　　**资产处置损益明细表**

填报时间：2009 年 12 月 25 日　　　　　　　　　　　　　　　　　　　金额单位：万元

行次	项目	账面价值（1）	计税基础（2）	可变现价值或 交易价格（3）	资产处置损益 (4) = (3) - (2)
1	货币资金	550	550	550	0
2	短期投资				
3	交易性金融资产				
4	应收票据				
5	应收账款	350	350	300	-50
6	预付账款				
7	应收利息				
8	应收股利				
9	应收补贴款				
10	其他应收款	100	100	0	-100
11	存货	2 600	2 590	3 200	610
12	待摊费用				
13	一年内到期的非流动资产				
14	其他流动资产				
15	可供出售金融资产				
16	持有至到期投资				
17	长期应收款				
18	长期股权投资				
19	长期债权投资				
20	投资性房地产				

续表

行次	项目	账面价值（1）	计税基础（2）	可变现价值或交易价格（3）	资产处置损益（4）=（3）-（2）
21	固定资产	6 000	5 950	9 000	3 050
22	在建工程				
23	工程物资				
24	固定资产清理				
25	生物资产				
26	油气资产				
27	无形资产				
28	开发支出				
29	商誉				
30	长期待摊费用				
31	其他非流动资产				
32	总计	9 600	9 540	13 050	3 510

经办人签字： 纳税人盖章：

表 14.13 负债清偿损益明细表

填报时间：2009 年 12 月 25 日 金额单位：元（列至角分）

行次	项目	账面价值（1）	计税基础（2）	清偿金额（3）	负债清偿损益（4）=（2）-（3）
1	短期借款	100	100	100	
2	交易性金融负债				
3	应付票据				
4	应付账款	200	200	180	20
5	预收账款				
6	应付职工薪酬	50	50	50	
7	应付工资				
8	应付福利费				
9	应交税费	150	150	150	
10	应付利息				
11	应付股利				
12	其他应交款	100	100	100	
13	其他应付款				
14	预提费用				
15	一年内到期的非流动负债				
16	其他流动负债				
17	长期借款				
18	应付债券				
19	长期应付款				
20	专项应付款				
21	预计负债				
22	其他非流动负债				
23	总计	600	600	580	20

经办人签字： 纳税人盖章：

表 14.14　　　　　　　　　剩余财产计算和分配明细表

填报时间：2009 年 12 月 25 日　　　　　　　　　　　　　　　　　　　　　金额单位：万元

类别	行次	项目	金额		
剩余财产计算	1	资产可变现价值或交易价格	13 050		
	2	清算费用	80		
	3	职工工资	50		
	4	社会保险费用			
	5	法定补偿金			
	6	清算税金及附加	624.4		
	7	清算所得税额	731.4		
	8	以前年度欠税额	770		
	9	其他债务	380		
	10	剩余财产（1－2－…－9）	10 414.2		
	11	其中：累计盈余公积	941.42		
	12	累计未分配利润	8 472.78		
剩余财产分配		股东名称	持有清算企业权益性投资比例（%）	投资额	分配的财产金额	其中：确认为股息金额
	13	北旺集团	60%	600	6 248.52	5 648.52
	14	王五	40%	400	4 165.68	3 765.68
	15					
	16	…				
	17	…				

经办人签字：　　　　　　　　　　　　　　　　　　　　　　　　　　　　纳税人盖章：

（5）清算报告审核确认书。

清算报告审核确认书

红谷保健品有限公司清算组：

清算报告收悉，经审核，现对有关数据确认如下：

红谷保健品有限公司（以下简称贵公司）于 2004 年 3 月成立，注册资本 1 000 万元，其中，北旺集团出资 600 万元，占股本总额的 60%，王五先生出资 400 万元，占股本总额的 40%。截至 2009 年 9 月 30 日，贵公司资产总额 9 600 万元，负债总额 1 220 万元，申报债权 1 200 万元。资产处置金额 13 624 万元（13 050 + 544 + 30），发生清算费用 2 009.8 万元（80 + 54.4 + 570 + 731.4 + 544 + 30），已偿还应付职工薪酬 50 万元，支付欠缴税费、滞纳金、罚款 770 万元，偿还其他负债 380 万元（100 + 200 + 100 － 20），剩余财产 10 414.2 万元。按照股权比例，北旺集团应得清算分配额 6 248.52 万元，其中股息红利所得 5 648.52 万元，剩余 600 万元为投资成本回收，投资处置所得额为零。王五应得清算分配额 4 165.68 万元，应扣缴个人所得税 753.14 万元，剩余税后分配额为 3 412.54 万元。

贵公司税务登记将于本月注销，并请于 30 日内办理工商登记注销手续。特此证明。

主管国税机关（章）
主管地税机关（章）
2010 年 3 月 18 日

参考文献

[1] [美]弗雷德·威斯通等. 兼并、重组与公司控制[M]. 北京：经济科学出版社. 1998：2-198

[2] 萨德沙纳姆. 兼并与收购[M]. 北京：中信出版社. 1998：20

[3] 张幸福. 国有企业资产重组动因与策略研究[M]. 北京：经济科学出版社. 2003：75

[4] [英]萨德·苏达斯纳, 并购创造价值[M]. 张明译. 北京：经济管理出版社. 2006：82

[5] 林新. 企业并购与竞争规制[M]. 北京：中国社会科学出版社. 2001：12

[6] 王一. 企业并购[M]. 上海：上海财经大学出版社. 2001：13

[7] 孙铮等. 国企改制与财务会计——来自国际的经验和借鉴[M]. 上海：立信会计出版社. 2000：45-68

[8] 石建勋. 中国企业家的股权革命——理论·案例·操作方案[M]. 北京：机械工业出版社. 2003：23-58

[9] 谢京生. 中国经济热点报告——国企领导制度与债转股问题研究[M]. 北京：经济管理出版社. 2002：41-42

[10] 哈泽尔·约翰逊, 合并与收购——正确管理决策的框架[M]. 韩红英译. 北京：中国金融出版社. 2003：25-28

[11] 中国并购报告[M]. 北京：人民邮电出版社. 2003：56-57

[12] 李铭. 企业并购的会计税收问题研究[M]. 北京：经济科学出版社. 2008：41-43

[13] 邓远军. 公司并购税收问题研究[M]. 北京：中国税务出版社. 2008：26-48

[14] 徐宪平. 中国资本市场中的风险投资[M]. 北京：中国金融出版社. 2002：146-156

[15] 干春晖. 刘祥生. 企业并购理论·实务·案例[M]. 上海：立信会计出版社. 2002：189-196

[16] [日]小岛郁夫. 企业兼并[M]. 北京：中信出版社. 2001：259-289

[17] 陈珠明等. 企业并购：成本收益与价值评估[M]. 北京：经济管理出版社. 2003：143-269

[18] 王宏利. 企业并购绩效与目标公司选择[M]. 北京：中国财政经济出版社. 2005：117-118

[19] 蒋泽中. 企业收购与兼并[M]. 北京：人民大学出版社. 2003：122-137

[20] 吴国萍等. 企业并购与并购法[M]. 山东：山东人民出版社. 2003：54-112

[21] 徐炜. 中国并购评论[M]. 北京：清华大学出版社. 2003：46-47

[22] 邓远军. 中国并购评论[M]. 北京：清华大学出版社. 2005：79-81

[23] 董树奎等. 税收制度与企业会计制度差异分析及协调. [M]. 北京：中国财政经济出

版社.2003：158

[24] 周晓苏.资产重组会计研究［M］.北京：中国财政经济出版社.2001：4-117

[25] 孙艺林等.上市公司资产重组绩效分析［M］.北京：中华工商联合出版社.2001：240

[26] 邵建云.上市公司资产重组实务［M］.北京：中国发展出版社.2000：4-5

[27] 洪银兴.资本市场：结构调整和资产重组［M］.北京：中国人民大学出版社.2001：113

[28] 王琰.企业并购财务动机分析［J］.营销策略，2001（9）：26-28

[29] 陈信元等.上市公司资产重组财务会计问题研究［J］.会计研究，1998（10）：2-10

[30] 周文泳等.中国上市公司资产重组绩效实证研究［J］.同济大学学报（自然科学版），2006（1）：139-142

[31] 孔有田等.论公司并购过程中税收筹划［J］.税务研究，2006（5）：201-202

[32] 范德海.现代企业制度财务会计与管理会计的分立［J］.时代经贸，2008（4）：152

[33] 韩薇.破产清算会计理论问题的几点研究［J］.中小企业管理与科技（上旬刊），2011（4）：72

[34] 李善民等.中国上市公司资产重组长期绩效研究［J］.管理世界，2004（9）：131-136

[35] 王福胜等.我国上市公司资产重组绩效的实证研究［J］.会计之友，2008（1）：80-83

[36] 冯根福等.我国上市公司并购绩效的实证研究［J］.经济研究，2001（1）：54-68

[37] 王跃堂.我国证券市场资产重组绩效之比较分析［J］.财经研究，1999（7）：53-59

[38] 黄世忠等.合并会计报表若干理论问题探讨［J］.会计研究，2001（5）：18-23

[39] 邓小洋.企业并购的财务学思考［J］.浙江财经学院学报，2000（2）：58-61

[40] 周晓苏.公司法人格否认会计问题研究［J］.会计研究，2000（1）：20-23

[41] 杨有红.企业并购中会计若干问题探讨［J］.南开管理评论，1999（3）：12-21

[42] 陈一江.谋取协同价值：一种常见的企业兼并动机、兼并企业兼并中的"协同效应"［J］.冶金财会，1998（9）：14-15

[43] 李友元.并购活动中的税务安排［J］.新理财，2004（2）：26-29

[44] 黄黎明.企业并购中的税收筹划［J］.涉外税务，2002（4）：59-61

[45] 郭建新等.上市公司不同资产重组方式绩效评价——2003年沪深两市A股实证分析［J］.商业研究，2005（20）：179-183

[46] 洪金珠.中国上市公司资产重组绩效实证研究［J］.财贸研究，2004（2）：50-58

[47] 雷辉等.基于长期超额收益率的不同资产重组方式绩效实证研究［J］.财经理论与实践，2006（5）：45-49

[48] 冷建飞等.农业上市公司资产重组绩效实证研究［J］.南京农业大学学报（社会科学版），2006（1）：18-22

[49] 李全伦.并购中企业资产重组的本质内容：一种新诠释［J］.贵州财经学院学报，2005（6）：46-50

[50] 李善民等.上市公司兼并与收购的财富效应［J］.经济研究，2002（11）：27-35

[51] 李善民等.中国上市公司资产重组绩效研究［J］.管理世界，2003（11）：126-134

[52] 李善民等.我国上市公司资产重组绩效评估体系［J］.管理评论，2003（1）：45-48

[53] 李田香. 上市公司资产重组模式及其绩效的分析 [J]. 全国商情（经济理论研究），2006（12）：72-74

[54] 李信成. 企业资产重组存在的问题及对策 [J]. 山东省农业管理干部学院学报，2005（4）：133

[55] 陆国庆. 中国上市公司不同资产重组类型的绩效比较 [J]. 财经科学，2000（6）：20-24

[56] 邱景斌. 企业资产重组绩效财务评价探析 [J]. 会计之友（上旬刊），2006（3）：66-67

[57] 邵建云. 上市公司资产重组的六大动因 [J]. 中国工业经济，1998（4）：61-66

[58] 陈信元等. 机会主义资产重组与刚性管制 [J]. 经济研究，2003（5）：13-22

[59] 沈芸. 2004年深市上市公司收购及资产重组情况分析 [J]. 证券市场导报，2005（7）：21-25

[60] 陈信元等. 资产重组的市场反映——1997年沪市资产重组实证分析 [J]. 经济研究，1999（9）：47-55

[61] 孙铮等. 我国证券市场资产重组绩效之比较分析 [J]. 财经研究，1999（7）：53-59

[62] 冯根富等. 我国上市公司并购绩效的实证研究 [J]. 经济研究，2001（1）：54-61，68

[63] 唐志雄等. 上市公司资产重组中存在的问题及原因分析 [J]. 西安财经学院学报，2005（6）：93-94

[64] 王跃堂. 我国证券市场资产重组绩效之比较 [J]. 财经研究，1999（7）：53-59

[65] 吴志军. 房地产上市公司资产重组绩效的实证分析 [J]. 经济管理，2006（10）：59-63

[66] 徐国柱等. 中国上市公司资产重组绩效实证研究 [J]. 云南财经大学学报，2007（1）：37-39

[67] 筱琳等. 上市公司资产重组的分析与研究 [J]. 辽宁经济，2007（5）：37

[68] 原红旗. 上市公司资产重组实证分析 [J]. 经济管理，1998（3）：56-58

[69] 袁茜. 上市公司资产重组绩效实证分析 [J]. 财会通讯（学术版），2006（6）：42-44

[70] 周鹏飞. 上市公司关联方资产重组的问题及对策 [J]. 中国乡镇企业会计，2007（6）：14

[71] 夏宗华等. 浅谈企业并购中的纳税筹划 [J]. 税务研究，2006（5）：78-80

[72] 檀向球. 沪深上市公司资产重组绩效实证研究 [N]. 中国证券报，1998：9-28

[73] 李忠敏. 企业合并、分立的会计处理方法的探讨 [J]. 科技创新导报，2008（2）：126

[74] 杨行种等. 企业财务与会计分立制度的新思考 [J]. 重庆科技学院学报：社会科学版，2009（2）：123-124

[75] 钱建忠. 论税收筹划在公司并购中的运用 [J]. 扬州大学税务学院学报，2004（4）：34-36

[76] 唐生巧. 海虹控股资产重组绩效研究 [D]. 西北大学. 2006：23

[77] 陈清. 沪深两市上市公司资产重组的实证研究 [D]. 厦门大学. 2001：10

[78] Lang, L., A. Poulsen, and R. Stulz. Asset Sales, Firm Performance, and the Agency Costs of Managerial Distcretion, Journal of Financial Economics, 1995：3-27

[79] Eckbo, E. Examining the Anti-Competitive Significance of Large Horizontal Mergers [D]. Unpublished Ph. D, Dissertation. University of Rochester, 1981：26-28

[80] Niden, C. The Role of Taxes in Corporate Acquisitions: Effects on Premium and Type of Cortsideration [D]. Ph. D, Dissertation. Chicago: University of Chicago, 1988: 129 – 134

[81] Auerbach, J. and D. Reishus. Taxes and Merger Decision: An Empirical Analysis [J]. Working Paper No. Cambridge, MA: National Bureau of Economic Research, March, 1986: 56 – 65

[82] Hayn, C. Tax Attributes as Determinants of Shareholder Gains in Corporate Acquisitions [J]. Financial Economics, Vol. 23. 1989. 121 – 150

[83] Maid, S. and S. Myers. Valuing the Government's Tax Claim On Risky Assets, Working Paper [J]. M. I. T November 1984: 126 – 127

[84] Jones, E. and R., Taggart. "Taxes and Ownership Structure: Corporations, partnerships and Royalty Trusts" [J]. Working Paper Cambridge, MA: National Bureau of Economic Research, September, 1984: 26 – 28

[85] Myron, S. Seholes and Mark, A. Wolfson. The Effects of Changes in Tax Laws Oil Corporate Reorganization Activity [J]. Journal of Business, January, 1990: 42 – 45

[86] Richard Burnley. Who's Afraid of Conglomerate Mergers [J]. World Competition, 2005 (1): 43 – 47

[87] Frank Raybum. A History of Pooling of Interests Accounting for Business Combinations in USA, Accounting Historians Journal, 2000 (12): 34 – 35

[88] Beaver. W. H. The Information Content of Annual Earnings Announcements [J]. Journal of accounting Research, 2006: 63 – 66

[89] Comment, R. and G. Jarrel. Corporate Focus and Stock Returns [J]. Journal of Financial Economics, 1995 (8): 199 – 222

[90] Ben Terra, Peter Wattel. The Merger Directive [M]. Kiuwer Law International, New York, 2000: 55 – 59

[91] Douglas S. Ewens. The Taxation of Corporate Reorganization: Tax Sheter Analysis [J]. Canadian Tax Journal, 1996, 44 (5): 1486 – 1497

[92] Gregor Andrade, Mark Mitchell, & Erik Stafford. New Evidence and Perspectives on Mergers [J]. Journal of Economic Perspectives, 2001, 5 (2): 103 – 120

[93] Harberger, A. C. Monopoly and Resource Allocation. American Economic Association [J]. Journal of Economic Perspectives, 1954, (5): 130 – 133

[94] Miller, M. & K. Roek. Dividend Policy under Asymmertric Information [J]. Journal of Finance, 1985, (4): 1031 – 1051

[95] P. E. Company Sells Assets in Reorganization [J]. Mechanical Engineering, 2007 (7): 10

[96] Dodd, Ruback. Tender Offers and Stockholder Return: An Empirical Analysis [J]. Journal of Financial Economics, 1977 (5): 351 – 373

[97] Hasbrouck, Joe. The Characteristics of Takeover Targets: Q and other Measures [J]. Journal of banking Finance, 1985 (9): 351 – 362

[98] Healy, K. Palepu & R. Ruback. Does Corporate Performance Improve after Merger [J]. Journal of Financial Economics, 1992 (31): 135 – 175

[99] M. C. Jensen, Richard S. Ruback. The Market for Corporate Control: The Scientific Evidence [J]. Journal of Financial Economics, 1983 (11): 5-50

[100] Mandelker, G. Risk and Return: The Case of Merging Firms [J]. Journal of Financial Economics, 1974 (1): 303-336

[101] Malatesta, Paul H. The Wealth Effect of Merger Activity and the Objective Functions of Merging Firms [J]. Journal of financial Economics, 1983 (11): 155-181

[102] Paul Halpern. Corporate Acquisition: A Theory of Special Cases? A Review of Event Studies Applied to Acquisition [J]. Journal of Finance, 1983 (5): 297-315

[103] Scott C. Linn, Michael S. Rozeff. The Corporate Sell—Off [J]. Midland Corporate Finance Journal, 1984 (2): 17-26

[104] Weston, J. Fred, Kang S. Chuang. Do Mergers Make Money? A Research Summary [J]. Mergers and Acquisitions, 1983 (18): 40-49